國家出版基金項目
NATIONAL PUBLICATION FOUNDATION

國家圖書館藏未刊稿叢書·著作編

説文解字考異

（二）

(清)姚文田 輯

主編 劉玉才 陳紅彦

鳳凰出版社

說文解字攷異

三下

説文解字攷異三下

歸安姚文田輯

革獸皮治去其毛革更之象古文革之形凡革之屬皆从革（大小徐）

獸皮治去其毛革更之（韻會十一陌　隱五年正義）　獸去毛曰革革更也

（一切經音義卷十四）　獸皮治去其毛為革（禹貢正義）　獸皮治去其毛曰革

（羔羊正義　韓奕正義　天官掌皮疏　盧令正義無其字）　獸去毛曰革（一切經音義卷十七）

革古文革从三十三十年為一世而道更也臼聲（大小徐）　古作革從

卅卅年為一世而道更也臼聲（小徐　韻會十一陌　卅皆作卅）

鞹去毛皮也論語曰虎豹之鞹从革郭聲（大小徐　韻會十藥無曰字）　革也

（盧令正義　韓奕正義）　鞹（五經文字卷中）

靬　靬乾革也武威有麗靬縣从革干聲　大○徐小徐縣作郭

鞈　生革可以為縷束也从革各聲　大○小徐

鞄　柔革工也从革包聲讀若朴周禮曰柔皮之工鮑氏鞄即鮑也　大○徐小徐朴作撲　柔革土也廣韻四有

韗　攻皮治鼓工也从革軍聲讀若運　大○小徐　攻皮治鼓工从革軍聲　韻會十三問

韗　韗或从韋　大○小徐　或作韗　韻會十三問

鞣　耎也从革从柔柔亦聲　大○徐　耎也從革柔聲　小徐　耎也　韻會十一尤

靼　柔革也从革旦聲　大○小徐　柔革也　文選謝元暉京路夜發詩注

韇　古文靼从亶　大○小徐　古文靼　廣韻十七薛

說文解字攷異三下

歸安姚文田輯

革獸皮治去其毛革更之象古文革之形凡革之屬皆从革大小徐

獸皮治去其毛革更之隱五年正義　韻會十一陌　獸去毛曰革革更也一切經音義卷十四　獸皮治去其毛為革禹貢正義　獸皮治去其毛曰革羔羊正義　韓奕正義　天官掌皮疏　盧令正義無其字　獸去毛曰革一切經音義卷十七

䩿古文革从三十三十年為一世而道更也臼聲大徐　古作䩿從卅卅年為一世而道更也臼聲小徐　韻會十一陌卅皆作卉

鞹去毛皮也論語曰虎豹之鞹从革郭聲大小徐　韻會十藥無曰字

革也盧令正義　韓奕正義　鞹五經文字卷中

靬 靬乾革也武威有麗靬縣从革干聲 大徐 小徐縣作郭

文田案麗當作驪傳寫脫偏旁攷兩漢志驪靬屬張掖晉志屬武威宋齊以後無此不知何時改隸晉書無明文以許書推之當在後漢中葉類篇集韻改作在張掖未是。靳衍文

䩵 攻皮治鼓工也从革軍聲讀若運 大小徐 攻皮治鼓工从革軍聲 韻會十三問

韗 韗或从韋 大小徐 或作韗 韻會十三問

鞣 耎也从革从柔柔亦聲 大徐 耎也從革柔聲 小徐 耎也 韻會十一尤

靼 柔革也从革旦聲 大小徐 柔革也 文選謝元暉京路夜發詩注

鞰 古文靼从亶 大小徐 古文靼 廣韻七薛

韇韋繡也从革賁聲大徐 小徐韋作革 韋繡也廣韻十五灰

鞶大帶也易曰或錫之鞶帶男子帶鞶婦人帶絲从革般聲大小徐 大帶

大帶也易或錫之鞶帶男子帶鞶女子帶絲韻會十四寒 大帶

也廣韻二十六桓

鞏以韋束也易曰鞏用黃牛之革从革巩聲大徐故字 小徐从上有韻會二腫無

曰字以譌从 以革有所束也釋詁疏 鞏五經文字卷中

鞔履空也从革免聲大小徐會十四寒 韻

鞁小兒履也从革及聲讀若沓大徐 小兒履也讀若沓從革及聲

小徐 小兒履也從革及聲韻會十五合 小兒履也初學記卷二十六 御覽卷六

百九十七

鞀　鞀角鞮屬从革卬聲　大徐　小徐屬下有也字

鞮　鞮革履也从革是聲　大小徐韻會八齊　革履也　文選長門賦注　一切經音義卷十四　御覽卷六百九十八　革履　初學記卷二十六革譌草　履也　春官序官釋文　革也　御覽卷六百九十七

韋履也　一切經音義卷十四

鞅　鞮鞅沙也从革从夾夾亦聲　大小徐

鞻　鞮屬从革徙聲　大徐　小徐屬下有也字　鞮屬也　文選吳都賦注　屣鞮屬也　御覽卷六百九十八　鞮屬　韻會四紙　文選長門賦注蹝譌蹝

鞵　鞵革生鞮也从革奚聲　大小徐韻會九佳

靪　靪補履下也从革丁聲　大徐　小徐無也字

鞠　鞠蹋鞠也從革匊聲　大小徐韻會一屋

⿱竹鞠 鞠或从⿱竹匊 大小徐

鞀 鞀遼也从革召聲 大小徐 韻會四豪 鞀遼也 釋樂釋文

鞉 鞀或从兆 大徐 鞀或從兆聲 小徐 或作鞉 釋樂釋文 韻會四豪

鼗 鞀或从鼓从兆 大徐無下從字 小徐 又作鼗 釋樂釋文 亦作鼗 韻會四豪

磬 籀文鞀从殸召 大小徐 籀文作磬同 釋樂釋文 籀作磬 韻會四豪

⿰革冟 量物之⿰革冟一曰抒井⿰革冟古以革从革冟聲 大徐 量物之⿰革冟從革

冟聲一曰抒井冟古以革 小徐

䩩 ⿰革冟或从宛 大小徐

鞞 刀室也从革卑聲 大小徐 韻會二十四迴 又四紙刀作劍 刀室也 瞻彼洛矣釋文

鞎 車革前曰鞎从革艮聲 大徐 小徐革前作前革 車革前飾曰鞎 韻會十三元

鞃車軾也从革弘聲詩曰鞹鞃淺幭讀若穹 大小徐 車軾中靶也

從革弘聲詩鞹鞃淺幭 韻會十蒸

鞪車軸束也從革敄聲 大小徐 車軸束也 廣韻一屋

䩛車束也从革必聲 大小徐

𩏂車衡三束也曲轅鞼縛直轅䡝縛从革𩏂聲讀若論語鑽燧之

鑽 大小徐 車衡三束也曲轅鞼縛直轅䡝縛 廣韻二十六桓

鞼𩏂或从革贊 大小徐 鞼上同 廣韻二十六桓

䩞蓋杠絲也从革旨聲 大小徐

鞁車駕具也从革皮聲 大小徐 韻會四寘

鞥轡鞥从革弇聲讀若譍一曰龍頭繞者 大小徐

靶轡革也从革巴聲（大小徐　韻會二十二禡無也字）轡飾（一切經音義卷十九）

韅著掖鞥也从革㬎聲（大徐　小徐掖作腋）著掖皮（僖二十八年釋文）韅著掖皮也（僖二十八年正義）

靳當膺也从革斤聲（大小徐　韻會十三問）當膺也（定九年正義）

䩕驂具也从革蚩聲讀若騁蜃（大小徐）

靷引軸也从革引聲（大小徐　韻會十一軫）引軸也（僖二十八年正義　廣韻十六軫）所以引軸者也（荀子禮論篇注）軸也（僖二十八年釋文又哀二年正義　一切經音義卷一）

䩛籀文靷（大小徐）

文田案䩛乃從籀文𠳵聲當作𩊾也傳寫誤

⿰革官車鞁具也从革官聲（大小徐）

鞮車鞁具也从革豆聲 大小徐

靬轄内環靻也从革于聲 大徐小徐靻作軸

轉車下索也从革尃聲 大小徐

鞥車具也从革奄聲 大小徐

韄車具也从革叕聲 大小徐

鞌馬鞁具也从革安聲 大徐

馬鞁具也從革安聲 小徐韻會十四寒鞁作鞍

馬鞁具也 初學記卷二十二

馬鞁具也 御覽卷三百五十五

鞾鞌毳飾也从革茸聲 大小徐

鞌毳飾也 一切經音義卷十五又卷二飾譌餝

鞊鞌飾从革占聲 大徐小徐飾下有也字

鞍飾也 韻會十六葉

鞈防汗也从革合聲 大小徐韻會十七洽韻

勒馬頭絡銜也从革力聲大小徐會十三職韻 馬頭絡銜也一切經音義卷十五又卷十四也作者 馬頭鑣銜也華嚴音義卷六十二

鞙大車縛軛靼从革肙聲大小徐 大車縛軛靼也廣韻二十七銑

[革面]勒靼也从革面聲大小徐

[革令]鞮也从革令聲大小徐 [革令]士喪禮釋文

鞬所以戢弓矢从革建聲大小徐三元矢下有也字韻會十

韇弓矢韇也从革𧶠聲大小徐韻會一屋

[革巂]綫也从革巂聲大小徐

鞕急也从革亟聲大小徐會十三職韻

鞭驅也从革便聲大小徐會一先韻 驅遲也者初學記卷二十二

㚇古文鞭大小徐　古作㚇韻會一先

鞅頸靼也从革央聲大小徐韻會二十三漾韻　頸靼也文選謝元暉京路夜發詩注一切經音義卷三　又卷六　廣韻三十六養　韻會二十二養　頸皮也僖二十八年釋文　又正義

韄佩刀絲也从革蒦聲大小徐韻會十一陌韻

鞑馬尾鞑也从革它聲今之般緧大小徐無也字

覞繫牛脛也从革見聲大小徐

鬲鼎屬實五觳斗二升曰觳象腹交文三足凡鬲之屬皆从鬲大小徐

小徐實上有也字　鼎屬實五觳斗二升曰觳象腹交文三足廣韻二十三錫韻會十二錫

鬲五經文字卷中

䰙鬲或从瓦大小徐韻會十二錫

甗漢令鬲从瓦麻聲大小徐　漢令鬲韻會十二錫　甗同上廣韻二十三錫

敲三足鍑也一曰滫米器也从鬲支聲大小徐　三足鍑也一曰滫

米器也廣韻四紙

鬹三足釜也有柄喙讀若嬀从鬲規聲大徐小徐若作如　三足釜也御覽

鬷釜屬从鬲㚇聲大徐小徐屬下有也字韻會一東

卷七百五十七

鬴秦名土釜曰鬴从鬲𠂇聲讀若過大徐小徐曰在名下　鬴秦名土釜

曰鬲廣韻八戈

鬵大釜也一曰鼎大上小下若甑曰鬵从鬲兟聲讀若岑大小徐

土釜一曰鼎大上小下若甑曰鬵從鬲兟聲韻會十二侵　大釜也

一曰鼎大上小下若甑曰鬵 詩匪風釋文 廣韻二十一侵 御覽卷七百五十七 鼎

上大下小 藝文類聚卷七十三

鬻籀文鬵 大徐 小徐 作古文鬵 籀作鬻 韻會十二侵

䰝鬵屬从鬲曾聲 大徐 屬下有也字 小徐 𩰪也從鬲曾聲鬵屬也 韻會二十五徑

䰞鍑屬从鬲甫聲 大徐 韻會七麌 小徐 屬下有也字 鍑屬 廣韻九麌

釜䰞或从父金聲 大徐 小徐 或作釜 韻會七麌 釜上同 廣韻九麌

𪓟鬲屬从鬲虍聲 大徐 小徐 鬲屬今本虍聲唐本虔聲林罕亦曰

虔省聲 六書故弟二十八

融炊气上出也从鬲蟲省聲 大徐 小徐 韻會一東無也字 气作氣 蟲作蠱

䗀籀文融不省 大徐 小徐 籀作䗀 韻會一東

䰞炊气皃从鬲䰞聲 大徐 小徐气作氣貌下有也字

鬻煮也从鬲羊聲 大小徐 韻會七陽

𩰲涫也从鬲沸聲 大小徐 韻會五未

䰜𩱧也古文亦鬲字象孰飪五味气上出也凡䰜之屬皆从䰜 大徐

小徐孰作熟气作氣無下也字

𩱦鬻也从䰜侃聲 大小徐

餰𩱦或从食衍聲 大小徐

飦或从干聲 大徐 𩱦或從干食聲 小徐

健或从建聲 大徐 𩱦或從食建聲 小徐

鬻健也从䰜米聲 大徐 健也從䰜米 小徐 韻會一屋 健也 廣韻一屋 韻會一屋

粥糜也（一切經音義卷十三）

鬻健也从𩰲古聲（大小徐）

鬻五味盉羹也从𩰲从羔詩曰亦有和鬻（大徐　小徐無也字盉作和末作羹字）

五味和鬻也（韻會八庚）　羹者五味之咊（古唐類範卷百四十四）　羹五味咊

粥（御覽卷八百六十一）　羹五味和也（初學記卷二十六）

羹鬻或省（大小徐）　或作羹鬻（韻會八庚）

鬻或从美鬻省（大徐）　鬻或省鬲（小徐）

羹小篆从羔从美（大小徐）　小篆作羹從羔美（韻會八庚）　羹（五經文字卷上）

𩱐鼎實惟葦及蒲陳留謂健為𩱐从𩰲速聲（大小徐）　鼎實詩維筍

及蒲易覆公𩱐陳留謂健為𩱐（韻會一屋）　鼎實也（文選班叔皮王命論注）

𩱐 廣韻一屋

餗𩱐或从食束聲 大徐小徐無聲字 𩱐與餗同 文選王命論注

𩱐鬻也从䰞毓聲 大徐小徐毓諧敏 鬻也 廣韻一屋

文田案鍇曰糜即鬻也似舊本作糜糜

䊯鬻或省从米 大小徐

鬻涼州謂鬻為䊶䊶从䰞機聲 大徐小徐鬻作糜 鬻也 韻會九屑

粖䊶或省从末 大徐 䊶省或從末 小徐

𩱡粉餅也从䰞耳聲 大徐小徐 韻會四寘 餌粉餅也 𩱡上同 廣韻七志 餌粉

餅也 御覧卷八百六十 餌餅也 後漢酷吏樊曄傳注

餌𩱡或从食耳聲 大徐小徐脫耳聲字 或作餌 韻會四寘

䰞熬也从䰜芻聲大小徐韻會十八巧　熬也一切經音義卷十四又卷三鬻作煮　古
文奇字作𩰿熬也一切經音義卷十八　熇火乾物也釋草釋文
鬻内肉及菜湯中薄出之从䰜翟聲大小徐
鬻亯也从䰜者聲大小徐韻會六語　小徐又韻會六語亯作烹　亨也廣韻八語　鬻五經文字卷中
𩱰鬻或从火大小徐　又作𩱰五經文字卷中　亦从火作𤎩又省作煮韻會六語
鬻鬻或从水在其中大徐　鬻或從水小徐　從水或作鬻韻會六語
鬻吹釜溢也从䰜孛聲大小徐　吹釜溢也廣韻十一沒
爪丮也覆手曰爪象形凡爪之屬皆从爪大小徐　丮也覆手曰爪
象形廣韻三十一巧韻會十八巧

孚卵孚也从爪从子一曰信也大徐　卵孚也從爪子一曰信也小徐

七虞韻會　卵即孚字一切經音義卷二

𤓽古文孚从禾禾古文保大徐　古文孚從古文保保亦聲小徐

爲母猴也其爲禽好爪爪母猴象也下腹爲母猴形王育曰爪象

形也大徐　小　母猴也其爲禽好爪下腹爲母猴形韻會四支　母猴

也廣韻五支

[illegible]古文爲象兩母猴相對大徐　小徐無兩字

𠃨亦丮也从反爪闕大徐　小

丮持也象手有所丮據也凡丮之屬皆从丮丮讀若戟大徐　末有也字小徐

埶種也从坴丮持而種之詩曰我埶黍稷大徐　種也從坴丮持種

之詩曰我埶黍稷 小徐韻會八霽無也字

𩰲食飪也从丮𦎫聲易曰𩰲飪 大小徐 食飪也 韻會一屋

𩰫設飪也从丮从食才聲讀若載 大小徐無下從字 設飪也 廣韻十九代

𩰬褱也从丮工聲 大小徐褱作抱

𩰭𩰬或加手 大小徐加作從

𩰯相𨇨𨋚也从丮谷聲 大小徐 勞也燕人謂勞為𩰯 司馬相如傳索隱

𩰮擊踝也从丮从戈讀若踝 大小徐無下從字 擊踝也 廣韻三十五馬

𩰱亦持也从反丮闕 大小徐

鬥兩士相對兵杖在後象鬥之形凡鬥之屬皆从鬥 大小徐杖作仗

兩士相對兵仗在後象鬥之形 廣韻五十候 韻會二十六宥 鬥為鬥爭 六書

故弟十四

鬭遇也从鬥斲聲大小徐　遇也從鬥從斲韻會二十六宥　鬥訓遇六書故弟

十四　鬭九經字樣　過也廣韻五十候

鬨鬭也从鬥共聲孟子曰鄒與魯鬨大小徐韻會三絳無曰字　鬭也孟子

曰鄒與魯鬨廣韻四絳　鬭也孟子音義

鬖經繆殺也从鬥翏聲大小徐

鬮鬭取也从鬥龜聲讀若三合繩糾大小徐

鬩智少力劣也从鬥爾聲大徐小徐少力作力少

鬗鬭連結鬗紛相牽也从鬥燹聲大小徐

鬢鬭也从鬥賓省聲讀若賓大小徐　鬭也从鬥賓聲韻會十一眞

鬩恒訟也詩云兄弟鬩于牆从鬥从兒兒善訟者也 大○徐無下從字 小徐

恒訟也詩兄弟鬩于牆從鬥從兒 韻會十二錫

鬩試力士錘也从鬥从戈或从戰省讀若縣 大○小徐

又手也象形三指者手之𠛬多略不過三也凡又之屬皆从又 大○小徐

手也象形三指者手之别多略不過三也 韻會二十六宥

右手口相助也从右从口 大○徐 小徐 手口相助也从又口 韻會二十六宥

厷臂上也从又从古文 大○徐乙作厶 小徐 臂上也從又從乙 韻會十蒸

臂上也 後漢祭遵傳注 肱腋下也 御覽卷三百六十九

𠃋古文厷象形 大○小徐 韻會十蒸厷有字字字

肱厷或从肉 大○小徐 今文從肉作肱 韻會十蒸

叉手指相錯也从又象叉之形尢徐韻會六麻無也字小徐又作叉　手指相錯

也廣韻十三佳

叉手足甲也从又象叉形尢小徐十八巧無叉字韻會　手足甲也廣韻三十一巧

𠬜矩也家長率教者从又舉杖尢小徐七麌又作手韻會　矩也家長率教

者廣韻九麌　又九經字樣　矩也家長率教者也玉篇𠬜部

叜老也从又从灾闕徐尢　老也從又灾小徐　老也从灾又聲韻會二十

六厚　叜五經文字卷下

㝂籀文从寸徐尢小　或作㝂韻會二十六厚

傁叜或从人徐尢小　或作傁韻會二十六厚　傁玉篇人部

燮和也从言从又炎籀文燮从羊羊音飪讀若溼徐尢　和也從言

又炎聲籀文燮從羊羊音飪讀若溼小徐　和也从言从又炎

聲燮籀文从羊羊音飪讀若溼六書故第十五　和也從言又聲韻會十六

葉　从言又炎廣韻三十帖

曼引也从又冒聲大○徐顧　韻會十四小徐冒作冒　引也一切經音義卷十四

曼引也从又冒聲冒古文申大○小徐

叏分決也从又𠃊象決形大○小徐　從又手也𠃊象決形韻會十卦

尹治也从又丿握事者也大○小徐韻會十一軫　治也廣韻十七準

𠬪古文尹大○小徐　古作𠬪韻會十一軫

𠭥又取也从又虘聲大○徐小徐上又字作又字

𤔿引也从又𡕥聲大○小徐

㕞拭也从又持巾在尸下大小徐　刷拭也一切經音義卷九

及逮也从又从人大徐　逮也從又人韻會十四緝小徐人謟八

乁古文及秦刻石及如此大小徐　古作乁韻會十四緝

弓亦古文及大徐　古文及小徐　古作弓韻會十四緝

𨓏亦古文及大小徐　亦作逮韻會十四緝　古文及廣韻二十六緝

秉禾束也从又持禾大小徐韻會二十三梗

反覆也从又厂反形大小徐　覆也從又厂韻會十三阮

㞋古文大徐　古文反小徐　古作反韻會十三阮

𠬢治也从又从卩卩事之節也大徐小徐無下从字下也字　治也廣韻十六屑

叏滑也詩云叏兮達兮从又中一曰取也大小徐　挑作叏子衿釋文

𣪠楚人謂卜問吉凶曰𣪠从又持祟祟亦聲讀若贅大徐　楚人謂卜問吉凶曰𣪠從又持祟讀若贅小徐　韻會六至

叔拾也从又尗聲汝南名收芌爲叔大小徐　拾也從又尗聲汝南謂收芌為叔韻會一屋　拾也亦為叔伯之字七月正義　叔五經文字卷下

尌叔或从寸大小徐　或作尌韻會一屋

叜入水有所取也从又在回下回古文回回淵水也讀若沬大小徐　入水有所取也从手在回下回古文回回渆水也韻會六月　入水有所取也廣韻十一陌

取捕取也从又从耳周禮獲者取左耳司馬法曰載獻聝聝者耳

也大徐 捕取也從又耳周禮獲者取左耳司馬法曰載獻聝聝
者耳小徐韻會七麌韻
彗埽竹也从又持甡大小徐卷下韻會四寘 五經文字 彗埽竹也文選東都賦注
篲又作彗埽竹一切經音義卷十五 彗埽也後漢班固下注 篲埽竹也爾雅序釋
文注 文選七發韻會四寘
篲或从竹大小徐 或作篲韻會四寘
䇽古文彗从竹从習大徐無下從字小徐 䇽古文篲廣韻十三祭
叚借也闕大小徐 借也廣韻十五馬三 从𡰣𡰣子也コ器也又手也手
持器為求之於人人與之也李陽冰本
𠬪古文叚大小徐

段譚長說叚如此大°小徐

友同志為友从二又相交友也大°徐　同志為友從二又相交小徐韻

會二十六厚　愛也同志為友御覽卷四百六　同志也一切經音義卷六又卷八又卷

十四　同門曰朋同志曰友一切經音義卷二十五　叐五經文字卷下廣韻四十四有

𠬪古文友大°小徐　友古作𦍌韻會二十六厚

習亦古文友大°小徐　亦作習韻會二十六厚

度法制也从又庶省聲大°徐　小徐無也字韻會七遇

𠂇ナ手也象形凡ナ之屬皆从ナ大°徐上ナ作左小徐　ナ左手也象形

廣韻三十三哿韻會二十哿

𢍁賤也執事者从ナ甲聲大°徐　賤也執事者從ナ甲小徐韻會四支

史記事者也从又持中中正也凡史之屬皆从史 大小徐 記事者

也從又持中中正也 韻會四紙 記事者也 廣韻五旨 御覽卷六百三 史 九經

字樣

事職也从史之省聲 大小徐 韻會四寘

叓古文事 大小徐 事古作叓 韻會四寘

攴去竹之枝也从手持半竹凡支之屬皆从支 大小徐 去竹之枝

也從手持半竹 韻會四支

𢻮古文支 大小徐 支作𢻮 韻會四支

攲持去也从支奇聲 大小徐 韻會四支 持去也 廣韻五支 韻會四支

聿手之疌巧也从又持巾凡聿之屬皆从聿 大徐 小徐無也字 手之捷

巧也 廣韻二十九葉

隸習也从聿㣇聲 大○小徐 肄訓為習字從聿𢑚聲 文四年正義 習也

韻會四寘 𨽿 五經文字卷下

𨽸籀文隸 大○小徐 籀作𨽿 韻會四寘

𨽹篆文隸 大○徐 小徐隸作𨽸 篆文作肆 韻會四寘

肅持事振敬也从聿在𣶒上戰戰兢兢也 大○徐 韻會一屋 小徐無下也字

𦘒古文肅从心从卪 大○徐無下從字 小徐 肅古作𦘒 韻會一屋

聿所以書也楚謂之聿吳謂之不律燕謂之弗从聿一聲凡聿之屬皆从聿 大○小徐 聿所以書也楚謂之聿吳謂之不律燕謂之弗 廣韻六術 卷二十一 弗作拂 初學記 筆所以書也楚謂之聿吳謂之不律

照原寫

補注一條

韻會四寘　楚謂之聿吳人謂之不律燕謂之弗釋器疏　楚謂之聿

初學記卷二十一無人字弗作拂

吳謂之律燕謂之拂事類筆賦注　楚謂聿吳謂之不律燕謂弗御覧卷六百五　楚謂之聿吳謂之不律古唐類範卷一百四　吳謂筆為不律釋器

釋文

筆秦謂之筆从聿从竹大徐　秦謂之筆從聿竹小徐韻會四寘　秦謂之筆釋器疏　御覧卷六百五　古唐類範卷一百四　事類筆賦注　初學記卷二十一再見　廣韻六術

肀聿飾也从聿从彡俗語以書好為肀讀若津大徐末有也字小徐

著箸也从聿者聲大徐小　書著也從聿者省聲韻會六魚　書五經文字卷下

畫界也象田四界聿所以畫之凡畫之屬皆从畫大徐小徐無聿字　界也象田四界聿所以畫之韻會十一陌

𦘠古文畫省 大徐小徐無省字 古作畫 韻會十一陌

劃亦古文畫 大小徐 古作劃 韻會十一陌

畫日之出入與夜為界从畫省从日 大小徐 日之出入與夜為界

從畫省 韻會二十六宥

𦘕籒文畫 大小徐

隶及也从又从尾省又持尾者从後及之也凡隶之屬皆从隶 大徐

小徐無次從字

隸及也从隶枲聲詩曰隸天之未陰雨 大小徐

隸附箸也从隶柰聲 大小徐 附著也 韻會八霽 隸附著 後漢孔融傳注 隸

一切經音義卷三 隸 一切經音義卷一 隸 九經字樣

隸篆文隸从古文之體大小徐　篆文隸韻會八霽

臤堅也从又臣聲凡臤之屬皆从臤讀若鏗鏘之鏗古文以為賢字大徐　堅也從又臣聲凡臤之屬皆從臤讀若鏗鏘古文以為賢字小徐

緊纏絲急也从臤从絲省大徐　纏絲急也從臤絲省聲小徐　纏絲急也從臤絲省韻會十一軫　纏絲急也文選舞賦注

堅剛也从臤从土大小徐韻會一先

豎豎立也从臤豆聲大小徐　豎立也從臤豆韻會七麌　樹立也一切經音義卷十六

豎籒文豎从殳大小徐

臣牽也事君也象屈服之形凡臣之屬皆从臣 大徐小徐 牽也事君也象屈服之形 韻會十一真 玉篇臣部

𦣞乖也从二臣相違讀若誑 大徐小徐 乖也从二臣相違 玉篇臣部

臧善也从臣戕聲 大徐小徐 韻會七陽 臧善也 玉篇臣部

𦣝籀文 大徐小徐

殳以杸殊人也禮殳以積竹八觚長丈二尺建於兵車旅賁以先驅从又几聲凡殳之屬皆从殳 大徐小徐 杸作殺 以杸殊人也從又几聲 周禮殳以積竹八觚長丈二尺建於兵車旅賁以先驅 韻會七虞 以杸殊人也禮殳以積竹八觚長丈二尺建於兵車旅賁以先驅也 御覽卷三百五十三 以挾人禮殳以積升八觚長二尺建

於兵車旅賁先以駈之古唐類範卷百二十四

祋殳也从殳示聲或說城郭市里高縣羊皮有不當入而欲入者暫下以驚牛馬曰祋故从示殳詩曰何戈與祋大徐小徐殳也詩荷戈與祋從示殳韻會九泰殳也詩候人正義一說城郭市里高縣羊皮有不當入而欲入者暫下以驚牛馬名曰祋韻會九泰

杸軍中士所持殳也从木从殳司馬法曰執羽从杸大徐从杸作以杸小徐軍士所持殳也從木從殳韻會七虞軍中士所持殳也司馬法曰執羽從杸廣韻十虞

毄相擊中也如車相擊故从殳从軎大徐末有也字小徐

毃从上擊下也一曰素也从殳青聲大徐從上擊下也從殳青聲

一曰素也小徐韻會三覺　从上擊下也一曰素也廣韻四覺

㱿下擊上也从殳冘聲大小徐　下擊上也廣韻四十七寑

𣪍繇擊也从殳豆聲古文殺如此大小徐

殸縣物殸擊从殳𡈼聲大徐小徐擊下有也字

豛椎毄物也从殳豕聲大徐小徐豕譌豕

毆捶毄物也从殳區聲大小徐韻會二十六厚　捶擊也從殳一切經音義卷二十三

擊也從殳一切經音義卷二十二

敂擊頭也从殳高聲大小徐　擊頭也定二年釋文一切經音義卷九又卷十二廣

韻四肴韻會三覺　敂擊也文選過秦論注

殿擊聲也从殳屍聲大小徐韻會十七霰

毆擊中聲也从殳医聲 大小徐
段椎物也从殳耑省聲 大小徐 韻會十五翰椎作推
㱿擊空聲也从殳宮聲 大小徐
殽相雜錯也从殳肴聲 大小徐 韻會三肴
毅妄怒也一曰有決也从殳豙聲 大徐曰下有毅字 小徐 妄怒也從殳豙
一曰有決也 韻會五未 妄怒也一曰有決之也 一切經音義卷九 有決
也 一切經音義卷一 果決也 一切經音義卷二十二
㲉揉屈也从殳从㫗 㫗古文叀字 㲉字从此 大徐次從字文字 小徐無
役戍邊也从殳从彳 大小徐 十一陌 韻會無邊字 戍邊也 廣韻二十二昔
伇古文役从人 大小徐 古作伇 韻會十一陌
毅毅改大剛卯也以逐精鬼从殳亥聲 大小徐

殺戮也从殳杀聲凡殺之屬皆从殺 大小徐 戮也從殳杀聲 韻會八黠

𢼛古文殺 大小徐 戮也 釋詁釋文 又疏 廣韻十四黠

𣀔古文殺 大小徐

𢽳古文殺 大小徐

𣏂古文殺 大小徐

𢿭籀文殺 大小徐

弑臣殺君也易曰臣弑其君从殺省式聲 大小徐 臣殺君也從殺省式聲 韻會四寘

几鳥之短羽飛几几也象形凡几之屬皆从几讀若殊 大徐 小徐無也字

鳥之短羽飛几几也象形廣韻十虞　鳥短羽也韻會七虞

㐱新生羽而飛也从几从彡大徐　新生羽而飛從彡從几小徐

梟舒梟鶩也从鳥几聲大徐小徐無也字　韻會七虞鶩譌鶩

寸十分也人手卻一寸動𧖴謂之寸口从又从一凡寸之屬皆从

寸大徐小徐無次從字　十分也人手卻一寸動𧖴謂之寸口從又一

韻會十四願

寺廷也有法度者也从寸之聲大徐小徐韻會四寘　廷也有法度者一切經音

義卷六

將帥也从寸𣡻省聲大徐小徐　将五經文字卷上

㝷繹理也从工从口从又从寸工口亂也又寸分理之彡聲此與

㪉同意度人之兩臂為尋八尺也大徐小徐从口从寸皆無從字繹理也
從工口從又寸工口亂也又寸分理之也彡聲韻會十二侵尋八
尺也文選東京賦注唐本不从口而从尺唐元度林罕云古文从寸
从尺六書故第十五得廣韻二十一侵九經字樣

尃六寸簿也从寸叀聲一曰尃紡尃大小徐六寸簿也從寸叀聲
韻會一先

尃布也从寸甫聲大小徐韻會七虞

導導引也从寸道聲大小徐韻會十三號

皮剝取獸革者謂之皮从又爲省聲凡皮之屬皆从皮大小徐剝
取獸革者謂之皮從又爲省聲韻會四支从又持皮襜然李陽冰本

笓古文皮 大徐小徐 古作笓 韻會四支

㞾籒文皮 大徐小徐 籒作㞾 韻會四支

皰面生气也从皮包聲 大徐小徐韻會十九效 面生气也 一切經音義卷二 又卷六 又卷七 又卷二十 又卷九 又卷二十 又卷十七 面生熱气也 一切經音義卷十四 又卷十八 面生熱气曰皰 一切經音義卷二十二

皯面黑气也从皮干聲 大徐小徐韻會十五翰 無也字皮譌面

䨏柔韋也从北从皮省从㕣省凡䨏之屬皆从䨏讀若耎一曰若儁 大徐小徐從皮 從㕣皆無從字 柔韋也 廣韻二十二稕 柔皮革也 韻會十六銑

文田案䨏從皮省今本傳寫譌從瓦

㼱古文䨏 大徐小徐

𥜽籀文薆从𥜽省 大小徐

𥌾羽獵韋絝从薆弃聲 大小徐

褻或从衣从朕虞書曰鳥獸褻毛 大徐 虞書曰鳥獸褻毛從舼從衣 小徐褻譌褻

攴小擊也从又卜聲凡攴之屬皆从攴 大小徐 小擊也從又卜聲 韻會一屋 從卜從又 五經文字卷下 攴 九經字樣

啟教也从攴启聲論語曰不憤不啟 大小徐八蓨無曰字 韻會 教也 廣韻十一薺

徹通也从彳从攴从育 大小徐 通也從彳從攴育聲一曰相 小徐 通也從彳從攴育聲 韻會九屑 通也 華嚴音義卷七十六兩見 韻會九屑

𢼸古文徹 大小徐

肇擊也从攴肇省聲 大小徐 始也擊也從攴肁聲 韻會十七篠

敏疾也从攴每聲 大小徐 韻會十一軫 疾也 大禹謨正義

敃彊也从攴民聲 大小徐 韻會十一軫

敄彊也从攴敄聲 大徐 韻會十一軫 强也 廣韻十遇

敁迮也从攴白聲周書曰常敁常任 大小徐 迫笮也 梁孝王世家索隱

整齊也从攴从束从正正亦聲 大徐 齊也從攴從束正亦聲 小徐 韻會二十三梗

效象也从攴交聲 大小徐 韻會十九效

故使為之也从攴古聲 大小徐 韻會七遇

政正也从攴从正正亦聲 大徐 正也從攴正聲 小徐 韻會二十四敬

攱敷也从攴也聲讀與施同大小徐　敷也廣韻五旨

敷攱也从攴尃聲周書曰用敷遺後人大小徐　施也從攴尃韻會七虞

从尃施也廣韻十虞　敷五經文字卷下

敟主也从攴典聲大小徐

敽數也从攴麗聲大小徐　數也廣韻十一薺

數計也从攴婁聲大小徐　計也廣韻九麌

瀫辟瀫鐵也从攴从湅大徐無下從字小徐

孜汲汲也从攴子聲周書曰孜孜無怠大小徐　汲汲也從攴子聲韻會四支　孳孳汲汲也或作孜一切經音義卷八

攽分也从攴分聲周書曰乃惟孺子攽亦讀與彬同大徐無亦字小徐彬作

彲　分也廣韻十七真　頒分也洛誥正義

敤止也从攴旱聲周書曰敤我于艱大小徐　止也廣韻二十八翰　捍止也一切經音義卷二十四

敳有所治也从攴豈聲讀若豤大徐小徐豤作墾　有所治也從攴豈聲韻會十灰

敞平治高土可以遠望也从攴尚聲大小徐韻會二十二養遠望作望遠

敒理也从攴伸聲大小徐

改更也从攴己聲大徐韻會十賄　更也從攴巳聲小徐

變更也从攴䜌聲大小徐韻會十七霰

㪅改也从攴丙聲大小徐韻會二十四敬　㪅九經字樣廣韻四十三映

敕誡也臿地曰敕从攴束聲大徐韻會十三職小徐誡作誡束旁作攵是始

音丑力反釋詁釋文

敃使也从攴耴省聲大徐小徐耴譌取

斂收也从攴僉聲大徐小徐韻會二十九敬避收也一切經音義卷十二又卷十三

斁釋也从攴睪聲周書曰斁乃甲冑大小徐擇也書斁乃甲冑韻會二蕭

敿繫連也从攴喬聲周書曰敿乃干讀若矯大徐一小徐繫連也會有曰字

從攴喬聲周書敿乃干韻會十七篠

敆合會也从攴从合合亦聲大徐合會也從攴合聲小徐韻會十五合

合會也釋詁疏

敶列也从攴陳聲大小徐韻會十二震列也廣韻十七真

㪏仇也从攴啻聲大小徐會十二錫韻

㪕止也从攴求聲大徐省小徐止譌正韻會二十六

敓彊取也周書曰敓攘矯虔从攴兌聲大小徐彊作强

斁解也从攴睪聲詩云服之無斁斁猒也一曰終也大徐猒作厭小徐韻會十一陌無云字下斁字

赦置也从攴赤聲大小徐韻會二十二禡置也一切經音義卷十六寬免也一切經音義卷五

赦赦或从亦大小徐

攸行水也从攴从人水省大徐無下從字小徐本汝字行水也從攴人水省韻會十一尤唐本水行攸攸也其中作丨徐本行水也其中

作丨从攴从人从水省 六書故第十五

敓秦刻石嶧山文攸字如此 大徐 文上有石字 小徐 敓秦嶧山刻石文 六書故弟

十五

攽撫也从攴亾聲讀與撫同 大徐 小 撫古作攽 韻會七麌

敉撫也从攴米聲周書曰亦未克敉公功讀若弭 大徐 小 無也从

攴米聲周書亦未克敉公功 韻會四紙

侎敉或从人 大徐 小 或作侎 韻會四紙

敡侮也从攴从易易亦聲 大徐 小 侮也 韻會四寘

敱戾也从攴豈聲 大徐 小

敦怒也詆也一曰誰何也从攴𦎫聲 大徐 小 怒也詆也從攴𦎫聲

一曰誰何也韻會十三元　怒也詆也一曰誰何也韻會十灰

𢿱朋侵也从攴从羣羣亦聲大徐　朋侵也從攴羣小徐

敗毀也从攴貝敗賊皆从貝會意大徐　毀也從攴貝賦敗皆從貝

小徐　毀也從攴貝韻會十卦　毀也廣韻十七夬

𣀣籀文敗从賏大徐小　𣀣籀文廣韻十七夬　古作𣀣韻會十卦

𢿢煩也从攴从𤔔𤔔亦聲大徐　煩也從攴𤔔聲小徐　亂煩也一切經音

義卷六

寇暴也从攴从完大徐小徐又韻會二十六宥無下從字　暴也一切經音義卷十八　又卷二十一

暴音一切經音義卷七

敳刺也从攴蚩聲大徐小

⿰度攴閉也从攴度聲讀若杜 大○小徐 閉也從攴度聲 韻會七麌 杜塞閉也字乃作斁也 華嚴音義卷七十七 斁 一切經音義卷十九

剫⿰度攴或从刀 大○小徐 或作剫 韻會七麌

敜塞也从攴念聲周書曰敜乃穽 大○小徐 韻會十六葉無曰字 塞也書曰敜乃穽 廣韻三十帖

⿰畢攴盡也从攴畢聲 大○小徐

收捕也从攴丩聲 大○小徐 韻會十一尤

鼓擊鼓也从攴从壴壴亦聲 大○小徐 擊鼓也從攴壴壴亦聲讀若屬

小徐 擊鼓也从攴从豈豈亦聲蜀本説文曰从攴言其文然遠

聞也 六書故弟二十九 擊鼓也從攴壴亦聲 韻會七麌 擊鼓也 廣韻十姥

擊也字從攴 華嚴音義卷五十二

攷敂也从攴丂聲 大小徐 韻會十九皓丂譪句

敂擊也从攴句聲讀若扣 大小徐 擊也從攴句聲 韻會二十六宥 擊也

一切經音義卷二十五 敂 一切經音義卷十五

攻擊也从攴工聲 大小徐 韻會一冬

敲橫擿也从攴高聲 大小徐 徐無也字 小 敲橫擿也從攴高聲 韻會三肴 橫

擿也 一定二年釋文 又卷十二 一切經音義卷九 又卷十五兩見 又卷十一 又卷十六

豥擊也从攴豕聲 大小徐

敳放也从攴豈聲 大小徐

斄坼也从攴从厂厂之性坼果孰有味亦坼故謂之斄从未聲 大徐

（小徐孰作熟）

斀去陰之刑也从攴蜀聲周書曰刖劓斀黥（大小徐韻會三覺無曰字）去

陰刑（廣韻四覺）

敯冒也从攴昏聲周書曰敯不畏死（大小徐韻會十一軫無周曰字）

敔禁也一曰樂器椌楬也形如木虎从攴吾聲（大小徐韻會六語）

敤研治也从攴果聲舜女弟名敤首（大小徐）

敜持也从攴金聲讀若琴（大小徐）持止也讀若琴（廣韻五十二沁）

敼棄也从攴䍜聲周書以為討詩云無我敼兮（大小徐）棄也從攴

䍜聲詩無我敼兮（韻會十一尤）棄也（廣韻十八尤）

畋平田也从攴田周書曰畋尒田（大小徐一先無曰字）（韻會）

攺毅攺大剛卯卯以逐鬼彪也从攴巳聲讀若巳大小徐　毅攺大剛

卯以逐鬼彪也廣韻五旨

敘次第也从攴余聲大小徐韻會六語　次第也一切經音義卷一華嚴音義卷六十八

𣁀毁也从攴褱聲大小徐韻會十卦

𢾭毁也从攴早聲大小徐

𢾵戰也从攴兒聲大小徐

牧養牛人也从攴从牛詩曰牧人乃夢大徐無下从字小徐　養牛人也

從攴牛韻會一屋　養牛人也廣韻一屋　牧從牛釋地釋文

敕擊馬也从攴朿聲大徐小徐朿誃朿

𢿏小春也从攴算聲大小徐

敲𣀷田也从攴堯聲 大小徐

敎上所施下所效也从攴从孝凡敎之屬皆从敎 大徐無次從字 小徐 上所施下所效從攴孝 韻會十九效

𡥈古文敎 大小徐 古文作𡥈 韻會十九效

𤕝亦古文敎 大徐 𤕝古文 小徐

斆覺悟也从敎从冂冂尙矇也臼聲 大小徐 韻會三覺 覺悟也 廣韻四覺 書故弟九斆覺悟也从敎从冂冂尙矇也臼聲

學篆文斆省 大小徐 篆文省作學 韻會三覺 書故弟九學篆文 按兑命曰惟學斆

卜灼剥龜也象灸龜之形一曰象龜兆之從横也凡卜之屬皆从卜 大小徐 灼剥龜也象灸龜之形一曰象龜兆之從横也 韻會一屋

灼龜也象兆之縱橫也御覽卷七百二十五

卜古文卜大小徐古作卜韻會一屋

卦筮也从卜圭聲大小徐韻會十卦　筮也廣韻十五卦

𠮩卜以問疑也从口卜讀與稽同書云𠮩疑大徐　卜以問疑也從

口卜讀與稽同小徐　卜以問疑從口卜韻會八齊

貞卜問也从卜貝以為贄一曰鼎省聲京房所說大小徐　韻會八庚無所字

𠧞易卦之上體也商書曰貞曰𠧞从卜每聲大徐　小徐無也字脱從卜每聲句

易卦之上體也商書曰貞曰𠧞韻會十一隊

占視兆問也从卜从口大徐　視兆問也從卜口小徐　韻會十四鹽

卲卜問也从卜召聲大小徐

𠧨灼龜坼也从卜兆象形〔大小徐韻會十七篠〕兆分也〔廣韻三十小又云𠧨灼龜坼出文字指歸〕

𠧨古文兆省〔大小徐〕古文作𠧨〔韻會十七篠〕

用可施行也从卜从中衛宏說凡用之屬皆从用〔大小徐無次從字〕

可施行也從卜中〔韻會二宋〕衛宏說用从卜中聲〔六書故第三十二〕

𤰈古文用〔大小徐〕

甫男子之美稱也从用父父亦聲〔大小徐無也字〕男子之美稱也字

从父用〔廣韻九麌會七麌無字字〕甫〔九經字樣〕

庸用也从用从庚庚更事也易曰先庚三日〔大小徐無次從字〕用也

從庚從用庚更事也〔韻會二冬〕庸〔五經文字卷下〕

葡具也从用茍省大小徐韻會四寘　具也廣韻六至　備具也華嚴音義卷七十五

備五經文字卷下

甯所願也从用寧省聲大小徐韻會二十五徑　所願也廣韻四十六徑　甯五經文字

卷下

爻交也象易六爻頭交也凡爻之屬皆从爻大小徐　交也象易六爻頭交也韻會三肴　交也繫辭上釋文

楙藩也从爻从林詩曰營營青蠅止于楙大徐小徐無下從字引詩楙作樊　籬也

從二木交也韻會十三元

文田案韻會一條小徐作鍇曰

㸚二爻也凡㸚之屬皆从㸚大小徐

爾麗爾猶靡麗也从冂从㸚其孔㸚尒聲此與爽同意大徐小徐無下從字

麗爾猶靡麗也從冂其孔㸚㸚從尒聲此與爽同意韻會四紙

麗爾猶靡麗也廣韻四紙

爽明也从㸚从大大徐小徐又韻會二十二養無下從字明也華嚴音義卷

爽篆文爽大小徐篆文作爽韻會二十二養

說文解字攷異

四上

說文解字攷異四上

歸安姚文田輯

旻舉目使人也从攴从目凡旻之屬皆从旻讀若䰙大徐小徐無次從字

敻營求也从旻从人在穴上商書曰高宗夢得說使百工敻求得之傅巖巖穴也大徐　營求也從旻人在穴中商書高宗寤得說使百工營求得之傅巖巖穴也小徐　營求也從旻從人在穴商書使百工營求之野韻會二十四敬　營求也書敻求于野韻會十七霰　營求也玉篇旻部

閺低目視也从旻門聲宏農湖縣有閺鄉汝南西平有閺亭大小徐

低目視也宏農湖縣有閺鄉汝南西平有閺亭廣韻二十文　低目視也從旻聲又地名宏農湖縣有閺亭韻會十二文　閺作閺後漢董卓

傳注

夐大視也从大旻讀若𧢄 大徐 大視也從大旻聲讀若𧢄 小徐

目人眼象形重童子也凡目之屬皆从目 大徐 眼作目也 小徐 人眼象形重瞳子也 玉篇目部 廣韻一屋 人目也象形重童子也 韻會一屋 人眼也象形 一切經音義卷二

[illegible] 古文目 大小徐

文田案古文目據偏旁當作[illegible]

睍目也从目皀聲 大小徐 韻會十五潸韻

𥌒兒初生瞥者从目瞏聲 大徐 兒初生瞥者從目瞏聲讀若告之謂 調 小徐 兒初生蔽目者 廣韻二十八獮

眩目無常主也从目[敬避]聲大小徐韻會十七霰無也字無常主也一切經音義卷二十

眥目匡也从目此聲大小徐韻會八霽目匡也釋畜釋文文選西京賦注又吳都賦注又子虛賦注一切經音義卷十三目眶也文選盧子諒覽古注一切經音義卷二十眶也一切經音義卷二十目崖也一切經音義卷四

䀹目㫄毛也从目夾聲大小徐韻會十六葉目旁毛也一切經音義卷九又卷十三御覽卷三百七十四睫作䀹目㫄毛也一切經音義卷十八又卷二十四廣韻二十九葉睫目旁毛也釋鳥釋文

⿰目縣盧童子也从目縣聲大小徐

瞦目童子精也从目喜聲讀若禧大徐目童子精瞦也從目喜聲讀若爾雅禧福小徐

矏目旁薄緻宀宀也从目𢑴聲 大徐宀上有從字 小徐目旁薄緻矏矏也

從目𢑴聲 韻會一先 目旁也 玉篇目部

䀢大目也从目非聲 小徐

[臤/目]大目也从目臤聲 小徐

睅大目也从目旱聲 小徐 韻會十五潸 大目也 宣二年釋文又正義

睆睅或从完 小徐

文田案或體本大徐增繫傳乃後人妄加

暖大目也从目爰聲 小徐 韻會十三阮 大目也 廣韻二十四緩

䐽平目也从目㒼聲 小徐 韻會十四寒 平目也 廣韻二十六桓 平視也 一切

經音義卷十七

暉大目出也从目軍聲大徐小徐　大出目也一切經音義卷一

矕目矕矕也从目䜌聲大徐小徐韻會十五潸　韻　目矕矕也玉篇目部

睔目大也从目侖春秋傳有鄭伯睔大徐　小徐侖下有聲字

盼詩曰美目盼兮从目分聲大徐小徐　詩美目盼兮從目分韻會十六諫

目白黑分也一切經音義卷八

盱目多白也一曰張目也从目干聲大徐　多白也從目干聲小徐

目多白也一曰張目也廣韻二十八翰　目多白也一曰目張韻會十五翰

眅多白眼也从目反聲春秋傳曰鄭游眅字子明大徐小徐　多白眼

也從目反聲韻會十五刪　眼多白也春秋傳曰鄭游眅字子明一切

經音義卷一

睍出目也从目見聲大小徐韻會十六銑韻 目出皃也一切經音義卷一

矔目多精也从目雚聲益州謂瞋目曰矔大小徐韻會十五翰韻

瞵目精也从目粦聲大小徐韻會十一真又十二震無也字 目精也文選吳都賦注玉篇目部

窅深目也从穴中目大小徐韻會十七篠韻 深目皃玉篇目部

眊目少精也从目毛聲虞書耄字从此大小徐 目少睛也從目毛聲韻會二十號

矘目無精直視也从目黨聲大小徐韻會二十二養無也字 目精直視後漢梁冀傳注

睒暫視皃从目炎聲讀若白蓋謂之苫相似大徐小徐無讀字 暫視也文選海賦注又江賦注一切經音義卷一 蹔視也文選吳都賦注 暫視皃玉篇目部

眮吳楚謂瞋目顧視曰眮从目同聲 大小徐

䀣直視也从目必聲讀若詩云泌彼泉水 大小徐 毖作䀣直視也 詩泉水 釋文

文田案據釋文當作讀若泌詩云䀣彼泉水

瞴瞴婁微視也从目無聲 大小徐

盰蔽人視也从目幵聲讀若攜手一曰直視也 大小徐 蔽人視也一曰直視也 玉篇目部

𥃅盰目或在下 大小徐

睌睌睯目視皃从目免聲 大徐 小徐皃下有也字

眂眂皃从目氏聲 大徐 小徐皃下有也字

睨衺視也从目兒聲 大徐 小徐又韻會八霽並衺作邪 邪視也 哀十三年正義 文選思玄賦

注　又琴賦注　又頭陀寺碑　褎視也玉篇目部
文注　又西京賦注邪作斜

䀎低目視也从目冒聲周書曰武王惟䀎大小徐

䀐視高皃从目戉聲讀若詩曰施罛濊濊大徐皃下有也字小徐視高皃

廣韻十三末

眈視近而志遠从目冘聲易曰虎視眈眈大小徐十三覃無曰字韻會視近而志遠也玉篇目部

𨓑相顧視而行也从目从延延亦聲大徐小徐無也字　䀡作𨓑相顧視

而行也廣韻三十三線

盱張目也从目于聲一曰朝鮮謂盧童子曰盱大小徐韻會七虞　張目

也易豫釋文　仰目也列子釋文

睘目驚視也从目袁聲詩曰獨行睘睘大小徐　目驚視韻會八庚　睘

五經文字卷上

瞚視而止也从目亶聲大小徐　視而不止廣韻二十八獮　視而止也玉篇目部

眏目冥遠視也从目勿聲一曰久也一曰旦明也大小徐

眕目有所恨而止也从目㐱聲大小徐韻會十一軫

瞏睽也从目瞏聲大小徐韻會十七篠睽上有目字　睽也文選魯靈光殿賦注

睽察也从目祭聲大小徐韻會八霽　察也文選魏都賦注　又琴賦注又顏延年贈王僧達詩注

睹見也从目者聲大小徐韻會七麌　見也莊子秋水釋文

覩古文从見大徐　古文睹從見小徐　古作覩韻會七麌　覩古字莊子釋文

眔目相及也从目从隶省大徐　目相及也從目隶省聲讀若與隶同也小徐

睽目不相聽也从目癸聲大徐小徐 目不相視也從目癸聲韻會八齊

目不相視也易睽釋文一切經音義卷一 目少睛廣韻十二齊

眛目不明也从目末聲大徐小徐無也字

瞥轉目視也从目般聲大徐小徐

辨小兒白眼也从目辡聲大徐小徐

眽目財視也从目𠂢聲大徐小徐韻會十一陌 目邪視也廣韻二十一陌

⿰目脩失意視也从目脩聲大徐小徐 ⿰目條失意視也從目條聲韻會十二錫

⿰目條失意視文選魏都賦注

⿰目𦎫謹鈍目也从目𦎫聲大徐小徐

瞤目動也从目閏聲大徐小徐韻會十一真韻 目動也一切經音義卷四兩見 目搖

動也一切經音義卷十八

矉恨張目也从目賓聲詩曰國步斯矉大小徐恨張目也廣韻十七眞

䀢目無明也从目夗聲大徐韻會十四寒目無明也從目夗聲讀若宛

委小徐

睢仰目也从目隹聲大小徐仰目也易豫釋文仰目皃也一切經音義卷十二

旬目搖也从目勻省聲大小徐目搖也廣韻二十七銑目搖也從目韻會十七霰目搖動也一切經音義卷十二又卷十八瞤目搖也一切經音義卷二十

眴旬或从旬大徐旬或從目旬小徐

矆大視也从目蒦聲大小徐大視也文選海賦注

睦目順也从目坴聲一曰敬和也大小徐韻會一屋

畓古文睦 大小徐 古作畓 韻會一屋

文田案左傳陸渾公羊作賁渾當是音字之譌

瞻臨視也从目詹聲 大小徐韻會十四鹽

睯低目謹視也从目殺聲 大小徐韻會二十六厚

矌小視也从目買聲 大小徐

矙視也从目監聲 大徐末有也字小徐

瞂省視也从目啟省聲 大小徐

相省視也从目从木易曰地可觀者莫可觀於木詩曰相鼠有皮 大徐無次從字 小徐 省視也从目木易緯文地可觀者莫可觀於於木 韻會七陽

瞋張目也從目眞聲大小徐韻會十一眞　張目也廣韻十七眞　玉篇目部

眓祕書瞋从戌大小徐

⿰目鳥目孰視也从目鳥聲讀若雕大小徐孰作熟

睗目疾視也从目易聲大小徐疾作熟

睊視皃从目肙聲大徐小徐皃下有也字　視皃韻會一先

⿰目窅目深皃从目窅讀若易曰勿卹之卹大徐小徐皃下有也字　目深皃也一切經音義卷一

睼迎視也从目是聲讀若珥瑱之瑱大小徐　視也文選東都賦注

⿰目晏目相戲也从目晏聲詩曰⿰目晏婉之求大小徐　目相戲也玉篇目部

⿰目取短深目皃从目取聲大徐小徐皃下有也字取譌作取

眷顧也从目𢍏聲詩曰乃眷西顧大小徐韻會十七霰無曰字　顧也玉篇目部廣韻三十三線

視也大禹謨正義

督察也一曰目痛也从目叔聲大徐　察也從目叔聲一曰目病也小徐韻會二沃病作痛　察也一曰目痛也玉篇目部廣韻二沃　察也文選潘安仁楊荊州誄注　一切經音義卷十六　督五經文字卷上

睎望也从目稀省聲海岱之間謂眄曰睎大徐　望也從目希聲海岱之間謂眄曰睎小徐韻會五微眄作望　望也海岱之間謂睎一切經音義卷三　望也文選兩都賦序注又寡婦賦注又養生論注睎作希

看睎也从手下目大小徐韻會十四寒　睎也韻會十五翰

翰看或从倝大小徐　或作翰韻會十四寒又十五翰

瞫深視也一曰下視也又竊見也从目覃聲大小徐韻會二十七寑

睡坐寐也从目垂聲大小徐韻會四寘

瞑翕目也从目冥冥亦聲大小徐韻會二十五徑　翕目也從目冥韻會一先

翕目也玉篇目部　一切經音義卷十二廣韻一先　御覽卷三百九十三瞑作眠　目翕也一切經音義卷十二

又卷二十三　翕也一切經音義卷二十一

眚目病生翳也从目生聲大小徐韻會二十三梗　目病生翳也玉篇目部　一切經音義卷一

又卷十三　又卷十八　又卷
二十四　御覽卷七百四十

瞥過目也又目翳也从目敝聲一曰財見也大小徐韻會九屑　過目也

又目翳也廣韻十七薛　見也文選潘安仁河陽縣作注

眵目傷眥也从目多聲一曰瞢兜大小徐　目傷眥一曰瞢兜韻會四支

䁪兜眵也一切經音義卷九又卷十八又卷二十又卷二十䁪上有眼字又卷二十五無也字

䁪目眵也从目蔑省聲大○小徐韻會九屑目眵也玉篇目部廣韻十六屑䁪一切經音義卷

九

䀹涓目也从目攴聲大○徐小睊也從目攴聲小徐

眼目病也从目良聲大○徐小目病也御覽卷七百四十

眛目不明也从目未聲大○小徐韻會九泰目不明也文選吴都賦注

瞷戴目也从目閒聲江淮之閒謂眄曰瞷大○小徐戴目也從目閑

聲韻會十五刪戴目也釋畜釋文戴眼也一切經音義卷十四瞯戴目也文選

注七命

眯艸入目中也从目米聲大○小徐八薺艸作草韻會

眺目不正也从目兆聲大徐韻會十八嘯小徐無也字　目不正也御覽卷七百四十

視也一切經音義卷七

睞目童子不正也从目來聲大小徐韻會十一隊　目瞳子不正也一切經音義卷六又卷十又卷十四　童子不正也御覽卷七百四十一切經音義卷八童作瞳

睩目睞謹也从目录聲讀若鹿大小徐　目睞謹也從目录聲韻會一屋

脩眣也从目攸聲大小徐

𥃩目脩或从丩大小徐

眣目不正也从目失聲大小徐韻會四質

矇童矇也一曰不明也从目蒙聲大徐　童蒙也从目蒙聲一曰不明也小徐韻會一東　不明也文選曹子建王仲宣誄注　蒙謂童蒙也華嚴音義卷十

三

眇一目少也从目从少少亦聲 大徐 一目小也從目少亦聲 小徐 又一目少也從目少 韻會十七篠 一目小也 一切經音義卷一 又卷六 廣韻三十小 御覽卷七百四十 小目 易履釋文 一目小 玉篇目部

眄目偏合也一曰衺視也秦語从目丏聲 大徐 目偏合也從目丏聲一曰衺視也秦語 小徐 韻會十七霰無末二字 目偏合也 御覽卷七百四十 邪視也 一切經音義卷一 又卷二 又卷八 又卷九 又卷十 又卷十一 又卷十四 又卷二十二 邪視曰眄 一切經音義卷二十五 眄 五經文字卷上 衺視也秦語 玉篇目部

略眄也从目各聲 大徐 小徐 眄也 廣韻十八藥

盲目無牟子从目亾聲 大徐 小徐牟作眸 韻會八庚 目無眸也 御覽卷七百四十

瞰目陷也从目咸聲 大小徐 目陷也 一切經音義卷十三

瞽目但有眹也从目鼓聲 大小徐 韻會七麌 無目也 靈臺釋文春官序官釋文御覽卷七

瞍無目也从目叜聲 大小徐 韻會二十六厚

百四十

瞽惑也从目滎省聲 大小徐 營惑也 文選西京賦注 惑也 玉篇目部

瞟目小也从目巠聲 大小徐 小目也 玉篇目小

䀹捾目也从目叉聲 大小徐 捾目也 廣韻十三末

睇目小視也从目弟聲南楚謂眄曰睇 大小徐 小徐小下有衺字 韻會八霽 小邪視也 小宛正義

眱目小視也南楚謂眄曰睇 玉篇目部

瞚開闔目數搖也从目寅聲 大小徐 韻會十二震 開闔目數搖也 文選文賦

注瞚作瞬　開闔目也文選謝惠連詠牛女詩注　目開闔數搖也一切經音義卷二

目開合數搖也一切經音義卷十五瞚作瞬　目開閉數搖也一切經音義卷三又卷十八又卷二十二又卷二十五　瞬謂目開閉數搖也正體作瞚華嚴音義卷二十二

眙直視也从目台聲大小徐韻會四寘　眙直視也玉篇目部

眝長眙也一曰張目也从目宁聲大徐　長眙也從目宁聲一曰張眼小徐　長眙也一曰張眼也廣韻八語

盻恨視也从目兮聲大小徐　恨視貌從目兮聲韻會八霽　恨視也孟子音義

曊目不明也从目弗聲大小徐一切經音義卷八

睽仰目出也大小徐皆無此字

䀠左右視也从二目凡䀠之屬皆从䀠讀若拘又若良士瞿瞿大徐
小徐凡䀠譌作凡目

𥈈目圍也从䀠丿讀若書卷之卷古文以為醜字大徐　小徐𥈈作𥈈末無字字　目圍也从䀠古文以為醜字玉篇目部

𥄎目衺也从䀠从大大人也大小徐　目邪也廣韻十虞　𥄎目邪也九經字樣

眉目上毛也从目象眉之形上象頟理也凡眉之屬皆从眉大小徐

目上毛也从目象形圭象頟理韻會四支　目上毛也玉篇目部　一切經音義卷五

省視也从眉省从中大小徐韻會二十三梗　省視一切經音義卷二　視也玉篇目部

廣韻六脂　御覽卷三百六十五　省五經文字卷上

省古文从少从囧大徐　古文省從少囧小徐　古作省韻會二十三梗

盾瞂也所以扞身蔽目象形凡盾之屬皆从盾 大徐 瞂也所以扞身蔽目象形厂聲凡盾之屬皆從盾 小徐 瞂也瞂者所以蔽身扞目象形 韻會十一軫 瞂也所以捍身蔽目象形聲也 御覽卷三百五十六 咸也所以扞身蔽目家刑聲也 古唐類範卷百二十一 瞂也所以捍身蔽目也 一切經音義卷三 瞂也所以扞身蔽目也象形 玉篇盾部

瞂盾也从盾犮聲 大徐 小徐 韻會六月 瞂 一切經音義卷三

䂲盾握也从盾圭聲 大徐 小徐 盾握也 廣韻十二齊又十二蟹

自鼻也象鼻形凡自之屬皆从自 大徐 小徐 鼻也象鼻形 韻會四寘

𦣹古文自 大徐 小徐 古作𦣹 韻會四寘

𪞶宀宀不見也闕 大徐 宀宀譌宂宂 小徐 𪞶 繫傳疑義篇云説文𪞶與小篆𦤎小異

白此亦自字也省自者詞言之气从鼻出與口相助也凡白之屬

皆从白大徐作目無下也字小徐次自作目古作白韻會四寘

皆俱詞也从比从白大徐會九佳小徐又韻俱詞也廣韻十四皆

魯鈍詞也从白鮺省聲論語曰參也魯大小徐韻會七麌既白字無曰字小徐又韻會

者別事詞也从白𣅀聲𣅀古文旅字大徐二十一馬無字字者制

事之辭也一切經音義卷二十三

𣅀詞也从白𣅀聲𣅀與疇同虞書帝曰𣅀咨大徐詞也從白𣅀聲

虞書曰帝曰𣅀咨小徐

𥏼識詞也从白从亏从知大徐識詞也從白亏知小徐韻會四寘

𥏼古文𥏼大徐小徐

百十十也从一白數十百為一貫相章也大徐小徐百十千也從一

白數十十為一百百白也十百為一貫貫章也韻會十一陌

百古文百从自大徐　古文百小徐

鼻引气自畀也从自畀凡鼻之屬皆从鼻大徐　小徐從自下有從字　引氣

自畀也從自畀韻會四寘　引气自畀也六至（廣韻　玉篇鼻部）

齅以鼻就臭也从鼻从臭臭亦聲讀若畜牲之畜大徐　小徐無下從字

以鼻就臭也臭亦聲韻會二十六厚　齅五經文字卷上　以鼻就臭也玉篇鼻部

鼾臥息也从鼻干聲讀若汗大徐小徐　臥息聲也一切經音義卷十一　又卷十四

又卷十五　又卷十七　又卷十九

鼽病寒鼻窒也从鼻九聲大徐小徐韻會十一尤　病寒鼻窒月令釋文　寒鼻

塞也廣韻十八尤　病寒鼻塞也玉篇鼻部

𪖐臥息也从鼻隶聲讀若虺大小徐臥息也從鼻隶聲韻會四寘

皕二百也凡皕之屬皆从皕讀若秘大徐小徐秘作祕

奭盛也从大从皕皕亦聲此燕召公名讀若郝史篇名醜大小徐

盛也從大從皕皕亦聲又燕召公名韻會十一陌奭盛也釋言釋文

奭作奭廣韻二十二昔

奭古文奭大小徐古作奭韻會十一陌

習數飛也从羽从白凡習之屬皆从習大徐數飛也從羽白聲凡

習之屬皆從習小徐

翫習猒也从習元聲春秋傳曰翫歲而愒日大徐小徐猒作猒韻會十五翰春秋

傳曰作習猒也昭元年左傳釋文

羽鳥長毛也象形凡羽之屬皆从羽大徐 小 鳥長毛也象形韻會七麌

羽繫傳疑義與小篆羽小異

翨鳥之彊羽猛者从羽是聲大徐 小 鳥之彊羽猛者廣韻五寘

翰天雞赤羽也从羽倝聲逸周書曰文翰若翬雉一名鷐風周成王時蜀人獻之大徐倝譌作從幹 小徐 天雞赤羽也從羽倝聲逸書文翰若翬雉韻會十五翰 天雞赤羽也廣韻二十八翰 天雞也一名晨風御覽卷九百十八 毛長者曰翰文選長楊賦注

翟山雉尾長者从羽从隹大徐 山雉也尾長從羽從隹小徐韻會十二錫

翡赤羽雀也出鬱林从羽非聲大徐 赤羽雀也從羽非聲出鬱林小徐 赤羽雀從羽非聲韻會五未 翡翠青赤雀也御覽卷九百二十四 赤

雀 藝文類聚卷九十二

翠 青羽雀也出鬱林从羽卒聲 大小徐 韻會四寘 青羽雀也 僖二十四年正義

釋鳥疏 青雀也周書曰成王時蒼梧獻翡翠 藝文類聚卷九十二

翦 羽生也一曰矢羽从羽前聲 大小徐 翦 羽生也從羽歬聲 韻會十六

翁 頸毛也从羽公聲 大小徐 鳥頸毛也從羽公聲 韻會一東

翄 翼也从羽支聲 大小徐 韻會四寘 翅 翼也 文選鸚鵡賦注 一切經音義卷三 又卷十四

䎐 翄或从氏 大徐 翄或從羽氏 小徐 或作䎐 韻會四寘 䎐亦翅字 翼

翊 也 文選魏都賦注

䩐 翅也从羽革聲 大小徐

翹 尾長毛也从羽堯聲 大小徐 尾長毛也 韻會二蕭 羽之長毛也 文選

射雉賦注

翭羽本也一曰羽初生皃从羽侯聲 大徐 羽本也從羽侯聲一曰羽初生 小徐 羽本也一曰羽初生皃 廣韻十九侯 韻會十一尤

翮羽莖也从羽鬲聲 大小徐 韻會十一陌 羽莖也 一切經音義卷十

翑羽曲也从羽句聲 大小徐

羿羽之羿風亦古諸侯也一曰射師从羽幵聲 大小徐 羽之羿風亦古諸侯也一曰射師 廣韻十二霽 羽之羿風從羽幵亦古諸侯一曰射師或作弙 韻會八霽 羿 五經文字卷下

翥飛舉也从羽者聲 大小徐 韻會六御 飛舉也 一切經音義卷七

翕起也从羽合聲 大小徐 韻會十四緝 起也 一切經音義卷五 又卷十二 熾也 文選

苐四行韵會十六下鈌一字

射雉賦注

翭羽本也一曰羽初生皃从羽矦聲大徐　羽本也從羽侯聲一曰羽初生小徐　羽本也一曰羽初生皃廣韻十九侯韻會十一尤

翮羽莖也从羽鬲聲大小徐韻會十一陌　羽莖也一切經音義卷十

翑羽曲也从羽句聲大小徐

羿羽之羿風亦古諸矦也一曰射師从羽幵聲大小徐　羽之羿風亦古諸矦也一曰射師廣韻十二霽　羽之羿風從羽幵亦古諸侯一曰射師或作幵韻會八霽　羿五經文字卷下

翥飛舉也从羽者聲大小徐韻會六御　飛舉也一切經音義卷七

翕起也从羽合聲大小徐韻會十四緝　起也一切經音義卷五又卷十二　熾也文選

思玄賦注

翾小飛也从羽睘聲大小徐韻會一先　小飛也文選鷦鷯賦注一切經音義卷十三

翬大飛也从羽軍聲一曰伊雒而南雉五采皆備曰翬詩曰如翬

斯飛大徐小徐無五字如作有　大飛也從羽軍聲韻會五微　大飛也斯干釋文

一曰雉名伊雒而南雉素質五采皆備曰翬詩如翬斯飛韻會

五微

翏高飛也从羽从㐱大徐無下從字小徐

翩疾飛也从羽扁聲大小徐韻會一先　疾飛也一切經音義卷四　翩翩飛疾

皃文選王仲宣贈文穎詩注

翜捷也飛之疾也从羽夾聲讀若濇一曰俠也大徐小徐無次也字濇作澀

捷也飛之疾也从羽夾聲一曰俠也韻會十七洽

翊飛皃从羽立聲○大徐韻會十三職小徐貌下有也字

𦐔飛盛皃从羽从曰○大徐飛盛貌也從羽曰聲小徐

𦑊飛盛皃从羽之聲○大徐羽盛貌也從羽之聲小徐

𦑔𦑔翔也从羽皋聲○大小徐韻會四豪

翔回飛也从羽羊聲○大小徐回飛也文選西都賦注韻會七陽

翽飛聲也从羽歲聲詩曰鳳皇于飛翽翽其羽○大徐小徐皇作凰韻會九泰無曰字羽聲也卷阿釋文

翯鳥白肥澤皃从羽高聲詩云白鳥翯翯○大徐小徐云作曰韻會三覺無云字

𦒁樂舞以羽𦏲自翳其首以祀星辰也从羽王聲讀若皇大小徐

樂舞以羽翿自翳其首以祀星辰也 韻會七陽

翇樂舞執全羽以祀社稷也從羽犮聲讀若紱 大徐小徐無也字 樂舞執全羽以祀社稷也從羽犮聲 韻會五勿 樂舞執全羽以祀社稷也 廣韻八物

翿翳也所以舞也从羽𣪊聲詩曰左執翿 大小徐 翳也所以舞也從羽𣪊聲 韻會二十號

翳華蓋也从羽殹聲 大小徐韻會八霽蓋作葢

翣棺羽飾也天子八諸侯六大夫四士二下垂从羽妾聲 大小徐韻會十七洽

隹鳥之短尾總名也象形凡隹之屬皆从隹 大小徐 鳥之短尾總

名也韻會四支　鳥之短尾者總名廣韻六脂　鳥之短尾者揔名為隹
襄二年正義　鳥之總稱介雅長尾而从隹知非短尾之稱李陽冰本
六書故弟十九隹字皆寫作[illegible]

雅　楚烏也一名鸒一名卑居秦謂之雅从隹牙聲大徐　楚烏也一
名卑一名譽居秦謂之雅從隹牙聲韻會二十一馬小徐烏譌鳥　楚烏也
從隹牙聲一名鸒一名卑居秦謂之雅韻會六麻　楚烏也一名鸒
一名卑居秦謂之雅廣韻三十五馬小弁釋文卑作鵯　楚烏也一名鸒一名
鵯鶋秦云雅烏釋鳥釋文　楚烏釋鳥疏水經濕水注　雅即鴉字韻會六魚

隻　鳥一枚也从又持隹持一隹曰隻二隹曰雙大徐〇廣韻二十二昔小徐又韻
會十一陌枚下有曰隻兩字

雒鵋鵙也从隹各聲大小徐韻會十藥

闌令闌似鴝鵒而黃从隹両省聲大小徐

籀文不省大徐　籀文闌不省小徐

巂周燕也从隹屮象其冠也㕯聲一曰蜀王望帝婬其相妻慙亡

去化為子巂鳥故蜀人聞子巂鳴皆起云望帝大徐　小徐末有乎字燕作鷰

周燕也蜀王望帝淫其相妻慙亡去為子巂鳥故蜀人聞子

巂鳴皆起曰是望帝也釋鳥釋文　周燕也從隹屮象其冠也㕯聲

蜀之王先代有蠶叢魚鳧杜宇鷩令望帝化子巂今子規是也

韻會四支　蜀王望帝化為子規釋鳥疏　子巂也韻會八齊

雉鳥也从隹方聲讀若方大小徐

雀依人小鳥也从小隹讀與爵同大小徐　依人小鳥也從小隹韻會十藥　依人小鳥也事類賦注御覽卷九百二十二

雃鳥也从隹犬聲睢陽有雃水大小徐　雅鳥名又水名在睢陽廣韻十三佳

雗雗鷽也从隹倝聲大小徐

雉有十四種盧諸雉喬雉鳪雉鷩雉秩秩海雉翟山雉雗雉卓雉伊洛而南曰翬江淮而南曰搖南方曰𠳋東方曰甾北方曰稀西方曰蹲从隹矢聲大小徐　鳥名從隹矢聲有十四種盧諸雉喬雉鳪雉鷩雉秩秩海雉翟山雉雗雉卓雉伊洛以南曰翬江淮而南曰搖南方曰𠳋東方曰甾西方曰稀・西方曰蹲韻會四紙

𩀨古文雉从弟大小徐

雊雄雌鳴也雷始動雉鳴而雊其頸从隹从句句亦聲大徐　雌雉鳴也雷始動雉鳴而雊其頸從隹句句亦聲小徐二十六厚韻會　雄雉鳴也雷始動雉乃鳴而雊其頸高宗肜日正義　雄雉鳴也雉鳴而句其頸字从隹句小弁正義　雄雞之鳴為雊文選長笛賦注　雄雉鳴為雊也一切經音義卷十

雞知時畜也从隹奚聲大小徐韻會八齊　知時畜也廣韻十二齊

鷄籀文雞从鳥大小徐　鷄籀文廣韻十二齊

雛雞子也从隹芻聲大小徐韻會七虞　雞子也一切經音義卷四

鶵籀文雛从鳥大小徐　籀文作鶵一切經音義卷四

雡鳥大雛也从隹翏聲一曰雉之莫子為雡大徐 天鸙也從隹翏聲一曰雉之莫子為雡小徐 鳥大雛也一曰雉之莫子也釋鳥釋文 鳥大雛也文選吴都賦注又七命注

文田案小徐天鸙也與鳥部鷚字說解正同疑後人誤改

離黃倉庚也鳴則蠶生从隹离聲大徐小徐倉作蒼 黃倉庚也鳴則蠶生釋鳥釋文廣韻五支無也字 黃倉庚也鳴即蠶生也御覽卷九百二十三藝文類聚卷九十二無末也字 黃倉庚也從隹离聲韻會四支

雕鷻也从隹周聲大徐小徐韻二蕭 似鷲墨色多子李將軍傳索隱

鵰籀文雕从鳥大徐小徐 鵰籀文雕字韻會二蕭 鵰籀文廣韻三蕭

雁鳥也从隹瘖省聲或从人人亦聲大徐小徐 鳥也從隹從人瘖省

聲 韻會十蒸

鷹 籀文䧹从鳥 大徐小 籀作鷹 韻會十蒸

雄 䳟也从隹氏聲 大小徐 韻會四支

鴟 籀文雄从鳥 大小徐 今作鴟 韻會四支

䳠 雄也从隹垂聲 大小徐

雃 石鳥一名雝鷈一曰精刿从隹幵聲春秋傳秦有士雃 大小徐

石鳥從隹幵聲一名雝渠一曰精列 韻會一先 石鳥一名雝鷈一曰精列又秦公子名士雃 廣韻一先

雝 雝鷈也从隹邕聲 大徐 小徐鷈作渠 韻會二冬也作名

雂 鳥也从隹今聲春秋傳有公子苦雂 大徐 小徐 徐雂譌鵮

雁鳥也从隹从人厂聲讀若鴈大小徐　鳥也廣韻三十諫　或作雁韻會十六諫

䨇䨇黄也从隹黎聲一曰楚雀也其色黎黑而黄大小徐　其色黎黑而黄也釋鳥釋文

雐鳥也从隹虍聲大小徐

雃牟母也从隹奴聲大小徐　雃牟母也從隹如聲韻會六魚

鴽雃或从鳥大小徐　今文作鴽韻會六魚

雇九雇農桑候鳥扈民不婬者也从隹户聲春雇頒盾夏雇竊元秋雇竊藍冬雇竊黄棘雇竊丹行雇唶唶宵雇嘖嘖桑雇竊脂老雇鷃也大徐　小徐末作鷃鷃韻會七麌末無也字　九雇農桑候鳥扈民不婬

者也春雇鳻鶞夏雇竊玄秋雇竊藍冬雇竊黃棘雇竊丹行雇

唶唶宵雇嘖嘖桑雇竊脂老雇鷃也（廣韻十姥）扈作雇（桑扈釋文）鳸

作雇（釋鳥釋文）

雽雇或从雩（小徐大徐）鳸雽同（廣韻十姥）或作雽（韻會七麌）

鳸籀文雇从鳥（小徐大徐）鳸籀文（釋鳥釋文）籀文作鳸（韻會七麌）

䳺䧾屬从隹𦎧聲（大徐小徐屬下有也字）鶉鵪屬（韻會十一真）鶉鵪也（列子釋文）

鵪鶉也（一切經音義卷十五）（廣韻十八諄鶉鵪鶉也字林作雜）

䧾雒屬从隹酓聲（大徐小徐又韻會十三覃屬下有也字）鶉屬也一曰䳺母一曰

鴽（御覽卷九百二十四）

鵪籀文䧾从鳥（大徐小徐）籀文作鵪（韻會十三覃）

雉鳥也从隹支聲一曰雉度（大○小徐　韻會四支）

雁鳥肥大雁雁也从隹工聲（大○徐小　徐無也字）

鳿雁或从鳥（大○小徐）

䧢繳䧢也从隹㪿聲一曰飛䧢也（大○徐　小徐　飛䧢作飛㪿）　繳䧢也一曰飛

㪿也（廣韻二十八翰）

𨾴繳射飛鳥也从隹弋聲（大○小徐）

雄鳥父也从隹厷聲（大○小徐）　羽屬之父從隹厷聲（韻會一東）

雌鳥母也从隹此聲（大○小徐　韻會四支）　鳥母也（廣韻五支）

䍜覆鳥令不飛走也（从网隹）讀若到（大○小徐）　覆鳥令不得飛走也（廣韻三十六效）

覆鳥令不能飛（韻會十九效）

雋肥肉也从弓所以射隹長沙有下雋縣大徐小徐肥肉也從弓所以射隹一切經音義卷二十二韻會十六銑

隓飛也从隹陊聲大徐小徐飛也廣韻五支

奞鳥張毛羽自奮也从大从隹凡奞之屬皆从奞讀若睢大徐鳥張毛羽自奮從大隹凡奞之屬皆從奞讀若睢小徐鳥張毛羽自奮從大隹韻會十二震鳥張毛羽自奮奞也廣韻六脂

奪手持隹失之也从又从奞大徐無下從字小徐手持隹失之也從失從隹從又韻會七曷

奮翬也从奞在田上詩曰不能奮飛大徐小徐翬也從奞在田上韻會十三問

萑鵻屬从隹从𡯁有毛角所鳴其民有旤凡萑之屬皆从萑讀若和大徐小徐上屬下有也字鵻屬從隹從𡯁有生角韻會十四寒

蒦規蒦商也从又持萑一曰視遽皃一曰蒦度也大徐小徐貌下有也字規蒦商也从又持萑一曰蒦度也一曰視遽貌韻會十藥規蒦商也一曰度也韻會十一陌

彠蒦或从尋尋亦度也楚詞曰求矩彠之所同大小徐韻會十藥無曰字或作彠韻會十一陌彠亦矱字文選長笛賦注

雚小爵也从萑吅聲詩曰雚鳴于垤大小徐韻會十五翰無曰字鸛雀也後漢班固上注御覽卷九百二十五

舊鴟舊舊留也从萑臼聲大徐小徐又韻會二十六宥無下舊字

鵂舊或从鳥休聲大小徐　或作鵂韻會二十六宥

𦫳羊角也象形凡𦫳之屬皆从𦫳讀若乖大小徐

乖戾也从𦫳而𠧪𠧪古文別大小徐　戾也从𦫳而𠧪韻會九佳　乖九經

字樣

𥄕相當也闕讀若宀大小徐　相當也廣韻二仙

苜目不正也从𦫳从目凡苜之屬皆从苜莧从此讀若末大小徐　目

不正也韻會九屑　目不▣正廣韻十三末　目不正也从𦫳从目玉篇首部

瞢目不明也从苜从旬旬目數搖也大小徐韻會一東　目不明也文選月賦

注

莧火不明也从苜从火苜亦聲周書曰布重莧席織蒻席也讀與

蔑同 大徐無下從字 小徐 大不明周書云⿴布重首席 玉篇首部

蔑勞目無精也从首人勞則蔑然从戍 大小徐 勞目無精也从首

戍人勞則蔑然也 廣韻十六屑 戍上多從字無下也字 韻會九屑

芉祥也从𦫳象頭角足尾之形孔子曰牛芉之字以形舉也凡芉

之屬皆从芉 大徐作四牛芉 小徐頭角 祥也象四足角尾之形孔子

曰牛羊之字以形舉 御覽卷九百二 文類聚卷九十四 藝 從𦫳象頭角下象

足尾之形孔子曰牛羊之字以形舉也 韻會七陽 祥也 譌作詳 初學記卷二十九

五經文字卷上羊部 從𦫳象四足尾之形

文田按初學記引春秋說題辭羊者詳也詳以攷也似作詳亦通

芈芉鳴也从芉象聲气上出與牟同意 大徐無聲字 小徐 芉鳴也象氣

上出與牟同意 韻會四紙 羊鳴也 一切經音義卷十五 藝文類聚卷九十四 芈 五經文字

卷上

羙芊子也从芊照省聲大小徐韻會四豪芊子也初學記卷二十九御覽卷九百二藝文類聚卷九十四

羜五月生羔也从芊宁聲讀若煑大小徐五月生羔也從芊宁聲韻會六語五月生羔也初學記卷二十九御覽卷九百二藝文類聚卷九十四

䍮六月生羔也从芊敄聲讀若霧大小徐六月生羔也初學記卷二十九御覽卷九百二䍮犍六月生羊也藝文類聚卷九十四

羍小芊也从芊大聲讀若達大小徐達下有同字小羊也從羊大聲生民正義韻會七曷七月生羔也初學記卷二十九藝文類聚卷九十四御覽卷九百二生謪立

達小羊也生民釋文

羍羍或省大小徐　或作羍韻會七曷

䍫羊未卒歲也从羊兆聲或曰夷羊百斤左右為䍫讀若春秋盟于洮大徐小徐未有聲字　羊未卒歲也初學記卷二十九　御覽卷九百二　藝文類聚卷九十四

羝牡羊也从羊氐聲大小徐韻會八齊

羒牂羊也从羊分聲大小徐　牡羊也初學記卷二十九　御覽卷九百二牡譌壯

文田案爾雅羊牡羒牝牂苕之華傳牂牝羊也知大小徐本皆誤初學記得之

牂牡羊也从羊爿聲大小徐　牝羊也韻會七陽　牝羊也初學記卷二十九　御覽卷九百二

文田案牡字亦誤

羭夏羊牡曰羭从羊俞聲大○小徐韻會七虞

羖夏羊牝曰羖从羊殳聲大○徐小徐牝作牡　羊牡曰羖從羊殳聲韻會七虞

夏羊牡曰羖羊也孟子疏　夏羊牡曰羖廣韻十姥

羯羊羖犗也从羊曷聲大○徐小徐犗譌羠韻會六月

羠騬羊也从羊夷聲大○小徐　騬羊也一切經音義卷十六卷九百二初學記卷二十御覽

九騬譌乘

羳黃腹羊从羊番聲大○徐小徐　黃腹羊也從羊從番聲小徐　黃腹羊也

初學記卷二十九御覽卷九百二

羥羊名从羊巠聲大○徐名下有也字小徐　羊名也初學記卷二十九御覽卷九百二

⿱執羊羊名从羊執聲汝南平輿有⿱執羊亭讀若晉 大徐名下有也字 小徐 平輿

有⿱執羊亭 續漢郡國志注

羸瘦也从羊𣎆聲 大徐 小徐𣎆譌羸 瘦也從羊羸省聲 韻會四支 委也 御覽卷三百七十八又卷三百八十六委作痿

䍴羊相羵也从羊委聲 大徐 小徐

羵䍴羵也从羊責聲 大徐 小徐

羣輩也从羊君聲 大徐 小徐 韻會十二文 韻 輩也 廣韻二十文

羥羣羊相羵也一曰黑羊从羊垔聲 大徐從上有也字 小徐

䍶羊名蹏皮可以割桼从羊此聲 大徐 小徐 羊名蹏皮可·以割桼 廣韻五支

芙甘也从芈从大芈在六畜主給膳也美與善同意犬。徐五旨　廣韻小徐

無下從字　甘也從羊大與善同意韻會四紙

羌西戎从芉人也从人从芉芉亦聲南方蠻閩从虫北方狄从犬

東方貉从豸西方羌从芉此六種也西南僰人僬僥从人盖在坤

地頗有順理之性唯東夷从大大人也夷俗仁仁者壽有君子

不死之國孔子曰道不行欲之九夷乘桴浮於海有以也犬。徐小

徐首从、字作牧　西方牧羊人也南方蠻閩從虫北方狄從犬東方貊

從豸西方羌從羊大宛正義　西戎牧羊人也從人從羊韻會七陽　西

戎牧羊人字从人羊廣韻十陽　西戎牧羊人也字從羊人御覽卷八百三

十三　西戎牧羊人牧誓釋文　西方牧羊人匈奴傳索隱　南蠻从虫北

狄从犬西羌從羊唯東夷從大大人俗仁而壽有君子不死之國 廣韻六脂

𢇍古文羌如此 大小徐 𢇍古文 廣韻十陽

羑進善也从羊久聲文王拘羑里在湯陰 大小徐 進善也从善省久聲 韻會二十六厚

羴羊臭也从三羊凡羴之屬皆从羴 大小徐 羊臭也從三羊也凡羴之屬皆從羴相羶則臭禮月令曰其臭羶會意 小徐 羊臭也從三羊相羶則臭 韻會一先 羊臭也 一切經音義卷一

羶羴或从亶 大小徐 今文作羶 韻會一先 或作羶 一切經音義卷一

羼羊相廁也从羴在尸下尸屋也一曰相出前也 大徐 二十六產 廣韻

羑甘也从芊从大芊在六畜主給膳也美與善同意大徐五旨　小徐廣韻
無下從字　甘也從羊大與善同意韻會四紙
羌西戎从芊人也从人从芊芊亦聲南方蠻閩从虫北方狄从犬
東方貉从豸西方羌从芊此六種也西南僰人僬僥从人盖在坤
地頗有順理之性唯東夷从大大人也夷俗仁仁者壽有君子
不死之國孔子曰道不行欲之九夷乘桴浮於海有以也大徐小
徐首从字作牧　西方牧羊人也南方蠻閩從虫北方狄從犬東方貊
從豸西方羌從羊大宛正義　西戎牧羊人也從人從羊韻會七陽　西
戎牧羊人字从人羊廣韻十陽　西戎牧羊人也字從羊人御覽卷八百三
十三　西戎牧羊人牧誓釋文　西方牧羊人匈奴傳索隱　南蠻从虫北

狄从犬西羌從羊唯東夷從大人俗仁而壽有君子不死之國廣韻六脂

羗古文羌如此大小徐　羗古文廣韻十陽

羑進善也从羊久聲文王拘羑里在湯陰大小徐　進善也从善省久聲韻會二十六厚

文田案兩漢志蕩陰屬河内郡以蕩水得名唐貞觀元年始改名湯陰湯字後人妄改類篇亦誤

三羊相羴則臭韻會一先　羊臭也一切經音義卷一

羶羴或从亶大小徐　今文作羶韻會一先　或作羶一切經音義卷一

羼羊相廁也从羴在尸下尸屋也一曰相出前也大徐　廣韻二十六產

羊相厠也從𦏴在尸下尸屋也一曰相出前屋在初也小徐

瞿鷹隼之視也从隹从䀠䀠亦聲凡瞿之屬皆从瞿讀若章句之句大徐 小徐無從䀠二字 鷹隼之視也從隹䀠䀠亦聲韻會七遇 鷹隼之視也從隹䀠聲韻會七虞 鷹隼之視也玉篇䀠部

矍隹欲逸走也从又持之矍矍也讀若詩云穬彼淮夷之穬一曰視遽皃大徐 小徐未有也字 隹欲逸走也從从又持之矍矍也一曰視遽皃廣韻十八藥 隹欲逸走從又持之從二目矍矍也一曰視遽皃韻會十藥 視遽之皃後漢班固下注 瞿遠視皃吴王濞索隱 驚視皃也文選東都賦注

雔雙鳥也从二隹凡雔之屬皆从雔讀若醻大徐 小徐 雙鳥也廣韻十八

尤

靃飛聲也雨而雙飛者其聲靃然 大徐廣韻十九鐸小徐又韻會十藥雨作兩

雙隹二枚也从雔又持之 大小徐 從隹二枚從又又右手字右手持二隹也 韻會三江

雥羣鳥也从三隹凡雥之屬皆从雥 大小徐

⿱雥𣶒鳥羣也从雥𣶒聲 大小徐

雧羣鳥在木上也从雥从木 大徐 小徐無羣字也字 韻會十四緝無羣字 集若羣鳥在林木之上故曰集指事 釋言疏 隹在木上為集 襄二年正義

集雧或省 大小徐 或省作集 韻會十四集

鳥長尾禽總名也象形鳥之足似匕从匕凡鳥之屬皆从鳥 大小徐

長尾禽總名象形鳥之足似匕故从匕 韻會十七篠 長尾禽總名也象形 廣韻二十九篠 短尾羽衆禽揔名也 釋鳥釋文 羽禽之揔名象形字 釋鳥疏

鳳神鳥也天老曰鳳之象也鴻前麐後蛇頸魚尾鸛顙鴛思龍文龜背燕頷雞喙五色備舉出(於)東方君子之國翺翔四海之外過崐崘飲砥柱濯羽弱水莫宿風穴見則天下大安寧从鳥凡聲 大小徐 神鳥也天老曰鳳象麟前鹿(後)蛇頸魚尾龍文龜背燕頷雞喙五色備舉出(於)東方君子之國翺翔四海之外過風崙飲砥柱濯羽弱水莫宿風穴見則天下大安寧從鳥凡聲 莊二十二年正義頸作頭顙作額 卷阿正義 釋鳥疏外作內風作丹 釋鳥釋文不引從鳥凡聲句 神鳥也天老曰

鳳像麟前鹿後蛇頸而魚尾龍文龜背鸞頷鷄喙五色備舉出東方君子之國翱翔四海之外過崑崙飲砥柱濯羽弱水暮宿丹宮見則天下大安寧字從鳥凡聲也初學記卷三十御覽卷九百十五無而飲大字末也共五字宮作穴　神鳥也天老曰鳳之象鴻前麐後蛇頸魚尾鸛顙鴛思龍文龜背燕頷雞喙五色備舉從鳥凡聲韻會一送　鳳鳥出東方君子之國過崑崙飲砥柱濯羽弱水莫宿風穴御覽卷四十七　神鳥也出東方君子之國事類鳳賦注　神鳥也昭十二年正義藝文類聚卷九十

[illegible]古文鳳象形鳳飛羣鳥從以萬數故以為朋黨字大○徐小徐無上以字韻會十蒸文鳳作鳳字從作隨　古作[illegible]象形鳳飛羣鳥從以萬數故以為朋黨字韻會一送　朋鳥象形鳳飛羣鳥從以萬數故曰鵬為朋黨字

鳳飛則羣鳥從以萬數故鳳古作朋字卷阿正義釋鳥疏莊子逍遥遊釋文

御覽卷九百十五朋作鵬　鳳飛則羣鳥從之以萬數故古文鳳作朋字

莊二十二年正義　鳳飛則羣鳥從以萬數也初學記卷三十　九經字樣

亦古文鳳大徐　古文鳳小徐　亦古鳳字韻會十蒸　或作鵬韻會一送

亦古文六書故弟十九　朋及鵬皆古文鳳字莊子釋文

鸞亦神靈之精也赤色五采雞形鳴中五音頌聲作則至从鳥䜌聲周成王時氐羌獻鸞鳥大徐小徐　鸞者聖靈之精也赤色五采雞形鳴中五音頌聲作則至周書王會曰成王時氐羌獻鸞鳥

御覽卷九百十六　赤神靈之精也赤色五采雞形鳴中五音頌聲作則至周成王時氐羌獻焉藝文類聚卷九十九　赤神靈之精也赤色五

采雞形鳴中五音從鳥䜌聲韻會十四寒

鸑鷟鳳屬神鳥也从鳥獄聲春秋國語曰周之興也鸑鷟鳴於岐山江中有鸑鷟似鳧而大赤目大小徐韻會三覺無春秋曰三字江上有又字

鸑鷟鳳屬神鳥也文選琴賦注又司馬紹統贈山濤詩注御覽卷九百十五

鷟鸑鷟也从鳥族聲大小徐　鸑鷟鳳屬神鳥也從鳥族聲韻會三覺

鷫鷞也五方神鳥也東方發明南方焦明西方鷫鷞北方幽昌中央鳳皇從鳥肅聲大徐　鷫鷞也從鳥肅聲五方神鳥也東方發明南方焦明西方鷫鷞北方幽昌中央鳳皇小徐　五方神鳥東方曰發明南方曰焦明西方曰鷫鸘北方曰幽昌中央曰鳳皇續漢五行志注　鷫鷞也五方神鳥也東方發明南方焦明西方鷫

鷞北方幽昌中央鳳皇（廣韻一屋）

方焦明北方幽昌中央鳳皇（韻會七陽）　鸘鷞西方神鳥也東方發明南

⿰叜鳥司馬相如說从鳥叜聲（大徐 小徐說下有鸘字）　⿰叜鳥上同（廣韻一屋）

鷞鷫鷞也从鳥爽聲（大徐 小徐）

鳩鶻鵃也从鳥九聲（大徐 小徐 韻會十一尤）

鶌鶌鳩也从鳥屈聲（大徐 小徐）

鵻祝鳩也从鳥隹聲（大徐 小徐）　祝鳩也（一切經音義卷五 廣韻十七準 韻會十一軫）

隼鵻或从隹一一曰鶉字（大徐 小徐）　鷙鳥也（采芑正義 釋鳥疏）　鷙鳥也同

上（廣韻十七準）　徐本鵻祝鳩也从鳥隹聲或作隼从隹从一一曰

鶽字唐本鶽从鳥从隼隼从隹从卂省李陽冰曰隼卂省聲（侗）

按說文不呂為鷙鳥而詩疏引說文乃云隼鷙也說文固多異本邪从卂之說亦通非特取其聲亦取卂疾之義六書故弟十九

鶻鶻鵃也从鳥骨聲大小徐　鶻鵃韻會十一尤

鵃鶻鵃也从鳥舟聲大小徐

鶅桔鶅尸鳩从鳥箱聲大小徐　鶅秸鶅尸鳩廣韻一屋

鴿鳩屬从鳥合聲大小徐韻會十五合　鳩屬也御覽卷九百二十二

鴠渴鴠也从鳥旦聲大小徐韻會十五翰　可旦也御覽卷九百二十一

鶪伯勞也从鳥狊聲大小徐韻會十二錫伯作博

雝雝鶪或从隹大小徐

鷚天鸙也从鳥翏聲大小徐　鷚力幼反　鸙作蘥釋鳥釋文

鸒卑居也从鳥與聲大小徐 卑居也韻會六御

鷽雗鷽山鵲知來事鳥也从鳥學省聲大小徐韻會三覺無也字 知來事

鳥也釋鳥疏 山鵲知來事也御覽卷九百二十一 鵠即鵲也小而難中

賓之初筵釋文

雤鷽或从隹大小徐 或作雤韻會三覺

鷲鳥黑色多子師曠曰南方有鳥名曰羌鵝黃頭赤目五色皆備

从鳥就聲大小徐 鳥黑色多子師曠云南方有鳥名曰羌鷲黃

頭赤咽五色皆備一切經音義卷六 鳥黑色多子從鳥就聲韻會二十六厚

雕似鷲黑色多子李將軍傳索隱 鷲鳥黑色而多子者也華嚴音義卷六

十 鷲鳥黃頭赤目五色皆備文選鷦鷯賦注 鷲鳥黃頭赤目五色

皆備一曰鷗（御覽卷九百二十六）

鴞鴟鴞寧鴂也从鳥号聲（大小徐）　鴟鴞寧決也（韻會二蕭）

鴂寧鴂也从鳥夬聲（大小徐）　鶪鴂（韻會九屑）

⿰祟鳥鳥也从鳥祟聲（大小徐）

鴋澤虞也从鳥方聲（大小徐）　鶭作鴋（釋鳥釋文）

⿰截鳥鳥也从鳥截聲（大小徐）

⿰桼鳥鳥也从鳥桼聲（大小徐）

鴩鋪豉也从鳥失聲（大小徐）　鴩（釋鳥釋文）

鶤鶤雞也从鳥軍聲讀若運（大小徐）　鶤鷄也從鳥軍聲（韻會十三元）

⿰芺鳥鳥也从鳥芺聲（大小徐）

鴠鳥也从鳥旦聲 大小徐

鷦鷦鷯桃蟲也从鳥焦聲 大小徐 鷦鷯桃蟲也 小毖正義

鷯鷦鷯也从鳥眇聲 大小徐

鸇鳥少美長醜爲鸇離从鳥畱聲 大小徐 韻會十一尤

鷬鳥也从鳥堇聲 大小徐 韻會十四寒堇作莫 鷬鳥也 廣韻二十五寒

難鷬或从隹 大小徐 又作難 廣韻二十五寒 或從隹作 韻會十四寒

難古文鷬 大小徐 古作難難雖 韻會十四寒 難難並古文 廣韻二十五寒

難古文鷬 大小徐

雖古文鷬 大小徐

鵅欺老也从鳥各聲 大小徐 欺老鵅也 御覽卷九百二十八

鵵鳥也从鳥說省聲大徐 鳥也從鳥兑聲小徐

鴸鳥也从鳥主聲大小徐

鶻鳥也从鳥昏聲大小徐

鷞刀鷞剖葦食其中蟲从鳥㚇聲大小徐韻會二蕭刀作鴭葦下有皮字

鷗鳥也其雌皇从鳥匽聲一曰鳳皇也大徐小徐皇作凰 鳥也其雌皇

一曰即鳳皇也御覽卷九百十五 鳥也其雌皇韻會十三阮

鴲瞑鴲也从鳥旨聲大小徐

鵅烏鸔也从鳥各聲大小徐

鸔鳥鸔也从鳥暴聲大小徐

鶴鳴九皐聲聞于天从鳥隺聲大小徐 鳥名鳴九皐聲聞于天從

鳥隺聲 韻會十藥

鷺白鷺也从鳥路聲 大小徐 韻會七遇

鵠鴻鵠也从鳥告聲 大小徐 韻會二沃 黃鵠也 文選西都賦注 一切經音義卷四

鴻鴻鵠也从鳥江聲 大小徐 韻會一東

鶖秃鶖也从鳥尗聲 大小徐 鶖秃鶖也從鳥秋省聲 韻會十一尤

鶖秃鶖也 御覽卷九百二十五

文田案尗秋古音同類次立以為秋省聲韻會從之皆非是

鶖鶖或从秋 大小徐 或不省作鶖 韻會十一尤

鴛鴛鴦也从鳥夗聲 大小徐 韻會十三元

鴦鴛鴦也从鳥央聲 大小徐

鷄鷄鳩也从鳥叕聲大小徐

鵱蔞鵝也从鳥坴聲大小徐

鴚鴚鵝也从鳥可聲大小徐韻會五歌　鴚釋鳥釋文

鵝鴚鵝也从鳥我聲大小徐韻會五歌　鳴鵝也廣韻七歌

鴈鵝也从鳥人厂聲大小徐韻會十七諫人上有從字　徐本鵞也从鳥从人厂

聲唐本从仌从鳥六書故第十九

鵞舒鳧也从鳥敄聲大小徐韻會一屋　野鳧御覽卷九百十九　野鳧也藝文類聚

卷九十

鷖鳧屬从鳥殹聲詩曰鳧鷖在梁大徐屬下有也字　小徐鳧屬從鳥殹聲

韻會八齊

鷞鷿鳧屬从鳥契聲 大徐　鷞鷿也從鳥契聲 小徐　鷞鶂鳧屬 文選

南都賦注

鷿鷞鷿也从鳥辟聲 大小徐

鸏水鳥也从鳥蒙聲 大小徐　水鳥也 御覽卷九百二十八

鷸知天將雨鳥也从鳥矞聲禮記曰知天文者冠鷸 大小徐　知天

將雨鳥也從鳥矞聲逸周書知天文者冠鷸冠 韻會四質　知天將

雨鳥也 續漢輿服志注

遹鷸或从遹 大小徐

鸊鸊鷉也从鳥辟聲 大徐　小徐鷉作鳥

鷉鸊鷉也从鳥虒聲 大小徐　韻會八齊無也字

鸕鸕鷀也从鳥盧聲大小徐　鸕鷀水鳥也一切經音義卷二十

鷀鸕鷀也从鳥茲聲大小徐

鷧鷀也从鳥壹聲大小徐

鴔鴔鵖也从鳥乏聲大小徐

鵖鴔鵖也从鳥皀聲大小徐

鴇鳥也肉出尺胾从鳥𠂌聲大小徐韻會十九皓

鳵鴇或从包大小徐

鸈雝鸈也从鳥渠聲大徐小徐雝作鶅

鷗水鴞也从鳥區聲大小徐　水鴞也廣韻十九侯御覽卷九百二十五藝文類聚卷九十

韻會二十一尤

䳊鳥也从鳥犮聲讀若撥大小徐

鱅鳥也从鳥庸聲大小徐　鱅渠從鳥庸聲韻會二冬

鶃鳥也从鳥兒聲春秋傳曰六鶃退飛大小徐二錫無曰字六字　韻會十

鷊鶃或从鬲大小徐　鶃又作鶂鷊廣韻二十三錫　或作鷊一切經音義卷十九

通作鷊韻會十二錫

鶒司馬相如說鶃从赤大小徐　亦作鶒司馬相如說鶃從赤韻會十二

錫　鶃司馬相如作鶒一切經音義卷十九

鴺鶘污澤也从鳥夷聲大小徐　鴺鶘也一名洿澤御覽卷九百二十五

鵜鴺或从弟大小徐

鴗天狗也从鳥立聲大小徐

鶬麋鴰也从鳥倉聲大○小徐韻會七陽

䳟鶬或从隹大○小徐䳟同鶬廣韻十一唐

鴰麋鴰也从鳥𠯑聲大○小徐韻會七曷鴰釋鳥釋文

鵁鵁鶄也从鳥交聲一曰鵁鸕也大○小徐鵁鶄也從鳥交聲韻會三有

鵁鶄也曰鵁鸕御覽卷九百二十五鵁鶄也一切經音義卷十三

鶄鵁鶄也从鳥青聲大○小徐鵁鶄韻會八庚

鳽鵁鶄也从鳥幵聲大○小徐鵁鶄鳽也一曰鵁鸕藝文類聚卷九十二

⿰箴鳥⿰箴鳥鴜也从鳥箴聲大○小徐⿰箴鳥鴜也韻會十二侵

鴜⿰箴鳥鴜也从鳥此聲大○小徐

鷻雕也从鳥敦聲詩曰匪鷻匪鳶大○小徐韻會十四寒無曰字鳶作鳶鶉也從

敦而爲聲 詩四月正義

文田桉引詩鳶疑後人改

鳶鷙鳥也从鳥屰聲 大小徐 鳶鷙鳥也 韻會一先 六書故第十九云說文無鴟而有鳶鷙鳥也此即鴟字

鷳鴟也从鳥閒聲 大小徐韻會十五刪

鴶鷙鳥也从鳥缶聲 大小徐韻會十八嘯無也字 鷙鳥也 文選高唐賦注御覽卷九百二十六

鷢白鷢王鴡也从鳥厥聲 大小徐韻會六月 白鷢王雎也 釋鳥釋文 白鷢鷢也 御覽卷九百二十六 白鷢 釋鳥疏

鴡王鴡也从鳥且聲 大小徐韻會六魚

小徐當另列

鸛鸛專畐蹂如誰短尾射之銜矢射人从鳥雚聲 大徐小徐專畐蹂作鷒鶝鷚 雝作鸛

鸛鶾 廣韻二十五寒又二十六桓

鸇鷐風也从鳥亶聲 大小徐韻會一先 鸇晨風釋文 文十八年釋文 釋鳥釋文

鸇籀文鸇从廛 大小徐 籀作鸇 韻會一先

鷐鷐風也从鳥晨聲 大小徐

鷙擊殺鳥也从鳥執聲 大小徐 韻會四寘

鴥鸇飛皃从鳥穴聲詩曰鴥彼晨風 大小徐韻會 四質無曰字 鴥作鴪疾飛

貌晨風 釋文

八 庚

鶯鳥也从鳥焭省聲詩曰有鶯其羽 大小徐 鳥也從鳥熒省聲 韻會

鴝鴝鵒也从鳥句聲大小徐　鴝鵒鳥名從鳥句聲韻會七虞

鵒鴝鵒也从鳥谷聲古者鴝鵒不踰泲大小徐　鴝鵒也從鳥谷聲

韻會二沃

雗鵒或从隹从臾大徐無下從字小徐　或作雗韻會二沃

鷩赤雉也从鳥敝聲周禮曰孤服鷩冕大小徐韻會九屑無也字曰字

駿駿鸃鷩也从鳥夋聲大小徐韻會十二震　駿鵕鷩鳥也司馬相如傳索隱又佞幸傳索隱　鵕鷩也廣韻二十二稕

鸃駿鸃也从鳥義聲秦漢之初侍中冠駿鸃冠大小徐韻會四支無之字

漢初侍中服駿鸃冠韻會十二震

鷸雉屬戇鳥也从鳥適省聲大徐　雉屬戇鳥也從鳥矞聲小徐

鶡似雉出上黨从鳥曷聲大小徐 韻會七曷 似雉出上黨御覽卷九百二十四 藝文類聚卷九十

鴧鳥似鶡而青出羌中从鳥介聲大小徐 雀似鶡而青出羌中顏氏家訓勉學第八

鸚鸚䳇能言鳥也从鳥嬰聲大徐 初學記卷三十 鸚䳇也從鳥嬰聲小徐

鸚䳇能言鳥也御覽卷九百二十四 韻會八庚

䳇鸚䳇也从鳥母聲大小徐 鸚䳇能言鳥從鳥母聲韻會七麌 從鳥母聲初學記卷三十

鷮走鳴長尾雉也乘輿以為防釳著馬頭上从鳥喬聲大小徐 長尾雉走鳴乘輿尾為防釳著馬頭上車輦正義 釋鳥疏輿下有以字 長尾

雉走且鳴乘輿以為防釳著馬頭上 韻會二蕭

鷕雌雉鳴也从鳥唯聲詩曰有鷕雉鳴 大小徐十七篠無曰字 韻會 鷕匏有苦葉 釋文

鸓鼠形飛走且乳之鳥也从鳥畾聲 大小徐四紙無也字 韻會

鸓籀文鸓 大小徐

鶾雉肥鶾音者也从鳥軟聲魯郊以丹雞祝曰以斯鶾音赤羽去魯矦之咎 大小徐

鴳雇也从鳥安聲 大小徐 鷃鳸也從鳥聲 御覽卷九百二十一

鴆毒鳥也从鳥冘聲一名運日 大小徐 徐日作目 毒鳥也從鳥冘聲 韻會二十七沁 毒鳥也一名運日 莊三十二年正義

初學記文引孔子曰一條下尚有二句不言說文殆非原文

鷇鳥子生哺者从鳥𣪊聲 大小徐韻會二十六宥

鳴鳥聲也从鳥从口 大徐小徐从口作口聲韻會八庚無下從字

鶱飛皃从鳥寒省聲 大徐韻會十三元小徐貌下有也字 飛皃也 文選西京賦注又藉田賦注無也字

鳻鳥聚皃一曰飛皃从鳥分聲 大徐小徐兩貌下皆有也字 鳥聚皃一曰飛皃 廣韻二十文

鳶鷙鳥也 詩四月正義又旱麓正義無也字 大小徐皆無此字

烏孝鳥也象形孔子曰烏盱呼也取其助气故以為烏呼凡烏之屬皆从烏 大小徐 「孝鳥也孔子曰烏嗚呼也取其助氣故以為烏呼 初學記卷三十 孝鳥也象形 韻會七虞 孝鳥也 廣韻十一模御覽卷九百二十

𦐇古文烏象形 徐大小 𦐇古文烏字象反哺之形 韻會七虞 古作綴

絟 韻會七虞 九經字樣古文作𩿧

絟象古文烏省 徐大小 於古烏字 韻會四支 於即古烏字 匡謬正俗卷二

九經字樣 篆文作絟

舄 雒也象形 大小徐 十藥雒作鵲 韻會 廣韻十八藥云舄 篆文云古鵲字

雒篆文舄从隹䒑 徐大小 象文從隹昔聲 初學記卷三十 鵲作雒 表記釋文

廣韻十八藥云 鵲字林作雒

文田按舄雒同字說解有誤

焉焉鳥黃色出於江淮象形凡字朋者羽蟲之長烏者日中之禽

舄者知太歲之所在燕者請子之候作巢避戊己所賢者故皆

象形焉亦是也大小徐　烏黃色出江淮閒廣韻二仙　烏黃色象形

韻會一先　鳳者羽蟲之長也御覽卷九百十五　烏為日中之禽故為像

形也初學記卷三十　鵲知太歲之所在初學記卷三十事類鵲賦注　御覽卷九百二十一

藝文類聚卷九十二　齊魯之鳳作巢避戊己御覽卷九百二十二　作巢避戊己

廣韻三十二霰　藝文類聚卷九十二

說文解字攷異

四下

說文解字攷異四下　　歸安姚文田輯

𠦒箕屬所以推棄之器也象形凡𠦒之屬皆从𠦒官溥說大徐小徐棄作糞　箕屬廣韻五質

畢田罔也从𠦒象畢形微也或曰由聲大徐小田网也從田從𠦒　象畢形韻會四質　田罔也廣韻五質　罔也御覽卷八百三十二

𦾔棄除也从廾推𠦒棄釆也官溥說似米而非米者矢字大徐韻會十三問小徐無下棄字似作佀

𦾔捐也从廾推𠦒棄之从𠫓𠫓逆子也大徐小徐又韻會四寘之作也　捐也廣韻六至

弃古文棄大○徐小徐棄作弃弃古文廣韻六至古作弃韻會四寘

棄籒文棄大○徐古文棄小徐令文省作棄韻會四寘

冓交積材也象對交之形凡冓之屬皆从冓大○小徐交積材也象對交之形韻會二十六宥

再一舉而二也从一冓省大○小徐一隊無下一字韻會十

爯并舉也从爪冓省大○小徐古稱為爯今用秤謬華嚴音義卷三十五

幺小也象子初生之形凡幺之屬皆从幺大○小徐小也象子初生之形二蕭韻會小也文選文賦注ム不公也重ム為幺蒙昧之象也會意非象形李陽冰本徐本小也象子初生蜀本会也重ム為幺

幺象冃昧也亦象子初生之形吕餋正也林罕引說文與蜀本

同六書故弟三十三

幼少也从幺从力大°小徐韻會二十六宥少作小小也御覽卷三百八十四

丝微也从二幺凡丝之屬皆从丝大°小徐徐本微也从二幺蜀本

隱微意也从重幺省微之至也六書故弟三十三

幽隱也从山中丝丝亦聲大°小徐韻會十一尤無中字

幾微也殆也从丝从戍戍兵守也丝而兵守者危也大°徐小徐無首也字下從字韻會五微無下戍字末也字

叀專小謹也从幺省屮財見也屮亦聲凡叀之屬皆从叀大°小徐

專小謹也廣韻三十三線墨斗中形象車軸頭叀墨之形上畫平引

不从中也李陽冰本

𢆶古文叀 大小徐

𠧪亦古文叀 大小徐

惠仁也从心从叀 大徐會八霽無下從字 小徐又韻 仁也 一切經音義卷一

蕙古文惠从芔 大小徐

疐礙不行也从叀引而止之也叀者如叀馬之鼻从此與牽同意

大小徐 礙不行也從叀引而止之也叀如叀馬之叀與牽同意

韻會四寘 礙足不行與躓同 釋言釋文 車前重不前合从車宜上畫

平不从中矣 李陽冰本

【敬避】幽遠也黑而有赤色者為【敬避】象幽而入覆之也凡【敬避】之屬皆從

口 大小徐 幽遠也象幽而入覆之也又黑而有赤色者為【敬避】 韻會

一先　幽遠也文選張華勵志詩注　又陸機答張悛詩注　又江淹雜體詩注　又七命注

𠨧　古文[避諱]大小徐　古作幺韻會一先

玆　黑也从二[避諱]春秋傳曰何故使吾水玆大小徐韻會四支　黑也春秋傳曰何故使君水玆廣韻一先

旅　黑色也从[避諱]旅省聲大徐在新附小徐無此字　旅從[避諱]僖二十八年正義

予　推予也象相予之形凡予之屬皆从予大小徐　推予也象相與之形韻會六語　推與前人象兩手相與之形釋詁疏　相推予也匡謬正俗卷三韻會六魚　予九經字樣　推予前人也玉篇予部

舒　伸也从舍予予亦聲一曰舒緩也大小徐　伸也從舍予聲一曰舒緩也小徐　伸也從舍予聲韻會六魚　申也文選七命注　伸也一曰舒緩也玉篇予部

幻　相詐惑也从反予周書曰無或譸張為幻（大小徐韻會十六諫無周曰字）

相詐幻惑幻人從反予（御覽卷七百三十七）　相詐惑也（一切經音義卷九）　㓜（九經字樣）

放　逐也从攴方聲凡放之屬皆从放（大小徐）　逐也從攴放聲（韻會二十三漾）

敫　出游也从出从放（大徐）　出游也從出放（小徐韻會四豪無上出字）　敫（九經字樣廣韻六豪）

敫　光景流也从白从放讀若龠（大小徐）　敫讀如躍（建元以來王子矦者表索隱）

𠬪　物落上下相付也从爫从又凡𠬪之屬皆从𠬪讀若詩摽有梅（大徐小徐無次從字）　物落也上下相付也（韻會十七篠）

爰引也从𠬪从于籀文以為車轅字大徐小徐無次從字　引也從𠬪于韻會十三元

𤔔治也幺子相亂𠬪治之也讀若亂同一曰理也大徐小徐子作字

𤔔古文𤔔大小徐

受相付也从𠬪舟省聲大小徐韻會二十六厚

𤔕撮也从𠬪从己大小徐　撮也從𠬪乙聲小徐

爭引也从𠬪厂大小徐韻會八庚　彼此競引物也一切經音義卷二十四

𤔌所依據也从𠬪工讀與隱同大小徐　有所據也一切經音義卷九

寽五指持也从𠬪一聲讀若律大小徐

叡進取也从𠬪古聲大小徐韻會二十八感　進取也廣韻四十九感　叡九經字樣

𣪠籀文叡大徐小徐叡作敢　𣪠籀文廣韻四十九感

𣪝古文叡大徐小徐叡作敢　𣪝古文廣韻四十九感　古作𣪝𣪠韻會二十八感

𣦼殘穿也从又从歺凡𣦼之屬皆从𣦼讀若殘大徐　殘穿也從又從歺歺亦聲凡𣦼之屬皆從𣦼讀若殘小徐

叡溝也从𣦼从谷讀若郝大小徐韻會十藥

壑叡或从土大小徐　或從土作壑韻會十藥

𣦽𣦽𣦼深堅意也从𣦼从貝貝堅寶也讀若概大徐小徐無上也字

𣦸坑也从𣦼从井井亦聲大徐小徐也作地無下從字

叡深明也通也从𣦼从目从谷省大徐　深明也從𣦼從目從谷省小徐韻會八霽　深明也從目從谷省從𣦼一切經音義卷二十三

睿古文叡大小徐　或作睿韻會八霽

壡籀文叡从土大小徐　籀作壡韻會八霽

歺刿骨之殘也从半冎凡歺之屬皆从歺讀若蘖岸之蘖大小徐

刿骨之殘也廣韻十二曷　歺五經文字卷下

文田桉米部糱牙米也糱岸當為糱牙之誤

𣦵古文歺大小徐

𣧑病也从歺委聲大小徐

殙瞀也从歺昏聲大小徐　殙矜也莊子達生釋文

殰胎敗也从歺賣聲大小徐韻會一屋

歾終也从歺勿聲大小徐韻會六月　歿終也廣韻十一沒

𣨼歾或从𠬪 大小徐 又作歾 廣韻十一沒

𣨛大夫死曰𣨛从歺卒聲 大小徐

殊死也从歺朱聲漢令曰蠻夷長有罪當殊之申 大小徐 死也漢令曰蠻夷長有罪當殊之 莊子外篇釋文 死也從歺朱聲 韻會七虞 死也一曰斷也 昭二十三年釋文

殟胎敗也从歺𥁕聲 大小徐 暴無知也 一切經音義卷七又卷十二又卷十三

殤不成人也人年十九至十六死為長殤十五至十二死為中殤十一至八歲死為下殤从歺傷省聲 大徐無下人字 小徐

殂往死也从歺且聲虞書曰放勛乃殂落 大小徐 殂 字五經文字卷上

𣦸古文殂从歺从作 大徐無下從字 小徐

殛殊也从歺亟聲虞書曰殛鯀于羽山 大徐 小徐亟上有从字 韻會十三職無虞曰字 殊誅譌

殪死也从歺壹聲 大小徐 韻會八霽

壼古文殪从死 大小徐 古作壼 韻會八霽

𣩇死宗𣩇也从歺莫聲 大小徐 𣨼作𣩇死宗𣩇也 廣韻十九鐸

殯死在棺將遷葬柩賓遇之从歺从賓賓亦聲夏后殯於阼階殷人殯於兩楹之間周人殯於賓階 大徐 死在棺將遷葬柩賓遇之从歺賓賓亦聲夏后殯於阼階殷人殯于兩楹之間周人殯于賓階 小徐 韻會十二震 后下有氏字殷作商

殔瘞也从歺隶聲 大小徐 殔瘞也 文選宋元皇后哀策文注 瘞也 廣韻六至

殣道中死人人所覆也从歺堇聲詩曰行有死人尚或殣之 大徐小徐無次人字 道中死人所覆也從歺堇聲詩行有死人尚或堇之 韻會十二震 墐作殣道死人人所覆也 小弁釋文 道中死者人所覆也 昭三年釋文

殠腐气也从歺臭聲 大小徐韻會二十六宥無聲字

殨爛也从歺貴聲 大徐小徐爛作爛

㱙腐也从歺丂聲 大小徐 㱙或為朽字 月令釋文

朽㱙或从木 大徐小徐木作朽

殆危也从歺台聲 大小徐韻會十賄

殃咎也从歺央聲 大徐韻會七陽 小徐咎譌合 凶也 易坤釋文

殘賊也从歺戔聲大小徐　戔賊也從二戈或作殘從歺戔聲韻會十四
寒　贓也廣韻二十五寒
殄盡也从歺㐱聲大小徐　韻會十六銑
𣦸古文殄如此大小徐
殲微盡也从歺韱聲春秋傳曰齊人殲于遂大小徐無傳字　微盡也
春秋齊人殲于遂韻會十四鹽
殫殛盡也从歺單聲大徐　小徐又韻會十四寒殛作極　盡也文選褚白馬賦注
殬敗也从歺睪聲商書曰彝倫攸殬大徐　小徐彝作夷殬作數　韻會七遇無曰字
斁作殬雲漢釋文
𣨻畜產疫病也从歺羸聲大徐　小徐羸作羸

殪殺羊出其胎也从歺豈聲 大○小徐
殈禽獸所食餘也从歺从肉 大○小徐
殖脂膏久殖也从歺直聲 大○小徐
殆枯也从歺古聲 大○小徐 枯也 廣韻十一模
殑棄也从歺奇聲俗謂死曰大殑 大徐棄作弃 小徐 棄也 廣韻五支
死澌也人所離也从歺从人凡死之屬皆从死 大○徐 小徐無次從字 澌
也人所離也從歺從人 韻會四紙 澌也人所離也 廣韻五旨
𣦸古文死如此 大○小徐
薨公侯殍也从死瞢省聲 大○小徐 韻會十蒸殍作卒 公矦卒也 廣韻十七登
薧死人里也从死蒿省聲 大○小徐

㱦戰見血曰傷亂或為惛死而復生為㱦从死次聲 大徐 小徐

戰見血曰傷亂或為惛死而復生為㱦 廣韻六至

冎剔人肉置其骨也象形頭隆骨也凡冎之屬皆从冎 大小徐 剔

人肉置其骨也象頭隆骨也 韻會二十一馬

𠛱分解也从冎从刀 大小徐 韻會九屑 剮 廣韻十七薛

髀別也从冎卑聲讀若罷 大小徐

骨肉之覈也从冎有肉凡骨之屬皆从骨 大小徐 肉之覈也從冎

有肉 韻會六月 肉之覈也 廣韻十一沒 躰之質也肉之核也 御覽卷三百七

十五

髑髑髏頂也从骨蜀聲 大小徐 韻會一屋 髑髏頂也 藝文類聚卷十七 髑髏

頭也 御覧卷三百七十四

髆肩甲也从骨尃聲 大小徐藥甲下有髆字 韻會十 肩髆字 漢武紀注 肩田也

甲髆也 一切經音義卷十八 肩胛也 御覧卷三百六十九

文田案一切經音義田也二字即甲也之譌

髃肩前也从骨禺聲 大小徐 韻會二十六厚 肩前也 車攻釋文 公羊桓四年釋文 文選子虛賦注

骿并脅也从骨并聲晉文公骿脅 大徐 韻會一先 小徐無也字 無公字 并脅也 御覧卷三百七十一 駢脅并也 僖二十三年釋文 脅并幹也 僖二十三年正義

髀股也从骨卑聲 大小徐 韻會四紙 股外也 釋畜釋文 文選七命注 又卷十四 又卷二十四 一切經音義卷三 股外曰髀也 一切經音義卷十二 又卷十九無也字 御覧卷三百七十二

跸古文髀大小徐　髀古文作跸華嚴音義卷四十八　古作跸韻會四紙

髁髀骨也从骨果聲大小徐一切經義卷十一　髁骨也廣韻八戈

䯙臀骨也从骨厥聲大小徐

髖髀上也从骨寬聲大小徐韻會十四寒無也字　髖上也一切經音義卷二又卷十四又卷十七

髕厀耑也从骨賓聲大徐會十一軫厀作膝小徐又韻　厀骨也一切經音義卷三又卷四華嚴音義又卷五　膝骨曰髕也一切經音義卷十二又卷七無也字　膝骨關華嚴音義卷七十三

䯏骨耑也从骨昏聲大小徐

䯒厀脛閒骨也从骨賁聲大徐小徐厀作膝

骹脛也从骨交聲大小徐韻會三肴　脛也文選西京賦注

骭骹也从骨干聲大小徐韻會十五翰　骹也詩駉正義

骸脛骨也从骨亥聲大小徐韻會九佳

髊骨中脂也从骨隓聲大小徐韻會四紙無也字　髓作髊骨中脂也廣韻四紙

髓骨中脂也御覽卷三百七百五脂譌指

䯝骨閒黃汁也从骨易聲讀若易曰夕惕若厲大徐小徐汁作汗無讀若二字

骨閒黃汁也匡謬正俗卷六

體總十二屬也从骨豊聲大小徐韻會八薺

䯦痛病也从骨麻聲大小徐韻會五歌

骾食骨留咽中也从骨㪅聲大小徐韻會二十三梗　哽謂食肉停骨在喉

內也華嚴音義卷七十七

骼禽獸之骨曰骼从骨各聲大徐曰謞作也小徐　禽獸之骨曰骼韻會十一

陌

骴鳥獸殘骨曰骴骴可惡也从骨此聲明堂月令曰掩骼薶骴骴

或从肉大徐　鳥獸殘骨曰骴骴可惡也從骨此聲明堂月令曰

掩骼埋骴小徐韻會四寘明堂作禮記無曰字

骫骨耑骫㚖也从骨丸聲大徐　骨耑骫㚖也從骨丸小徐韻會四紙

骨曲直也列子釋文

髖骨擿之可會髮者从骨會聲詩曰髖弁如星大徐小　骨擿之可

會髮者詩髖弁如星從骨會聲韻會九泰　骨擿之可會髮者詩云

髖弁如星廣韻十四泰　會作髖洪澳釋文

月胾肉象形凡肉之屬皆从肉大○小徐　胾肉象形韻會一屋　五經文字卷上
說文肉字在左右上下皆作月　肉繫傳疑義云說文字體與小篆月異
腜婦始孕腜兆也从肉某聲大○徐　小徐始作胎
肧婦孕一月也从肉不聲大○小徐韻會十灰　婦孕一月也釋詁釋文又疏
婦孕一月為肧一切經音義卷七又卷十三
胎婦孕三月也从肉台聲大○小徐韻會十灰　婦孕三月也釋詁疏廣韻十六咍
二月為胎一切經音義卷七又卷十三
肌肉也从肉几聲大○小徐韻會四支　肉也文選西京賦注
臚皮也从肉盧聲大○徐　臚皮也從肉廬省小徐韻會六魚末有聲字
膚籀文臚大○小徐

肫面頯也从肉屯聲大小徐韻會十一真

膫頰肉也从肉幾聲讀若畿大小徐韻會十一真

脣口耑也从肉辰聲大小徐韻會十一真　口端也御覽卷三百六十八

頤古文脣从頁大小徐韻會十一真古作頤

脰項也从肉豆聲大小徐韻會二十六宥　項也襄十八年正義御覽卷三百六十九

肓心上鬲下也从肉亡聲春秋傳曰病在肓之下大小徐　心上鬲

也左傳膏之上肓之下韻會七陽　胸心上膈也御覽卷三百七十一　心下

鬲上也成十年正義　隔也後漢鄭元注

腎水藏也从肉臤聲大小徐韻會十一軫　水藏也御覽卷三百七十二又卷三百七十六

肺金藏也从肉市聲大小徐韻會十一隊　火藏也一切經音義卷四又卷二十　肺

水藏 御覽卷三百七十二 又卷三百七十六

文田按嚴氏據月令疏引五經異義云今文尚書歐陽説肝木也心火也脾土也肺金也腎水也古尚書説脾木也肺火也心土也肝金也腎水也謂今本傳寫有誤

脾土藏也从肉卑聲 大○小徐 韻會四支 土藏也 廣韻五支 金藏也 御覽卷三百七十二 又卷三百七十六

肝木藏也从肉干聲 大○小徐 韻會十四寒 火藏也 御覽卷三百七十六

膽連肝之府从肉詹聲 大○小徐 府下有也字 小徐 連肝之府也從肉詹 韻會二十八感 連肝之府也 御覽卷三百七十六

胃穀府也从肉図象形 大○小徐 図上有從字 韻會四寘 穀府也 御覽卷三百七十六 廣韻八

未

脬脝光也从肉孚聲大徐韻會三肴小徐又一切經音義卷十一脝作膀　脝光也一切經音義卷三又卷十五作膀胱

腸大小腸也从肉昜聲大小徐韻會七陽　大小腸也御覽卷三百七十六

膏肥也从肉高聲大小徐韻會四豪

肪肥也从肉方聲大小徐韻會七陽　肥也一切經音義卷十二又卷十六

膺胷也从肉雁聲大小徐韻會十蒸　胸也文選長笛賦注　胷也一切經音義四御覽三百七十一　匈也後漢張衡傳注一切經音義卷十二　膺五經文字卷上

肊胷肉也从肉乙聲大小徐韻會十三職　臆胷骨也御覽卷三百七十一

臆肊或从意大小徐　或作臆韻會十三職　臆胸也文選登樓賦注

背𦟝也从肉北聲大小徐韻會十一隊 脊也御覽卷三百七十一

脅兩膀也从肉劦聲大小徐韻會十六葉御覽卷三百七十一膀作旁

膀脅也从肉旁聲大小徐

髈膀或从骨大小徐

脟脅肉也从肉寽聲一曰脟腸間肥也一曰膫也大小徐

肋脅骨也从肉力聲大小徐韻會十三職 脅骨也從肉從力一切經音義卷十五

脅骨也從肉一切經音義卷二又卷十四又卷二十二 脅骨也僖二十三年正義 續漢五行志二注

胂夾𦟝肉也从肉申聲大小徐 夾脊肉也御覽卷三百七十五 韻會四支無也字

脢背肉也从肉每聲易曰咸其脢大小徐韻會十灰無曰字 背脊肉也易咸

釋文　背肉也　易咸正義　御覽卷三百七十五

肩髆也从肉象形　大小徐韻會一先　髆也　御覽卷三百六十九

肩俗肩从户　大小徐　或從户作肩　韻會一先

胳亦下也从肉各聲　大徐小徐亦作掖　腋下也　一切經音義卷五又同

胠亦下也从肉去聲　大徐小徐亦作掖　腋下也　襄二十三年正義　胠　韻會十六葉

臂手上也从肉辟聲　大徐小徐無也字　韻會四寘

臑臂羊矢也从肉需聲讀若襦　大徐小徐讀謕謂　臂羊矢也從肉需聲

韻會二十號　臂羊矢讀若襦　少儀釋文　臑讀為儒　鄉射禮釋文

肘臂節也从肉从寸寸手寸口也　大徐小徐又韻會二十六厚無下從字　臂節也

成二年正義

膪肶膪也从肉䶒聲 大小徐 韻會八齊 肶膪也 御覽卷三百七十一 𦢊膪 一切經音義卷二十五 膍臍作𦢊膪 廣韻十二齊

腹厚也从肉复聲 大小徐 韻會一屋 厚也 御覽卷三百七十一

腴腹下肥也从肉臾聲 大小徐 腹下肥也 御覽卷三百七十八 一切經音義卷四 又卷八 又卷十九 又卷二十 韻會七虞 腹下肥者也 文選七發注 七命注無也字 又廣韻六脂 御覽卷三百七十六作尻

脽尻也从肉隹聲 大小徐 韻會四支 尻也

脥孔也从肉決省聲讀若決水之決 大小徐

胯股也从肉夸聲 大小徐 䏶 五經文字卷上云胯經典相承隷省

股髀也从肉殳聲 大小徐 韻會七麌 髀也 一切經音義卷九 又卷十 又卷十二 又卷十四 又卷十六 又卷二十 又卷二十二 御覽卷三百七十二

腳　脛也从肉卻聲大○徐小徐脛作腵

脛　胻也从肉巠聲大○小徐韻會二十五徑　胻也御覽卷三百七十二　腳胻也一切經音義卷八又卷二十一

胻　脛耑也从肉行聲大○徐小徐無也字

腓　脛腨也从肉非聲大○小徐　脛腨也韻會五微　腨也一切經音義卷三

腨　腓腸也从肉耑聲大○小徐一切經音義卷二　腓腸也一切經音義卷十御覽卷三百七十二　腸也一切經音義卷三

胑　體四胑也从肉只聲大○小徐韻會四紙

肢　胑或从支大○小徐　今文作肢韻會四支

胲　足大指毛也从肉亥聲大○小徐韻會十灰　足大指也一切經音義卷二

肖骨肉相似也从肉小聲不似其先故曰不肖也大徐小徐骨肉相似也從肉小聲人言不似其先故曰不肖韻會十八嘯骨肉相似曰肖從肉小聲令言不肖者不似也謂骨肉不似其先故曰不肖一切經音義卷八骨肉相似也不似其先故曰不肖堯典釋文骨肉相似曰肖一切經音義卷十一

敬避子孫相承續也从肉从八象其長也从幺象重累也大徐子孫相承續也從肉從八象其長也幺亦象重累也小徐韻會十二震子孫相承續也一切經音義卷九子孫相承續曰敬避一切經音義卷十三又卷二十二末有也字

𦙍古文敬避大徐小徐無下一字古作𦙍韻會十二震

胄【敬避】也从肉由聲大小徐韻會二十六宥　【敬避】也舜典正義崧高正義　胄也廣韻四十九宥

肎振肎也从肉八聲大小徐無肎字　唐本脤肎也从肉从八徐本振肎也八聲六書故第十二

膻肉膻也从肉亶聲詩曰膻裼暴虎大小徐　肉膻也廣韻二十三旱

臁益州鄙言人盛諱其肥謂之臁从肉襄聲大小徐韻會二十二養謂之二字作曰

腊臞也从肉皆聲大小徐

臞少肉也从肉瞿聲大小徐韻會七虞　少肉也一切經音義卷十二

脫消肉臞也从肉兌聲大小徐韻會七曷

脙齊人謂臞脙也从肉求聲讀若休止大小徐

臠臞也从肉䜌聲一曰切肉臠也詩曰棘人臠臠兮大小徐　臞也

從肉臠聲一曰切肉臠也韻會十六銑　臞也一曰切肉也廣韻二十八獮

膌瘦也从肉脊聲大○小徐韻會十一陌　瘦也一切經音義卷二又卷十一又卷十五

瘠瘦也一切經音義卷十又卷二十二御覽卷三百七十八　薄也瘦也一切經音義卷十一

㾈古文膌从疒从朿朿亦聲大○徐小徐無下從字　古作㾈韻會十一陌

脅駭也从肉丞聲讀若丞大○小徐　升也從肉丞聲韻會十蒸

胗脣瘍也从肉㐱聲大○小徐韻會十一軫無也字　脣瘍也文選風賦注一切經音義卷六

廣韻十六軫

㾖籀文胗从疒大○小徐　㾖籀文廣韻十六軫　籀文作㾖一切經音義卷六

籀作㾖韻會十一軫

脞瘢胝也从肉坐聲大○徐小徐瘢作跟　瘢胝也一曰馬及鳥頸上結骨

李舟說 韻會四支

胝腄也从肉氐聲 大小徐韻會四支

肬贅也从肉尤聲 大小徐韻會十一尤 贅也 一切經音義卷十六 又卷二十 疣贅也 御覽卷七百四十

黕籒文肬从黑 大小徐 籒文作黕 韻會十一尤 又作黕 一切經音義卷十六

肒搔生創也从肉丸聲 大小徐

腫癰也从肉重聲 大小徐韻會二腫 癰也 廣韻二腫

肤骨差也从肉失聲讀與跌同 大徐小徐與作若

脪創肉反出也从肉希聲 大小徐 瘡肉反出也 廣韻二十四焮 肉反出也 一切經音義卷二十五

朋瘕也从肉引聲一曰遽也大小徐瘕也一曰遽也廣韻十六軫瘕也一切經音義卷九

臘冬至後三戌臘祭百神从肉巤聲大徐戌譌戊小徐冬至後三戌臘祭百神初學記卷四御覽卷三十三韻會十五合末有也字冬至後祭百神後漢明紀注

膢楚俗以二月祭飲食也从肉婁聲一曰祈穀食新曰離膢大小徐又韻會七虞無離字楚俗十二月祭飲食也一曰專新穀食新曰離·膢日也古唐類範卷百五十五初十二月祭飲食也一曰嘗新聲食前曰貙膢御覽卷三十三冀州北部以月朝作食為膢祭初學記卷八

朓祭也从肉兆聲大小徐

胙祭福肉也从肉乍聲大小徐韻會七遇

隋裂肉也从肉从隓省 大徐小徐無下從字

膳具食也从肉善聲 大小徐韻會十六銑 又十七霰　具食也 文選閒居賦注 一切經音義卷二 又卷六 又卷十四

腬嘉善肉也从肉柔聲 大小徐　嘉善肉也 韻會十一尤

肴啖也从肉爻聲 大小徐韻會三肴　雜肉也 初學記卷二十六

腆設膳腆腆多也从肉典聲 大小徐韻會十六銑 小徐無重腆字

費古文腆 大小徐　或書作費 韻會十六銑

腯牛羊曰肥豕曰腯从肉盾聲 大小徐韻會六月　牛羊曰肥豕曰腯 廣韻十一沒

羊曰肥豕曰腯 詩我將釋文

䏟肥肉也从肉必聲 大小徐

胡　牛頤垂也从肉古聲大小徐韻會七虞　牛頷垂也廣韻十一模　牛垂頷也封禪書索隱　牛頷垂下也一切經音義卷一又卷二十四　牛頷垂下者也一切經音義卷十又卷二十三

胘　牛百葉也从肉弦省聲大小徐　牛百葉也韻會一先　五經文字卷上胘案字書無此字見春秋傳

膍　牛百葉也从肉𣬈聲一曰鳥膍胵大小徐韻會四支　牛百葉也一曰鳥膍胵也廣韻十二齊

胵　鳥胃也从肉至聲一曰胵五藏總名也大徐小徐藏作臟

膘　牛脅後髀前合革肉也从肉㶾聲讀若繇大小徐　牛脅後髀前合革肉也從肉票聲韻會十七篠　脅後髀前肉也車攻釋文　公羊桓四年釋文

無也字

𦞦血祭肉也从肉帥聲大徐韻會四質小徐無也字　膟血祭肉也廣韻六術

膟血祭祭義正義　𦞦廣韻六至

膟𦞦或从率大小徐　或作膟韻會四質　又作𦞦廣韻六術

膫牛腸脂也从肉尞聲詩曰取其血膫大小徐　膋牛腸間脂也祭義

正義　牛腸脂御覽卷八百六十四　牛也古唐類範卷百四十七

膋膫或从勞省聲大小徐

脯乾肉也从肉甫聲大小徐韻會七麌　乾肉也初學記卷二十六御覽卷八百六十二

肥乾肉醬古唐類範卷百四十七

脩脯也从肉攸聲大小徐韻會十一尤　脩脯也初學記卷二十六御覽卷八百六十二有也字

膎脯也从肉奚聲小徐並韻會九佳

脼膎肉也从肉兩聲小徐並

膞薄脯膞之屋上从肉尃聲小徐並韻會十藥薄脯搏之屋上也初學記卷二十六廣韻十九鐸無也字御覽卷八百六十二薄謫蒲

脘胃府也从肉完聲讀若患舊云脯大徐胃脯也從肉完聲讀若患小徐脘骨脯也初學記卷二十六

朐脯挺也从肉句聲大小徐並韻會七虞脯脡也初學記卷二十六

膴無骨腊也揚雄說鳥腊也从肉無聲周禮有膴判讀若謨大徐無骨腊也揚雄說鳥腊從肉無聲周禮有膴判讀若謨小徐無骨腊揚雄鳥腊周禮有膴判韻會七虞

胥蟹醢也从肉疋聲〔大小徐韻會六魚〕蟹醢也〔廣韻九魚〕胥〔韻會六語〕

腒北方謂鳥腊曰腒从肉居聲傳曰堯如腊舜如腒〔大小徐〕北方謂鳥腊曰腒傳曰堯如腊舜如腒〔韻會六魚〕北方謂鳥腊曰腒傳曰堯腊舜始腒〔穀梁莊二十四年釋文〕北方謂鳥腊腒〔內則釋文〕

肍孰肉醬也从肉九聲讀若舊〔大徐小徐孰作熟〕

膌乾魚尾膌膌也从肉肅聲周禮有腒膌〔大小徐韻會十一尤〕

腝有骨醢也从肉耎聲〔大小徐〕〔五經文字卷上鬗作腝〕

鬗腝或从難〔大小徐〕

脠生肉醬也从肉延聲〔大小徐〕肉醬〔廣韻二仙〕

脴豕肉醬也从肉否聲〔大小徐〕

胹爛也从肉而聲 大小徐 韻會四支 廣韻七之 䰰籀文胹

䐑切孰肉内於血中和也从肉員聲讀若遜 大徐作熟遜作還 小徐孰 切

孰肉内於血中和也 御覽卷八百五十九

胜犬膏臭也从肉生聲一曰不孰也 大徐韻會九青 小徐孰作熟無末也字 腥作

胜犬膏臭也 内則釋文 腥作胜不孰也 鄉黨釋文

臊豕膏臭也从肉喿聲 大小徐 犬鮏臭也從肉喿聲 韻會四豪

膮豕肉羹也从肉堯聲 大小徐 韻會二蕭 豕肉羹也 初學記卷二十六

腥星見食豕令肉中生小息肉也从肉从星星亦聲 大徐無下從字 小徐

星見食豕令肉中生小息肉也从肉星聲 韻會九青 星見食豕令

肉中生小息肉也 内則釋文 韻會二十五徑豕下有肉字

脂　戴角者脂無角者膏从肉旨聲大徐小徐韻會四支上角字譌肉戴角者脂無角者膏貨殖傳正義古唐類範卷百四十七脂上有曰字廣韻六脂韻會四豪

⿰月𧶠　⿱殹肉也从肉𧶠聲大徐小徐

膩　上肥也从肉貳聲大小徐韻會四質上作土

膜　肉間胲膜也从肉莫聲大徐小徐韻會十藥小徐閒譌開肉間胲膜也一切經義卷十八又卷二十無胲字

⿰月弱　肉表革裏也从肉弱聲大徐小徐肉表革裏也廣韻十八藥

⿰月隺　肉羹也从肉隺聲大小徐韻會十藥臛肉羹也文選七啟注一切經音義卷十二御覽卷八百六十一無也字

⿰月𧶠　臛也从肉𧶠聲大徐小徐

臇 臛也从肉雋聲讀若纂大小徐 臛也从肉雋聲韻會十六銑

𦞦 臇或从火巽大小徐

胾 大臠也从肉𢦏聲大小徐

䐑 薄切肉也从肉枼聲大小徐韻會十六葉 薄切肉也一切經音義卷四古唐類範卷百四十五

膾 細切肉也从肉會聲大小徐韻會九泰 細切肉也廣韻十四泰御覽卷八百六十二

腌 漬肉也从肉奄聲大小徐 漬肉也初學記卷二十六御覽卷八百六十三

脃 小耎易斷也从肉絕省大徐 小耎易斷也從肉絕省聲小徐韻會八霽耎下有物字 小腝易斷也廣韻十三祭 少耎易斷也文選魏都賦注 少血易斷也一切經音義卷十二又卷十三

䐌耎易破也从肉毳聲大徐小徐無也字脃耎易破也文選七發注
散雜肉也从肉㪔聲大小徐四旱韻會十又十五翰雜肉也廣韻二十三旱又二十八翰
㪔雜肉也御覽卷八百六十三散襍也一切經音義卷二散五經文字卷上
膞切肉也从肉專聲大小徐韻會十六銑切肉也御覽卷八百六十三膞少牢饋食禮釋文
腏挑取骨閒肉也从肉叕聲讀若詩曰啜其泣矣大小徐
𦞂食所遺也从肉仕聲易曰噬乾𦞂大小徐四紙無曰字韻會
胏揚雄說𦞂从𠂆大小徐揚雄說今作胏韻會四紙
脂食肉不猒也从肉臽聲讀若陷大徐小徐猒譌取食肉不猒也廣韻五十八陷

肰犬肉也从肉犬讀若然 大小徐

𦜍古文肰 大小徐

㹜亦古文肰 大小徐

䐜起也从肉眞聲 大小徐

䏙肉汁滓也从肉冘聲 大小徐

膠昵也作之以皮从肉翏聲 大徐 小徐昵作昵 韻會三肴

[illegible]或曰嘼名象形闕 大小徐

胆蠅乳肉中也从肉且聲 大小徐

蠅乳肉中也 一切經音義卷十一

肙小蟲也从肉口聲一曰空也 大小徐

腐爛也从肉府聲 大小徐 韻會七麌

爛也 廣韻九麌

肎骨間肉肎肎箸也从肉从冎省一曰骨無肉也大徐小徐無下從字曰作説

骨閒肉肎肎等也從肉冎省一説骨無肉也韻會二十五拯　骨間

間肉肎肎著也一曰骨無肉廣韻四十三等　肯作肎骨間肉肎肎著

也莊子養生主釋文　肎九經字樣

肎古文肎大小徐

肥多肉也从肉从卪大徐小徐又韻會五微無下從字　多肉也廣韻八微御覽卷三百七十

八

腠赤子陰也从肉夋聲或从血大徐入新附小徐無此字　赤子陰也老子德經釋文

筋肉之力也从力从肉从竹竹物之多筋者凡筋之屬皆从筋大徐

肉之力也從力肉竹竹物之多筋者從力象筋也凡筋之屬皆

從筋小徐 肉之力也從力從肉從竹竹物之多筋者韻會十二文 廣韻二十一欣 肉之有力者曰筋字從竹一切經音義卷二十一 肉之力曰筋一切經音義卷二十一 體之力也可以相連屬作用也御覽卷三百七十五

笏筋之本也从筋从夗省聲大徐 小徐無下從字

腱笏或从肉建大小徐

䈙手足指節鳴也从筋省勺聲大徐 手足指節之鳴者也從筋省勺聲小徐

肑䈙或省竹大小徐

刀兵也象形凡刀之屬皆从刀大小徐 兵也象形御覽卷三百四十五 韻會四豪 兵也廣韻六豪 韻會二蕭

㓵刀握也从刀缶聲大小徐 刀握也廣韻九麌

𠜱刀劍刃也从刀咢聲大小徐 刀劍刃也御覽卷三百四十五 廣韻十九鐸 劍

刃也文選聖主得賢臣頌注 刀劍刃鋒韻會十藥

𠞊籀文㓞从㓞从各大徐 小徐無下從字 籀作𠞊韻會十藥

削鞞也一曰析也从刀肖聲大徐 鞞也從刀肖聲一曰析也小徐韻

會十藥 鞞也一切經音義卷十四御覽卷三百四十五 刀鞞也一切經音義卷十七

㓡鎌也从刀句聲大小徐 關西呼鎌為㓡也廣韻十九侯

剴大鎌也一曰摩也从刀豈聲大小徐 鎌也從刀豈聲一曰摩也

韻會十灰 摩也釋詁釋文又疏詩雨無正正義

剞剧曲刀也从刀奇聲大小徐韻會四紙剧作㓦 剞㓦曲刀也御覽卷三百四

十五

𠜾剞𠜾也从刀屈聲 大小徐 剞𠜾也 韻會五勿

利銛也从刀和然後利从和省易曰利者義之和也 大徐小徐銛譎鋸

銛也刀和然後利從刀和省 韻會四寘 銛也 廣韻六至

𥝢古文利 大小徐 𥝢古文 廣韻六至 古作𥝢 韻會四寘

剡銳利也从刀炎聲 大小徐韻會二十九[敬避]

初始也从刀从衣裁衣之始也 大徐小徐又韻會六魚無下從字 從衣從刀裁

衣之始也 釋詁疏

𠜒齊斷也从刀歬聲 大小徐韻會十六銑

則等畫物也从刀从貝貝古之物貨也 大徐小徐又韻會十三職無下從字

𠟭古文則大小徐　古作𠟭𠞒韻會十四職　𠟭古文廣韻二十五德

𠞒亦古文則大小徐

𠟯籒文則从鼎大小徐　𠟯籒文廣韻二十五德　籒作𠟯韻會十四職

剛彊斷也从刀岡聲大小徐韻會七陽

信古文剛如此大小徐　古作但或書作信韻會七陽

㓹斷齊也从刀耑聲大小徐韻會十四寒　斷作剸韻會　斷首也一切經音義卷十一兩見

劊斷也从刀會聲大小徐韻會九泰　斷也易困釋文廣韻十四泰

切刌也从刀七聲大小徐韻會九屑　割也刌也一切經音義卷十九　折也廣韻十六屑

刌切也从刀寸聲大小徐韻會十三阮

劈斷也从刀辟聲 大小徐

刏劃傷也从刀气聲一曰斷也又讀若殪一曰刀不利於瓦石上

刏之 大徐小徐無又字 口不便言 韻會五勿

劌利傷也从刀歲聲 大小徐韻會八霽 利傷也 荀子不苟篇注

刻鏤也从刀亥聲 大徐韻會十三職 小徐鏤譌鏌

副判也从刀畐聲周禮曰副辜祭 大小徐韻會十三職無曰字 分也 生民釋文

疈籒文副 大徐 籒文副从疈 小徐 或作疈 韻會十三職

剖判也从刀咅聲 大小徐韻會二十六厚 判也 一切經音義卷二又卷十六判下有分字

辨判也从刀辡聲 大小徐韻會十六諫 判也 廣韻二十八獮

判分也从刀半聲 大小徐韻會十五翰 分也 一切經音義卷十六

㓠判也从刀度聲大徐小徐韻會十藥　判也廣韻十九鐸

㓝判也从刀夸聲大小徐韻會七麌　判也一切經音義卷九又卷十四又卷十五又卷十六又卷二十　刲也泰誓正義

㓷分解也从刀彡聲大小徐韻會九屑　分解也文選報任安書注廣韻十七薛

刊剟也从刀干聲大小徐韻會十四寒　剟也聶政傳正義

剟刊也从刀叕聲大小徐韻會九屑　刊也爾雅序釋文廣韻十七薛

删剟也从刀冊冊書也大小徐韻會十五删　删五經文字卷中

劈破也从刀辟聲大小徐韻會十二錫　破也一切經義卷二又卷四又卷十四又卷十九

剝裂也从刀从彔彔刻割也彔聲大徐　裂也從刀彔聲一曰彔刻

割也小徐　裂也從刀彔聲一曰剝刻剝也韻會三覺　裂也一曰剝

割也泰誓正義　裂也易剝釋文

㓣剝或从卜大小徐

割剝也从刀害聲大徐韻會七曷小徐剝作開

㔟剝也劃也从刀㔟聲大小徐韻會四支　剝也一切經音義卷二十

劃錐刀曰劃从刀从畫畫亦聲大徐　錐刀也從刀畫畫亦聲小徐韻會十一陌

剈挑取也从刀肙聲一曰窒也大徐　小徐正篆作剈窒作窒

㓹刮去惡創肉也从刀矞聲周禮曰㓹殺之齊大徐　小徐無也字　刮去惡創肉也周禮曰㓹殺之齊廣韻十四黠　刮去惡創肉周禮瘍醫㓹殺之齊韻會八黠

劑　齊也从刀从齊齊亦聲大°徐　齊也從刀齊聲小徐韻會八霽

㕞　刮也从刀㕞省聲禮布刷巾大°小徐　刮也從刀㕞省聲韻會八黠

刮也釋詁釋文　文選吴都賦注　又楷白馬賦注　又沈約和謝朓注

𠛩　掊把也从刀昏聲大°小徐韻會八黠

剽·　砭刺也从刀𤋲聲一曰剽劫人也大°小徐　砭刺也從刀票聲韻會

十八嘯　刺也酷吏傳索隱　一切經音義卷十　又卷十一

刲　刺也从刀圭聲易曰士刲羊大°小徐　刺也割也從刀圭聲易士

刲羊韻會八齊

剉　折傷也从刀坐聲大°小徐韻會二十一箇　折傷也一切經音義卷十三　又卷十四　又卷十五　又卷十八　又卷十九　又卷二十　又

剉　折傷也文選吴都賦注　折也文選文賦注

㓿斫也 一切經音義卷二十一 斫折傷也 一切經音義卷十一

剿絕也从刀喿聲周書曰天用剿絕其命 大小徐十七篠無曰字 韻會 絕也 廣韻二十九篠 劋廣韻三十小

刖絕也从刀月聲 大小徐 絕也 呂刑正義十六年正義 莊

刜擊也从刀弗聲 大小徐 擊也字從刀 昭二十六年正義 擊也 昭二十六年釋文

剺傷也从刀𠦒聲 大小徐 傷也 一切經音義卷六

劗斷也从刀𡏂聲一曰剽也釗也 大小徐五咸無次也字 韻會十 斷也一曰剽也 廣韻二十七銜

刓剸也从刀元聲一曰齊也 大小徐韻會十四寒

釗刓也从刀从金周康王名 大徐小徐从金作金聲 刓也從刀金聲 韻會二蕭

制裁也从刀从未未物成有滋味可裁斷一曰止也大小徐韻會八霽斷下

多也 裁也从刀从未物有滋味可裁斷也廣韻十三祭 制作利

字 一切經音義卷二十五

𠛐古文制如此大徐小徐 古作制韻會八霽

㓷缺也从刀占聲詩曰白圭之㓷大徐小徐 玷作㓷詩抑釋文

罰辠之小者从刀从詈未以刀有所賊但持刀罵詈則應罰大徐韻會六月小徐無下從字 罪之小者曰罰一切經音義卷一又卷六又卷十四 刀守詈

為罰初學記卷二十 罰字五經文字卷上

刵斷耳也从刀从耳大徐小徐又韻會四寘無下從字

劓刑鼻也从刀臬聲易曰天且劓大徐小徐刑作刖 刖鼻也易天且劓

韻會四寘鼿作劓易困釋文劓又作劓決鼻也一切經音義卷十五

劓臬或从鼻大小徐決鼻也一切經音義卷十九又卷二十一今文作劓韻會四寘

刑剄也从刀幵聲大小徐韻會九青剄也廣韻十五青

剄刑也从刀巠聲大小徐

剸減也从刀尊聲大小徐韻會十三阮

魝楚人謂治魚也从刀从魚讀若鍥大徐小徐無下從字

券契也从刀类聲券別之書以刀判契其旁故曰契券大徐小徐又韻會十四願無末券字契也券別之書以刀判其旁故曰契也一切經音義卷十三

契也別之書以刀刻其旁也故曰契也御覽卷五百九十九契也廣韻二十五願

刺君殺大夫曰刺刺直傷也从刀从朿朿亦聲 大○小徐無下從字　韻會四寘

君殺大夫曰刺刺直傷也 釋詁釋文

剔解骨也从刀易聲 大○小徐　韻會十二錫

劇尤甚也从刀未詳豦聲 大徐入新附　小徐無此字　甚也 文選北征賦注　又王粲詠史注　又陸機苦寒行注

刀刃堅也象刀有刃之形凡刃之屬皆从刃 大○小徐　刀堅也象刀有刃之形 韻會十二震　刀面曰刃一示其處所也此會意 李陽冰本

办傷也从刃从一 大○小徐　韻會七陽　創傷也 一切經音義卷二　又卷十四、又卷十七　廣韻十陽

創是瘡痍字 憲問釋文

創或从刀倉聲 大○小徐

劒人所帶兵也从刃僉聲大○小徐韻會二十九豔

劒籒文劒从刃大○小徐　籒文作劍韻會二十九豔

㓞巧㓞也从刀丯聲凡㓞之屬皆从㓞大○小徐

[㓞又]齘[㓞又]刮也从㓞夂聲一曰[㓞又]畫堅也大○小徐

栔刻也从㓞从木大○小徐韻會九屑　刻也從木㓞聲韻會八霽

丯艸蔡也象艸生之散亂也凡丯之屬皆从丯讀若介大○小徐

[丯各]枝[丯各]也从丯各聲大○小徐

耒手耕曲木也从木推丯古者垂作耒梠以振民也凡耒之屬皆从耒大○小徐　手耕曲木也從木推丯古者垂作耒梠韻會十一隊

耒梠曲木垂所作繫辭下釋文　手耕曲木文選潘岳河陽縣作注　耕曲木

也廣韻十八隊　耒耜曲木後漢列女王霸妻注

耕犂也从耒井聲一曰古者井田大小徐　梨也從耒井古者井田

故從井韻會八庚

耦耒廣五寸為伐二伐為耦从耒禺聲大小徐　韻會二十六厚　耒廣五寸

為伐二伐為耦御覽卷八百二十三

耤帝耤千畝也古者使民如借故謂之耤从耒昔聲大小徐　帝千

千畝者使民如借故謂之耤從耒昔聲御覽卷五百三十七　帝耤千晦

也古者使民如借故謂之耤也廣韻二十二昔　帝耤千畝者使民如

借故謂之耤藝文類聚卷三十九　帝耤千畝也從耒昔聲韻會十一陌　藉

田者天子躬耕使人如借故謂之藉初學記卷十四　藉作耤帝耤千

畝久（月令釋文）藉作耤（祭義釋文）

桂桂又可以劃麥河内用之从耒圭聲（大徐 小徐桂又作册又）

䅣除苗間穢也从耒員聲（大小徐十二文 韻會無間字）除苗間穢也（廣韻十二文）

耘除田間穢也（御覽卷八百二十三）

耘䅣或从芸（大小徐）或作耘（韻會十二文）耘上同（廣韻二十文）

耡商人七十而耡耡耤稅也从耒助聲周禮曰以興耡利萌（大小徐 徐商作般）商人七十而耡耡耤稅也周禮以興耡利甿（韻會六御）

角獸角也象形角與刀魚相似凡角之屬皆从角（大小徐）獸角也象形（韻會三覺）獸角也（廣韻四覺）

觻揮角皃从角䧢聲梁隄縣有觻亭又讀若繓（大小徐揮作㩲）

觻角也从角樂聲張掖有觻得縣大○小徐

觶角中骨也从角思聲大○小徐韻會十灰無也字

觠曲角也从角𢍏聲大○小徐

觬角觬曲也从角兒聲西河有觬氏縣大○徐小徐無曲字

觢一角仰也从角㓞聲易曰其牛觢大○小徐韻會八霽無曰字　角一俯一仰易睽釋文

觤角傾也从角虎聲大○小徐　角傾也廣韻四紙

觭角一俛一仰也从角奇聲大○徐小徐俛作俯　角一俛一仰韻會四支

觓角皃从角丩聲詩曰兕觵其觓大○徐小徐皃下有也字　觩弛韻會十一尤

䚀角曲中也从角畏聲大○小徐

觤角長皃从角片聲 大徐 角長貌也從角片聲讀若粗觕 小徐

文田案粗觕當作麤觕公羊隱元年傳注用心尚麤觕是也

據此足知觤觕非一字

觼角有所觸發也从角厥聲 大小徐

觸抵也从角蜀聲 大小徐 韻會二沃

觲用角低仰便也从羊牛角詩曰觲觲角弓 大徐 小徐詩用

角低仰便也詩觲觲角弓 韻會八庚 繫傳疑義觲上有讀若二字 文田案說文垟字注云从土觲省聲而無觲字脫誤

䚗舉角也从角公聲 大小徐

觷治角也从角學省聲 大小徐

衡牛觸橫大木其角从角从大行聲詩曰設其楅衡大徐無下從字小徐

牛觸橫大木從角大行聲韻會八庚

文田案引詩乃周禮地官文許氏偶誤

𩵋古文衡如此大小徐　古作奧韻會八庚

䚗角䚗獸也狀似豕角善為弓出胡休多國从角耑聲大小徐　角

端獸似豕角善為弓出胡休夕國藝文類聚卷六十　角䚗獸狀如豕

角在鼻堪為弓出胡休國事類賦注　角䚗獸狀如豕角善為弓

出胡尸國御覽卷三百四十七

觰觰拏獸也从角者聲一曰下大者也大小徐

觤羊角不齊也从角危聲大小徐

觟牝牂羊生角者也从角圭聲大徐小徐　牝羊角者從角圭聲韻會二十一馬

觡骨角之名也从角各聲大小徐韻會十一陌

觜鴟舊頭上角觜也一曰觜觿也从角此聲大徐小徐觿作觽　鴟舊頭上角觜也又觜觿韻會四支

解判也从刀判牛角一曰解廌獸也大徐小徐廌作豸　判也從刀判牛角韻會九蟹

觿佩角銳耑可以解結从角巂聲詩曰童子佩觿大徐小徐　佩角銳耑可以解結從角巂聲韻會四支　角銳端可以解結御覽卷七百十四　角銳耑可以解結也廣韻五支

觵兕牛角可以飲者也从角黃聲其狀觵觵故謂之觵大小徐兕

牛角可以飲者也其狀觵觵故謂之觵韻會八庚

觥俗觵从光大小徐今文作觥韻會八庚

觶鄉飲酒角也禮曰一人洗舉觶觶受四升从角單聲大徐鄉飲

酒觶從角單聲禮曰一人洗舉觶[觶]觶受四升小徐韻會四支曰作記鄉飲

酒角也鄉飲酒義釋文觶受四升御覽卷七百六十

䚝觶或从辰大小徐或作䚝觗韻會四紙

觗禮經觶大小徐

觛小觶也从角旦聲大小徐韻會十四旱小卮也御覽卷七百六十一

觴觶實曰觴虛曰觶从角煬省聲大徐觶實曰觴虛曰觶從角昜

聲小徐韻會七陽無首觶字

觴籀文觴从爵省大徐從上有或字 小徐籀作觴韻會七陽

觚鄉飲酒之爵也一曰觴受三升者謂之觚从角瓜聲大徐無酒字 小徐謂之兩字作曰 鄉飲酒之爵也一曰觴受三升者從角瓜聲韻會七虞

觛角匕也从角亘聲讀若讙大小徐

觷杖耑角也从角敫聲大小徐

觼環之有舌者从角夐聲大小徐韻會九屑 觼廣韻十六屑

鐍觼或从金矞大小徐 或作鐍韻會九屑

䚥調弓也从角弱省聲大小徐

䚨惟射收繁具也从角發聲大徐 弋射收繳具也廣韻十廢 收繳具

也 一切經音義卷七　觼 廣韻十三

䚢雉射收繳具从角酋聲讀若鰌 大徐小徐

觳盛觵卮也一曰射具从角殸聲讀若斛 大徐具下有也字 小徐 盛觵卮

一曰射具 韻會一屋

觱羌人所吹角屠觱以驚馬也从角𤇾聲𤇾古文誖字 大徐小徐 羌

人所吹角屠觱以驚馬也從角𤇾 韻會四質 羌人所習角屠觱 ○

以驚馬也 廣韻五質

說文解字攷異

五上

說文解字攷異五上

歸安姚文田輯

竹冬生艸也象形下垂者箁箬也凡竹之屬皆从竹大小徐初學記卷二十八無艸字垂字箁譌作箬　冬生艸也象形下垂者箁箬也廣韻一屋韻會一屋　冬生艸也御覽卷九百六十二　艸謂之艸非也李陽冰本

初學記一條當另書

箭矢也从竹前聲大小徐御覽卷三百四十九韻會十七霰　矢也初學記卷二十二

矢竹也御覽卷九百六十三藝文類聚卷八十九

箘箘簬也从竹囷聲一曰博棊也大小徐韻會十一軫無下也字

簬箘簬也从竹路聲夏書曰惟箘簬楛大小徐韻會七遇也字作竹名二字無曰字

簵古文簬从輅大小徐　古作簵韻會七遇

筱箭屬小竹也从竹攸聲大○小徐韻會十七篠小竹也文選長笛賦注水竹文選笙賦注

簜大竹也从竹湯聲夏書曰瑤琨筱簜簜可為幹筱可為矢大○小徐徐上筱譌作篠韻會二十二養無夏字曰字大竹也尚書曰篠簜既敷是也釋草釋文

⿱竹微竹也从竹微聲大○小徐

⿱竹𢼸籀文从微省大○徐从微小徐譌作⿱竹微

笱竹胎也从竹句聲大○小徐從竹句聲韻會十一軫

⿱竹怠竹萌也从竹怠聲大○小徐韻會十灰竹萌生也釋草釋文

箁竹箬也从竹音聲大○小徐竹箁也廣韻十九侯

箬楚謂竹皮曰箬从竹若聲大○小徐韻會十藥

節竹約也从竹即聲大小徐韻會九屑竹約也廣韻十六屑

箊折竹筤也从竹余聲讀若絮大徐小徐絮作絮

篙箊也从竹爲聲大徐小徐箊譌茶

筤竹膚也从竹民聲大小徐

笨竹裏也从竹本聲大小徐

篛竹皃从竹翁聲大徐小徐皃下有也字竹皃也文選南都賦注

篸羞也从竹參聲大小徐

篆引書也从竹彖聲大小徐韻會十六銑

籒讀書也从竹擂聲春秋傳曰卜籒云大小徐韻會二十六宥無曰字云字讀

也從竹擂聲匡謬正俗卷一

篇書也一曰關西謂榜曰篇从竹扁聲大徐小徐無次曰字書也從竹扁聲一曰關西謂榜曰篇韻會一先書也字從竹莊子內篇釋文

籍簿書也从竹耤聲大小徐韻會十一陌耤譌溥部書也左傳序正義文田案說文無簿字故假借用部左傳正義得之其自叙云五百四十部是也

篁竹田也从竹皇聲大小徐竹田也韻會七陽

䈙剖竹未去節謂之䈙从竹將聲大小徐

䈎籥也从竹枼聲大小徐籥也廣韻二十九葉

籥書僮竹笘也从竹龠聲大小徐書僮竹笘也韻會十藥

䉶竹聲也从竹劉聲大小徐竹聲也廣韻十八尤劉繫傳疑義云案說文有䉶劉瀏等

字而無此字疑脫漏當云从刃金耶聲或曰从刃鎦省聲

簡牒也从竹間聲 大小徐韻會十五潸 牒也 左傳序正義又昭二十五年正義 御覽卷六百六

笐竹列也从竹亢聲 大小徐 竹列也 廣韻十一唐 ⿱竹列竹次也 一切經音義卷十一

篰滿爰也从竹部聲 大小徐

等齊簡也从竹从寺寺官曹之等平也 大徐二十五拯 小徐又韻會無下從字

笵法也从竹竹簡書也氾聲古法有竹刑 大徐 法也從竹氾聲竹簡書也古法有竹刑 小徐韻會三十豏 法也從竹竹簡書也 廣韻五十五范 古法有竹刑 一切經音義卷二

箋表識也从竹戔聲 〔大小徐韻會一先〕 表識書也 〔廣韻一先 御覽卷五百九十五箋作牋〕〔書〕

符信也漢制以竹長六寸分而相合从竹付聲 〔大小徐韻會七虞〕 信也漢制㠯竹長六寸分而相合 〔高祖紀索隱 廣韻十虞〕〔後漢杜詩傳注 御覽卷五百九十八〕 信也漢制以竹分而相合 〔文選謝靈運過始寧墅注〕 分符而合之 〔文帝紀索隱〕

䈂易卦用蓍也从竹从𢍰𢍰古文巫字 〔大徐〕 易卦用蓍也從竹𢍰𢍰古文巫字 〔小徐八霽無字字 韻會〕 易卦用蓍也從竹𢍰 〔御覽卷七百二十七〕

笄簪也从竹幵聲 〔大小徐韻會八齊〕

〔箆〕䈅取蟣比也从竹𦣞聲 〔大小徐〕

篗收絲者也从竹蒦聲 〔大小徐韻會十藥〕 收絲者也 〔廣韻十八藥〕 取絲者

也御覽卷八百二十五

觵籆或从角从閒大徐無下從字小徐　或作觵從角閒聲御覽卷八百二十五

觵上同廣韻十八藥　亦作觵韻會十藥

筳繀絲筦也从竹廷聲大小徐韻會九青無也字

筦筟也从竹完聲大小徐

筟筳也从竹孚聲讀若春秋魯公子彄大小徐

筰迫也在瓦之下棼上从竹乍聲大小徐　屋笮在瓦之下棼之上

從竹乍聲韻會十一陌　迫也一切經音義卷四又卷十五　迫笮也梁孝王世家索隱

簾堂簾也从竹廉聲大小徐　簾本堂簾字從竹廉聲韻會十四鹽

簀牀棧也从竹責聲大小徐韻會十一陌無也字　牀棧也一切經音義卷十五初學記卷二十五

[illegible]

笫牀簀也从竹𠂇聲 大○徐小徐𠂇作束韻會四紙無也字 牀簀也 初學記卷二十五

筵竹席也从竹延聲周禮曰度堂以筵筵一丈 大○徐小徐無曰字次筵字 竹席也周禮度堂以筵筵一丈 韻會一先 竹席也 初學記卷二十五御覽卷七百九

簟竹席也从竹覃聲 大○小徐韻會十九〔敬避〕 竹席也 御覽卷七百八藝文類聚卷六十九白帖卷弟四

籧籧篨粗竹席也从竹遽聲 大○小徐韻會六魚 麤竹席也 一切經音義卷十七韻會七曷無也字

篨籧篨也从竹除聲 大○小徐

籭竹器也可以取粗去細从竹麗聲 大○小徐韻會四支取作除去作取 竹器也

可以除麤取細也 一切經音義卷六

籓大箕也从竹潘聲一曰蔽也 大小徐

簸漉米籔也从竹奥聲 大小徐

籔炊簸也从竹數聲 大小徐 韻會二十六厚

箅蔽也所以蔽甑底从竹畀聲 大小徐　蔽也所以蔽甑底 廣韻十二霽

御覽卷七百五十七　蔽也從竹畀聲 淮陰侯傳索隱

䈰飯筥也受五升从竹稍聲秦謂筥曰䈰 大小徐

䈰陳留謂飯帚曰䈰从竹捎聲一曰飯器容五升一曰宋魏謂箸

筩為䈰 大徐 小徐無下一曰二字　陳留謂飯帚曰䈰一曰飯器一曰宋

魏謂箸筩為䈰 韻會三肴　陳留以飯帚為䈰 御覽卷七百六十

筥箱也从竹吕聲大小徐韻會六語

笥飯及衣之器也从竹司聲大小徐韻會四寘 箪笥飯及衣之器也御覽卷七百十一 盛衣器曰笥一切經音義卷十三末有也字 又 盛衣器也亦盛食器也一切經音義卷十二 竹器也後漢樊暉傳注

箪笥也从竹單聲漢律令箪小筐也傳曰箪食壺漿大小徐韻會十四寒令下無箪字 笥也一曰小筐也一切經音義卷十七 飯器也御覽卷七百六十

簁簁箄竹器也从竹徙聲大小徐 簁箄竹器也廣韻四紙 竹器也一切經音義卷六

箄簁箄也从竹卑聲大小徐 簁箄也韻會四紙

簙圜竹器也从竹專聲大小徐 圜竹器也韻會十四寒

箸飯攲也从竹者聲大°徐小徐又韻會六御攲作敧　飯攲也曲禮釋文

簍竹籠也从竹婁聲大°小徐

筤籃也从竹良聲大°小徐

籃大篝也从竹監聲大°小徐韻會十三覃

𥫩古文籃如此大°小徐

篝笿也可熏衣从竹冓聲宋楚謂竹篝牆以居也大°小徐　笿也可

熏衣从竹冓聲韻會十一尤

笿桮笿也从竹各聲大°小徐

夆桮笿也从竹夆聲或曰盛箸籠大°徐小徐無曰字

籢鏡籢也从竹斂聲大°小徐韻會十四鹽　匳鏡籢也一切經音義卷十四又卷十五

匳鏡籢也一切經音義卷三又卷十七皆作奩

籫竹器也从竹贊聲讀若纂一曰叢大小徐

籯笭也从竹嬴聲大小徐韻會八庚　笭也漢韋賢傳注　籯笭也廣韻十四清御覽卷七百六十四

簛竹器也从竹刪聲大小徐　竹器也廣韻二十八翰

簠黍稷方器也从竹从皿从皀大徐韻會四紙小徐無下從字無下兩從字　簠五經文字

卷中

匭古文簋从匚飢大小徐　古作匭韻會四紙　匭匭皆古文簋字廣韻五旨

匭古文簋或从軌大小徐　古文簋從匚軌小徐　匭亦從匚禹貢正義

朹亦古文簋大小徐　古文簋廣韻五旨　朹通作匭韻會四紙

簠黍稷圜器也从竹从皿甫聲大徐 小徐又韻會七麌無下從字

医古文簠从匚从夫大徐 小徐 古文簠從匚夫 古作医韻會七麌

籩竹豆也从竹邊聲大小徐 韻會一先 竹豆也御覽卷七百五十九

𠥓籀文籩大徐 籀文籩從匚小徐

笆篅也从竹屯聲大小徐韻會十三阮 篅也一切經音義卷十二 又卷十四 又卷十六 又卷二十 廣韻二十一混

篅以判竹圜以盛穀也从竹耑聲大小徐 韻會一先無上以字 以判竹圜以盛穀也廣韻二仙 判竹圓以盛穀也一切經音義卷十四 又卷十六 又卷二十 判竹圓以盛穀者也一切經音義卷四 又卷十二 又卷十七 又卷二十四 又卷二十四

簏竹高篋也从竹鹿聲大小徐 竹高篋也廣韻一屋 御覽卷七百五 韻會一屋

簶簏或从录大○小徐　字或作簶御覽卷七百五　或作簶韻會一屋　簶同上廣韻一屋

簜大竹筩也从竹昜聲大○小徐　大竹筩也釋草釋文　一切經音義卷十四　廣韻三十七蕩

筩斷竹也从竹甬聲大○小徐韻會一東　斷竹也文選笙賦注　一切經音義卷二　又卷二十

箯竹輿也从竹便聲大○小徐　竹輿也隋書禮儀志五

笯鳥籠也从竹奴聲大○小徐韻會七遇

竿竹梃也从竹干聲大○小徐韻會十四寒　竹梃也御覽卷七百六十七

籱罩魚者也从竹靃聲大○小徐

籗籱或省大○小徐

篧籗或從隺 小徐大徐無此字

箇竹枚也从竹固聲 大○徐枚 小徐末有讀若箇三字 韻會二十一箇枚作 唐本箇竹枚也今或作个半竹也徐氏闕个字曰个不見義無从下筆明堂𠂇又个者明堂旁室也當作介䲨說之曰大射儀搢三挾一个者矢也亦可易為介乎魯次公曰竹生非一故兼个猶屮兼中林兼木秝兼禾也說之據籀文亦有个字 六書故弟二十三

筊竹索也从竹交聲 大○小徐 竹索也一曰簫之小者曰筊從竹交聲 韻會三有

筰筊也从竹作聲 大○小徐 韻會十藥

笘蔽絮簀也从竹沾聲讀若錢 大○小徐 蔽絮簀也 廣韻一先

箑扇也从竹疌聲 大○小徐 扇也 韻會十七洽

篓箑或从妾 大○小徐 通作篓 韻會十七洽

籠舉土器也一曰笭也从竹龍聲 大○小徐 舉土器從竹龍聲一曰

笭也 韻會一東

⿱𥫗襄衰也从竹襄聲 大○徐 小徐衰作抱

笠可以收繩也从竹象形中象人手所推握也 大○小徐 笠 九經字樣

互笠或省 大○小徐 九經字樣 互隸省

⿱𥫗奔宗廟盛肉竹器也从竹奔聲周禮供盆⿱𥫗奔以待事 大○小徐 簝宗

廟盛食器從竹尞聲周禮供盆簝以待事 韻會二蕭

⿱𥫗豦飲牛筐也从竹豦聲方曰筐圜曰⿱𥫗豦 大○小徐 飲牛筐也方曰筐

圜曰篆（韻會六語）　飴牛筐也方曰筐圓曰篆（御覽卷七百六十）　筥飯牛
筐也（左傳隱三年正義）
篼飲馬器也从竹兜聲（大小徐）
籚積竹矛戟矜也从竹盧聲春秋國語曰朱儒扶籚（大徐　小徐無曰字矜譌）
（矜末作盧）　積竹矛戟柄也從竹盧聲（韻會七虞）
箝籋也从竹拑聲（大小徐　韻會十四鹽）　籋也（漢異姓諸侯王表注　廣韻二十四鹽）
籋箝也从竹爾聲（大小徐　韻會十六葉無聲字）　鑷作籋箝也（御覽卷七百十四）
簦笠蓋也从竹登聲（大小徐）　笠蓋也（韻會十蒸）
笠簦無柄也从竹立聲（大小徐　韻會十四緝）
箱大車牝服也从竹相聲（大小徐）　大車牡服（韻會七陽）

文田按牝服見考工記作牡誤

篚車笭也从竹匪聲○大小徐

笭車笭也从竹令聲一曰笭籯也○大徐無下也字小徐車笭一曰笭籯也韻會九青

箣搔馬也从竹剡聲○大小徐

策馬箠也从竹朿聲○大小徐韻會十一陌

箠擊馬也从竹垂聲○大小徐韻會十四紙馬下有策字

築箠也从竹朶聲○大小徐檛箠也字從木古作築華嚴音義卷五十五箠也韻會六麻

笍羊車騶箠也箸箴其耑長半分从竹内聲○大小徐韻會八霽

籣所以盛弩矢人所負也从竹闌聲大小徐韻會十四寒所以盛弩矢人所負也古唐類範卷百二十六御覽卷三百五十下所下多以字

箙弩矢箙也从竹服聲周禮仲秋獻矢箙大小徐韻會一屋箭弩矢箙古唐類範卷一百二十六

䇬桻雙也从竹朱聲大小徐

笘折竹箠也从竹占聲潁川人名小兒所書寫為笘大小徐

笪笞也从竹旦聲大徐小徐笞作竹韻會七曷箸也一切經音義卷十七又卷十八

笞擊也从竹台聲大小徐韻會四支擊也高祖紀索隱後漢章紀注一切經音義卷一華嚴音義卷七十三

籤驗也一曰銳也貫也从竹韱聲大徐驗也從竹韱聲一曰銳也

貫也小徐　驗也一曰銳也貫也廣韻二十四鹽韻會十四鹽　貫也銳也一切經音義卷十四

篾楄也从竹殿聲大小徐

箴綴衣箴也从竹咸聲大小徐　本衣箴字韻會十二侵

箾以竿擊人也从竹削聲虞舜樂曰箾韶大徐小徐竿作竽　丨以竿擊人也从竹削韻會三覺　以竿擊人也廣韻三蕭又四覺無也字

竽管三十六簧也从竹亏聲大小徐韻會七虞

笙十三簧象鳳之身也笙正月之音物生故謂之笙大者謂之巢小者謂之和从竹生聲古者隨作笙大小徐八庚無聲　韻會　正月之音物生故謂之笙有十三簧象鳳之聲世本曰隨作笙初學記卷十六

籣所以盛弩矢人所負也从竹闌聲 大小徐 韻會十四寒 所以盛弩矢人所負也 古唐類範卷百二十六 御覽卷三百五十下所下多以字

箙弩矢箙也从竹服聲周禮仲秋獻矢箙 大小徐 韻會一屋 箙弩矢箙 古唐類範卷一百二十六

⿱竹朱桻雙也从竹朱聲 大小徐

笘折竹箠也从竹占聲潁川人名小兒所書寫為笘 大小徐

笪笞也从竹旦聲 大徐 韻會七曷 小徐笞作竹 箸也 一切經音義卷十七 又卷十八

笞擊也从竹台聲 大小徐 韻會四支 擊也 高祖紀索隱 後漢章紀注 一切經音義卷一 華嚴音義卷七十三

籤驗也一曰銳也貫也从竹韱聲 大徐 驗也從竹韱聲一曰銳也

後弟九行　韵會八庚無聲下當有字字

音物生故謂之笙有十三簧象鳳之身世本曰隨作笙　卷十六

十三簧象鳳之身 文選笙賦注 藝文類聚卷四十四 正月之音物生故謂之

笙有十三簧象鳳之身 釋樂疏 正月之音物生故謂之笙 白帖卷十八

生也象物貫地而生也 一切經音義卷七

簧笙中簧也从竹黄聲古者女媧作簧 小徐 笙中簧女媧作 韻會

七陽

篁簧屬从竹是聲 大徐 小徐屬下有也字 簧屬 廣韻五支

簫參差管樂象鳳之翼从竹肅聲 大小徐 六書故第二十九 參差管樂象

鳳之翼 古唐類範卷一百十二 韻會二蕭

筩通簫也从竹同聲 大小徐 韻會一送 無底簫也 一切經音義卷二

籟三孔龠也大者謂之笙其中謂之籟小者謂之箹从竹賴聲 大徐

龠（小徐作籥）三孔籥也從竹賴聲大者謂之笙其中謂之籟小者謂之箹（韻會九泰）三孔籥也（文選吳都賦注）

箹小籟也从竹約聲（大小徐）小籟也（韻會三覺）

管如箎六孔十二月之音物開地牙故謂之管从竹官聲（大小徐韻會十四旱）如箎六孔十二月之音（通典卷一百四十四）管十二月（文選月賦注）

琯古者玉琯以玉舜之時西王母來獻其白琯前零陵文學姓奚於伶道舜祠下得笙玉琯夫以玉作音故神人以和鳳皇來儀也从玉官聲（大小徐）或作琯古者琯以玉舜時西王母來獻白琯前零陵文學姓奚於泠道舜祠下得笙玉琯以玉作音故神人以和鳳皇來儀（韻會十四旱）舜祠下得笙玉琯（作管）夫以玉作音故

神人以和鳳皇來儀［初學記卷十六］舜祠之下得笙白玉管［藝文類聚卷五］

十四

文田案大小徐本俱當依韻會補管或作琯

篍小管謂之篍从竹眇聲［大小徐韻會十七篠］

笛七孔筩也从竹由聲羌笛三孔［大小徐韻會十二錫］七孔籥也羌笛

三孔［一切經音義卷十六 初學記卷十五籥作龠］七孔長一尺四寸［文選長笛賦注］

七孔角也［古唐類範卷百十一］

筑以竹曲五弦之樂也从竹从巩巩持之也竹亦聲［大徐小徐無上也字］

以竹曲五絃之樂从巩竹巩持之也［韻會一屋］以竹為五絃之樂

也［廣韻一屋］五絃之樂也［後漢延篤傳注］似箏五絃之樂也［文選吳都賦注］

文田案以竹曲乃似爭二字之譌文選注得之

箏鼓弦竹身樂也从竹爭聲 大小徐韻會八庚 五弦筑身樂也 御覽卷五百七十六

箛吹鞭也从竹孤聲 大小徐韻會七虞

筡 䈝吹筩也从竹秋聲 大小徐韻會十八嘯韻 吹筩也 廣韻十八尤

籌壺矢也从竹壽聲 大小徐韻會十一尤

簺行棊相塞謂之簺从竹从塞塞亦聲 大徐十一隊 小徐又韻會無下從字 行棊相塞謂之簺 後漢梁冀傳注 御覽卷七百五十六 行棊相塞故曰簺也 廣韻十九代 塞行棊相塞謂之塞也 藝文類聚卷七十四

簙局戲也六箸十二棊也从竹博聲古者烏胄作簙 大小徐韻會十藥胄作

神人以和鳳皇來儀初學記卷十六舜祠之下得笙白玉管藝文類聚卷五

十四

文田案大小徐本俱當依韻會補管或作琯

篎小管謂之篎从竹眇聲大小徐韻會十七篠韻

笛七孔筩也从竹由聲羌笛三孔大小徐韻會十二錫韻七孔籥也羌笛

三孔一切經音義卷十六初學記卷十五籥作龠七孔長一尺四寸文選長笛賦注

七孔角也古唐類範卷百十一

筑以竹曲五弦之樂也从竹从巩巩持之也竹亦聲大徐無上也字小徐

以竹曲五絃之樂从巩竹巩持之也韻會一屋以竹為五絃之樂

也廣韻一屋五絃之樂也後漢延篤傳注似箏五絃之樂也文選吳都賦注

後第一行 爭當作箏

簙局戲也六箸十二棊也从竹博聲古者烏曹作簙 大小徐 音 會十藥曹作

曹

局戲也六箸十二棊也古者烏曹作簙論語陽貨疏一切經音義卷二十五無下也字 又卷二無上也字箸作箭 孟子疏烏曹作尭曾 藝文類聚卷七十四無上也字 博局戲也六箸十二棊也一切經音義卷八 文選博奕論注 又求自試表注無末也字 御覽卷七百五十六無上也字 謂局戲六簙十二棊也華嚴音義、卷五十九 簙廣韻十九鐸

簞藩落也从竹畢聲春秋傳曰簞門圭窬大徐 小徐 韻會四質無曰字窬作竇 藩落也春秋傳曰簞門圭窬廣韻五質

⿱竹㤅蔽不見也从竹㤅聲大徐 小徐

䉷惟射所蔽者也从竹嚴聲大徐 小徐惟譌堆 韻會十四鹽惟射作弋䠶 嚴弋射者所蔽也漢元紀注

篽禁苑也从竹御聲春秋傳曰澤之目篽大徐 小徐目作自 禁苑也從

竹御聲韻會六語　禁苑也廣韻八語

文田案目自皆舟字之譌左傳澤之萑蒲舟鮫守之鮫又𩵖字之譌丁授經說

𩵖御或从又魚聲大徐　御或作𩵖從又魚聲小徐　或作𩵖韻會六語

筭長六寸計[歷]數者从竹从弄言常弄乃不誤也大徐小徐又韻會十五翰無下從字　長六寸計歷數者也從弄竹言常弄乃不誤也御覽卷七百五十　長六寸計歷數者也廣韻二十九換　蜀本曰筭古文[illegible][illegible]古文六書故弟二十三

算數也从竹从具讀若筭大徐無下從字　小徐數也從竹具韻會十四旱

笑𥬇喜也从竹从大大小徐引孫愐唐韻本　从竹从夭竹得風其體夭屈如

人之笑李陽冰刊定本　孫愐曰說文从竹从犬嘉也今說文無此字李陽冰竹得風夭矯如人之笑六書故第二十三　喜也本從竹從大而不述其義李陽冰刊定說文從竹從夭義云竹得風其體夭出如人之笑韻會十八嘯　華嚴音義卷十三笑字從竹夭聲

文田案漢書薛宣傳壹关相樂師古注关古笑字盖從夭聲

文田案第從竹與簡篇同意

箕簸也从竹𠀠象形下其丌也凡箕之屬皆从箕徐大小　簸也從竹甘象形丌其下也韻會四支　簸也文選王景元禊詩注

甘古文箕省徐大　古文箕徐小　古作甘笛𠔀韻會四支

𠑹亦古文箕徐大　皆古文徐小

𠁦亦古文箕大徐 籀文箕小徐

𠻘籀文箕大徐 古文箕小徐

匧籀文箕大小徐 籀作𠥓匧韻會四支

簸揚米去糠也从箕皮聲大徐 揚米去糠也從箕從皮聲小徐韻會二十哿

丌下基也薦物之丌象形凡丌之屬皆从丌讀若箕同大徐小徐無同字

䢎古之遒人以木鐸記詩言从辵从丌丌亦聲讀與記同大小徐

典五帝之書也从冊在丌上尊閣之也莊都說典大冊也大小徐韻會十六銑冊作𠕁

𥫳古文典从竹大小徐 古作𥫳韻會十六銑

人之笑李陽冰刊定本　孫愐曰說文从竹从犬嘉也今說文無此字

李陽冰竹得風夭矯如人之笑六書故弟二十三　喜也本從竹從大

而不述其義李陽冰刊定說文從竹從夭義云竹得風其體夭

出如人之笑韻會十八嘯　華嚴音義卷十三笑字從竹夭聲

文田案漢書薛宣傳壹关相樂師古注关古笑字蓋從夭聲

從八與兮乎同意後人傳寫遞變遂作從竹大耳

第大小徐皆無此字　第次也字從竹弟周南詁訓傳正義　第訓次隱公第一穀梁疏

竹甘象形丌其下也韻會四支　簸也文選王景元禊詩注

甘古文箕省大徐　古文箕小徐　古作甘筃異韻會四支

㠱亦古文箕大徐　皆古文小徐

𠀠亦古文箕、大徐○ 籀文箕小徐

𠔿籀文箕大徐○ 古文箕小徐

匩籀文箕大徐○小 籀作𠀠匩 韻會四支

簸揚米去糠也从箕皮聲大徐○ 揚米去糠也從箕從皮聲小徐 韻會二

十 部

丌下基也薦物之丌象形凡丌之屬皆从丌讀若箕同大徐○小徐無同字

䢋古之遒人以木鐸記詩言从辵从丌丌亦聲讀與記同大徐○小徐

典五帝之書也从冊在丌上尊閣之也莊都說典大冊也大徐○小徐 韻會十六銑 冊作𣍒

𥮯古文典从竹大徐○小 古作𥮯 韻會十六銑

顨巽也从丌从頭此易顨卦為長女為風者大徐作巺小徐巽無次從字巽也此易顨卦為長女為風者廣韻二十六慁

畀相付與之約在閣上也从丌由聲大小徐顛丌由二字倒韻會四

巺具也从丌𢀳聲大小徐韻會十四願

𢁉古文巽大徐小徐巽作巺

巺篆文巽大徐小徐巽作巺篆文作巺韻會十四願

顨置祭也从酋酋酒也下其丌也禮有顨祭者大徐作首小徐上酋韻會十七霰無者字

左手相左助也从𠂇工凡左之屬皆从左大徐手左相佐也從𠂇工凡左之屬皆從左小徐手左相佐也從𠂇工韻會二十一箇

文田案左古佐字不當復出佐大徐得之

𢀩貳也𢀩不相值也从左从𠂹大徐無下從字小徐貳也差不相也從左𠂹省聲韻會六麻貳也又參差不相值也韻會九佳𢀩九經字樣

𢀩籀文𢀩从二大小徐古作𢀩韻會九佳

工巧飾也象人有規榘也與巫同意凡工之屬皆从工大小徐巧飾也象人有規榘韻會一東

𢒄古文工从彡大小徐古作𢒄韻會一東

式法也从工弋聲大小徐韻會十三職

巧技也从工丂聲大徐韻會十八巧小徐技上重巧字

巨規巨也从工象手持之大徐小徐又韻會七麌末有形字

榘巨或从木矢矢者其中正也（大小徐）　或作榘從木矢矢者其中
正（韻會七麌）　榘（廣韻九麌）
工古文巨（大小徐）
珏極巧視之也从四工凡珏之屬皆从珏（大小徐）　㠭窒也從珏從廾窒宀
㠭窒也从珏从廾窒宀中珏猶齊也（大小徐）
中（韻會十三職）
巫祝也女能事無形以舞降神者也象人兩褎舞形與工同意古
者巫咸初作巫凡巫之屬皆从巫（大徐）者字褎作㒼（小徐無）　祝也女能
事無形以舞降神也象人兩褎舞形與工同意古者巫咸初作
巫（韻會七虞）　祝也女能事無形舞降神也象人兩褎無形與工同

意 御覽卷七百三十四 能事無形以舞降神也 一切經音義卷十六

𢔶 古文巫 大○小徐

覡 能齋肅事神明也在男曰覡在女曰巫从巫从見 大○徐 能齋肅事神明在男曰覡在女曰巫從巫見 小徐錫韻會十二明下有者字 在男曰覡在女曰巫 韻會七虞 在男曰巫在女曰覡 一切經音義卷三

甘 美也从口含一一道也凡甘之屬皆从甘 大○小徐 美也從口含一一道也 韻會十三覃 美也 一切經音義卷二十三兩見廣韻二十三談 九經字樣日

甛 美也从甘从舌舌知甘者 大○小徐韻會二十四鹽上舌字甘字倒 甜美也 文選南都賦注 一切經音義卷十一

𤮺 和也从甘从麻麻調也甘亦聲讀若函 大○徐 和也麻調也從甘

麻甘亦聲讀若函 小徐

文田案小徐云麻音歷是此字當從厤或大徐本傳寫誤

猒飽也从甘从肰 大小徐 無下從字 小徐 飽也足也從甘肰 韻會十四鹽 從

甘肉犬會意字也 文選琴賦注 饜飽也 孟子疏

猒猒或从目 大小徐 亦作猒 韻會十四鹽

甚尤安樂也从甘甘匹耦也 大小徐 七寑 重匹 不重甘 韻會二十 、 尤安樂也 廣韻

四十七寑

𠥶古文甚 大小徐 古作𠥶 韻會二十七寑

曰詞也从口乙聲亦象口气出也凡曰之屬皆从曰 大小徐 · 詞也

從口乙聲亦象口气出也 論語疏 韻會六月 、 從開口象气出于口也

釋詁疏

開口吐舌謂之曰 皇侃論語義疏卷一

曾告也从曰从冊冊亦聲 大○徐 告也從冊曰 小徐

曷何也从曰匃聲 大○小徐 韻會七曷

曶出气詞也从曰象氣出形春秋傳曰鄭太子曶 大○小徐 出气詞也篆文本作曶象气出形 廣韻十一没

𦥔籀文曶一曰佩也象形 大○小徐

朁曾也从曰兓聲詩曰朁不畏明 大○徐 曾也從曰兓聲詩曰朁不畏明又論語曰曾謂泰山亦同也語助也 小徐 曾也 廣韻四十八感

文田案引論語當是小徐說

沓語多沓沓也从水从曰遼東有沓縣 大○徐 無下從字 小徐 語多沓沓

也從水曰聲或作䜲韻會十五合　大徐上從譪以小徐　獄兩曹

䡟獄之兩䡟也在廷東从棘治事者从曰　䡟字五經文字卷下

也從棘在廷東也從曰治事者也韻會四豪

乃㞋詞之難也象气之出難凡乃之屬皆从乃大徐小　㞋詞之難

也象气出難六書故弟三十三　乃語辭也華嚴音義卷十一

㠯古文乃大徐小　㠯古文六書故弟三十三　古作㠯韻會十賄

𠄎籀文乃大徐小　𠄎籀文六書故弟三十三　籀作𠄎韻會十賄

文田褭乃古讀奴等切故艿仍從之得聲莊子釋文引字林

胥口乃反是晉時此音未廢也

鹵驚聲也从乃省鹵聲籀文鹵不省或曰鹵往也讀若仍大徐小徐省

逌音仍驚聲也或曰往也（九經字樣）乃往也（一切經音義卷）
（卣倒逌往 作隨往 八丶又卷十 三乃作迺）
𠧧古文逌（大小徐）
逌气行皃从乃卤聲讀若攸（大徐 小徐乃作了）
丂气欲舒出勹上礙於一也丂古文以為亏字又以為巧字凡丂
之屬皆从丂（大小徐）
甹亟詞也从丂从由或曰甹俠也三輔謂輕財者為甹（大小徐）亟
詞也或曰甹俠也三輔謂輕財者為甹（廣韻十五青）俠也三輔謂
輕財者為俠（韻會九青）
寧願詞也从丂寍聲（大小徐 韻會九青）願辭也（大禹謨釋文 廣韻十五青 詞）

𠀀反丂也讀若呵 大小徐

可肎也从口丂丂亦聲凡可之屬皆从可 大徐 小徐 聲下有也字 肯也從

口丂丂亦聲 韻會 二十哿

奇異也一曰不耦从大从可 大小徐 異也從大從可 韻會 四支 異也

文選景福殿賦注 又江賦注 奇作奇 廣韻 五支

哿可也从可加聲詩曰哿矣富人 大小徐 韻會二十哿 無曰字

哥聲也从二可古文以為謌字 大小徐 哥古歌字 韻會 五歌 聲也從

二可本古文謌字 同上

兮語所稽也从丂八象气越亏也凡兮之屬皆从兮 大小徐 兮語

有所稽也從丂八象气越亏也 韻會 八齊

粵驚辭也从亏旬聲 大小徐

㥷粵或从心 大小徐

羲气也从兮義聲 大小徐 韻會四支

乎語之餘也从兮象聲上越揚之形也 大徐 韻會七虞 小徐首有乎者二字

号痛聲也从口在丂上凡号之屬皆从号 大小徐

號呼也从号从虎 大小徐 呼也從号虎聲 小徐 韻會四豪

亏於也象气之舒亏从丂从一一者其气平之也凡亏之屬皆从亏 大小徐 於也象气之舒從丂從一一者其气平也 韻會七虞 于作亏 廣韻十虞

虧气損也从亏雐聲 大小徐 韻會四支

虧虧或从亏　大徐小徐　或作虧　韻會四支

粵亏也審慎之詞者从亏从寀周書曰粵三日丁亥　大徐小徐又韻會六月

詞作辭寀亏二字倒

吁驚語也从口从亏亏亦聲　大徐小徐

兮語平舒也从亏从八八分也爰禮說　大徐小徐　語平舒也從亏從

八八分也　韻會八庚

乎古文平如此　大徐小徐　古文平字　小徐　古作乎　韻會八庚

旨美也从甘匕聲凡旨之屬皆从旨　大徐小徐　美也從甘匕聲　韻會四紙

美也从匕甘　廣韻五旨

𣅀古文旨　大徐小徐

嘗口味之也从旨尚聲大○徐 小徐口譿曰 韻會七陽味之二字倒 口之味也廣韻十陽

喜樂也从壴从口凡喜之屬皆从喜大○小徐 樂也從壴從口韻會四紙

不言而悅曰喜從壴口御覽卷四百六十七 不言而悅也釋詁疏

歖古文喜从欠與歡同大○小徐 古作歖韻會四紙

憙說也从心从喜喜亦聲大○徐 悅也從心喜喜亦聲小徐 韻會四寘

嚭大也从喜否聲春秋傳吳有太宰嚭大○小徐 大也從喜否聲韻會四紙

壴陳樂立而上見也从屮从豆凡壴之屬皆从壴大○徐 小徐無次從字

陳樂立而上見也从屮从豆李陽冰曰中取象屮木出地之形

豆取象陳籩豆之狀六書故弟二十九 陳樂也廣韻十遇

對立也从壴从寸持之也讀若駐大小徐

鼜夜戒守鼓也从壴蚤聲禮昏鼓四通爲大鼓夜半三通爲戒晨旦明五通爲發明讀若戚大徐旦下無明字小徐

夜戒守鼓也從壴蚤聲禮昏鼓四通為大鼓夜半三通為戒晨旦五通為發明韻會十二錫

夜戒守鼓也廣韻二十三錫

彭鼓聲也从壴彡聲大小徐韻會八庚

鼓聲也廣韻十二庚

嘉美也从壴加聲大小徐韻會六麻

鼓郭也春分之音萬物郭皮甲而出故謂之鼓从壴支象其手擊之也周禮六鼓靁鼓八面靈鼓六面路鼓四面鼖鼓皐鼓晉鼓皆兩面凡鼓之屬皆从鼓大徐 小徐分作秋

鄣也皆分之音萬物鄣

皮甲而出故謂之鼓攴象手擊之六書故弟二十九　鼓郭也春分之音萬物郭皮甲而出故謂之鼓周禮六鼓靁鼓靈鼓路鼓鼖鼓鼛鼓晉鼓廣韻十姥　郭也春分之音萬物郭皮甲而出故謂之鼓又伊耆氏造鼓事類鼓賦　郭也春分之音從壴攴聲象其手擊之也韻會七麌

鼜籒文鼓从古聲大○小徐　鼜籒文六書故弟二十九　籒文作鼜韻會七麌

鼛大鼓也从鼓咎聲詩曰鼛鼓弗勝大○徐　大鼓也從鼓咎聲詩曰鼛鼓不勝小徐四豪無曰字韻會

鼖大鼓謂之鼖鼖八尺而兩面以鼓軍事从鼓賁省聲大○徐小徐賁省二字作卉　大鼓謂之鼖鼖八尺而兩面以鼓軍事韻會十二文

鞼鼖或从革賁不省大徐 鼖或從革聲小徐 或作鞼韻會十二文

鞞騎鼓也从鼓卑聲大小徐 韻會八齊 齊騎鼓 古唐類範卷百二十一

隆鼖鼓聲也从鼓隆聲大小徐 鼓聲也 又 鼕鼓聲也韻會二冬兩見

鼘鼓聲也从鼓𣶒聲詩曰鼗鼓鼘鼘大小徐

鼞鼓聲也从鼓堂聲詩曰擊鼓其鼞大小徐 鼓聲也從鼓堂聲韻會

七陽

鼛鼓聲也从鼓合聲大小徐

鞈古文鼛从革大小徐

𪔛鼓無聲也从鼓咠聲大小徐 𪔛鼓無聲也韻會十六葉

𪔵鼓鼙聲从鼓缶聲大小徐

豈還師振旅樂也一曰欲也登也从豆微省聲凡豈之屬皆从豈 [大徐小徐誤重旅字]

愷康也从心豈豈亦聲 [大小徐] 康也從心豈聲 [韻會十賄]

𧯶𢆻也訖事之樂也从豈幾聲 [大小徐] 訖事之樂也 [廣韻八微]

豆古食肉器也从口象形凡豆之屬皆从豆 [大小徐] 古食肉器也從口象形 [韻會二十六宥] 古食肉器也 [御覽卷七百五十九]

𣅃古文豆 [大小徐] 古文作𣅃 [韻會二十六宥]

梪木豆謂之梪从木豆 [大小徐] 或作梪 [韻會二十六宥]

𧯛𧯛蠡也从豆蒸省聲 [大小徐韻會十二吻] 𤼷作𧯛蠡也 [昏義釋文]

𧯠豆屬从豆𢍏聲 [大徐屬下有也字小徐] 棬屈木盂也 [孟子疏]

𧯠豆飴也从豆夗聲大小徐　豆飴也韻會十四寒　𩜴豆飴也御覽卷八百五十三　𧯠廣韻十月

𢍇禮器也从廾持肉在豆上讀若鐙同大小徐　禮器也從二手持肉在豆上韻會十蒸

豐行禮之器也从豆象形凡豐之屬皆从豐讀與禮同大小徐

䵼爵之次弟也从豊从弟虞書曰平䵼東作大徐譌作第小徐次弟無下從字　爵之次弟也廣韻五質

豐豆之豐滿者也从豆象形一曰鄉飲酒有豐侯者凡豐之屬皆从豐大小徐　豆之豐滿者從豆從凷象形一曰器名鄉飲酒有豐侯韻會一東　俎豆豊豐厚也一曰鄉飲酒有豐侯者御覽卷七百六十二

滿也（文選劉琨荅盧諶注） 山中之丰乃豐聲也（李陽冰本） 徐本从豆象

形唐从豆从山丰聲蜀本丰聲山取其高大（六書故弟二十八）

文田案鄭氏大射儀注豐從豐聲說文無豐字當依唐本從

丰聲丰古丰字豐豐皆從此

豐古文豐（大小徐） 古作豐（韻會一東）

豔好而長也从豐豐大也盍聲春秋傳曰美而豔（大小徐 韻會二十九豔長作美無曰字） 好而長曰豔（一切經音義卷一） 好而長也（晉書音義卷中）

虘古陶器也从豆虍聲凡虘之屬皆从虘（大徐 小徐陶作祠）

䖒土鍪也从虘号聲讀若鎬（大小徐） 土鍪也（玉篇虘部）

𧯼器也从虘盅盅亦聲闕（大小徐）

虍虎文也象形凡虍之屬皆从虍大徐　虎虎文也象形凡虍之屬
皆從虍讀若春秋傳曰虍有餘小徐
虞騶虞也白虎黑文尾長於身仁獸食自死之肉从虍吳聲詩曰
于嗟乎騶虞大徐小徐　騶虞也從虍吳聲白虎黑文尾長於身仁
獸也食自死之肉韻會七虞　騶虞白虎黑文尾長於身後漢班固下注
騶虞仁獸白虎黑文尾長於身不食生物廣韻十虞　白虎黑文尾
長於身食自死之肉名曰騶虞有志信之德不食人御覽卷八百九十
虙虎皃从虍必聲大徐小徐皃下有也字　韻會一屋　虎皃廣韻一屋
虔虎行皃从虍文聲讀若矜大徐小徐皃下有也字　虎行貌從虔文聲韻會
一先　虎行皃廣韻二仙

虘虎不柔不信也从虍且聲讀若鄌縣大徐小徐鄌作鄚

虖哮虖也从虍乎聲大徐 小徐虖作呼韻會七虞無虖字 哮虖也廣韻十一模

虐殘也从虍虎足反爪人也大徐小徐又韻會十藥無虍字 殘也御覽卷四百九十二

虐殘也廣韻十八藥

𢁈古文虐如此大小徐

虨虎文彪也从虍彬聲大小徐 虎文彪也韻會十五刪

虡鐘鼓之柎也飾為猛獸从虍異象其下足大徐小徐象下有形字 鐘鼓之柎也飾為猛獸从虍異象形韻會六語 鐘鼓之柎也飾為猛獸廣韻八語

虡鐘鼓之跗以猛獸為也後漢董卓傳注 筍鐘鼓之狀為猛異象於其足古唐類範卷一百十一 虡飾為猛獸後漢光武紀注

鐻虡或从金豦聲 大徐 小 又作鐻 韻會六語 金銀器名從金豦聲 韻會六魚

虡鐻上同 廣韻八語 鐻與虡同 廣韻九御

虡篆文虡省 大徐 篆文虡 小徐 今文作虡 韻會六語

虎山獸之君从虍虎足象人足象形凡虎之屬皆从虎 大徐 小徐虍謌虎

山獸之君從虍從人虎足象人足也 韻會七麌 山獸之君也 事類

虎賦注 御覧卷八百九十一 廣韻十姥 無也字

𧆬古文虎 大徐 小 古作𧆬 韻會七麌

𧇉亦古文虎 大徐 小 亦作𧇉 韻會七麌

虤虎聲也从虎㱿聲讀若隔 大徐 無下聲字 小徐

甝白虎也从虎昔省聲讀若鼏 大徐 小 白虎也 廣韻二十三錫 甝白獸

也晉書音義卷下七十七

䖕虘屬从虎去聲大徐屬下有也字小徐黑獸也晉書音義卷下七十七

虪黑虎也从虎儵聲大小徐

虦虎竊毛謂之虦苗从虎戔聲竊淺也大徐小徐苗作貓

彪虎文也从虎彡象其文也大小徐韻會十一尤亦文貌文選張華勵志注

⿰乂虎虎皃也从虎乂聲大徐小徐皃下有也字

⿰气虎虎皃从虎气聲大徐韻會五勿小徐皃下有也字

虓虎鳴也一曰師子从虎九聲大小徐一切經音義卷十九子下有也字虎鳴也

從虎九聲一曰師子韻會三肴虎鳴也一曰師子大怒聲也一切經音義卷二十二虎鳴也大怒聲一切經音義卷二十三師子也初學記卷二十九御覽

卷八百八十九　怒聲也詩云闞如虓虎　一切經音義卷五

虓　虎聲也从虎斤聲　大小徐

虩　易履虎尾虩虩恐懼一曰蠅虎也从虎㲋聲　大小徐　恐懼也　易履

釋文

虢　虎所攫畫明文也从虎寽聲　大小徐韻會十一陌

虒　委虒虎之有角者也从虎厂聲　大小徐　虒虎虎之有角者能行

水中从虎厂聲　韻會四支

𧇖　黑虎也从虎騰聲　大小徐　黑虎　韻會十蒸

虤　虎怒也从二虎凡虤之屬皆从虤　大小徐

𧇭　兩虎爭聲从虤从曰讀若憖　大徐聲下有也字小徐

䰙分別也从虤對爭貝讀若迴大徐小徐迴作回　分別也文選卷魏都賦注

䰙五經文字卷下

皿飲食之用器也象形與豆同意凡皿之屬皆从皿讀若猛大徐小徐意作形　飲食之器用也象形與豆同韻會二十三梗　飲食之用器也御覽卷七百五十六　讀皿為猛經典序錄釋文顏氏家訓音辭弟十八　皿讀若猛昭元年釋文

盂飯器也从皿亏聲大徐小徐飯作飲　飯器也一切經音義卷十四廣韻十虞　飲器也御覽卷七百六十韻會七虞　杅飲器後漢明紀注

盌小盂也从皿夗聲大徐小徐　小盂御覽卷七百六十藝文類聚卷七十三

盛黍稷在器中以祀者也从皿成聲大徐　黍稷在器中也從皿成

聲小徐十六 黍稷在器中以祀者也韻會八庚 黍稷在器中也御覽卷七百五

齍黍稷在器以祀者从皿齊聲大小 黍稷之器以祀者御覽卷七百五

十六韻會四支無之字

𥁕小甌也从皿有聲若若灰一曰若賄大徐小徐一作或

盍𥁕或从右大徐小

盧飯器也从皿𠧪聲大徐小徐韻會七虞小徐飯作飲 飯器也廣韻十一模御覽卷七百五

十六

𣍘籒文盧大徐小徐盧譌虞 籒作盧韻會七虞

𥂁器也从皿从缶古聲大徐無下從字小徐 盥作𥂁廣韻十姥

盄器也从皿弔聲大小徐

盎盆也从皿央聲大小徐韻會二十三漾

瓮盎或从瓦大小徐 或作瓮韻會二十三漾

盆盎也从皿分聲大小徐韻會十三元 盎也廣韻二十三魂

盂器也从皿宁聲大小徐

盨橨盨負戴器也从皿須聲大小徐 橨盨負戴器也廣韻八語

盪器也从皿滲聲大小徐 器也廣韻三十一巧

盬械器也从皿必聲大小徐 大徐無也字

醯酸也作酼以鬻以酒从鬻酒並省从皿皿器也大小徐 酸也作

醯以酒以鬻從鬻從酒並省从皿器也韻會八齊 醋也文選祭古冢文注

盉調味也从皿禾聲大小徐

益饒也从水皿皿益之意也大小徐韻會十一陌

盈滿器也从皿夃大小徐韻會八庚

盡器中空也从皿肃聲大小徐韻會十一軫

盅器虛也从皿中聲老子曰道盅而用之大小徐器虛也老子道盅而用之韻會一東沖作盅一切經音義卷二十二又卷二十五盅俱譌盅

盦覆蓋也从皿酓聲大徐小徐酓譌會覆蓋也廣韻二十二覃又二十八盍

盈仁也从皿以食囚也官溥說大小徐仁也從皿以食囚也廣韻二十三魂

温仁也文選顏延年應詔觀田牧詩注

盥澡手也从臼水臨皿春秋傳曰奉匜沃盥大徐小徐無手字廣韻二十九換皿

下多也字韻會十五翰 春秋傳曰作左傳二字 澡手也從臼水臨皿僖二十三年正義 澡手也春秋傳曰奉匜沃盥一切經音義卷一 又卷三 又卷十一 又卷十八 澡手曰盥後漢劉寬傳注 澡手也華嚴音義卷十四

盪滌器也从皿湯聲大小徐韻會二十二養 滌器也廣韻三十七蕩 滌也一切經音義卷十六 除去也文選琴賦注

凵凵盧飯器以柳為之象形凡凵之屬皆从凵大徐小徐飯作飰

笑凵或从竹去聲大小徐

去人相違也从大凵聲凡去之屬皆从去大小徐 人相違也從大凵聲韻會六御 從大凵廣韻八語 凵謪口

朅去也从去曷聲大小徐 去也廣韻十七薛

䔖去也从去夌聲讀若陵大徐小徐陵上有棘字

血祭所薦牲血也从皿一象血形凡血之屬皆从血大徐小徐形下有也字

祭所薦牲血也從皿一象血形韻會九屑　一象血在皿中李陽

冰曰一蓋聲六書故弟二十八

傳二字

㿾血也从血亾聲春秋傳曰士刲羊亦無㿾也大徐小徐韻會七陽春秋傳曰作左

衃凝血也从血不聲大徐小徐韻會十灰　凝血也廣韻十五灰

盡气液也从血𦘒聲大徐小徐　气液也從血𦘒𦘒亦聲小徐　津液也文選琴賦注

㱓定息也从血甹省聲讀若亭大徐小徐

衄鼻出血也从血丑聲大小徐　鼻出血也一切經音義卷十　韻會一屋

盥腫血也从血農省聲大小徐　腫血也廣韻二冬

膿俗盥从肉農聲大徐小徐盥譌農　膿上同廣韻二冬　今文作膿韻會二冬大徐小徐無

䘓血醢也从血肬聲禮記有䘓醢以牛乾脯粱麴鹽酒也上也字籀作𧖴韻會二十八感無記字籀作𧖴

𧗰也从血菹聲大小徐　菹肉醬也文選李少卿荅蘇武書注

𦉖𧗰或从缶大小徐

𧗱以血有所刏涂祭也从血幾聲大徐小徐以譌目　以血有所涂祭也

從血幾省聲韻會五微

卹憂也从血卩聲一曰鮮少也大小徐　恤憂也収也從心血聲韻會

徐當另書

四質　憂恤從心卹少從卩　華嚴音義卷六十

𧖧傷痛也从血聿皕聲周書曰民罔不𧖧傷心　大徐小徐末有讀若憘三字

傷痛也從血𦘔聲周書民罔不𧖧傷心　韻會十三職

䘓羊凝血也从血臽聲　大小徐　韻會二十八勘　羊血曰䘓　御覽卷八百五十九

𧗂䘓或从贛　大徐　𧗂䘓或從贛　小徐

盇覆也从血大　大徐　覆也從血大聲　小徐韻會十五合　覆也　廣韻二十八盍韻

會十五合

衊污血也从血蔑聲　大小徐韻會九屑　汙血也　廣韻十六屑

丶有所絕止丶而識之也凡丶之屬皆从丶　大小徐　有所絕止丶

而識之也　廣韻九麌韻會七麌

主鐙中火主也从𡈼象形从丶丶亦聲 大小徐 鐙中火炷也從𡈼

象形主亦聲 韻會七麌 鐙中火主 廣韻九麌 凵象膏澤之气土象土

木為臺气主火之義會意 李陽冰本

音相與語唾而不受也从丶从否否亦聲 大徐 相與語唾而不受

也從否從丶否亦聲 小徐 相與語唾而不受也 廣韻五十候 玉篇口部無也字

歕音或从豆从欠 大徐無下從字 小徐 歕同上 廣韻五十候

說文解字攷異

五下

从示司聲仲春之月不

說文解字攷異五下

歸安姚文田輯

丹巴越之赤石也象采丹井丶象丹形凡丹之屬皆从丹大徐小徐無巴下象字形下有也字巴越之赤石也象采丹井丶丹形也韻會十四寒越之赤石也廣韻二十五寒越之赤石也御覽卷九百八十五

日古文丹大徐古作日彤韻會十四寒日小徐正篆如此

彤亦古文丹大徐小

䑊善丹也从丹蒦聲周書曰惟其敗丹䑊讀若隺大徐小徐末有同字善丹也從丹蒦聲周書惟其敗丹䑊韻會十藥善丹也文選江淹雜體詩注御覽卷九百八十五䑊讀與雘同也梓材釋文

彤丹飾也从丹从彡彡其畫也大徐丹飾也從丹彡彡其畫彡亦聲小徐韻會二冬未彡字作也 丹飾也三一切經義卷十又卷十九 彤從丹僖二十八年正義

青東方色也木生火从生丹丹青之信言必然凡青之屬皆从青大徐小徐 東方色木生火從生丹丹青之信言必然韻會九青 青五經文字卷上

岺古文青大徐小徐 古作岺韻會九青

靜審也从青爭聲大徐小徐韻會二十三梗 審也文選神女賦注又洛神賦注一切經音義卷二十一又卷二十三

井八家一井象構韓形・罋之象也古者伯益初作井凡井之屬

皆从井・大徐字上之字小徐無　八家一井象構韓形・罋之象也古者伯益初作井廣韻四十靜　八家為一井象構韓形甕象也初學記卷七韓非韓又一作為凡兩見

韻會二十三梗為下有一字甕作罋　八家一井御覽卷百八十九　井鑿地取水也釋水

疏

𠔀深池也从井瑩省聲大徐　深池也從井瑩省小徐

𠁅陷也从𠂤从井井亦聲大徐小徐又韻會二十四敬無下從字　陷也韻會二十三梗

大陷也一切經音義卷一　穽大陷也一切經音義卷二又卷十七又卷十八又卷十九又卷二十四

穽阱或从穴大徐小徐　穽或阱字也中庸釋文　或作穽韻會二十三梗又二十四敬

華嚴音義卷七十八穽籀文作阱㕣古文作汬

荥古文阱从水大徐 阱或從水小徐 亦作荥韻會二十三梗 古作荥韻會二十四敬

刱罰辠也从井从刀易曰井法也井亦聲大徐 罰辠也從刀井易曰井法也井亦聲小徐 罰辠也廣韻十五青 刀守井也飲之人入井陷於川刀守之割其情也初學記卷二十 從井刀刀守井飲之人入井陷於川刀守之割其情也韻會九青 大小徐

刱造法刱業也从井刅聲讀若創 造法刱業也從井刅聲韻會二十三漾 創制之字作剏憲問釋文

皀穀之馨香也象嘉穀在裹中之形匕所以扱之或說皀一粒也凡皀之屬皆从皀又讀若香大徐 小徐或上 有也字無又字 皀粒顏氏家訓勉學第八

卽即食也从皀卪聲大徐韻會十三職小徐食作飡卽食也廣韻二十四職

旣小食也从皀旡聲論語曰不使勝食旣大小徐小食也從皀旡

聲韻會五未小食也鄉黨釋文

㿝飯剛柔不調相箸从皀冂聲讀若適大小徐

鬯以秬釀鬱艸芬芳攸服以降神也从凵凵器也中象米匕所以

扱之易曰不喪匕鬯凡鬯之屬皆从鬯大小徐以秬釀鬱艸芬

芳攸服以降神也從凵凵器也中象米匕所以扱之易不喪匕

鬯韻會二十三漾

鬱芳艸也十葉為貫百廿貫築以煮之為鬱从臼冂缶鬯彡其飾

也一曰鬱鬯百艸之華遠方鬱人所貢芳艸合釀之以降神鬱

令鬱林郡也大〇徐無末也字 小徐 芳草也十葉為貫百廿貫築以煮

之為鬱從臼缶鬯彡其飾也一曰鬱鬯百艸之華遠方鬱人所

貢芳艸合釀之以降神韻會五勿 鬱金芳草也十葉為貫采以煮

之為鬯一曰鬱鬯百草之華遠方所貢芳物合而釀之以降神

藝文類聚卷八十一御覽卷九 香草也十葉為貫築以煑之為鬱一合而釀之以

降祼也百八十一 鬱鬯芳草合釀之以降神九經字樣 芳草也廣韻

八物

爵禮器也象爵之形中有鬯酒又持之也所以飲器象爵者取其

鳴節節足足也大〇小徐韻會十藥 爵禮器也象爵之形御覽卷七百六十

爵九經字樣

𠔿古文爵象形大徐　古文爵如此象形小徐　古作𠔿韻會十藥

鬯黑黍也一稃二米以釀也从鬯矩聲大徐　小徐又韻會六語無下也字　秬黑

黍也一稃二米所以釀鬯也御覽卷八百四十二　秬黍也一稃二米所

以釀鬯初學記卷二十七　秬作鬯釋草釋文

秬鬯或从禾大小徐　或作粔字釋草釋文

文田案粔今大徐在新附

𩰪列也从鬯吏聲讀若迅大小徐　廣韻七志𩰪列也

食一米也从皀亼聲或說亼皀也凡食之屬皆从食大徐　一米也

從皀亼或說亼皀也凡食之屬皆从食讀若粒小徐　凡食之屬

皆從古唐類範卷百四十三　米也從皀亼聲或說亼皀也韻會十三職　從

亼從皀 五經文字卷下

饎滫飯也从食𡘋聲 大小徐韻會十二文𡘋作奔 饙滫飯也 釋言釋文 饙餥飯也 御覽卷八百五十

文田案𡘋奔同母大徐謂𡘋非聲韻會直作奔聲與或體重出皆非是

饙饎或从賁 大小徐 饙餴並或饎字也 釋言釋文 饙一蒸米也 洞酌正義釋言疏 或作饙 韻會十二文

餴饎或从奔 大小徐

餾飯气蒸也从食留聲 大小徐韻會二十六宥 飯氣蒸也 御覽卷八百五十 飯氣流也 洞酌正義釋言疏

飪大孰也从食壬聲大小徐十七寑大作火韻會二　火孰也御覽卷八百四十九

肚古文飪大小徐　古作肚韻會二十七寑

恁亦古文飪大小徐　古作恁韻會二十七寑

文田案禮記腥肆爛腍祭五經文字云腍字書無此字今據大徐飪古文作恁與心部重出韻會作恁則腍乃即恁字無疑大徐篆文偏旁有譌脫耳

饔孰食也从食雝聲大小徐韻會二冬大徐孰作熟小徐無也字　孰食也御覽卷八百四十九

饔五經文字卷下

飴米糵煎也从食台聲大小徐韻會四支　米糵煎也一切經音義卷十七御覽卷八百五十二糵作蘗　餳米糵煎也一切經音義卷四　飴米糵也一切經音義卷二十

𩜾籀文飴从異省大小徐 籀文作𩜾一切經音義卷十七 𩜾籀文異省聲六書故弟二十八 亦作𩜾韻會四支 廣韻七之𩜾籀文飴

餳飴和饊者也从食易聲大小徐韻會八庚 飴湯和饊也御覽卷八百五十二 以飴和饊曰餳一切經音義卷十三

饊熬稻粻程也从食散聲大徐小徐程作粻韻會十四旱程作餭 熬稻張餭也御覽卷八百五十三

餅麪餈也从食并聲大徐韻會二十三梗 麪餈也從食從幷聲小徐 麵餈也初學記卷二十六御覽卷八百六十 徐本麪餈也唐本𩞄餈也六書故弟二十八

餈稻餅也从食次聲大小徐韻會四支 稻餅也御覽卷八百六十

𩟄餈或从齊大小徐 亦作𩟄韻會四支

粢餈或从米大○小徐　或作粢韻會四支

饘糜也从食亶聲周謂之饘宋謂之餬大○小徐韻會一先　糜也周謂之

饘宋衛謂之餰檀弓釋文初學記卷二十六無糜也二字此條另書

餱乾食也从食侯聲周書曰峙乃餱粻大○小徐徐無曰字　乾食也一切經音

義卷一御覽卷八百四十九韻會十一尤　糇乾食糧也文選思元賦注

餥餱也从食非聲陳楚之間相謁食麥飯曰餥大○小徐麥上有而字

饎酒食也从食喜聲詩曰可以饙饎大○小徐　酒食也從食喜聲韻會

四寘　酒食也廣韻七志　饔饎饎食也古唐類範卷百四十三

餌饎或从配大○徐小徐配譌匹　又作餌韻會四寘　餌廣韻七志

糦饎或从米大○小徐　或作糦韻會四寘　糦廣韻七志

籑具食也从食算聲大小徐　韻會十七霰　具食也一切經音義卷六　又卷十四　又卷二十　又卷二十二　御覽卷八百四十九　廣韻三十三線　備具食也一切經音義卷一　又卷二十二

饌具美食也一切經音義卷二　又卷二十三美作飲

饌籑或从巺大小徐　令作餅韻會十七霰　或作饌一切經音義卷十四　廣韻三十三線　饌同上

養供養也从食羊聲大小徐　韻會二十二養

敎古文養大小徐　古作敎韻會二十五養

飯食也从食反聲大小徐　韻會十四願　食也華嚴音義卷十四

䬪雜飯也从食丑聲大小徐

飤糧也从人食大小徐　糧也從食人韻會四寘　糧也從人仰食一切經音義卷

二　糧也一切經音義卷十三又卷十四又卷十五又卷十八

饡以羹澆飯也从食贊聲大小徐　以羹澆飯也御覽卷八百五十

𩞁晝食也从食象聲大小徐　中食也御覽卷八百四十九

餳𩞁或从傷省聲大徐　𩞁或從昜小徐

飧餔也从夕食大小徐韻會十三元　餔也僖二十三年釋文　釋言釋文　伐檀正義　廣韻二十

三魂

餔日加申時食也从食甫聲大小徐　日加申時食也御覽卷八百四十九

申時食也廣韻十一模　韻會七虞　謂日加申時也後漢王符傳注

𨟻籀文餔从皿浦聲大小徐　𨟻籀文廣韻十一模

餐吞也从食奴聲大小徐韻會十四寒　吞也文選琴賦注　廣韻二十五寒

湌餐或从水大小徐伐檀釋文 廣韻二十五寒湌上同

謙嗛也从食兼聲讀若風溓溓一曰廉潔也大徐小徐無聲字

饁餉田也从食盍聲詩曰饁彼南畝大徐 小徐盍作盇 韻會十六葉無也字曰字

饁五經文字卷下

饟周人謂餉曰釀从食襄聲大徐小徐釀作饟 餉或作饟一切經音義卷四

餉饟也从食向聲大小徐 韻會二十三漾 饋也一切經音義卷十三

饋餉也从食貴聲大小徐韻會四寘 餉也一切經音義卷四 又卷七 又卷十一 又卷十三 又卷十六

饗鄉人飲酒也从食从鄉鄉亦聲大徐 鄉人飲酒也從鄉從食鄉亦聲小徐 韻會二十一養

饛盛器滿皃从𠊊蒙聲詩曰有饛簋飧大徐小徐皃下有也字韻會一東無曰字

盛器滿貌御覽卷八百四十九

飵楚人相謁𠊊麥曰飵从𠊊乍聲大小徐

鲇相謁𠊊麥也从𠊊占聲大徐韻會十四鹽占諂舌相謁食麥也從食占

小徐相謁食麥也廣韻二十五添

䭔秦人謂相謁而𠊊麥曰䭔饐从食㥯聲大徐小徐麥下有飯字

饐䭔饐也从𠊊豈聲大小徐

餬寄𠊊也从𠊊胡聲大小徐寄食也釋言釋文隱十一年正義御覽卷八百四十九韻

會七虞寄食隱十一年釋文

飶𠊊之香也从𠊊必聲詩曰有飶其香大小徐韻會四質無曰字食之香

也載芟釋文

餱燕食也从食芺聲詩曰飲酒之餱大小徐　燕食詩飲酒之餱韻會六御　燕食也廣韻九御御覽卷八百四十九　餱五經文字卷下

飽猒也从食包聲大小徐韻會十八巧猒作厭

餜古文飽从采大徐　古文飽從采聲小徐　古作餜從食采韻會十八巧

廣韻三十一巧餜餥並古文

餥亦古文飽从卯聲大小徐　亦作餥韻會十八巧

餶猒也从食肙聲大小徐韻會十七霰

饒飽也从食堯聲大徐小徐飽上有饒字韻會二蕭　餘也文選王仲宣從軍詩注六臣餘作飽

餘饒也从食余聲大小徐韻會六魚

飫倉臭也从倉芺聲爾雅曰飫謂之餯大徐　小徐謂譪請

餞送去也从倉戔聲詩曰顯父餞之大小徐　韻會十七霰無曰字　送去也一切經音義卷十五　送去食也成八年釋文御覽卷八百四十九

餫野饋曰餫从倉軍聲大小徐

館客舍也从倉官聲周禮五十里有市市有館館有積以待朝聘之客大小徐　韻會十四旱無周字又十五翰無下市字　客也從食官聲御覽卷百九十四　客舍也周禮五十里有候館一切經音義卷五　客舍也藝文類聚卷六十三

饕貪也从倉號聲大小徐　韻會四豪　貪也一切經音義九又卷二十一　玉篇口部

叨饕或从口刀聲大徐　俗饕從口刀聲小徐　或作叨一切經音義卷十三

叨此俗饕字也一切經音義卷十八　與饕同玉篇口部

虢籒文饕从號省 大小徐 韻會四豪 籒作虢

飻貪也从食殄省聲春秋傳曰謂之饕飻 大徐 貪也從食今聲春秋傳曰謂之饕飻 小徐 韻會九屑無曰字 貪也 一切經音義卷九 又卷十五 又卷十七 又卷二十 廣韻十六屑 亦貪也貪財曰饕貪食曰飻 一切經音義卷 饕又作飻貪也 一切經音義卷十四 餮貪也 一切經音義卷十七

餞飯傷熱也从食歲聲 大小徐 飯傷熱也 釋器釋文 御覽卷八百五十 鄉黨疏 飯傷熱 釋器疏

饐飯傷溼也从食壹聲 大小徐 韻會四寘 飯傷溼也 御覽卷八百五十 八霽

餲飯餲也从食曷聲論語曰食饐而餲 大小徐 餀餲也從食曷聲 韻會

饑穀不孰為饑从食幾聲大小徐 穀不孰釋天釋文

饉蔬不孰為饉从食堇聲（徐）大小徐韻會二震為作曰

飢餓也从食尢聲讀若楚人言恚人大小徐

餧飢也从食委聲一曰魚敗曰餧大小徐末有也字 小徐 魚敗曰餧鄉黨釋文

釋器釋文 餧飢也從食委聲韻會十賄 餒飢也字從食妥聲從委者

餧飤之字華嚴音義卷十三

飢餓也从食几聲大小徐韻會四支 餓也釋天釋文 一切經音義卷十四

餓飢也从食我聲大小徐韻會二十一箇 小徐我譌几 飢也文選王命論注

餽吳人謂祭曰餽从食从鬼鬼亦聲大小徐無下從字 小徐

餟祭酹也从食叕聲大小徐韻會八霽 祭酹也一切經音義卷十一 廣韻十三祭 祭

酹[褚補武紀索隱]醊祭酹也[後漢循吏王渙傳注]醊作餟酹祭也[一切經音義卷十五]

餟小餟也从食兑聲[大小徐]小餟也[韻會八霽]

餧馬食穀多气流四下也从食夌聲[大小徐]馬食穀多气流四下也[廣韻十六蒸]

䬴[食]馬穀也从食末聲[大小徐韻會七曷]秣作䬴食馬穀也[僖三十三年釋文]

秣食馬穀也[漢廣釋文]秣作䬴[雲漢釋文]

亼三合也从入一象三合之形凡亼之屬皆从亼讀若集[大小徐]

三合也从入一象三合之形[廣韻二十六緝]象三合之形[韻會十五合]

入者合集之義自一而成乎億萬入者集之初故從入從一[李陽冰本]

合合口也从亼从口大○小徐韻會十五合

僉皆也从亼从吅从从虞書曰僉曰伯夷大○小徐皆也從吅從亼

從从韻會十四鹽

侖思也从亼从冊大○小徐思也廣韻十八諄

龠籀文侖大○小徐

今是時也从亼从乛乛古文及大○徐小徐無下從字韻會十二侵文及作及字是時

也廣韻二十一侵

舍市居曰舍从亼屮象屋也口象築也大○小徐韻會二十二禡市居曰舍

御覽卷百八十一舍五經文字卷下

會合也从亼从曾省曾益也凡會之屬皆从會大○小徐合也從亼

曾省曾益也韻會九泰　會五經文字卷下

佮古文會如此大小徐　古作佮韻會九泰

髀益也从會卑聲大小徐　益也一切經音義卷五　裨益也文選長笛賦注

曑日月合宿為辰从會从辰辰亦聲大徐無下從字小徐　日月合宿為

曑廣韻十四泰

倉穀藏也倉黄取而藏之故謂之倉从食省口象倉形凡倉之屬

皆从倉大小徐　穀藏也倉黄取而藏之故謂之倉從食省口象

倉形韻會七陽　穀藏也倉黄取而藏之故謂之倉御覽卷百九十　穀藏

也一切經音義卷十九

仺奇字倉大小徐　韻會七陽古、文奇字作仺

牄鳥獸來食聲也从倉爿聲虞書曰鳥獸牄牄大小徐 鳥獸來食聲廣韻十陽 韻會七陽 鳥獸求食聲益稷釋文

人内也象从上俱下也凡入之屬皆从入大小徐 内也象從上領下也韻會十四緝

内入门也从自外而入也大小徐韻會十一隊

𡴀入山之深也从山从入闕大小徐

糴市穀也从入从糴大小徐十二錫無下從字小徐又韻會

仝完也从入从工大小徐小徐無下從字韻會一先 仝廣韻二仙又一東以仝為古文同字云出道書

五經文字作全從入下工在入部

全篆文仝从王純玉曰全大小徐 篆文從王作全韻會一先

龠古文仝大徐　古文全小徐　古作龠韻會一先

从二入也兩从此闕大小徐

缶瓦器所以盛酒漿秦人鼓之以節謌象形凡缶之屬皆从缶大徐

鼓作鼓小徐　缶瓦器所以盛酒漿秦人鼓之以節謌象形韻會二十六厚

瓦器也所以盛酒漿秦人鼓之以節樂也通典卷一百四十四　瓦器

所以盛酒漿襄八年正義　瓦器也秦人鼓之以節樂李斯傳索隱　文選李斯上書注無也字

繫傳疑義云說文有油軸宙等字而無此字亦脫悷李陽冰云卽缶字今案古有由字亦未審也

𣪍未燒瓦器也从缶殸聲讀若筩莩同大小徐　未燒瓦器也廣韻五十候

文田案筩乃筦字篆形相似傳寫致誤竹部筦筟也莩亦當作筟

匋瓦器也从缶包省聲古者昆吾作匋案史篇讀與缶同大徐古者句小徐本作䍃曰瓦器也從缶包省聲韻會四豪文田案古者以下小徐本皆作䍃曰然以昆吾史篇逐句詮釋當是本有此文

罌缶也从缶賏聲大徐小缶也韻會八庚甀瓦也御覽卷七百五十八

䍌小口罌也从缶𠂹聲大徐小小口罌韻會四寘甀小口罌也御覽卷七百五十八

䍤小缶也从缶音聲大徐小小缶也廣韻十九矦

缾罋也从缶幷聲大徐徐罋作甕小罋也從缶并韻會九青甕也御覽卷七百五十八

瓶缾或从瓦大小徐 或作瓶韻會九青

罋汲缾也从缶雝聲大小徐 汲缾也廣韻一送 罋也汲缾也御覽卷七百五十八 雍作罋汲缾也易井釋文 甕汲缾也李斯傳索隱文選李斯上書注

𦈛下平缶也从缶乏聲讀若弱大徐小徐弱作薄

䍇備火長頸缾也从缶熒省聲大小徐 備火長頸缾也廣韻十三耕 御覽卷七百五十八 備火金之長頸缾也漢五行志上注 長頸瓶也一切經音義卷五

缸瓨也从缶工聲大小徐韻會三江

䤈瓦器也从缶或聲大小徐

䍍瓦器也从缶薦聲大小徐 瓦器也廣韻三十二霰

䍃瓦器也从缶肉聲大小徐

䍣瓦器也从缶霝聲大小徐韻會九青
𦈢缺也从缶占聲大小徐缺也廣韻五十一忝
𦉥器破也从缶決省聲大小徐韻會九屑器破也廣韻十七薛
罅裂也从缶虖聲缶燒善裂也大小徐韻會二十二禡裂也一切經音義卷九又卷十四又卷十五
罄器中空也从缶殸聲殸古文磬字詩云缾之罄矣大徐器中空
也從缶殸聲詩云缾之罄矣小徐器中空也釋詁釋文一切經音義卷十三又卷二十二又卷二十三廣韻四十六徑釋詁釋文空作盡
𦉫器中盡也从缶𣪊聲大小徐器中盡也釋詁釋文又疏廣韻十二霽無也字
缿受錢器也从缶后聲古以瓦今以竹大小徐韻會三講受錢器古以

瓦今以竹廣韻三講

缻缶也後漢孔融傳注大小徐本皆無此

矢弓弩矢也从入象鏑栝羽之形古者夷牟初作矢凡矢之屬皆从矢大小徐　弓弩矢也從入象鏑栝羽之形古者夷牟初作矢韻會四紙　弓弩矢也古者夷牟初作矢廣韻五旨　弓弩矢也象鏑栝羽之形藝文類聚卷六十

躲弓弩發於身而中於遠也从矢从身大徐　弓弩發於身而中於遠從矢身小徐韻會十一陌　射弓弩發於身而中於遠也從寸法度也亦手也韻會二十二禡

射篆文躲从寸寸法度也亦手也大徐小徐躲作射　篆文作射從寸亦

法度也韻會十一陌

矯揉箭箝也从矢喬聲大小徐　揉箭箝也廣韻三十小　揉箭也韻會十七篠

矰䧳䠶矢也从矢曾聲大小徐韻會十蒸　弋射矢也御覽卷八百三十二

矦春饗所䠶矦也从人从厂象張布矢在其下天子䠶熊虎豹服猛也諸矦䠶熊豕虎大夫䠶麋麋惑也士䠶鹿豕為田除害也其祝曰毋若不寧矦不朝于王所故伉而䠶汝也大徐小徐伉作抗

春饗所䠶矦也從人從厂象張布矢在其下韻會十一尤　从人从厂象張布之狀矢在其下廣韻十九矦

矦古文矦大小徐　廣韻十九矦矦古文　韻會十一尤古作矦

𥏫傷也从矢昜聲 大小徐

短有所長短以矢爲正从矢豆聲 大小徐韻會十四旱

矤況也詞也从矢引省聲从矢取詞之所之如矢也 大小徐韻會十一軫

況也詞也从矢取詞之所之如矢也 廣韻十六軫 況辭從矢取詞如矢也 釋言疏

蒼頡作字無形象者則取音以爲之訓矢引則爲矤其類往往而有之矣字是也 李陽冰本

知詞也从口从矢 大徐 小徐無下從字 詞也從口矢聲 韻會四支

矣語已詞也从矢已聲 大徐韻會四紙 小徐已作㠯 又韻 語辭也从矢以聲 六書故弟三十三 語已詞也 廣韻五旨

高崇也象臺觀高之形从冂口與倉舍同意凡高之屬皆从高 大小

徐　崇也人象臺觀高之形從冂口與倉舍同意 韻會四豪　高 九經字樣

高小堂也从高省冋聲 大小徐

廎高或从广頃 大小徐

亭民所安定也亭有樓从高省丁聲 大小徐 韻會九青

亳京兆杜陵亭也从高省乇聲 大小徐 韻會十藥

冂邑外謂之郊郊外謂之野野外謂之林林外謂之冂象遠界也

邑外謂之郊郊外謂之野野外謂之林林外謂之冂象遠界也 玉篇冂部

凡冂之屬皆从冂 大小徐 象遠界也邑外謂之郊郊外謂之野

野外謂之林林外謂之冂 韻會九青

同古文冂从口象國邑 大小徐 玉篇冂部 古文冂象國邑從口也 小徐 古作同

象國邑也 韻會九青

坰同或从土 大○小徐 今文從土作坰 韻會九青 坰上同 玉篇冂部

市買賣所之也市有垣从冂从了了古文及象物相及也之省聲 大○徐 買賣所之也市有垣從冂了象物相及也之省聲了古文及也 小徐 買賣所之也市有垣從冂了象物相及也了古文及字中之省聲 韻會四紙 買賣所之也 廣韻五旨一作之所 御覽卷百九十又卷八百二十七無之字

冘淫淫行皃从人出冂 大○徐小徐無 韻會十二侵 玉篇冂部 下有也字 冘冘行皃也 後漢來歙傳注 行皃 後漢傳注 馬援

央中央也从大在冂之内大人也央旁同意一曰久也 大○徐小徐無末也字 中也從大在冂之内 韻會七陽 中央也一曰久 匡謬正俗卷一 久

也巳也庭燎釋文

隺高至也从隹上欲出冂易曰夫乾隺然大小徐○確高至易乾釋文又繫辭下釋文高至也从隹上欲出門玉篇冂部

𩫖度也民所度居也从回象城𩫖之重兩亭相對也或但从囗音韋凡𩫖之屬皆从𩫖大小徐○度也民所度居也從回象城𩫖之重兩亭相對也韻會十藥𩫖為居𩫖廣韻十九鐸度也民所度居也玉篇𩫖部

𩫲缺也古者城闕其南方謂之𩫲从𩫖缺省讀若拔物為決引也大徐作𩫲叏聲決作史小徐𩫖缺省○缺也古者城闕其南方謂之𩫲玉篇𩫖部徐本缺省聲唐本夬聲六書故弟二十八

京人所為絕高丘也从高省丨象高形凡京之屬皆从京大小徐○人所為絕高丘也從高省丨象高形韻會八庚人所為絕高丘也

御覽卷五十六 蓋从高省巾聲蜀本亦曰巾聲 六書故弟二十六

就就高也从京从尤尤異於凡也 大徐 韻會二十六宥 就高也從尤京

尤異於凡也 小徐 廣韻四十九宥作从京尤

𡪋籀文就 大徐 小徐

亯獻也从高省曰象進孰物形孝經曰祭則鬼亯之凡亯之屬皆从亯 大徐 小徐 獻也從高省曰象進孰物形孝經祭則鬼亯之 韻會二十二養 獻也從高省 一切經音義卷十五 獻也 一切經音義卷四 韻會八庚 享獻 一切經音義卷十九

亭篆文亯 大徐 小徐 篆文作亭 一切經音義卷十五 韻會二十二養 亯亦作亭 九經字樣 韻會八庚 古作亭

𦎫孰也从亯从羊讀若純一曰鬻也大徐 小徐無下從字 孰也廣韻十八諄

𦎫篆文𦎫大徐小徐

𥫅厚也从亯竹聲讀若篤大徐小徐

𩫖用也从亯从自自知臭香所食也讀若庸大徐 小徐末有同字

㫗厚也从反亯凡㫗之屬皆从㫗大徐小徐 㫗也從反亯韻會二十六厚

覃長味也从㫗鹹省聲詩曰實覃實吁大徐小徐 覃從㫗鹹省聲韻會

十三覃

𠧩古文覃大徐小徐

𠪗篆文覃省大徐小徐 𠪗九經字樣

厚山陵之厚也从㫗从厂大徐 山陵之厚也從厂從㫗小徐 韻會二十二

厚 山陵之厚也 廣韻四十五厚

垕古文厚从后土 大小徐 古作垕 韻會二十二厚 廣韻四十五厚垕古文

畗滿也从高省象高厚之形凡畗之屬皆从畗讀若伏 大徐 滿也

從高厚之形凡畗之屬皆從畗 小徐

良善也从畗省亡聲 大小徐 韻會七陽

目古文良 大小徐

𠃍亦古文良 大小徐

𥃦亦古文良 大小徐

㐭穀所振入宗廟粢盛倉黃㐭而取之故謂之㐭从入回象屋形

中有戶牖凡㐭之屬皆从㐭 大徐 回上有從字 小徐 穀所振入宗廟粢

盛倉黃㐭而取之也象屋形中有户牖韻會二十七寢

廩㐭或从广从禾大徐 㐭或從广稟小徐 或作廪韻會二十七寢

稟賜穀也从㐭从禾大小徐韻會二十七寢 賜穀也後漢光武紀注 賜也一切經音義卷十一 又卷十八 又卷十五 稟華嚴音義卷十四云宜從米古文作𠧟 又卷六十五云稟從米㐭聲古文作𠧟

亶多穀也从㐭旦聲大小徐韻會十四旱

啚嗇也从口㐭㐭受也大小徐韻會四紙 嗇也廣韻五旨

啚古文啚如此大小徐 古作啚韻會四紙

嗇愛濇也从來从㐭來者㐭而藏之故田夫謂之嗇夫凡嗇之屬皆从嗇大徐 愛濇也從來㐭來者㐭而藏之故田夫謂之嗇夫一曰棘省聲凡嗇之屬皆從嗇小徐 愛䜰也从來㐭來麥也來

者㐭而藏之故田夫謂之嗇夫 廣韻二十四職 愛濇也從來從㐭來

者㐭而藏之故田夫謂之嗇夫 韻會十三職 嗇 棶古文牆从秝當以秝為聲 蜀

本曰一說从棘省聲 六書故弟二十六

𠾂古文嗇从田 大徐小 韻會十三職古作𠾂

牆垣蔽也从嗇爿聲 大徐小 垣蔽也從嗇牀省聲 韻會七陽 垣蔽也

文選鄒陽獄中上書自明注 廣韻十陽 垣蔽曰牆 御覽卷百八十七 牆籀文隸文皆

為實今或加土 華嚴音義卷八

牆籀文从二禾 大徐小 韻會七陽籀作牆牆

牆籀文亦从二來 大徐小

來周所受瑞麥來麰一來二縫象芒束之形天所來也故為行來

之來詩曰詒我來麰凡來之屬皆从來（大徐小徐朿作朿）周所受來

麰也一麥二夆象其芒刺之形天所來也（思文正義）麰周所受來

牟也一麥三縫象其芒刺之形天下來也（御覽卷八百三十八）周所受

瑞麥來牟一來三縫象芒刺之形（韻會十灰）天所來也故又為行

來之來（韻會十灰）來麰一來二縫（韻會四支）

竢詩曰不竢不來从來矣聲（大小徐　廣韻五旨）爾雅不竢不來（韻會四紙）

俟竢或从彳（大小徐）亦作俟（韻會四紙）俟同上（廣韻五旨）

麥芒穀秋種厚薶故謂之麥麥金也金王而生火王而死从來有

穗者从夊凡麥之屬皆从麥（大小徐）芇穀秋種厚薶故謂之麥

麥金也金王而生火王而死從來有穗者從夊（御覽卷八百三十八）芒

穀秋種厚薶謂之麥從來有穗者從夊韻會十一陌　金也金王而生火王而死初學記卷二十七　周所受來麰也初學記卷二十七

麰來麰麥也从麥牟聲大小徐韻會十一尤

䅘麰或从艸大小徐韻會十一尤或作䅘

麧堅麥也从麥气聲大小徐韻會六月　麧賢麥也御覽卷八百三十八

䴬小麥屑之覈从麥肙聲大徐屑皆作屑小徐　小麥屑之覈廣韻三十四果　小多屑覆也御覽卷八百三十八

䴭礦麥也从麥差聲一曰擣也大徐小徐擣作檮　磨麥御覽卷八百三十八

麩小麥屑皮也从麥夫聲大小徐韻會七虞

麱麩或从甫大小徐　或作麱韻會七虞

麪麥末也从麥丏聲（大小徐會十七霰韻）

䴹麥覈屑也十斤為三斗从麥啇聲（大小徐御覽卷八百三十八斤上有三字）

䵄煮麥也从麥豐聲讀若馮（大小徐）煮麥也（御覽卷八百三十八）

麩麥甘鬻也从麥去聲（大徐會六語無也字小徐又韻）麥白煮也（御覽卷八百三十八）

麫甘粥（御覽卷八百五十九）

饕餅籟也从麥殸聲讀若庫（大小徐）

麧餅籟也从麥穴聲（大小徐）

麳餅籟也从麥才聲（大小徐）

夂行遲曳夂夂象人兩脛有所躧也凡夂之屬皆从夂（大小徐）

夋行夋夋也一曰倨也从夂允聲（大徐）行夋夋也從夂允聲一曰

倨也小徐

夂行故道也从夂畐省聲大小徐 夂五經文字卷下廣韻一屋韻會一屋

夌越也从夂从兂兂高也一曰夌徲也大徐 越也從夂兂兂高大也一曰夌徲也小徐 夌越也從夂兂兂高大也一曰夌徲韻會十蒸 越也廣韻十六蒸 淩越也文選羽獵賦注 陵作夌華嚴音義卷七十

致送詣也从夂从至大小徐 送詣也從至從夂韻會四寘 送詣也文選古詩十九首注廣韻六至 送也文選東京賦注 送詣曰致一切經音義卷二

憂和之行也从夂𢚧聲詩曰布政憂憂大徐 小徐𢚧作𢝊 和之行也從夂𢚧聲韻會十一尤 從𢚧從夂行之和一同上十一尤 憂五經文字卷下

夎行皃从夂恙聲大徐行下有也字小徐 行皃廣韻十九代 夎五經文字卷下

夌行夌夌也从夊闕讀若僕大徐 小
夔䌛也舞也樂有章从章从夅从夊詩曰夔夔舞我大徐 䌛也舞
也樂有章從夊詩曰夔夔舞我小徐 䌛也舞也樂有章從夅從
章從夊詩夔夔鼓我韻會二十八感 坎作夔舞曲也伐木釋文
夎惱蓋也象皮包覆惱下有兩臂而夊在下讀若范大徐 小 蓋
也象皮包覆 下有兩臂而又在下韻會三十琰
夏中國之人也从夊从頁从臼臼兩手夊兩足也大徐 中國之人
也從夊頁從臼臼兩手夊兩足也小徐 韻會二十一馬無末也字
𡕾古文夏大徐 古文夏小徐
畟治稼畟畟進也从田人从夊詩曰畟畟良耜大徐 小徐人作入 韻會十三職

無曰字 治稼畟畟進也詩云畟畟良耜 玉篇田部 廣韻二十四職
夎斂足也䳌鶪醜其飛也夎从夊兇聲 大徐小徐鶪作鵙 鳥斂足也從
夊兇聲爾雅䳌鶪醜其飛也夎 韻會一東
夒貪獸也一曰母猴似人从頁巳止夊其手足 大小徐韻會四豪 猱貪
獸也一曰母猴似人 御覽卷九百十 貪獸也 匡謬正俗卷六 大小徐
夔神魖也如龍一足从夊象有角手人面之形 大小徐 卽魖也如
龍一足象有角手人面之形從夊斂足也 韻會四支
㚇對臥也从夊㐄相背凡㚇之屬皆从㚇 大小徐 對臥也從夊㐄
相背 廣韻二十八獮韻會十六銑臥作取
蹖揚雄說㚇从足春 大徐小徐說作作 或作蹖揚雄說從足春 韻會二十六銑

舞樂也用足相背从舛無聲大小徐韻會七麌

䍿古文舞从羽亡大徐古文舞從羽亡聲小徐古作翌韻會七麌

舝車軸耑鍵也兩穿相背从舛萬省聲萬古文偰字大徐車軸耑

鍵也兩穿相背從舛萬省聲小徐韻會八黠鎋作鍵車軸耑鍵也兩相

穿背也天官書正義舝廣韻十五鎋

䑞艸也楚謂之葍秦謂之藑蔓地連華象形从舛舛亦聲凡䑞之

屬皆从䑞大徐無下舛字小徐艸也楚謂之葍秦謂之藑蔓地連華

象形從舛亦聲韻會十二震艸也楚謂之當秦謂之藑蔓地連華

象形廣韻二十二稕楚謂之葍秦謂之藑蔓地生而連華釋草釋文䑞

五經文字卷下

鏊古文䑞大徐。小徐古文舜。古作鏊韻會十二震

䑞䔰榮也从䑞生聲讀若皇爾雅曰䑞䔰也大徐。小徐䑞䔰作雞華

䔰䑞或从艸皇大徐。小徐

韋相背也从舛囗聲獸皮之韋可以束枉戾相韋背故借以為皮

韋凡韋之屬皆从韋大徐。小徐相背也從舛口聲獸皮之韋可以束物枉戾相違背故借以為皮韋韻會五微

㚖古文韋大徐。小徐

韠韍也所以蔽前以韋下廣二尺上廣一尺其頸五寸一命縕韠

再命赤韠从韋畢聲大徐。小徐韍也所以蔽前吕韋下廣二尺上廣一尺其頸五寸肩革帶博二寸從韋畢聲韻會四質韍也所以

蔽前也下廣二尺上廣一尺其頸五寸一命緼韠再命赤韠廣韻五質

韍也所以蔽前隋書禮儀志七 韠九經字樣

韎茅蒐染韋也一入曰韎从韋末聲大徐小徐又韻會十一隊又作入

韢橐紐也从韋惠聲一曰盛虜頭橐也大徐小徐橐作橐

韜劒衣也从韋舀聲大小徐 劒衣也一切經音義卷十三又卷二十廣韻六豪韻會四豪 韜謂之衣初學記卷二十二御覽卷三百四十三

韝射臂決也从韋冓聲大徐小徐射作䠶 射臂決韻會十一尤 射臂捎也御覽卷三百五十 臂衣也文選李少卿書注

韘射決也所以拘弦以象骨韋系著右巨指从韋枼聲詩曰童子佩韘大徐小徐射作䠶 射注也所以鉤弦以象骨韋系著右巨指從

韋枼聲詩童子佩韘 韻會十六葉

弽韘或从弓 大○小徐 韻會十六葉或作弽

韣弓衣也从韋蜀聲 大○小徐 韣韔弓衣也 御覽卷三百四十七

韔弓衣也从韋長聲詩曰交韔二弓 大○小徐 韻會二十三樣無曰字

韕履也从韋叚聲 大○小徐

⿰韋段履後帖也从韋段聲 大○小徐

緞⿰韋段或从糸 大○小徐

韤足衣也从韋蔑聲 大○小徐 韻會六月 足衣也 文選洛神賦注 足衣 御覽卷六百九十七 足衣韤也 古唐類範卷百三十六

⿰韋尃軶裹也从韋尃聲 大○徐 小徐裹作裹尃譌尃

韏革中辨謂之韏从韋𢍏聲大小徐　韏廣韻二十五願

䪅收束也从韋糕聲讀若酋大小徐徐束作朿

䪅䪅或从要大小徐

𩏄䪅或从秋手大小徐

韓井垣也从韋取其帀也倝聲大小徐十四寒帀作匝韻會　榦井橋褚補武紀索隱

韓五經文字卷下

弟韋束之次弟也从古字之象凡弟之屬皆从弟大小徐徐束譌朿　弟

韋束相次弟韻會八霽　第作弟韋東之次弟也廣韻十二霽　韋東之次弟也玉篇弟部

𠂆古文弟从古文韋省丿聲大小徐　古文弟從韋省古文韋聲小徐

罤周人謂兄曰罤从弟从眔大小徐無下從字小徐　兄也周人謂兄曰罤

從弟眔韻會十三元　周人謂兄曰罤廣韻二十三魂　周人謂兄為罤一切經音義卷八　周人謂兄曰昆一切經音義卷十三　周人謂兄曰罤廣韻二十三魂　玉篇弟部末有也字

夂从後至也象人兩脛後有致之者凡夂之屬皆从夂讀若黹大小徐

夆相遮要害也从夂丰聲南陽新野有夆亭大小徐　相遮要害也韻會二冬

夆牾也从夂丰聲讀若縫大小徐　牾也韻會二冬　夆五經文字卷下

夅服也从夂午相承不敢竝也大徐　小徐午譌牛韻會三江　夅五經文字卷下

夃秦以市買多得為夃从了从夂益至也詩曰我夃酌彼金罍大小徐

秦人市買多得為夃從了從夂益至也韻會七虞　姑作夃秦

以市買多得為夃卷耳釋文

夂跨步也从反夊䍐从此大小徐

夂从後灸之象人兩脛後有距也周禮曰夂諸牆以觀其橈凡夂之屬皆从夂大徐小徐牆作墻　從後灸之象人兩脛後有距也周禮夂諸牆以觀其橈韻會二十六厚

桀磔也从舛在木上也凡桀之屬皆从桀大小徐　磔也從舛在木上韻會九屑

磔辜也从桀石聲大小徐韻會十一陌　辜也一切經音義卷九

乘覆也从入桀桀黠也軍法曰乘大徐十蒸小徐法下有入桀二字末作乘韻會

覆也廣韻十六蒸　乘覆也文選潘正叔迎大駕詩注　乘五經文字卷下

兟古文椉从几大徐小徐椉作乘 廣韻十六蒸兟古文 韻會十蒸古作兟

國家出版基金項目
NATIONAL PUBLICATION FOUNDATION

國家圖書館藏未刊稿叢書·著作編

說文解字考異

（三）

主編　劉玉才　陳紅彦

（清）姚文田　輯

鳳凰出版社

說文解字攷異

六上

說文解字攷異六上

歸安姚文田輯

木冒也冒地而生東方之行从中下象其根凡木之屬皆从木大小徐　冒也冒地而生東方之行注廣韻一屋釋木疏末有也字事類木賦　冒也冒地而生從中下象其根韻會一屋釋文生下有也字釋木　象木之形木者五行之一豈象於艸乎李陽冰本

橘果出江南从木矞聲大小徐　果出江南樹碧而冬生從木矞聲韻會四質

橙橘屬从木登聲大小徐　橘屬也文選南都賦注又上林賦注御覽卷九百七十一

柚條也似橙而酢从木由聲夏書曰厥包橘柚大小徐　韻會二十六宥無夏曰字

樝果似棃而酢从木䖣聲大小徐韻會六麻　樝似棃御覽卷九百六十九

棃果名从木𥝢聲𥝢古文利大徐　果名從木𥝢聲小徐初學記卷二十八名作

也　果名韻會四支

梬棗也似柹从木甹聲大小徐韻會二十三梗　棗似柹而小名曰梬文選子虛

賦注　梬似柹而小也一切經音義卷十一　棗似梬文選南都賦注

柹赤實果从木𠂔聲大小徐韻會五尾　赤實果也文選南都賦注藝文類聚卷八十六

枏梅也从木冄聲大小徐

梅枏也可食从木每聲大小徐韻會十灰

楳或从某大小徐　或作楳韻會十灰　楳亦梅字標有梅釋文

杏果也从木可省聲大小徐韻會二十三梗　徐本可省聲唐本曰从口林

罙曰从嗄省聲伯曰杏从反呆六書故弟二十二

柰果也从木示聲大小徐韻會九泰

李果也从木子聲大小徐初學記卷二十八韻會四紙也作名

杍古文大小徐　杍古文李初學記卷二十八　古作杍韻會四紙

桃果也从木兆聲大小徐　桃五經文字卷上　冬桃從木敄聲小徐

楙冬桃从木敄聲讀若髦大徐

亲果實如小栗从木辛聲春秋傳曰女摯不過亲栗大徐小徐無果字　榛似梓

果實也韻會十一眞　木名實如小栗從木辛聲韻會十一眞

實如小栗御覽卷九百七十三　亲九經字樣

楷木也孔子冢蓋樹之者从木皆聲大小徐韻會九蟹也作名　木也孔子

冢蓋樹之者 廣韻十三駭 木名孔子冢蓋樹之 韻會九佳十四皆之作也 廣韻

梫桂也从木侵省聲 大徐小徐侵作㑴

桂江南木百藥之長从木圭聲 大徐小徐韻會八霽南下有冢字 江南木百藥之長 藝文類聚卷八十九御覽卷九百五十七南下有之字

棠牡曰棠牝曰杜从木尚聲 大徐小徐 從木尚聲牡曰棠牝曰杜 韻會七陽 牡曰棠牝曰杜 韻會七麌

杜甘棠也从木土聲 大徐小徐韻會七麌

槢木也从木習聲 大徐小徐韻會十四緝

樿木也可以為櫛从木單聲 大徐小徐韻會十六銑

椲木也可屈為杅者从木韋聲 大徐小徐

楢柔木也工官以為耎輪从木酋聲讀若糗大小徐柔木也從木酋聲工官以為耎輪韻會十一尤

枊棳椐木也从木卬聲大小徐

棆毋杶也从木侖聲讀若易屯卦大徐小徐末有是也二字

楈木也从木胥聲讀若芟刈之芟大小徐

柍梅也从木央聲一曰江南橦材其實謂之柍大小徐

楑木也从木癸聲又度也大小徐

㭋木也从木咎聲讀若皓大小徐

椆木也从木周聲讀若丩大小徐

樕樸樕木从木欶聲大小徐韻會一屋樸下有小字

㰋木也从木彝聲大○小徐

梣青皮木从木岑聲大○小徐

欞或从㝱省㝱籒文寑大○徐　或從㝱省籒文小徐

棳木也从木叕聲益州有棳縣大○小徐　木也從木叕聲韻會九屑

椃木也从木號省聲大○小徐

棪遬其也从木炎聲讀若三年導服之導大○小徐

㯝木也从木遄聲大○小徐

椋即來也从木京聲大○小徐

檍杶也从木意聲大○徐　小徐無此字

樻木也从木貴聲大○徐　小徐無此字

⿰木虖木也从木虖聲大徐小徐無此字韻會六魚

楀木也从木禹聲大徐小徐無此字

藁木也从木藟聲大小徐韻會四紙也作名

罍籀文大小徐　籀文作櫑韻會四紙

桋赤栜也从木夷聲詩曰隰有杞桋大小徐　木名也詩隰有杞桋韻會四支

栟栟櫚也从木幷聲大小徐　栟櫚椶也韻會八庚

椶栟櫚也可作萆从木㚇聲大小徐萆下有也字　椶櫚也從木㚇聲可作萆韻會一冬　椶一名蒲葵御覽卷九百五十九

樌楸也从木貫聲春秋傳曰樹六樌於蒲圃大小徐　楸也從木貫

聲韻會二十一馬　櫝山楸孟子疏

椅梓也从木奇聲大小徐韻會四支　梓也韻會四支

梓楸也从木宰省聲大小徐韻會四紙　楸也韻會四紙

榟或不省大小徐韻會四紙或作梓

楸梓也从木秋聲大小徐韻會十一尤　梓也告子疏　楸櫝也韻會四紙　梓屬從

槢梓屬大者可為棺椁小者可為弓材从木啻聲大小徐

木啻聲大者可為棺槨小者可為弓材韻會十三職　梓屬也釋木釋文

柀檆也从木皮聲一曰折也大小徐　檆也從木皮聲小徐

檆木也从木煔聲大小徐韻會十五咸

榛木也从木秦聲一曰菆也大小徐　木也韻會十一真　叢木也一切經音

義卷十　木叢生曰榛一切經音義卷十一　叢木曰榛一切經音義卷十五

文田案菆當作叢類篇叢或作菆

梡山榑也从木㞋聲大小徐韻會十九皓榑作欜　栲讀為糗山有樞疏釋木疏糗作稬

杶木也从木屯聲夏書曰杶榦栝柏大徐韻會十一眞無曰字小徐末有也字

櫄或从熏大小徐　亦作櫄韻會十一眞　櫄廣韻十八諄

杻古文杶大小徐　杻古文小徐　六書故第二十二桵杻自為一木毋非杶之聲

㯰杶也从木筍聲大小徐

桵白桵棫从木妥聲大小徐韻會四支

棫白桵也从木或聲大小徐韻會十三職

楒木也从木息聲大小徐

椐樻也从木居聲大〇小徐　樻木也韻會六魚

樻椐也从木貴聲大〇小徐

栩柔也从木羽聲其實皁一曰樣大〇徐柔譌柔小徐又譌杼　杼也其實皁一

曰樣廣韻九麌　杼也從木羽聲其實皁韻會七麌

柔栩也从木予聲讀若杼大〇小徐　杼東門之枌釋文

樣栩實从木羕聲大〇小徐韻會二十二養

杙劉劉杙从木弋聲大〇小徐　劉劉杙韻會十三職

枇枇杷木也从木比聲大〇徐小徐無木也二字

桔桔梗藥名从木吉聲一曰直木大〇徐　桔梗藥名從木吉聲小徐

柞木也从木乍聲大〇小徐韻會十藥

枰木出橐山从木平聲大小徐

槢木也从木晉聲書曰竹箭如槢大徐　木也從木晉聲詩曰榛苦濟濟小徐

文田案周禮職方氏其利金錫竹箭注故書箭為晉逸周書職方解其文正同疑許本引逸書説解傳寫有誤至小徐本後人妄改部内別有榛字鍇按亦誤疑當作逸周書曰竹槢讀如箭

椓羅也从木豕聲詩曰隰有樹椓大小徐韻會四寘無也字

椵木可作牀几从木叚聲讀若賈大小徐　木可作牀几從木叚聲韻會二十一馬　木可作杖机御覽卷九百六十一

櫘木也从木惠聲大小徐

楛木也从木苦聲詩曰榛楛濟濟大小徐韻會七虞無曰字　木也後漢孔融傳注

櫅木也可以為大車軸从木齊聲大徐小徐無大字

杒木也从木乃聲讀若仍大小徐

欕木也从木顯聲大徐小徐顯作頻

樲酸棗也从木貳聲大小徐韻會四寘　酸棗也御覽卷九百六十五　樲棘小棗也孟子疏

樸棗也从木僕聲大小徐　從木僕聲棗也韻會一屋

橪酸小棗从木然聲一曰染也大徐小徐染作柔　酸小棗也司馬相如傳索隱

柅木也實如梨从木尼聲大徐小徐無此字　木也從木尼聲實如梨韻會四紙　木名實如梨從木尼聲韻會四紙

梢　木也从木肖聲大小徐　木枝末從木肖聲韻會三肴

𣝁　木也从木隸聲大小徐

𣐿　木也从木寽聲大小徐

梭　木也从木夋聲大小徐

㮂　木也从木畢聲大小徐

楋　木也从木剌聲大小徐

枸　木也可為醬出蜀从木句聲大小徐

樜　木出發鳩山从木庶聲大小徐

枋　木可作車从木方聲大小徐　木可作車韻會七陽　一切經音義卷十四作作為

橿　枋也从木畺聲一曰鉏柄名大小徐　枋也又鉏柄韻會七陽

樗　木也以其皮裹松脂从木雩聲讀若華大小徐　木也從其皮裹

松脂從木雱聲 韻會二十二禡

檴或从蒦 大○小徐韻會二十二禡或作樸

檗黃木也从木辟聲 大○小徐韻會十一陌 黃木也 御覽卷九百五十九

梤香木也从木芬聲 大○徐韻會十二文小徐無香字 棻香木也 廣韻二十文

樧似茱萸出淮南从木殺聲 大○小徐韻會八黠 似茱萸出淮南 御覽卷九百六

十藝文類聚卷八十八

槭木可作大車輮从木戚聲 大○小徐韻會十一陌輮作楺

楊木也从木昜聲 大○小徐韻會七陽也作名 蒲柳也從木昜聲 初學記卷二十八

御覽卷九百五十七藝文類聚卷八十九

檉河柳也从木聖聲 大○小徐初學記卷二十八（藝文類）聚卷八十九御覽卷九百五十七 河

柳也廣韻十四清　河柳韻會八庚

栭小楊也从木丣聲丣古文酉大°小徐　廣韻四十四宥　韻會二十六厚末有字也二字

小楊也從木丣聲初學記卷二十八　御覽卷九百五十七　藝文類聚卷八十九　少楊也孟子疏　栭五經文字卷上

樗大木可為鉏柄从木雩聲大°小徐　大木也可以為鉏柄廣韻十八諄

欒木似欄从木䜌聲禮天子樹松諸侯柏大夫欒士楊大°小徐　木似欄禮天子樹松諸侯柏大夫欒士楊廣韻二十六桓　韻會十四寒欄作欄無禮字

木也似木蘭從木䜌聲御覽卷九百六十　六書故弟二十二說文欒木侶欄而無欄字類篇欄木名桂類周禮㡛氏以欄為灰

栘棠棣也从木多聲大°徐小徐也作木　棠棣也韻會四支

棣白棣也从木隶聲 大○小徐韻會八霽 白棣樹也 釋木疏

枳木似橘从木只聲 大○小徐韻會四紙 木似橘 文選西京賦注

楓木也厚葉弱枝善搖一名聶从木風聲 大○徐也字聶作欇 小徐無 木厚葉弱枝善搖一名欇欇 釋木疏韻會一東 木厚葉弱枝善搖 釋木釋文

權黃華木从木雚聲一曰反常 大○小徐從上常下俱有也字 韻會一先

柜木也从木巨聲 大○小徐六語也作名 韻會

槐木也从木鬼聲 大○小徐 木名花黃可染從木鬼聲 韻會九佳

守宮也從木鬼聲 韻會十灰

穀楮也从木㱿聲 大○小徐釋文 詩鶴鳴韻會一屋 楮也 御覽卷九百六十 五經文字卷上

槃穀上說文下經典相承

楮穀也从木者聲大小徐韻會六語

柠楮或从宁大徐小徐無楮字或作柠韻會六語

繼枸杞也从木繼省聲一曰監木也大徐小徐監作堅

杞枸杞也从木己聲大小徐韻會四紙　枸杞孟子疏

栘木也从木多聲一曰車輣會也大徐小徐又韻會六麻輣作軸

檀木也从木亶聲大小徐韻會十四寒

櫟木也从木樂聲大小徐韻會十二錫

梂櫟實一曰鑿首从木求聲大小徐　櫟實也一曰鑿首廣韻十八尤

楝木也从木柬聲大小徐　木也韻會十七霰

檿山桑也从木厭聲詩曰其檿其柘大小徐韻會二十九避無也字曰字

柘桑也从木石聲大○小徐韻會二十二禡

槨木可為杖从木𥞫聲大○小徐

欜欜味稔棗从木還聲大○小徐　欜味稔棗也廣韻二仙

梧梧桐木从木吾聲一名櫬大○徐小徐又韻會七虞名作曰

榮桐木也从木熒省聲一曰屋梠之兩頭起者為榮大○徐小徐無也字熒作熒韻會八庚無梠字　翼屋榮也文選西都賦注

桐榮也从木同聲大○小徐

播木也从木番聲讀若樊大○小徐

榆榆白枌从木俞聲大○徐小徐榆白作木白　白枌也廣韻十虞御覽卷九百五十六藝文類聚卷八十八

枌榆也从木分聲大小徐韻會十二文

梗山枌榆有朿莢可為蕪荑者从木更聲大徐　小徐朿譌朿者作也　山粉

榆有刺莢可以為蕪荑御覽卷九百五十六　榆有刺莢為蕪荑藝文類聚卷八十八

樵散木也从木焦聲大小徐韻會二蕭　樵木也亦薪也從木從蕉聲一切經音義卷十五　木也廣韻三蕭　薪也華嚴音義卷十三

松木也从木公聲大小徐八韻會二冬　初學記卷二十也作名

㮤松或从容大小徐　古作㮤韻會二冬　古文榕從木容聲初學記卷二十八

樠松心木从木㒼聲大小徐元又十四寒韻會十三

檜柏葉松身从木會聲大小徐泰作松葉柏身韻會九

樅松葉柏身从木從聲大小徐　木名韻會二冬

柏鞠也从木白聲大小徐　韻會十一陌

机木也从木几聲大小徐　韻會四紙也作名　木也廣韻五旨

枮木也从木占聲大小徐　炽竈木從木占聲當作枮　韻會二十九豔

梇木也从木弄聲益州有梇棟縣大小徐　韻會一送

楰鼠梓木从木臾聲詩曰北山有楰大小徐

桅黃木可染者从木危聲大徐　小徐者下有也字　栀黃木可染者從木危聲韻會四支　桅黃木可染廣韻五旨

杒梎杒也从木刃聲大小徐

櫏槢櫏木也从木遝聲大小徐

榙榙𣝣果似李从木荅聲讀若嚃 大徐小徐 榙𣝣木從木荅聲讀若還

某酸果也从木甘闕 大徐無也字 小徐木字 酸果也從甘從木 韻會二十六厚

李陽冰曰此正梅字 六書故弟二十二

槑古文某从口 大徐小徐

𣠞崐崘河隅之長木也从木𢑟聲 大徐小徐

樹生植之總名从木尌聲 大徐小徐生上有木字 韻會七遇

尌籀文 大小徐 古作尌 韻會七遇

本木下曰本𡴀从木一在其下 大小徐 廣韻二十一混 韻會十三阮 本從木

一在其下 五經文字卷下

𣎵古文大○小徐 𣎵古文六書故弟二十一

柢木根也从木氐聲大○徐小徐又韻會八霽無也字 木根也韻會八薺

朱赤心木松柏屬从木一在其中大○小徐 赤心木松柏屬也廣韻十虞

赤心木從木一在其中韻會七虞 松柏屬故類朱赤松也藝文類聚卷八

十九

根木株也从木艮聲大○小徐韻會十三元

株木根也从木朱聲大○小徐韻會七虞 樹根也華嚴音義卷七十四

末木上曰末从木一在其上大○徐小徐又韻會七曷無在字末有也字

㮨細理木也从木畟聲大○小徐

果木實也从木象果形在木之上大○小徐韻會二十哿

櫾木實也从木䌛聲大小徐

杈枝也从木叉聲大徐小徐又韻會六麻枝上有杈字杈枝也廣韻九麻

枝木別生條也从木支聲大徐小徐又韻會四支無也字

朴木皮也从木卜聲大徐小徐無也字木皮也韻會三覺扑夏官射人釋文

條小枝也从木攸聲大小徐韻會二蕭

枚榦也可為杖从木从攴詩曰施于條枚大徐榦也從木攴可為

杖詩曰施于條枚小徐韻會十灰無曰字

槷槎識也从木𣴎闑夏書曰隨山槷木讀若刊大徐小徐闑作聲槎識

也從木𣴎韻會十四寒槷九經字樣

文田案鍇曰許慎言闑無聞于師也作聲者傳寫誤

栞篆文从幵大徐○篆文小徐篆文作幵韻會十四寒
槷木葉搖白也从木聶聲大徐○小
栠弱皃从木任聲大徐○小
枖木少盛皃从木夭聲詩曰桃之枖枖大徐○小木少盛貌從木夭
聲韻會二蕭木盛皃詩云桃之枖枖廣韻三蕭木少盛皃桃夭釋文枖
九經字樣
槙木頂也从木眞聲一曰仆木也大徐○小徐無頂字韻會一先
梃一枚也从木廷聲大徐○迴小徐枚作枝韻會二十四木片也孟子疏廣韻四十
一迴云梃木片
驫衆盛也从木驫聲逸周書曰疑沮事闕大徐○小衆盛也逸周書

曰𪇆疑沮事（玉篇）

文田案逸周書文酌解作聚疑沮事乃傳刻之誤兩徐本此字皆闕當從玉篇補

樱木杪末也从木嬰聲（大徐小徐杪作標）木標末從木票聲（韻會二蕭）標末也（文選魏都賦注）

杪木標末也从木少聲（大小徐）末也（文選上林賦注）

朶樹木垂朶朶也从木象形此與采同意（大徐）樹木垂朶朶也從木象形此與采同意而下垂（小徐韻會二十哿）

根高木也从木良聲（大小徐）高木也（文選西征賦注韻會七陽）

橺大木皃从木閒聲（大小徐）

枵木根也从木号聲春秋傳曰歲在〔敬避〕枵〔敬避〕枵虛也 大徐小徐根也作皃字

木皃從木号聲左傳歲元枵元枵虛也 韻會二蕭

梠樹搖皃从木召聲 大小徐 樹搖皃 廣韻三蕭

榣樹動也从木䍃聲 大徐一切經音義卷六小徐無也字

樛下句曰樛从木翏聲 大小徐 下句曰樛 廣韻二十幽

枓高木也从木斗聲 大徐 高木也從木斗斗亦聲 小徐韻會十一尤也上有下曲二字 木高 樛木釋文 高大也 廣韻二十幽

桂裹曲也从木圭聲 大徐小徐又韻會二十二養無也字

橈曲木从木堯聲 大徐小徐又韻會十九效從上有也字 曲木也 文選江文通望荊山詩注

扶扶疏四布也从木夫聲 大徐小徐無疏字 扶疏四布也 文選上林賦注又七發

注 又楊子雲解嘲注 華嚴音義卷一

檹木檹施从木旖聲賈侍中說檹即椅木可即琴 大○小徐 木檹施也賈侍中說檹即椅也可作琴 廣韻五支

杪木相高也从木小聲 大○小徐

榴 棢 高皃从木𥃩聲 大○小徐

十二 侵

槮木長皃从木參聲詩曰槮差荇菜 大○徐有是也二字 小徐末 木長皃 韻會

梴木長也从木延聲詩曰松桷有梴 大○小徐 韻會 一先無曰字

橚長木皃从木肅聲 大○小徐

杕樹皃从木大聲詩曰有杕之杜 大○徐 韻會八霽無曰 字 小徐引詩作鍇案 樹皃

也 顔氏家訓書證第十七

㮚木葉陊也从木𠂤聲讀若薄 大徐小徐陊作隋無也字 木葉墮也 韻會十藥

格木長皃从木各聲 大徐小徐藥 韻會十又十一陌

槸木相摩也从木埶聲 大徐小徐無也字

𣡌槸或从艸 大徐 或从蓺 小徐

枯稾也从木古聲夏書曰唯箘輅枯木名也 大徐小徐枯作楛 稾也从木古聲 韻會七虞

稾木枯也从木高聲 大徐小徐韻會十九晧無也字 槁作稾 一切經音義卷六廣韻三十二晧 槁作稾木枯也 一切經音義卷二十二 木枯也 一切經音義卷二十二 槁木枯也 華嚴音義卷七十二 稾與槁古字通 文選七發注

樸木素也从木菐聲大小徐韻會三覺

楨剛木也从木貞聲上郡有楨林縣大小徐剛木也韻會八庚

柔木曲直也从木矛聲大小徐韻會十一尤木曲直也廣韻十八尤

㯂判也从木䇹聲易曰重門擊㯂大小徐韻會十藥易曰作周易

朸木之理也从木力聲平原有朸縣大小徐木之理也從木力聲韻會十三職木之理也平原有朸縣廣韻二十五德

材木梃也从木才聲大小徐韻會十灰

柴小木散材从木此聲大小徐韻會九佳

榑榑桑神木日所出也从木尃聲大小徐

杲明也从日在木上大徐韻會十九皓明也從日在木上讀若稾小徐

杳冥也从日在木下大小徐韻會十七篠

椰角械也从木卻聲一曰木下白也大小徐

栽築牆長版也从木𢦏聲春秋傳曰楚圍蔡里而栽大徐版作板小徐無也字　築牆長版從木𢦏韻會十一隊　築墻長版莊二十九年釋文又哀元年釋文又

築擣也从木筑聲大小徐韻會一屋　築擣也一切經音義卷十五又卷十九又卷二十二

築五經文字卷上

篁古文大小徐　篁廣韻一屋古文築

榦築牆耑木也从木倝聲大小徐韻會十五翰（譌作榦）　幹本也文選魏都賦注又盧子諒贈劉琨詩注

檥榦也从木義聲大小徐韻會四支　榦也廣韻四紙

構蓋也从木冓聲杜林以為椽桷字大徐桷下有之字小徐蓋也從木冓
聲韻會二十六宥
模法也从木莫聲讀若嫫母之嫫大小徐韻會七虞法也一切經音義卷十五
桴棟名从木孚聲大徐眉棟名從木孚聲小徐韻會十一尤
棟極也从木東聲大小徐韻會一送屋極也一切經音義卷六又卷十四又卷十五
極棟也从木亟聲大小徐韻會十三職棟也文選七命注廣韻二十四職
柱楹也从木主聲大小徐韻會七麌拄作柱釋言釋文柱也文選西都賦注又西京
楹柱也从木盈聲春秋傳曰丹桓宮楹大小徐
賦注又雪賦注韻會八庚
樘衺柱也从木堂聲大小徐韻會八庚衺作邪衺柱也廣韻十二庚棖作樘

柱也一切經音義卷十四又卷一樘作撐　柱也一切經音義卷十　樘柱也一切經音義卷

二

榰柱砥古用木今以石从木耆聲易曰榰恒凶大小徐　柱砥古用

木今以石釋言疏文砥下有也字韻會四　柱下也一切經音義卷十六　搘作榰釋言

釋文

楶欂櫨也从木咨聲大小徐九屑欂作構韻會　梁欂櫨也白帖卷弟三

欂壁柱从木薄省聲大小徐韻會十藥　壁柱也廣韻二十陌

櫨柱上柎也从木盧聲伊尹曰果之美者箕山之東青鳧之所有

櫨橘焉夏孰也一曰宅櫨木出宏農山也大徐　柱上柎也從木

盧聲伊尹曰果之美者箕山之東青鳧之所有甘櫨焉夏熟也

一曰有宅櫨木出宏農山也小徐　柱上枅也從木盧聲韻會七虞

欂櫨柱上枅也一切經音義卷一　欂櫨柱上枅也一切經音義卷七　又卷十四　又卷十五兩見　薄櫨柱上枅也文選甘泉賦　又長門賦注薄俱作欂　又魯靈光殿賦注無也字　又魏都賦注無上字　又景福殿賦注無欂字　柱上枅曰櫨一切經音義卷十一

枅屋櫨也从木幵聲大小徐　韻會八齊　枅屋強也御覽卷百八十八

栵栭也从木㓊聲詩曰其灌其栵大小徐　栭也從木列聲韻會九屑

栵九經字樣

栭屋枅上標也从木而聲爾雅曰栭謂之楶大徐　小徐無　徐字楶作楶　屋

栭枅上標也爾雅栭謂之楶韻會四支　栭枅上梁文選魯靈光殿賦注　又班叔皮王命論注

櫽棼也从木㥯聲大小徐・

檶椽也从木奱聲大小徐韻會十九皓 椽也文選西都賦注又西京賦注後漢班固上注

廣韻三十二皓 榱也御覽卷百八十八

桷榱也椽方曰桷从木角聲春秋傳曰刻桓宮之桷大小徐 榱也從木角聲春秋傳曰桓宮之桷椽方曰桷小徐 榱也從木角聲韻會三覺 榱也文選潘安仁馬汧督誄注

椽榱也从木彖聲大小徐 榱也趙世家正義御覽卷百八十八韻會一先

榱秦名為屋椽周謂之榱齊魯謂之桷从木衰聲大小徐 椽也秦名為屋椽周謂之榱齊謂之桷從木衰聲韻會四支 秦名為屋椽周謂之榱齊魯謂之桷廣韻六脂韻會一先釋宮釋文椽下有也字 秦曰榱周謂

之椽齊魯謂之桷易漸釋文　秦謂之椽周謂之椽魯謂之桷御覽卷百八十八　周謂之椽齊魯謂之桷桓十四年釋文

楣秦名屋櫋聯也齊謂之檐楚謂之梠从木眉聲大徐韻會四支櫋作邊小徐脫聯字　秦名屋櫋聯也齊謂之檐楚謂之梠釋宮釋文　秦名屋連聯櫋謂之檐楚謂之梠御覽卷百八十八　秦名屋綿聯楚謂之梠也文選景福殿賦注

梠楣也从木呂聲大小徐韻會六語　楣也文選潘安仁馬汧督誄注廣韻八語　梠楣一切經音義卷六

梍梠也从木㿝聲讀若枇杷之枇大小徐　梠也從木㿝聲韻會四支

梍梠文選景福殿賦注

櫋屋櫋聯也从木邊省聲大徐　屋櫋聯也從木邊省小徐 韻會一先

屋聯櫋也廣韻二仙

檐梍也从木詹聲大小徐 韻會十四鹽　梍也一切經音義卷四 又卷十五 廣韻二十四鹽

御覽卷百八十八

橝屋梠前也从木覃聲一曰蠶槌大小徐

樀户樀也从木啻聲爾雅曰檐謂之樀讀若滴大徐　檐也從木啻聲爾雅曰檐謂之樀樀朝門讀與滴同小徐　檐也從木啻聲韻會十二錫　檐從啻五經文字卷上

植户植也从木直聲大小徐 韻會十三職

㯰或从置大小徐　或作㯰韻會十三職

樞户樞也从木區聲大小徐　户樞也韻會七虞

槏户也从木兼聲大小徐

樓重屋也从木婁聲大徐　小徐無也字　韻會十一尤　重屋也一切經音義卷二　初學記卷二十四　御覽卷百七十六　藝文類聚卷六十三　樓五經文字卷上

蘢房室之疏也从木龍聲大小徐　韻會一東　房室之疏也文選吴都賦注　又鸚鵡賦注　又張景陽襍詩注　又謝惠連詠牛女注　又七命注　一切經音義卷十五　廣韻一東　御覽卷百八十八

蘢房室曰疏也一切經音義卷十二　房室曰疏一切經音義卷七

楯闌檻也从木盾聲大小徐　韻會十一軫　闌檻也文選鸚鵡賦注　一切經音義卷六

闌檻也從曰檻橫曰楯一切經音義卷二

櫺楯間子也从木霝聲大徐　小徐子作木　楯間子也文選西都賦注　一切經音義卷四

御覽卷百八十八 韻會九青 窗楯間子也 一切經音義卷十四 又卷十八 窗間也

文選曹子建贈徐幹詩注 楯闌也 文選曹子建襍詩注

宷棟也从木亾聲爾雅曰宷廇謂之梁 大小徐 韻會七陽 無曰字

棟短椽也从木東聲 大小徐 棟 廣韻一屋

杇所以涂也秦謂之杇關東謂之槾从木亏聲 大徐 小徐涂作塗 所以

涂也從木亏聲秦謂之杇關東謂之鏝 韻會七虞 所以塗也秦謂

之杇關東謂之槾 釋宮釋文 杅器也 韻會七虞

槾杇也从木曼聲 大小徐

椳門樞謂之椳从木畏聲 大小徐 韻會十灰 門樞謂之椳 御覽卷百八十四

楣門樞之橫梁从木冒聲 大小徐 門樞之橫梁 廣韻三十七号

梱門橛也从木困聲大小徐 韻會十三阮 門橜也一切經音義卷三又卷十四 又卷十七

閫門限也字又作梱華嚴音義卷六十八

楣限也从木眉聲大小徐 限也廣韻十六屑 楔作楣古作相形者也

華嚴音義卷七十八

柤木閑从木且聲大小徐麻門下有也字 韻會六

槍歫也从木倉聲一曰槍欀也大小徐 拒也從木倉聲韻會七陽 歫也一切經音義卷二 又卷四 又卷十 又卷十二 又卷十八 又卷十九 又卷二十二 又卷二十四 廣韻十陽

楗限門也从木建聲大小徐三阮限門作門限 韻會十 木限也韻會十四願

櫼楔也从木韱聲大小徐 楔也廣韻二十六咸 尖作櫼楔也韻會十四鹽

文田案尖銳之尖說文正作鑯字大徐以鑯當之小徐以櫼當之並誤

楔櫼也从木契聲大小徐 櫼也一切經音義卷九又卷十

柵編樹木也从木从冊冊亦聲大小徐 編樹木也從木冊聲韻會十一陌
小徐無也字 編豎木也一切經音義卷十四又卷十八又卷十九也上有者字 豎編木
廣韻二十陌

杝落也从木也聲讀若他大徐讀下有又字 小徐落也從木也聲韻會四紙

欜夜行所擊者从木㯻聲易曰重門擊欜大小徐 夜行所擊者韻會十藥 行夜所擊木也御覽卷三百三十八 柝作欜繫辭下釋文

桓亭郵表也从木亘聲大徐十四寒 小徐又韻會無也字 亭郵表也檀弓釋文

是亭郵表也匡謬正俗卷五　桓九經字樣

楃木帳也从木屋聲大小徐　木帳也廣韻四覺御覽卷七百

橦帳極也从木童聲大徐小徐又韻會三江極作柱

杠牀前横木也从木工聲大小徐韻會三江　牀前木也初學記卷二十五

桯牀前几从木呈聲大小徐

桱桯也東方謂之蕩从木巠聲大小徐

牀安身之坐者从木爿聲大徐　安身之几座也從木爿聲小徐　安

身之几坐韻會七陽　身之安也初學記卷二十五御覽卷七百六　木右為片左

為爿音牆李陽冰本　爿李陽冰曰又為片𠂊為爿徐鍇曰說文無

爿字李妄也按牂壯狀牀斨戕牆皆从爿聲唐本說文有爿部

張參五經文字亦有之李氏未可厚非鄭漁仲曰殳也亦判木音牆按古文偏旁爿皆為片恐非判木且丬又之分亦無義六書故弟二十二

枕　臥所薦首者从木冘聲大小徐韻會二十七寢　臥為所薦首者也御覽卷七百七

槭　槭窬褻器也从木戚聲大小徐

櫝　匵也从木賣聲一曰木名又曰大梡也大徐　匵也從木賣聲一曰木名又曰櫝木枕也小徐　匵也御覽卷五百五十一

櫛　梳比之總名也从木節聲大小徐韻會四質　梳比之揔名也一切經音義卷十三　梳枇揔名也藝文類聚卷七十　梳枇名也御覽卷七百十四

梳　理髮也从木疏省聲大○小徐韻會六魚　理髮者也一切經音義卷四又卷十三無者字　理髮也廣韻九魚

枱　劒柙也从木合聲大○小徐

槈　薅器也从木辱聲大○小徐韻會二十六宥　薅器也廣韻五十候　除田器也一切經音義卷八　除田器也名鎒似鋤一切經音義卷二十一

鎒　或从金大○徐　或作從金小徐　鎒同廣韻五十候　槈又作鎒一切經音義卷八又卷二十一　或作鎒韻會二十六宥

梟　苿臿也从木入象形𥄎聲大○徐末有也字小徐

苿　兩刃臿也从木𠂉象形宋魏曰苿也大○小徐六麻無末也字韻會　苿釪古文奇字作鋘同兩刃臿也一切經音義卷十八　何承天纂云臿今之鋘也

釪或从金从亏大徐○或從金亏小徐韻會六麻或作釪

梠臿也从木吕聲一曰從土輂齊人語也大徐作從無末也字小徐從臿也

從木吕聲一曰從土輂韻會四紙

梩或从里大徐○小徐或作梩韻會四紙

枱耒耑也从木台聲大徐○小徐無也字

鈶或从金大徐○或從金台聲小徐

辝籀文从辝大徐○籀文從辭小徐

楎六叉犂一曰犂上曲木犂轅从木軍聲讀若渾天之渾大徐○六

叉犂一曰犂上曲木犂轅從木軍聲讀若緯或如渾天之渾小徐

渾者則儀器也御覽卷二

櫌摩田器从木憂聲論語曰櫌而不輟大小徐　磨田器龜策傳正義

摩田器也御覽卷八百二十三　韻會十一尤

欘斫也齊謂之鎡錤一曰斤柄性自曲者从木屬聲大小徐　斫也

齊謂鎡基一曰斤柄性自曲者御覽卷八百二十三　齊謂之茲箕一曰

斤柄自曲釋器釋文

欂斫謂之欂从木箸聲大小徐　斫謂之欂廣韻十八藥

杷收麥器从木巴聲大小徐徐會六麻　收麥器也廣韻九麻

椴種樓也一曰燒麥柃椴从木役聲大徐小徐樓作椴　種役也一曰燒

麥柃椴也韻會十二錫

柃木也从木令聲大小徐　木也廣韻十五青

柫擊禾連枷也从木弗聲大小徐 擊木連架也御覽卷八百二十四

枷柫也从木加聲淮南謂之柍大小徐 柫也從木加聲韻會六麻 架

柫也御覽卷八百二十四

杵舂杵也从木午聲大小徐韻會六語

槩杚斗斛从木既聲大小徐韻會十一隊杚譌扢

杚平也从木气聲大小徐

楢木參交以枝炊簍者也从木省聲讀若驪駕大徐 木參交以枝

炊簍者也從木省聲小徐

文田桉漢書平帝紀立軺併馬服虔曰併馬驪駕也蓋許君

言讀若驪駕之併

柶禮有柶柶匕也从木四聲 大徐小徐 匕也從木四聲 韻會四寘 匕也所以取飯 御覽卷七百六十

桮𠥂也从木否聲 大徐小徐韻會十灰 𠥂也 孟子疏廣韻十五灰 桮𠥂小也 御覽卷七百五十九

𠤩籀文桮 大徐 籀文 小徐 籀作𠤩 韻會十灰

槃承槃也从木般聲 大徐小徐韻會十四寒 韻 承槃也 御覽卷七百五十八

鎜古文从金 大徐 鎜古文 小徐 廣韻二十六桓注同 韻會十四寒古作鎜

盤籀文从皿 大徐小徐 籀作盤 韻會十四寒 廣韻二十六桓盤籀文

榹槃也从木虒聲 大徐小徐 槃也 御覽卷七百五十八

案几屬从木安聲 大徐小徐 韻會十五翰 几屬也 藝文類聚卷六十九

檈圜案也从木睘聲 大徐 小徐無也字 圜案也 御覽卷七百十

椷篋也从木咸聲大小徐韻會十五咸　篋也一切經音義卷十一又卷十三

枓勺也从木从斗大徐　勺也從木斗聲小徐韻會七麌　斗勺也御覽卷七百六十二　枓鈎也趙世家正義

杓枓柄也从木从勺大徐　枓柄從木勺聲小徐韻會二蕭　北斗柄也一切經音義卷四　斗柄天官書索隱

櫑龜目酒尊刻木作雲雷象象施不窮也从木畾聲大徐　龜目酒尊刻木作雲雷象施不窮也從木畾亦聲小徐　龜目酒尊刻木作雲雷之象象施不窮也廣韻十五灰　龜目酒尊似壺容一斛刻作雲雷象施不窮也從木畾亦聲韻會十灰　罍龜目酒尊也刻木為雲象其施不窮御覽卷七百六十一

罍櫑或从缶大徐小 今從缶作罍韻會十灰 廣韻十五五罍上同

𥁂櫑或从皿大徐小 或作𥁂韻會十灰

𦉜籀文櫑大徐 籀文𦉜從缶小徐 籀文作𦉜韻會十灰

椑圜榼也从木卑聲大徐小徐韻會八齊 圜榼也御覽卷七百六十一

榼酒器也从木盍聲大徐小徐韻會十五合韻 酒器也文選劉伯倫酒德頌注御覽卷七百六

十一

橢車笭中橢橢器也从木隋聲大徐小

槌關東謂之槌關西謂之𣏓从木追聲大徐小徐韻會四寘

𣏓槌也从木特省聲大徐小

栚槌之橫者也關西謂之㯓从木关聲大徐小 槌之橫者關西謂

之橏 廣韻四十七寑

槤 瑚槤也从木連聲 大小徐 韻會十六銑

櫎 所以几器从木廣聲一曰帷屏風之屬 大徐小徐末有是也二字 帷屏風之屬 文選吳都賦注 帷注屏風之屬 御覽卷六百九十九

椇 舉食者从木具聲 大小徐

檕 繘耑木也从木毄聲 大小徐 繘耑木也 廣韻十二霽

檷 絡絲檷从木爾聲讀若柅 大小徐 御覽卷八百二十五 絡絲趺也讀若柅 易姤釋文

文田絡絲檷乃柎字之譌說文無趺字

機 主發謂之機从木幾聲 大小徐 韻會五微 主發謂之機 一切經音義卷十一 廣韻八微 主發之機也 文選光武紀贊注 一切經音義卷七 又卷九

滕機持經者也从木朕聲 大徐 小徐者下有也字 機持經者也 一切經音義卷十四

杼機之持緯者从木予聲 大小徐 韻會六語 機之持緯者 廣韻八語 機持

緯者也 一切經音義卷十五 又卷十七無也字 、 持緯者也 大東正義 盛緯器 大東釋文

椱機持繒者从木复聲 大小徐

楥履法也从木爰聲讀若指撝 大徐 小徐作讀若檼 履法也從木爰聲

韻會十四願

核蠻夷以木皮為篋狀如籢尊从木亥聲 大徐 蠻夷以木皮為篋

狀如籢樽之形也從木亥聲 小徐 核 韻會十一陌

棚棧也从木朋聲 大小徐 棧也 韻會八庚

棧棚也竹木之車曰棧从木戔聲 大小徐 棚也從木戔聲 韻會十五潸

棚也 一切經音義卷十五兩見 又卷十七

栫以柴木壅也从木存聲 大徐 小徐壅作雍 以柴木雍水也 文選江賦注

椢篋當也从木國聲 大徐 小

梯木階也从木弟聲 大小徐 韻會八齊 木階也 廣韻十二齊 御覽卷七百六十五

棖杖也从木長聲一曰法也 大小徐 韻會八庚 杖也 文選祭古冢文注 一切經音義卷十九杖作材又卷十

桊牛鼻中環也从木𢍏聲 大徐 小徐環作㯌 牛鼻環也 一切經音義卷四 又卷十二 又卷十三

椯箠也从木耑聲一曰椯度也一曰剟也 大徐 小徐椯作揣

橜弋也从木厥聲一曰門梱也 大小徐 韻會六月 杙也一曰門梱 廣韻十月

弋也御覽卷三百三十七　杙也一切經音義卷九　木本也列子釋文

樴弋也从木戠聲大小徐韻會十三職　弋也御覽卷三百三十七

杖持也从木丈聲大小徐韻會二十二養又二十三漾　持也文選左太冲招隱詩注　杖

者持也唐律疏義卷一　丈也御覽卷七百十

柭棓也从木犮聲大小徐

棓棁也从木咅聲大小徐韻會三講　棁也從木一切經音義卷二十又卷一無從木二字

椎擊也齊謂之終葵从木隹聲大小徐　擊也從木一切經音義卷六　擊

也齊人謂終葵首玉藻正義　擊也從木齊謂之柊楑御覽卷七百六十三

擊也齊謂之終葵韻會四支

柯斧柄也从木可聲大小徐韻會五歌

棁木杖也从木兌聲大小徐 棁從木五宗系家索隱 大杖也後漢禰衡傳注韻會七曷 杖也韻會八霽 棒大杖也一切經音義卷十六 大杖也六書故弟二十二云穀梁挩殺也釋文引字林曰木杖也當从木

柄柯也从木丙聲大小徐韻會二十四敬

棅或从秉大小徐 或作棅韻會二十四敬 棅廣韻四十三映云同柄

柲攢也从木必聲大小徐韻會四寘

欑積竹杖也从木贊聲一曰穿也一曰叢木大徐小徐無二也字叢作藂 積竹杖也一曰穿也一叢木韻會十四寒

杘籆柄也从木尸聲大小徐韻會四紙

柅杘或从木尼大小徐

㮼所以輔弓弩从木旁聲大徐小徐旁謗傍　所以輔弓弩韻會八庚廣韻十二庚

末有也字

檠榜也从木敬聲大徐十三梗韻會二小徐無此字　㮼也角弓釋文韻會八庚

檃栝也从木隱省聲大徐字共四十一字俱無小徐下至校　栝也從木隱聲韻會十三

問　栝也廣韻十九隱

桰檃也从木𠯑聲一曰矢栝築弦處大徐　檃也從木𠯑聲韻會七曷

棊博棊从木其聲大徐韻會四支　博棊也武紀正義

椄續木也从木妾聲大徐

栙栙雙也从木夅聲讀若鴻大徐

文田桉竹部箻栙雙也

栝炊竈木从木舌聲大徐廣韻五十一忝炊竈木從木𠯑聲韻會二十九豔

槽畜獸之食器从木曹聲大徐韻會四豪

臬射準的也从木从自李陽冰曰自非聲从劓省大徐射的從木自聲韻會九屑射埻的也文選東京賦注

桶木方受六升从木甬聲大徐

櫓大盾也从木魯聲大徐韻會七麌大楯也陳涉系家索隱廣韻十姥御覽卷三百五十六

樐大盾古唐類範卷百二十一

樐或从鹵大徐樐即櫓字後漢公孫瓚傳注御覽卷三百三十櫓作魯或作樐韻會七麌

樂五聲八音總名象鼓鞞木虡也大徐韻會三覺虡作簴無也字五聲八音總名樂也一切經音義卷六總五聲八音之名象鼓鞞之形木其虡

也釋樂釋文　五聲八音之揔名象鼓鞞之形木虡也白謌也釋樂疏

五聲八音揔其名也古唐類範卷一百五　五聲八音揔也藝文類聚卷四十一

極也歡也御覽卷四百六十八

柎闌足也从木付聲大徐七虞闌作鄂韻會

枹擊鼓杖也从木包聲大徐　擊鼓杖也成二年正義一切經音義卷十八　韻會七虞無也字　鼓椎也文選西京賦注　桴擊鼓柄也一切經音義卷三云枹桴二字同體　又卷四文選王元辰曲水詩序注無擊字

椌柷樂也从木空聲大徐　柷樂也韻會三江

柷樂木空也所以止音為節从木祝省聲大徐　樂也木音工用柷聲音為享从木祝省聲韻會一屋

槧牘樸也从木斬聲大徐韻會二十九豔牘樸也廣韻五十【敬避】御覽卷六百六樸作牒

札牒也从木乙聲大徐韻會八黠韻會牒也後漢循吏傳序注文選顏延年贈王僧達詩注又古詩十九首注又褚白馬賦注禮當為札

檢書署也从木僉聲大徐韻會二十九【敬避】書署也釋言疏後漢公孫瓚傳注

檄二尺書从木敫聲大徐韻會十二錫二尺倒御覽卷五百九十七又藝文類聚卷五十八書下有也字二尺書也張儀傳索隱又淮陰傳索隱一切經音義卷十廣韻二十三錫以木簡為書長尺二寸謂之檄以徵召也後漢光武紀注

棨傳信也从木啓省聲大徐韻會薺傳信也廣韻十一薺御覽卷五百九十五棨作啟

棨車歷録東交也从木彶聲詩曰五棨梁輈大徐韻會一屋交[illegible]文無曰字

枑行馬也从木互聲周禮曰設梐枑再重 大徐七遇 韻會無曰字

梐梐枑也从木陛省聲 大徐 梐梐枑也從木坒聲 韻會八薺

极驢上負也从木及聲或讀若急 大徐 驢上負也從木及聲 韻會十六

葉 笈作扱驢上負也 御覽卷七百十一

祛极也从木去聲 大徐

槅大車枙从木鬲聲 大徐 大車枙也 文選西京賦注

橾車轂中空也从木喿聲讀若藪 大徐 車轂中空也 廣韻十虞

楇盛膏器从木咼聲讀若過 大徐 盛膏器從木咼聲 韻會二十哿

枊馬柱从木卬聲一曰堅也 大徐

棝棝斗可射鼠从木固聲 大徐

欙山行所乘者从木纍聲虞書曰予乘四載水行乘舟陸行乘車山行乘欙澤行乘輴大徐　山行所乘者從木纍聲虞書予乘四載山行乘欙韻會四支　檋山行所乘韻會二沃

榷水上横木所以渡者也从木隺聲大徐韻會三覺無也字　水上横木所以渡也亦曰約今之略彴御覽卷七十三

橋水梁也从木喬聲大徐韻會二蕭　水梁也御覽卷七十三　水橋也藝文類聚九卷

梁水橋也从木从水刅聲大徐韻會七陽

𣳚古文大徐

梭船總名从木夋聲大徐韻會四豪　船總名也廣韻六豪　艘船總名文選

吴都賦注又王仲宣從軍詩注並御覽卷七百六十八未俱有也字艘名船曰艘初學記卷二十五

檥海中大船从木發聲大徐海中大船從木撥省聲韻會六月海中

大船也廣韻十月

楫舟櫂也从木咠聲大徐韻會十六葉舟櫂也繫辭下釋文棫樸釋文檝舟棹

也釋訓釋文御覽卷七百七十一

艤江中大船名从木蠡聲大徐江中舟曰艤初學記卷二十五

校木囚也从木交聲大徐韻會十九效木囚也漢趙充國傳注

樔澤中守艸樓从木巢聲大小徐澤中守草樓廣韻四有澤中守草

樓也御覽卷百七十六藝文類聚卷六十三櫓澤中守草樓也成十六年正義當作樔

采捋也从木从爪大徐捋取也從木爪小徐韻會十賄

柹削木札樸也从木𠂔聲陳楚謂櫝為柹大徐　削木札樸也從木巿聲陳楚謂之札柹小徐韻會十一隊　削朴也朴札也一切經音義卷十六又卷十五柹諭棣　削木朴也一切經音義卷十八又卷十三無木字也字　削柹也文選潘安仁馬汧督誄注　陳楚謂櫝為柹六書故弟二十二

櫎闌木也从木黃聲大小徐韻會八庚　闌木也一切經音義卷十四

𣠶與櫎同學也後漢儒林傳注大小徐皆無此字

梜檢柙也从木夾聲大小徐

桄充也从木光聲大小徐

檇以木有所擣也从木雋聲春秋傳曰越敗吳於檇李大小徐　以木有所擣又地名春秋越敗於檇李韻會四支　檇從木定十二年釋文

椓擊也从木豖聲大小徐

朾橦也从木丁聲大小徐韻會八庚

柧棱也从木瓜聲又柧棱殿堂上最高之處也大徐無上也字小徐　棱

也从木夌聲韻會十蒸　棱也一切經音義卷四又卷十三　柧棱殿堂上最高

之處也後漢班固傳上注　殿堂之高大者也御覽卷百七十五

棱柧也从木夌聲大小徐韻會十蒸　柧也文選西都賦注又一切經音義卷十一又卷十八

㰁伐木餘也从木獻聲商書曰若顛木之有甹㰁大小徐　伐木餘

也從木獻聲韻會七曷　伐木餘也廣韻十二曷　枿作㰁以梓不為古

文櫱為或體云伐木之餘釋詁釋文

櫱㰁或从木辥大徐小徐無此字　或作蘖韻會七曷　蘖同上廣韻十二曷

𣎵古文巘从木無頭大小徐十二曷無巘字廣韻　古文作不從木無頭韻會七曷
榫亦古文巘徐大此亦古文巘徐小韻會七曷亦作榫
文田案榫即今㭊字或傳寫誤盤庚釋文引馬融本櫱作㭊
是也

枰平也从木从平平亦聲大徐小徐俱無以下　平也從木平聲韻會八庚
銓也御覽卷八百三十

柆折木也从木立聲徐大

槎衺斫也从木差聲春秋傳曰山木不槎大徐馬傳曰作　韻會二十一公羊傳
槎衺斫益稷釋文

柮斷也从木出聲讀若爾雅貀無前足之貀徐大　斷也從木出聲

韻會六月

楬　斷木也从木曷聲春秋傳曰楬柮徐本　斷木也廣韻三十二晧韻會四豪

析　破木也一曰折也从木从斤徐本　破木也從木斤韻會十二錫　破木也一切經音義卷十五

棷　木薪也从木取聲徐本

梡　棞木薪也从木完聲徐本

棞　梡木未析也从木圂聲徐本

楄　楄部方木也从木扁聲春秋傳曰楄部薦榦徐本　方木也昭二十五年正義

楅　以木有所逼束也从木畗聲詩曰夏而楅衡徐本　以木有所畗

柬從木畐聲詩夏而楅衡 韻會十三職

枼褊也枼薄也从木世聲 大徐

槱積火燎之也从木从火酉聲詩曰薪之槱之周禮以槱燎祠司中司命 大徐韻會二十六宥無也字曰字

禉柴祭天神或从示 大徐 或作禉柴祭天神 韻會二十六宥

休息止也从人依木 大徐韻會十一尤

庥休或从广 大徐

𣓌竟也从木恆聲 大徐 亙竟也象舟竟兩岸本作𣓌 韻會二十五徑

亙古文𣓌 大徐 古作亙 韻會二十五徑

械桎梏也从木戒聲一曰器之總名一曰持也一曰有盛為械無

盛為器 大徐 桎梏也從木戒聲 韻會十卦 無所盛曰械 有盛為械無盛為器 韻會引 車攻釋文 器

器之揔名 隱五年正義 治也 文選長笛賦注 唐本曰或說内盛為器外盛

為械 六書故弟二十二

杽械也从木从手手亦聲 大徐 械也從木在手 韻會二十六厚

桎足械也从木至聲 大徐 四質無也字 韻會 足械也所以質地 秋官掌囚釋文 御

覽卷六百四十四也字在末 車轄也 節南山正義

梏手械也从木告聲 大徐 手械也所以告天從木告聲 韻會二沃 手

械也所以告天 秋官掌囚釋文 御覽卷六百四十四無也字

櫪櫪㯕椑指也从木歷聲 大徐 韻會十二錫

㯕櫪㯕也从木斯聲 大徐

檻櫳也从木監聲一曰圈大徐韻會三十謙末有也字　櫳也一曰圈廣韻五十四檻

櫳也一曰圈以藏虎兕論語疏　櫳也一切經音義卷十四

櫳檻也从木龍聲大徐　檻也以養獸韻會一東　檻也一切經音義卷十　牢

也華嚴音義卷二十三

柙檻也以藏虎兕从木甲聲大徐韻會十七洽　檻也論語疏一切經音義卷六

柙廣韻三十二狎　以藏虎兕論語疏

㔾古文柙大徐　㔾古文柙從口柙之象出其物也韻會十七洽

棺關也所以掩尸从木官聲大徐韻會十四寒　關也可以揜屍初學記卷十四

五十一揜作掩御覽卷五百　關也所以揜屍也廣韻二十六桓

櫬棺也从木親聲春秋傳曰士輿櫬大徐韻會十七震春秋傳曰作左傳　附身

棺也御覽卷五百五十一　又曰櫬初學記卷十四

槥棺櫝也从木彗聲徐大〇　櫝也御覽卷五百五十一　小棺曰槥初學記卷十四

六書故弟二十二云槥漢書士卒从軍死者為槥歸其縣縣給棺葬廛劭曰小棺也　又曰櫝初學記卷四

檮葬有木章也从木章聲徐大〇　葬有木郭也韻會十藥　檮五經文字卷上

楬楬桀也从木曷聲春秋傳曰楬而書之徐大〇　楬桀也春秋傳曰楬

而書之廣韻十七薛　楬櫫也從木曷聲韻會六月　櫫杙也周禮楬而

書之一切經音義卷十四　櫫杙也櫫也或作楬韻會九屑

梟不孝鳥也日至捕梟磔之从鳥頭在木上徐大〇　蕭也下有故字廣韻三　不

孝鳥也冬至日捕梟磔之從鳥頭在木上一切經音義卷十一　又卷十七　又卷

二十末有也字　食母不孝之鳥故冬至捕梟磔之字從鳥首在木上

釋鳥疏 不孝鳥日至捕磔梟之從鳥首在木上 韻會二蕭 不孝鳥

也至日捕梟磔之 御覽卷九百二十七一切經音義卷十三無之字至上有冬字 不孝鳥

也 旋丘正義後漢朱浮傳注一切經音義卷一

棐輔也从木非聲 大徐韻會五尾

閑止也从木从門 大徐 止也從木門 韻會十五刪

[illegible]敔也所以止樂从木[illegible]聲 韻會八黠大小徐皆無此

東動也从木官溥説从日在木中凡東之屬皆从東 大徐 動也從

日在木中凡東之屬皆從東 小徐 動也从日在木中 廣韻一東韻會一

東

棘二東𣍘从此闕 大徐 小徐𣍘作曹

林平土有叢木曰林从二木凡林之屬皆从林大小徐　平土有叢

木曰林御覽卷五十七　韻會十二侵　釋詁疋土作地　廣韻二十一侵　叢作藂

森豐也从林爽或說規模字从大卌數之積也林者木之多也卌

與庶同意商書曰庶草繁無大徐小徐意下有也字　豐也商書庶屮繁

無韻會七麌　豐也廣韻九麌　卌數之積也韻會七虞　森李陽冰曰借為

有無之無六書故弟二十二

鬱木叢生者从林鬱省聲大小徐韻會五勿無生字　木叢生者廣韻八物　木

蕠生也文選甘泉賦注　木叢生曰鬱也一切經音義卷九

楚叢木一名荊也从林疋聲大小徐韻會六語　叢木也文選謝元暉郡內登望詩注

棽木枝條棽儷皃从林今聲大小徐韻會十二侵皃作也　大枝條文選東都賦注

楙木盛也从林矛聲大小徐　盛也文選褚白馬賦注　懋盛也文選西征賦注

麓守山林吏也从林鹿聲一曰林屬於山為麓春秋傳曰沙麓崩大徐　小徐傳上有左字韻會一屋春秋傳曰作左傳　林屬於山曰麓一曰麓者山守

林吏也御覽卷一五十七

禁古文从彔大徐　古文小徐　廣韻一屋禁古文麓　韻會一屋古作禁

棼複屋棟也从林分聲大小徐韻會十二文　複屋棟也文選西都賦注兩見　又七命注　又西京賦注無也字　複屋之棟後漢班固傳上注　棟也後漢班固傳上注

森木多皃从林从木讀若曾參之參大小徐韻會十二侵　多木長皃也一切經音義卷十一　又卷十二　又卷十三　又卷二十兩見　又卷十八無多字　林叢木也文選張景陽襍詩注

才艸木之初也从丨上貫一將生枝葉一地也凡才之屬皆从才

大徐 小 艸木之初也從丨上貫一將生枝葉韻會十灰 艸木之初

也釋詁延 廣韻十六咍 才木之榦也木體枝上曲今去其枝但有槎

杍李陽冰本

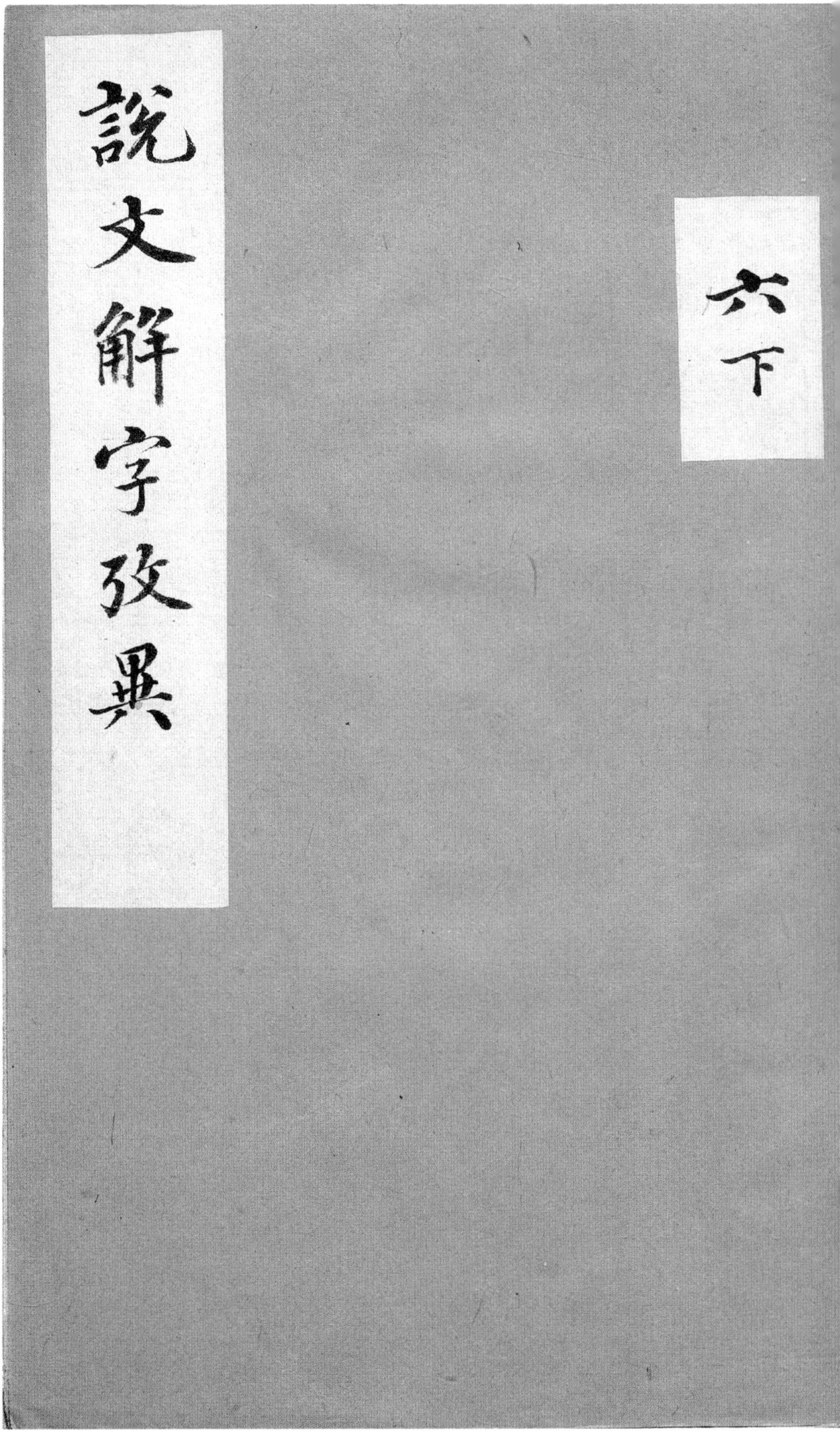
説文解字攷異
六下

說文解字攷異六下

歸安姚文田輯

叒日初出東方暘谷所登榑桑叒木也象形凡叒之屬皆从叒 大小徐

𠷎籀文 大小徐

桑蠶所食葉木从叒木 大徐　蠶所食葉木從朱桑聲 小徐 韻會七陽

之出也象艸過中枝莖益大有所之一者地也凡之之屬皆从之 大小徐

出也象艸過中枝莖漸益大有所之也一者地也 韻會四支

出也象艸過中叏莖益大有所之一者地也李陽冰曰又一

義象芝艸出地之形古呂此為芝字 六書故弟三十三

㞷艸木妄生也从之在土上讀若皇 大小徐

𡴀古文 小徐 徐無此字 大
帀周也从反之而帀也凡帀之屬皆从帀周盛説 大徐 小 周也从
反之而帀也周盛説李陽冰曰之往也倒而還之既往復還周
徧之義也 六書故第三十三 周也從反之而帀也 韻會十五合
師二千五百人為師从帀从𠂤𠂤四帀衆意也 大徐 二千五百人
為師從𠂤帀四帀衆意 小徐 二千五百人為師從𠂤從帀 韻會四支
軍五百人也 孟子疏
𡴀古文師 大徐 古文 小徐 古作𡴀 韻會四支
出進也象艸木益滋上出達也凡出之屬皆从出 大徐 小 進也象
艸木益滋上出達也 韻會四質

敖游也从出从放大徐　游也從出放聲小徐　游也從出放韻會四豪

賣出物貨也从出从買大徐　出物貨也從出買聲小徐　韻會十卦　出物也廣韻十五卦　賣九經字樣

糶出穀也从出从糶糶亦聲大徐小徐　出穀也從出從糶糶穀也亦聲韻會十八嘯

𡰪槷𡰪不安也从出臬聲易曰槷𡰪大徐　槷𡰪不安也從出臬聲易曰剌𡰪困于赤芾小徐　卼作𡰪不安也易困釋文

𣎵草木盛𣎵𣎵然象形八聲凡𣎵之屬皆从𣎵讀若輩大徐小　屮木盛皃韻會五未

𣑔屮木𣑔孛之皃从𣎵畀聲大徐　皃下有也字小徐　從木𣑔孛之貌韻會五未

索艸有莖葉可作繩索从𣎵糸杜林說𣎵亦朱木字 大徐 草有莖

葉可作繩索從𣎵糸聲杜林說𣎵亦朱木字 小徐 韻會十藥草作艸木作市

孛𡴘也从𣎵人色也从子論語曰色孛如也 大徐 韻會十一隊無曰字 𡴘

也從𣎵人色也從子論語色孛如也是此 小徐

𣎵止也从𣎵盛而一橫止之也 大徐 止也從𣎵盛而從一橫止之

皃也 小徐 朿 廣韻五旨

南艸木至南方有枝任也从𣎵羊聲 大小徐 韻會十三覃

𡴞古文 大小徐

生進也象艸木生出土上凡生之屬皆从生 大徐 末有也字 小徐 進也

象艸木生其土上 韻會八庚

丰丯盛丰丰也从生上下達也 大小徐 草盛丰也從生上下達也 廣韻三鍾 丰草盛丰丰也從生上下達今文省作丰 韻會二冬

產生也从生彥省聲 大小徐 韻會十五潸 生也 一切經音義卷二十五

隆豐大也从生降聲 大小徐 韻會一東

甤丯木實甤甤也从生豨省聲讀若綏 大徐 丯木實甤甤也從生豕聲豨字讀若綏 小徐 韻會四支 豨作豕綏作豨 丯木實甤甤也 廣韻六脂 又四紙 又五旨

甡衆生並立之皃从二生詩曰甡甡其鹿 大小徐

乇丯葉也从垂穗上貫一下有根象形凡乇之屬皆从乇 大徐 小徐丯作草下同形下有字字

𠂹艸木華葉𠂹象形凡𠂹之屬皆从𠂹 大○徐 小

桵禾字從𠂹省知𠂹當從丅今篆體從丨誤也凡䔢垂等偏旁放此

𢝊古文 大○徐 小

䔢艸木華也从𠂹亏聲凡䔢之屬皆从䔢 大○徐 小 艸木華也 釋草釋文 廣韻十虞

荂䔢或从艸从夸 大○徐 或從艸夸 小徐 荂華榮也從艸夸聲 韻會七虞

韡盛也从䔢韋聲詩曰蕚不韡韡 大○徐 小 盛也詩鄂不韡韡從䔢韋聲 韻會五尾

華榮也从艸从䔢凡華之屬皆从華 大○徐 小 榮也從艸䔢 韻會六麻

榮也廣韻九麻韻會六麻　華九經字樣

皣艸木白華也从華从白大小徐　草木白華皃文選西都賦注

禾木之曲頭止不能上也凡禾之屬皆从禾大小徐

積多小意而止也从禾支只聲一曰木也大徐　小徐支只二字倒

稯積稯也从禾从又句聲又者从丑省一曰木名大徐　積稯也從

木又句聲又者從丑省一曰木名闕小徐　積稯也從禾又句聲

韻會七麌

稽留止也从禾从尤旨聲凡稽之屬皆从稽大小徐　留止也從禾

從尤旨聲韻會八齊　留止也文選西都賦注一切經音義卷三　留止曰稽一切經音

義卷二十五

䅚特止也从稽省卓聲 小徐 特止也 廣韻四覺 踔特止也 韻會三覺

𥠻𥠻𥡴而止也从稽省咎聲讀若皓賈侍中說稽䅚𥠻三字皆木名 大徐二字倒 小徐䅚𥠻末有也字

巢鳥在木上曰巢在穴曰窠从木象形凡巢之屬皆从巢 大小徐 烏在木上曰巢在穴曰窠 廣韻四有 御覽卷九百二十八 烏在穴曰窠在木上曰巢從木象形 韻會三有

㽙傾覆也从寸臼覆之寸人手也从巢省杜林說以為貶損之貶 大小徐 傾覆也或同貶 廣韻五十琰

桼木汁可以髤物象形桼如水滴而下凡桼之屬皆从桼 大徐 小徐象下有木字 桼如作漆如 木汁可以髤物象木形漆如水滴而下 韻會四質

木汁可以髼物从木象形桼如水滴而下　廣韻五質

髼桼也从桼髟聲　大小徐韻會十一尤　髼音休　玉篇髟部

䰍桼垸已復桼之从桼色聲　大小徐

束縛也从口木凡束之屬皆从束　大小徐　縛也從口木　韻會二沃

柬分別簡之也从束从八八分別也　大徐上也字下從字小徐無　分別之也

從束八八分別也　韻會十五潸　从束八八分也　廣韻二十六産

𣐺小束也从束幵聲讀若繭　大徐者字讀下有之字小徐也上有

刺戾也从束从刀刀者刺之也　大徐小徐無下從字韻會七易　戾也　文選南都賦注　又長笛賦注

㯻橐也从束圂聲凡㯻之屬皆从㯻　大小徐

橐囊也从㯻省石聲大小徐韻會十藥　囊也文選文賦注一切經音義卷十二　橐也

囊橐也从㯻省襄省聲大徐　橐也從㯻襄省聲小徐韻會七陽
廣韻十一唐　謂橐也御覽卷七百四　無底曰囊有底曰橐劉公釋文　橐五經文字卷下

櫜車上大橐从㯻省咎聲大小徐（詩曰載櫜弓矢）　櫜弓矢大小徐韻會四豪櫜作櫜無曰字　車

上大囊也御覽卷七百四

𣝋囊張大皃从㯻省匋省聲大徐小徐囊作櫜

口回也象回帀之形凡口之屬皆从口大小徐　象四帀之形韻會五微

圜天體也从口瞏聲大小徐韻會一先

團圜也从口專聲大小徐韻會十四寒

圓

圓規也从口肙聲大小徐

囩回也从口云聲大小徐　回也廣韻十七眞

圓圜全也从口員聲讀若員大小徐

回轉也从囗中象回轉形大小徐灰形上有之字韻會十　轉也華嚴音義卷四十七

囘古文大小徐　古作回韻會十灰

圖畫計難也从口从啚啚難意也大徐　畫計難也從口啚聲難意

也小徐韻會七虞無末三字　畫計難也廣韻十一模

文田案鍇曰啚者吝嗇難之意也是聲字乃傳寫誤

圛回行也从囗睪聲尚書曰圛圛升雲半有半無讀若驛大徐小徐升

上圛作圖　回行也從口睪聲逸書圛圛升雲半有半無韻會十一陌

回行也商書曰圛圛者升雲半有半無廣韻二十二昔

文田案曰圛洪範文引見載驅詩箋韻會誤連兩圛為文遂稱逸書不若廣韻加者字之愈

國邦也从口从或徐本　邦也從口或聲小徐韻會十三職

壼宮中道从口象宮垣道上之形詩曰室家之壼小徐本　宮中道從口象宮垣道上之形韻會十三阮　宮中道廣韻十七真

囷廩之圜者从禾在口中圜謂之囷方謂之京小徐本韻會十一真　圓者謂之囷方者謂之廩龜策傳正義

圈養畜之閑也从口卷聲小徐本　養畜閑也一切經音義卷十七又卷二十文選褚白馬賦注又西京賦注無養字又曹子建求自試表注畜作獸　廣韻二十八獮　圏作圈公羊文十一年

釋文

囿苑有垣也从口有聲一曰禽獸曰囿大徐 苑有垣也從口有聲又禽獸有囿小徐 韻會二十六宥聲無又字 苑有園曰囿一曰養禽獸曰囿初學記卷二十四 御覽卷百九十六 苑有園曰囿囿猶有也初學記卷二十四 苑有垣一曰禽獸有囿廣韻四十九宥

𡈼籀文囿大徐 籀文從二林小徐 或作𡈼從二林韻會二十六宥

園所以樹果也从口袁聲大小徐 韻會十三元 以樹果也御覽卷八百二十四 樹果也初學記卷二十四 御覽卷百九十二又白帖卷弟三無也字

圃種菜曰圃从口甫聲大小徐 韻會七麌 種菜曰圃廣韻十姥又十一暮 御覽卷八百二十四 樹菜也初學記卷二十四 御覽卷百九十七 白帖卷弟三無也字

因就也从口大大○小徐韻會十一眞

囚下取物縮藏之从口从又讀若聶大○徐倒聶作籋末有字字小徐口又字

囹獄也从口令聲大○小徐韻會九青也作名 囹圄謂周之獄名也華嚴音義卷七

十三

圄守之也从口吾聲大○小徐韻會六語又六語無之字

囚繫也从人在口中大○徐韻會十一尤無中字 繫也從口人在口中小徐

固四塞也从口古聲大○小徐韻會七遇

圍守也从口韋聲大○小徐韻會五微

困故廬也从木在口中大○小徐韻會十四願

朱古文困大○小徐古作朱韻會十四願 廣韻二十六慁朱古文困

圂廁也从口象豕在口中也會意大徐小徐在下有其字　廁也一切經音義卷九

又卷二十一

囮譯也从口化率鳥者繫生鳥以來之名曰囮讀若譌大徐韻會五微無末三字　譯也從口化聲率鳥鳥者繫生鳥以來之名曰囮讀若

訛小徐

䌛囮或从繇大徐小

員物數也从員口聲凡員之屬皆从員大徐小　物數也從貝口聲韻會一先十二文無物字又　物數也廣韻二十文又二仙　員九經字樣

鼎籀文从鼎大徐小　鼎籀文廣韻二十文韻會十二文古作鼎

䡅物數紛䡅亂也从員云聲讀若春秋傳曰宋皇鄖大徐小　物數

紛亂也從員云聲 韻會十二文

貝海介蟲也居陸名猋在水名蜬象形古者貨貝而寶龜周而有泉至秦廢貝行錢凡貝之屬皆从貝 大徐 小徐形下錢下皆有也字至作到 海介蟲也居陸名贆在水名蜬象形古者貨貝而寶龜周有泉至秦廢貝行錢 韻會九泰 海介蟲也居陸名贆在水名蜬象形古者貨貝而寶龜 廣韻十四泰 海介蟲也古者貨貝而寶龜至周有泉到秦廢貝行錢 御覽卷八百七 海甲蟲也古者貨貝而寶龜至周而有泉到秦廢貝行泉 藝文類聚卷八十四 海介蟲也古者貨貝而寶龜也 御覽卷九百四十一 謂海介蟲也古者貨貝而寶龜也 華嚴音義卷三十五 海介蟲也 一切經音義卷三 華嚴音義卷三十四首有謂字 甲蟲也取其甲以飾器

物古者貨貝周有泉貝至秦廢貝行錢釋蟲疏

貟貝聲也从小貝大徐 貝聲從小貝也小徐

賄財也从貝有聲大徐小徐 韻會十一軫

財人所寶也从貝才聲大徐 小徐 韻會十灰 徐無也字

貨財也从貝化聲大小徐 財也從貝化韻會二十一箇

賭資也从貝為聲或曰此古貨字讀若貴大徐 資也從貝為聲小徐

又引字書云古貨字 賭貨一切經音義卷十四

資貨也从貝次聲大小徐韻會四支 貨也一切經音義卷三

贎貨也从貝萬聲大小徐

賑富也从貝辰聲大徐 韻會十一軫十二震 小徐末有也字 又 富也匡謬正俗卷七 廣韻十

六畛

賢多才也从貝臤聲 大○小徐韻會一先 賢多才 荀子哀公篇注

賁飾也从貝卉聲 大○小徐韻會四寘

賀以禮物相奉慶也从貝加聲 大○小徐韻會二十一箇

貢獻功也从貝工聲 大○徐韻會一送無功字 獻也從貝工聲獻納總稱尊

嚴 小徐

賛見也从貝从兟 大○小徐韻會十五翰 賛 五經文字卷上 廣韻二十八翰

賮會禮也从貝㶳聲 大○徐韻會十二震 小徐㶳謁盡

齎持遺也从貝齊聲 大○小徐一切經音義卷六 韻會八齊也上有人字 持遺也李斯傳索隱 文選李斯上書注 一切經音義卷五

貸施也从貝代聲大徐韻會十一隊小徐末有借也二字施也文選謝靈運舊園詩注又陶淵明發石首城注

貣从人求物也从貝弋聲大徐韻會十三職小徐末有借也二字從人求物也一切經音義卷十五

賂遺也从貝各聲大小徐遺也從貝路省聲韻會七遇

賸物相增加也从貝朕聲一曰送也副也大小徐韻會二十五徑無送也二字

贈玩好相送也从貝曾聲大小徐韻會二十五徑無也字以玩好之物相送曰贈也一切經音義卷五

貱迻予也从貝皮聲大徐小徐又韻會四寘迻作移

贛賜也从貝贛省聲大小徐韻會一送

贛籒文贑大徐　贑籒文省作小徐　籒作贑韻會一送

賚賜也从貝來聲周書曰賚尒秬鬯大徐　小徐尒作爾韻會九泰無曰字

賞賜有功也从貝尚聲大徐韻會二十二養　小徐無也字　賜有功也初學記卷二十

賜予也从貝易聲大小徐韻會四寘　御覽卷六百三十三

貤重次弟物也从貝也聲大小徐韻會四寘　重次弟物也匡謬正俗卷六　文選魏都賦注作貤　物之重次第也漢武紀注

贏有餘賈利也从貝嬴聲大徐　小徐嬴作羸　賈有餘利也韻會八庚

賴贏也从貝剌聲大徐　小　贏也從貝剌省聲韻會九泰　利也高祖本紀集解　漢高紀注

負恃也从人守貝有所恃也一曰受貸不償大徐韻會二十六厚末有也字

恃也從人守貝有恃也小徐受貸不償文選歐陽堅石臨終詩注

貯積也从貝宁聲大小徐積也從貝宁宁亦聲韻會六語積也貨殖傳索隱文選南都賦注又海賦注一切經音義卷十四

貳副益也从貝弍聲弍古文二大徐小徐末有字字副益也從貝弍聲韻會四寘

賓所敬也从貝㝊聲大小徐韻會十一真所敬也廣韻十七真

賔古文大小徐古作賔韻會十一真廣韻十七真賔古文

賖貰買也从貝余聲大小徐韻會六麻貰買也一切經音義卷十二賖𧶠匡謬正俗

七卷

貰貸也从貝世聲 大小徐 韻會八霽 貸也 甫田釋文 高祖紀索隱 一切經音 匡謬正俗卷七 義卷十二

贅以物質錢从敖貝敖者猶放貝當復取之也 大徐 以物質錢也

從敖貝敖者猶放貝當復取之一曰最 小徐 韻會八霽放下有謂字 肬也 後漢皇后紀上注

質以物相贅从貝从所闕 大徐 以物相贅也從貝所聲 小徐韻會四質

貿易財也从貝丣聲 大小徐韻會二十六宥丣作耶 貿 五經文字卷上

贖貿也从貝賣聲 大徐韻會二沃 小徐脫貿也二字 貿也 廣韻三燭

費散財用也从貝弗聲 大小徐 韻會五未

賚求也从貝朿聲 大徐 韻會十一 陌 小徐朿譌束 責求也 一切經音義卷二 賚 經九

字樣

賈　賈市也从貝襾聲一曰坐賣售也大徐小徐西譌西　賈市也一曰坐

賣售也韻會七慶　市也從貝襾聲韻會二十一馬　坐賣也一切經音義卷六

賣　行賈也从貝商省聲大小徐　行賈也一切經音義卷六廣韻十陽

販　買賤賣貴者从貝反聲大小徐韻會十四願

買　市也从网貝孟子曰登壟斷而网市利大徐　市也從网貝聲孟

子曰登壟斷而网市利小徐韻會九蟹無曰字　市也廣韻十二蟹　買九經字樣

文田案買字可言网亦聲不得言貝聲

賤　賈少也从貝戔聲大小徐韻會十七霰

賦　斂也从貝武聲大小徐韻會十遇　斂也一切經音義卷二又卷十四

貪欲物也从貝今聲 大小徐韻會十三覃 欲物也 御覽卷四百九十二

貶損也从貝从乏 大徐 損也從貝乏聲 小徐韻會二十九豏

貧財分少也从貝从分分亦聲 大徐 財分少也從貝分聲 小徐韻會十一真無聲字 財分少也 御覽卷四百八十四

穷古文从宀分 大徐 古文從宀分聲 小徐 古作穷 韻會十一真 廣韻十七真穷古文貧

賃庸也从貝任聲 大小徐韻會二十七沁 傭也 一切經音義卷六

賕以財物枉法相謝也从貝求聲一曰戴質也 大徐 小徐無物字上也字 韻會十一尤無物字 以財枉法相謝也 一切經音義卷二十一

購以財有所求也从貝冓聲 大徐韻會二十六宥 小徐無也字 以財有所求

也 一切經音義卷十三 以財有所求曰購 後漢光武紀注 以財相賕曰購 後漢魯恭傳注

貶齎財卜問為貶从貝疋聲讀若所 大徐小徐 齎財卜問也從貝疋聲 韻會六語

貲小罰以財自贖也从貝此聲漢律民不繇貲錢二十二 大徐 韻會四支 小徐無也字繇作傜 小罰以財自贖也漢律民不傜貲 一切經音義卷三三

小罰以財自贖曰貲 一切經音義卷三

賨南蠻賦也从貝宗聲 大徐小徐 韻會二冬 南蠻賦也 廣韻二冬 賨布南蠻賦也 後漢西南夷傳注

賣衒也从貝𧶠聲𧶠古文睦讀若育 大徐 小徐睦下有字字 衒也從貝𧶠

省聲𧷏古文睦字讀若育（韻會一屋）衒也（廣韻一屋）𧷏（九經字樣）

賣物不賤也从貝𡿺聲𡿺古文睦也（大徐）物不賤也從貝𡿺聲（韻會）

（五末　小徐無也字）𧷏（九經字樣）（初學記卷十八引貴者歸也一條亦係釋名）

文田案𧷏從𡿺不當從𡿺

賏頸飾也从二貝（大小徐）（廣韻十四清　賏貝飾）

邑國也从口先王之制尊卑有大小从卪凡邑之屬皆从邑（大小徐）

（徐卪作卪）國也從口先王之制尊卑有大小故從卪（韻會十四緝）國

也（釋地疏）（玉篇邑部）

邦國也从邑丰聲（大小徐）（韻會三江）

峀古文（大小徐）古作峀（韻會三江）峀古文邦（廣韻四江）古文邦（玉篇田部）

大田案上大夫下脱受縣下大夫受郡五字

郡周制天子地方千里分為百縣縣有四郡故春秋傳曰上大夫受郡是也至秦初置三十六郡以監其縣从邑君聲大徐　小徐初下有天下二字以上有馬字其下有郡字、韻會十三問無天子曰其共四字　制天子地方千里分為百縣縣有四郡故春秋傳曰上大夫縣下大夫郡至秦始置三十六郡以監縣矣從邑君聲水經注河水二　周制天子地方千里分為百縣縣有四郡故春秋傳曰上大夫受郡是也至秦初置三十六郡以監其縣廣韻二十三問　周制天子地方千里分為百縣縣有四郡故春秋傳曰下大夫受縣上大夫受郡玉篇邑部

都有先君之舊宗廟曰都从邑者聲周禮距國五百里為都如小徐　韻會七虞　距作制

鄰五家為鄰从邑粦聲如小徐　韻會十一眞　五家為鄰廣韻十七眞　鄰九經

字樣

酇百家為酇酇聚也从邑贊聲南陽有酇縣大徐 百家為酇酇四里也從邑贊聲南陽有酇縣小徐 百家為酇酇聚也南陽有酇縣玉篇邑部 百家為酇從邑贊聲酇聚也韻會十四旱

鄙五酇為鄙从邑啚聲大小徐韻會四紙 五酇為鄙一切經音義卷二十三又卷二十五

郊距國百里為郊从邑交聲大小徐韻會三肴 距國百里曰郊御覽卷五十五

邸屬國舍从邑氐聲大徐韻會八薺 小徐氐譌氏舍下有也字 屬國舍也後漢安紀注 屬國之舍也一切經音義卷十九 屬國舍文帝紀索隱

郛郭也从邑孚聲大小徐韻會七虞

郵境上行書舍从邑垂垂邊也大小徐韻會十一尤境上行書舍也孟子疏玉篇邑部後漢光武紀注又楊震傳注又王柔傳注行作傳境上行舍道路所經過白起傳正義

鄁國甸大夫稍稍所食邑从邑肖聲周禮曰任鄁地在天子三百里之內大小徐國甸大夫稍稍所食邑周禮任稍地在天子三百里之內韻會十九效

鄯鄯善西胡國也从邑从善善亦聲大徐鄯善西胡國也從邑善善亦聲小徐韻會十七霰

竆夏后時諸侯夷羿國也从邑竆省聲大小徐夏后時諸侯夷羿國也玉篇邑部

郪周封黃帝之後於郪也从邑契聲讀若薊上谷有郪縣大小徐

薊作鄴從契從邑後漢光武紀注

郃炎帝之後姜姓所封周棄外家國从邑台聲右扶風斄縣是也

詩曰即有郃家室大徐引詩曰　小徐右謁古作鍇語曰　炎帝之後姜姓封郃

周棄外家周本紀正義　炎帝之後姜姓所封國棄外家也劉敬傳正義

國名炎帝之後姜姓所封從邑台聲韻會十灰

郊周文王所封在右扶風美陽中水鄉从邑支聲大小徐　邑名從

邑支聲周文王所封在右扶風美陽中水鄉韻會四支

岐郊或从山支聲因岐山以名之也大徐小徐無聲字　岐山在長安西

美陽縣界山有兩岐因以名焉文選西京賦薛綜注　岐山名韻會四支

嶅古文郊从枝从山大小徐　古作嶅韻會四支

邠周太王國在右扶風美陽从邑分聲大小徐十一眞無太字韻會

豳美陽亭即豳也民俗以夜市有豳山从山从豩闕大小徐從山豩聲韻會十一眞毛晃引

郿右扶風縣从邑眉聲大徐韻會四支右扶風縣名也邑眉聲小徐

郁右扶風郁夷也从邑有聲大小徐韻會一屋

鄠右扶風縣名从邑雩聲大徐韻會七麌小徐名下有也字

扈夏后同姓所封戰於甘者在鄠有扈谷甘亭从邑戶聲大徐夏后同姓所封戰於甘者在鄠有扈國也有甘亭從邑戶聲小徐韻會七麌無有甘亭三字

岏古文扈从山弓大徐小徐弓譌弓

鄘右扶風鄠鄉从邑崩聲沛城父有鄘鄉讀若陪 大小徐

郋右扶風鄠鄉从邑且聲 大小徐

郝右扶風鄠鄉盩厔縣从邑赤聲 大小徐 韻會十藥

酆周文王所都在京兆杜陵西南从邑豐聲 大徐 小徐兆作邑 邑名从邑豐聲周文王所都在京兆杜陵西南 韻會一東

鄭京兆縣周厲王子友所封从邑奠聲宗周之滅鄭徙潧洧之上今新鄭是也 大小徐 韻會二十四敬徙潧作遷溱

郃左馮翊郃陽縣从邑合聲詩曰在郃之陽 大小徐 左馮翊郃陽縣從邑合聲 韻會十五合

邙京兆藍田鄉从邑口聲 大徐 小徐鄉下有也字 京兆藍田有邙鄉 一切經音

義卷十四

鄻京兆杜陵鄉从邑樊聲大小徐

酀左馮翊縣从邑麃聲大小徐韻會七虞

鄜左馮翊鄜陽亭从邑屠聲大徐小徐翊上多有字

郿左馮翊高陵从邑由聲大小徐

郣左馮翊谷口鄉从邑季聲讀若寧大徐小徐鄉作也

邽隴西上邽也从邑圭聲大小徐韻會八齊無也字

部天水狄部从邑音聲大小徐韻會七麌又二十六厚

郖宏農縣庾地从邑豆聲大小徐 宏農縣庾地廣韻十九矦 玉篇邑部

鄏河南縣直城門官陌地也从邑辱聲春秋傳曰成王定鼎于郟

鄏 大徐 小徐官作宮 河南縣直城門宮陌地從邑辱聲左傳成王定鼎于郟鄏 韻會二沃

鄻周邑也从邑輦聲 大徐 小 周邑也 玉篇邑部

𨛰周邑也从邑祭聲 大徐 徐無也字 小 周邑也 廣韻十六怪

邙河南洛陽北亡山上邑从邑亡聲 大徐 小 洛陽北土上邑也 御覽卷四十二 芒洛北大阜也 文選應休璉與從弟書注

鄩周邑也从邑尋聲 大徐 邑也作之邑 小徐 周邑 韻會十二侵

郗周邑也在河内从邑希聲 大徐 小

鄆河内沁水鄉从邑軍聲魯有鄆地 大徐 小 河内沁水鄉從邑軍聲 韻會十三問

邶故商邑自河内朝歌以北是也从邑北聲　大小徐　韻會十一隊

邘周武王子所封在河内野王是也从邑于聲又讀若區　大徐　小徐末作讀又若區字是　周武王子所封　韻會七虞

𨛫殷諸侯國在上黨東北从邑𥝩聲𥝩古文利商書西伯戡𨛫　大徐　小徐利下有字字戡作勘　殷諸侯國在上黨北從邑𥝩聲商書西伯戡𨛫　韻會八齊　商諸侯國在上黨東北書曰西伯戡𨛫　玉篇邑部

邵晉邑也从邑召聲　大小徐　韻會十八嘯

鄍晉邑也从邑冥聲春秋傳曰伐鄍三門　大徐食字末　小徐也上有是也二字　晉邑也從邑冥聲左傳伐鄍三門　韻會九青

鄐晉邢侯邑从邑畜聲　大小徐

鄇晉之溫地从邑矦聲春秋傳曰爭鄇田大小徐

邲晉邑也从邑必聲春秋傳曰晉楚戰于邲大徐小徐引春秋作鍇案鄭地名從邑必聲韻會四質

郤晉大夫叔虎邑也从邑谷聲大徐小徐邑上有之字地名晉大夫叔虎邑韻會十一陌

䣾河東聞喜縣从邑非聲大小徐

⿰虔阝河東聞喜聚从邑虔聲大徐小徐聚作邑

邼河東聞喜鄉从邑匡聲大小徐河東聞喜鄉也韻會十陽

鄈河東臨汾地即漢之所祭后土處从邑癸聲大徐韻會四支徐即之所共三字

河東臨汾地也從邑癸聲即漢之所祭后土處小徐鄧趙一清本

改作鄭從邑登趙改作癸聲河東臨汾地名水經注汾水篇周公子所封邑地

郉周公子所封地近河内懷从邑幵聲大小徐

近河内有邢亭韻會九青

鄔太原縣名从邑烏聲大徐 小徐無名字 韻會七虞

祁太原縣从邑示聲大小徐 韻會四支

鄴魏郡縣从邑業聲大徐縣下有也字 小徐 魏郡縣也 韻會十六葉

邢鄭地邢亭从邑井聲大徐 小徐 鄭地有邢亭也從邑井聲小徐

邯趙邯鄲縣从邑甘聲大小徐 韻會十四寒 趙字在縣上

鄲邯鄲縣从邑單聲大小徐 邯鄲縣名趙所都從邑單聲 韻會十四寒

郇周武王子所封國在晉地从邑旬聲讀若泓大徐無末三字 韻會十一眞

周武王子所封國從邑旬聲讀若泓在晉地小徐

文田案當作武文王弟子此傳寫誤

郇清河縣从邑俞聲大○小徐

鄗常山縣世祖所即位今為高邑从邑高聲大○徐常山縣也從邑高聲世祖所即位今為高邑小徐常山縣也從邑高聲漢世祖所即位韻會十藥

鄡鉅鹿縣从邑梟聲大○徐小徐鹿譌

鄚涿郡縣从邑莫聲大○小徐鄚縣下有也字韻會十藥郡下有鄚字

郅北地郁郅縣从邑至聲大○小徐韻會四質

鄋北方長狄國也在夏為防風氏在殷為汪茫氏从邑叜聲春秋

傳曰鄋瞞侵齊大徐 小徐末有是也二字北方長狄國也在夏為防風

氏殷為汪芒氏文十一年釋文

䣝炎帝太嶽之[敬避]胤甫侯所封在潁川从邑無聲讀若許大小徐 許

炎帝之後也武王伐紂時封之也御覽卷百五十九

邟潁川縣从邑亢聲大小徐 潁川縣也後漢黄瓊傳注 潁川縣玉篇邑部

郾潁川縣从邑匽聲大小徐 會十四願韻

郟潁川縣从邑夾聲大小徐 會十七洽韻

郪新郪汝南縣从邑妻聲大小徐

鄎姬姓之國在淮北从邑息聲今汝南新鄎大徐 小徐末作新息是也

郋汝南邵陵里从邑自聲讀若奚大小徐

鄝汝南鮦陽亭从邑翏聲 大小徐

鄎蔡邑也从邑息聲春秋傳曰鄎陽封人之女奔之 大徐小徐無封字

鄧曼姓之國今屬南陽从邑登聲 大徐韻會二十五徑小徐陽下有也字

鄾鄧國地也从邑憂聲春秋傳曰鄧南鄙鄾人攻之 大徐小徐末有也字

鄂南陽淯陽鄉从邑号聲 大徐小徐号誤號

鄛南陽棗陽鄉从邑巢聲 大小徐

䣐今南陽穰縣是从邑襄聲 大徐小徐無是字 今南陽䣐縣 韻會七陽

𨝯南陽穰鄉从邑婁聲 大小徐

𨛼南陽西鄂亭从邑里聲 大小徐

䢔南陽舞陰亭从邑羽聲 大小徐

郢故楚都在南郡江陵北十里从邑呈聲 大小徐 韻會二十三梗北作百

邔郢或省 大小徐 韻會二十三梗或作邔

鄢南郡縣孝惠三年改名宜城从邑焉聲 大小徐

鄳江夏縣从邑黽聲 大小徐

[illegible]南陽陰鄉从邑葛聲 大小徐

南陽陰鄉 玉篇邑部

鄂江夏縣从邑咢聲 大徐 小徐縣下有也字 韻會十藥縣下有名字

邔南陽縣从邑己聲 大徐 小徐南作襄

邾江夏縣从邑朱聲 大徐

江夏縣從邑朱聲一曰魯有小邾國 小徐

江夏縣漢衡山王吳芮所都一曰魯有小邾國 韻會七虞

鄖漢南之國从邑員聲漢中有鄖關 大小徐 韻會十二文

鄘南夷國从邑庸聲 大小徐 韻會二冬 南夷國 玉篇邑部

郫蜀縣也从邑卑聲 大小徐

鄯蜀江原地从邑壽聲 大小徐

䣢蜀地也从邑耤聲 大小徐 蜀地也 玉篇邑部

鄤蜀廣漢鄉也从邑蔓聲讀若蔓 大徐 小徐無也字

邡什邡廣漢縣从邑方聲 大小徐 邡廣漢縣 玉篇邑部脫什字

䣕𨚵䣕犍為縣从邑馬聲 大徐 小徐𨚵譌郁

鄨牂牁縣从邑敝聲讀若鷩雉之鷩 大小徐

䢳地名从邑包聲 大徐 城名也從邑包聲 小徐 地名 廣韻四肴

那西夷國从邑冄聲安定有朝那縣 大小徐 邑名從邑冄聲西夷國

安定有朝那縣韻會五歌

鄱鄱陽豫章縣从邑番聲大徐韻會五歌小徐脫豫章二字

酃長沙縣从邑霝聲大徐小徐又韻會九青縣下有也字

郴桂陽縣从邑林聲大小徐韻會十二侵縣下有名字

郲今桂陽郲陽縣从邑来聲大徐小徐無縣字

鄮會稽縣从邑貿聲大小徐韻會二十六宥

鄞會稽縣从邑堇聲大小徐會稽縣名韻會十一真

⿰市阝沛郡从邑市聲大徐沛國郡從邑市聲小徐

邴宋下邑从邑丙聲大小徐韻會二十三梗

⿰虘阝沛國縣从邑虘聲大徐沛國縣從邑虘聲今酇縣小徐

邺地名从邑少聲　大徐名下有也字　小徐地名　廣韻三十小

郈地名从邑臣聲　大徐名下有也字　小徐

鄨宋地也从邑䨏聲讀若讒　大徐無也字　小

鄑宋魯閒地从邑晉聲　大小徐

郜周文王子所封國从邑告聲　大小徐　韻會二十號　韻

郵衛地今濟陰鄄城从邑垔聲　大徐垔譌鄄　小徐　韻會十七霰　小

邛邛地在濟陰縣从邑工聲　大小徐地下有名字無縣字　韻會二冬

鄶祝融之後妘姓所封潧洧之間鄭滅之从邑會聲　大徐　小徐潧作溱

祝融之後妘姓之後潧洧之間從邑會聲　韻會九泰

邧鄭邑也从邑元聲　大徐　小徐邑譌巳　鄭邑也　廣韻二十阮　玉篇邑部

郔鄭地从邑延聲 大小徐

郠琅邪莒邑从邑更聲春秋傳曰取郠 大小徐 琅邪莒邑春秋傳曰取郠 玉篇邑部

鄬妘姓之國从邑禹聲春秋傳曰鄬人籍稻讀若規榘之榘 大徐小

徐規榘作規矩無之榘二字 妘姓之國從邑禹聲左傳鄬人籍稻讀若矩

韻會

七麌 鄬 昭十八年釋文

鄒魯縣古邾國帝顓頊之後所封从邑芻聲 大徐縣下有也字 小徐 魯縣

從邑芻聲古邾婁國帝顓頊之後所封 韻會十一尤

郐邾下邑地从邑余聲魯東有郐城讀若塗 大徐小 邾之下邑在

魯東 魯系家索隱 邾下邑地魯東有郐城 玉篇邑部

郜附庸國在東平亢父邿亭从邑寺聲春秋傳曰取郜 大徐小 附

庸國從邑寺聲在東平亢父縣春秋傳取邿 韻會四支

郰魯下邑孔子之鄉也从邑取聲 大小徐 孔子之鄉也 廣韻十八尤

孔子鄉也 孟子題詞疏 魯下邑孔子之鄉 玉篇邑部

郕魯孟氏邑从邑成聲 大徐小徐從上有也字 魯孟氏邑 韻會八庚 魯孟邑

田完世家正義

郁周公所誅郁國在魯从邑奄聲 大小徐

鄻魯下邑从邑雚聲春秋傳曰齊人來歸鄻 大徐小徐從上有也字末有是字

郎魯亭也从邑良聲 大小徐 韻會七陽

邳奚仲之後湯左相仲虺所封國在魯薛縣从邑丕聲 大徐小徐縣下有是也二字 湯左相仲虺所封國在魯薛縣 韻會四支

鄣紀邑也从邑章聲大小徐 韻會七陽無也字

邗國也今屬臨淮从邑干聲一曰邗本屬吳大小徐

鄴臨淮徐地从邑義聲春秋傳曰徐鄴楚大小徐

郈東平無鹽鄉从邑后聲大小徐 鄉下有是字 東平無鹽鄉韻會二十六厚

郯東海縣帝少昊之後所封从邑炎聲大小徐 東海縣帝少昊之後所封韻會十三覃

郚東海縣故紀侯之邑也从邑吾聲大小徐 吾上有從字 韻會七虞無也字

酅東海之邑从邑巂聲大小徐 東海之邑韻會八齊

鄫姒姓國在東海从邑曾聲大小徐 姒姓國在東海韻會十蒸

邪琅邪郡从邑牙聲大小徐 琅邪郡名也從邑牙聲小徐 韻會六麻無也字

邞琅邪縣一名純德从邑夫聲 大小徐

䣳齊地也从邑桼聲 大小徐　齊地也 玉篇邑部

鄗齊之郭氏虛善善不能進惡惡不能退是以亾國也从邑𩫏聲 大徐　小徐無也字　國名齊之郭氏從邑𩫏聲 韻會十藥　鄗氏也 廣韻十九鐸

郳齊地从邑兒聲春秋傳曰齊高厚定郳田 大小徐

郭郭海地从邑𦎫聲一曰地之起者曰郭 大徐　小徐脫海字　郭海郡一曰地之起者曰郭 玉篇邑部

鄿國也齊桓公之所滅从邑覃聲 大小徐

邭地名从邑句聲 大徐　小徐名下有也字

郂陳留鄉从邑亥聲 大小徐

𢧵故國在陳留从邑𢦔聲 大小徐

酀地名从邑燕聲　大小徐

邱地名从邑丘聲　大徐小徐名下有也字

⿰如阝地名从邑如聲　大小徐

⿰丑阝地名从邑丑聲　大徐小徐名下有也字

⿰几阝地名从邑几聲　大徐小徐名下有也字

⿰翁阝地名从邑翁聲　大小徐

⿰求阝地名从邑求聲　大小徐

⿰嬰阝地名从邑嬰聲　大小徐

⿰尚阝地名从邑尚聲　大小徐　地名周禮五百家也從邑尚聲　韻會二十二養

廣韻三十七蕩　⿰尚阝　地名　玉篇邑部

郱地名从邑幷聲 大小徐

鄬地名从邑𢉖聲 大徐小徐名下有也字

炧地名从邑火聲 大小徐

鄝地名从邑翏聲 大小徐

鄬地名从邑爲聲 大徐小徐名下有也字

邨地地名从邑屯聲 大小徐

郐地名从邑舍聲 大小徐

郌地名从邑盍聲 大小徐 地名也 廣韻二十八盍

鄿地名从邑乾聲 大徐小徐名下有也字

䣜地名从邑𠷎聲讀若淫 大小徐

邖地名从邑山聲 大小徐

郻地名從邑興聲 小徐大 徐無此字 地名也 廣韻十六蒸

⿰臺阝地名从邑臺聲臺古堂字 大徐小 徐作臺聲 ⿰臺阝 玉篇邑部

⿰馮阝姬姓之國从邑馮聲 大小徐

⿰㡀阝汝南安陽鄉从邑蔽省聲 大徐小 徐蔽作敝 汝南安陽鄉 玉篇邑部

郙汝南上蔡亭从邑甫聲 大小徐

酈南陽縣从邑麗聲 大小徐 會十二錫韻

⿰舉阝地名从邑舉聲 大小徐 地名也 玉篇邑部

㔶从反邑䢽字从此闕 大小徐

䢽鄰道也从邑从㔶凡䢽之屬皆从䢽闕 大徐小 徐無闕字

𨞩國離邑民所封鄉也嗇夫別治封圻之內六鄉六鄉治之从𨛜𨙵聲大徐　國離邑民所封鄉也嗇夫別治從𨛜𨙵聲封圻之內六鄉治之也小徐　國離邑民所封鄉也嗇夫別治從𨛜𨙵聲韻會七陽

𨞘里中道从𨛜从共皆在邑中所共也。大徐　邑中道從𨛜共言在邑中所共小徐　韻會三絳道下有也字

巷篆文从𨛜省大徐　小徐　篆文巷從共從邑韻會三絳

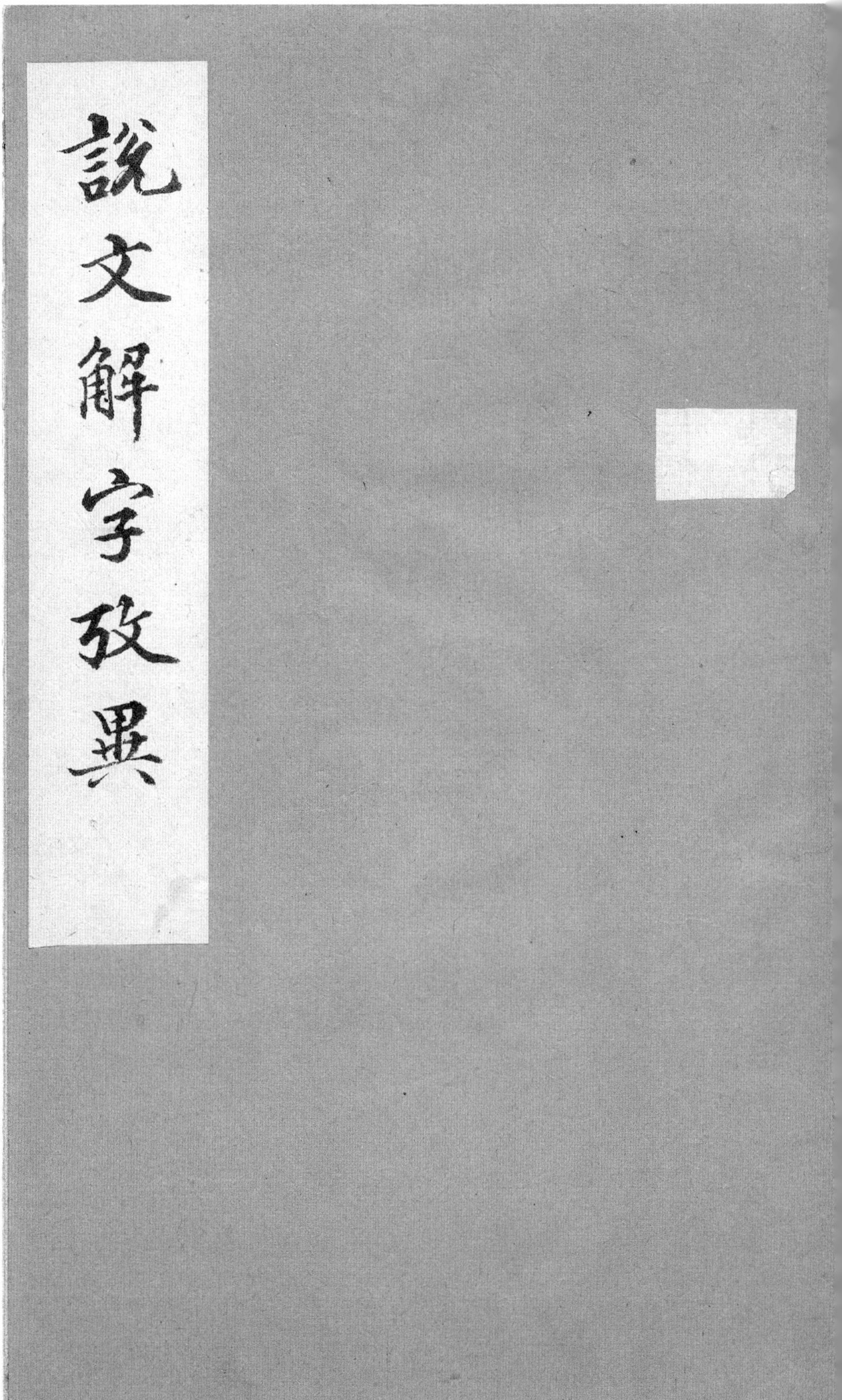
說文解字攷異

說文解字攷異七上

歸安姚文田輯

日實也太陽之精不虧从口一象形凡日之屬皆从日大小徐　實也太陽之精不虧從口一象形韻會四質廣韻五質無之字　實也太陽之精字從口一象形也藝文類聚卷一　實也太陽之精白帖卷第一　實也不虧又君象也事類賦注日　日著實也太陽之精字從〇一象形也又君象也初學記卷一三精下有不虧二字御覽卷　古人正圜象日形其中一點象烏非口一蓋篆籀方其外引其點尒李陽冰本

〇古文象形大小徐　古作〇韻會四質

旻秋天也从日文聲虞書曰仁閔覆下則稱旻天大徐天作曰旻　小徐旻韻

韻會十一眞曰作說

時四時也从日寺聲 大小徐韻會四支

旹古文時从之日 大徐 古文時從日之 小徐 旹古文 廣韻七之 古作

旹 韻會四支

早晨也从日在甲上 大徐 韻會十九皓 釋詁疏 晨也從日在甲上中古文

甲字 小徐 早從日下甲 九經字樣

昒尚冥也从日勿聲 大小徐 韻會六月作曶

昧爽旦明也从日未聲一曰闇也 大徐 昧爽旦明也從日未聲一

曰闇也 小徐 韻會十一隊

睹旦明也从日者聲 大小徐 韻會七麌

曙旦明也 文選魏都賦注 又 謝靈運從斤竹澗越

嶺溪行注　又七發注

晢　昭晢明也从日折聲禮曰晢明行事　大徐上晢作晣　小徐昭晣明也

從日析聲禮晣明行事　韻會九屑　昭晣明也　文選景福殿賦注　又文賦注　又江文通雜體詩注　又顏延年宋元皇后哀策文注

昭　日明也从日召聲　大小徐韻會二蕭　日明也　釋詁疏

晤　明也从日吾聲詩曰晤辟有摽　大小徐七遇無曰字　韻會

的　明也从日勺聲易曰為的顙　大徐　小徐引易謫作的　明也從日勺聲　韻會十二

錫　灼明也　文選琴賦注　的作的明也　一切經音義卷二十四　又卷十七　又卷二十　又卷二十二

的作的　廣韻二十三錫　大徐韻會二十二養晃作晄

晃　明也从日光聲　明也從日光光亦聲　小徐　明

也一切經音義卷三　又卷四　又卷五　又卷十五　華嚴音義卷十四

曠明也从日廣聲大小徐　韻會二十三漾　明也後漢竇融傳注　文選謝靈運富春渚詩注　華嚴音義卷二十六

旭日旦出皃从日九聲讀若勖一曰明也大徐　日旦出皃從日九聲讀若勖小徐無下三字　韻會二沃　日旦出皃一曰明也廣韻三燭　初出為旭藝文類聚卷一　旭讀若好鮑有苦葉釋文

晉進也日出萬物進从日从臸易曰明出地上晉大徐　進也日出而萬物進從日臸聲易曰明出地上晉會意小徐　進也日出萬物進從日臸聲韻會十二震　晉五經文字序例部　廣韻二十一震　又日

暘日出也从日昜聲商書曰暘谷大徐　日出也從日昜聲虞書曰

至于暘谷小徐陽無虞字曰字　韻會七

晵雨而晝姓也从日啓省聲大°小徐　雨而晝晴也廣韻十一薺

暘日覆雲暫見也从日易聲大°徐徐無也字　小　日覆雲暫見也韻會十一陌

昫日出溫也从日句聲北地有昫衍縣大°小徐　日出溫也從日句

聲又昫衍縣名韻會七遇　日出溫也從日句聲韻會七虞　日出溫也藝文類聚卷一

北地有昫衍縣廣韻十遇　日出溫也藝文類聚卷一　日溫曰昫藝文類聚卷一

晛日見也从日从見見亦聲詩曰見晛曰消大°徐無下從字　小徐　日見

也從日見亦聲詩見晛曰消韻會十七霰　日見也角弓正義

旻天清也从日安聲大°小徐韻會十六諫　天清也一切經音義卷五　又卷十一

㬫星無雲也从日燕聲大°徐　星無雲暫見也從日燕聲小徐　星無

雲 廣韻三十二霰

景光也从日京聲 大小徐韻會二十三梗 光也 文選曹子建公讌詩注又謝宣遠答靈運詩注又七啟注華嚴音義卷七十 日光也 文選張孟陽七哀詩注

晧日出皃从日告聲 大小徐韻會十九晧韻 廣大也光明也 一切經音義卷十八

日晝皃也 藝文類聚卷一

暤晧旰也从日皋聲 大徐小徐晧作暤 暤旰也 韻會十九晧 暤 孟子音義

曄光也从日从𠌶 大徐小 曅光也從日𠌶聲 小徐韻會十六葉無聲字

暉光也从日軍聲 大小徐 光也日之光從日軍聲 韻會五微 日光也 藝文類聚卷一

旰晚也从日干聲春秋傳曰日旰君勞 大小徐晚上有日字無曰字 韻會十五翰

日晚也　文選謝元暉酬王晉安詩注　藝文類聚卷一

晻日行晻晻也从日施聲樂浪有東晻縣讀若酏　大徐小徐無也字　日

行晻晻也從日施聲樂浪有東晻縣　韻會四支　日行晻晻　事類賦注　日

晷日景也从日咎聲　大小徐　韻會四紙　日景也　文選陸士衡宴玄圃應令注　又盧子諒擣衣注　又顏延年曲水詩注　又陸士衡演連珠注　又陸佐公石闕銘注　一切經音義卷十七　御覽卷四　古唐類範卷百五十無也字　晷景也　文選潘正叔贈陸機注　又陸士衡長歌行注　又張茂先褋詩注　又魏都賦注無也字

昃日在西方時側也从日仄聲易曰日昃之離　大徐小徐　日昃作日昗　日

在西方側也從日仄聲　韻會十三職

晚莫也从日免聲　大小徐　韻會十三阮

昏日冥也从日氐省氐者下也一曰民聲 大小徐 日冥也從日氐省者下也或作昬從民聲 韻會十三元 日冥也亦作昬 廣韻二十三魂 唐本从民省𣅳徐本从氏省晁說之曰因唐諱民改為氏也 六書故弟二

䜌日旦昏時从日䜌聲讀若新城䜌中 大徐時下有也字 小徐

晻不明也从日奄聲 大小徐 韻會二十八感 不明也 文選北征賦注 一切經音義卷十二 不明皃 文選南都賦注

暗日無光也从日音聲 大小徐 韻會二十八勘

晦月盡也从日每聲 大小徐 韻會十一隊 月盡也 文選郭景純游仙注 又江文通雜體注無月字

䐲埃䐲日無光也从日能聲大徐小徐無也字

曀陰而風也从日壹聲詩曰終風且曀大小徐韻會八霽無曰字 天陰沈也御覽卷十五

旱不雨也从日干聲大小徐韻會十四旱又十五翰

昆望遠合也从日匕匕合也讀若窈窕之窈大小徐

晶白虎宿星从日丣聲大小徐韻會十八巧

曏不久也从日鄉聲春秋傳曰曏役之三月大徐小徐役譌後韻會二十二養傳曰作左傳又二十三漾春秋傳曰作左傳

曩曏也从日襄聲大小徐韻會二十二養

昨壘日也从日乍聲大徐 累日也從日作省聲小徐韻會十藥

暇閑也从日叚聲 大○小徐 韻會二十二禡韻

暫不久也从日斬聲 大○小徐 韻會二十八勘韻

昪喜樂皃从日弁聲 大○小徐 韻會十七霰韻

昌美言也从日从曰一曰日光也詩曰東方昌矣 大○徐 美言也從日從曰曰亦聲昌亦曰日光也又詩曰東方昌矣 小徐 美言也從日從曰亦曰日光也 韻會七陽 美言也一曰日光也 廣韻十陽

⊙籀文省 大○徐 ⊙籀文省作 小徐 韻會七陽 籀作昌

文田案東方昌矣許氏引詩偶誤不必强為之說小徐梜語又引美目昌矣詩亦無此文

暀光美也从日往聲 大○徐 光美二字倒 小徐

昄大也从日反聲大○小徐

昱明日也从日立聲大○小徐 韻會一屋　翌日明也藝文類聚卷一

㬎温溼也从日赧省聲讀與赧同大○徐　温溼也從日赦省聲讀若赦

小徐

暍傷暑也从日曷聲大○小徐　傷熱暑從日曷聲小徐　傷暑也韻會六月

暑熱也从日者聲大○小徐 韻會六語　熱也華嚴音義卷四

𣌭安𣌭温也从日難聲大○小徐無也字 韻會十五翰　安𣌭温也廣韻二十八翰　温也

御覽卷六百九十五

㬎衆微杪也从日中視絲古文以為顯字或曰衆口皃讀若唫唫

或以為繭繭者絮中往往有小繭也大○徐引蜀本 六書故弟三十杪作眇無文字

㬎微杪也從日中視絲古文以為顯字或以為㬎口皃讀若唫
唫或以為繭繭者絮中往往有小繭是也小徐
㬥晞也从日从出从廾从米大小徐韻會二十號 晞乾也字從日從出
從𠬞米字意也一切經音義卷一 晞乾也從日從出從𠬞米一切經音義卷
二又卷三又卷九又卷二十又卷十 晞也廣韻三十七号 日乾也韻會
七又卷十九又卷二十一
一 㬥晞乾也一切經音義卷十四
屋
𪰯古文㬥从日麃聲大徐 小徐無㬥字 韻會二十號古作𪰯 又一屋或作𪰯
曬暴也從日麗聲大小徐
暵乾也耕暴田曰暵从日堇聲易曰燥萬物者莫暵于離大徐 乾
也耕暴田曰暵從日𦰩聲易曰燥萬物者莫暵乎火火離也小徐

乾也耕暴田曰暵從日聲易燥萬物者莫暵乎火韻會十五翰
燥也易曰燥萬物者莫暵乎火中谷有蓷正義　乾也文選南都賦注　熯
作暵說卦釋文
晞乾也从日希聲大小徐　乾也從日稀省聲韻會五微　日乾曰晞一切
經音義卷二十　日昕曰晞藝文類聚卷一
昔乾肉也从殘肉日以晞之與俎同意大徐小徐意作說　乾肉也從殘
肉日以晞之韻會十一陌　乾肉也廣韻二十二昔　昝五經文字卷下
𦠆籀文从肉大小徐　籀文𦠆從肉韻會十一陌　廣韻二十二昔𦠆籀文
暱日近也从日匿聲春秋傳曰私降暱燕大小徐　日近也從日匿
聲韻會四質

昵暱或从尼大徐　或從尼作小徐　韻會四質

𣈆日狎習相慢也从日執聲大徐　徐慢作嫚　或作昵小　日狎習相慢也韻會九屑

𣅀不見也从日否省聲大徐小徐

昆同也从日从比大徐　同也從日比聲小徐　從日比韻會十三元　同

也王制正義　文選甘泉賦注　又羽獵賦注

晐兼晐也从日亥聲大徐小徐韻會十灰

普日無色也从日从竝大徐　日無色從日竝聲小徐韻會七麌韻

曉明也从日堯聲大徐小徐韻會十七篠韻　日白也藝文類聚卷一

昕旦明日將出也从日斤聲讀若希大徐　旦也明也日將出也從

日斤聲讀若忻小徐　旦明也日將出也從日斤聲韻會十二文　旦

明日將出也讀若希文王世子釋文　旦明也日將出也一切經音義卷十三　明也從日

旦明也从日見一上一地也凡旦之屬皆从旦大小徐

見一上一地也韻會十五翰釋詁疏見作在

暨日頗見也从旦既聲大徐小徐又韻會四眞旦譌日小徐無也字

倝日始出光倝倝也从旦㫃聲凡倝之屬皆从倝大小徐　日始出

光倝倝也廣韻二十八翰

𣆪闕大徐　闕旦從三日在㫃中小徐　從三日旦在㫃中蓋籀文許

誤闕義旦字下後人加李陽冰本

𦩍旦也从倝舟聲大小徐韻會二蕭　𦩍九經字樣

㫃旌旗之游㫃蹇之皃从屮曲而下垂㫃相出入也讀若偃古人

名㫃字子游凡㫃之屬皆从㫃 大徐 名㫃作名偃 小徐 旌旗之游㫃蹇之皃以中曲而下來㫃相出入也古人名㫃字子游 韻會十三阮

旌旗得風靡也 釋天釋文

㫃古文㫃字象形及象旌旗之游 大徐 古文㫃字如此象旌旗之游及㫃之形 小徐

旐龜蛇四游以象營室游游而長从㫃兆聲周禮曰縣鄙建旐 大徐 龜蛇四斿以象營室悠悠而長也從㫃兆聲周禮曰縣鄙建旐 小徐韻會十七篠禮曰二字作書字 旐有四斿以象營室 隋書禮儀志五

旗熊旗五游以象罰星士卒以為期从㫃其聲周禮曰率都建旗 大徐 小徐罰作伐 熊旗五斿以象伐星士卒以為期從㫃其聲 韻會四支

熊旗五旒以象伐王本以旗為從依也 古唐類範卷百二十

文田案今本周禮作師都乃師都之誤賈疏師衆也是唐本已如此注云六鄉六遂大夫謂之師都都民所聚也推鄭意亦是師字率師古通用當據此改正

旆繼旐之旗也沛然而垂从㫃宋聲 大徐如小徐也字在垂下 韻會九泰無也字 旆者旆然垂也 御覽卷三百四十一

旌游車載旌析羽注旄首所以精進士卒从㫃生聲 大徐如小徐首下卒下皆有也字 析羽注旄首也所以精進士卒也從㫃生聲周禮析羽曰旌游車載旌 韻會八庚 游車載旗注旄首也以旄進士卒從生界 古唐類範卷百二十

旟錯革畫鳥其上所以進士衆旟衆也从㫃與聲周禮曰州里建

旟大小徐錯革鳥其上所以進士衆者也從㫃與聲州里所建

鳥隼取其勇捷韻會六魚

旂旗有衆鈴以令衆也从㫃斤聲大徐有鈴曰旂以令衆從㫃斤

聲小徐韻會五微

旞導車所以載全羽以為允允進也从㫃遂聲大徐韻會四寘小徐進也重複

又空二字旞者導車所載全羽允允而進也御覽卷三百四十

䢞旞或从遺大徐旝或從遺作小徐韻會四寘或作旝

旝建大木置石其上發以機以追敵也从㫃會聲春秋傳曰旝動

而鼓詩曰其旝如林大徐發其追作磓無也字小徐發以作旝建大木置石其上

發為機以拒敵也從方會聲御覽卷三百三十七　建大木置石其上發以擊敵也春秋傳曰旝動而鼓晉書音義卷七十　檜作旝建大木置石其上發機以磓敵桓五年釋文　建大木置石其上發以機以磓敵載之㫃部桓五年正義　檜建大木置石其上乃發為機以雄敵古唐類範卷百二十六　從㫃會聲詩其旝如林左傳旝動而鼓一曰建大木置石其上發機以槌敵韻會九泰　旝發石車也御覽卷三百三十七魏武帝引　檜者發石車也古唐類範卷百二十六魏武帝引

旃旗曲柄也所以旃表士衆从㫃丹聲周禮曰通帛為旃大小徐　旗曲柄也從㫃丹聲所以旃表士衆也周禮通帛為旃韻會一先　旗曲柄也所以旃表士衆也漢田蚡傳注　曲柄也所以招士衆也

曲旃者所以招士也魏其傳索隱

御覽卷三百四十

旜旃或从亶大小徐

旐旌旗之旒也从㫃攸聲大徐小徐旒作斿

旚旗屬从㫃要聲大小徐

施旗皃从㫃也聲亝欒施字子旗知施者旗也大徐小徐無也字　旗皃

從㫃也聲韻會四支

旖旗旖施也从㫃奇聲大徐　旗之旖施從㫃奇聲小徐　旗之旖施

韻會四支

旟旌旗旚繇也从㫃㘸聲大徐小徐繇作搖

旇旌旗飛揚皃从㫃猋聲大小徐

游旌旗之旒也从㫃汓聲大徐 旌旗斿也從㫃汓聲汓古文泅小徐

旌旗游也從㫃汓聲汓音泅或作旇韻會十一尤 斿旍施流也文選東京賦注

遊古文游大小徐 古作遊韻會十一尤 廣韻十八尤遊古文游

旇旌旗披靡也从㫃皮聲大徐小徐也作皃

旋周旋旌旗之指麾也从㫃从疋疋足也大徐下從字 小徐無上也字韻會一先無下從字

旄幢也从㫃从毛毛亦聲大徐 幢也從㫃毛聲小徐韻會四豪

旛幅胡也从㫃番聲大小徐十三元幅作幡韻會

旅軍之五百人為旅从㫃从从从从俱也大徐 軍之五百人從㫃從

从俱也故從从小徐語俱上有旅字韻會大旅軍五百人也廣韻八語

㫃古文旅古文以為魯衛之魯小徐也

旅矢鋒也束之旅旅也从㫃从矢大徐小徐本殘脫韻會一屋

冥幽也从日从六冖聲日數十十六日而月始虧幽也凡冥之屬皆从冥大徐幽也從日六冂聲日數十十六日而月數始虧幽也冂聲凡冥之屬皆從冥小徐幽也從日從六日數十十六日而月始虧幽也冂聲冂古螢反一切經音義卷十七幽也字從冂音古濙反從日從六日數十十六日而月始虧一切經音義卷二十四幽也從日六冂聲日數十十六日而月始虧韻會九青窈也文選思元賦注又思舊賦注又陶淵明辛丑作注

鼆冥也从冥黽聲讀若黽蛙之黽大徐　從冥黽聲小徐

晶精光也从三日凡晶之屬皆从晶大徐小　精光也從三日韻會八庚

曐萬物之精上為列星从晶生聲一曰象形从口古口復注中故與日同大徐　萬物之精上列為星從晶從生聲一曰星象形從○古○復注中故與日同小徐　萬物之精上為列星從晶生聲韻會九青　萬物之精上為列星藝文類聚卷一御覽卷五事類星賦注廣韻十五青　曐九經字樣廣韻十五青

曐古文星大徐　曐古文小徐

星曐或省大徐　星或省小徐　今省作星韻會九青　九經字樣以星為隸省

曑商星也从晶㐱聲大徐小徐韻會十二侵　小徐㐱上有從字　曑音森商星也九經字樣

云曑隸省與參異參從厽厽音絫

文田案曑晉星也許書偶誤不必强釋

曑曑或省 大徐 曑或省 小徐 或省作曑 韻會十二侵

曟房星為民田時者从晶辰聲 大徐小徐

晨曟或省 大徐 晨或省 小徐 房星也从曟省 韻會十一真

疊揚雄說以為古理官決罪三日得其宜乃行之从晶从宜亡新以為疊从三日太盛改為三田 大徐 廣韻三十帖 揚雄說以為古理官決罪三日得其宜乃行之从晶宜亡新以為疊字從三日太盛而改之為三田 小徐 揚雄說古理官決罪三日得其宜乃行之從晶宜王莽以從三日太盛改為三田 韻會十六葉 九經字樣云揚雄說

理官決罪三日得其空亡新氏以為從三日太盛改得三田

疊 玉篇冐部

月闕也太陰之精象形凡月之屬皆从月 大徐 闕也十五稍減故曰闕也太陰之精象形凡月之屬皆從月 小徐 闕也十五稍減故曰闕也太陰之精象形 韻會六月 月者太陰之精 文選月賦注古唐類範卷百五十未有也字

朔月一日始蘇也从月屰聲 大徐小徐韻會三覺 月一日始也 文選郭景純游仙詩注

朏月未盛之明从月出周書曰丙午朏 大徐 月未盛之明也從月出聲周書曰丙午朏 小徐朏無聲字曰字 韻會十 月未盛之明周書丙午朏 韻會五尾 月未盛之明 召誥正義廣韻十五海 月未盛之明也 畢命正義

月未成明也御覽卷四　月未明也古唐類範卷百五十

霸月始生霸然也承大月二日承小月三日从月䨣聲周書曰哉

生霸大徐小徐霸然作魄然末有也字　月始生霸霸然也從月䨣聲韻會十一陌

月始生魄然也禮記鄉飲酒義釋文　魄月始生魄然也文選顏延年宴曲水詩注

御覽卷四　魄作霸月始生魄然皃武成釋文　皃始生皃然古唐類範卷百

卷五十

𩂣古文霸大徐　𩂣古文或作此小徐　古作𩂣韻會十一陌

朖明也从月良聲大小徐韻會二十二養　朗明也華嚴音義卷四　朖九經字樣

朓晦而月見西方謂之朓从月兆聲大小徐韻會十七篠　晦而月見西

方也文選月賦注

朒朔而月見東方謂之縮朒从月內聲大小徐韻會一屋朔而月見東

方縮朒然文選月賦注朔而見東方為朒也古唐類範卷百五十朔而月

見東方曰朒韻會十七篠

期會也从月其聲大徐小徐本殘脫韻會四支

𣅠古文期从日丌大徐𣅠古文從日小徐古作𣅠韻會四支

有不宜有也春秋傳曰日月有食之从月又聲凡有之屬皆从有

大小徐不宜有春秋傳曰月有食之從月又聲韻會二十六厚

戫有文章也从有𢦏聲大徐小徐上有字譌作辛韻會一屋

龓兼有也从有龍聲讀若聾大徐小徐聾作龓兼有也廣韻一董

朙照也从月从囧凡朙之屬皆从朙大徐昭也從囧月聲凡朙之

屬皆從朙小徐　朙從月囧韻會八庚　篆文作朙五經文字序例　朙五經文字

月部

明古文朙从日大徐　明古文從日小徐　古文作明五經文字序例　明古

文五經文字月部　古作明韻會八庚

朚翌也从朙亾聲大徐小徐無此字

囧窻牖麗廔闓明象形凡囧之屬皆从囧讀若獷賈侍中說讀與

明同大徐有也字無說字小徐象上　窻牖麗廔闓明象形韻會二十三梗　窻牖

間明曰囧一切經音義卷五

盟周禮曰國有疑則盟諸侯再相與會十二歲一盟北面詔天之

司慎司命盟殺牲歃血朱盤玉敦以立牛耳从囧从血大徐　周

禮曰國有疑則盟諸侯再相與會十二歲一盟也北面詔天之司慎司命盟殺牲歃血珠槃玉敦以立牛殺其耳也從囧血聲

周禮國有疑則盟諸侯再相與十二歲一盟也從囧血 韻會

小徐八庚

盟篆文从朙 大徐 盟古文從朙 小徐 或作盟 韻會八庚

盟古文从明 大徐 盟籀文 小徐 籀作盟 韻會八庚

夕莫也从月半見凡夕之屬皆从夕 大徐 小徐莫作暮 莫也從月半見

襄十三年正義 暮也从月半 韻會十一陌

夜舍也天下休舍也从夕亦省聲 大徐 二禡無下也字 韻會二十 舍也天下休舍從夕亦省 小徐 夜字從夕 襄十三年正義 夜字 九經字樣

夢不明也从夕瞢省聲大小徐韻會一東　不明也廣韻一東韻會一送
夗轉臥也从夕从卪臥有卪也大小徐　轉臥也從夕臥有卪小徐
夤敬惕也从夕寅聲易曰夕惕若夤大小徐　恭也敬惕也從夕寅
聲韻會四支　敬惕也韻會十一真
夤籀文夤大徐　夤籀文小徐　籀作夤韻會四支
夝雨而夜除星見也从夕生聲大小徐韻會八庚　雨而夜除見星也廣韻十四清
外遠也卜尚平旦今夕卜於事外矣大徐　遠也卜尚平旦也今若
夕卜于事外矣小徐韻會九泰無下也字　遠也文選思元賦注　外九經字樣
外古文外大徐　外古文小徐　古作外韻會九泰

𡖍早敬也从丮持事雖夕不休早敬者也大小徐廣韻一屋 早敬也從丮持事雖夕不休韻會一屋 𡖍九經字樣

𠈐古文夙从人囟大徐 𠈐古文小徐 古作𠈐韻會一屋 𠈐㑛並古文廣韻一屋

㑛亦古文夙从人西宿从此大徐 小徐殘脫 亦作㑛韻會一屋

𡖃宗也从夕莫聲大徐 小徐宗作寂 漠寂也文選張華勵志詩注

多重也从重夕夕者相繹也故為多重夕為多重日為曡凡多之屬皆从多大徐 小徐無者字 重也從重夕夕相繹也韻會五歌

𡖋古文多大徐 𡖋古文並夕小徐

夥齊謂多為夥从多果聲大徐 齊謂多也從多果聲小徐韻會二十哿

㚇大也从多圣聲大小徐

奓厚脣皃从多从尚大徐 厚脣貌也從多尚聲小徐

誃作䛨多鉉斯釋文大小徐皆無此字 廣韻十九臻䛨多也

毌穿物持之也从一橫貫象寶貨之形凡毌之屬皆从毌讀若冠大徐小徐末有穿字

貫錢貝之貫从毌貝大徐韻會十五翰 錢貝之貫從毌貝聲小徐

虜獲也从毌从力虍聲大徐小徐虍上有從字 韻會七麌 獲也文選張孟陽七哀注 虜九經字樣

马嘾也艸木之𠌶未發圅然象形凡马之屬皆从马讀若含大徐小徐無末三字 嘾也艸木之華未發圅然象形廣韻二十二覃又四十八感 艸

由古文尚書作由枿

木華未發也韻會二腫

圅舌也象形舌體马马从马马亦聲大徐 舌也象形舌體马马亦聲小徐韻會十三覃無亦聲二字 舌也又云口裏肉也行葦釋文 舌也廣韻二十

肣俗圅从肉今大徐 肣俗從肉今小徐 肣同上廣韻二十二覃

𠧪木生條也从马由聲商書曰若顛木之有𠧪枿古文言由枿大徐 木生條也從马由聲商書曰若顛木之有由枿小徐十一尤韻會無曰字 生條也引書云若顛木之有𠧪枿廣韻十八尤

甬艸木華甬甬然也从马用聲大小徐韻會二腫

𢎘艸木马盛也从二马大徐 小徐無此字

㯥木垂華實从木马马亦聲凡㯥之屬皆从㯥大徐 小徐實下有也字末有闕字

韢束也从束韋聲大小徐

卤艸木實垂卤卤然象形凡卤之屬皆从卤讀若調大徐小徐無重卤字

象草木實垂條形五經文字卷下

𠧪籒文三卤為卤大徐 籒文從三卤作小徐

㮚木也从木其實下垂故从卤大徐 木也從卤木其實下垂小徐韻會四質

㮚五經文字卷下廣韻五質

𠙹古文㮚从西从二卤徐巡說木至西方戰㮚大徐 籒文㮚從西二卤徐巡說木至西方戰㮚也小徐 廣韻五質𠙹古文 韻會四質古作𠙹

𥻆嘉穀實也从卤从米孔子曰𥻆之為言續也大徐 小徐無米也字韻會二沃

㯅嘉穀實也粟之為言續也御覽卷八百四十初學記卷二十一穀下有之字

𣝣籒文㮚大徐無此字小徐籒作𣝣韻會二沃

𪏰禾麥吐穗上平也象形凡𪏰之屬皆从𪏰大徐小徐𪏰皆作齊　齊禾麥吐穗上平也韻會八齊　二物相𪏰乃知齊平李陽冰本

𪏰等也从𪏰妻聲大小徐

朿木芒也象形凡朿之屬皆从朿讀若刺大小徐

棗羊棗也从重朿大徐韻會十九皓　羊棗也從重朿聲小徐

棘小棗叢生者从並朿大徐　小棗叢生者從並棗也小徐韻會十三職

片判木也从半木凡片之屬皆从片大小徐　判木也從半木韻會十七霰

版判也从片反聲大小徐韻會十五潸　判也廣韻二十五潸

牐判也从片畐聲（大小徐）

牘書版也从片賣聲（大小徐）書版也從片從賣聲（韻會一屋）書版也（左傳序正義 後漢北海靖王傳注 又蔡邕傳注 文選月賦注 又謝宣遠集別詩注 又張景陽褉詩注）謂書版也（御覽卷六百六）

牒札也从片枼聲（大小徐 韻會十六葉）札也（文選吳都賦劉淵林注 又七命注 御覽卷六百六）諜記也牒與諜同（文選吳都賦注）牒記也（文選劉孝標廣交論注）牒禮也（一切經音義卷三）

文田案記禮皆字形相近之譌禮古文作礼

牑牀版也从片扁聲讀若邊（大小徐）

牖穿壁以木為交窻也从片戶甫譚長以為甫上日也非戶也牖

所以見日大徐　穿壁以木為交窗也從片戶甫聲譚長以為甫上日也非戶也牖所以見日也小徐　穿壁以木為交窗也從片戶甫聲韻會二十六厚　窗穿壁以木為交窗所以見日也御覽卷百八十八　穿壁以木為交窗也廣韻四十四有　穿壁以為牕也文選鸚鵡賦注

牏　築牆短版也从片俞聲讀若俞一曰若紐大徐　若紐作紐也小徐　築牆短版也韻會十一尤

鼎　三足兩耳和五味之寶器也昔禹收九牧之金鑄鼎荊山之下入山林川澤螭魅蝄蜽莫能逢之以協承天休易卦巽木於下者為鼎象析木以炊也籒文以鼎為貞字凡鼎之屬皆从鼎大徐

·三足兩耳和五味之寶器也昔禹收九牧之金鑄鼎荊山之

下入山林川澤螭魅蝄蜽莫能逢之以協承天休易卦巽木于下者為鼎象析木炊鼎也從貞省聲古文以貞為鼎籀文以鼎為貞凡鼎之屬皆從鼎小徐　三足兩耳和五味之寶器也象析木以炊從貞省聲禹收九牧之金鑄鼎荆山之下入山林川澤者螭魅蝄蜽莫能逢之又卦名易巽木於下者為鼎古文以貞為鼎籀文以鼎為貞韻會二十四迴　三足兩耳和五味之寶器也昔禹貢九牧之金鑄鼎荆山之下民入山林川澤魑魅蝄蜽莫能逢之御覽卷七百五十六藝文類聚卷七十三寶作彝民作以蝄蜽作魍魎　三足兩耳和五味之寶器禹收九牧之金鑄鼎荆山之下廣韻四十一迴　三足兩耳和五味之寶器也一切經音義卷十事類鼎賦注　和五味之寶器也九經字樣

鼒鼎之圜掩上者从鼎才聲詩曰鼐鼎及鼒大小徐無曰字韻會四支鼎

圜弇上也韻會四支

鎡俗鼒从金玆大徐末有聲字小徐鼒作鎡絲衣釋文

鼐鼎之絕大者从鼎乃聲魯詩說鼐小鼎大徐末有也字小徐

鼏以木横貫鼎耳而舉之从鼎冂聲周禮廟門容大鼏七箇即易

玉鉉大吉也大徐以木横木貫鼎耳舉之從鼎冂聲小徐以横

木貫鼎耳舉之從鼎冂聲周禮廟門容鼏七箇即易玉鉉韻會十二

錫

文田案鼏讀若幎鄭氏校士昏禮以扃為鼎扛鼏為鼎覆少

牢饋食禮又作扃冪許書則以鼏為扃盖扃冪鼏三字皆冂

聲故許鄭異旨別無從冂之字

亭肩也象屋下刻木之形凡克之屬皆从克 大徐 小 肩也象屋下刻木之形 韻會十三職 克作亭肩也 廣韻二十五德

亭古文克 大徐 亭古文 小徐 韻會十三職古作亭𠅏

𠅏亦古文克 大徐 𠅏亦古文 小徐

彔刻木彔彔也象形凡彔之屬皆从彔 大徐 小徐 也字在形下 刻木彔彔也象形李陽冰曰水彔彔皃象水下𠂢與泰桼字同 六書故弟三十三

禾嘉穀也二月始生八月而孰得時之中故謂之禾禾木也木王而生金王而死从木从𠂢省𠂢象其穗凡禾之屬皆从禾 大徐 嘉穀也從二月始生八月而熟得時之中和故謂之禾也禾木

王而生金王而死从木从𠂹省𠂹象其穗也凡禾之屬皆从禾

小徐　嘉穀也二月始生八月而熟得時之中故謂之禾禾木也木王而生金王而死 御覽卷八百三十九

得時之中故謂之禾 後漢張衡傳注記卷二十七孰作熟 嘉穀也至二月始生八月而孰

初學　嘉穀也以二月

而種八月始孰得時之中故謂之禾 藝文類聚卷八十五 嘉穀也二月

生八月孰得中和故曰禾 文選思元賦注 嘉穀也木王而生金王而

死 初學記卷二十七

秀上諱 徐 大〇小 秀 韻會二十六宥

稼禾之秀實爲稼莖節爲禾从禾家聲一曰稼家事也一曰在野

曰稼 大〇徐 禾之秀實爲稼莖節爲禾从禾家聲稼家也一曰禾

在野為稼也小徐 禾之秀實者曰稼莖節為禾家聲一曰稼家
事也一曰在野曰稼御覽卷八百二十三 禾之秀實為稼莖節為禾從
禾家聲一曰在野曰稼韻會二十二禡 禾之秀實為稼莖節為禾一
曰稼事也在野曰稼初學記卷二十七 禾之秀實為稼莖節為禾一
曰在野曰稼也一切經音義卷六 禾之秀實為稼一曰在野曰稼一切
經音義卷十七 又卷二十 又卷二十三上曰作云 未有也字 又卷二十四為稼作曰稼
穡穀可收曰穡从禾嗇聲大小徐韻會十三職 穀可收嗇也御覽卷八百二十四
種埶也从禾童聲大小徐韻會二宋 禾邊作童是種埶之字釋文七月
稙早種也从禾直聲詩曰稙稚尗麥大徐 小徐本殘脫 早種後熟從禾
直聲詩稙穉菽麥韻會十三職 種早種也御覽卷八百三十九

種先種後孰也从禾重聲大徐也字 韻會一東無 小徐本殘脫 禾名先穜後孰

韻會二冬 禾邊作重是種穋之字 七月釋文 種早種也 御覽卷八百三十七 疾孰也從禾

稑疾孰也从禾坴聲詩曰黍稷種稑 大徐一屋無曰字 韻會

坴聲 小徐 疾孰也 御覽卷八百三十七

穋稑或从翏 大徐七月釋文 或從翏聲 小徐 或作穋 韻會一屋

稺幼禾也从禾屖聲 大徐 幼禾從禾屖聲晚種後孰者 小徐韻會四寘

稺 五經文字卷中

稹穜概也从禾眞聲周禮曰稹理而堅 大徐末有也字 小徐 種概也周

禮稹理而堅之 韻會十一軫 種概也 廣韻十七眞

稠多也从禾周聲 大小徐 韻會十一尤 多也 一切經音義卷十一 文選陸士衡答賈謐詩注

穊稠也从禾既聲 大小徐韻會四寘 稠也 一切經音義卷十一

稀疏也从禾希聲 大小徐 疏也從禾希聲 韻會五微

穖禾也从禾蔑聲 大徐小徐正篆作䅋

穆禾也从禾㐱聲 大小徐韻會一屋 穆 五經文字卷中

私禾也从禾厶聲北道名禾主人曰私主人 大小徐四支名作謂 韻會 禾也 廣韻六脂

䆃稻紫莖不黏也从禾糞聲讀若靡 大小徐 稻紫莖不粘也從禾糞聲 韻會五未 稻紫莖不黏者也 御覽卷八百三十九 初學記卷二十七無也字（未有也字）

稷齋也五穀之長从禾畟聲 大徐本齋作齋 小徐又 韻會十三職長下有也字 五穀之長 初學記卷二十七 五穀之長也 御覽卷八百四十 粢也 一切經音義卷

十

稷古文稷省 大徐 稷古文 小徐 韻會十三職或作稷

𥢶稷也从禾𠷎聲 大徐 小徐無也字 韻會四支

粢𥢶或从次 大徐 粢或從次作 小徐

秫稷之黏者从禾术象形 大徐 稷之黏者從禾术聲 小徐 稷之黏

者從禾朮 韻會四質 稷之粘者 釋草釋文 釋草疏末有也字 十九 御覽卷八百三 稷

之粘者也 又曰秫粘粟也 初學記卷二十七 黏稷 釋草釋文 秫稷秔者

匡謬正俗卷八

朮秫或省禾 大徐 小徐本殘脫 或作朮 韻會四質

穄穈也从禾祭聲 大徐 小徐又韻會八霽穈皆譌穈 穈也似黍而不粘者關西

謂之穈 一切經音義卷十五又卷十六無首二字 穈也 廣韻十三祭
稻稌也从禾舀聲 大小徐韻會十九皓 稌也 匡謬正俗卷八卷二十七 初學記御覽卷八百三十九
稌稻也从禾余聲周禮曰牛宜稌 大徐 小徐首有稌字韻會七虞無曰字
稬沛國謂稻曰稬从禾耎聲 大徐 沛國謂稻為稬從禾耎聲 小徐韻會十五翰 沛國謂稻為穤 釋草釋文又疏 沛國謂稻為稌 匡謬正俗卷八
稴稻不黏者从禾兼聲讀若風廉之廉 大徐 稻不黏者也從禾兼聲讀若風廉 小徐 稻不黏者也 御覽卷八百三十九 稻紫莖不黏者 初學記卷二十七
秔稻屬从禾亢聲 大徐小徐屬作也 稻屬一曰稻不粘者從禾亢聲 韻會八庚
稻屬也 釋草釋文又疏文選長楊賦注藝文類聚卷八十五御覽卷八百三十九

稉秔或从更聲大徐　稉俗稉小徐或作粳　韻會八庚

秏稻屬从禾毛聲伊尹曰飯之美者元山之禾南海之秏大小徐　韻會二十號伊尹曰三字作呂氏春秋　稻屬也御覽卷八百三十九

穬芒粟也从禾廣聲大小徐　芒穀也一切經音義卷十一　芒麥也一切經音義卷十八

秜稻今季落來季自生謂之秜从禾尼聲大小徐　稻今季落來季自生韻會四支

稗禾別也从禾卑聲琅邪有稗縣大徐　小徐縣作鄉　禾別也從禾卑聲韻會十卦　禾別也一切經音義卷十四又卷二十四　禾別名文選七啓注

移禾相倚移也从禾多聲一曰禾名大徐　禾相倚移也從禾多聲

一曰移禾名故相倚則移也小徐　禾相倚移也廣韻五支

穎禾末也从禾頃聲詩曰禾穎穟穟大小徐韻會二十三梗無曰字　禾末也生民正義　御覽卷八百三十九　穗也文選魏都賦注

秝齊謂麥秝也从禾來聲大徐　齊謂麥為秝從禾來聲小徐　齊謂麥曰秝韻會十灰

𥝩禾成秀也人所以收从爪禾大徐　禾成秀從禾爪聲小徐韻會四寘無聲字　禾成秀人所收从爪禾廣韻六至　穗作𥝩禾成秀人所收也釋草釋文　穗又作𥝩禾成秀人所收者也一切經音義卷八卷十二若下有穗字　又禾成秀人所收者曰穗也一切經音義卷二十二

穗𥝩或从禾惠聲大徐　俗從禾惠聲小徐　穗俗字釋草釋文　俗作穗

韻會四寘　廣韻六至穗上同

秎禾危穗也从禾勺聲大小徐

穟禾采之皃从禾遂聲詩曰禾穎穟穟大徐　或從禾遂聲詩曰禾穎穟穟小徐作采之或體　亦作穟詩禾役穟穟韻會四寘　禾穗之皃廣韻六至　禾垂之皃釋訓釋文

蓫穟或从艸大徐　或從艸遂作小徐作采之或體　或作蓫韻會四寘

䅊禾垂皃从禾耑聲讀若端大徐　小徐皃下有也字

𥡴禾舉出苗也从禾曷聲大小徐　禾舉出苗也一切經音義卷七

秒禾芒也从禾少聲大小徐韻會十七篠韻

穖禾穖也从禾幾聲大小徐　禾穖也韻會五尾

秠一稃二米从禾丕聲詩曰誕降嘉穀惟秬惟秠天賜后稷之嘉穀也大徐小徐上穀作種一稃二米詩維秬維秠天賜后稷之嘉穀也從禾丕聲韻會四支一稃二米韻會四支

秨禾搖皃从禾乍聲讀若昨大徐小徐搖作䌛

穮耕禾間也从禾麃聲春秋傳曰是穮是衮大徐韻會二蕭春秋傳曰作左傳小徐本殘脫穮鉏田也載芟釋文穮鋤田也釋訓釋文衮陸氏別引字林云耕禾間也又疏

案轢禾也从禾安聲大小徐

秄壅禾本从禾子聲大小徐韻會四紙本下有也字壅禾本也御覽卷八百二十三

穧穫刈也一曰撮也从禾齊聲大小徐

穫刈穀也从禾蒦聲大小徐韻會十藥刈禾也一切經音義卷三又卷五又卷九又卷

十二御覽卷八百二十四

穦積禾也從禾資聲詩曰穦之秩秩大小徐

積聚也从禾責聲大小徐韻會十一陌　聚也華嚴音義卷五十二

秩積也从禾失聲詩曰穦之秩秩大小徐韻會四質無曰字穦作積

稛絭束也从禾囷聲大小徐韻會十三阮

稞穀之善者从禾果聲一曰無皮穀大徐　穀之善者從禾果聲小徐

秳舂糗不潰也从禾昏聲大徐作粟潰小徐糗作潰

䅇秳也从禾气聲大小徐

稃䆅也从禾孚聲大小徐韻會七虞

粰稃或从米付聲大徐　或從米付小徐

穭 穅也从禾會聲 大徐 韻會九泰 穅也從禾會聲讀若裹 小徐

穅 穀皮也从禾从米康聲 大徐 穀之皮也從禾康聲 小徐 韻會七陽

穀皮也 御覽卷八百五十四 穅 釋器釋文

文田案當言从禾从米省庚聲

康 穅或省 大徐 康或省作 小徐 康古文 韻會七陽 釋器釋文或省禾 康 繫傳

疑義䅗與小篆䅗異

䅗 禾皮也从禾羔聲 大徐 禾皮從禾從羔聲 小徐 禾皮也 御覽卷八百三

十九

稭 禾稾去其皮祭天以為席从禾皆聲 大徐 小徐 韻會八黠 禾稾去其皮

祭天以為席也 廣韻十四黠 禾稾去其皮祭天以為藉也 一切經音義卷

十四 禾藁去其皮祭天以此封禪書 索隱

稈禾莖也从禾旱聲春秋傳曰或投一秉稈 大小徐 十四旱無曰字 韻會 禾

莖也 昭二十七年正義 御覽卷八百三十九 昭二十七年釋文作秆

秆稈或从干 大小徐 秆或從干作 小徐 韻會十

稾稈也从禾高聲 大小徐 九晧稈上有禾字

秕不成粟也从禾比聲 大徐 小徐本殘脫 韻會四紙

稍麥莖也从禾肙聲 大徐 小徐肙上有從字 韻會一先 麥莖也 一切經音義卷十九 又卷二

十二 御覽卷八百三十八 麥莖 初學記卷二十七

䅖黍穰也从禾㓞聲 大小徐 黍穰也 廣韻十七薛

穰黍䅖已治者从禾襄聲 大小徐 黍䅖已治者 韻會七陽 黍䅖也 一切

經音義卷十五 黍治竟者也 一切經音義卷四 禾若秧穰也 韻會七陽

秧禾若秧穰也从禾央聲 大小徐

⿰禾匊⿰禾匊程穀名从禾⿰匊聲 大小徐

⿰禾皇⿰禾匊程也从禾皇聲 大小徐

秊穀孰也从禾千聲春秋傳曰大有秊 大徐 小徐孰作熟 釋天疏 穀孰也

從禾千聲 韻會一先 秊從禾千聲 九經字樣

穀續也百穀之總名从禾㱿聲 大徐 續也百穀之總名也從禾㱿

聲 小徐㱿諧穀 韻會一屋 續也百穀之總名 廣韻一屋 續也百穀總名也

一切經音義卷六 御覽卷八百三十七

稔穀孰也从禾念聲春秋傳曰鮮不五稔 大徐 穀熟也從禾念聲

春秋傳曰不五稔是小徐 穀孰也從禾念聲韻會二十七寑 稔九經字樣

租田賦也从禾且聲大小徐韻會七虞

稅租也从禾兌聲大徐 租也從禾兌小徐韻會八霽 租也文選秋興賦注又閒居賦注又顏延年侍游蒜山詩注

䆃禾也从禾道聲司馬相如曰䆃一莖六穗大徐小徐又韻會二十號曰作云末有也字 嘉禾一名䆃也司馬相如傳索隱 禾名顏氏家訓書證第十七

穛虛無食也从禾荒聲大徐小徐無也字 虛無食也廣韻十一唐

穌把取禾若也从禾魚聲大徐韻會七虞小徐本殘脫

稍出物有漸也从禾肖聲大徐韻會十九效小徐本殘脫 出物有漸也廣韻三十六效

秌禾穀孰也从禾𪏮省聲大○徐小徐本殘脱禾穀孰也從古文龝省韻會十一尤禾穀熟也廣韻十八尤天地反物為秋字從禾㷉省聲御覽卷二十四

龝籒文不省大○徐小徐本殘脱韻會十一尤古作龝

秦伯益之後所封國地宜禾从禾舂省一曰秦禾名大○徐小徐本殘脱伯益之後所封國也地宜禾從禾舂省聲一曰禾名韻會十一眞地宜禾从禾从舂省六書故弟二十二

秝籒文秦从秝大○徐小徐本殘脱籒作秝韻會十一眞

稱銓也从禾爯聲春分而禾生日夏至晷景可度禾有秒秋分而秒定律數十二秒而當一分十分而寸其以為重十二粟為一

分十二分為一銖故諸程品皆从禾大徐　銓也從禾爯聲春分而禾生夏至晷景可度即禾有秒秋分而秒定律數十二秒而當一分十分而寸其以為重十二粟為一分十二分為一銖故謂程品皆從禾小徐　銓也從禾爯聲春分而禾生夏至晷景可度即禾有秒秋分而秒定律數十二秒當一分十分為寸其重以十二粟為一分十二分為銖故諸程稱字皆從禾韻會十蒸　銓也廣韻十六蒸

科程也从禾从斗斗者量也大徐小徐本殘脫　程也從禾斗斗者量也韻會五歌　程也藝文類聚卷五十四御覽卷六百三十八

程品也十髮為程十程為分十分為寸从禾呈聲大徐　韻會八庚　小徐首有

程字十程譌一程 品也十髮為程十程為寸藝文類聚卷五十四御覽卷六百三十八

品也文選韋宏嗣博奕論注又陸士衡演連珠注 示也文選長笛賦注南都賦注引廣雅又

稯布之八十縷為稯从禾㚇聲大徐無為稯二字小徐 從禾㚇聲韻會一東

稯布八十縷韻會一東

稅籀文稯省大徐 稅籀文小徐

秭五稯為秭从禾𠂔聲一曰數億至萬曰秭大徐 五穀也從禾市聲一曰數億至萬曰秭小徐 五稯也從禾𠂔聲一曰億數至萬曰秭韻會四紙

秅二秭為秅从禾乇聲周禮曰二百四十斤為秉四秉曰筥十筥曰稯十稯曰秅四百秉為一秅大徐 秭也從禾乇聲周書曰二

百四十斤為秉四秉為筥十筥為稯十稯曰秅四百秉謂之一
秅小徐秭也从禾乇聲𣪊也二秭為秅周禮二百四十斤為秉
四秉為筥十筥曰稯十稯曰秅四百秉也韻會六麻秭也周禮云
聘禮曰十斗曰斛十六斗曰籔十籔曰秉四秉曰筥十筥曰稯
十稯曰秅廣韻九麻

秳百二十斤也稻一秳為粟二十斤禾黍一秳為粟十六斤太半
升从禾石聲大徐有者字小徐次秳下升下有也字百二十斤也廣韻二十二昔
稘復其時也从禾其聲虞書曰稘三百有六旬大徐唐小徐虞作韻會四支無
虞曰二字

離作穛黍離釋文大小徐皆無此字穛引詩彼黍穛穛韻會四支廣韻五支長沙人謂禾二

把為稿

秝稀疏適也从二禾凡秝之屬皆从秝讀若歷大徐 從二禾聲小徐

兼幷也从又持秝兼持二禾秉持一禾大徐 并也兼持二禾秉持一禾韻會二十五添 兼持二禾秉持一禾小徐 幷也從又手也秝二禾也兼持二禾也韻會十四鹽

黍禾屬而黏者也以大暑而穜故謂之黍从禾雨省聲孔子曰黍可為酒禾入水也凡黍之屬皆从黍大徐 小徐無者字為上有以字 禾屬黏者以大暑而種故謂之黍孔子曰可以為酒御覽卷八百四十二 禾屬而黏從禾雨省聲孔子曰黍可以為酒禾入水也韻會六語 禾屬而黏也孔子曰黍可為酒故从禾入水也廣韻八語 禾屬粘者

也孔子曰黍可以為酒初學記卷二十七以大暑而種故謂之黍藝文類聚卷八十五

糜穄也从黍麻聲大小徐糜穄也韻會四支

䵒黍屬从黍卑聲大徐小徐無此字

黏相箸也从黍占聲大徐小徐無此字相箸也一切經音義卷十四又卷二十三文選西征賦注韻會十四鹽

黏黏也从黍古聲大小徐韻會七虞

粘黏或从米大徐或從米反小徐或作粘韻會七虞

䵑黏也从黍日聲春秋傳曰不義不䵑大小徐黏也從黍日聲韻會四質

𪐴黏或从刃大徐 小徐刃譌反 韻會四質或作𪐴

𪎭履黏也从黍㓞省聲㓞古文利作履黏以黍米大徐 履黏從黍
㓞省聲㓞古以為利字作履黏以黍米也小徐 黎履黏也韻會八齊

𪐗治黍禾豆下潰葉从黍畐聲大徐 治粟麥禾豆下漬葉也從黍
畐聲小徐

𪎮从黍尼聲大徐 小徐無此字
文田案此黏字之譌

馫芳也从黍从甘春秋傳曰黍稷馨香凡馫之屬皆从馫大徐 小
芳也廣韻十 從甘韻會七陽 芳也廣韻十陽 香芳也御覽卷九百八十一 六書故弟
二十二馫徐
鍇曰甘非聲

馨香之遠聞者从香殸聲殸籒文磬大徐 香之遠聞也從香殸聲小徐韻會九青 馨謂香之遠聞也華嚴音義卷七十五

馣馣馤香气奄藹也文選上林賦注，大小徐皆無此

馤同上大小徐皆無此

米粟實也象禾實之形凡米之屬皆从米大徐 穬實也象禾黍之形凡米之屬皆从米小徐 穬實也象禾黍之形韻會八薺 米穬粟實也象禾實之形 象在穗上之形李陽冰本 米廣韻十一薺

粱米名也从米梁省聲大徐小徐無也字 粱米名也華嚴音義卷七十

䊪早取穀也从米焦聲一曰小大徐小徐取作收末有也字 早取穀也一曰小也韻會三覺

粲稻重一秙為粟二十斗為米十斗曰毇為米六斗太半斗曰粲从米奴聲 大徐韻會十五翰太作大 小徐太作米半斗作半升

糲粟重一秙為十六斗太半斗舂為米一斛曰糲从米萬聲 大徐小徐糲譌糲

精擇也从米青聲 大徐擇上有精字 小徐擇也從米青 韻會八庚 擇也 廣韻十四清

粺毇也从米卑聲 大徐小徐韻會十卦

粗疏也从米且聲 大徐小徐韻會七虞 疏也 文選嵇叔夜養生論注

䊶惡米也从米北聲周書有䊶誓 大徐字䊶誓譌作𥼶誓 小徐無也 柴作䊶 廣韻至六

糱牙米也从米辥聲大徐小徐本殘脫韻會九屑　牙米也一切經音義卷十三又卷十五又卷二十五廣韻十七薛御覽卷八百五十三

粒糂也从米立聲大徐小徐韻會十四緝　糂也益稷釋文

飠立古文粒大徐　古文從食小徐韻會十四緝古作飠立

釋漬米也从米睪聲大徐小徐韻會十一陌　漬米也廣韻二十二昔

糂以米和羹也一曰粒也从米甚聲大徐　以米和羹也从米甚聲一曰粒也小徐韻會二十八感　糂糣今作糝以米和羹也一曰粒也一切經音義卷十五　糂糣糝同以米和羹也一曰粒也一切經音義卷十九　糂古文作糝籀文作糣米和羹也一切經音義卷十五　糂以米和羹也御覽卷八百五十九

糣籒文糂从朁 大○小徐無糂字 韻會二十八感或作糣

糝古文糂从參 大○小徐 古文作糝 韻會二十八感

糪炊米者謂之糪从米辟聲 大○小徐

糜糝也从米麻聲 大○小徐 糝也從米麻聲黄帝初教作糜 韻會四支

䊗糜和也从米覃聲讀若鄿 大○徐 小徐鄿作譚

𥻨潰米也从米尼聲交阯有𥻨泠縣 大○徐 小徐無也字

𥽇酒母也从米𥽇省聲 大○徐 小徐無也字 酒母也 廣韻一屋 麴酒母也 御覽卷八百五十三

鞠𥽇或从麥鞠省聲 大○小徐 廣韻一屋 鞠上同

糟酒滓也从米曹聲 大○小徐 韻會四豪 糟酒滓也 御覽卷八百五十四

韊籒文从酉大小徐籒作韊韻會四豪

糒乾也从米葡聲大小徐韻會四眞 乾飯也後漢明紀注又隗囂傳注 乾飯也一曰熬大豆與米也一切經音義卷十五 十

乾飯也文選陸士衡弔魏武帝文注 乾食也御覽卷八百六

糗熬米麥也从米臭聲大徐 小徐本殘脫 韻會二十六厚 熬米麥也費誓正義

熬米也御覽卷八百六十

臬舂糗也从米臼聲大徐 小徐本殘脫 舂糗也從米臼聲韻會二十六厚

糈糧也从米胥聲大徐 小徐糧作粮 糧也廣韻八語

糧穀也从米量聲大徐 小徐穀下有食字 穀食也韻會七陽

粈雜飯也从米丑聲大徐 小徐又韻會二十六宥飯作飰 粈飯也一切經音義卷三 又

卷十三　又卷二十　又卷二十二　又卷十四　粡當為粈

襍飯曰糅 一切經音義卷四

糶穀也从米翟聲 大徐。小徐無此字

䊳麩也从米蔑聲 大小徐　麩也 韻會七曷

粹不雜也从米卒聲 大小徐 韻會四寘　不雜也 一切經音義卷二十

氣饋客芻米也从米气聲春秋傳曰齊人來氣諸侯 大徐。小徐芻上有之字無也字

饋客之芻米從米气聲春秋傳來氣諸侯 韻會五未　氣饋客芻米春秋傳曰齊人來氣諸侯 廣韻八未　氣即說文餼字 韻會五未

𥼺氣或从既 大小徐　或作𥼺 韻會五未

餼氣或从食 大小徐　今文作餼 韻會五未　餼𥼺並上同 廣韻八未

粠陳臭米从米工聲 大小徐

粉傅面者也从米分聲大°小徐韻會十二吻無也字

䊎粉也从米卷聲大°徐　䊎或從卷作小徐

𥽃𥽋也从米悉聲大°小徐

𥽋𥽃𥽋散之也从米殺聲大°小徐韻會七曷　散之也從米殺聲昭元年正義

定四年正義　蔡作𥽋音同字從殺下米𥽃𥽋散之也昭元年釋文　𥽃

𥽋散之也廣韻十二曷

䊳碎也从米靡聲大°小徐　碎也文選吳都賦注

竊盜自中出曰竊从穴从米卨廿皆聲廿古文疾卨古文偰大°徐

盜自中出曰竊從穴米卨廿皆聲也廿古文疾字卨偰字也小徐

韻會九屑

無上也字

毇米一斛舂為八斗也从⿱臼米从殳凡毇之屬皆从毇大徐 糲米一一斛舂為八斗也從⿱臼米從殳凡毇之屬皆從毇毇糙米小徐 糲米一斛舂為八斗也從臼米從殳韻會四支 米一斛舂為八斗廣韻四紙

糳糲米一斛舂為九斗曰糳从毇丵聲大徐 糲米一斛舂為九斗曰糳從毇丵省聲小徐韻會十藥糲作糲 糲米一斛舂取九斗曰糳一切經音義卷十八 廣韻十九鐸無取字

臼舂也古者掘地為臼其後穿木石象形中米也凡臼之屬皆从臼大徐中下有象字 小徐韻會二 舂也古者掘地為臼其後穿木石象形中象米也十六厚

舂擣粟也从廾持杵臨臼上午杵省也古者雝父初作舂〔大徐〕擣米也從廾持杵以臨臼杵省古者雝父初作舂〔小徐〕擣米也從廾持杵以臨臼也古者雝父初作舂〔韻會二冬〕擣粟也〔御覽卷八百二十九〕

𦥺齊謂舂曰𦥺从臼屰聲讀若膊〔大徐小徐末作讀之若膊字〕

𦥺舂去麥皮也从臼干所以𦥺之〔大徐〕舂去麥皮從臼干聲〔小徐〕舂去麥皮也從臼干聲一曰干所以𦥺之〔韻會十七洽〕

舀抒臼也从爪臼詩曰或簸或舀〔大徐韻會十一尤無曰字簸作舂〕抒臼從爪臼聲詩曰或簸或舀〔小徐〕抒臼從爪臼聲〔韻會十七篠〕抒臼也〔廣韻三十小〕揄作舀〔生民釋文〕

文田案周官舂人注引詩或舂或抌抌即或舀字知許書簸

字傳寫有誤

抭舀或从手从宂（大徐） 或從手宂（小徐） 或作抭（韻會十一尤） 廣韻三十小𦥷

抭𦥷上同

𦥷舀或从臼宂（大徐） 或從臼穴（小徐） 韻會十一尤亦作𦥷

臽小阱也从人在臼上（大徐 韻會三十陷） 小阱也從人在臼上春地坎

可臽人（小徐） 小阱也（一切經音義卷十四）

凶惡也象地穿交陷其中也凡凶之屬皆从凶（大徐譌陷無） 小徐陷下也字

惡也（一切經音義卷十一） 象地穿交陷其中（韻會二冬）

兇擾恐也从人在凶下春秋傳曰曹人兇懼（大徐） 春秋傳曰作左傳（韻會二腫）

擾恐也從人在凶下會意（小徐） 擾恐也曹人兇懼從人在凶下

韻會二冬　㥀恐也左傳曰曹人兇懼廣韻二腫

説文解字攷異

七下

說文解字攷異七下

歸安姚文田輯

朩分枲莖皮也从屮八象枲之皮莖也凡朩之屬皆从朩讀若髕大徐　分枲莖皮也從屮八象枲皮凡朩之屬皆從朩讀若髕小徐

枲麻也从朩台聲大徐　麻子也從朩台者從辭省聲小徐　麻子也從朩辝省聲韻會四紙

𦃇籒文枲从林从辝大徐　𦃇籒文小徐　枲籒文作辝一切經音義卷一　韻會四紙籒作𦃇

林葩之總名也林之為言微也微纖為功象形凡林之屬皆从林大小徐

𦁎枲屬从林熒省詩曰衣錦𦁎衣 大徐 小徐省下有聲字 枲屬從林熒省
聲 韻會二十二梗 褧作𦁎枲屬也 顧人釋文
㭊分離也从攴从林林分㭊之意也 大徐 小徐無此字 分離也 廣韻二十三旱 又二十八翰
麻與林同人所治在屋下从广从林凡麻之屬皆从麻 大徐 枲也
與林同人所治在屋下從林從广凡麻之屬皆從麻 小徐 枲也
從林從广林人所治也在屋下 韻會六麻
𪎭未練治纑也从麻後聲 大徐 小徐無此字
𪎮麻藍也从麻取聲 大徐 小徐本殘脫 麻蒸也 韻會十一尤
𪎰𦁎屬从麻俞聲 大徐 𦁎屬也從麻從俞聲 小徐 𦁎屬 廣韻十九侯

尗豆也象尗豆生之形也凡尗之屬皆从尗〔大徐　上之字下也字小徐無〕豆也從尗生形〔韻會一屋〕菽小豆也〔御覽卷八百四十一〕尗父之弟為叔從上小言其尊行居上而已小也〔李陽冰本〕叔作尗從上小言尊行之小也〔釋訓疏〕

敊配鹽幽尗也从尗支聲〔大小徐韻會四寘〕

豉俗敊从豆〔大徐〕豉俗豉〔小徐　韻會四寘俗作豉〕

耑物初生之題也上象生形下象其根也凡耑之屬皆从耑〔大小徐韻〕物初生之題也上象生形下象其根也〔廣韻二十六桓會十四寒無其字〕

韭菜名一種而久者故謂之韭象形在一之上一地也此與耑同意凡韭之屬皆从韭〔大徐〕菜名也一種而久生者也象形在下

之上此與耑同意凡韭之屬皆從韭 小徐 菜名也一種而長久故曰韭象形在一之上一地也 釋草釋文 菜名一種而久者故謂之韭象形在一之上一地也 釋草疏 廣韻四十四有名下有也字 菜名一種而久生者也象形在一之上一地也 韻會二十六厚 韭菜一種久而生也象形在地上北也 御覽卷九百七十六

䪥 齏也从韭隊聲 大徐 小徐 齏作韲

䪢 䪥也从韭次𠂔皆聲 大小徐 韻會八齊

齏 韲或从齊 大徐 小徐 或從齊 或作齏 韻會八齊

䪨 菜也葉似韭从韭𢦏聲 大徐 小徐 韻會十卦無菜字 小徐菜上有其 從韭也 釋草釋文 菜也葉似韭 釋草疏 一切經義卷七 䪨字 五經文字卷下 菜也菜似韭故

韱山韭也从韭𢦏聲大小徐韻會十四鹽
䪥小蒜也从韭番聲大徐小徐無也字
瓜𤓰也象形凡瓜之屬皆从瓜大徐小徐𤓰作蓏　蓏也象形韻會六麻　蓏
也廣韻九麻　象形也初學記卷二十八
瓝小瓜也从瓜交聲大徐小徐　小瓜也廣韻四覺韻會三覺
瓞瓝也从瓜失聲詩曰緜緜瓜瓞大徐小徐　瓝也從瓜失聲韻會九屑
㼊瓞或从弗大徐　或從弗小徐　或作㼊韻會九屑
𤬏小瓜也从瓜熒省聲大徐小徐
𤬪瓜也从瓜䌛省聲大徐小徐
瓣瓜中實从瓜辡聲大徐小徐實下有也字又韻會十六諫　瓜中實也東山釋文文選謝

惠連祭古冢文注。初學記卷二十八無中字

瓜本不勝末微弱也从二瓜讀若庾大小徐

瓠瓠也从瓜夸聲凡瓠之屬皆从瓠大徐 小徐瓠上有瓠字 瓠也從瓜夸聲韻會七遇

瓢蠡也从瓠省㼌聲大。徐 蠡也從㼌瓠省聲小徐 韻會二蕭無㼌字

宀交覆深屋也象形凡宀之屬皆从宀大。小徐 居也家人釋文 釋宮疏

家居也从宀豭省聲大。小徐 韻會六麻

冢古文家大。小徐 韻會六麻 古作家

宅所託也从宀乇聲大。徐 所託居也從宀乇聲韻會十一陌 小徐脱宀字 人所託也御覽卷百八十 託也人所投託也廣韻二十陌

㡯古文宅大徐　囘古文小徐韻會十一陌古作宅

庑亦古文宅大徐　亦古文小徐　亦作庑韻會十一陌　廣韻二十陌庑古文

室實也从宀从至至所止也大徐　實也從宀至聲室屋皆從至所

止也小徐韻會四質　實也御覽卷百七十四一切經音義卷六

宣天子宣室也从宀亘聲大徐小徐韻會一先　宣字九經字樣

向北出牖也从宀从口詩曰塞向墐户大徐四十一漾廣韻曰作云　北出牖也

從口從宀小徐　北出牖也從口從宀詩塞向墐户韻會二十三漾　北

出牖也一切經音義卷二又卷十五又卷十八又卷二十二御覽卷百八十八

㢈養也室之東北隅食所居从宀㔶聲大徐有也字無聲字小徐居下　養也

室東北隅食所居也御覽卷百八十八　室東北隅食所居也亦養也

韻會四支 養也 釋宮釋文又疏

宎戶樞聲也室之東南隅从宀𡗜聲 大徐小徐也字在隅下 室東南隅也

從宀𡗜聲 韻會十七篠 戶樞聲也室之東南隅也 廣韻二十九篠

奧宛也室之西南隅从宀𢍏聲 大徐小徐 宛也從宀𢍏聲 韻會二十號

室也 釋宮釋文 究也 一切經音義卷六

宛屈草自覆也从宀夗聲 大徐小徐韻會十三阮 屈草自覆也 廣韻十十阮

惌宛或从心 大徐 或從惌 小徐 古作惌 韻會十三阮 惌同上 廣韻二十阮

宸屋宇也从宀辰聲 大徐 屋宇也從宀辰 小徐 屋宇也從宀辰聲

賈逵曰室之奧者 韻會十一真 屋宇也 文選景福殿賦

宇屋邊也从宀于聲易曰上棟下宇 大徐小徐無也字 屋邊也易曰上

棟下宇廣韻九麌　屋邊從宀亏聲韻會七麌　屋邊文選登樓賦注　屋邊檐

也一切經音義卷七　又卷二十五檐作簷　宇五經文字卷上　寓籀文宇字文選東京賦注　又謝元暉和

寓籀文宇从禹大徐　籀文從禹小徐

伏武昌詩注　寓籀文五經文字卷上

豐大屋也从宀豐聲易曰豐其屋大徐　小徐豐作豐　大屋也易豐釋文

寏周垣也从宀奐聲大徐小徐韻會十七霰　韻

院寏或从𠂤大徐　寏或從𠂤完聲小徐　或作院韻會十七霰

宏屋深響也从宀厷聲大徐小徐八庚無響字韻會

宖屋響也从宀[敬避]聲大徐　小徐本殘脫　屋響也韻會八庚　十蒸無也字　又

寪屋皃从宀爲聲大徐小　屋皃廣韻四紙

㝩屋㝩㝗也从宀康聲 大°小徐

㝗㝩也从宀良聲 大°小徐

宬屋所容受也从宀成聲 大°小徐

寍安也从宀心在皿上人之飲食器所以安人 大°徐 安也從宀心在皿上皿人之食飲器所以安人也 小徐廣韻十五青韻會九青

定安也从宀从正 大°徐小徐本殘脫 安也從宀正聲 韻會二十五徑

寔止也从宀是聲 大°小徐韻會十三職 止也 一切經音義卷二十三又卷二十五

安靜也从女在宀下 大°徐 止也從女在宀中 小徐韻會十四寒

宓安也从宀必聲 大°小徐韻會四質

㝈靜也从宀契聲 大°小徐

宴安也从宀妟聲大小徐　韻會十七霰　安也一切經音義卷三　又卷六　又卷七　又卷十五　又卷二十二　五經文字卷上　華嚴音義音序

宋無人聲从宀尗聲大徐　會十二錫　小徐本殘脫　從上有也字　韻　宋無人聲也文選曹子建送應氏詩注　宋字卷上　五經文　又左太冲詠史注

誅宋或从言大徐　或從言作小徐　韻會十二錫亦作誅小徐

察覆也从宀祭大徐　覆審也從宀祭聲小徐　韻會八黠　韻　覆也廣韻十四黠

親至也从宀親聲大徐小徐　至也廣韻二十一震　親至也廣韻十七真　親古文

完全也从宀元聲古文以為寬字大徐　聲下有也字小徐　全也一切經音義卷三　又卷十五　文選王仲宣七哀詩注　韻會十四寒

富備也一曰厚也从宀畐聲大徐　備也從宀畐聲小徐　備也從宀

畐聲一曰厚也 韻會二十六宥 備也 韻會七遇

實富也从宀从貫貫貨貝也 大徐 富也從宀貫為貨物 小徐 韻會四質

宗藏也从宀㸚聲㸚古文保周書曰陳宗赤刀 大徐 藏也從宀保省聲周書曰陳宗赤刀 小徐

容盛也从宀谷 大徐 韻會二冬谷上有從字 盛也從宀谷聲 小徐

宂古文容从公 大徐 小徐 宂古文容 廣韻三鍾

宂㪚也从宀人在屋下無田事周書曰宮中之宂食 大徐 㪚也從宀人在屋下無田事也周書曰宮中之宂人食也 小徐 韻會二腫無曰字

𡫞𡫞不見也一曰𡫞𡫞不見省人從宀臱聲 大徐 𡫞𡫞不見也從宀臱聲一曰𡫞不看人 小徐

寶珍也从宀从王从貝缶聲大徐 珍也從宀玉貝缶聲小徐韻會十九

皓

寚古文寶省貝大小徐

宭羣居也从宀君聲大小徐

宦仕也从宀从臣大徐 仕也從宀臣小徐又韻會十六諫無下從字

宰皋人在屋下執事者从宀从辛辛皋也大徐小徐皋也上有亦字 皋人在屋下執事者從宀從辛辛皋也韻會十一軫 六書故第二十四宰辛聲梓亦呂辛為聲

守守官也从宀从寸寺府之事者从寸寸法度也大徐 小徐者作也無末也字

守官也從宀從寸法度也韻會二十六厚

寵尊居也从宀龍聲 大小徐韻會二腫

宥寬也从宀有聲 大小徐韻會二十六宥 寬也 一切經音義卷十六

宜所安也从宀之下一之上多省聲 大小徐韻會四支 所安也 廣韻五支

　宜 五經文字序例 又宀部

㝌古文宜 大徐 㝌古文 古作㝌㝌 韻會四支 廣韻五支㝌竝古文

𡨋亦古文宜 大徐 𡨋亦古文 小徐

寫置物也从宀舄聲 大小徐韻會二十一馬

宵夜也从宀宀下冥也肖聲 大徐 小徐肖謁省 韻會二蕭

宿止也从宀㐰聲㐰古文夙 大小徐韻會一屋 止也 廣韻一屋 宿 五經文字卷上

寑臥也从宀𠬶聲 大徐侵殘缺作𡪢小 徐韻會二十七寑 寢 廣韻四十七寑

㝈籀文寑省大徐　籀文侵省小徐

丏冥合也从宀丏聲讀若周書若藥不眄眩大徐　小徐周書作書曰眄作瞑

眠眩作瞑一切經音義卷二

寬屋寬大也从宀萈聲大徐　韻會十四寒　小徐無也字

㝅寤也从宀吾聲大小徐　或作㝅韻會七遇

寁居之速也从宀疌聲大小徐　韻會二十八感

寡少也从宀从頒頒分賦也故為少大徐　少也從宀頒頒分也從宀頒故為少也小徐　少也從宀頒頒分也宀分故為少也韻會十一馬

少也廣韻三十五馬　寡五經文字卷上

客寄也从宀各聲大徐　小徐韻會十一陌各上有從字

寄託也从宀奇聲大徐小徐又韻會十一陌託作記託也廣韻五寘

寓寄也从宀禺聲大徐小徐韻會七遇

㝢寓或从广大徐或從广作小徐或作㝢韻會七遇

寠無禮居也从宀婁聲大徐小徐韻會七麌

疚貧病也从宀久聲詩曰煢煢在疚大小徐貧病也廣韻四十九宥

𡫳凍也从人在宀下以茻薦覆之下有仌大徐凍也從人在宀下

從茻上下為覆下有仌也小徐韻會十四寒𡫳九經字樣

害傷也从宀从口宀口言从家起也丰聲大徐傷也從宀口言從

家起也丰聲小徐韻會九泰

索入家㨞也从宀索聲大徐小徐無此字

竆窮也从宀躳聲躳與竆同大徐 窮也从宀躳聲小徐 窮也廣韻一屋

竆竆或从穴大小徐 廣韻一屋竆上同

宄姦也外為盜内為宄从宀九聲讀若軌大徐 姦也外為盜内為宄从宀九聲小徐韻會四紙

殳古文宄大徐 古作殳㝊韻會四紙 小徐無二古文

𠬚亦古文宄大徐

𡪿塞也从宀𣪠聲讀若虞書曰𡪿三苗之𡪿大徐小徐無曰字 塞也從宀𣪠聲韻會九泰

宕過也一曰洞屋从宀碭省聲汝南有項宕鄉大小徐 過也一曰洞屋從宀碭省聲韻會二十三漾 過也後漢書張衡傳注文選思元賦注又洞簫賦注一

切經音義卷七

宋居也从宀从木讀若送大徐　居也從宀木聲小徐韻會二宋無聲字

䆆屋傾下也从宀執聲大小徐　屋傾下也廣韻五十六㮇

宗尊祖廟也从宀从示大徐小徐又韻會二冬無下從字

宔宗廟宔祏从宀主聲大徐　宗廟主石也從宀主聲小徐韻會七虞

宗廟宔祏廣韻九麌

宙舟輿所極覆也从宀由聲大徐小徐又韻會二十六厚無也字　舟輿所極覆也釋詁釋文漢司馬相如傳注文選三都賦序注又江文通雜體注又江賦注無也字　舟輿所極也司馬相如傳正義　舟輿所極覆曰宙莊子齊物論釋文又雜篇庚桑釋文曰作為

㝛嬾召旻釋文又正義釋訓疏又大小徐皆無此字

宮室也从宀躳省聲凡宮之屬皆从宮 大小徐 室也從宀躳省聲 韻會一東 宮 九經字樣

營市居也从宮熒省聲 大小徐韻會八庚市作匝 市居也 文選東京賦注廣韻十四清

文田按市當作帀與衞同意

呂脊骨也象形昔太嶽為禹心呂之臣故封呂矦凡呂之屬皆从呂

呂 大徐小徐矦作侯 脊骨也象形 韻會六語 脊骨也太兵為禹臣委加

心呂因封呂侯 一切經音義卷十九卷二十二侯作矦末有也字 又— 太嶽為禹心呂

之臣故封呂矦 廣韻八語 呂 九經字樣

膂篆文呂从肉从旅 大徐 篆文從肉旅聲 小徐 篆文作膂 韻會六語

又作膂 廣韻八語

船身也从身从呂大徐 身也從呂從身小徐 從呂從身韻會一東 船九經字樣 身也玉篇身部

躬躳或从弓大徐 俗或從弓身小徐 躬俗躳九經字樣

穴土室也从宀八聲凡穴之屬皆从穴大徐 小徐 土室也從宀八聲韻會九屑 土屋也覆於地也詩緜正義 土室也古唐類範卷百五十八 穴者窒也御覽卷五十四

盗北方謂地空因以為土穴為盗戶从穴皿聲讀若猛大徐 小徐未作讀與猛同

窨地室也从穴音聲大徐 小徐 韻會二十七沁

窯燒瓦竈也从穴羔聲大徐 燒瓦窯竈也從穴從羔聲小徐 徐竿 燒瓦…

竈字　窯燒瓦竈也一切經音義卷一又卷十又卷九窯作窰　陶瓦器竈也詩綿正義

寷地室也从穴復聲詩曰陶寷陶穴大徐　地室也從穴復聲小徐

復作寷詩緜釋文

竈炊竈也从穴鼀省聲大徐小徐本殘脫　炊竈也從穴鼀省韻會二十號

周禮以竈祠祝融褚補武紀索隱

竈竈或不省大徐　竈或不省作小徐　竈五經文字卷上

窐甑空也从穴圭聲大徐小徐又韻會八齊無甑字　甑空也御覽卷七百五十七韻會六

麻

窔深也一曰竈突从穴从火从求省大徐　深也一曰竈突從穴火

求省聲讀若禮三年導服之導小徐　窔深也廣韻四十八感

穿通也从牙在穴中大。小徐韻會一先

竂穿也从穴尞聲論語有公伯竂大。徐小徐無此字　穿也一切經音義卷一

⿱穴夏九經字樣

⿱穴叏穿也从穴決省聲大。徐　穿也從穴夬聲小徐　此字正篆大小徐皆譌從宀

⿱穴抉深抉也从穴从抉大。徐　深抉從穴抉聲小徐　深抉也廣韻十六屑

竇空也从穴瀆省聲大。徐　空也从穴賣聲小徐韻會二十六宥　空也一切經音義卷十五又卷十六

⿱穴矞空皃从穴矞聲大。徐小徐空作穴

窠空也穴中曰窠樹上曰巢从穴果聲大。徐　空也從穴果聲一曰鳥巢也一曰在穴曰窠在樹曰巢小徐　空也從穴果聲一曰鳥

巢也在樹曰巢在穴曰窠韻會五歌

窻通孔也从穴悤聲大徐悤作怱小徐　窗通孔也廣韻三江　窻五經文字卷上

今文作窻韻會三江

穸污衺下也从穴瓜聲大徐小徐衺作邪　污下也從穴瓜聲韻會六麻　污

衺下也廣韻九麻　污邪也文選吳都賦注　邪下也文選長笛賦注

窾空也从穴款聲大徐小徐韻會十八嘯　空也一切經音義卷二又卷十七又卷二十四

孔也莊子應帝王釋文

空竅也从穴工聲大徐小徐韻會一東

窒空也从穴巠聲詩曰瓶之窒矣大徐韻會二十五徑無曰字　空也廣韻四十六徑

器中空也一切經音義卷九

窀空大也从穴乙聲大徐小徐無大字　空大也廣韻十四黠

窊汙窬也从穴瓜聲朔方有窊渾縣大徐小徐窬作窳末有也字　汙窊也從

穴瓜聲韻會七虞　汙窬也釋詁釋文

窞坎中小坎也从穴从臽臽亦聲易曰入于坎窞一曰旁入也大徐

坎中小坎從穴臽臽亦聲易入于坎臽一曰旁入也

小徐入作人韻會二十八感　坎中更有坎易釋文　坎中小坎也文選長笛賦注

窌窖也从穴丣聲大徐小徐無也字　地藏也從穴卯聲今作窖韻會十九效

窖也廣韻三十六效　窌從穴建元以來侯者年表索隱

窖地藏也从穴告聲大徐小徐無也字　地藏也一切經音義卷十七又卷二十

窬穿木户也从穴俞聲一曰空中也大徐　穿木户也從穴俞聲一

曰空中之貌小徐 穿木户也一曰空中之貌韻會七虞 穿木户也儒行釋文論語釋文 門旁穿木户也一切經音義卷九 穿木為户儒行正義 「穿窬者外貌為好而内懷姦盜」表記正義

文田案表記正義引此一條當有殘脫去正文今不錄

窵窵窅深也从穴鳥聲大徐 小徐無深字韻會

窺小視也从穴規聲大徐會四支 小視從穴規聲「曰視之于隙穴也東方朔曰以管窺天」小徐 小視也一切經音義卷十四 文選劉越石勸進表注 又卷二十二 窺闚小視也 一切經音義卷七 又卷十四闚作著

文田案小徐一條因上脫臣鍇二字聲下有曰視之于隙穴也下引東方朔語當今不錄

窺正視也从穴中正見也正亦聲大徐無下也字小徐 正視也從穴中

正見 韻會八庚

窡穴中見也从穴叕聲 大小徐韻會八黠 穴中見也 廣韻十四黠

窋物在穴中皃从穴出聲 大小徐 物在穴中皃 文選魯靈光殿賦注

窴塞也从穴眞聲 大小徐韻會一先

窒塞也从穴至聲 大小徐韻會四質 塞也 一切經音義卷十七 窒 莊子秋水釋文

突犬從穴中暫出也从犬在穴中一曰滑也 大小徐韻會六月 犬從穴中暫出也從犬在穴中也一曰滑也匪突也 小徐 犬从穴中暫出也一曰滑也 廣韻十一没

竄匿也从鼠在穴中 大小徐韻會十五翰

窣从穴中卒出从穴卒聲 大小徐韻會六 韻會出有也字

曰空中之貌 小徐 穿木戶也一曰空中之貌 韻會七虞 穿木戶也

儒行釋文 論語釋文 門旁穿木戶也 一切經音義卷九 穿木為戶 儒行正義 「穿

窬者外貌為好而內懷姦盜」表記正義

文田案表記正義引此一條當有殘脫 去正文今不錄

窵窵窅深也从穴鳥聲 大徐 小徐無深字

窺小視也从穴規聲 大徐 韻會四支 小視從穴規聲曰視之于隙穴

也東方朔曰以管窺天」小徐 小視也 文選劉越石勸進表注 一切經音義卷十四 又卷二十二

窺闚小視也 一切經音義卷七 又卷十四闚作若

文田案小徐一條因上脫臣鍇二字（聲下有曰視之于隙穴也）下引東方朔語當今不錄

窺正視也从穴中正見也正亦聲 大徐 小徐無下也字 正視也從穴中

後第十行　出下　脫下字

窘迫也从穴君聲犬小徐韻會十一軫　迫也一切經音義卷二十兩見　文選七發注　窘

五經文字卷上

窕深肆極也从穴兆聲讀若挑犬小徐韻會十七篠　深肆極也昭二十一年正義

穹窮也从穴弓聲犬小徐

究窮也从穴九聲犬小徐韻會二十六宥

窮極也从穴躳聲犬小徐韻會一東　極也御覽卷四百九十六

窅冥也从穴皀聲犬小徐　冥也廣韻二十九篠

窔窅窔深也从穴交聲犬徐　窅窔深窱皃從穴交聲小徐　窅窔深

也韻會十八嘯　深皃釋宮釋文

邃深遠也从穴遂聲犬小徐韻會四寘　深遠也一切經音義卷六又卷二十三又卷二無

也字 深也字從遂華嚴音義卷二十三

窈深遠也从穴幼聲大小徐韻會十七篠 深遠也文選魏都賦注長門賦注又陶淵明辛丑作注

窱杳窱也从穴條聲大小徐韻會十八嘯 杳窱也文選西都賦注

窀穿地也从穴毳聲一曰小鼠周禮曰大喪甫窀大徐小徐鼠下有聲字

穿地也從穴毳聲周禮大喪甫窀韻會八霽 穿地也從穴毳聲韻會十七霰

窆葬下棺也从穴乏聲周禮曰及窆執斧大小徐 葬下棺也從穴乏聲韻會二十九豔 葬下棺也文選陶徵士誄注御覽卷五百五十三

窀葬之厚夕从穴屯聲春秋傳曰窀穸从先君於地下大徐小徐夕下有

也字韻會十一眞春秋傳曰作左傳於作之

穸窀穸也从穴夕聲大徐小徐又韻會十一陌也上有夜字

葬下棺也文選祭古冢文注

窜入脈刺穴謂之窜从穴甲聲大小徐

㝱寐而有覺也从宀从丬夢聲周禮以日月星辰占六㝱之吉凶一曰正㝱二曰噩㝱三曰思㝱四曰悟㝱五曰喜㝱六曰懼㝱凡㝱之屬皆从㝱大徐

寐而覺者也從宀從爿從夢周禮曰以日月星辰占六㝱之吉凶一曰正㝱二曰噩㝱三曰觭㝱四曰寤㝱五曰喜㝱六曰懼㝱凡㝱之屬皆從㝱小徐

寐而覺者也從穴從爿從夢韻會一送

寐而有覺周禮以日月星辰占六㝱之吉凶一曰正㝱無所感動平安自㝱二曰愕㝱驚愕而㝱三曰

思寱覺時所思念之而寱四曰寤寱覺時所道之而寱五曰喜寱喜悦而寱六曰懼寱恐懼而寱一廣韻一送

寢病臥也从寱省𡨄省聲大徐小徐㝯作優病卧也廣韻四十七寑寑病卧也御覽卷三百九十三

寐臥也从寱省未聲大徐韻會四寘小徐脫卧也二字

寤寐覺而有信曰寤从寱省吾聲一曰晝見而夜寱也大徐小徐有作省韻會七遇信作言

寱籀文寤大小徐

寢楚人謂寐曰寢从寱省女聲大小徐

𥧡寐而未厭从寱省米聲大徐小徐未厭作猒也

𥨱孰寐也从㝱省水聲讀若悸大徐　熟寐也從㝱省水聲小徐

㾉臥驚病也从㝱省丙聲大小徐

寱瞑言也从㝱省臬聲大小徐韻會八霽　眠言也一切經音義卷十四又卷二作眠語也

𥧶臥驚也一曰小兒號𥧶𥧶一曰河内相評也从㝱省从言大小徐

徐無此字

疒倚也人有疾病象倚箸之形凡疒之屬皆从疒大徐小徐上倚作痾

疾病也从疒矢聲大小徐　病也從疒矢聲一曰急也韻會四質　病也

御覽卷七百三十八

𤵸古文疾大徐　𤵸古文小徐　廣韻五質㾐籀文　韻會四質古作廿

𤺋籀文疾大小徐　韻會四質籀作𨥊𤵸

痛　病也。从疒甬聲。大徐徐韻會一送

病　疾加也。从疒丙聲。大小徐韻會二十四敬　疾加也廣韻四十三映御覽卷七百三十八

瘣　病也。从疒鬼聲。詩曰：譬彼瘣木。一曰腫旁出也。大小徐釋木釋文壞作瘣　小弁釋文　病也一曰腫旁出也韻會十賄腫作瘇無下也字

疴　病也。从疒可聲。五行傳曰：時即有口疴。大徐小徐無時字　病也韻會五歌

　痾病也文選閒居賦注又謝靈運相送方山詩注又登池上樓詩注又田南樹園詩注

痡　病也。从疒甫聲。詩曰：我僕痡矣。大徐韻會七虞無曰字小徐此字殘脫

瘇　病也。从疒董聲。大徐小徐本殘脫

瘵　病也。从疒祭聲。大徐小徐本殘脫

瘨病也从疒眞聲一曰腹脹〔大徐 小徐 末有也字〕腹脹也從疒眞聲又病也〔韻會一先〕癲病也〔御覽卷七百三十九〕癲狂也〔韻會一先〕

瘼病也从疒莫聲〔大小徐 韻會十藥〕

疛腹中急也从疒丩聲〔大徐 急下有痛字 小徐〕

⿸疒員病也从疒員聲〔大小徐〕

癎病也从疒閒聲〔大小徐〕病也〔御覽卷七百三十九 韻會十五删〕風病也〔一切經義卷十二〕

⿸疒出病也从疒出聲〔大小徐〕病也〔廣韻十一沒〕

疵病也从疒此聲〔大小徐 韻會四支〕病也〔一切經音義卷二 又卷六〕

癈固病也从疒發聲〔大小徐〕痼疾也從疒發聲〔韻會十一隊〕

瘏病也从疒者聲詩曰我馬瘏矣大小徐病也又馬病曰瘏從疒者聲詩我馬瘏矣韻會七虞

瘲病也从疒從聲大小徐

痒寒病也从疒辛聲大徐寢小徐韻會二十七

瘶頭痛也从疒或聲讀若溝洫之洫大徐溝洫之三字小徐無

痟酸痟頭痛从疒肖聲周禮曰春時有痟首疾大小徐韻會二蕭無曰字

酸疼痛也列子黃帝釋文

疕頭瘍也从疒匕聲大徐酸痟也從疒匕聲小徐韻會四紙

瘍頭創也从疒昜聲大徐小徐創作痛頭創也襄十九年正義韻會七陽廣韻十陽創作

瘡

痒瘍也从疒羊聲大○徐小

瘍目病一曰惡气箸身也一曰蝕創从疒馬聲大○徐小徐本殘脫目病

一曰惡氣著身也一曰蝕創廣韻四十禡

⿸疒斯㪔聲从疒斯聲大○徐小徐又韻會八齊從上有也字

⿸疒爲口咼也从疒爲聲大○徐小

瘦⿸疒爲也从疒叏省聲大○徐小爲也廣韻十六屑

瘖不能言也从疒音聲大○徐小徐本此字殘脫病侵韻會十二侵也作

癭頸瘤也从疒嬰聲大○徐小徐無也字梗韻會二十三 頸瘤也御覽卷七百四十

瘤也莊子德充符釋文

瘻頸腫也从疒婁聲大○徐小 頸腫病也一切經音義卷十八 頸腫也韻會二十

六宥

疗顫也从疒又聲 大徐小

瘀積血也从疒於聲 大徐小徐又韻會六御也作病 積血也 一切經音義卷三又卷九

又卷十八 又卷二十四

疝腹痛也从疒山聲 大徐 腸痛從疒山聲 小徐

疛小腹病从疒肘省聲 大徐 小腹病也從疒肘省聲讀若紂 小徐

小腹痛 廣韻四十四有

癳滿也从疒㬥聲 大徐小

㾈俛病也从疒付聲 大徐小 俛病也 廣韻九麌

痀曲脊也从疒句聲 大徐小徐曲作幽

瘚屰气也从疒从屰从欠大徐　逆气也從疒欮聲小徐韻會六月　·逆
气也一切經音義卷十
𤵸瘚或省疒大徐　或省疒小徐韻會六月或省作欮
𤷡气不定也从疒季聲大小徐　气不定也一切經音義卷一又卷四又卷十又卷
十二又卷十九又卷二十一
𤶟風病也从疒非聲大小徐韻會十賄無也字　風病也釋詁釋文御覽卷七百四十二
𤸫腫也从疒畱聲大徐小徐本殘脫　腫也一切經音義卷十又卷十三兩見又卷十六又卷
二十韻會十一尤
痤小腫也从疒坐聲一曰族絫大徐韻會五歌末有病字　小腫也一曰族
累病從疒坐聲小徐　小腫也一切經音義卷六御覽卷七百四十二　腫也一切經音

義卷二十

疽癰也从疒且聲 大徐小徐又韻會六魚首有久字 癰也 襄十九年正義一切經音義卷一

久癰也 一切經音義卷九又卷十又卷十八又卷二十 久癰 後漢劉焉傳注

⿸疒麗癰也从疒麗聲一曰瘦黑讀若隸 大徐

癰腫也从疒雝聲 大徐小徐韻會二冬 腫也 襄十九年正義一切經音義卷十四御覽卷七百四

二十

瘜寄肉也从疒息聲 大小徐 寄肉也 一切經音義卷十八御覽卷三百七十五 奇肉

也 一切經音義卷二

癬乾瘍也从疒鮮聲 大小徐韻會十六銑 乾瘍也 一切經音義卷十四御覽卷七百四十

二瘍作瘡 乾瘍 桓六年釋文

疥搔也从疒介聲犬小徐韻會十卦搔作瘙　搔也昭二十年正義　瘙也文選登徒子好色賦注御覽卷七百四十二　瘙瘍也內則釋文

痂疥也从疒加聲犬徐　乾瘍也從疒加聲小徐韻會六麻

瘕女病也从疒叚聲犬徐　病也思齊正義

癘惡疾也从疒蠆省聲犬徐　惡瘡疾也從疒厲省聲小徐韻會八霽　惡疾也一切經音義卷二十一韻會九泰　癩作癘惡疾也廣韻十四泰　癘疫疾也或作癩思齊正義

瘧熱寒休作从疒从虐虐亦聲犬徐　熱休作病從疒虐虐亦聲小徐　熱寒并作昭二十年正義　熱寒並作也御覽卷七百四十二

痁有熱瘧从疒占聲春秋傳曰齊侯疥遂痁犬小徐　有熱瘧從疒

占聲左傳齊侯疥遂痁韻會十四鹽　有熱瘧昭二十年正義　有熱瘧也顏氏家訓書證第十七　熱瘧也御覽卷七百四十二

痎二日一發瘧从疒亥聲大徐韻會九佳小徐無也字　二日一發瘧昭二十年正義　二日一發之瘧顏氏家訓書證第十七　二日一發御覽卷七百四十二　兩日一發之瘧也昭二十年釋文

痳疝病从疒林聲大小徐　小便病也一切經音義卷二十

痔後病也从疒寺聲大小徐韻會四紙　後病也文選登徒子好色賦注

痿痹也从疒委聲大徐韻會四支小徐又也作疾

痹濕病也从疒畀聲大徐小徐無也字　濕病也文選嵇叔夜與山濤絕交書注　一切經音義卷四　又卷十一　又卷十三　又卷十八　又

痺足气不至也从疒畀聲 大°小徐 足氣不至也 一切經音義卷十一 又卷十三 又卷二十

瘃中寒腫覈从疒豖聲 大°小徐 韻會二沃 中塞腫 御覽卷七百四十二

瘺半枯也从疒扁聲 大°小徐

瘇脛气足腫从疒童聲詩曰既微且瘇 大°徐 脛气腫從疒童聲詩曰既微且瘇 小徐 二腫 韻會無也字 瘇 廣韻二腫

尰籀文从尣 大°徐 尰籀文 小徐 韻會二腫 籀作尰尰

瘧跛病也从疒盍聲讀若脅又讀若掩 大°徐 也字在聲下 小徐

疧毆傷也从疒只聲 大°小徐 毆傷也 韻會四紙

痏疧痏也从疒有聲 大°小徐 韻會四紙 瘢也 文選嵇叔夜幽憤詩注

⿸疒舊創裂也一曰疾⿸疒舊从疒舊聲大○小徐

⿸疒冄皮剝也从疒冄聲大○徐　皮剝從疒冄聲讀若枏又讀若坦小徐

⿰冄皮籀文从皮大○徐　⿰冄皮籀文小徐

文田案皮當作𠬝篆文不誤

癑痛也从疒農聲大○小徐

痍傷也从疒夷聲大○小徐韻會四支

瘢痍也从疒般聲大○小徐韻會十四寒

痕胝瘢也从疒艮聲大○小徐　瘢也從疒銀省聲韻會十三元

痙彊急也从疒巠聲大○徐小徐彊作强

痋動病也从疒蟲省聲大○小徐　動痛也一切經音義卷七又卷十四又卷十八

瘘臞也从疒安聲大小徐韻會二十六宥　臞也廣韻四十九宥

疢熱病也从疒从火大徐　熱病從火從疒小徐韻會十二震　熱也御覽卷七百三十八

癉勞病也从疒單聲大小徐韻會二十一箇　勞病也襄十九年正義釋詁疏　御覽卷七百三十八勞作癆

疸黃病也从疒旦聲大小徐御覽卷七百三十八

痰病息也从疒夾聲大徐小徐息上有小字　病息也廣韻三十怗

痞痛也从疒否聲大徐韻會四紙　痛也從疒否聲讀若鄙小徐　入病也御覽卷七百三十八

瘍脈瘍从疒易聲大徐小徐脈作脈易譌易

𤵸狂走也从疒术聲讀若欻大徐小徐無也字

疲勞也从疒皮聲大徐小徐又韻會四支勞下有力字

𤺑瘕也从疒弔聲大徐　瘕病也從疒弔小徐

疧病也从疒氏聲大徐　病不翅從疒氏聲小徐會四支　韻　病不翄韻會

四支

㾃病劣也从疒及聲大徐小

瘢劇聲也从疒殹聲大徐小

癃罷病也从疒隆聲大徐小　罷也韻會一東

𤺋籀文癃省大徐小　籀作𤺋韻會一東

疫民皆疾也从疒役省聲大徐一陌也作疾韻會十　民皆病曰疫從疒役

省聲小徐　民皆疾也廣韻二十二昔　皆民之疾也御覽卷七百四十二

瘛小兒瘛瘲病也从疒恝聲大小徐

瘳馬病也从疒多聲詩曰瘳瘳駱馬大徐無也字小徐也字在末

瘣馬脛瘍也从疒兌聲一曰將傷大徐將作持

瘵治也从疒樂聲大徐韻會十八嘯　治也從疒樂聲讀若勞小徐　治也衡門釋文韻三十五笑　廣瘵一切經音義卷六　療作瘵一切經音義卷二十四

療或从尞大小徐　療或瘵字也衡門釋文　或作療一切經音義卷六　今文作療韻會十八嘯　廣韻三十五笑療上同

痁久病也从疒古聲大徐韻會七遇小徐無也字　痼病也一切經音義卷二十四

痼久也文選劉公幹贈曹丕詩注

瘌楚人謂藥毒曰痛瘌从疒剌聲大徐小徐無曰字

癆朝鮮謂藥毒曰癆从疒勞聲大徐小徐謂下有飲字　朝鮮謂飲藥毒曰癆廣韻三十七号

瘥瘉也从疒差聲大小徐

瘲減也从疒衰聲一曰耗也大徐小徐耗也作衰耗　減也一曰秏也廣韻六脂　減也一切經音義卷一又卷三又卷二十五又

瘉病瘳也从疒俞聲大小徐韻會七麌俞諭瘳　病瘳也一切經音義卷二又卷三又卷六又卷八又卷十四又卷十七又卷二十一又卷二十三又卷二十四廣韻九麌

瘳疾瘉也从疒翏聲大徐小徐又韻會十一尤疾下有病字

癡不慧也从疒疑聲大小徐韻會四支　不慧也一切經音義卷十六

虒作𤺌卷耳釋文小徐皆無此字　大

蠡作瘰癧瘰皮肥也桓六年釋文小徐皆無此字　大

痏疲也文選謝靈運登海嶠詩注

瘷逆气也一切經音義卷十八又卷二十二

冂覆也从一下垂也凡冂之屬皆从冂大小徐　冡覆也从一下豕李陽冰曰象巾之豕覆皃六書故弟三十一　覆也從一下豕韻會十二錫

冠絫也所以絫髮弁冕之總名也从冖从元元亦聲冠有法制从寸大徐下也字小徐無次從字　絫也所以絫髮弁冕之總名也廣韻二十六桓　御覽卷六百八十四總作揔　絫也所以絫髮從冂元冠有法制故從寸韻會十四

寒

冣積也从冖从取取亦聲大徐小徐又韻會七遇無下從字

冟奠爵酒也从冖託聲周書曰王三宿三祭三冟大徐韻會七遇爵酒二字倒

無曰字　從冂託聲小徐　奠爵也從冂託聲韻會二十二禡　奠爵也顧命

釋文

冃重覆也从冃一凡冃之屬皆从冃讀若艸苺之苺大徐　重覆也韻會

一東　從冂一聲小徐

同合會也从冃从口大徐韻會一東小徐無下從字無會字　合會也从冃从口

李陽冰曰从口非當从冂六書故弟三十一

肯幬帳之象从冃㞢其飾也大徐小徐象下有也字　幬帳之象廣韻四覺

冡覆也从冃豕大徐　覆也從冃從豕小徐韻會一東　覆也廣韻一東

冃小兒蠻夷頭衣也从冂二其飾也凡冃之屬皆从冃 大徐 小兒及蠻夷頭衣也從冂二二其飾也凡冃之屬皆從冃 小徐 小兒及蠻夷頭衣也從冂二二其飾也 韻會二十號 小兒蠻夷頭衣也 廣韻三十七号

冕大夫以上冠也邃延垂瑬紞纊从冃免聲古者黃帝初作冕 大徐 大夫以上冠也邃延垂瑬纊紞從冃免聲古者黃帝初作冕 小徐 韻會十六銑無者字 大夫以上冠邃延垂旒紞纊昔者黃帝初制冕 御覽卷六百八十六 大夫以上冠也 文選西都賦注

絻冕或从糸 大徐 或從糸作 小徐

胄兜鍪也从冃由聲 大徐 小徐 韻會二十六宥無也字 一切經音義卷二 兜鍪也 一切經音

義卷二十二　費誓正義　廣韻四十九宥　冑兜鞪傳二十二年正義　兜鍪亦曰冑首鎧謂之初學記卷二十二

冑兜鍪首鎧也御覽卷三百五十六　廣韻四十九宥韋古文

韋司馬法冑从革小徐　或作韋韻會二十六宥

冒冢而前也从冃从目小徐　冢而前也從冃目聲小徐　蒙而前從

冃目韻會二十号

圖古文冒小徐　圖古文小徐　文選顏延年拜陵廟詩注　韻會二十号古作圖

冣犯而取也从冃从取小徐　犯取又曰會從冃取聲小徐　犯取也

從冃取聲韻會九泰　犯而取也取聲六書故弟三十一

网再也从冂闕易曰參天网地凡网之屬皆从网小徐　再也从

冂韻會二十二養　再也易云參天网地廣韻三十六養　兩再也一切經音義卷十一

兩二十四銖為一兩从一㒳平分㒳亦聲 大徐 二十四銖為一兩

從一從㒳平分也㒳亦聲 小徐 二十四銖為一兩 廣韻三十六養 平

㒼平也从廿五行之數二十分為一辰㒳㒼平也讀若蠻 大徐 平

也從廿十五行之數二十分為一辰㒼平也讀若蠻 小徐

网庖犧所結繩以漁从冂下象网交文凡网之屬皆从网 大徐 小徐漁

下文下皆有也字 庖犧氏所結繩以漁也從冂下㐅象交文也 韻會二十二養

庖犧所結繩以田以漁也 廣韻三十六養 御覽卷八百三十四网作罔犧作羲

网 五經文字卷上

罔网或从亡 大徐 小徐 或作罔 韻會二十二養

䋄网或从糸 大徐 或從糸 小徐 今文從糸作網 韻會二十二養

𦉳古文网 大○徐 冈古文网字從冂亡聲 小徐

𦉲籀文网 大○徐 籀文從冂 小徐

罨罕也从网奄聲 大○小徐韻會十五合

罕网也从网干聲 大○小徐韻會十四旱 罕網也 文選西京賦注網當為罔 罕 五經文字卷上 廣韻二十三旱

䍡网也从网䍷聲䍷亦聲一曰綰也 大○徐聲下有也字 小徐 挂也從网䍷聲 韻會十六銑 網也一曰綰也 韻會十七霰

䍉网也从网每聲 大○小徐韻會十灰

罬网也从网叕聲 大○小徐韻會十七霰

䍐逸周書曰不卵不䍐以成鳥獸罬者䍐獸足也故或从足 大○徐

罠或從足㚒逸也周書曰不卵不蹝以成鳥獸罠者罥獸足故從足（小徐）

罙周行也从网米聲詩曰罙入其阻（大徐行字末有也字　小徐無）周也從网米聲詩罙入其阻一曰深也冒也（韻會四支）罙作罙從网米冒也（殷武釋文）罙（五經文字卷上）

𦉺罙或从卝（大徐）或從貞省（小徐）或作𦉺（韻會四支）

罩捕魚器也从网卓聲（大徐　小徐無也字）

罾魚网也从网曾聲（大徐　小徐無也字）（韻會十蒸）魚網（初學記卷二十二）魚罔也（御覽卷八百三十四）

罪捕魚竹网从网非秦以罪為辠字（大徐　小徐無竹网二字）

罽魚网也从网𠛱聲𠛱籀文銳大徐　魚网從网𠛱聲小徐韻會八霽

魚网也廣韻十三祭

罛魚罟也从网瓜聲詩曰施罛濊濊大徐字　小徐罟作网無也韻會七虞無曰字

罟也御覽卷八百三十四

罟网也从网古聲大小徐韻會九麌

罶曲梁寡婦之笱魚所留也从网留留亦聲大徐　曲梁寡婦之笱魚所留也從网留聲小徐韻會二十六厚　曲梁寡婦笱魚所留也御覽卷八百三十四

羀罶或从婁春秋國語曰溝罛羀大徐　小徐末作講羀罶　韻會二十六厚亦作羀

罜罜麗魚罟也从网主聲大徐　罜麗小魚罟從网主聲小徐

䍞罣䍞也从网鹿聲大徐小徐又韻會一屋無也字

罧積柴水中以聚魚也从网林聲大徐韻會十二侵小徐柴下有木字無也字

罠釣也从网民聲大小徐　敃也御覽卷八百三十四

羅以絲罟鳥也从网从維古者芒氏初作羅大徐韻會五歌小徐無也字

䍐捕鳥覆車也从网叕聲大小徐韻會九屑首有罔名二字

輟䍐或从車大徐　或從車作小徐

罿䍐也从网童聲大小徐韻會二冬

罦覆車也从网包聲詩曰雉罹于罦大徐小徐車下有网字　覆車也從网

包聲韻會十一尤　覆車也御覽卷八百三十二

罦罦或从孚大徐　或從孚小徐　今文作罦韻會十一尤

罻捕鳥网也从网叞聲（大小徐）捕魚網從网尉聲（韻會五未）捕鳥網也（王制正義 魚麗正義無也字 御覽卷八百三十二無網字）

罘兔罟也从网否聲（大小徐）兔罟也（司馬相如傳索隱）兔網也（後漢寇榮傳注）

䍙罟也从网互聲（大小徐）

罝兔网也从网且聲（大小徐 韻會九麻）兔網也（後漢寇榮傳注）兔罟謂之罝（御覽卷八百三十二）罝（兔罝釋文 釋器釋文）

䍑罝或从糸（大徐）或從糸作（小徐）或作䍑（韻會六麻）

䍪籀文从虘（大徐）籀作䍪（小徐 韻會六麻）

䍢牖中网也从网舞聲（大徐 小徐無也字）𦋇罟屬從网無聲（韻會七虞 或作䍢）

署部署有所网屬从网者聲（大徐）部署也各有所也网屬也從网

者聲 小徐 部署也各有所网屬也 韻會六御 部署也 一切經音義卷十五

罷遣有辠也从网能言有賢能而入网而貫遣之周禮曰議能之辟 大徐 遣有罪也從网能言有賢能而入网即貫遣之周禮曰議能之辭是也 小徐 遣有罪從网能网罪網也言有賢能而入网即貫遣之周禮議能之辟 韻會九蟹

置赦也从网直 大徐 韻會四寘 赦也從网直聲 小徐 赦也 廣韻七志

罯覆也从网音聲 大小徐 覆也 一切經音義卷十五

詈罵也从网从言网辠人 大徐 罵也從网言 小徐 网言為詈 初學記卷二十

罵詈也从网馬聲 大徐 韻會二十二禡 小徐末有也字

羈馬絡頭也从网从馽馽馬絆也大徐 馽絡頭若也從网馽馽馬絆

小徐 馬絡頭也从四馵韻會四支 羈馬絡頭也又曰馬絆僖二十四年正

義 羈馬絡頭也僖二十四年釋文 文選謝靈運擬阮瑀詩注 又李少卿書注 御覽卷三百五十九

革絡馬頭曰羈一切經音義卷十五 羈絡頭也文選曹子建白馬篇注

羈馽或从革大徐 馽或革作小徐 今文從革作羈韻會四支 大徐 小徐 無末三字

襾覆也从冂上下覆之凡襾之屬皆从襾讀若晋

覆也廣韻三十五馬

覂反覆也从襾乏聲大徐 小徐 又韻會二腫 無反字 反覆也廣韻二腫

覈實也考事襾笮邀遮其辭得實曰覈从襾敫聲大徐 韻會十一陌 小徐從

上有也字 考實事也後漢和紀注 文選長笛賦注 一切經音義卷十二 又卷七實謟寶

霡霂或从雨大徐　小徐本殘脫　亦作霡霂韻會十一陌

覆覂也一曰蓋也从襾復聲大徐　覂也從襾復聲一曰蓋也小徐韻會二十六宥　覆韻會一屋

巾佩巾也从冂丨象糸也凡巾之屬皆从巾大徐　小　佩巾也從冂丨象糸也韻會十一真

帉楚謂大巾曰帉从巾分聲大徐　小　楚謂大巾曰帉韻會十二文

帥佩巾也从巾𠂤大徐　徐本脫　小　佩巾也從巾𠂤聲韻會四質　帨佩巾也後漢儒林下論注

帨帥或从兌大徐　或從兌聲小徐　韻會四質或作帨

幣禮巾也从巾从執大徐　禮巾也從巾執聲小徐　禮巾也廣韻十三祭

帗一幅巾也从巾犮聲讀若撥大徐小徐末有字字

帉枕巾也从巾刃聲大徐小徐無也字

幋覆衣大巾从巾般聲或以為首鞶大徐　覆衣大巾也從巾般聲

或以為首幋小徐文選思元賦注又韻會十四寒幋皆作飾　覆衣巾也後漢儒林下論注

帤巾帤也从巾如聲一曰幣巾大徐韻會六魚　巾帤也從巾如聲也

一曰幣布是小徐

幣帛也从巾敝聲大小徐韻會八霽

幅布帛廣也从巾畐聲大徐小徐又韻會一屋無也字

幌設色之工治絲練者从巾巟聲一曰幌隔讀若荒大徐　設色之

工治絲練者從巾巟聲一曰幌隔也小徐　設色之工治絲練者

一曰幌隔也韻會七陽

帶紳也男子鞶革婦人鞶絲象繫佩之形佩必有巾从巾大徐紳也男鞶革婦人鞶絲象繫佩之形帶必有巾從重巾小徐紳也男子鞶革婦人鞶絲象繫佩之形帶有巾故从巾廣韻十四泰紳也男子鞶帶婦人絲帶象繫佩之形帶必有巾故從巾御覽卷六百九十六紳也象繫佩之形帶必有巾從重巾韻會九泰

幘髮有巾曰幘从巾責聲大徐韻會十一陌小徐首有幘也二字髮有巾曰幘廣韻二十一麥

⿰巾旬領耑也从巾旬聲大小徐

帔宏農謂帬帔也从巾皮聲大小徐韻會四寘

常下帬也从巾尚聲大小徐韻會七陽

裳常或从衣大徐俗常從衣小徐今文作裳韻會七陽

帬下裳也从巾君聲大小徐韻會十二文下裳也廣韻二十文

裠帬或从衣大徐俗從衣作小徐今文書作裙韻會十二文

帴帬也一曰帗也一曰婦人脅衣从巾戔聲讀若末殺之殺大徐

帬也一曰帗也一曰婦人脅衣也從巾戔聲讀若椒榝之榝小徐

帬也廣韻二十八翰

幝幒也从巾軍聲大小徐韻會十三元幝幒也廣韻二十三魂

褌幝或从衣大小徐今文作褌韻會十三元

幒幝也从巾悤聲一曰帙大小徐幝也廣韻二腫

幒惚或从松大徐或從松作小徐

幨楚謂無緣衣也从巾監聲大徐無也字小徐

幎幔也从巾冥聲周禮有幎人大徐小徐無有字韻會十二錫一切經音義卷三又卷

幔幕也从巾曼聲大徐小徐丨韻會十五翰幕也六御覽卷六百九十九

幬禪帳也从巾𠷎聲大徐小徐禪帳也廣韻十八尤韻會十一尤單帳也御覽卷六百九十九

傳單帳也藝文類聚卷六十九百三十二

幙帷也从巾兼聲大徐小徐

帷在旁曰帷从巾隹聲大徐小徐從下有也字韻會四支

在旁曰帷廣韻六脂御覽卷七百

在傍曰帷一切經音義卷六

在房曰帷初學記卷二十五旁一本作房

匲古文帷大徐小徐

帳張也从巾長聲大小徐韻會二十三漾

幕帷在上曰幕覆食案亦曰幕从巾莫聲大徐 帷在上曰幕按爾雅覆食亦曰幕從巾莫聲韻會十藥 帷在上曰幕按爾雅從巾莫聲小徐 在上曰幕蒙之覆案食亦曰幕御覽卷七百 在上曰幕幕覆也一切經音義卷六 在上曰幕初學記卷二十五

帊幏裂也从巾匕聲大小徐

幏殘帛也从巾祭聲大小徐

㡏正耑裂也从巾俞聲大徐小徐無也字

帖帛書署也从巾占聲大徐韻會十六葉 帛書署從巾占聲署謂檢署名也小徐 帛書署也一切經音義卷十四

帙書衣也从巾失聲（大小徐　韻會四質）書衣也（文選謝靈運酬惠連詩注）袠書衣

也中（御覽卷六百六）

袠帙或从衣（大小徐）

幩幡幟也从巾前聲（大小徐）旛幟也（御覽卷三百四十一）

徽幟也以絳徽帛箸於背从巾微省聲春秋傳曰揚徽者公徒（大小徐）

（韻會五微上徽字微字皆作徽無曰字）幟也以絳徽帛著于背從巾微省聲春

秋傳曰揚徽者公徒若今救火衣然也（小徐）徽作徽識也（昭二十一

年釋文）幟

㡘幡也从巾㬇聲（大小徐　韻會二蕭）

帤幡也从巾如聲（大小徐　韻會十三元）

幡書兒拭觚布也从巾番聲大徐小徐又韻會十三元無也字　書兒拭觚布也廣韻二十二元

⿱刺巾制也从巾刺聲大徐小徐刺作刺

⿰巾韱拭也从巾韱聲大小徐

幝車弊皃从巾單聲詩曰檀車幝幝大徐小徐末有也字韻會十六銑無曰字　車敝也從巾單杕杜釋文

幏蓋衣也从巾冡聲大徐韻會一東小徐末有也字　蓋衣也廣韻一東

幭蓋幭也从巾蔑聲一曰禪被大小徐

幠覆也从巾無聲大小徐韻會七虞

飾㕞也从巾从人食聲讀若式一曰襐飾大徐小徐食上有從字　㕞也從

巾從人從食聲一曰襐飾也韻會十三職

幃囊也从巾韋聲大小徐韻會五微

幡囊也今鹽官三斛為一幡从巾番聲大徐小徐巾下有從字

帚糞也从又持巾埽冂內古者少康初作箕帚秫酒少康杜康也

葬長垣大徐小徐內下有也字糞也從手持巾埽冂內也古少康初作

箕帚秫酒韻會二十六厚又注少康一名杜康少康初作秫酒少康杜康也古唐

類範卷百糞也文選王景元禊詩注

四十八

席籍也禮天子諸侯席有黼繡純飾从巾庶大徐籍也禮天下諸

侯席有黼黻純飾從巾庶省聲小徐無禮字省字韻會十一陌藉也禮天

子諸侯席有黼純繡御覽卷七百九

文田案籀當作籒御覽得之

㐁古文席从石省 大徐 古文從石省 小徐

幐囊也从巾朕聲 大徐 小 囊也 後漢儒林傳序注

幡以囊盛穀太滿而裂也从巾奮聲 大徐太 小徐作大

幡載米䵃也从巾盾聲讀若易屯卦之屯 大徐 小

㡊蒲席䵃也从巾及聲讀若蛤 大徐 小

幩馬纏鑣扇汗也从巾賁聲詩曰朱幩鑣鑣 大徐 小徐末有是也二字 馬

纏鑣扇汗也 顧人釋文

幔墀地以巾撋之从巾夒聲讀若水溫䰘也一曰箸也 大徐 小徐上也字在之下 箸作著

帑金幣所藏也从巾奴聲大徐小徐韻會七虞　金幣所藏也廣韻十一模　金帑所藏文六年正義　金幣所藏之府也一切經音義卷六又卷十二無之字　金布所藏也初學記卷二十四再見　金布所藏白帖卷第三　金布所藏之府也後漢桓紀注又鄭宏傳注無也字　金帛所藏也御覽卷百九十一後漢鄭訓傳注無也字　帑五經文字卷中

布枲織也从巾父聲大徐韻會七遇小徐也作曰布二字

幏南郡蠻夷賨布从巾家聲大徐韻會二十二禡首有枲屬二字　枲屬蠻夷賨布也從巾家聲小徐　南郡蠻夷賨布廣韻九麻　幏布南郡蠻夷布通典卷一百八十七　南郡蠻夷布也御覽卷七百八十五　南蠻夷布也後漢巴郡南郡蠻注

㡙布出東萊从巾弦聲（大徐）布也出東萊從巾弦聲㡙縣在東萊（小徐）

帑髮布也一曰車上衡衣从巾敄聲讀若項（大徐 小徐無此字）

幦髼布也从巾辟聲周禮曰駹車大幦（大徐 小徐無也字）

㡄領耑也从巾耴聲（大小徐 韻會十六葉）衣領耑也（廣韻二十九葉）

市韠也上古衣蔽前而已市以象之天子朱市諸矦赤市大夫葱衡从巾象連帶之形凡市之屬皆从市（大徐 小徐連上有其字）韠也上古衣蔽前而已市以象之天子朱市諸矦赤市大夫葱衡从巾象連帶之形（廣韻八物）韠也上古衣蔽前而已市以象之從巾象其連帶之形易朱市方來（韻會五勿）

韍篆文市从韋从犮大徐小徐末有俗作紱三字今作韍韻會五勿廣韻八物韍上同
帢士無市有帢制如榼缺四角爵弁服其色韎賤不得與裳同司
農曰裳纁色从市合聲大徐士無市有帢制如榼缺四角爵弁
服其色韎賤不得與裳同從市合聲小徐士無市有帢制如榼
缺四角從市合聲韻會十七洽
韐帢或从韋大徐小徐本殘脫或從韋作韐韻會十七洽
帛繒也从巾白聲凡帛之屬皆从帛大徐繒也從巾白聲小徐韻會十一陌
錦襄色織文从帛金聲大徐小徐又韻會二十七寑文下有也字、襄邑織文也事類
錦賦注御覽卷八百十五

文田案漢書地理志襄邑有服官左思魏都賦錦繡襄邑此作色字傳寫誤小徐釋襄爲雜色更謬

白西方色也陰用事物色白从入合二二陰數凡白之屬皆从白大徐小徐無也字陌　西方色陰用事物色白從入合二二陰數也韻會十一

皁古文白大徐　皁古文小徐　韻會十一陌古作皁

皎月之白也从白交聲詩曰月出皎兮大徐小　月之白也詩月出皎兮從白交聲韻會十七篠　月之白古唐類範卷百五十

皢日之白也从白堯聲大徐小

晳人色白也从白析聲大徐錫　韻會十二小徐無也字　人色白也御覽卷三百八十八

皤老人白也从白番聲易曰賁如皤如大小徐無曰字　韻會五歌　老人皃易賁釋文

皤皤老人皃也後漢班固下注　老人皃也文選兩都賦辟雍詩注　老人色也御覽卷三百八十八　老人白也玉篇頁部

顮皤或从頁大徐　或從頁作小徐　或作顮韻會五歌　顮同皤廣韻八戈　與皤同玉篇頁同

皠鳥之白也从白隺聲大徐　小徐無也字

皚霜雪之白也从白豈聲大小徐　韻會十灰　皚皚霜雪之皃也後漢張衡傳注

皚皚霜雪白之皃也文選北征賦注　霜之白者也初學記卷二事類霜賦注

霜雪之白者御覽卷十四霜譌作重雪

皅艸葩之白也从白巴聲大徐　草華白從白巴聲小徐

皦玉石之白也从白敫聲大徐　韻會十七篠　小徐無也字

𡭴際見之白也从白上下小見大徐小徐無也字末有之字
皛顯也从三白讀若皎大徐小徐顯也從三白韻會十七篠顯也文選射雉賦注又潘安仁關中詩注通白曰皛皛明也文選陶淵明辛丑作注
㡀敗衣也从巾象衣敗之形凡㡀之屬皆从㡀大徐小徐本㡀部八字皆殘脫敗衣也從巾象敗衣之形廣韻十三祭象衣敗之形韻會八霽衣
敗為弊華嚴音義卷七十二
敝帗也一曰敗衣从攴从㡀㡀亦聲大徐帗也一曰敗衣從攴敝聲韻會八霽帗也一曰敗衣也廣韻十三祭
黹箴縷所紩衣从㡀丵省凡黹之屬皆从黹大徐箴縷所紩衣從㡀丵省象刺文也或作⿰衤黹韻會四紙箴縷所紩衣从丵省象刺文

𪓐合五采鮮色从黹虘聲詩曰衣裳𪓐𪓐徐犬 會五采鮮貌從黹虘聲詩衣裳𪓐𪓐韻會六語 會五采鮮皃詩云衣裳𪓐𪓐廣韻八語

楚作𪓐會五采鮮色也蜉蝣釋文

黼白與黑相次文从黹甫聲犬徐廣文下有也字韻會七

黻黑與青相次文从黹犮聲犬徐會五勿韻

䵺會五采繒色从黹綷省聲犬徐 會五采繒也廣韻十八隊 韻會十一隊綷

會五采繒色集韻本作䵺或作綷

黺袞衣山龍華蟲黺畫粉也从黹从粉省衛宏說犬徐 粉米作黺

⿰黹米益稷釋文

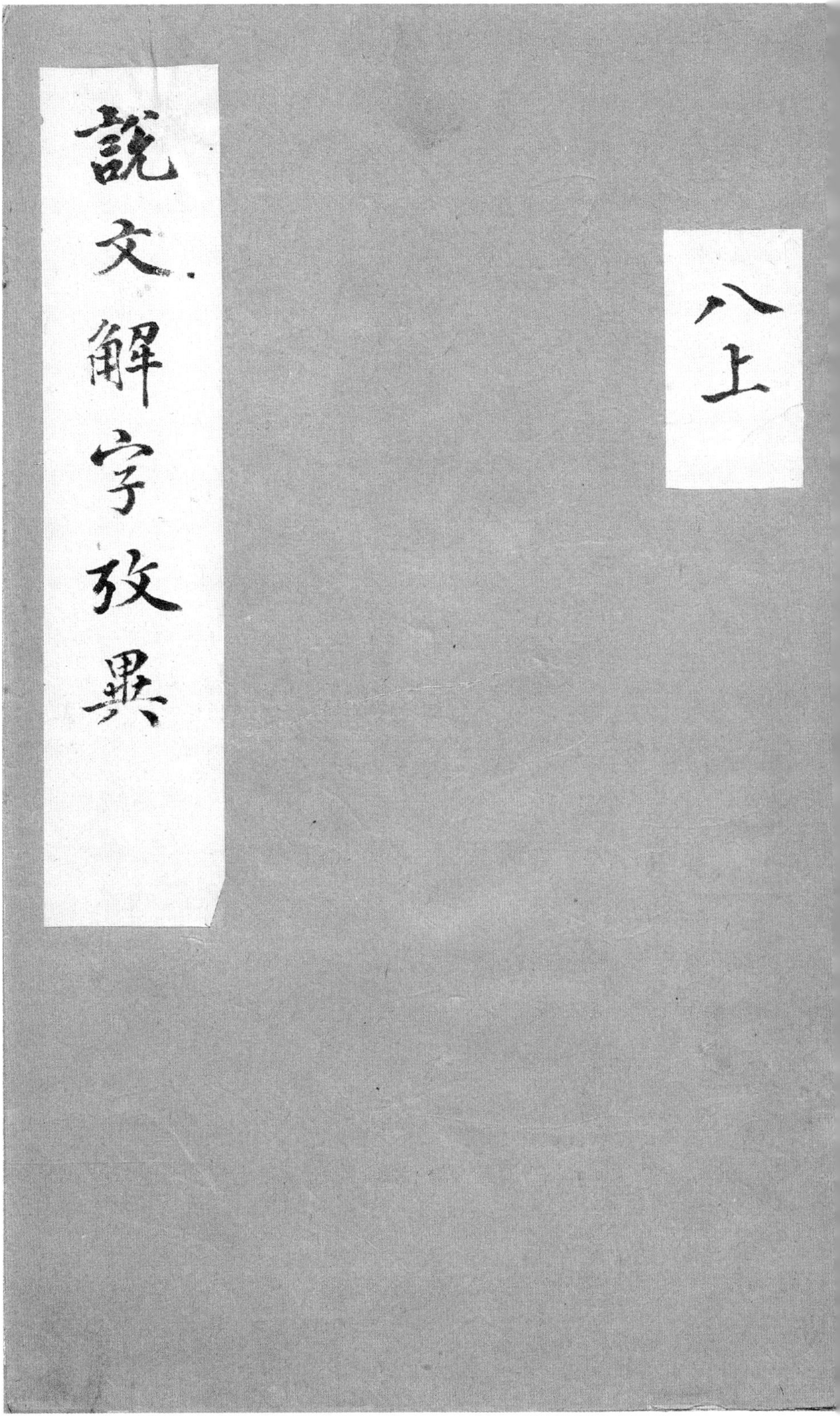
說文解字攷異
八上

說文解字攷異八上

歸安姚文田輯

人天地之性最貴者也此籀文象臂脛之形凡人之屬皆从人 徐本

小徐文下有人字之形作形也 天地之性最貴者也 一真 天地之性最貴者也象臂脛之形 玉篇人部 韻會十

僮未冠也从人童聲 本小徐 韻會一東

保養也从人从𤓽省𤓽古文孚 徐本 養也從人𤓽省聲 小徐 韻會十九皓

無聲字 養也 玉篇人部 十四 一切經音義卷九 又卷 廣韻三十二皓 從人𤓽省聲 莊六年正義

當也 一切經音義卷六 又卷二十三 保 玉篇人部

呆古文保 徐本 呆古文 小徐 三十二皓 廣韻 韻會十九 皓 古作呆

㒒古文保不省 徐本小 古文㒒不省 莊六年正義 韻會十九 皓 亦作㒒

仁親也从人从二大徐　親也從人仁聲小徐韻會十一眞　親也玉篇人部

忎古文仁从千心大徐　古文從千心作小徐　亦作忎一韻會十一眞　古文作忎玉篇人部

𡰥古文仁或从尸大徐　古文仁從尸二小徐　古作𡰥一韻會十一眞　廣韻六脂𡰥古文夷字

企舉踵也从人止聲大小徐　韻會四紙又四寘　舉踵也玉篇人部一切經音義卷十六　文選射雉賦注　又景福殿賦注　又謝宣遠張子房詩注　又謝靈運從斤竹澗越嶺溪行注　又曹子建求自試表注　跂舉踵也史記高紀正義

𠆸古文企从足大徐　古文從足小徐　古作𠆸韻會四寘　韻會四紙或作𠆸

仞伸臂一尋八尺从人刃聲大小徐韻會十二震　伸臂一尋也一切經音義卷十二　又卷一首有謂字

仕學也从人从士大徐　學也從人士聲小徐韻會四紙　學也玉篇人部

佼交也从人从交大徐　交也從人交聲小徐　交也廣韻三十一巧

僎具也从人㢲聲大徐小徐韻會十六銑㢲作巽

俅冠飾皃从人求聲詩曰戴弁服俅俅大徐末有也字　小徐　冠飾皃詩戴

弁俅俅韻會十一尤

佩大帶佩也从人从凡从巾佩必有巾巾謂之飾大徐廣韻十八隊　大

帶也從人凡巾佩必有巾從巾巾謂之飾小徐下從字上有故字韻會十一隊

大帶也必有巾故從巾故御覽卷六百九十二　從人凡聲也佩必有

巾從巾初學記卷二十六　佩从人从凡从巾佩必有巾林罕曰說文

佩从重巾不知罕所見何本也李陽冰曰象佩尾倒𠂢非重巾

帶與帚皆不从巾文偶類爾 六書故弟三十一 巾也 文選張平子四愁詩注

儒柔也術士之稱从人需聲 大徐 小徐稱下有者也二字 柔也術士之稱 韻會七虞 一切經音義卷四 又卷十六末皆有也字 柔也 玉篇人部 一切經音義卷二十四

俊材過千人也从人夋聲 大小徐 韻會十二震 才過于人也 玉篇人部 于字譌

傑傲也从人桀聲 大徐 傑埶也才過萬人也從人桀 小徐 韻會九屑

⿰亻軍人姓从人軍聲 大小徐

伋人名从人及聲 大徐 小徐名下有也字

伉人名从人亢聲論語有陳伉 大徐 小徐有作曰

伯長也从人白聲 大小徐 韻會十一陌 長也 御覽卷五百十二 玉篇人部

仲中也从人从中中亦聲 大小徐 韻會一送

伊殷聖人阿衡尹治天下者从人从尹大徐　殷聖人阿衡也尹治
天下者從人尹小徐又鍇按侶本有聲字　殷聖人阿衡也從人尹韻會四支
㕟古文伊从古文死大徐　古文伊從死死亦聲小徐　或作㕟韻會四紙
偰高辛氏之子堯司徒殷之先从人契聲大徐　高辛氏之子堯之
司徒殷之先也從人契聲小徐　韻會九屑
倩人字从人青聲東齊壻謂之倩大徐　人字也從人青聲東齊人
謂壻為倩也小徐　人美字也從人青聲東齊人謂壻為倩韻會十七
霰
伃婦官也从人予聲大小徐　韻會六魚
伀志及衆也从人公聲大小徐

儇慧也从人瞏聲大小徐韻會一先

倓安也从人炎聲讀若談大小徐安也玉篇人部一切經音義卷九韻會十三覃惔安也一切經音義卷十六淡安也文選洞簫賦注又潘安仁代贈陸機注

㑥倓或从剡大小徐同上玉篇人部

侚疾也从人旬聲大小徐韻會十二震韻疾也泰誓釋文一切經音義卷十三

傛不安也从人容聲一曰華大小徐不安也廣韻二腫又三鍾傛華縣也又漢書婦官有傛華

偞宋衛之間謂華偞偞从人枼聲大小徐

佳善也从人圭聲大小徐韻會九佳善也文選長門賦注玉篇人部一切經音義卷六

侅奇侅非常也从人亥聲大小徐

傀偉也从人鬼聲周禮曰大傀異大徐 偉也從人鬼聲周禮曰大傀異烖小徐 十灰無曰字韻會 偉也文選江賦注 一切經音義卷二 以為傀偉之字解引此文大司樂釋文

瓌傀或从玉褱聲大小徐 或作瓌韻會十灰 與傀同 大也玉篇玉部

偉奇也从人韋聲大小徐 韻會五尾 奇也文選南都賦注 又太沖詠史注 一切經音義卷一 又卷二 又卷十二 又卷十九 華嚴音義卷十六 猶奇也文選文賦注 大也文選魏都賦注 玉篇人部

份文質備也从人分聲論語曰文質份份大小徐 韻會十一真無曰字 下文質字 份份文質備也一切經音義卷十二 文質備也廣韻十七真 論語釋無也也字 古文作彬韻會十一真

文質備也 論語云文質份份玉篇人部

彬古文份从彡林林者从焚省聲大小徐無林者二字

彬古文份也廣韻十七真 亦作彬玉篇人部 古文份玉篇彡部

僚好皃从人尞聲 大〇小徐韻會十七篠

佖威儀也从人必聲詩曰威儀佖佖 大〇小徐首有有字無曰字 韻會四質 怭作佖賓之初筵釋文

儛具也从人孨聲讀若汝南潺水虞書曰方鳩儛功 大〇徐小徐潺作潺末有也字 具也从人孨聲韻會十五潛 具也文選魏都賦注廣韻二十六產

儳長壯儳儳也从人毚聲春秋傳曰長儳者相之 大〇徐小徐末有也也二字 韻會十六葉無曰字 長狀儳儳也廣韻二十九葉 長壯儳儳也玉篇人部

儦行皃从人麃聲詩曰行人儦儦 大〇小徐 行皃載驅釋文

儺行有節也从人難聲詩曰佩玉之儺 大〇小徐 韻會五歌無曰字 行有節也竹竿釋文 玉篇人部 行有節也詩云佩玉之儺玉篇人部

倭順皃从人委聲詩曰周道倭遲大徐末有也字小徐順貌詩云周道倭遲玉篇人部韻會四支無云字

僓嫺也从人貴聲一曰長皃大徐嫺皃從人貴聲小徐

僑高也从人喬聲大小徐韻會二蕭高也一切經音義卷四又卷十四

俟大也从人矣聲詩曰伾伾俟俟大小徐韻會四紙無曰字

侗大皃从人同聲詩曰神罔時侗大徐小徐罔作囧大貌從人同聲韻會

一東

佶正也从人吉聲詩曰既佶且閑大小徐韻會四質無曰字

俁大也从人吳聲詩曰碩人俁俁大小徐韻會七麌無曰字

仜大腹也从人工聲讀若紅大小徐

僤疾也从人單聲周禮曰句兵欲無僤 大徐小徐疾作病韻會四質無曰字 疾也周禮曰句兵欲無僤玉篇人部

健伉也从人建聲 大徐小徐韻會十四願

倞彊也从人京聲 大徐小徐

傲倨也从人敖聲 大徐小徐韻會二十號 傲作慠廣韻三十七号

仡勇壯也从人气聲周書曰仡仡勇夫 大徐末有是也字小徐聲下有也字韻會五勿無曰字 勇壯也書云仡仡勇夫玉篇人部

倨不遜也从人居聲 大徐小徐韻會六御 不遜也一切經音義卷二十三

儼昂頭也从人嚴聲一曰好皃 大徐小徐韻會二十九[敬避]廣韻五十二儼 昂頭也一曰好皃好皃也文選藉田賦注一切經音義卷五

傪好皃从人參聲 大徐小徐皃作也 好皃玉篇人部

俚聊也从人里聲大小徐韻會四紙　賴也漢季布欒布傳注　聊也玉篇人部

伴大皃从人半聲大小徐韻會十四旱又十五翰

俺大也从人奄聲大小徐　大也玉篇人部

僩武皃从人閒聲詩曰瑟兮僩兮大徐小徐無聲字韻會十五潸無曰字　武貌淇澳

釋文

伾有力也从人丕聲詩曰以車伾伾大小徐韻會四支無曰字　有力也詩駉

釋文

偲彊力也从人思聲詩曰其人美且偲大小徐　强力也從人思聲韻會十灰　强也盧令釋文

倬箸大也从人卓聲詩曰倬彼雲漢大徐小徐末有也字韻會三覺無曰字　箸

大也雲漢釋文

侹長皃一曰箸地一曰代也从人廷聲大小徐韻會二十四迴無聲字長皃一曰箸地一曰代字玉篇人部長皃

也一切經音義卷十三又卷二十

倗輔也从人朋聲讀若陪位大徐有之陪二字小徐末輔也玉篇人部

傓熾盛也从人扇聲詩曰豔妻傓方處大徐韻會十七霰無字小徐無豔妻二字處

作熾

煽作傓熾盛也十月之交釋文

儆戒也从人敬聲春秋傳曰儆宮大徐會二十三梗傳曰作左傳小徐宮作宮韻會

俶善也从人叔聲詩曰令終有俶一曰始也大小徐韻會一屋無上曰字

傭均直也从人庸聲大徐韻會二冬小徐直謅道均直也韻會二冬

僾仿佛也从人愛聲詩曰僾而不見大徐仿佛也從人愛聲小徐韻

會十一隊

仿相似也从人方聲大徐小徐又韻會二十二養也作見相似也廣韻三十六養仿

佛相似見不諦也文選西京賦注又潘安仁悼亡注仿佛相似視不諟也諟

即諦字文選甘泉賦注又魯靈光殿賦注即諦字作與諦同髣髴見不審諟也文選長門賦注

㑆籀文仿从丙大徐籀文從丙小徐古作㑆韻會二十二養

佛見不審也从人弗聲大徐見不諟也從人弗聲小徐韻會五勿仿

佛見不審也文選舞賦注髣髴見不諟也文選海賦注

僁聲也从人悉聲讀若屑大徐小聲也從人悉聲韻會九屑

僟精謹也从人幾聲明堂月令歲將僟終大徐有曰字小徐令下歲作數

佗負何也从人它聲 大小徐韻會五歌何作荷　彼之稱也從人它聲 韻會五歌

佗 九經字樣　負何也 玉篇人部

何儋也从人可聲 大徐韻會五歌　儋也從人可聲一曰誰也 小徐　儋也 釋天釋文一切經音義卷六又卷十四廣韻七歌　柯揭擔也 一切經音義卷二十三　荷

作何 一切經音義卷三

儋何也从人詹聲 大小徐韻會十三覃　何也 文選揚子雲解嘲注廣韻二十三談

供設也从人共聲一曰供給 大徐　小徐韻會二宋末有也字　設也一曰供給

韻會二冬

偫待也从人从待 大徐　待也從人待聲 小徐韻會四紙　待也 文選羽獵賦注

一切經音義卷三又十二又卷十九　待也一曰具也 文選曹子建贈丁翼注

儲偫也从人諸聲大小徐　韻會六魚　偫也一切經音義卷又卷十　又卷十四　又卷十七　又卷十九　文選左太冲詠史注　待也文選羽獵賦注　具也文選西京賦注　一切經音義卷十二　又卷十三　蓄也

備愼也从人葡聲大小徐　愼也韻會四寘　備五經文字卷下

倭古文備大徐　倭古文小徐　古作倭韻會四質

位列中庭之左右謂之位从人立大徐　小徐末有聲字　韻會四寘云小宗伯掌神位注故書位作立鄭司農云古者位立同字古文春秋公即位為即立　列中庭之左右曰位玉篇人部

儐導也从人賓聲大徐　小徐又韻會十二震導皆作道　導也廣韻二十一震　玉篇人部

擯儐或从手大徐　擯或從手作小徐　擯或儐字聘義釋文

偓偓佺也从人屋聲大徐　偓佺古仙人名也從人屋聲小徐

佺偓佺仙人也从人全聲大徐 偓佺也從人全聲小徐 偓佺古仙人名韻會一先

㒤心服也从人聶聲大小徐 心服也 一切經音義卷十二 又卷二十㒤作懾

仢約也从人勺聲大小徐 約也玉篇人部

儕等輩也从人齊聲春秋傳曰吾儕小人大小徐 韻會九佳 春秋傳曰作左傳

倫輩也从人侖聲一曰道也大徐 韻會十一真 輩也一曰道也玉篇人部 輩也從人侖聲小徐

侔齊等也从人牟聲大小徐 韻會十一尤

偕彊也从人皆聲詩曰偕偕士子一曰俱也大徐 彊也從人皆皆亦聲也詩曰偕偕士子一曰俱也小徐 強也從人皆亦聲詩偕偕士子韻會九佳 強也北山釋文 一

俱偕也从人具聲 大小徐 韻會七虞

儹最也从人贊聲 大小徐

併並也从人幷聲 大小徐 韻會二十四敬

聚也 一切經音義卷十二

竝也 玉篇人部

傅相也从人尃聲 大小徐 韻會七遇

侙愓也从人式聲春秋國語曰於其心侙然 大徐有是也二字 小徐末有也字 小徐末

俌輔也从人甫聲讀若撫 大徐末有也字 小徐 輔也从人甫聲 韻會七麌 倚猶依

倚依也从人奇聲 大小徐 韻會四紙 猶依也 一切經音義卷二 又卷十八

倚也 一切經音義卷三

依倚也从人衣聲 大小徐 韻會五微 倚也 玉篇人部

仍因也从人乃聲 大小徐 韻會十蒸

佽便利也从人次聲詩曰決拾既佽一曰遞也 大小徐韻會四眞無上曰字

便利也 車攻釋文 漢宣紀注

佴佽也从人耳聲 大徐小徐佽作次

倢佽也从人疌聲 大徐小徐佽作次 倢次也 韻會十六葉

侍承也从人寺聲 大徐 承也從人從寺 小徐韻會四寘 承也 玉篇人部

傾仄也从人从頃頃亦聲 大小徐仄譌从無下從字 韻會八庚 仄也 玉篇人部

側旁也从人則聲 大小徐韻會十三職

侒宴也从人安聲 大徐 宴也 玉篇人部 廣韻二十五寒 安作侒宴也 一切經音義卷十五

侐靜也从人血聲詩曰閟宮有侐 大小徐十三職 韻會無曰字 靜也 閟宮釋文

付与也从寸持物對人 大徐◎小徐与作予物下有以字 予也從手持物以對

人曰付韻會七遇

俜使也从人甹聲大徐　俠也從人甹聲小徐韻會九青甹下有亦字

俠俜也从人夾聲大小徐韻會十六葉

僤何也从人亶聲大小徐韻會十四寒

侁行兒从人先聲大小徐韻會十一真　侁侁往來行兒也一切經音義卷七

仰舉也从人从卬大小徐　舉也廣韻三十六養　舉首也一切經音義卷八

侸立也从人豆聲讀若樹大小徐　立也玉篇人部

儽垂兒从人纍聲一曰嬾解大徐小徐解作懈　儽老子道經釋文　垂兒一曰嬾懈玉篇人部

㑲安也从人垔聲大小徐　安也玉篇人部

偁揚也从人爯聲大小徐　偁韻會十蒸附見稱下

伍相參伍也从人从五 大徐 相參伍也從人五聲 韻會七麌 小徐無也字

相參伍也 文選顏延年皇太子釋奠會注 廣韻十姥 玉篇人部

什相什保也从人十 大小徐 韻會十四緝

佰相什伯也从人百 大徐 相什佰從人百聲 小徐 相十佰也 玉篇人部

偕會也从人昏聲詩曰曷其有偕一曰偕偕力皃 大徐 會也從人昏聲詩曰曷其有偕 小徐 韻會七曷無曰字 會也 君子之役釋文

佮合也从人合聲 大小徐

𢼸妙也从人从攴豈省聲 大徐 妙也從人攴豈省聲 小徐 韻會五微無妙也二字 妙也 廣韻八微 微妙也 文選文賦注 妙也从人从攴豈省聲唐本在耑部曰𢼸見其耑也 六書故第八

傆黠也从人原聲大小徐　黠也廣韻二十五願

作起也从人从乍大徐小徐　起也從人乍聲小徐韻會十藥　起也玉篇人部

假非真也从人叚聲一曰至也虞書曰假于上下大小徐　非真也從

人叚聲韻會二十一馬

借假也从人昔聲大小徐韻會十一陌

侵漸進也从人又持帚若埽之進又手也大徐　漸進也從人又持

帚若埽之進也會意小徐　漸進也從人又又手也手持帚若埽

之進也韻會十二侵　侵廣韻二十一侵

儥賣也从人賣聲大徐小徐又韻會一屋賣皆作見

候伺望也从人侯聲大小徐韻會二十六宥　伺望也玉篇人部

償還也从人賞聲 大小徐韻會七陽

僅材能也从人堇聲 大徐小徐又韻會十二震材作才 材能也 玉篇人部 纔能也字從毚省故但

苦下土也 華嚴音義卷十五

代更也从人弋聲 大小徐韻會十一隊 更也 玉篇人部

儀度也从人義聲 大徐 度也從人義義亦聲 小徐韻會四支 度也 玉篇人部

傍近也从人旁聲 七陽無聲字 徐大小徐韻會 近也 廣韻十一唐 附也 文選邱希範發

漁浦潭詩注

侶象也从人呂聲 大徐小徐又韻會四紙象下有肖字 徐本侶象也从人呂聲

唐本佀象也用也从巳从人 六書故弟八

便安也人有不便更之从人更 大徐小徐又韻會一先從上有故字

任保也从人壬聲 大小徐 韻會十二侵 保也 一切經音義卷六 又卷二十三 玉篇人部

俔譬諭也一曰聞見从人从見詩曰俔天之妹 大徐 譬論也一曰聞見從人見聲詩曰俔天之妹 小徐 譬諭也從人見聲一曰聞見詩俔天之妹 韻會十七霰 喻也詩云俔天之妹 大明正義 譬諭也 後漢胡廣傳注

優饒也从人憂聲一曰倡也 大徐 韻會十一尤 饒也從人憂聲一曰倡也 又俳優者 小徐 從人憂聲饒裕也 韻會十一尤 饒也一曰倡也 玉篇人部

僖樂也从人喜聲 大徐 小徐無也字 韻會四支 樂也 一切經音義卷六 又卷九 又卷十四 又卷二十二 又卷二十五 嬉樂也 文選鸚鵡賦注 又思元賦注 又洞蕭賦注 又琴賦注 一切經音義卷三 又卷七

偆富也从人春聲 大小徐 富也 玉篇人部

俒完也逸周書曰朕實不明以俒伯父从人从完 大徐無下从字 小徐 完也逸周書曰朕實不明以俒伯父 玉篇人部

儉約也从人僉聲 大小徐 韻會二十九豏 韻 約也 玉篇人部

偭鄉也从人面聲少儀曰尊壺者偭其鼻字 大徐 小徐少上有禮 韻會十七霰無曰

字 鄉也禮少儀曰尊壺者偭其鼻 廣韻三十三線

俗習也从人谷聲 大小徐 韻會二沃 習也 廣韻三燭

俾益也从人卑聲一曰俾門侍人 大小徐 益也一曰俾門侍人 廣韻四紙

韻會四紙 益也 一切經音義卷五 韻會八齊 裨益也 文選長笛賦注

俔俾也从人兒聲 大小徐 韻會八齊

億安也从人意聲 大小徐 億安也從人啻聲籀文作億 韻會十三職

億 九經字樣

文田案意啻皆譌字當作意

使伶也从人吏聲 大徐小徐又韻會四紙伶作令

倈倈左右兩視从人癸聲 大小徐

伶弄也从人令聲益州有建伶縣 大徐韻會八庚無有字 弄也從人令聲

益州建伶縣伶縣伶倫人名也 小徐 弄也益州有建伶縣 玉篇人部

儷棽儷也从人麗聲 大小徐

傳遽也从人專聲 大小徐韻會一先

倌小臣也从人从官詩曰命彼倌人 大徐 小臣也從人官聲詩曰

命彼倌人 小徐韻會十四寒無曰字 小臣也詩云〔曰〕命彼倌人 玉篇人部 廣韻二十六桓曰作云

小臣也定之方中釋文

价善也从人介聲詩曰价人惟藩大徐小徐又韻會十卦惟作維韻會無曰字 善也詩板釋文

仔克也从人子聲大徐小徐韻會四支 克也廣韻五旨

倂送也从人弁聲呂不韋曰有侁氏以伊尹倂女古文以為訓字大徐小徐為上有此字 送也從人弁聲韻會二十五徑 媵作倂一切經音義卷十九

徐緩也从人余聲大徐小徐 緩也廣韻九魚

偋僻寠也从人屛聲大徐小徐 偋僻寠也荀子榮辱篇注 寠也韻會二十四敬

伸屈伸从人申聲大徐小徐韻會十真真從上有也字

伹拙也从人且聲大徐小徐拙作䄐

僸意𩑶也从人然聲大小徐　意𩑶也廣韻二十八獮　玉篇人部

㑣弱也从人从耎大小徐韻會十五翰　耎弱也一切經音義卷十六

倍反也从人咅聲大小徐韻會十賄

傿引為賈也从人焉聲大小徐　鄢引為價也後漢書崔寔傳注

僭假也从人朁聲大小徐韻會二十九豔　儗也玉篇人部

儗僭也一曰相疑从人从疑大徐　僭也從人疑聲一曰相疑小徐韻會四紙末有儗也二字

偏頗也从人扁聲大小徐　頗也韻會一先

倀狂也从人長聲一曰仆也大徐　什小徐韻會七陽　又小徐無末也字

儚惛也从人瞢聲大小徐　惛也廣韻十七登

儔翳也从人壽聲 大小徐 韻會十一尤

侜有廱蔽也从人舟聲詩曰誰侜予美 大徐 小徐廱作壅 有廱蔽也詩

誰侜予美 韻會十一尤 有壅蔽也 防有鵲巢釋文

俴淺也从人戔聲 大小徐 韻會十六銑 韻

佃中也从人田聲春秋傳曰乘中佃一轅車 大小徐 韻會十七霰 春秋傳曰作左傳 中也春秋傳曰乘中

中也春秋乘中佃一轅車也 哀十七年釋文 中也左氏傳曰乘中佃一轅車 玉篇人部

佃一轅車 廣韻一先 佃中也 一切經音義卷十三

㐹小兒从人囟聲詩曰㐹㐹彼有屋 大小徐 仳作㐹 正月釋文 㐹詩曰㐹㐹彼有屋 玉篇人部

侊小兒从人光聲春秋國語曰侊飯不及一食 大小徐 小兒從人光

聲春秋國語曰侊飦不及一食是侊侊然小也 小徐

佻偷也从人兆聲詩曰視民不佻 大小徐 韻會二蕭無曰字視作示

僻避也从人辟聲詩曰宛如左僻一曰从旁牽也 大徐 小徐如作然 辟也從人辟聲 韻會十一陌 辟也 一切經音義卷十一

佷很也从人弦省聲 大小徐 很也 廣韻一先兩見

伎與也从人支聲詩曰䩵籀人伎忒 大小徐 與也從人支聲 韻會四紙 與也詩云䩵人伎忒 玉篇人部

侈掩脅也从人多聲一曰奢也 大徐 韻會四紙 小徐求也作侈奢下有泰字

佁癡皃从人台聲讀若騃 大小徐 佁讀若騃 廣韻五旨

傜傜驕也从人蚤聲 大小徐

僞詐也从人爲聲 大小徐 韻會四寘 詐也 孟子疏

伿惰也从人只聲 大小徐 墯也 玉篇人部

佝務也从人句聲大徐小徐務作霚

僄輕也从人𤐫聲大徐小徐𤐫作䙴輕也玉篇人部

倡樂也从人昌聲大小徐樂也玉篇人部後漢皇后紀注文選古詩十九首注又司馬遷報任安書注又弔魏武帝文注一切經音義卷二又卷十又卷十四又卷二十一又卷二十二又卷二十三又卷二十四

俳戲也从人非聲大小徐韻會九佳戲也一切經音義卷十四又卷四並卷二十二皆無也字

僐作姿也从人善聲大徐作姿態也從人譱聲小徐作姿也廣韻二十八獮

儳儳互不齊也从人毚聲大小徐韻會十五咸儳互不齊也玉篇人部

佚佚民也从人失聲一曰佚忽也大徐無兩也字小徐佚民也從人失聲韻會四質

俄行頃也从人我聲詩曰仄弁之俄 大徐小徐仄作側 行頃也從人我

聲 韻會五歌

⿰亻巹喜也从人巹聲自關以西物大小不同謂之⿰亻巹 大小徐

文田案喜當是遠字之譌

御徼御受屈也从人御聲 大小徐

傞醉舞皃从人差聲詩曰屢舞傞傞 大徐小徐末傞字不重 傞傞醉舞貌

詩屢舞傞傞 韻會五歌

僛醉舞皃从人欺聲詩曰屢舞僛僛 大小徐 醉舞貌詩屢舞僛僛

韻會四支 醉舞也 賔之初筵釋文

侮傷也从人每聲 大小徐韻會七麌 傷也 一切經音義卷一又卷二十五傷作愓

文田案傷惕皆誤當作傷

侮古文从母（大小徐）古作侮（韻會七麌）

㑵妎也从人疾聲一曰毒也（大小徐）妎也從人疾（韻會四質）

嫉或从女（大徐）或從女作嫉（小徐韻會四質）

傷輕也从人易聲一曰交傷（大小徐）輕也從人易聲（韻會四寘）輕也（一切經音義卷三又卷九又卷三輕上有亦字）

俙訟面相是从人希聲（大徐）是下有也字（小徐）

僨僵也从人賁聲（大小徐韻會十三問）僵也（射義正義）

僵僨也从人畺聲（大小徐）偃也從人畺聲（小徐）偃也（釋木釋文一切經音義卷十三韻會七陽）却偃也（一切經音義卷二十二）

仆頓也从人卜聲大小徐韻會七遇　頓也賓之初筵釋文文選西都賦注論語延又上林賦
注一切經音義卷三　又卷十三兩見　又一切
卷十七　又卷十八　又卷二十　廣韻十遇　前覆也經音
義卷二
十二

偃僵也从人匽聲大小徐韻會十三阮　僵也論語延韻二十阮廣

傷創也从人𥏻省聲大小徐　創也从人昜聲韻會七陽　創也玉篇人部

侑刺也从人有聲一曰痛聲大小徐　刺也從人有聲一曰毒之小徐

侉備詞从人夸聲大小徐

催相擣也从人崔聲詩曰室人交徧催我大小徐　相擣也從人崔
聲韻會十灰

傭痛也从人甬聲大小徐韻會二腫　痛也玉篇人部

伏司也从人从犬大徐　伺也從人犬伺人也小徐　韻會一屋

促迫也从人足聲大小徐　迫也韻會二沃

㑦比也从人㓹聲大小徐韻會八霽

係絜束（也）从人从系系亦聲大徐　絜束也從人系聲小徐　韻會八霽　絜

束也一切經音義卷十二又卷十六又卷二十三又卷三並卷十八絜皆作結

伐擊也从人持戈一曰敗也大徐　韻會六月　擊也從人持戈一曰敗

也亦斫也小徐

俘軍所獲也从人孚聲春秋傳曰以爲俘聝大小徐　軍所獲也左氏

傳（曰）以為俘馘玉篇人字　韻會七虞無氏曰字

但裼也从人旦聲大徐　韻會十四旱　裼也從人旦聲一曰徒小徐　一曰

徒也（韻會十四旱）

傴僂也从人區聲（大小徐 韻會七麌）　僂也（玉篇人部）

僂尪也从人婁聲周公韤僂或言背僂（大徐 小徐尪作厄或上有也字）　尪也

從人婁聲周公韤僂也（韻會七麌）　尪也周公韤僂或曰背僂也（玉篇人部）

僇癡行僇僇也从人翏聲讀若雡一曰且也（大徐作鷚末 小徐雡無末也字）　癡行僇僇一曰且也（玉篇人部）

仇讎也从人九聲（大小徐 韻會十一尤）

儡相敗也从人畾聲讀若雷（大小徐）　壞敗之皃（文選西征賦注）　敗也（文選寡婦賦注）

咎災也从人从各各者相違也（大小徐 韻會二十六厚無下從字）　災也從人各（玉篇人部者譌有）

聲人各者相違（小徐）　災也從人從各（一切經音義卷九）　災也（一切經音義卷）

十五華嚴音義卷三十六

佌別也从人比聲詩曰有女佌離　大小徐　韻會四紙無曰字　別也詩曰有女佌離　玉篇人部

倃毀也从人咎聲　大小徐　毀也　廣韻四十四有

倠佌倠醜面从人隹聲　大徐　小徐面下有也字　韻會四支　佌倠醜面也　玉篇人部

值措也从人直聲　大徐　措也從人直聲一曰逢遇　小徐　韻會四寘措作待末有也字

侂寄也从人庀聲庀古文宅　大徐　寄也從人庀聲　小徐　寄也　廣韻十九鐸

僔聚也从人尊聲詩曰僔沓背憎　大小徐　聚也詩云僔沓背憎　玉篇人部　噂作僔聚也　十月之交釋文

像象也从人从象象亦聲讀若養　大徐　象也從人象讀若養字之

養小徐 似也從人象聲韻會二十二養　象也玉篇人部

倦罷也从人卷聲大小徐韻會十七霰　罷也玉篇人部

僔終也从人曹聲大小徐　終也荀子富國篇注

偶桐人也从人禺聲大小徐韻會二十六厚桐作洞　偶人也御覽卷三百九十六　桐人也玉篇人部

弔問終也古之葬者厚衣之以薪从人持弓會毆禽大徐　問終也

古人葬者厚衣之以薪從人持弓毆禽也弓蓋往復弔問之義

小徐 問終也從人持弓弓蓋往復弔問之義韻會十八嘯　從人持

弓五經文字卷上　弔从二人往返相弔問之義李陽冰本大徐　小徐父上有也　韻會二蕭

佋廟佋穆父為佋南面子為穆北面从人召聲

也字南面作面南　昭作佋汾沮洳釋文　春官序官釋文

廟佋穆父為佋南面子為穆北面玉篇人部　定四年釋文　八佾釋文

㑗神也从人身聲大徐小徐　神也廣韻十七眞

僊長生僊去从人从䙴䙴亦聲大徐　長生若僊去也從人䙴䙴聲小徐韻會一先無者字　長生僊去也玉篇人部　僊玉篇人部

僰犍為蠻夷从人棘聲大徐十三職　小徐又韻會夷下有也字　犍為蠻夷也玉篇人部

屳人在山上从人从山大徐　人在山上皃從人山小徐　人在山上也玉篇人部廣韻二仙　輕舉也從人在山上韻會一先　人上山皃亦古文危字一切經音義卷十四

僥南方有焦僥人長三尺短之極从人堯聲大徐　小徐無有字極下有也字

僞也從人堯聲韻會二蕭

儯市也从人對聲大徐小徐

㑌遠行也从人狂聲 大小徐

件分也从人从牛牛大物故可分 大徐 鈂 小徐本殘脫 韻會十六 分也从牛牛大物故可分 玉篇人部

儈合市也从人會會亦聲 大徐 小徐在新附 小徐本無 組馬也 御覽卷八百二十八

倀僮子也从人長聲 大徐新附 僮子也 玉篇人部

倒仆也从人到聲 大徐新附 仆也 玉篇人部

匕變也从到人凡匕之屬皆从匕 大徐 小徐到作倒 小 化變也 一切經音義卷二

㱿未定也从匕𠯑聲𠯑古文矢字 大徐 小徐無文字

眞僊人變形而登天也从匕从目从乚乚音隱八所乘載也 大徐

仙人變形而登天也从匕目乚乚隱字也八所以乘載之 小徐

僊人變形而登天也 韻會十一眞 仙人變形也 文選江賦注 又謝靈運登江中孤嶼注

从匕从目从乚乚音偃八所乘載 五經文字卷下

𡗜古文眞 大徐 𡗜古文眞聲 小徐 古作𡗜 韻會十一眞

化教行也从匕从人匕亦聲大徐 教行也從人從匕匕亦聲小徐韻會二十二馬 依教行曰化也華嚴音義卷二十五

匕相與比敘也从反人匕亦所以用比取飯一名柶凡匕之屬皆从匕大徐小徐 相與比叙也從反人匕亦所以用取飯一名柶韻會四紙 匕所以取飯也一名柶一切經音義卷十四

匙匕也从匕是聲大徐小徐韻會四支

𠤏相次也从匕从十鴇从此大徐 相次也從匕十鴇字從此一曰十小徐

歧頃也从匕支聲匕頭頃也詩曰歧彼織女大徐 傾也從匕支聲詩曰歧彼織女小徐 頃也字從匕大東正義 跂作歧大東釋文

頃頭不正也从匕从頁大小徐韻會八庚　頭不正也廣韻十四清

𡿺頭髗也从匕匕相匕箸也巛象髮囟象𡿺形大徐小徐箸作著巛下有以字

頭髓也從匕匕相著也巛象髮囟象囟形韻會十九皓

卬望欲有所庶及也从匕从卪詩曰高山卬止大徐小徐望下有也字無庶字及

字下從　望也欲有所庶及也從匕卪韻會七陽

卓高也早匕為卓匕卪為卬皆同義大徐小徐皆譌背　高也早匕為卓

韻會三覺　卓五經文字卷下

𠧟古文卓大小徐　古文作𦥑韻會三覺　廣韻四覺桌古文卓

𥃩很也从匕目匕目猶目相匕不相下也易曰𥃩其限匕目為𥃩

匕目為眞也大徐小徐很作狠無末也字　很也從匕目猶目相匕不相下

也韻會十四願　限也廣韻二十七恨

从相聽也从二人凡从之屬皆从从大徐小徐聽下有許字　相聽也廣韻三鍾

相聽許也韻會二冬兩見

从隨行也从从辵从亦聲大小徐韻會二宋　隨行也韻會二冬

幵相從也从从幵聲一曰从持二為并大徐小徐為下有匕字　相從也从

二人幵聲一曰从持二干為幵韻會八庚　幵九經字樣

比密也二人為从反从為比凡比之屬皆从比大小徐　密也二人

為从反从為比韻會四紙

𣬶古文比大小徐

毖慎也从比必聲周書曰無毖于卹大徐小徐本殘脫　慎也從比必聲

韻會四質

𠦜菲也从二人相背凡北之屬皆从北大小徐　乖也從二人相背

韻會十三職　乖也漢高紀注

冀北方州也从北異聲大徐韻會四寘無州字　從北異聲小徐　冀九經字樣

丠土之高也非人所為也从北从一一地也人居在丠南故从北

中邦之居在崐崘東南一曰四方高中央下為丠象形凡丠之

屬皆从丠大徐小徐無首也字崙下有之字　土之高也非人所為從北從一

一地也人居在丘南故從北中邦之居在昆侖東南一曰四方

高中央下為丘象形釋丘延文　土之高也非人所為也從北從一

一地也人居在北南故從北中邦之居在昆侖東南也一曰四

方高中央下象形韻會十一尤　土之高非人所為丘字從一一地

也人居在丘南從北中　之居在崑侖一曰四方高中央下象

形也御覽卷五十三　土之高也非人所為也一四方高中央下亦曰

北也一切經音義卷六又卷二十二惟土之高也句　北字五經文字卷下廣韻十八尤

垄古文从土大小徐　古作垄韻會十一尤

虛大丘也崐崘丘謂之崐崘虛古者九夫為井四井為邑四邑為

丘丘謂之虛从丘虍聲大徐小徐謂作為　大丘也從虍從丘韻會六魚

大邑也崑崙謂之墟御覽卷五十六　大丘也廣韻九魚

𡵂泥 反頂受水丘从丘泥省聲大徐　反頂受水邱也從丘從泥省泥

亦聲小徐　屔反頂受水丘從山尼聲韻會四支

㐺眾立也从三人凡㐺之屬皆从㐺讀若欽崟大徐　小徐無末四字

眾多也从㐺目眾意大徐　多也從㐺從目目眾意小徐韻會一送眾上有亦字

聚會也从㐺取聲邑落曰聚大徐　會也從㐺取聲一曰邑落曰聚

小徐韻會七遇　會也邑落云聚廣韻九麌

臮衆詞與也从㐺自聲虞書曰臮咎繇大徐有也字小徐末詞作辭　眾辭與

也虞書臮咎繇從㐺自聲韻會四寘

𥄳古文臮大徐小徐本殘脫　古作𥄳韻會四寘

壬善也从人士士事也一曰象物出地挺生也凡壬之屬皆从壬

大徐　小徐挺下有而字　李陽氷曰人在土上挺然出六書故弟三

徵召也从微省壬為徵行於微而文達者即徵之大徐　召也從人

微省壬為徵行于微而文達者即徵也小徐　召也從壬微省壬

古徵字行於微而聞達者即徵也韻會十蒸

𢑱古文徵大徐　𢑱古文小徐韻會十蒸古作𢑱

朢月滿與日相朢以朝君也从月从臣从壬壬朝廷也大徐　月滿

也與日相望以朝君也從臣從月從壬壬朝廷也小徐韻會二十三漾以

作如君下有也字　月滿與日相望以朝君也廣韻四十一漾　月滿與日相

望也韻會七陽

𦣠古文朢省大徐　𦣠古文小徐韻會二十三漾古作𦣠又七陽或省作𦣠

𡈼

𡍮近求也从爪𡈼𡈼徼幸也大徐上壬字作從小徐

重厚也从壬東聲凡重之屬皆从重大小徐　厚也從壬東省聲韻會

宋二

量稱輕重也从重省曏省聲大小徐韻會七陽無上省字

𨤾古文量大徐 古文小徐

臥休也从人臣取其伏也凡臥之屬皆从臥大小徐 休也从人臣取其伏廣韻三十九過韻會二十一箇休作伏 休也御覽卷三百九十三

監臨下也从臥䘓省聲大徐韻會十五咸小徐無也字 臨下也廣韻二十七銜

譼古文監从言大小徐

臨監臨也从臥品聲大徐小徐又韻會十二侵無也字

饕楚謂小兒懶饕从臥食大小徐

身躳也象人之身从人厂聲凡身之屬皆从身大小徐 躳也象人

身从人𠂆省聲 韻會十一真 身 九經字樣 躬也象人之身 玉篇身部

軀體也从身區聲 大徐小徐 韻會七虞 軀體也 玉篇身部

㐆

㐆歸也从反身凡㐆之屬皆从㐆 大徐 小徐闕 㐆部 歸也从反身 廣韻八微

殷作樂之盛稱殷从㐆从殳易曰殷薦之上帝 大徐 从㐆殳作樂之盛稱殷 廣韻二十一欣 作樂之盛稱殷易殷薦之上帝 韻會十二文

作樂之盛稱殷 易豫釋文 殷 九經字樣

衣依也上曰衣下曰裳象覆二人之形凡衣之屬皆从衣 大徐小徐覆

謕下有也字 形下 依也象覆二人之形上曰衣下曰裳 亣 繫傳疑義云說文字體與小篆小異

裁制衣也从衣𢦏聲 大徐小徐 韻會十灰

衮天子享先王卷龍繡於下幅一龍蟠阿上鄉从衣公聲大徐小徐幅上有裳字鄉譌鄉　天子享先王衮龍繡於下裳幅一龍蟠上向從衣公聲韻會十三阮　天子享先王卷音衮龍綉於下幅一龍蟠阿上嚮御覽卷六百九十　從衣從谷也或云從公釋言釋文

文田案大徐本鄉字不誤小徐本以上公釋上鄉非是

褎丹縠衣从衣㠯聲大小徐韻會十六銑　丹縠衣說文㠯聲韻會十七霰

褕翟羽飾衣从衣俞聲一曰直裾謂之襜褕大小徐　翟羽飾衣從衣俞聲韻會七虞　直裾謂之襜褕文選張平子四愁詩注

袗〔敬避〕服从衣㐱聲大徐小徐又韻會十一軫〔敬避〕作袨韻會服下有也字　〔敬避〕服也文選閒居賦注廣韻十六軫　□服也監本蜀本及徐鍇皆作袨六書故弟三十一侗謂禮言袗□漢

言袀□袗與袀相近必有一誤

裖袗或从辰大小徐　亦作裖廣韻十六軫韻會十一軫或作裖

袤上衣也从衣从毛古者衣裘以毛為表大徐　上衣从衣毛古者衣裘故以毛為表小徐　上衣也從衣毛韻會十七篠　上衣也古者衣裘以毛為表也廣韻三十小

䙞古文表从麃大小徐　䙞古文廣韻三十小韻會十七篠古作䙞

裏衣内也从衣里聲大徐韻會四紙小徐無也字　衣内也廣韻五旨

䘹負兒衣从衣強聲大小徐　負兒衣也孟子音義

襋衣領也从衣棘聲詩曰要之襋之大徐小徐無也字　衣領也從衣棘聲韻會十三職　衣領也葛屨正義

襮黼領也从衣暴聲詩曰素衣朱襮大徐小徐又韻會二沃無也字韻會無曰字

衽衣裣也从衣壬聲大徐寑小徐韻會二十七小徐無也字　衣衿也後漢書傅燮傳注　文選神女賦注　又王仲宣誄詩注　又繁休伯與魏文帝牋注　又謝希逸宣貴妃誄注

褸衽也从衣婁聲大徐小徐韻會七麌　衽也廣韻九麌

裻衽也从衣叔聲大徐小徐無也字

褳裣緣也从衣連聲大徐小徐無也字

裣交衽也从衣金聲大徐侵小徐韻會十二小徐無也字　交衽也後漢馬援傳注　衽也一切經音義卷二十五　衣領也孟子疏

褘蔽厀也从衣韋聲周禮曰王后之服褘衣謂畫袍大徐無也字小徐厀作膝韻會五微無曰字末有也字

袪　襲袪也从衣夫聲大徐小徐無也字　襲袪也一曰蔽襟六書故弟三十一

襲　左衽袍从衣龖省聲大小徐韻會十四緝袍下有也字　左衽袍也廣韻二十六緝

因也文選劉孝標廣絶交論注

䙱　籒文襲不省大小徐

袍　襺也从衣包聲論語曰衣弊緼袍大徐小徐無也字弊作敝　襺也從衣

包聲韻會四豪

襺　袍衣也从衣繭聲以絮曰襺以緼曰袍春秋傳曰盛夏重襺大徐　以絮曰

無也字小徐　袍衣也從衣繭聲左傳盛夏重襺韻會十六銑

襺以緼曰袍御覽卷六百九十三

褋　南楚謂禪衣曰褋从衣枼聲大小徐　南楚謂禪衣曰褋韻會十六葉

褰衣帶以上从衣矛聲一曰南北曰褰東西曰廣（大小徐韻會二十六宥）

南北曰褰東西曰廣（後漢光武紀注）南北曰褰（文選西京賦注 又羽獵賦注 又頭陀寺碑注）切韻廣也聲類長也說文亦同此釋（華嚴音義卷二十二）

褱籀文褰从𢿘（大小徐）

襘帶所結也从衣會聲春秋傳曰衣有襘（大小徐 徐無也字）帶所結也從衣會聲（韻會九泰）帶所結也（昭十一年正義 廣韻十四泰）

褻㰫也詩曰衣錦褻衣示反古从衣耿聲（大徐 小徐無示字）㰫也詩衣錦褻衣變古從衣耿聲（韻會二十四迥）㰫也（廣韻四十一迥）

衹衹裯短衣从衣氐聲（大小徐）衹裯短衣（廣韻六豪 後漢羊續傳注又韻會四支末有也字）衹裯短衣而已（御覽卷二百六十）

裯衣袂祇裯从衣周聲（大徐　小徐祇裯二字倒　裯音丁勞反　韻會四豪無祇裯二字　後漢羊續傳注　六書故弟三十一云楚詞被荷裯之晏晏王逸曰祇裯也方言曰汗襦自關已西謂之祇裯）

襤裯謂之襤褸襤無緣也从衣監聲（大徐字　小徐無褸下襤字也　韻會十三覃無褸下襤字也上有衣字）

䘗無袂衣謂之䘗从衣惰省聲（大徐　小徐從上有故字）

䘚衣躬縫从衣毒聲讀若督（大徐　小徐）

祛衣袂也从衣去聲一曰祛褱也褱者袌也祛尺二寸春秋傳曰披斬其祛（大徐　小徐無上也字褱並譌裹）衣袂也從衣去聲（韻會六魚）

褎袂也从衣采聲（大徐韻會二十六宥　小徐無也字）

袖俗褎从由（大小徐）

袚袖也从衣犮聲大徐小徐無也字韻會八霽　袖也文選藉田賦注

褱袖也一曰藏也从衣鬼聲大徐小徐褢一曰藏從衣鬼聲　袖也

從衣鬼聲一曰藏韻會九佳　藏也廣韻十四皆　懷藏也文選顏延年五君詠注

鮑明遠行藥詩注

又嵇叔夜幽憤詩注

褢俠也从衣眔聲一曰橐大小徐韻

袌褱也从衣包聲大小徐韻會十九皓

襜衣蔽前从衣詹聲大小徐韻會十四鹽　短衣史記魏其傳正義

袥衣衸从衣石聲大小徐韻會十藥衸下有也字

衸袥也从衣介聲大徐小徐無也字　袥也廣韻十六怪

襗絝也从衣睪聲大徐小徐無也字　澤作襗袴也無衣釋文　袴也無衣正義韻

會十一陌

袉裾也从衣它聲論語曰朝服袉紳〔○大徐小徐聲下有一曰二字〕

裾衣袍也从衣居聲讀與居同〔○大徐小徐無也字〕衣袍也從衣居聲一曰衣後裾〔韻會六魚〕

衧諸衧也从衣于聲〔○大徐小徐無也字〕

褰絝也从衣寒省聲春秋傳曰徵褰與襦〔○大徐小徐無也字〕絝也左傳徵褰與襦〔韻會一先〕袴也〔褰裳釋文襄二十六年正義〕

襱絝踦也从衣龍聲〔○大徐小徐無也字〕

襩襱或从賣〔○大小徐〕

袑絝上也从衣召聲〔○大徐韻會十七篠小徐無也字〕

襑衣博大从衣尋聲大小徐韻會二十八感大下有也字

褒衣博裾从衣保省聲保古文保大徐博裾也從衣枈聲小徐韻會四豪從上有也字衣博裾也廣韻六豪

禘緣也从衣啻聲詩曰載衣之禘大小徐韻會八霽無曰字

褍衣正幅从衣耑聲大小徐韻會十四寒

褌重衣皃从衣圍聲爾雅曰褌褌襀襀大小徐

複重衣也从衣复聲一曰褚衣大徐小徐無也字重衣也一曰褚衣韻會

一屋

禔衣厚禔禔从衣是聲大小徐衣厚禔禔韻會八齊

襛衣厚皃从衣農聲詩曰何彼襛矣大小徐衣厚貌詩何彼襛矣

韻會二冬

衣厚皃何彼襛矣釋文　文選神女賦注

裻新衣聲一曰背縫从衣叔聲大小徐　新衣聲從衣叔聲一曰背縫

韻會二沃

袳衣張也从衣多聲春秋傳曰公會齊侯于袳大徐　小徐張作袳無也字

衣袳也從衣多聲春秋宣十五年會于袳韻會四支

𧝓衣裾也从衣㐫聲大徐　小徐又韻會八霽無也字　衣裾也一切經音義卷五　又卷十三

廣韻十三祭

衮古文𧝓大小徐

衯長衣皃从衣分聲大小徐　長衣皃廣韻二十文　韻會十二文

袁長衣皃从衣叀省聲大小徐韻會十三元　从衣𠙻省聲形陽冰云从

衣中口非凿省 李陽冰本

禂短衣也从衣鳥聲春秋傳曰有空禂 大徐小徐無也字 短衣也 廣韻三蕭

褺重衣也从衣執聲巴郡有褺江縣 大徐小徐無也字 重衣也南有疊江縣 一切經音義卷九 重衣也 文選班叔皮王命論注

裵長衣皃从衣非聲 大小徐韻會十灰

襡短衣也从衣蜀聲讀若蜀 大徐小徐無也字 短衣也從衣蜀聲 韻會二沃

䙐衣至地也从衣斲聲 大徐小徐無也字 䙐 廣韻一屋

襦短衣也从衣需聲一曰㬎衣 大徐小徐無也字 短衣也一曰㬎衣 御覽卷六百九十五 韻會七虞 短衣也 廣韻十虞

褊衣小也从衣扁聲 大徐小徐無也字 韻會十六銑 小衣也 釋言釋文 小也 一切

經音義卷十八 又卷二十二 音義卷四 廣韻三十一洽

袷衣無絮从衣合聲 大小徐 韻會十 七洽絮下有也字 衣無絮也 文選秋興賦 注 一切經

禪衣不重从衣單聲 大小 徐 衣不重也 一切經音義卷四 韻會十四寒

襄漢令解衣耕謂之襄从衣𤕦聲 大小徐 韻會七 陽耕上有而字

𡨄古文襄 大小 韻會七陽 徐 古作𡨄

被寢衣也長一身有半从衣皮聲 大徐 小徐又韻 會四寘無也字 寢衣也 韻 會

衾大被从衣今聲 大小徐 韻會十 二侵從上有也字 大被也 御覽卷 七百七 衾 五經 文字

四 紙 卷 中

襐飾也从衣象聲大徐小徐無也字韻會二十二養

衵日日所常衣从衣从日日亦聲大小徐韻會四質 日日所衣裳也宣九年釋文

褻私服从衣埶聲詩曰是褻袢也大小徐 私服從衣埶聲韻會九屑

私服也唐本从㓞曰从埶非六書故第三十一

衷裏褻衣从衣中聲春秋傳曰皆衷其衵服大徐小徐無皆字 裏褻衣

從衣中聲左傳衷其衵服韻會一東

袾好佳也从衣朱聲詩曰靜女其袾大徐小徐無也字

袓事好也从衣且聲大徐小徐無也字 事好也廣韻八語

裨接益也从衣卑聲大徐小徐無也字韻會四支 益也文選長笛賦注 增也益

也一切經音義卷五增也一切經音義卷十衣

袢無色也从衣半聲一曰詩曰是紲袢也讀若普大徐小徐無也字

無色從衣半一曰紲袢韻會十三元

雜五彩相合从衣集聲大小徐韻會十五合合下有也字五綵相合也廣韻二十七合

裕衣物饒也从衣谷聲易曰有孚裕無咎大徐小徐無也字韻會七遇無聲字曰字

衣物饒也一切經音義卷三

襞韏衣也从衣辟聲大徐韻會十一陌小徐無也字韏衣也一切經音義卷九又卷十一

又卷十四廣韻二十二昔

衦摩展衣从衣干聲大小徐

裂繒餘也从衣列聲大徐小徐又韻會九屑無也字

袈弊衣从衣奴聲大小徐

袒衣縫解也从衣旦聲大徐小徐又韻會十六諫無也字

補完衣也从衣甫聲大徐小徐又韻會七麌無也字　完衣也廣韻十姥

裲紩衣也从衣㡀㡀亦聲大徐小徐無也字　㡀或作裲韻會四紙

褫奪衣也从衣虒聲讀若池大徐小徐無也字　奪衣也從衣虒聲一切經音義卷六　奪衣也一切經音義卷十八廣韻五支　奪也文選東都賦注又吳都賦注

嬴袒也从衣嬴聲大徐韻會二十哿小徐無也字　袒也廣韻三十四果

裸嬴或从果大徐末有作字小徐或作裸韻會二十哿

裎袒也从衣呈聲大徐韻會二十三梗小徐無也字　袒也晉書卷三十五音義　裸也後漢馬融傳注

小徐一條另書

裼袒也从衣易聲 大徐 韻會十二錫 小徐無也字

衺𧝝也从衣牙聲 大徐 小徐又韻會六麻𧝝作紕 徐本𧝝也蜀本紕也 六書故弟三十一

襭以衣衽扱物謂之襭从衣頡聲 大徐小徐 韻會九屑

擷襭或从手 大徐小徐

袺執衽謂之袺从衣吉聲 大徐 小徐從上有也字

褿帴也从衣曹聲 大徐無也字 小徐

裝裹也从衣壯聲 大徐 小徐無也字 裹也 一切經音義卷十八 韻會七陽

裹纏也从衣果聲 大徐 小徐無也字 韻會二十哿

𧝝書囊也从衣邑聲 大徐 小徐無也字 書囊也從衣邑聲又纏也 韻會十六

枼　纆也後漢班固上注西都賦注　文選又琴賦注

文田案裛與裏文義相承說解當有脫

齌　緶也从衣齊聲大徐小徐無也字　緶也裳下緝從衣齊聲韻會四支　齌

五經文字卷中

裋　豎使布長襦从衣豆聲大小徐　韻會七遇　豎使布長襦韻會七麌

褔　編枲衣从衣區聲一曰頭褔一曰次裏衣大小徐　編枲韤也一

褐　編枲韤一曰粗衣从衣曷聲大小徐曷韤下有也字　韻會七　褐者麤衣也

曰短衣廣韻十二曷六書故弟三十一一作或　粗衣也列子力命釋文

文選藉田賦注　短衣也御覽卷六百九十三

褗　褔領也从衣匽聲大徐小徐無也字

裺褔謂之裺从衣奄聲大小徐

衰艸雨衣秦謂之萆从衣象形大小徐　艸雨衣也象形韻會五歌

𧘈古文衰大小徐　韻會五歌古作𧘈

卒隸人給事者衣為卒卒衣有題識者大小徐韻十一沒　廣、隸人給事者為卒衣有題識者也御覽卷三百　隸人給事者曰卒古以染衣題識表其形也一切經音義卷十一　隸人給事者古以染衣題織故從衣十韻會六月　隸人給事者衣為卒卒有題識者李陽氷曰所謂短後衣衣而丿者斷也六書故第三十一

褚卒也从衣者聲一曰製衣大徐　小徐又韻會六語製作制

製裁也从衣从制大徐　裁從衣制聲小徐　裁衣也從衣制聲韻會八霽

裁也定九年正義

袚蠻夷衣从衣犮聲一曰蔽厀大徐小徐厀作膝

禭衣死人也从衣遂聲春秋傳曰楚使公親禭大徐小徐無也字韻會四寘春

秋傳曰作左傳衣死人衣文九年釋文又襄二十九年釋文衣死人也御覽卷五百五十

袡棺中縑裏从衣冄讀若雕大徐小徐冄下有聲字

裞贈終者衣被曰裞从衣兌聲大徐小徐韻會八霽贈終者衣被曰裞文九

年釋文贈終服也史記陸賈傳索隱

褮鬼衣从衣熒省聲讀若詩曰葛藟褮之一曰若靜女其袾之袾

大徐小徐褮譌褮鬼衣也釋器疏廣韻十四清御覽卷五百五十二

䘰車溫也从衣延聲大徐小徐無也字

褭以組帶馬也从衣从馬大徐韻會十七篠　以組帶馬從衣馬聲小徐

裘皮衣也从衣求聲一曰象形與衰同意凡裘之屬皆从裘大徐小徐　皮衣

徐無意字　皮衣也從衣求聲一曰象形與衰同意韻會十一尤

也御覽卷六百九十　初學記卷二十六

求古文省衣大徐　求古文求此與裘意同小徐　求古文裘字韻會十一

尤　求九經字樣　韻會十一尤又云古文求本作求象衣裘形或作裘

䙰裹裏也从衣㒸聲讀若擊大徐小徐　裹裏也廣韻二十一麥

老考也七十曰老从人毛匕言須髮變白也凡老之屬皆从老大徐

小徐匕譌毛無下也字　七十曰老從人毛匕言鬚髮變白也釋詁疏　考

也七十曰老從毛匕匕化也鬚髮變白也韻會十九皓　考也七十曰

老 藝文類聚卷十八 考也 御覽卷三百八十六

耋年八十曰耋从老省从至 大徐 年八十曰耋從老省至聲 小徐韻會九屑 八十曰耋 藝文類聚卷十八

𦒻年九十曰𦒻从老从蒿省 大徐 年九十曰𦒻從老蒿省聲 小徐韻會二十號 九十曰耄 藝文類聚卷十八 耄 廣韻三十七号

耆老也从老省旨聲 大徐 小徐無也字 韻會四支 老也 廣韻六脂

耇老人面凍黎若垢从老省句聲 大徐 小徐老人二字倒 人考面黎若垢也從老省句聲 韻會二十六厚

𦓐老人面如點也从老省占聲讀若耿介之耿 大徐 小徐也作處

𦒷老人行才相逮从老省易省行象讀若樹 大徐 小徐無上省字

耉久也从老省耉聲大小徐韻會二十六厚　從老省從耉九經字樣老部　久也一切經音義卷二

考老也从老省丂聲大小徐韻會十九皓

孝善事父母者从老省从子子承老也大徐韻會十九效無下子字　善事父母者從老省從子子承老老省亦聲小徐

毛眉髮之屬及獸毛也象形凡毛之屬皆从毛大小徐　眉髮之屬及獸毛也象形韻會四豪　眉髮之屬也一切經音義卷十二　眉髮及獸毛也廣韻六豪

毴毛盛也从毛隼聲虞書曰鳥獸毴髦大徐　小徐無也字毴作氄韻會二腫無曰字髦作毛

𣬛獸豪也从毛倝聲大徐小徐無也字　獸毫也御覽卷八百八十九

毨仲秋鳥獸毛盛可選取以為器用从毛先聲讀若選大小徐　仲秋鳥獸毛盛可選取以為器從毛先聲韻會十六銑　仲秋鳥獸毛盛可選取以為器用也堯典釋文

𣱦以毳為罽色如虋故謂之𣱦虋禾之赤苗也从毛㒼聲詩曰毳衣如𣱦大徐　以毳為罽色如虋禾之赤苗故謂之𣱦從毛㒼聲詩曰毳衣如𣱦小徐　璊作璊以毳為罽也大車釋文

氈撚毛也从毛亶聲大徐小徐本殘脱韻會一先　毛可以為氊御覽卷七百八

毳獸細毛也从三毛凡毳之屬皆从毳大小徐　獸細毛也從三毛韻會八霽　獸細毛也一切經音義卷二

䨽毛紛紛也从毛非聲大徐小徐無也字

尸陳也象臥之形凡尸之屬皆从尸大小徐 陳也韻會四支

屍侍也从尸奠聲大徐小徐無也字

居蹲也从尸古者居从古大徐小徐無也字

踞俗居从足大徐 俗居從足一本從居小徐

眉臥息也从尸自大徐 臥息從尸自聲小徐 一切經音義卷十一息下有也字自上有從字

屑動作切切也从尸肖聲大徐小徐又韻會九屑無也字 屑 五經文字卷中廣韻十一沒又十六屑

展轉也从尸襄省聲大徐韻會十六銑小徐無也字 轉也 文選樂府古辭注廣韻二十八獮

屆行不便也一曰極也从尸凷聲大徐無二也字小徐行不便也從尸凷聲一曰極也韻會十卦行不便也一曰極也廣韻十六怪

尻脽也从尸九聲大徐小徐無也字韻會四豪脽也一切經音義卷十四廣韻六豪

𡱂髀也从尸下丌居几大徐小徐無也字韻會十三元髀也廣韻二十三魂

脽𡱂或从肉隼大小徐脽臀竝同廣韻二十三魂

臀𡱂或从骨殿聲大小徐或作臀從骨殿韻會十三元

⿸尸旨尻也从尸旨聲大徐小徐無也字

尼從後近之从尸匕聲大小徐之下有也字韻會四支

㞘從後相臿也从尸从臿大徐從後相臿從尸臿聲小徐

⿸尸乏㞘⿸尸乏也从尸乏聲大徐小徐無也字

㞌柔皮也從申尸之後尸或从又 大徐 柔皮從尸申尸之後也或從又 小徐

㞋伏皃从尸辰聲一曰屋宇 大小徐 伏皃一曰屋宇 廣韻十七準

屖屖遟也从尸辛聲 大徐小徐無也字韻會八齊無聲字 遟也 一切經音義卷十四廣韻十十齊

屝履也从尸非聲 大徐小徐又韻會五未也作屨

屍終主从尸从死 大徐韻會四支無下從字 終主從尸死聲 小徐

屠刳也从尸者聲 大徐韻會七虞小徐無也字 刳也 一切經音義卷六又卷二十四又卷十八刳作刳

屧履中薦也从尸枼聲 大徐韻會十六葉小徐無也字 履之薦也 一切經音義卷十四

屋居也从尸尸所主也一曰尸象屋形从至至所至止室屋皆从至 大徐本 居也从尸尸所主一曰尸象屋形從至至所主屋室皆從至 小徐本 、居也從尸人所主曰尸象屋形從至至所主止也屋室字同 韻會一屋 居也 御覽卷百八十一

屋籀文屋从厂 大徐本 小徐本 廣韻一屋 屋籀文

臺古文屋 大徐本 小徐本殘脫 廣韻一屋 臺古文

屛屛蔽也从尸并聲 大徐本 小徐本 韻會二十三梗 蔽也 文選思元賦注 又洞簫賦注 一切經音義卷一 御覽卷百八十五 小徐本殘脫

層重屋也从尸曾聲 大徐本 小徐本殘脫 韻會十蒸 重屋也 一切經音義卷十一 又卷十九 又卷二十四 重累也 一切經音義卷二十三

國家出版基金項目
NATIONAL PUBLICATION FOUNDATION

國家圖書館藏未刊稿叢書·著作編

說文解字考異

（五）

（清）姚文田 輯

主編 劉玉才 陳紅彦

鳳凰出版社

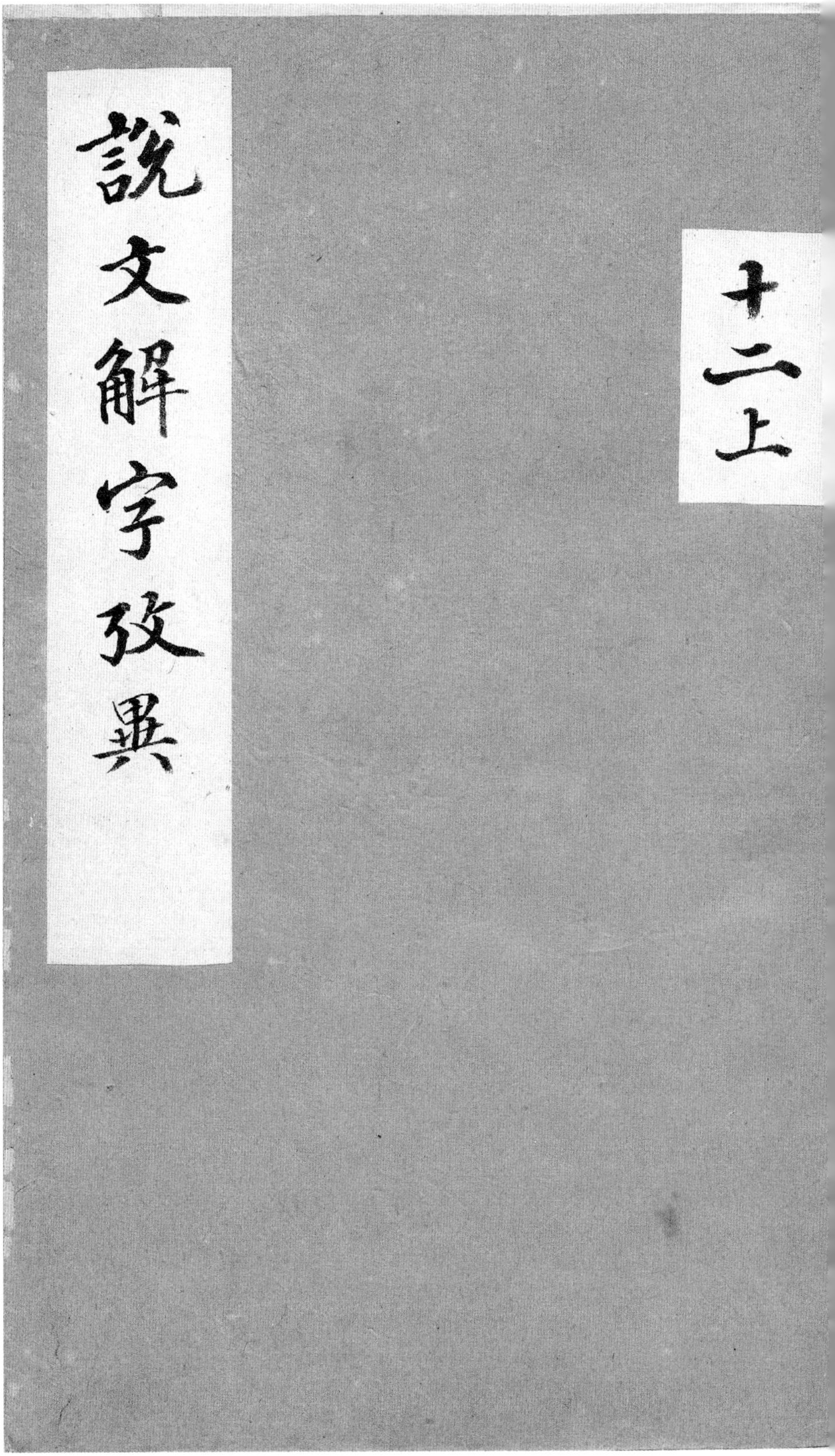
說文解字攷異
十二上

說文解字攷異十二上

歸安姚文田輯

乙（元 敬避）鳥也齊魯謂之乙取其鳴自呼象形凡乙之屬皆从乙（大徐）燕燕□鳥也齊魯謂之乙取其鳴自謼象形也凡乙之屬皆從乙（小徐）燕乙□鳥也齊魯謂之乙取鳴自呼象形（廣韻五質）燕燕□鳥也齊魯謂之乙取其自謼象形也（韻會八黠）

鳦乙或从鳥（如小徐）或从鳥（廣韻五質 韻會八黠 或作鳦）

孔通也从乙从子乙請子之候鳥也乙至而得子嘉美之也古人名嘉字子孔（如徐 小徐無次從字）通也嘉美之從乙從子乙請子候鳥也乙至而得子嘉美之也故古人名嘉字子孔（韻會一董）

乳人及鳥生子曰乳獸曰產从孚从乙乙者□鳥也明堂月令□鳥至之日祠于高禖以請子故乳从乙請子必以乙至之日者乙春分來秋分去開生之候鳥帝少昊司分之官也（大徐無上也字 小徐候下有□字） 人及鳥生子曰乳從孚從乙乙者□鳥明堂月令□鳥至之日祠于高禖以請子故乳從乙（韻會七麌） 人及鳥生子曰乳獸曰產（堯典釋文） 人及鳥生子曰乳（一切經音義卷二 又卷十八）

不鳥飛上翔不下來也从一一猶天也象形凡不之屬皆从不（大徐）（小徐象上有帀字） 不鳥飛上翔不下來也從一一猶天也象形（韻會十一尤 又二十六厚 廣韻四十四有無猶字）

否不也从口从不不亦聲（大徐 小徐又韻會二十六厚無下從字） 不也（廣韻四十四有）

至鳥飛从高下至地也从一一猶地也象形不上去而至下來也

凡至之屬皆从至大小徐　鳥飛從高下至地也象形從二猶地

也不上去而至下來也韻會四寘　鳥飛从高下至地也篆文象形

廣韻

六至

𡉚古文至大小徐

到至也从至刀聲大小徐韻會二十號

臻至也从至秦聲大小徐　至也及也從至秦聲韻會十一真

臸忿戾也从至至而復遜遜遁也周書曰有夏氏之民叨臸臸讀

若摯大徐小徐遜皆作孫未有同字　懫之二反多方釋文

臺觀四方而高者从至从之从高省與室屋同意大徐　觀四方而

高者也從至高省與室屋同意之聲小徐　觀四方而高者也從
高省聲與室屋同意韻會十灰
𦤺到也从二至大小徐
卥鳥在巢上象形日在卥方而鳥棲故因以為東卥之卥凡卥之
屬皆从卥大徐　鳥在巢上也象形日在西方而鳥西故因以為
東西之西也凡西之屬皆從西小徐　西鳥在巢上也日在西方
而鳥西故因以為東西之西篆文作卥象形廣韻十二齊　卥鳥上
在巢上也象形韻會八齊　西日在西方而鳥栖故因以為東西之
西韻會八齊
棲西或从木妻大徐　俗西從木妻小徐　棲或从木西廣韻十二齊　或

作棲 韻會八齊

卤古文西 大小徐 卤古文 廣韻十二齊 古作卤 韻會八齊

卤籀文西 大小徐 卤籀文 廣韻十二齊 籀作卤 韻會八齊

圭姓也从西圭聲 大小徐 圭姓 廣韻十二齊

鹵西方鹹地也从西省象鹽形安定有鹵縣東方謂之㡿西方謂之鹵凡鹵之屬皆从鹵 大徐 小徐省下有凶字 西方鹹地從西省象鹽形安定有鹵縣東方謂之㡿西方謂之鹵 襄二十五年正義 西方鹽地也從西省囟省鹽形東方謂之㡿西方謂之鹵 韻會七麌 西方鹹地也從西省象鹽形 一切經音義卷二 西方鹹地東方謂之斥西方謂之鹵 洪範釋文 鹹地也東方謂之斥西方謂之鹵 禹貢正義釋地疏

史記夏紀索隱無也字西方鹽也東方謂之㡿西方謂之鹵御覽卷八百六十五
西方鹹地也文選長楊賦注又班孟堅燕然山銘注襄二十五年釋文無也字鹵西方鹹
地也一切經音義卷二十四又卷二十二首作瀉滷二字謂西方鹹地也一切經音義卷九又卷
十四東方謂之㡿西方謂之鹵禹貢釋文
鹺鹹也从鹵差省聲河内謂之鹺沛人言若虘大徐小徐無聲字鹹也
从鹵差省聲河内謂之鹺韻會五歌鹹也河内謂之鹺御覽卷八百六十五
鹹銜也北方味也从鹵咸聲大徐咸小徐無也字韻會十五
鹽鹹也从鹵監聲古者宿沙初作煮海鹽凡鹽之屬皆从鹽大徐小
徐宿作夙鹹也从鹵監聲古者宿沙初作煮海鹽韻會十四鹽鹹也
古者宿沙初作煮海為鹽廣韻二十四鹽鹹也御覽卷八百六十五又云世本曰宿沙作

天生曰鹵人生曰鹽古者宿沙煮鹽宋志曰宿沙衛齊靈公臣齊濱海故以為魚鹽之利初煮鹽也一切經音義卷十四 韻會七麌鹵注天生曰鹵人生曰鹽

鹽河東鹽池袤五十一里廣七里周百十六里从鹽省古聲徐大小

徐百下有一字 河東鹽池袤五十一里廣七里周揔百一十六里字從鹽省古聲成六年正義 古河東鹽池袤五十一里廣七里周一百一十六里從鹽省古聲韻會七麌 河東鹽池袤五十一里廣七里周百一十六里後漢章紀注 河東鹽池袤五十里廣六里周百十四里御覽卷八百六十五 長五十一里廣六里周一百一十四里從鹽古聲水經注

鹼鹵也从鹽省僉聲徐大小

戶護也半門曰戶象形凡戶之屬皆从戶（大徐小徐曰作爲）護也半門爲戶象形（韻會七麌）護也半門爲戶（廣韻十姥）半門曰戶（御覽卷百八十四）

戹古文戶从木（大徐）古文從木（小徐）古作戹（韻會七麌）

扉戶扇也从戶非聲（大小徐）（韻會五微）戶扇謂之扉（一切經音義卷十一）戶也（初學記卷十）

扇扉也从戶从翄省（大徐次從字小徐無翄作翅）戶扉也從戶翄（韻會一先）扉也從戶羽（韻會十七霰）扉也（廣韻三十三線）唐本从羽徐本翄省聲（六書

第二一

十五）

房室在旁也从戶方聲（大小徐）（韻會七陽）室在旁也（御覽卷百八十五）

戾輜車旁推戶也从戶大聲讀與釱同（大小徐）（一切經音義卷十二）

戹隘也从戶乙聲（大小徐）（韻會十一陌）隘也（廣韻二十一麥）

五經文字卷中

肁始開也从戶从聿 大徐 始開也從戶聿聲 小徐 始開也 釋詁延

扆戶牖之間謂之扆从戶衣聲 大徐小徐 韻會五尾 牖戶之間謂之扆內謂之家 御覽卷百八十一

扂閉也从戶劫省聲 大徐小徐

扃外閉之關也从戶冋聲 大徐小徐閉作閑 韻會九青 外閉之關也 文選南都賦注 又蕪城賦注 外閉門之關 文選顏延年楊給事誄注 又孔德璋北山移文注 又任彥昇蕭公行狀注 門之關也 文選魏都賦注 又顏延年還至梁城作注

門聞也从二戶象形凡門之屬皆从門 大徐小徐 聞也從二戶象形 韻會十三元 從二戶象形也 初學記卷二十四 御覽卷百八十二末有也字

閶天門也从門昌聲楚人名門曰閶闔大徐小徐無曰字韻會七陽聲下有一曰二字曰上有皆字　閶闔天門也楚人名門曰閶闔初學記卷二十四　閶闔天門也御覽卷百八十二

闈宮中之門也从門韋聲大小徐韻會五微

闟闟謂之樀樀廟門也从門詹聲大小徐　闟謂之樀樀廟門也廣韻二十四鹽

閹菴門也从門奄聲大徐小徐菴作奄

閨特立之戶上圜下方有似圭从門圭聲大徐　特立之戶也上員下方有似圭從門圭圭亦聲小徐員作圓無門字韻會八齊　特立之戶上圓下方有似於圭御覽卷百八十四　特立之門也一切經音義卷十九

閤門旁戶也从門合聲大小徐韻會十五合無也字　門傍戶也御覽卷百八十四

闟樓上戶也从門翕聲大小徐韻會十五合　樓上戶也廣韻二十八盍

閈門也从門干聲汝南平輿里門曰閈大小徐　門也從門干聲里

門曰閈韻會十五翰　門也汝南平輿里門曰閈襄三十一年正義釋宮疏

閭也汝南平輿縣里門曰閈襄三十一年釋文釋宮釋文又廣韻二十八翰皆無縣字

閭也後漢馬援傳注文選蕪城賦注

閭里門也从門呂聲周禮五家為比五比為閭閭侶也二十五家

相羣侶也大徐小徐禮下有曰字　里門也周禮五家為比五比為閭閭

侶也二十五家相羣侶也韻會六魚　閭里周禮為比為閭閭侶也

二十五家相群侶也御覽卷一百五十七　侶也五家相伴侶也一切經音義卷

二十二　族居里門也武成正義

閭里中門也从門呂聲大小徐韻會十四閻無也字　里中門也初學記卷二十四御覽卷百八十二二下有之字

壛閻或从土大小徐　壛同閻廣韻二十四鹽　韻會十四鹽或作壛

闠市外門也从門貴聲大小徐韻會十一隊　市外門也初學記卷二十四　闠市門也一切經音義卷二十二御覽卷百八十二

闉城內重門也从門垔聲詩曰出其闉闍大徐小徐曰作云韻會十一真無曰字

闍闉闍也从門者聲大小徐韻會七虞

闕門觀也从門欮聲大徐　門觀也從門厥省聲小徐韻會六月　門觀也水經穀水注高祖紀索隱後漢班固上注

閞門欂櫨也从門弁聲大小徐　門欂櫨也韻會十七霰

閉門扇也从門介聲大徐小徐扇作扉　門扉也從門盇聲一曰閉也

闔門扇也一曰閉也从門盇聲大徐小徐　門扇也一曰閉也廣韻二十八盍　門扉也從門盇聲韻會十五合

闔門扉也閂閉也御覽卷百八十二　閉也一切經音義卷四又卷七　闔閉也一切經音義卷十九又卷十二閉作合

闑門梱也从門臬聲大小徐　李陽冰曰剌省聲六書故弟二十二

閾門梱也从門或聲論語曰行不履閾大小徐十三職無曰字韻會　門榍也文選曹植應詔詩注

閪古文閾从洫大小徐　廣韻二十四職閪古文　韻會十三職古作洫

閬門高也从門良聲巴郡有閬中縣大小徐 韻會二十三漾 閬閬高大之皃也文選甘泉賦注

闢開也从門辟聲大小徐 開也虞書闢四門韻會十一陌 開也文選西京賦注 一切經音義卷一 又卷二十五

闢虞書曰闢四門从門从廾大小徐 闢古闢字匡謬正俗卷二

闖闢門也从門爲聲國語曰闖門而與之言大小徐 韻會四紙無曰字而字

闡開也从門單聲易曰闡幽大小徐 開也從門單聲韻會十六銑

開張也从門从幵大徐 張也從門幵聲小徐 韻會十灰 開作開廣韻十六咍 閞五經文字卷中

閞古文大小徐 徐鍇脫 閞古開字匡謬正俗卷二 古作閞韻會十灰

闓開也从門豈聲大小徐　開也盧令正義一切經音義卷十三

閜大開也从門可聲大杯亦為閜大徐小徐杯作桮

閘開閉門也从門甲聲大小徐　開閉門廣韻三十二狎

閟閉門也从門必聲春秋傳曰閟門而與之言大小徐　閟門也從門必聲韻會四寘

閣所以止扉也从門各聲大徐　所以止扉者從門各聲小徐韻會十藥

閒隙也从門从月大小徐韻會十五刪隙作隟　隙也一切經音義卷二十三

閑古文閒大徐　古文閒如此小徐韻會十五刪古作閑

閜門傾也从門阿聲大小徐

閼遮攤也从門於聲大徐　小徐又韻會七曷攤作壅

闟開閉門利也从門繇聲一曰縷十紘也大徐　開閉門戶利也從門利也從門繇聲或曰縷十紘也小徐

閣門聲也从門曷聲大小徐　門聲也韻會八黠

闢門響也从門鄉聲大小徐韻會二十二漾響作闢　門響也廣韻四十一漾　門閤也御覽卷百八十二

闌門遮也从門柬聲大小徐韻會十四寒　門遮也一切經音義卷六　檻也一切經音義卷一華嚴音義卷八

閑闌也从門中有木大小徐　闌也一切經音義卷十七又卷二十闌作欄

閉闔門也从門才所以距門也大徐無末也字小徐　闔也從門才才所以距也韻會八霽　闔門也一切經音義卷二十五廣韻十二霽

閡外閑也从門亥聲大小徐　韻會十一隊　外閑也一切經音義卷一　又卷六

闇閉門也从門音聲大小徐　韻會十二侵　閉門也廣韻五十三勘

闗以木横持門戶也从門𢇍聲大徐　小徐無也字　韻會十五刪　以木横持門戶也廣韻二十七刪

闟闟下壯也从門龠聲大小徐　韻會十藥　闟下壯也一切經音義卷六　又卷十四　又卷十五　又卷十七　又卷二十一

闐盛皃从門眞聲大徐　小徐皃下有也字　韻會一先皃作也

闛闛闛盛皃从門堂聲大徐　小徐皃下有也字　闛闛盛皃廣韻十一唐

閹豎也宮中奄閽閉門者从門奄聲大徐　小徐又韻會二十九豔上奄作閽　者下有也字　閹豎宮中閹昏閉門者也一切經音義卷一　又卷十　又卷二十　又豎也宮

中奄閽閉門者 韻會十四鹽

閽常以昏閉門隸也从門从昏昏亦聲 大徐 常以昏閉門隸也從門昏聲 小徐 韻會十三元 門豎也門昏也門常昏閉故曰閽即守門隸人也 御覽卷百八十二

闚閃也从門規聲 大徐 小徐規作規 韻會四支

闌妄入宮掖也从門䜌聲讀若闌 大徐 妄入宮掖也從門䜌聲 小徐 韻會十四寒

𨳄登也从門二二古文下字讀若軍敶之敶 大徐 小徐 𨳄登也徐本从丁唐本从上 六書故弟二十五

閃闚頭門中也从人在門中 大小徐 韻會二十九〔敬避〕又二十九豔 闚頭門中也

廣韻五十五豔 窺頭皃也一切經音義卷十一又卷十七

閱 具數於門中也从門說省聲大徐 具數于門中從門兑聲小徐 韻會九屑

闋 事已閉門也从門癸聲大徐小徐 事已閉門也韻會九屑 事已曰闋一切經音義卷七 事也留侯系家索隱

闞 望也从門敢聲大徐小徐韻會二十八勘

闊 疏也从門活聲大徐小徐韻會七曷

閔 弔者在門也从門文聲大徐小徐韻會十一軫

㦖 古文閔大徐 古文閔從思小徐 古作㦖韻會十一軫

闖 馬出門皃从馬在門中讀若郴大徐小徐 馬出門貌從馬在門中

韻會二十七沁

闤市垣也从門睘聲 大徐在新附 闤闠市門也 一切經音義卷二十二 御覽卷百八十

闠門也从門遺聲 大徐在新附 韻會七曷

耳主聽也象形凡耳之屬皆从耳 大小徐 主聽也 廣韻五旨 主聽也象形 玉篇耳部

耴耳垂也从耳下垂象形春秋傳曰秦公子輒者其耳下垂故以為名 大徐 耳垂也從耳下垂象形春秋傳曰秦公子耴耴者其耳垂也故以為名 小徐 耳垂也 列子釋文 廣韻二十九葉 耳垂也秦公子名耴者其耳下垂因以為名 玉篇耳部

䎎小垂耳也从耳占聲 大小徐 小耳垂 玉篇耳部

耽耳大垂也从耳冘聲詩曰士之耽兮 大徐 小徐士作女 耳大垂也從

耳冘聲韻會十三覃　耳大垂也廣韻二十二覃　耳大也一切經音義卷十三又卷十
五
耼耳曼也从耳冉聲大徐小徐韻會十三覃　耳曼也老莊列傳索隱玉篇耳部
聃或从甘大徐小徐　與耼同玉篇耳部
聸垂耳也从耳詹聲南方聸耳之國大徐　垂耳也從耳詹聲南方
有聸耳國小徐韻會十三覃　垂耳也一切經音義卷十三又卷十五作耳垂也　垂耳也
廣韻二十三覃　垂耳也南方有聸耳之國玉篇耳部
耿耳箸頰也从耳烓省聲杜林說耿光也从光聖省凡字皆左形
右聲杜林說非也大徐　耳著頰也從耳烓省聲杜林說耿光也從
光聖省聲凡字皆左形右聲耿光說非是小徐　耳著頰也從耳

烱省聲杜林說尚也從火聖省聲韻會二十三梗

聯連也从耳耳連於頰也从絲絲連不絕也大徐韻會一先小徐又韻無次也字

連也文選西京賦注　即連也一切經音義卷二十　聯廣韻二仙

聊耳鳴也从耳卯聲大小徐韻　耳鳴也韻會二蕭玉篇耳部

聖通也从耳呈聲大小徐韻會二十四敬

聰察也从耳悤聲大小徐韻會一東

聽聆也从耳㥁壬聲大徐　聆也從㥁從耳從壬聲小徐韻會九青無下從字

天也韻會二十五徑

聆聽也从耳令聲大小徐韻會九青　聽也匡謬正俗卷六

職記微也从耳戠聲大小徐韻會十三職　記微也玉篇耳部

聒讙語也从耳昏聲大小徐　韻會七曷　聒讙語也玉篇耳部　文選蜀都賦注　又長笛賦注　又江

聥張耳有所聞也从耳禹聲大徐小徐　張耳有所聞玉篇耳部

聲音也从耳殸聲殸籀文磬大徐　音也從耳殸聲小徐　韻會八庚無聲字　音也玉篇耳部

聞知聞也从耳門聲大徐　知聲也從耳門聲小徐　韻會十二文　知聲也

一切經音義卷十四又卷十八無也字　廣韻二十文　玉篇耳部

䎽古文从昏大徐　古文聞從昏小徐　廣韻二十文　䎽古文

聘訪也从耳甹聲大小徐　韻會二十四敬　訪也一切經音義卷二　玉篇耳部

聾無聞也从耳龍聲大小徐　韻會一東　無聞也從耳從龍秦晉謂之聹

御覽卷七百四十

聳生而聾曰聳从耳從省聲大小徐　聳生而耳聾曰聳從耳從聲

韻會二腫 生而聾曰聳廣韻二腫 生而聾謂之聳御覽卷七百四十

聹益梁之州謂聾為聹秦晉聽而不聰聞而不達謂之聹从耳宰聲大小徐 梁益之州謂聾曰聹秦晉聽而不聞聞而不達謂之聹御覽卷七百四十 秦晉聽而不聰聞而不達謂之聹從耳宰聲韻會十賄

聵聾也从耳貴聲大徐 生聾也從耳貴聲小徐 聾也玉篇耳部

⿱𣪠耳聵或从𣪠大小徐 ⿱𣪠耳同聵廣韻十六怪

⿰耳豪或從豪作小徐 大徐無此字

聉無知意也从耳出聲讀若孽大小徐 無知意也廣韻十四賄 玉篇耳部

⿰耳闋吳楚之外凡無耳者謂之⿰耳闋言若斷耳為盟从耳闋聲大徐 吳

楚之外凡無耳者謂之矙從耳闋聲讀若斷耳為盟 小徐

聅軍法以矢貫耳也从耳从矢司馬法曰小罪聅中罪刖大罪剄 大徐 軍法以矢貫耳也從矢從耳司馬法曰小罪聅之中罪刖之大罪剄之 小徐 九肩無曰字 韻會 軍法以矢貫耳也司馬法曰小罪聅中罪刖大罪剄 玉篇耳部

聝軍戰斷耳也春秋傳曰以為俘聝从耳或聲 大徐 小徐本殘脫 軍戰斷耳也 韻會十一陌 戰而斷耳也 玉篇耳部

馘聝或从首 大徐 今文作馘 韻會十一陌 小徐本殘脫 亦作馘 玉篇耳部

明墮耳也从耳月聲 大徐 小徐 墮耳也 廣韻十五鎋 玉篇耳部

𦖆乘輿金飾馬耳也从耳麻聲讀若渳水一曰若月令靡草之靡 大徐 小徐本殘脫 乘輿金飾馬耳也 韻會四紙 乘輿金馬耳也 玉篇耳部

聆國語曰回祿信於聆遂闕大徐小徐本無此

耼安也从二耳大徐小 安也文選長笛賦注玉篇耳部

聶附耳私小語也从三耳大小徐韻會十六葉韻 聶附耳小語也玉篇耳部魏其傳索隱作囁

聄告也從耳今聲韻會十一軫小徐皆無此字大

聧目不相聽廣韻十二齊小徐皆無此字大

文田案此當是聧字之誤

𦣝顄也象形凡𦣝之屬皆从𦣝大徐小徐顄作頜 頜也象形韻會四支 頤

也廣韻七之 顄也玉篇頁部 顄也象形玉篇𦣝部

頤篆文𦣝大徐 篆文𦣝從頁小徐 篆文從頁作頤韻會四支 頤亦上

同廣韻七之 與𦣝同玉篇頁部 篆文作頤玉篇𦣝部

𩠐籀文从首大徐 小徐本殘脫 𩠐籀文七之廣韻 或作𩠐四支韻會 籀文作𩠐玉篇𦣞部

𦣞廣𦣞也从𦣞巳聲大小徐 說文𢀡古文𦣞 六書故弟二十五

𢀡古文𦣞从户大小徐 𢀡九經字樣 云𢀡經典

相一承

手拳也象形凡手之屬皆从手大小徐 拳也象形韻會二十六厚 拳也玉篇手部

𠦬古文手大小徐 韻會二十六厚 古作𠦬

掌手中也从手尚聲大小徐 韻會二十二養

拇將指也从手母聲大小徐 韻會二十六厚

指手指也从手旨聲大小徐 韻會四紙 指五經文字卷上

拳手也从手关聲大小徐 韻會一先

掔手掔也揚雄曰掔握也从手臤聲大小徐 手掔也從手臤聲揚雄曰掔握也韻會十五翰

擳好手皃詩曰擳擳女手从手韱聲大小徐 好手皃從手韱聲詩曰擳擳女手小徐咸皃作也無曰字 韻會十五 摻作擳山廉反好手皃葛屨釋文 好手葛屨正義 好手皃也一切經音義卷九又卷十二 好手皃詩曰擳擳女手玉篇手部

掣人臂皃从手削聲周禮曰輻欲其掣大徐有也字末有尒字小徐皃下

摳繑也一曰摳衣升堂从手區聲大小徐 繑也一曰摳衣韻會十一尤

攘摳衣也从手褱聲大小徐韻會一先 摳衣也玉篇手部

擡舉手下手也从手壹聲大小徐寘舉下二字倒韻會四 舉手下手也成十六年正義 拜舉手下也文選西征賦注

揖讓也从手咠聲一曰手箸胷曰揖大徐小徐箸作著讓也一曰手著
胷也從手咠聲韻會十四緝讓也一云手箸胷曰揖述而釋文攘也
一曰手著胷曰揖玉篇手部廣韻二十六緝古唐類範卷八十五攘作襄上曰作云御覽卷五百四十三
攘推也从手襄聲大小徐韻會七陽
拱斂手也从手共聲大小徐二腫斂作歛韻會歛手也武成正義
撿拱也从手僉聲大小徐拱也十廣韻五敬避玉篇手部
搼首至地也从手𠦪𠦪音忽大小徐小徐手𠦪下有聲字韻會十卦拜首至地也
御覽卷五百四十三
拜揚雄說拜从兩手下大小徐揚雄說兩手下也十卦韻會
𢷎古文拜大小徐古文拜從二手小徐古文作𢫶十卦韻會

捾搯捾也从手官聲一曰援也 大小徐 韻會七曷

搯捾也从手舀聲周書曰師乃搯搯者拔兵刃以習擊刺詩曰左旋右搯 大徐小徐 首有搯字 捾也 一切經音義卷二十五 抽作搯他牢反抽刃以習擊刺也 清人釋文 大小徐

𢫦擁也从手巩聲 大小徐 擁也 廣韻二腫 𢫦 又同上

推排也从手隹聲 大小徐 韻會十灰 排也 定八年正義文選南都賦注又謝靈運石壁精舍詩注一切經音義卷六

捘推也从手夋聲春秋傳曰捘衛侯之手 大小徐 推也左傳捘衛侯之手 韻會十一真 推也 文選長笛賦注

排擠也从手非聲 大小徐 韻會九佳 擠也 定八年正義

擠排也从手齊聲大小徐韻會八霽排也下有推也二字　排也昭十三年釋文又定八年同

抵擠也从手氐聲大小徐韻會八薺

摧擠也从手崔聲一曰挏也一曰折也大徐韻會十灰小徐無中也字　折也文選吳都賦注又文賦注

拉摧也从手立聲大小徐韻會十五合　摧也魯仲連傳索隱　頓折也文選吳都賦注

敗也一切經音義卷七

揠摧也从手𡋟聲大小徐韻會二十一箇　挫摧也一切經音義卷三又卷十二又卷二十三又卷二十五　挫折也文選文賦注

扶佐也从手夫聲大小徐韻會七虞

枎古文扶大徐　古文扶從攴小徐廣韻十虞枎古文扶　韻會七虞古作枎

胕扶也从手附聲 大小徐 扶也 廣韻十陽

持握也从手寺聲 大徐 韻會四支 握也從寺手 小徐

挈縣持也从手㓞聲 大小徐 韻會九屑 縣持也 一切經音義卷十九 又卷十三縣作懸

拑脅持也从手甘聲 大小徐 韻會十四鹽

揀閱持也从手柬聲 大小徐 閱持也 繫辭上釋文 韻會九屑

摯握持也从手从執 大徐 握持也從手執聲 小徐 韻會四寘無聲字

操把持也从手喿聲 大小徐 韻會四豪 又二十號 把持也 文選東京賦注 一切經音義卷十七兩見 又卷十九 又卷二十 奉也 遵大路正義

擢爪持也从手瞿聲 大小徐 攫扟也爪持也從手瞿聲 韻會十藥 攫爪持也 一切經音義卷一 又卷三 又卷九 又卷二十五 華嚴音義卷十二

捦急持衣裣也从手金聲 大徐 小徐裣作捦 韻會十二侵裣作衿 急持衣裣也從

金從手一切經音義卷十一又卷十五無末四字

摖捦或从禁大小徐　捦又作摖一切經音義卷十五　韻會十二侵或作摖

摶索持也一曰至也从手專聲大徐　索持也從手專聲一曰至也小徐韻會十藥

擄杖持也从手豦聲大小徐韻會六御

攝引持也从手聶聲大小徐韻會十六葉

拼扞持也从手冄聲大小徐

抪捫持也从手布聲大小徐　抪捫持也一曰舒也韻會七虞　布也一切經音義卷十六

挾俾持也从手夾聲大小徐韻會十六葉　持也一切經音義卷十四又卷十六

捫撫持也从手門聲詩曰莫捫朕舌大小徐 韻會十三元無曰字
擥撮持也从手監聲大小徐 韻會二十八感 撮持也一切經音義卷十二 攬撮持
也文選甘泉賦注 攬持也一切經音義卷十一
擸理持也从手巤聲大小徐 理持也廣韻二十九葉 韻會十六葉
握搤持也从手屋聲大小徐 韻會三覺
臺古文握大徐 古文握如此小徐 韻會三覺 古作臺
撣提持也从手單聲讀若行遲驒驒大徐 小徐遲作遟
把握也从手巴聲大小徐 韻會二十一馬 握也一切經音義卷十二 又卷十四 又卷十九兩見 又
搹把也从手鬲聲大徐 把也从手鬲聲讀若戹小徐 把也一切經音義卷
二扼把也文選雪賦注 搹把也一切經音義卷二十五
十 扼又作搹把也 又卷二十二把下有

持字

扤　撝或从凥　大小徐

拏　牽引也从手奴聲　大徐　韻　會六麻　挐牽引也從手奴聲一曰已也　小徐

索　持也　文選長笛賦注

攜　提也从手巂聲　大小徐　韻會八齊

提　挈也从手是聲　大小徐　韻會八齊

扟　拈也从手耴聲　大小徐

拈　扟也从手占聲　大小徐　韻　會十四鹽

擒　舒也从手离聲　大小徐　韻會四支　舒也　爾雅序釋文　後漢班固上　注　文選西都賦注　又潘
正叔贈河陽詩注　又
盧子諒贈劉琨詩注

捨釋也从手舍聲 大〇小徐韻會二十一馬

擪一指按也从手厭聲 大〇小徐韻會十六葉 一指按也 文選南都賦注

按下也从手安聲 大〇小徐韻會十五翰

控引也从手空聲詩曰控于大邦匈奴名引弓控弦 大〇徐　小徐名作各 匈引也從手空聲 韻會一送 匈奴名引弓曰控控引也 文選西都賦注 匈奴名引弓曰控弦 文選羽獵賦注 突厥名引弓曰控弦也 一切經音義卷二十二

揗摩也从手盾聲 大〇小徐韻會十一軫 摩也 廣韻二十二稕

掾緣也从手彖聲 大〇徐韻會十七霰　小徐無聲字

拍拊也从手百聲 大〇小徐 拊也 韻會十一陌 拍拊也 文選蜀都賦注又郭景純游

仙詩注

拊揗也从手付聲大小徐　揗也廣韻九麌

捪把也今鹽官入水取鹽為捪从手音聲大徐音音　把也從手音

聲今鹽官入水取鹽曰捪小徐韻會十一九曰作為　把也一切經音義卷十六兩見

　抱也褚補武紀索隱

捋取易也从手寽聲大徐韻會七曷　取易也從手寽聲一曰勞也小徐

撩理也从手尞聲大小徐　撩理也一切經音義卷十四又卷十六韻會二蕭

措置也从手昔聲大小徐韻會七遇　措置字漢梁王傳注　置也廣韻十一暮

插刺肉也从手从臿大徐　刺內也從手臿小徐韻會十七洽末有聲字

掄擇也从手侖聲大徐　擇也從手侖聲一曰從手貫聲小徐　擇也

一曰貫也 廣韻二十三魂

擇柬選也从手睪聲 大徐韻會十一陌 小徐柬作簡東作揀

捉搤也从手足聲一曰握也 大小徐韻會三覺 搤也 文選西都賦注又長楊賦注

搤捉也从手益聲 大小徐韻會十一陌 捉也 南山釋文又正義同後漢班固上注文選西京賦注

挻長也从手从延延亦聲 大徐 長也从手延聲 小徐 从手延聲 韻會一先

揃搣也从手前聲 大徐韻會十六銑 搣也从手前聲一曰𥨍也 小徐

搣批也从手威聲 大徐小徐又韻會九屑批作批

批捽也从手此聲 大小徐韻會四紙 𢪛搣頰旁也从手此聲 韻會四寘 擳

也一切經音義卷三 又卷十八 捽也玉篇手部

揤捽也从手即聲魏郡有揤裴侯國大小徐

捽持頭髮也从手卒聲大小徐韻會六月 持頭髮也一切經音義卷十一 又卷十六

撮四圭也一曰兩指撮也从手最聲大徐 四圭也從手最聲亦二

指撮也小徐 四圭也從手最聲韻會七曷

𢯦撮也从手篘省聲大徐 搊也從手䅳省聲小徐 𢯦撮也廣韻一屋

掬撮也一切經音義卷十一當作𢷞 又卷二十無也字 搊撮也韻會一屋

揥撮取也从手帶聲讀若詩曰蔕蝀在東大徐 撮取也從手帶讀若

詩蝃蝀之蝃小徐 揥取也文選文賦注

摕或从折从示兩手急持人也大徐無次從字小徐

𢓊古𢶇從止辵 小徐無此字 大

捊引取也从手孚聲 大徐 引取也從手孚聲詩曰原隰捊矣 小徐

引取也 詩緜正義卷十九 廣韻十九侯 一切經音義卷十五 又韻會十一尤 抱引取也 廣韻三十二晧 引取土 詩緜釋文 引取 一切經音義卷二 又卷四作取也 引聚也詩曰原隰捊矣 玉篇手部

抱捊或从包 大小徐 或作抱 一切經音義卷二 又卷四 又卷十五 又卷十九 韻會十一尤 或作抱 與捊同 玉篇手部

掊自關以東謂取曰掊一曰覆也从手咅聲 大徐 自關以東謂取曰掊從手咅聲一曰覆也 小徐 自關以東謂取曰掊一曰覆也 廣韻五 玉篇手部 十 敬避

授予也从手从受受亦聲 大徐 予也從手受聲 小徐 韻會二十六厚 又二十六

文田案漢志作即裴王子侯表作揤裴鄭氏曰揤裴音即

非盡地理志傳刻誤也

捽持頭髮也从手卒聲大徐小徐韻會六月　持頭髮也一切經音義卷十一又卷十六

撮四圭也一曰兩指撮也从手最聲大徐　四圭也從手最聲亦二

指撮也小徐　四圭也從手最聲韻會七曷

𢹎撮也从手籥省聲大徐　揂也從手鞫省聲小徐　𢹎撮也廣韻一屋

掬撮也𢹎一切經音義卷十一當作又卷二十無也字　揂撮也韻會一屋

摕撮取也从手帶聲讀若詩曰螮蝀在東大徐　撮取也從手帶讀若

詩螮蝀之螮小徐　摕取也文選文賦注

𢶃摕或从折从示兩手急持人也大徐無次從字小徐

𢓊古攆從止辵 小徐 大徐無此字

捊引取也从手孚聲 大徐 引取也從手孚聲詩曰原隰捊矣 小徐

引取也 詩緜正義 一切經音義卷十五 又卷十九 廣韻十九侯 韻會十一尤 抱引取也 廣韻三十二晧 引取土 詩緜釋文 引取 一切經音義卷二 又卷四作取也 引聚也詩曰原隰捊矣 玉篇手部

抱捊或从包 小徐 或作抱 一切經音義卷二 又卷四 又卷十五 又卷十九 韻會十一尤 或作抱與捊同 玉篇手部

捹自關以東謂取曰捹一曰覆也从手弇聲 大徐 自關以東謂取曰捹從手弇聲一曰覆也 小徐 自關以東謂取曰捹一曰覆也 廣韻五十琰 玉篇手部

授予也从手从受受亦聲 大徐 予也從手受聲 小徐 韻會二十六厚 又二十六

宥

承奉也受也从手从卪从収 大徐 承奉也受也從手卪収 小徐 韻會十

蒸 承奉也受也从手从卪从収唐本从手双丞丞曰从手从

承 六書故第十四

挋給也从手臣聲一曰約也 大徐 給也一曰約也從手臣聲 小徐

給也一曰約也 廣韻二十一震 韻會十二震

墐拭也从手堇聲 大徐 小徐 韻會十三問 韻 拭也 廣韻二十四焮 玉篇手部

攩朋羣也从手黨聲 大徐 小徐

接交也从手妾聲 大徐 小徐 韻會十六葉 韻 交也 玉篇手部

抪墐也从手市聲 大徐 小徐

挏攡引也漢有挏馬官作馬酒从手同聲大徐 攡引也從手同聲漢有挏馬官作馬酒小徐 韻會一送 推引也漢有挏馬官作酒韻會一董

招手呼也从手召聲大徐 韻會二蕭 小徐末有也字

撫安也从手無聲一曰循也大徐 韻會七麌 安也從手無聲一曰掇也一曰循也小徐 安也一曰循也玉篇手部

𢓊古文从辵亡大徐 古文撫從亡辵小徐 韻會七麌 或作迒

捪撫也从手昏聲一曰摹也大徐小徐

揣量也从手耑聲度高曰揣一曰捶之大徐 量也度高下曰揣一曰捶之也從手耑聲小徐 韻會四紙 量也度高曰揣一曰掇也六書

故弟十四量也文選雪賦注　又廣絕交論注一切經音義卷十四　又卷十八

抧開也从手只聲讀若抵掌之抵大小徐

文田案抵當作抵

摜習也从手貫聲春秋傳曰摜瀆鬼神大小徐　習也從手貫聲韻會十六諫　摜九經字樣

投擿也从手从殳大徐　擿也從手殳聲小徐　擿也玉篇手部廣韻十九侯韻會十一尤

擿搔也从手適聲一曰投也大小徐　擿廣韻二十二昔韻會十一陌

搔括也从手蚤聲大小徐韻會四豪　刮也一切經音義卷十二　又卷十六

扴刮也从手介聲大徐　小徐又韻會八黠刮作括

擊擊也从手毀聲一曰摯闌壯也大徐　擊也從手毀聲一曰摯鑰

扗也小徐韻會十七篠挐作絜　擾廣韻三十小

挑撓也从手兆聲一曰摷也國語曰郤至挑天大徐有爭字小徐摷下有春秋二字　撓也從手兆聲一曰摷爭也韻會二蕭　抉也一切經音義卷二又卷十七

技挑也从手支聲大徐小徐韻會九屑　挑也玉篇手部

撓擾也从手堯聲一曰抹也大徐小徐　擾也從手堯聲韻會四豪　擾也一曰抹也韻會十八巧　擾也一切經音義卷二兩見又卷三兩見又卷七又卷九又卷十三又卷十六又卷十七又卷二十又卷二十二

擾煩也从手憂聲大徐小徐韻會十七篠　煩也一切經音義卷八又卷九又卷十六兩見又卷二十三華嚴音義卷五十六廣韻三十小

挶戟持也从手局聲大徐小徐無也字　戟持也襄八年正義　檝持鴟鴞正義

持也鴟鴞釋文

据戟挶也从手居聲大徐小徐又韻會六魚挶謁拘　檝挶鴟鴞正義

擖刮也从手葛聲一曰撻也大小徐　刮也一曰撻也廣韻十四點韻會八點

刮也一切經音義卷十四

擿拓果樹實也从手啻聲一曰指近之也大小徐　擿拓果實樹實

也從手啇聲一曰指近之也韻會十二錫　擿拓果樹實也一曰指

近之也廣韻二十三錫

搳擖也从手害聲大徐小徐擖作揭　擖也玉篇手部

擊暫也从手斬聲大徐小徐暫作蹔　暫也廣韻二十三談玉篇手部

拹摺也从手劦聲一曰拉也[大徐小徐拉作擸] 摺也一曰拉也[廣韻三十三業]

摺也又拉也[韻會十六葉]

摺敗也从手習聲[大徐小徐] 敗也[韻會十六葉]

揫束也从手秋聲詩曰百祿是揫[大徐小徐] 束也從手𥺶聲[韻會十一尤] 束也[玉篇手部]

摟曳聚也从手婁聲[大徐小徐曳下有也字] 曳也又聚也[韻會十一尤]

抎有所失也春秋傳曰抎子辱矣从手云聲[大徐] 春秋傳曰作左傳[韻會十二吻]

有所失也從手云聲春秋傳曰抎子辱矣[小徐]

披从旁持也[曰披]从手皮聲[大小徐 韻會四支無首從字]

㩓引縱曰㩓从手瘛省聲[大徐] 引縱曰㩓從手瘛聲[小徐] 㩓而縱

掣引而縱也[文選海賦注] 引縱曰㩓[玉篇手部]

之[釋訓釋文]

𢪱積也詩曰助我舉𢪱摵頰旁也从手此聲大徐 積也從手此聲廣韻

詩曰助我舉𢪱一曰摵頰旁也小徐 積也一曰摵頰旁也五眞

柴積也韻會四眞 𢪱摵頰旁也從手此聲又同上 柴作𢪱士賣

反車攻釋文

掉搖也从手卓聲春秋傳曰尾大不掉大小徐 韻會二十八嘯春秋傳曰作左傳

搖也一切經音義卷十四

搖動也从手䍃聲大小徐韻會二蕭 搖動也文選長笛賦注 搖五經文字卷上

搈動搈也从手容聲大小徐

𢷎當也从手貳聲大小徐

揂聚也从手酋聲大小徐

掔固也从手臤聲讀若詩赤舃掔掔 大徐・小徐 詩下有曰字

拲奉也从手夅聲 大小徐 奉也 廣韻三鍾 又三用 玉篇手部

擧對擧也从手輿聲 大小徐

揚飛擧也从手昜聲 大小徐 韻會七陽 飛擧也 一切經音義卷十一

敭古文 大徐 古文揚從攴 小徐 韻會七陽 古作敭

舉對舉也从手與聲 大徐 對舉也從手與聲一曰輿也 小徐 韻會六語

舉 廣韻八語 對舉也 玉篇手部

掀舉出也从手欣聲春秋傳曰掀公出於淖 大小徐 韻會十三元 春秋傳曰 作左傳

舉出也 成十六年正義

揭高舉也从手曷聲 大小徐 韻會八霽 高舉也 釋水釋文 文選西京賦注 又南都賦注

廣韻十月

抍上舉也从手升聲易曰抍馬壯吉大徐小 上舉也一切經音義卷二 又卷九 拯上舉也文選羽獵賦注 又陳孔璋為袁紹檄豫州注 一切經音義卷二十三 明夷釋文無上字 出溺為拯文選謝靈運擬魏太子鄴中集注 又七啟注 又傳季友教注 又頭陀寺碑文注 又潘元茂冊魏公注 末有也字 抍音蒸上聲廣韻十六蒸 抍廣韻四十二拯

撜抍或从登大徐小 撜廣韻四十二拯

振舉救也从手辰聲一曰奮也大小徐 韻會十二震救下有之字 舉救也匡謬正俗卷七 舉也文選陸士龍大將軍讌會詩注 又陸士衡答賈謐詩注 又顏延年和謝監詩注 又賈誼過秦論注 又陸士衡演連珠注 一切經音義卷四 又卷七 又卷十 又卷十一 又卷二十二 華嚴音義卷二十五

扛橫關對舉也从手工聲大徐小 橫關對舉也項羽紀索隱 後漢虞延傳注 廣

説文解字攷異

十二下

說文解字攷異十二下

歸安姚文田輯

女　婦人也象形王育說凡女之屬皆从女　大徐　婦人也象形凡女之屬皆從女王育說　小徐　婦人也象形　韻會六語　玉篇女部

姓　人所生也古之神聖母感天而生子故稱天子从女从生生亦聲春秋傳曰天子因生以賜姓　大徐　人所生也古之神聖人母感天而生子故曰天子以為姓從女生生亦聲　小徐　人所生也古之神聖人母感天而生子故稱天子因生以從女女生亦聲也　御覽卷三百六十二　人所生也古之神聖母感天而生子故稱天子从女生聲　廣韻四十五徑　人所生也天子因生以賜姓從女生聲古

者神母感天而生子故從女韻會二十四敬

姜神農居姜水以為姓从女羊聲大徐韻會七陽小徐水下有因字

姬黃帝居姬水以為姓从女𦣞聲大徐小徐又韻會四支以作因

姞黃帝之後百鯀姓后稷妃家也从女吉聲大徐小徐也在姓下韻會四質百作伯妃家也作之元妃

嬴少昊氏之姓从女嬴省聲大徐帝少皞之姓也從女嬴省聲小徐嬴譌嬴韻會八庚無也字

姚虞舜居姚虛因以為姓从女兆聲或為姚嬈也史篇以為姚易也大徐小徐或下有以字韻會二蕭無虞字或為作一曰美好皃荀子非相篇注

嬀虞舜居嬀汭因以為姓从女爲聲大徐小徐韻會四支姓作氏

妘祝融之後姓也从女云聲 大徐小徐 韻會十二文 韻 祝融之後姓也 玉篇女部

䵸籀文妘从員 大徐小徐員作鼎 韻會十二文古作𡠖

姺殷諸侯為亂疑姓也从女先聲春秋傳曰商有姺邳 大徐小徐 殷諸侯為亂疑姓也 玉篇女姓

嬾人姓也从女然聲 大徐小徐

㜲人姓也从女毋聲商書曰無有作㜲 大徐小徐

娸人姓也从女其聲杜林說娸醜也 大徐 四支說作曰 韻會 人姓也從女其聲杜林說娸醜也或曰讀若近 小徐

㛅少女也从女乇聲 大徐小徐 韻會二十一馬 韻

媒謀也謀合二姓从女某聲 大徐小徐 灰姓下有也字 韻會十灰姓下有也字 謀也謀合二姓 行露釋文 廣韻 玉篇女部末有也字

十五灰末有也字

妁酌也斟酌二姓也从女勺聲大徐　媒妁從女勺聲斟酌二姓者也小徐　韻會十藥

酌也斟酌二姓也廣韻十八藥　露釋文無末也字行露（玉篇女部無末也字）

嫁女適人也从女家聲大徐　馬小徐　韻會二十二　女適人曰嫁玉篇女部

娶取婦也从女从取取亦聲大徐　小徐無也字　取婦也從女取聲小徐　韻會七遇

取婦也廣韻十遇（玉篇女部）

婚婦家也禮娶婦以昏時婦人陰也故曰婚从女从昏昏亦聲大徐

婦家也從女昏禮娶婦以昏時婦人陰故曰婚小徐　韻會十三元　禮下有記字無婦人陰三字

婦家也禮娶婦以昏時婦人陰也故曰婚玉篇女部

𡣍籒文婚大徐　籒文婚如此小徐　籒作𡣍韻會十三元

韻會當另列

姻壻家也女之所因故曰姻从女从因因亦聲大徐　壻家也女之

所因故曰姻從女因聲小徐　韻會十一真　壻家也女之所因故曰姻玉篇女部

一切經音義卷二　又卷二十一也字在末無所字

婣籀文姻从㣇大小徐　或作婣古文女㣇為婣韻會十一真　㛰籀文

姻九經字樣　籀作𡜁韻會十一真

妻婦與夫齊者也从女从屮从又又持事妻職也大徐　婦與己齊

者也從女從屮從又又持事妻職也屮聲小徐　韻會八齊　韻　婦與己齊者也玉篇女部

㛴古文妻从尚女尚古文貴字大小徐　韻會八齊古作㛴

又五未古作尚

婦服也从女持帚灑埽也大小徐　韻會二十六厚　釋

親疏又廣韻四十四有灑作洒　服也妥持帚洒埽也玉篇女部

妃匹也从女己聲大小徐　韻會五微　匹也廣韻八微　玉篇女部

嬶妃也从女㿝聲大小徐　韻會八齊

妊孕也从女从壬壬亦聲大徐小徐又韻會十二侵無下從字孕也從女壬聲
韻會二十七沁孕也文選班叔皮王命論注婬孕也後漢章紀注又皇后紀上注
娠女妊身動也从女辰聲春秋傳曰后緡方娠一曰官婢女隸謂
之娠大徐韻會十一真無傳下曰字末譌震女妊身動也從女辰聲春秋傳曰
后緡方娠一曰官婢女隸曰娠小徐、韻會十二震無身字傳下曰字女妊身
動也從女辰聲昭元年正義娠動也釋詁疏
嫋婦人妊身也从女芻聲周書曰至于嫋婦大徐小徐無于字婦人妊
娠也廣韻十虞
𡣍生子齊均也从女从生免聲大徐生子齊均也從女㝃聲讀若
嬏小徐韻會十四願無末三字嬔生子齊均也或作𡣍一切經音義卷一嬔生

子齊均也 廣韻二十五願 玉篇女部

嫛娩也从女殹聲 大小徐

娩嫛娩也从女兒聲一曰婦人惡皃 大徐 小徐無人字

母牧也从女象褱子形一曰象乳子也 大徐 韻會二十六厚 小徐無末二字 褱作懷末子也二字作形

嫗母也从女區聲 大小徐 母也 韻會七遇 玉篇女部

媼女老偁也从女昷聲讀若奥 大徐 母老稱也從女昷聲讀若奥

武威有媼圍縣 小徐 女老稱從女昷聲 韻會十九晧

姁嫗也從女句聲 大小徐 韻會七麌 嫗也 廣韻九麌

姐蜀謂母曰姐淮南謂之社从女且聲 大徐 韻會二十一馬 蜀下有人字 蜀人

謂母曰姐淮南謂之社從女且聲讀若左小徐　妲文選琴賦注又繁休伯與魏帝牋注　蜀人呼母曰姐玉篇女部

姑夫母也从女古聲犬小徐　夫母也一切經經音義卷十五韻會七虞玉篇女部

威姑也从女从戌漢律曰婦告威姑犬徐　姑也從女戌聲律曰婦告威姑小徐韻會五微律曰作漢律　姑也御覽卷五百十三玉篇女部

妣殁母也从女比聲犬小徐韻會四紙

妣籀文妣省犬徐　籀省作妣韻會四紙

姊女兄也从女𠂔聲犬小徐韻會四紙

妹女弟也从女未聲犬徐小徐首有夫之二字　韻會十一隊　女弟也釋親疏

娣女弟也从女从弟弟亦聲犬徐　女弟也從女弟聲小徐　女弟也

韻會八薺

婿　楚人謂女弟曰婿从女胥聲公羊傳曰楚王之妻婿　大徐　小徐聲下有春秋二字　韻會五未無曰字　楚人謂女弟為婿　釋親　釋文　又謂之婿　釋親疏

嫂　兄妻也从女叜聲　大小徐　韻會十九皓　嫂　五經文字卷下

姪　兄之女也从女至聲　大小徐　韻會九屑

姨　妻之女弟同出為姨从女夷聲　大小徐　女弟作姊妹　韻會四支

娿　女師也从女加聲杜林說加教於女也讀若阿　大徐　小徐說下有曰字

娒　女師也从女每聲讀若母　大徐　小徐末有同字　女師也　韻會二十六宥　姆

作娒　廣韻五十候　娒　玉篇女部

媾　重婚也从女冓聲易曰匪寇婚媾　大小徐　韻會二十六宥無曰字　重婚也易曰匪寇婚媾　玉篇女部

姼美女也从女多聲大小徐韻會四紙美女也玉篇女部

㚸姼或从氏大小徐或作㚸韻會四紙

妭婦人美也从女犮聲大小徐美婦也從女犮聲小徐美婦也玉篇女部

嫨女隸也从女奚聲大小徐八齊無也字韻會女隸也玉篇女部

婢女之卑者也从女从卑卑亦聲大徐無下從字小徐女之卑者從女卑聲韻會四紙女之卑者玉篇女部

奴奴婢皆古之辠人也周禮曰其奴男子入于辠隸女子入于舂稾从女从又大徐奴婢皆古辠人從女又聲周禮曰其奴男入于辠隸女入于舂稾小徐奴婢皆古辠人周禮其奴男入于辠隸女入于舂稾從女又韻會七虞奴婢皆古之罪人也御覽卷五百

男入罪曰奴女入罪曰婢 初學記卷十九 奴婢皆古之罪人周禮曰其奴男子入于皋隸女子入于舂稾 玉篇女部

伮古文奴从人 小徐本 廣韻十一模 韻會七虞 伮古文奴或作伮

㚴婦官也从女弋聲 小徐本 韻會十三職 㚴婦官也 玉篇女部

媊甘氏星經曰太白上公妻曰女媊女媊居南斗食厲天下祭之

曰明星从女前聲 小徐本 字作謂之二字 小徐下曰 甘氏星經曰大白上公

妻曰女媊居南斗食厲天下祭之曰明星 廣韻五支

媧古之神聖女化萬物者也从女咼聲 小徐本 古之神聖女化萬

物者也 韻會九佳

𡠣籀文媧从𤔔 小徐本 籀作𡠣 韻會九佳

娀帝高辛之妃偰母號也从女戎聲詩曰有娀方將 小徐本 徐偰作禼

帝高辛之妃偰母號也詩有娀方將 韻會二冬

娥帝堯之女舜妻娥皇字也秦晉謂好曰娙娥从女我聲 大徐 帝堯女舜妻娥皇也從女我聲秦晉謂好曰娙娥 小徐 韻會五歌無帝字皇下有字字 帝堯之女舜妻娥皇字也秦晉謂好曰娙娥 玉篇女部

嫄台國之女周棄母字也从女原聲 大徐 小徐國作侯無也字 台國之女從女原聲 韻會十三元

嬿女字也从女燕聲 大徐 小 女字 韻會十七霰無也字 玉篇女部

婀女字也从女可聲讀若阿 大徐 小

嬃女字也楚詞曰女嬃之嬋媛賈侍中説楚人謂姊為嬃从女須聲 大徐 女字也從女須聲楚詞曰女嬃之嬋媛賈侍中説楚謂

女字也楚詞女嬃之嬋媛賈侍中說楚謂姊爲嬃
姊爲嬃小徐韻會七虞

婕女字也从女疌聲大徐小徐末有讀若接女字也韻會十六葉

嬩女字也从女與聲讀若余大徐小徐余作予

嬬女字也从女需聲大小徐女字也玉篇女部

嫽女字也从女尞聲大小徐韻會十八嘯無也字女字也玉篇女部

㛵女字也从女衣聲讀若衣大徐小徐末作依

婤女字也从女周聲大小徐

姶女字也从女合聲春秋傳曰嬖人婤姶一曰無聲大小徐韻會十五合無上曰字

妀女字也从女己聲大小徐 女字也廣韻五旨（玉篇女部）

妵女字也从女主聲大小徐韻會二十六厚 女字也廣韻四十五厚

奺女字也从女久聲大小徐

㚸女號也从女耳聲大小徐

始女之初也从女台聲大小徐韻會四紙 女之初也玉篇女部

媚說也从女𥄉聲大小徐韻會四寘

嫵媚也从女無聲大小徐韻會七麌 嫵媚也玉篇女部

媄色好也从女从美美亦聲大徐 色好也從女美聲小徐

㜅媚也从女畜聲大小徐 媚也玉篇女部

嫷南楚之外謂好曰嫷从女隋聲大徐 南楚之外謂好曰隋從女

隋省聲小徐　婧南楚之外謂好也文選七啟注　南楚人謂好曰婧

廣韻三十四果　南楚之外謂好曰婧玉篇女部

一切經音義卷二　又卷二十二

姝好也从女朱聲小徐　好也玉篇女部　色美也華嚴音義

卷十九

好美也从女子小徐　好韻會二十號　美也玉篇女部

嬹說也从女興聲小徐韻會二十五徑　悅也功臣侯表索隱　文選潘安仁關中詩注　又顏延年和謝監詩注

嬮好也从女猒聲小徐

㚸好也从女殳聲詩曰靜女其㚸小徐　姝作㚸好也靜女釋文　㚸玉篇女部

姣好也从女交聲小徐韻會十八巧　好也文選思元賦注　美也蘇秦傳索隱

嬽好也从女𡦩聲讀若蜀郡布名 徐大小 好也 廣韻二仙

娧好也从女兑聲 徐大小 侻好也與娧同 文選神女賦注

媌目裏好也从女苗聲 徐大小 韻會三有 目裏好也 玉篇女部

嫿靜好也从女畫聲 徐大小 靜好也 玉篇女部 文選魏都賦注 又神女賦注 又琴賦注

婠體德好也从女官聲讀若楚郤宛 徐大小 體態好也 韻會八黠 體德好也 玉篇女部

娙長好也从女巠聲 徐大小 長也好也秦晉之閒謂好為娙 外戚世家索隱

⿰女贊白好也从女贊聲 徐大 白好也從女贊聲或曰不謹也 徐小 白好也 一切經音義卷七

嫷順也从女隋聲詩曰婉兮嫷兮 徐大小 順也從女隋聲 韻會十六銑

[六書故第九孌兩出又嬪順也吕孌為籀文]順也[玉篇女部]

𡢁籀文𡢁如此[小徐大徐本無此]籀文作孌[韻會十六銑]

妴婉也从女夗聲[大小徐]

婉順也从女宛聲春秋傳曰太子痤婉[大徐小徐無曰字]順也從女宛聲[韻會十三阮]順也[玉篇女部]

姛直項皃从女同聲[大小徐]項直皃也從女同聲[小徐]

嫣長皃从女焉聲[大小徐]

姌弱長皃从女冄聲[大小徐]冄弱長皃[文選嘯賦注]

嫋姌也从女从弱[大徐]姌也從女弱聲[小徐韻會十七篠姌作娜]

孅銳細也从女韱聲[大小徐韻會十四鹽]細銳也[一切經音義卷九]

嫇嬰嫇也从女冥聲一曰嫇嫇小人皃（大小徐）　嬰嫇也一曰嫇嫇小人皃（玉篇女部）

媱曲肩行皃从女䍃聲（大小徐）

嬛材緊也从女瞏聲春秋傳曰嬛嬛在疚（大小徐）　材緊也從女瞏聲（韻會一先）

姽閑體行姽姽也从女危聲（大小徐）　閑體行姽姽也（廣韻四紙）（玉篇女部）　靖好皃（文選神女賦注）

委委隨也从女从禾（大徐）　委隨也從女禾聲（小徐）（韻會四紙無聲字）

婐姽也一曰女侍曰婐讀若騧或若委从女果聲孟軻曰舜為天子二女婐（大徐）　姽也從女果聲一曰果敢也一曰女侍曰婐讀若騧一曰若委孟軻曰舜為天子二女婐（小徐）　姽也從女果聲

一曰女侍曰婐孟子二女果韻會二十哿

妸婐妸也一曰弱也从女厄聲大徐小

姑小弱也一曰女輕薄善走也一曰多技藝也从女占聲或讀若

占大徐　小弱也從女占聲一曰女輕薄善走讀若占一曰多技

藝小徐

媄姈也从女沾聲大徐小

姈媄姈也一曰善笑皃从女今聲大徐　媄姈也從女今聲一曰善

笑皃小徐

嬒竦身也从女篕聲讀若詩糾糾葛屨大徐　小徐詩下有曰字

婧竦立也从女青聲一曰有才也讀若韭菁大徐　大徐無下也字　小竦立也

從女青聲 韻會二十四敬 姘婧也 文選思元賦注

姘靜也从女井聲 大小徐

妅婦人皃从女乏聲 大小徐 婦人皃 玉篇女部

嫙好也从女旋聲 大徐 小徐好下有女字

嬪材也从女齊聲 大小徐 材也 玉篇女部

婚面醜也从女昏聲 大小徐 面醜也 何人斯正義 釋言疏

嬥直好皃一曰嬈也从女翟聲 大徐 直好貌從女翟聲一曰嬈也 小徐韻會十七篠

嫢媞也从女規聲讀若癸秦晉謂細腰為嫢 大徐 為嫢作曰嫢 小徐 媞也秦晉謂細腰曰嫢 玉篇女部

媞諦也一曰妍黠也一曰江淮之間謂母曰媞从女是聲 大徐 諦

也從女是聲一曰妍黠也一曰江淮間謂其母曰媞小徐韻會四紙下

一曰作又字諦也一曰妍黠廣韻十二齊諦也一曰江淮之閒謂母曰媞玉篇女部

嫯不繇也从女敖聲大小徐韻會七遇

嫺雅也从女閒聲大小徐韻會十五刪韻雅也司馬相如傳索隱北海靖王傳注後漢文選上

林賦注經音義卷七一切閑雅也文選琴賦注又曹植美女詩注

嫛說樂也从女巸聲大小徐悅樂也廣韻七之嫛怡和說一切經音義卷三

又卷二十五末有也字熙悅也華嚴音義卷四十八

娶美也从女取聲大小徐美也玉篇女部

娛樂也从女吳聲大小徐樂也一切音義卷四又卷五又卷二十二又卷二十五韻會七

虞

娭戲也从女矣聲一曰卑賤名也大小徐　娭戲也文選上林賦注

媅樂也从女甚聲大小徐　韻會十三覃　樂也一切經音義卷二又卷四又卷八又卷二十二廣韻二十二覃　妣樂也一切經音義卷六又卷二十三妣作湛

娓順也从女尾聲讀若媚大小徐　順也廣韻七尾韻會五尾

嫡孎也从女啻聲大小徐　韻會十二錫

孎謹也从女屬聲讀若人不孫爲不孎大小徐

嬽宴嬽也从女冤聲大小徐　徐冤作寃

媕女有心媕媕也从女弇聲大小徐

媣諟也从女染聲大小徐　媣玉篇女部

嫥壹也从女專聲一曰女嫥嫥大小徐

也從女是聲一曰妍黠也一曰江淮間謂其母曰媞小徐韻會四紙下

一曰作又字諦也一曰妍黠廣韻十二齊 諦也一曰江淮之閒謂母曰媞玉篇女部

嫯不繇也从女敖聲大小徐韻會七遇

嫺雅也从女閒聲大小徐韻會十五刪 韻 雅也司馬相如傳索隱 後漢北海靖王傳注 文選上林賦注 一切經音義卷七 閑雅也文選琴賦注 又曹植美女詩注

媐說樂也从女巸聲大小徐 悅樂也廣韻七之 媐怡和說一切經音義卷三

又卷二十五末有也字 熙悅也華嚴音義卷四十八

婜美也从女臤聲大小徐 美也玉篇女部

娛樂也从女吳聲大小徐 樂也一切音義卷四 又卷五 又卷二十二 又卷二十五 韻會七

虞

娭戲也从女矣聲一曰卑賤名也大小徐 娛戲也文選上林賦注

媅樂也从女甚聲大小徐 韻會十三覃 韻 樂也一切經音義卷二 又卷四 又卷八 又卷二十

二 廣韻二十二覃 妉樂也一切經音義卷六 又卷二十三妉作湛

娓順也从女尾聲讀若媚大小徐 順也廣韻七尾 韻會五尾

文田案說解傳寫有誤當作水不孫為不行考工記匠人水屬不理孫謂之不行鄭云屬讀為注許意謂讀若此屬字耳

嫕宴嫕也从女𡨼聲大徐 小徐𡨼作冤

婘女有心婘婘也从女弮聲大小徐

媣諟也从女染聲大小徐 嬫玉篇女部

嫥壹也从女專聲一曰女嫥嫥大小徐

如从隨也从女从口大小徐六魚作隨從也韻會

嫧齊也从女責聲大小徐

婡謹也从女朿聲讀若謹敕數數大徐無下謹字小徐謹也從女朿聲韻會三覽

嬐敏疾也一曰莊敬皃从女僉聲大徐敏疾也從女僉聲一曰莊皃小徐

嬪服也从女賓聲大小徐韻會十一真

𡝐至也从女執聲周書曰大命不𡝐讀若摯同一曰虞書雉𡝐大徐摯作執小徐至也從女執聲虞書雉𡝐韻會四寘至也玉篇女部

㛟俛伏也从女沓聲一曰伏意大徐末有也字小徐俛伏也一曰意伏

也廣韻二十七合

晏安也从女日詩曰以晏父母大徐安也從女晏省聲詩曰以晏父母小徐宴安也從女一切經音義卷十五

嬗緩也从女亶聲一曰傳也大小徐緩也一曰傳也廣韻三十三線

婞保任也从女辠聲大小徐保任也廣韻十一模玉篇女部

媻奢也从女般聲大徐奢也從女般聲一曰小妻也小徐韻會五歌小妻也

作奢女稱奢也玉篇女部廣韻八戈婆作媻東門之枌釋文

娑舞也从女沙聲詩曰市也媻娑大徐小徐又韻會五歌媻作娑韻會無曰字

姷耦也从女有聲讀若祐大徐小徐祐作佑耦也從女有聲韻會二十六宥

侑姷或从人大小徐或從人作侑韻會二十六宥

姰鈞適也男女併也从女旬聲大徐 鈞適也謂男女併也從女旬聲讀若旬小徐

嫳婦人小物也从女此聲詩曰屢舞嫳嫳大小徐 婦人小物也詩曰屢舞嫳嫳玉篇女部

妓婦人小物也从女支聲讀若跂行大小徐 婦人小物也從女支聲韻會四紙

嬰頸飾也从女賏賏其連也大小徐韻會八庚其作貝 繞也文選天台山賦注又曹子建責躬詩注又謝惠連秋懷詩注又盧子諒贈劉琨注又陸士衡赴洛道中注又豫章行注又五等論注廣韻十四清蒼頡篇云女曰嬰男曰兒 頸飾也玉篇女部

妝三女為妝妝美也从女奴省聲大徐 三女為妝妝美也從女冃聲小徐韻會十五翰 妴作妝廣韻二十八翰 妴玉篇女部

媛美女也人所援也从女从爰爰引也詩曰邦之媛兮 大小徐又韻會十七霰所下有欲字韻會無曰字

娉問也从女甹聲 大小徐韻會二十四敬

婌隨從也从女彔聲 大小徐 隨從也 玉篇女部廣韻一屋 錄錄隨從之皃 平原君傳索隱

妝飾也从女牀省聲 大小徐韻會七陽

孌慕也从女䜌聲 大小徐 慕也 文選陸士衡與士龍詩注又贈從兄注 六書故弟九孌慕也

媟嬻也从女枼聲 大小徐韻會九屑 嬻也 廣韻十七薛 黷也 一切經音義卷十四

嬻媟嬻也从女賣聲 大小徐韻會一屋

𡤓短面也从女竅聲 大小徐 短面也 玉篇女部

嬖便嬖愛也从女辟聲大徐小徐又韻會四寘愛上有也字小徐便嬖作便辟　便嬖愛也韻會八霽　便僻也玉篇女部

嫛難也从女毄聲大小徐

妎妒也从女介聲大小徐　妬也釋言釋文又疏廣韻十二霽　玉篇女部

妒婦妒夫也从女戶聲大小徐韻會七遇

媢夫妒婦也从女冒聲一曰相視也大徐韻會二十號曰下有不字　夫妒婦也从女冒聲讀若胞一曰梅目相視也小徐　夫妒婦廣韻三十七号　大學正義妒作妬　媢廣韻三十二晧　夫妬婦也玉篇女部

媄巧也一曰女子笑皃詩曰桃之媄媄从女芺聲大徐　巧也詩曰桃之媄媄女子笑皃從女芺聲小徐　巧也一切經音義卷十五廣韻三蕭　韻會

二蕭　妖巧也一切經音義卷十

佞巧讇高材也从女信省聲大小徐　巧讇高材也從女仁聲小徐　巧讇高材也從女仁聲一曰從信省韻會二十五徑　巧讇高材曰佞一切經音義卷十七　巧媚高材曰佞從女從仁一切經音義卷二十四　口材也一切經音義卷三

嫈小心態也从女熒省聲大小徐　小心態也玉篇女部

嫪婟也从女翏聲大小徐韻會二十號　婟也玉篇女部一切經音義卷七又卷十三又卷十九又

婟嫪也从女固聲大小徐　嫪也釋鳥釋文又疏

姿態也从女次聲大小徐韻會四支

嫭嬌也从女虘聲大小徐韻會六御嬌作驕　嬌也文選琴賦注　姐嬌也文選嵇叔

夜幽憤詩注　嫿字或作姐古字假借也文選繁休伯與魏文帝牋注

妨害也从女方聲大小徐韻會七陽　害也文選文賦注

妄亂也从女亡聲大小徐會二十三漾韻　亂也死妄釋文

婾巧黠也从女俞聲大小徐　巧黠也一韻會十尤

⿱汚女⿱汚女鹵貪也从女污聲大小徐

娋小小侵也从女肖聲大小徐

婐量也从女朵聲大小徐

妯動也从女由聲大小徐

嫌不平於心也一曰疑也从女兼聲大徐　不平於心也從女兼聲玉篇女部

一曰疑也小徐韻會十四鹽　不平於心一曰疑也廣韻二十五添

媘減也从女省聲大小徐　減也玉篇女部

婼不順也从女若聲春秋傳曰叔孫婼大徐有字　小徐傳曰二字作韻會十藥春秋傳
曰作魯有二字　不順也廣韻十藥

婞很也从女幸聲楚詞曰鯀婞直大徐　很也一曰見親從女幸聲
楚詞曰鯀婞直小徐　很也從女幸聲楚辭鯀婞直以亡身韻會二十
四迥

嫳易使怒也从女敝聲讀若擊擊大徐　小徐擊擊作擊擊　易使怒也從女
敝聲韻會九屑　易使怒也玉篇女部

嫸好枝格人語也一曰靳也从女善聲大小徐

娺疾悍也从女叕聲讀若唾大小徐

嬒含怒也一曰難知也从女㑹聲詩曰碩大且嬒大小徐

嬰嬬嬰也从女阿聲大小徐　陰嬰也韻會五歌

姸技也一曰不省録事一曰難侵也一曰惠也一曰安也从女幵聲讀若研大徐　技也一曰不省録事也从女幵聲一曰難侵讀若研一曰慧也一曰安也小徐有也字韻會一先侵下無讀若研三字　慧也文選文賦注

娃圜深目皃或曰吳楚之閒謂好曰娃从女圭聲大徐　圜深目皃也從女圭聲或曰吳楚之閒謂好曰娃小徐無也字韻會九佳或作一

嫈不媌前郤陵陵也从女陝聲大徐小徐無也字

妜鼻目閒皃讀若煙火炔炔从女決省聲大徐　鼻目閒皃從女夬

聲讀若煌火蛺炔 小徐

嬬愚戇多態也从女嶲聲讀若隓 大小徐

嬉不說也从女恚聲 大徐 說下有皃字 小徐 不說也 廣韻五寘

嫼怒皃从女黑聲 大徐 皃下有也字 小徐

娍輕也从女戉聲 大小徐

嫖輕也从女𤐫聲 大小徐

婭訬疾也从女亞聲 大小徐

姎女人自偁我也从女央聲 大徐 稱下有姎字 小徐 女人自稱姎我也 後漢西南夷人傳注 通典卷一百八十七 女人稱我曰姎 釋詁釋文 又疏 自匕稱姎我也 御覽卷七百八十五 女人自稱我也 玉篇女部

媁不說皃从女韋聲大徐小徐皃下有恣也二字

婎姿婎姿也从女佳聲一曰醜也大徐　如婎姿也一曰醜也從女佳聲小徐

婱有守也从女弦聲大小徐　有守也玉篇女部

媥輕皃从女扁聲大徐小徐皃下有也字

嫚侮易也从女曼聲大徐韻會十六諫小徐侮謕悔　侮易也玉篇女部

媊疾言失次也从女臿聲讀若懾大小徐　疾言失次也玉篇女部

嬬弱也一曰下妻也从女需聲大徐小徐下作不

婄不肖也从女咅聲讀若竹皮箁大徐小徐箁作箬　不肖也玉篇女部

壚遲鈍也从女臺聲闒壚亦如之大徐小徐之作此

嬋下志貪頑也从女覃聲讀若深大小徐
㜗婪也从女參聲大小徐　婪也廣韻四十八感
婪貪也从女林聲杜林說卜者黨相詐驗為婪讀若潭大小徐　貪
也卜者黨相詐驗為婪韻會十三覃　杜陵說上黨相詐驗為婪文選
潘安仁馬汧督誄注
嬾懈也怠也一曰臥也从女賴聲大徐　懶怠也從女賴聲一曰臥
食小徐　懈怠也從女賴聲韻會十四旱
婁空也从毋中女婁空之意也一曰婁務也大徐　空也從毋中女
婁空之意也一曰婁務愚也小徐　韻會十一尤中上　五經
文字卷下　女上皆有從字無次也字　婁
廣韻十九侯　空也一曰婁務也玉篇女部　婁玉篇女部

婁籒文婁從中女臼聲徐小　籒文婁从人中女大徐　韻會十一

尤籒作婁　汗簡云㚷出史書　韻會十一尤古作㚷

㚷古文徐大　古文婁如此徐小

接婁婡也从女折聲徐大小

婡得志婡婡一曰婡息也一曰少气也从女夾聲徐大　得志婡婡

也從女夾聲一曰婡息一曰少气也徐小

嬈苛也一曰擾戲弄也一曰嬥也从女堯聲徐大　苛也一曰擾戲

弄也從女堯聲一曰嬥也徐小　苛也從女堯聲徐曰擾戲弄也

韻會十七篠　苛也一切經音義卷三　擾戲弄也一切經音義卷十四　擾戲也一切

經音義卷六　又卷二十二　又

卷二十三　卷又卷二十一無戲字

嫛惡也一曰人皃从女毀聲大徐 小徐皃下有也字 惡也一曰人皃廣韻四紙 玉篇女部

姍誹也一曰翼便也从女刪省聲大徐 誹也一曰女㚖也從女姍省聲一曰刪翼便也小徐 從女刪省聲韻會十六諫

㜅醜也一曰老嫗也从女酉聲讀若蹴大徐 小徐

嫫嫫母都醜也从女莫聲大徐 小徐母下有古帝妃三字 嫫母都醜也玉篇女部 嫫母都醜也古帝妃韻會七虞 嫫醜者也一切經音義卷十二

婓往來婓婓也一曰醜皃从女非聲大徐 往來婓婓也從女非聲一曰大醜皃小徐 婓婓往來皃韻會五微

孃煩擾也一曰肥大也从女襄聲大徐 小徐擾作役 煩擾也一切經音義卷十三 又卷七首有恇孃二字

嬒女黑色也从女會聲詩曰嬒兮蔚兮 大徐 小徐作蔚兮嬒兮 女黑色也 玉篇女部

㜍好皃从女奐聲 大小徐 好皃 玉篇女部

掩誣拏也从女奄聲 大小徐

嬒過差也从女監聲論語曰小人窮斯嬒矣 大小徐 嬒論語曰小人窮斯嬒矣 九經字樣

嫯侮易也从女敖聲 大小徐

婬私逸也从女𡈼聲 大徐 小徐𡈼作㸒 韻會十二侵 私逸也 玉篇女部 一切經音義卷二

姘除也漢律齊人予妻婢姦曰姘从女幷聲 大徐 除也從女幷聲漢律曰齊人與妻婢姦曰姘 小徐 漢律齊人與妻婢姦曰姘 玉篇女部

奸犯婬也从女从干干亦聲 大徐 小徐又韻會十四寒無下從字

姅婦人污也从女半聲漢律曰見姅變不得侍祠 大徐 小徐污下有見字

女污也 五宗系家索隱

娗女出病也从女廷聲 大徐小徐 女出病也 韻會二十四迴 玉篇女部

婥女病也从女卓聲 大徐小徐

婑諉也从女坐聲 大徐小徐

嫍有所恨也从女㐫聲今汝南人有所恨曰嫍 大徐 有所恨痛也從女㛴省聲今汝南人有所恨言大嫍 小徐 有所恨痛也從女㛴省聲 韻會十九皓 有所恨痛也 玉篇女部 一切經音義卷十三 廣韻三十二皓

媿慙也从女鬼聲 大徐小徐 韻會四寘 慙也 玉篇女部 又耳部

愧媿或从恥省 大徐小徐 或作愧 韻會四寘 亦作愧 玉篇女部 聭與媿同 玉篇耳部

奻訟也从二女大小徐訟也玉篇女部

姦私也从三女大小徐韻會十五刪

㤨古文姦从心旱聲大徐古文姦從旱心小徐韻會十五刪古作㤨

毋止之也从女有奸之者凡毋之屬皆从毋大徐小徐毋作毋止之也

從女有奸之者韻會七虞正義女下有象字角弓止之也其字從女內有一

畫象有姦之者禁止令勿姦也古人言毋令人言莫大禹謨正義

止之詞其字從女內有一畫象有姦之形禁止之勿令姦古人

云毋猶令人言莫也曲禮釋文從女象有姦之者禁令勿姦谷風正義

從女有人從中欲干犯故禁約之檀弓下正義

毐人無行也从士从毋賈侍中說秦始皇母與嫪毐淫坐誅故世

罵淫曰嫪毒讀若娭 大徐 人無行也從毋士賈侍中說秦始皇毋與嫪毒淫坐誅故罵淫曰嫪毒讀若娭 小徐 人無行也 廣韻十六哈 嫪毒士之無行者 漢五行志注

民衆氓也从古文之象凡民之屬皆从民 大徐 象下有形字 小徐 衆萌也 廣韻十七眞 衆氓也 玉篇民部 韻會十一眞

㞑古文民 大徐 小 古作[illegible] 韻會十一真

氓民也从民亡聲讀若盲 大徐 小 民也從民亾聲 韻會八庚 民也 玉篇民部

丿右戾也象左引之形凡丿之屬皆从丿 大徐 小

乂芟艸也从丿从乀相交 大徐 十一隊 小徐又無下從字 韻會

刈乂或从刀 大徐 小 後人又加刀作刈 韻會十一隊

弗撟也从丿从乀从韋省大徐 撟也從韋省從丿乀小徐 韻會五勿
撟也廣韻八物
乀左戾也从反丿讀與弗同大徐 小徐無也字
𠂆抴也明也象抴引之形凡𠂆之屬皆从𠂆虒字从此大徐 小徐
弋橜也象折木衺銳著形从𠂆象物挂之也大徐 十三職 小徐又韻會衺銳字倒
弋橜也文選長楊賦注
乁流也从反𠂆讀若移凡乁之屬皆从乁大徐 流也象反𠂆凡乁之屬皆從乁讀若移小徐
也女陰也象形大徐 女陰也象形乁聲小徐 二十一馬韻會
世秦刻石也字大徐 秦刻石文小徐 二十二馬韻會

氏巴蜀名山岸脅之旁箸欲落墒者曰氏氏崩聲聞數百里象形乀聲凡氏之屬皆从氏揚雄賦響若氏隤 大徐 小徐旁著上有堆字賦下有曰字

巴蜀山名岸脅之旁箸欲墮者曰氏氏崩聞數百里象形乀聲揚雄賦曰響若氏隤 六書故弟三十三 巴蜀山岸脇之堆傍欲落者曰坻：崩聲聞數百里 御覽卷五十六 蜀謂山岸之堆旁著欲落墒者氏象形乀聲 韻會四紙

氐木本从氏大於末讀若厥 大徐 木本也從氏而大於末也讀若厥 小徐 木本也从氏大於末讀若厥蜀本作大於本 六書故弟三十三

氐至也从氏下箸一一地也凡氐之屬皆从氐 大徐 小徐從上有本也二字

本也至也從氐下著一一地也 韻會八齊 至也一曰地也 韻會八薺

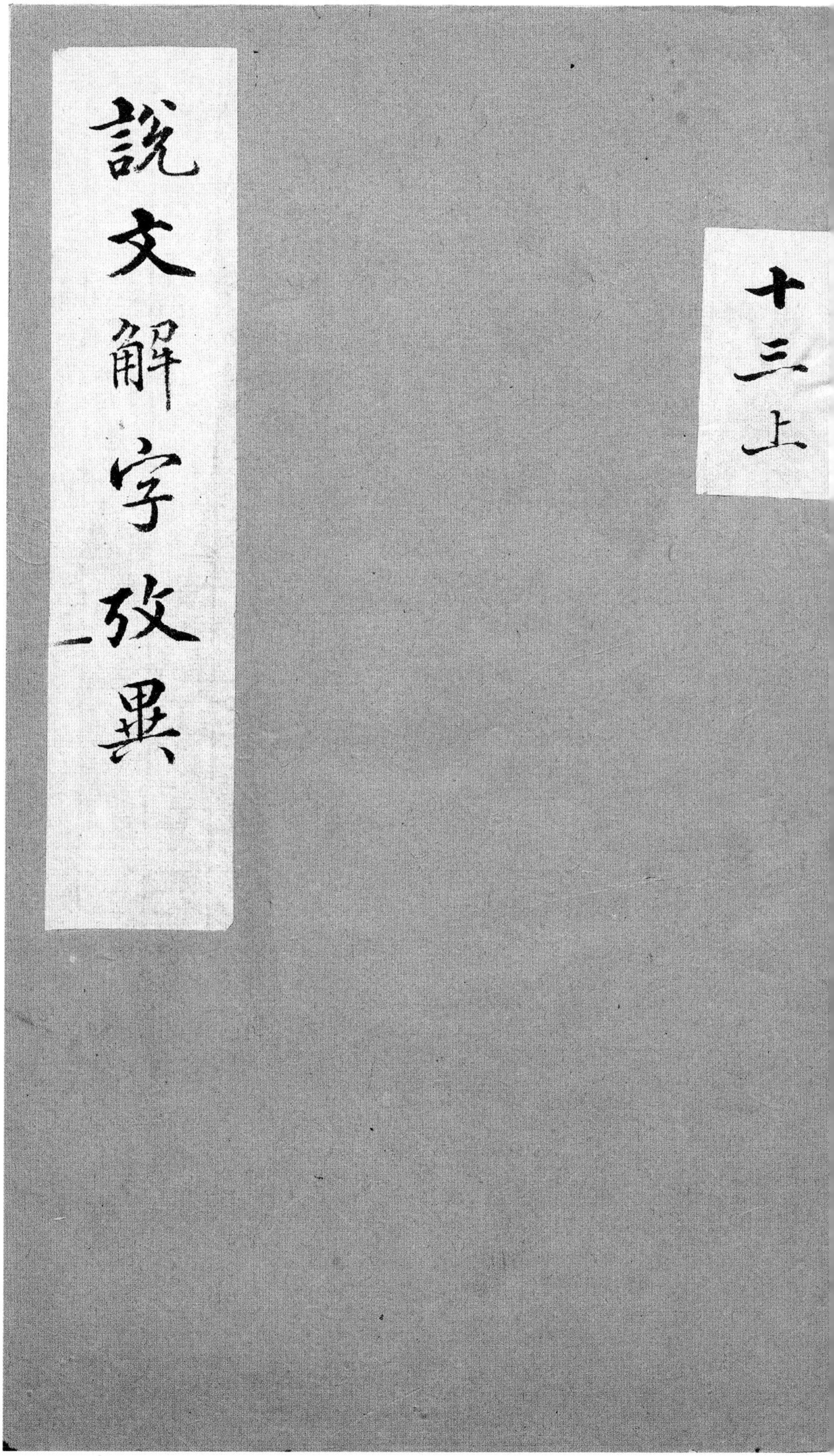

說文解字攷異

十三上

第一頁　三行　大徐並鳥

六廿四頁

說文解字攷異十三上 此一卷小徐本已殘闕

歸安姚文田輯

糸細絲也象束絲之形凡糸之屬皆从糸讀若覛 大徐 小徐此卷全缺

𢆶古文糸 大徐

繭蠶衣也从糸从虫黹省 大徐 蠶衣也從糸從虫黹省聲 韻會十六銑

蠶衣也从糸从虫徐本从黹省唐本从市 六書故第三十 黑皴也

文選任彥昇勸進牋注 繭古文絸同 一切經音義卷十四

絸古文繭从糸見 大徐 絸古文 大徐 六書故第三十 古韻會作絸 十六銑 廣韻四豪

繅繹繭爲絲也从糸巢聲 繹作繰無也字 繹繭爲絲也 御覽卷八百二十五 繹

草疏繹作澤 繅作繰抽出絲也 祭義釋文

繹抽絲也从糸睪聲 大徐 韻會十一陌 抽絲也 廣韻二十二昔

緒　絲耑也从糸者聲大徐韻會六語韻絲耑也韻會八語絲端也釋草疏一切經音義卷十七

緬　微絲也从糸面聲大徐韻會十六銑韻微絲也廣韻二十八獮

純　絲也从糸屯聲論語曰今也純儉大徐韻會十一真無曰字

綃　生絲也从糸肖聲大徐韻會二蕭後漢向相傳注也作繒

[糸皆]　大絲也从糸皆聲大徐

綄　絲曼延也从糸㐬聲大徐

紇　絲下也从糸气聲春秋傳有臧孫紇大徐韻會六月韻

紙　絲滓也从糸氐聲大徐

絓　繭滓絓頭也一曰以囊絮練也从糸圭聲大徐繭滓絓頭也一

曰以囊絮練也韻會十卦 蠒滓絓頭也一曰牽繡御覽卷八百十九

纅絲色也从糸樂聲大徐

繀箸絲於筟車也从糸崔聲大徐 著絲於筟車廣韻十八隊

經織也从糸巠聲大徐 機縷又織也從糸巠聲韻會九青 織從絲也御覽卷八百二十六

織作布帛之總名也从糸戠聲大徐韻會十三職 作布帛總名廣韻二十四職

作帛總名也御覽卷八百二十六

⿰糸式樂浪挈令織从糸从式大徐韻會十三職亦作⿰糸式

紝機縷也从糸壬聲大徐韻會二十七沁機作絡

絍紝或从任大徐 亦作絍韻會二十七沁

綜機縷也从糸宗聲 大徐韻會二宋 機縷也 一切經音義卷十二又卷十四又卷二十三御覽卷八百二十六

綹緯十縷為綹从糸咎聲讀若柳 大徐

緯織橫絲也从糸韋聲 大徐韻會五未 織橫絲也 御覽卷八百二十六

緷緯也从糸軍聲 大徐 緯也 周禮大卜釋文廣韻二十三問 緷緯 御覽卷八百二十六

繢織餘也从糸貴聲 大徐 織餘也一曰畫也从糸貴聲 韻會十一隊

統紀也从糸充聲 大徐韻會二宋

紀絲別也从糸己聲 大徐韻會四紙 絲別也 僖二十四年正義 別絲也 棫樸正義

繈觕類也从糸強聲 大徐韻會二十二養

纇絲節也从糸頪聲大徐　絲節也韻會十一隊

紿絲勞即紿从糸台聲大徐韻會十賄

納絲溼納納也从糸內聲大徐韻會十五合

紡網絲也从糸方聲大徐韻會二十二養　网絲也蜀本作抝絲六書故第三十

絕斷絲也从糸从刀从卩大徐韻會九屑

𢇍古文絕象不連體絕二絲大徐　古作𢇍韻會九屑

繼續也从糸𢇍一曰反𢇍為繼大徐　續也從糸𢇍聲韻會八霽

續連也从糸賣聲大徐韻會二沃　連也孝經疏

賡古文續从庚貝大徐　賡古續字益稷釋文晉書音義卷八十八韻會八庚　賡

古文續釋詁釋文

纘繼也从糸贊聲大徐韻會十四旱

紹繼也从糸召聲一曰紹緊糾也大徐

綤古文紹从邵大徐紹古文綤同一切經音義卷二十三廣韻三十小篆古文韻會十七篠古作綤

縒偏緩也从糸羑聲大徐

緼緩也从糸盈聲讀與聽同大徐　緩也廣韻十五青

綎緼或从呈大徐

縱緩也一曰舍也从糸從聲大徐韻會二宋　緩也一曰舍也廣韻三用

　緩也文選七啟注

紓緩也从糸予聲大徐韻會六魚

繎絲勞也从絲肰聲大徐

紆詘也从糸于聲一曰縈也徐犬　詘也一曰縈也從糸于聲韻會七虞

詘也文選長楊賦注　屈也一曰縈也文選謝元暉敬亭山詩注　屈也紆縈也

一切經音義卷二十一　屈也文選北征賦注又殷仲文桓公九井詩注

緈直也从糸幸聲讀若陘徐犬

纖細也从糸韱聲徐犬　韻會十四鹽

細微也从糸囟聲徐犬　韻會八霽

緢旄絲也从糸苗聲周書曰惟緢有稽徐犬　旄絲也從糸苗聲韻會

二蕭　旄絲也廣韻三蕭　緢音苗廣韻三十六效

縒參縒也从糸差聲徐犬　亂絲皃韻會四支

繙冕也从糸番聲徐犬

縮亂也从糸宿聲一曰蹴也大徐韻會一屋

紊亂也从糸文聲商書曰有條而不紊大徐問無商日二字韻會十三

級絲次第也从糸及聲大徐韻會十四緝　絲次第也廣韻二十六緝　次第也

文選顏延年陶徵士誄注

總聚束也从糸悤聲大徐韻會一董　聚束草也夏紀索隱　總九經字樣

㬥約也从糸具聲大徐　約也廣韻三燭

約纏束也从糸勺聲大徐韻會十藥

繚纏也从糸尞聲大徐韻會十七篠　纏也華嚴音義卷八又卷三十三　繞也纏也

一切經音義卷六　纚也文選琴賦注

纏繞也从糸廛聲大徐韻會一先　繞也文選左太冲招隱注

繞纏也从糸堯聲大徐韻會十七篠韻

紾轉也从糸㐱聲大徐韻會十一軫韻　紾弓人釋文

繯落也从糸瞏聲大徐韻會十六銑韻　落也後漢馬融傳注

辮交也从糸辡聲大徐韻會十六銑韻　交也文選思元賦注一切經音義卷十四廣韻二十七銑

交織也後漢張衡傳注　交辮也一切經音義卷十五　交織之也一切經音義卷十八

結締也从糸吉聲大徐韻會九屑韻

縎結也从糸骨聲大徐

締結不解也从糸帝聲大徐　結不解也一切經音義卷二

縛束也从糸尃聲大徐韻會十藥韻

繃束也从糸崩聲墨子曰禹葬會稽桐棺三寸葛以繃之大徐韻會八

庚

絿急也从糸求聲詩曰不競不絿大徐　急也韻會十一尤　俅作絿絲衣

絧急也从糸同聲大徐　急引也韻會九青釋文引

𦁐散絲也从糸𠂢聲大徐　散絲也廣韻十五卦

䌴不均也从糸羸聲大徐

給相足也从糸合聲大徐韻會十四緝

綝止也从糸林聲讀若郴大徐　止也从糸林聲一曰善也韻會十二侵

縪止也从糸畢聲大徐　止也廣韻五質

紈素也从糸丸聲大徐韻會十四寒　素也文選雪賦

終 絿絲也从糸冬聲 大徐 絿絲也從糸冬 韻會一東

𠔀 古文終 大徐 古作宍 韻會一東

縶 合也从糸从集讀若捷 大徐

繒 帛也从糸曾聲 大徐 韻會十蒸 帛也 一切經音義卷一 又卷二 又卷六 華嚴音義卷七十五、謂帛之總名也 華嚴音義卷十六 又卷三十二無也字

緈 籀文繒从宰省揚雄以為漢律祠宗廟丹書告 大徐

緭 繒也从糸胃聲 大徐

絩 綺絲之數也漢律曰綺絲數謂之絩布謂之總綬組謂之首从糸兆聲 大徐 綺絲之數也從糸兆聲漢律曰綺絲數謂之絩布謂之總綬組謂之首 韻會十七篠

綺　文繒也从糸奇聲大徐　文繒也後漢王符傳注　文選西都賦注　又古詩十九首注再見　御覽卷八百十六　韻會四紙　有文曰綺一切經音義卷二十一

縠　細縛也从糸㱿聲大徐　韻會一屋　細繒也御覽卷八百十六

縛　白鮮色也从糸專聲大徐　韻會十六銑　白鮮色也儀禮聘禮釋文　鮮色也周禮內司服釋文

縑　并絲繒也从糸兼聲大徐　并絲繒也御覽卷八百十八　韻會十四鹽　并絲繒也廣韻二十五添

綈　厚繒也从糸弟聲大徐　韻會八薺　厚繒也匈奴傳索隱　後漢楊厚傳注　文選西京賦注　又魏都賦注　黃赤色也御覽卷八百十六

練　湅繒也从糸柬聲大徐　韻會十七霰　湅作練

縞鮮色也从糸高聲大°徐韻會十九皓無也字

纆粗緒也从糸𨸏聲徐大°粗緒也一曰繒屬韻會四支粗緒也廣韻五支

紬大絲繒也从糸由聲大°徐韻會十一尤大絲繒也御覽卷八百十六

綮緻繒也一曰徽幟信也有齒从糸攵聲徐大°緻繒也一曰徽幟信也從糸啟省聲韻會八薺

綾東齊謂布帛之細曰綾从糸夌聲徐大°東齊謂皮帛之細者曰綾韻會十蒸

縵繒無文也从糸曼聲漢律曰賜衣者縵表白裏大°徐韻會十五翰無曰字繒無文也漢律曰賜衣者縵表白裏廣韻二十九换繒帛無文者也一切經音義卷六

繡五采備也从糸肅聲大徐韻會二十六宥　五色彩備也文選文賦注

絢詩云素以為絢兮从糸旬聲大徐韻會十七霰無云字　⿰糸筍從筍聲九經字樣以絢為隸省

繪會五采繡也虞書曰山龍華蟲作繪論語曰繪事後素从糸會聲大徐　五采繡從糸會聲又畫也語繪事後素韻會九泰　五采曰繪一切經音義卷二十一

緀白文皃詩曰緀兮斐兮成是貝錦从糸妻聲大徐　帛文貌從糸妻聲韻會八齊　詩緀兮斐兮韻會八薺

䋛繡文如聚細米也从糸从米米亦聲大徐韻會八薺無也字　繡文如聚米廣韻十一薺

粉米作黺黺益稷釋文　或作粖書藻火黺粖韻會八齊　按汗簡卷中之一云粖亦作絉

見尚書

絹繒如麥稍从糸肙聲大徐韻會十七霰　絹似霜御覽卷八百十六

緑帛青黄色也从糸彔聲大徐　帛青黄色韻會二沃

緀帛青白色也从糸𦤎聲大徐韻會十七篠無也字　帛青白色也文選籍田賦注

青白色文選笙賦注

綪帛青經縹緯一曰育陽染也從糸育聲大徐

絑純赤也虞書丹朱如此从糸朱聲大徐

纋淺絳也从糸夒聲大徐韻會十二文　淺絳色釋器釋文

絀絳也从糸出聲大徐　縫也韻會五勿

絳大赤也从糸夅聲大徐韻會三絳

綰惡也絳也从糸官聲一曰絹也讀若雞卵大徐惡也一曰絳也

絹也韻會十五潸

縉帛赤色也春秋傳曰縉雲氏禮有縉緣从糸晉聲大徐帛赤色

從糸晉聲左傳縉雲氏韻會十二震赤白色也後漢蔡邕傳注

綪赤繒也以茜染故謂之綪从糸青聲大徐韻會十七霰

緹帛丹黃色从糸是聲大徐韻會八薺帛丹黃色也後漢竇憲傳注又張酺傳注

一切經音義卷十二帛赤黃色也一切經音義卷三又卷八帛黃色也御覽卷二百五十二

衹緹或从氏大徐或作紙韻會八薺

縓帛赤黃色一染謂之縓再染謂之䞓三染謂之纁从糸原聲（大徐）

（韻會十七霰）帛黃赤色（釋器釋文又疏無帛字）

紫帛青赤色从糸此聲（大徐韻會四紙）

紅帛赤白色从糸工聲（大徐韻會一東）

繱帛青色从糸蔥聲（大徐）帛青色（文選藉田賦注）

紺帛深青揚赤色从糸甘聲（大徐韻會二十八勘無赤字）帛深青揚赤色（鄉黨延）

帛深青而揚赤色也（一切經音義卷十四又卷六深作染無也字）染青而揚赤色也（文選藉田賦注）深青而揚赤也（文選鸚鵡賦注又七命注無揚字）

綼帛蒼艾色从糸畀聲詩曰縞衣綼巾未嫁女所服一曰不借綼

（大徐）帛蒼艾色詩縞衣綼巾未嫁女所服（韻會四支）綦蒼艾色也

出其東門正義

綦蒼艾 玉藻正義

綦綥或从其 大徐 古作綦 今文作綦 韻會四支

綼帛如紺色或曰深繒从糸畀聲讀若畀 大徐

緇帛黑色也从糸甾聲 大徐 韻會四支無色字

纔帛雀頭色一曰微黑色如紺纔淺也讀若讒从糸毚聲 大徐 帛騅色

緅帛騅色也从糸剡聲詩曰毳衣如緅 大徐 韻會二十八感無曰字

也詩曰毳衣如緅 廣韻四十九感

綟帛戾艸染色从糸戾聲 大徐 韻會八霽戾作艾

紑白鮮衣皃从糸不聲詩曰素衣其紑 大徐 白鮮衣皃 廣韻十八尤

緂白鮮衣皃从糸炎聲謂衣采色鮮也 大徐 白鮮衣皃 廣韻四十九感

繻繒采色从糸需聲讀若易繻有衣大徐　繒采韻會七麌

縟繁采色也从糸辱聲大徐韻會二沃　繁采飾也文選西京賦注　又月賦注　又劉越石荅盧諶詩注　又七啟注　繁綵飾也後漢延篤傳注　文選任彥昇王文憲集序注　綵作彩　采飾也文選景福殿賦注　又長笛賦注　采作彩

纚冠織也从糸麗聲大徐韻會四紙　冠織也文選高唐賦注

紘冠卷也从糸厷聲大徐

紭紘或从〔敬避〕大徐

紞冕冠塞耳者从糸冘聲大徐韻會二十八感　冕冠塞耳者廣韻四十九感

纓冠系也从糸嬰聲大徐　冠系也文選七啟注　韻會八庚　冠索也後漢楊彪傳注

冠系曰纓一切經音義卷十七

紻纓卷也从糸央聲 大徐

緌系冠纓也从糸委聲 大徐 韻會四支無也字

緄織帶也从糸昆聲 大徐 織成帶也 後漢南匈奴傳注 文選七啟注 緄—帶也 韻會十一軫

紳大帶也从糸申聲 大徐

繟帶緩也从糸單聲 大徐 韻會十六銑

綬韍維也从糸受聲 大徐 韻會二十六厚

組綬屬其小者以為冕纓从糸且聲 大徐 韻會七麌無其字 綬屬也小者以為冕纓 續漢志補輿服志下 文選七啟注冕作冠 綬屬其小者以為纓也 御覽卷八百十九 綬屬也 文選謝靈運述祖德詩注 又太沖詠史注 又謝元暉敬亭山詩注無屬字 綦小

者為冠纓文選孔文舉薦禰衡表注

緺綬紫青也从糸咼聲大徐韻會六麻 綬紫青也韻會九佳 紫青色也後漢南匈奴傳注 青紫色綬也御覽卷六百八十二

縌綬維也从糸逆聲大徐韻會十一陌

纂似組而赤从糸算聲大徐韻會十四旱 赤組也漢景紀注

紐系也一曰結而可解从糸丑聲大徐 系也從糸丑聲韻會二十六厚 系也文選皇甫士安三都賦序注 又頭陀碑文注

綸青絲綬也从糸侖聲大徐韻會十一真無也字 青絲綬也後漢王符傳注 廣韻二十八山

紃青絲綬也文選西都賦注 御覽卷八百十九

綎系綬也从糸廷聲大徐韻會九青 系綬也後漢蔡邕傳注

絙緩也从糸亘聲大徐

繐細疏布也从糸惠聲大徐韻會八霽蜀白細布也凡布細而疏者

謂之繐一切經音義卷八蜀布也御覽卷八百二十

纍頸連也从糸纍省聲大徐

紟衣系也从糸今省聲大徐衣系也韻會十二侵

絵籀文从金大徐籀作絵韻會十二侵

緣衣純也从糸彖聲大徐韻會十七霰

纀裳削幅謂之纀从糸僕聲大徐裳削幅也從糸僕聲韻會一屋

絝脛衣也从糸夸聲大徐韻會七遇脛衣也廣韻十一暮御覽卷六百九十五袴

作絝昭二十五年釋文

繑絝紐也从糸喬聲大徐 絝紐也廣韻三蕭

緥小兒衣也从糸保聲大徐會十九皓韻 小兒衣廣韻三十二皓

繜薉貉中女子無絝以帛為脛空用絮補核名曰繜衣狀如襜褕

从糸尊聲大徐

紴絛屬从糸皮聲讀若被或讀若水波之波大徐

絛扁緒也从糸攸聲大徐會四豪韻

絨采彰也一曰車馬飾从糸戉聲大徐會六月韻 采彰也一曰車馬

飾廣韻十月

縱絨屬从糸从從省聲大徐

紃圜采也从糸川聲大徐會十一真韻

緟增益也从糸重聲 大徐 增益也 廣韻三鍾

纕援臂也从糸襄聲 大徐

纗維綱中繩从糸巂聲讀若畫或讀若維 大徐 維綱中繩也 廣韻十二齊 綱中繩 文選思元賦注 繫幃曰纗 文選思元賦注

綱維紘繩也从糸岡聲 大徐 韻會七陽 維紘繩也 僖二十四年正義 廣韻十一唐 綱紘也 棫樸釋文

杺古文綱 大徐 韻會七陽 古作杺

縜持綱紐也从糸員聲周禮曰縜寸 大徐 持綱紹者周禮考工記梓人為侯縜寸 韻會十一真

縵絳綫也从糸侵省聲詩曰貝冑朱縵 大徐 侵優作侵無曰字 韻會十二 絳綫

也詩曰貝冑朱綅廣韻二十一侵綫也閟宮釋文正義同

縷綫也从糸婁聲大徐韻會七慶線也御覽卷八百三十

綫縷也从糸戔聲大徐韻會十七霰古文作線韻會十七霰綫廣韻三十三線

⿰糸穴古文綫大徐

⿰糸穴縷一枚也从糸穴聲大徐縷一枚也廣韻十六屑

縫以鍼紩衣也从糸逢聲大徐韻會二冬以鍼紩衣也一切經音義卷四

縫線也御覽卷八百三十

緁緶衣也从糸疌聲大徐韻會十六葉緶衣也廣韻二十九葉

緝緁或从習大徐緝同上廣韻二十九葉韻會十六葉或作緝

紩縫也从糸失聲大徐縫衣也一切經音義卷十一

緛衣戚也从糸耎聲大徐

組補縫也从糸旦聲大徐　綻補縫也一切經音義卷八又卷十四云又作組

繕補也从糸善聲大徐韻會十七霰　補也一切經音義卷七又卷十三華嚴音義經序同

絬論語曰絬衣長短右袂从糸舌聲大徐

纍綴得理也一曰大索也从糸畾聲大徐　綴得理也從糸畾聲一

曰大索也韻會四支　徽大索也文選西征賦注

縭以絲介履也从糸离聲大徐韻會四支

緱刀劍緱也从糸侯聲大徐　緱刀劍緱也韻會十一尤

緊戟衣也从糸殹聲一曰赤黑色繒大徐　戟衣也一曰赤黑繒韻會八齊

縿旌旗之游也从糸參聲大徐韻會十五咸 旌旗游也廣韻二十七銜 以此

為旒縿字徐義釋文

㡥裹幅也一曰三糾繩也从糸微省聲大徐 裹幅也一曰三糾繩

也韻會五微 糾繩也後漢西羌論注

𢇍扁緒也一曰弩罥鉤帶从糸斷聲大徐

紉繟繩也从糸刃聲大徐韻會十一真

繩索也从糸蠅省聲大徐韻會十蒸

⿰糸爭紆未縈繩一曰急弦之聲从糸爭聲讀若旌大徐 縈繩也儀禮士喪

禮釋文 一切經音義卷十五 紆朱縈繩也韻會八庚 徐本紆未縈繩一曰急

絃聲蜀本紆朱縈索也士喪禮綪讀為綪 六書故弟三十

縈收韏也从糸熒省聲大徐 收卷也韻會八庚

絇纑繩絇也从糸句聲讀若鴝大徐 纑繩約也從糸句聲韻會七虞

縋以繩有所縣也春秋傳曰夜縋納師从糸追聲大徐韻會四寘無曰字

以繩有所懸鎮也一切經音義卷十八

絭攘臂繩也从糸𢍏聲大徐

緘束篋也从糸咸聲大徐韻會十五咸 束篋也後漢陽球傳注文選謝惠連擣衣詩注一

切經音義卷十六

縢緘也从糸朕聲大徐 緘也采菽正義韻會十蒸

編次簡也从糸扁聲大徐 次簡也韻會一先 次也後漢蘓竟傳注

維車蓋維也从糸隹聲大徐韻會四支 車蓋維也廣韻六脂

絥車絥也从糸伏聲徐犬　車絥也廣韻六至

茯絥或从艸徐犬

鞴絥或从革𤰈聲徐犬

䋫乘輿馬飾也从糸正聲徐犬　乘輿馬頭飾也韻會八庚

綊䋫綊也从糸夾聲徐犬　征綊也廣韻三十帖韻會十六葉

緐馬髦飾也从糸每聲春秋傳曰可以稱旌緐乎徐犬

𦅾緐或从畀畀籀文弁徐犬　韻會十四寒　繁籀文作𦅾

韁馬紲也从糸畺聲徐犬　韁紲也韻會七陽

紛馬尾韜也从糸分聲徐犬韻會十二文

紂馬緧也从糸肘省聲徐犬韻會二十六厚

緧馬紂也从糸酋聲大徐 韻會十一尤 馬紂也廣韻十八尤

絆馬縶也从糸半聲大徐 韻會十五翰

䋈絆前兩足也从糸須聲漢令蠻夷卒有䋈大徐

紖牛系也从糸引聲讀若矤大徐 牛系也從糸引聲韻會十一軫 牛系也一切經音義卷十二 又卷十五系作索

縼以長繩繫牛也从糸旋聲大徐 以長繩繫牛也文選長笛賦注 又王仲宣詠史注

縻牛轡也从糸麻聲大徐 牛轡也文選藉田賦 韻會四支

⿰糹多縻或从多大徐 或作⿰糹多韻會四支

紲系也从糸世聲春秋傳曰臣負羈紲大徐 春秋傳曰作左傳韻會九屑 係也僖二十四年正義 繫也小戎正義 縲繫也僖二十四年釋文

緤紲或从枼大徐亦作緤韻會九屑

纆索也从糸黑聲大徐韻會十三職　纆索後漢西羌論注　纆索也文選揚子雲解嘲注

縆大索也一曰急也从糸恒聲大徐　大索也韻會十蒸

繘綆也从糸矞聲大徐韻會四質

䌛古文从絲大徐韻會四質古作䌛

䌛籀文繘大徐韻會四質籀作䌛

綆汲井綆也从糸更聲大徐十三梗韻會二無也字　汲井綆也文選王仲宣詠史注

汲井繩也一切經音義卷二

絠彈彄也从糸有聲大徐

繳生絲縷也从糸敫聲大徐韻會十藥　生絲縷也易遯正義廣韻十八藥　生

絲縷也謂以生絲為繩也詩采綠正義謂生絲為繩也女曰雞鳴正義述而延無也字繳生絲縷也文選西都賦注又子虛賦注又文賦注繳生絲也哀七年正義

繴繴謂之罿罿謂之罬罬謂之罦捕鳥覆車也从糸辟聲大徐

緡釣魚繁也从糸昏聲吳人解衣相被謂之緡大徐釣魚繁也吳人解衣相被謂之緡韻會十一真釣魚繁也一切經音義卷十五

絮敝緜也从糸如聲大徐韻會六御敝緜也廣韻九御

絡絮也一曰麻未漚也从糸各聲大徐韻會十藥

纊絮也从糸廣聲春秋傳曰皆如挾纊大徐韻會二十三漾春秋傳曰作左傳絮也一切經音義卷五又卷六又卷一絮作緜絮縕也御覽卷八百十九

絖纊或从光大徐　或作絖韻會二十三漾

紙絮一苫也从糸氏聲大徐 韻會四紙

絡治敝絮也从糸咨聲大徐

絮絜緼也一曰敝絮从糸奴聲易曰需有衣絮大徐　袽作絮絜緼

也一曰敝絮從糸奴聲易需有衣絮韻會六魚　緼也一曰敝絮也公羊昭二十年釋文　緼也御覽卷八百十九　袽作絮緼也既濟釋文　袽作絮五經文字卷中

繫繫繞也一曰惡絮从糸毄聲大徐　繫繞也一曰維也從糸毄聲

一曰惡絮韻會八霽

繞繫也一曰維也从糸虒聲大徐

緝績也从糸咠聲大徐韻會十四緝

紪績也所緝从糸次聲大徐　積所緝也一曰稅布也韻會四寘

績緝也从糸責聲大徐韻會十二錫

纑布縷也从糸盧聲大徐　布縷也御覽卷八百二十韻會七虞

紨布也一曰粗紬从糸付聲大徐韻會七虞粗作麤

繐蜀細布也从糸彗聲大徐

絺細葛也从糸希聲大徐韻會四支　細葛也御覽卷八百十九

綌粗葛也从糸谷聲大徐韻會十一陌　粗葛也御覽卷八百十九

帢綌或从巾大徐

縐絺之細也詩曰蒙彼縐絺一曰蹴也从糸芻聲大徐　絺之細也

一曰蹴也從糸芻聲詩蒙彼縐絺 韻會二十六宥 絺之細者也 御覽卷八百十九

絟細布也从糸全聲 徐本 細布也 漢景十三王注御覽卷八百二十 韻會一先

紵檾屬細者為絟粗者為紵从糸宁聲 徐本 韻會六語 檾屬細者為絟白而細者紵 一切經音義卷卷十四 檾屬 一切經音義卷十一 苧麻屬 文選南都賦注

𦁆紵或从緒省 徐本 或作𦁆 韻會六語

緦十五升布也一曰兩麻一絲布也从糸思聲 徐本 十五升布一曰兩麻一絲布 韻會四支 十五升布也 御覽卷八百二十

𢇁古文緦从糸省 徐本 或作𢇁 韻會四支

緆細布也从糸易聲 徐本 韻會十二錫

⿸麻易緆或从麻 大徐 或作⿸麻易 韻會十二錫 ⿸麻易同緆 廣韻二十三錫

緰緰貲布也从糸俞聲 大徐

纕服衣長六寸博四寸直心从糸襄聲 大徐 韻會十灰韻

絰喪首戴也从糸至聲 大徐 喪首戴也從糸姪省聲 韻會九屑

緶交枲也一曰緁衣也从糸便聲 大徐 韻會一先韻

⿱戶糸履也一曰青絲頭履也讀若阡陌之陌从糸戶聲 大徐

⿰糸封枲履也从糸封聲 大徐 韻會一董韻

緉履兩枚也一曰絞也从糸从兩兩亦聲 大徐 履兩枚也從糸從兩兩亦聲一曰絞也 韻會十三漾 履二枚也從糸兩聲一曰緉綊絞也 韻會二十二養

絜麻一耑也从糸㓞聲徐切韻會九屑　麻一耑也廣韻十六屑

繆枲之十絜也一曰綢繆从糸翏聲徐切　枲十絜也廣韻二十幽

綢繆也从糸周聲徐切　綢繆也韻會十一尤

緼紼也从糸昷聲徐切　紼也從糸昷聲一曰亂麻韻會十二文　緼紼

亂麻也一切經音義卷十二

紼亂系也从糸弗聲徐切韻會五勿

絣氐人殊縷布也从糸并聲徐切韻會八庚

紕氐人繝也讀若禹貢玭珠从糸比聲徐切

繝西胡毳布也从糸罽聲徐切韻會八霽無也字　西胡毳布也廣韻十三祭

罽西胡毳布也御覽卷八百十六

縊經也从糸益聲春秋傳曰夷姜縊大徐韻會四寘春秋傳曰作左傳

綏車中把也从糸从妥大徐車中把也從糸韻會四支車中把也後漢明紀注廣韻六脂把作靶

彝宗廟常器也从糸糸綦也廾持米器中實也彑聲此與爵相似周禮六彝雞彝鳥彝黃彝虎彝蜼彝斝彝以待祼將之禮大徐宗廟常器也從糸糸綦也廾持米器中實也從彑象形與爵相似互聲會意周禮六彝雞彝鳥彝黃彝虎彝蜼彝斝彝以待祼將之禮韻會四支

彝𢑱皆古文彝大徐古作𢑱𢑱韻會四支

緻密也从糸致聲大徐韻會四寘

縝纑也 韻會十一緝

素白緻繒也从糸𠂢取其澤也凡素之屬皆从素 徐本 白緻繒也 從糸𠂢取其澤也 韻會七遇 素作素白緻繒也 廣韻十一暮 素 九經字樣

𦃃素屬从素𠬪聲 徐本

𦅸白𦅸縞也从素勺聲 徐本

𦅺素屬从素率聲 徐本

繛𦄟也从素卓聲 徐本 韻會十藥韻

𦄟繛也从素爰聲 徐本

緩𦄟或省 徐本

絲蠶所吐也从二糸凡絲之屬皆从絲 徐本 蠶所吐也從二糸一

蝅為忽十忽為絲 韻會四支 蝅所吐也 廣韻七之

轡馬轡也从絲从叀與連同意詩曰六轡如絲 徐大 馬䋎也從絲

從叀 韻會四寘 䋎 五經文字卷下 䋎作䋎 廣韻六至

絣織絹从糸貫杼也从絲省廾聲 徐大

率捕鳥畢也象絲罔上下其竿柄也凡率之屬皆从率 徐大 捕鳥

畢也象絲罔上下其竿柄也 廣韻五質 韻會四質 捕鳥畢象絲罔上下

革柄也 御覽卷八百三十二 車也幺率省糸系相牽之義入集也八八

象衆也十十人也作捕鳥之具許氏誤用 李陽冰本

虫一名蝮博三寸首大如擘指象其臥形物之微細或行或毛或

蠃或介或鱗以虫為象凡虫之屬皆从虫 徐大 一名蝮象其形

物之微細或行或飛或毛或蠃或介或鱗以虫為象（釋蟲釋文）一名蝮博三寸首大如擘指象其卧形（會韻五尾）一名蝮博三寸首大如擘（釋魚釋文） 蝮卽虫也（虺）博三寸首大如擘（漢魏豹田儋傳注） 虺博三寸首大如擘（田儋傳正義）

蝮虫也从虫复聲（大徐 會一屋韻）

螣神蛇也从虫朕聲（大徐）神蛇也（會韻十蒸）

蚦大蛇可食从虫冄聲（大徐 會十四鹽韻）

螼螾也从虫堇聲（大徐）

螾側行者从虫寅聲（大徐 會十一軫韻） 蚓以為螾字同（釋蟲釋文） 螾（廣韻十六軫）

蚓螾或从引大徐

螉蟲在牛馬皮者从虫翁聲大徐、

蜙螉蜙也从虫從聲大徐

蠁知聲蟲也从虫鄉聲大徐韻會二十二養　知聲蟲也釋蟲釋文又疏廣韻三十

六養

蚼司馬相如蠁从向大徐　司馬相如作幽字釋蟲釋　蚼同上廣韻三十

六養

蛁蟲也从虫召聲大徐

𧒒蟲也从虫敫聲大徐

蛹繭蟲也从虫甬聲大徐韻會二腫　繭蟲也御覽卷九百五十一

螝蛹也从虫鬼聲讀若潰大徐 蜫蛹也讀若潰御覽卷九百五十一

蛸腹中長蟲也从虫有聲大徐 蛸腹中長蟲也御覽卷九百五十一

蟯腹中短蟲也从虫堯聲大徐 腹中短蟲也御覽卷九百五十一

雖似蜥蜴而大从虫唯聲大徐 韻會四支 大下有有文二字

虺虺以注鳴詩曰胡為虺蜥从虫兀聲大徐 虺以注鳴韻會五尾

蜥蜥易也从虫析聲大徐 在壁曰蝘蜓在草曰蜥易釋蟲釋文

蝘在壁曰蝘蜓在艸曰蜥易从虫匽聲大徐 在壁曰蝘蜓在草曰蜥蜴文選楊子雲解嘲注 御覽卷九百四十六 守宮在壁曰蝘蜓在艸曰蜥易一切經音義卷二十 在艸曰蜥蜴在壁曰蝘蜓釋魚疏 廣韻二十三元蚖字林云在壁曰蝘蜓在洲曰蜥蜴

蝨蝘或从蚰大徐

蜓蝘蜓也从虫廷聲一曰螾蜓大徐

蚖榮蚖蛇醫以注鳴者从虫元聲大徐韻會十三元

者也御覽卷九百四十六　螈蚖蛇醫也釋魚釋文　榮蚖蛇醫以注鳴

蠸蟲也一曰大螫也讀若蜀都布名从虫雚聲大徐

螟蟲食穀葉者吏冥冥犯法即生螟从虫冥聲又螟蛉大徐小徐補本作

從虫從冥冥亦聲無末三字　蟲食穀葉者吏冥冥犯法即生螟釋蟲釋文廣韻十

五青韻會九青藝文類聚卷一百無者字葉作心　吏冥冥犯法即生螟釋蟲疏　吏

犯法則生螟大田釋文

蟘蟲食苗葉者吏乞貸則生蟘从虫从貸貸亦聲詩曰去其螟蟘

犬徐

蟘 韻會十三職

生蟘 釋蟲疏 文類聚卷一百蟘皆作螣 大田正義又藝

蟲食苗葉者從虫從貣貣亦聲詩去其螟蟘吏乞貸則生

蟘蟲食草葉者吏乞貣即生蟘 釋蟲釋文 吏乞貸則

蟣 蝨子也一曰齊謂蛭曰蟣从虫幾聲 犬徐 韻會五尾 虱子也 御覽卷九

百十 五一

蛭 蟣也从虫至聲 犬徐 蟣也一曰水蛭從虫至聲 韻會四質 今俗呼

為馬蜞亦名馬耆即楚王食寒葅所得而吞之能去結積也 釋魚釋文

蝚 蛭蝚至掌也从虫柔聲 犬徐

蛣 蛣蚍蝎也从虫吉聲 犬徐 韻會四質

蚍蛣蚍也从虫出聲大徐

蟫白魚也从虫覃聲大徐韻會十二侵　蟫動貌韻會十二侵

蛵丁蛵負勞也从虫巠聲大徐　負勞釋蟲疏

蛁毛蠹也从虫召聲大徐韻　毛蠹也御覽卷九百五十一

蟜蟲也从虫喬聲大徐會十七篠也作名　蟲也文選七發注

蛓毛蟲也从虫𢦏聲大徐　毛蟲也讀若笥釋蟲釋文卷九百五十一御覽　毛

蟲釋蟲疏

𧌒蠆也从虫圭聲大徐　蠆也一切經音義卷七

蚔蠆也从虫氏聲大徐　蠆也一切經音義卷七

蠆毒蟲也象形大徐韻會十卦　毒蟲也一切經音義卷七御覽卷九百四十七　萬蟲毒

蟲僖二十二年正義

蝨蠆或从蚰 大徐

蝤 蝤齏也从虫酋聲 大徐　蝤齏也 韻會十一尤

齏 齏蠤也从虫齊聲 大徐 八齊 無也字 韻會

蝎 蝤蠐也从虫曷聲 大徐

強 蚚也从虫[敬避]聲 大徐　蚚也 廣韻十陽　強籀文作彊 釋蟲釋文

彊 籀文強从蚰从彊 大徐

蚚 強也从虫斤聲 大徐

蜀 葵中蠶也从虫上目象蜀頭形中象其身蜎蜎詩曰蜎蜎者蜀

大徐 韻會二沃 無也字 字曰字　葵中蟲也 廣韻三燭　桑中蟲也 釋蟲釋文　蟲名詩

蜎蜎者蜀 釋山疏

蠲馬蠲也从虫目益聲勹象形明堂月令曰腐艸爲蠲大徐 馬蠲也从虫益聲罒象形明堂月令曰艸爲蠲韻會一先 馬蠲蟲明堂月令曰腐草爲蠲廣韻一先 明堂月令腐艸爲蠲釋蟲釋文

螕齧牛蟲也从虫𣬈聲大徐 齧牛蟲也一切經音義卷十七

蠖尺蠖屈伸蟲也从虫蒦聲大徐韻會十藥 屈伸蟲也釋蟲疏一切經音義卷九又卷二十屈伸二倒 尺蠖曲信蟲御覽卷九百四十八

蝝復陶也劉歆說蝝蚍蜉子董仲舒說蝗子也从虫彖聲大徐 復陶也从虫彖聲劉歆說蚍蜉之有翼者董仲舒說蝗子韻會一先 劉歆說蚍蜉子也董仲舒說蝗子也釋蟲釋文

螻螻蛄也从虫婁聲一曰螜天螻大徐 螻蛄也爾雅 螜天螻韻會十一

尤

蛄螻蛄也从虫古聲 大徐 韻會七虞

蠪丁螘也从虫龍聲 大徐

蛾羅也从虫我聲 大徐 蟻羅也蟻或作義 釋蟲 釋文 𧊅羅 釋蟲 疏 䖸

羅也 韻會五歌

螘蚍蜉也从虫豈聲 大徐 韻會四紙

蚳螘子也从虫氐聲周禮有蚳醢讀若祁 大徐 螘子也從虫氏聲

周禮蚳醢 韻會四支

𧒂籒文蚳从䖵 大徐 或作𧒂 韻會四支

𨑃古文蚳从辰土 大徐 古作𨑃 韻會四支

蠜𨸏蠜也从虫樊聲 大徐 韻會十三元𨸏作名

𧌒悉𧌒也从虫帥聲 大徐 韻會四質 蟀作𧌒 蟋蟀釋文 釋蟲釋文

蟋作悉 釋蟲釋文

蝒馬蜩也从虫面聲 大徐

蟷蟷蠰不過也从虫當聲 大徐 螳蜋不過也一名蟷蠰一名蚚父

御覽卷九百四十六

蠰蟷蠰也从虫襄聲 大徐

蜋堂蜋也从虫良聲一名蚚父 大徐 堂蜋從虫良聲 韻會七陽 螳蜋

名蚚父 釋蟲釋文

蛸蟲蛸堂蜋子从虫肖聲 大徐 韻會二蕭

蛢蟜蝗以翼鳴者从虫幷聲大徐 蟜蟥也以翼鳴者也御覽卷九百五十一

蟜蟜蟥也从虫喬聲大徐

蟥蟜蟥也从虫黃聲大徐

䗐䗐姑強蛘也从虫施聲大徐 蛘作羊釋蟲釋文

蛅蛅斯墨也从虫占聲大徐

蜆縊女也从虫見聲大徐 蛻為蝶釋蟲疏 蜀本曰蛻為蝶是也唐

本曰即繭字六書故第二十

蜰盧蜰也从虫肥聲大徐

蝍渠蝍一曰天社从虫卻聲大徐 蜣蜋一曰天柱引廣雅曰天柱蜣蜋也一作天社廣

韻蝍天神蟲也御覽卷九百四十六

𧓍 𧓍蠃蒲盧細要土蠭也天地之性細要純雄無子詩曰螟蠕有子𧓍蠃負之从虫𢏚聲 大徐 果蠃細腰土蠭 釋蟲釋文 細腰也 御覽卷九百四十五 細腰純雄 解頤新語引 韻會九青

蜾 𧓍或从果 大徐

蠃 蜾蠃也从虫𦝫聲一曰虒蝓 大徐 韻會二十哿

蠕 螟蠕桑蟲也从虫霝聲 大徐 螟蠕桑蟲也 廣韻十五青 韻會九青

蛺 蛺蜨也从虫夾聲 大徐

蜨 蛺蜨也从虫疌聲 大徐 韻會十六葉

蚩 蟲也从虫之聲 大徐 蟲也從蟲省之聲 韻會四支

蝥 盤蝥毒蟲也从虫般聲 大徐

蝥蠿蝥也从虫敄聲 大徐 韻會三肴

𧕧古文蝥 大徐 補後

蟠鼠婦也从虫番聲 大徐 蟠蟅 音石 鼠婦也 御覽卷九百四十九

蛜蝛委黍委黍鼠婦也从虫伊省聲 大徐 蛜蝛委黍鼠負也 御覽卷九百四十九

委黍鼠婦也 東山正義

蜙蝑以股鳴者从虫松聲 大徐 韻會二冬 鳴譌名 蜙 釋蟲釋文

蚣蜙或省 大徐 蚣或蜙字省 釋蟲釋文 蚣蝑斯 釋文

蝑蜙蝑也从虫胥聲 大徐 蚣蝑以股鳴 釋蟲釋文 蝑 蝑斯 釋文

蟅蟲也从虫庶聲 大徐 蟲也 韻會二十二馬

蝗螽也从虫皇聲 大徐 螽也 釋蟲疏卷一百 藝文類聚 韻會七陽 蝗 釋蟲釋文

蜩蟬也从虫周聲詩曰五月鳴蜩大徐　蟬也詩五月鳴蜩韻會二蕭

蚒蜩或从舟大徐

蟬以旁鳴者从虫單聲大徐韻會一先　膀鳴也初學記卷三十　蟬一切經音義卷

十二

蜺寒蜩也从虫兒聲大徐　韻會八齊無也字

螇螇鹿蛁蟟也从虫奚聲大徐

蚗蛜蚗蛁蟟也从虫夬聲大徐

蚵蛜蚗蟬屬讀若周天子赧从虫丏聲大徐　蚵蚗蟬屬廣韻二仙

蛚蜻蛚也从虫列聲大徐　蜻蛚也韻會九屑

蜻蜻蛚也从虫青聲大徐　蜻蛚也韻會八庚

蛉蜻蛉也从虫令聲一名桑根大徐　蜻蛉一名桑根御覽卷九百五十

蠓蠛蠓也从虫蒙聲大徐韻會一董

蟟䖮蟟也一曰蜉蝣朝生莫死者从虫尞聲大徐韻會十藥無也字　蟟虫也一名蜉蝣蓋朝生暮生死藝文類聚卷九十七　蟟音畧蟲也一名蜉蝣御覽卷九百四十五

蜹秦晉謂之蜹楚謂之蚊从虫芮聲大徐韻會八霽　秦謂之蜹楚謂之蚊後漢崔駰傳注文選枚叔重上書御覽卷九百四十五　秦人謂之蜹楚人謂之蚊一切經音義卷三

蟰蟰蛸長股者从虫肅聲大徐　蟰蛸蟲名長股者韻會二蕭　蠨蛸長者釋蟲釋文　蠨作蟰東山釋文

蛸蟲也从虫省聲大徐

蛶商何也从虫寽聲大徐

蜡蠅胆也周禮蜡氏掌除骴从虫昔聲大徐

蝡動也从虫耎聲大徐韻會十六銑　動也後漢馬融傳注　蠕亦動也一切經音義卷九

蚑行也从虫支聲大徐　行也凡生類之行皆曰蚑文選琴賦注又七發注又七命注末有也字又洞簫賦注行也作徐行　蟲行貌韻會四支

蠉蟲行也从虫瞏聲大徐

蚩蟲曳行也从虫屮聲讀若騁大徐

螽蠭醜螽垂腴也从虫欲聲大徐　垂腴也釋蟲疏　垂腴釋蟲釋文

蝙蠅醜蝙搖翼从虫扇聲徐犬　搖翼也釋蟲釋文　蠅醜蝙廣韻三十三線

蜕蛇蟬所解皮也从虫稅省徐犬　蛇蟬所解皮也從虫稅省聲會韻

八霽　蟬蛇所解皮也後漢陽球傳注　一切經音義卷十二　又卷十九　又卷二十　蟬蜕

所解皮也後漢竇融傳注　又張衡傳注

蚉螫也从虫若省聲徐犬會十藥韻

螫蟲虫行毒也从虫赦聲徐犬　蟲行毒也一切經音義卷二　又卷五　又卷十八　又

卷二十二　又卷十並卷十三蟲皆作虫　行毒也文選西都賦注

蚈蝁屬从虫亞聲徐犬　蚨也從虫亞聲韻會十藥

蛘搔蛘也从虫羊聲徐犬　搔蛘也廣韻三十六養　一切經音義卷十二　又卷五無也字

蝕敗創也从虫人食食亦聲徐犬韻會十三職　敗瘡也廣韻二十四職　日蝕

則朔月蝕則望 史記文紀正義

蛟龍之屬也池魚滿三千六百蛟來爲之長能率魚飛置笱水中即蛟去从虫交聲 大徐 龍屬無角曰蛟從虫交聲池魚滿三千六百蛟來爲之長能率魚而飛置罶笱水中即蛟去 韻會三肴 龍屬也魚滿三千六百歲蛟爲之長率魚而飛去 御覽卷九百三十 藝文類聚卷九十六歲作年 龍屬也 漢武紀注

螭若龍而黃北方謂之地螻从虫离聲或云無角曰螭 大徐 如龍而黃北方謂之地（地作蚍）螻 荀子賦篇注 若龍而黃也 文選南都賦注又同首有蛟螭字無也字 若龍無角而黃北方謂之土螻 韻會四支

虯龍子有角者从虫丩聲 大徐 韻會十一尤 虬龍有角者 文選謝靈運登池上樓注

又甘泉賦注有作無

蜦蛇屬黑色潛于神淵能興風雨从虫侖聲讀若戾艸 徐大° 蛇類
黑色潛於神泉能興雲雨者從虫侖聲 韻會十一真 蛇屬也黑色
潛于神泉之中能興雲致雨 文選江賦注 蜧蛇屬也 文選江賦注

蜧蜦或从戾 徐大° 或作蜧 韻會十一真

螊海蟲也長寸而白可食从虫兼聲讀若嗛 徐大 海蟲也長寸而
白可食 廣韻二十四鹽

蜃雉入海化為蜃从虫辰聲 徐大° 大蛤雉入海化從虫辰聲 韻會十一
軫 雉入水所化 廣韻十六軫

𧋈蜃屬有三皆生於海千歲化為𧋈秦謂之牡厲又云百歲燕所

化魁盒一名復累老服翼所化从虫合聲 徐大 蜃屬燕所化從虫合聲秦謂之牡厲禮記月令雀入大水為蛤一名復累老服翼所化 韻會十五合 蛤有三皆生於海蛤厲千歲雀所化秦人謂之牡厲海蛤者百歲燕所化也魁蛤一名復衆老服翼所化 釋魚釋文 蛤有三皆生於海蛤蠣千歲鳥所化海蛤百歲鷰所化也魁蛤一名復老服翼所化 藝文類聚卷九十七

蜃階也脩為蜃圜為蠣从虫庳聲 徐大 蠯陛也從蚰庳聲修為蠯圜為蠣 韻會二十三梗 蠯蜌也脩為蠯圜為蠣 六書故弟二十 修為蠯圓為蠣 釋魚疏

蝸蝸嬴也从虫咼聲 徐大 韻會六麻 蝸蠃 爾雅翼蝸牛一名蠃蝓 韻會九佳 螺也

一切經音義卷二十三

一曰螔蝓御覽卷九百四十七

蛘蜃屬从虫羊聲大徐韻會三講 蜃屬釋魚疏 蜃也文選雪賦注 蛘屬似蠊微

蠇蛘屬似蠊微大出海中今民食之从虫萬聲大徐

大今民食之韻會八霽 蛘屬也出海中人食之一切經音義卷二十

蝓虒蝓也从虫俞聲大徐韻會七虞

蜎蜎也从虫肙聲大徐 井中蟲從虫肙聲韻會十六銑

蟺夗蟺也从虫亶聲大徐

蚴蚴蟉也从虫幽聲大徐

蟉蚴蟉也从虫翏聲大徐

蟄藏也从虫埶聲大徐 藏也從蟲省埶聲韻會十四緝 藏也一切經音義卷

十三又卷十七又卷十八又卷十九

蚨青蚨水蟲可還錢从虫夫聲大徐　韻會七虞

蝌蝌鼀詹諸以脰鳴者从虫匊聲大徐　蝌鼀蟾蠩以脰鳴者也廣韻一屋

蝦蝦蟆也从虫叚聲大徐六麻　韻會無也字

蟆蝦蟆也从虫莫聲大徐　從虫莫聲韻會六麻

蠵大龜也以胃鳴者从虫巂聲大徐

蝬司馬相如說蠵从夐大徐

蟖蟖離也从虫漸省聲大徐　蟖離也廣韻五十闞

蠏有二敖八足旁行非蛇鱓之穴無所庇从虫解聲大徐　有二敖

八足旁行從虫解聲 韻會九蟹 蟹水虫也八足二敖旁行也 一切經音義卷十六 蟹有六足二螯也 荀子勸學篇注 荀子蟹六跪而二敖 韻會四豪 又四紙引在跪下

䲒蟹或从魚 徐大 或作䲒 韻會九蟹 䲒 廣韻十二蟹

蛫蟹也从虫危聲 徐大

蜮短狐也似鼈三足以气射害人从虫或聲 徐大 短狐似鼈三足以气射害人 韻會十三職 有三足以氣射害人 廣韻二十五德 蜮螻蟈從虫或聲 韻會十一陌

蟈蜮又从國 徐大 或作蟈 韻會十一陌

虷似蜥易長一丈水潛吞人即浮出日南从虫干聲 徐大 韻會十藥 首有魚名二字易作蜴 似蜥蜴長一丈水潛吞人即浮出日南 廣韻十九鐸

蛧蜽山川之精物也淮南王説蛧蜽狀如三歲小兒赤黑色赤目長耳美髮从虫网聲國語曰木石之怪夔蛧蜽大徐　蛧蜽山川之精物淮南子説狀如三歲小兒赤黑色赤目長耳美髮從虫网聲韻會二十二養　蛧蜽山川之精物也國語曰木石之怪夔蛧蜽廣韻三十六養　蛧蜽山川之精物也文選南都賦注一切經音義卷六又卷二十五宣三年釋文蛧蜽作罔兩　蛧蜽從虫一切經音義卷二　罔象木石之怪文選東京賦注

蛧

蜽　蛧蜽也从虫兩聲大徐　蛧蜽也國語木石之怪夔蛧蜽韻會二十二養

蝯　善援禺屬从虫爰聲大徐韻會十三元作禺屬善援　善援禺屬也御覽卷九百十

蠗　禺屬从虫翟聲大徐

雖　如母猴卬鼻長尾从虫隹聲大徐韻會四寘　雖廣韻五旨

蚼北方有蚼犬食人从虫句聲大徐

蛩蛩蛩獸也一曰秦謂蟬蛻曰蛩从虫巩聲大徐 蛩蛩巨虛獸名也一曰秦謂蟬蛻曰蛩韻會二冬 蛩一曰秦謂蟬蛻曰蛩廣韻三鍾

蟨鼠也一曰西方有獸前足短與蛩蛩巨虛比其名謂之蟨从虫厥聲大徐無其名謂之蟨句 韻會六月

蝙蝙蝠也从虫扁聲大徐末有服翼也三字 韻會一先

蝠蝙蝠也服翼也从虫畐聲大徐服上有蝠名二字 韻會一屋 蝙蝠伏翼也廣韻一屋

蠻南蠻蛇種从虫䜌聲大徐五刪種作種 韻會十

閩東南越蛇種从虫門聲大徐 韻會十一真 東越虵種也故字從虫門聲東越傳索隱 東越餘種故字從門虫通典卷一百八十六

虹螮蝀也狀似蟲从虫工聲明堂月令曰虹始見大徐 螮蝀狀似

蟲從虫工聲韻會一東 螮蝀也狀似蟲從虫一切經音義卷十五

𧈬籀文虹从申申電也大徐 籀作□韻會一東

螮螮蝀虹也从虫帶聲大徐 螮蝀虹也一切經音義卷四 又卷二十五

蝀螮蝀也从虫東聲大徐韻會一送

蠥衣服歌謠艸木之怪謂之祅禽獸蟲蝗之怪謂之蠥从虫辥聲

大徐韻會九 衣服歌謠草木之怪謂之祅禽獸蟲蝗之怪

眉無艸木二字

謂之蠥廣韻十七薛 桑柔釋文又龜策傳正傳祅皆作䄏 一切經音義祅皆作妖卷四 又卷十 又卷十一

又卷十三 又卷二十 妖作祅衣服歌謠艸木之怪謂之䄏禽獸蟲蝗之

怪謂之蠥禮運釋文 祅衣服歌謠草木之怪謂之祅蠥禽獸蟲蝗

之怪謂之蠥中庸釋文　衣服歌謠草木之怪為妖禽獸蟲蝗之怪為蠥中庸正義　禽獸蟲蝗之怪謂之蠥一切經音義卷三　衣服歌謠草木之怪謂之祅昭二十六年釋文

蝣蜉蝣秦晉之間謂之渠略藝文類聚卷九十七

蛤黑貝亦珠蛤廣韻十六咍

[illegible]

說文解字攷異

十三下

說文解字攷異十三下　　歸安姚文田輯

蚰蟲之總名也从二虫凡蚰之屬皆从蚰讀若昆大徐此部全缺無小徐

蟲之揔名也從二虫韻會十三元　蟲之總名也十三魂廣韻二　二虫為

蚰讀與昆同蟲之總名漢成帝紀注

蠶吐絲蟲从蚰朁聲大徐　任絲也從蚰朁聲韻會十三覃

䖸蠶化飛蟲从蚰我聲大徐　蛾蠶化飛蟲也藝文類聚卷九十七釋蟲釋文蟲作蛾

本作䖸五歌韻會

蝨或从虫大徐　今作蛾五歌韻會　蝨又作蛾釋蟲釋文

蟊蠿人跳蟲从蚰叉聲叉古爪字大徐　蠿人跳蟲從蚰　叉聲十九韻會

皓

蚤齧人跳蟲也 御覽卷九百五十一 蚤跳蟲齧人者也 莊子秋水注

蚤蝨或从虫 大徐 或作蚤 韻會十九皓

蝨齧人蟲从䖵凡聲 大徐 韻會四質 齧人蟲也 御覽卷九百五十一

螽蝗也从䖵夂聲夂古文終字 大徐 蝗也從䖵夂聲夂音終 韻會一冬

蝗也 草蟲正義

𧑄螽或从虫衆聲 大徐 或作𧑄 韻會一東 𧑄或螽字 公羊桓五年釋文

𧓍蝨也从䖵展省聲 大徐

蠽小蟬蜩也从䖵𢧵聲 大徐

蠿蠿蟊作罔蛛蟊也从䖵𢇍聲𢇍古絕字 大徐 蠿蟊作罔蛛蟊也 廣韻十七薛

蠿蟊作網蛛蟊也以此亦為蟊字 釋蟲釋文

蟊　蠿蟊也从䖵矛聲 大徐 蠿蟊也 廣韻十八尤 蝥作蟊 釋蟲釋文

[illegible]　蟲也从䖵[illegible]聲 大徐

[illegible]　[illegible]也从䖵[illegible]聲 大徐 [illegible] 韻會四豪

[illegible]　螻蛄也从䖵[illegible]聲 大徐

[illegible]　[illegible]蛸也从䖵卑聲 大徐

蜱　[illegible]或从虫 大徐

蠭　飛蟲螫人者从䖵逢聲 大徐 韻會二冬 飛蟲螫人者 僖二十二年正義 螫人飛蟲也 廣韻三鍾 飛蟲食人者 釋蟲疏 [illegible]螫人者也 一切經音義卷十二 蠭古[illegible]字 釋蟲釋文

[illegible]　古文省 大徐 或作[illegible] 韻會二冬

䵣蠭甘飴也一曰螟子从䖵鼏聲大徐韻會四質螟作螟釋詁釋文䵣古蜜字

蜜䵣或从宓大徐或作蜜韻會四質

𧑒𧑒蟟也从䖵巨聲大徐𧑒蟝也廣韻九魚

蟁齧人飛蟲从䖵民聲大徐韻會十二文齧人飛蟲也廣韻二十文蟁正字釋鳥釋文

蟁蟁或从昏以昏時出也大徐或作蟁釋鳥釋文

蚊俗蟁从虫从文大徐蚊俗字釋鳥釋文或作蚊韻會十二文廣韻二十文蚊同上

蝱齧人飛蟲从䖵亡聲大徐韻會八庚蝱蟲齧人飛蟲也文選四子講德論注

蠹木中蟲从䖵橐聲大徐韻會七遇蠹木中蟲也一切經音義卷八文選沈休文安

陸王碑文注無中字

蠹蟲或从木象蟲在木中形譚長說徐大　或作蠹象蛀在木中形
韻會七遇

蠡蟲齧木中也从䖵彖聲徐大韻會八薺

㒸古文徐大韻會八薺古作𧉫

蠤多足蟲也从䖵求聲徐大　多足蟲也廣韻十八尤　多蟲也御覽卷九百四

九十

蚤𧖴或从虫徐大

蠹蚍蠹也从䖵橐聲徐大韻會十一尤

蜉蠹或从虫从孚徐大　今文作蜉韻會十一尤

蠵蟲食也从䖵巂聲 大徐

蠢蟲動也从䖵春聲 大徐韻會十一軫

𢧵古文蠢从𢦏周書曰我有𢧵于西 大徐 韻會十一軫古作𢧵 廣韻十六軫𢧵古文

蠢

蟁 五經文字卷中於貴反 大小徐皆無此字 蟁從䖵 釋蟲釋文 廣韻八未 蟁同蟁

蟲有足謂之蟲無足謂之豸从三虫凡蟲之屬皆从蟲 大徐 小徐此部全

脱 從三虫象形有足謂之蟲無足謂之豸李陽冰曰倮毛羽鱗介之總稱族各三百六十 韻會一東 倮毛羽鱗介之揔稱 釋蟲疏

蟲蟲食艸根者从蟲象其形吏抵冒取民財則生 大徐 食艸根者

從蟲串象形吏抵冒取民財則生 韻會十一尤 蟊食苗根者也吏

抵冒取民財則生蝨藝文類聚卷一百　吏抵冒取民財則生蝥釋蟲疏

又釋文無財字蝥作蝨也　蝨作蚤桑柔釋文

蝥蝨或从敄徐大　以此亦為蝨蝥字釋蟲釋文　韻會十一尤或作蝥

蛑古文蝨从虫从牟徐大　蛑古蝨字釋蟲釋文　韻會十一尤通作蛑

蠿蚍蜉大螘也从䖵𪓰聲徐大　蠿蜉大螘也韻會四支

蚍蠿或从虫比聲徐大　今文省作蚍韻會四支

蠠民蝨也从䖵冋聲徐大

𧕭臭蟲負蠜也从䖵非聲徐大韻會五未

蜚𧕭或从虫徐大　省作蜚韻會五未

蠱腹中蟲也春秋傳曰皿蟲為蠱淫溺之所生也梟桀死之鬼亦

爲蠱从蟲从皿皿物之用也大徐　腹中蟲也春秋傳皿蟲爲蠱晦淫之所生也又梟桀死之鬼亦爲蠱從蟲從皿物之用也韻會七麌　腹中蟲也從蟲從皿一切經音義卷十四　腹中蟲也一切經音義卷一　又卷二　又卷三蟲作虫　又卷十六云聲類蠱弋者反按蠱讀爲治故佛書多作蠱

風八風也東方曰明庶風東南曰清明風南方曰景風西南曰涼風西方曰閶闔風西北曰不周風北方曰廣莫風東北曰融風風動蟲生故蟲八日而化从虫凡聲凡風之屬皆从風大徐小徐此部全脫　八風也從蟲凡聲風動蟲生故八日而化韻會一東

凬古文風大徐　古作凬韻會一東

颿北風謂之颿从風涼省聲大徐韻會七陽

颰小風也从風犮聲徐大　颰風也一曰小風謂之颰韻會六月

飆扶搖風也从風猋聲徐大韻會二蕭　疾風也初學記卷一

颮飆或从包徐大　颮古飈字後漢班固上注西都賦注末有也字文選　或作颮韻會

二蕭

颾回風也从風叟聲徐大韻會二蕭無也字

颯翔風也从風立聲徐大韻會十五合　風聲文選風賦注

飂高風也从風翏聲徐大　高風也韻會十一尤

颮疾風也从風从忽忽亦聲徐大　颮疾風也初學記卷一

䬈大風也从風胃聲徐大　大風也韻會五勿

䬁大風也从風日聲大徐韻會四質

颺風所飛揚也从風昜聲 大徐韻會七陽

颲風雨暴疾也从風利聲讀若栗 大徐 颮風雨暴疾也 韻會四質 栗

烈作颲颲 七月釋文 颲音栗 廣韻六至

颲列風也从風𠛱聲讀若𠛱 大徐 烈風也從風列聲 韻會九屑

它虫也从虫而長象冤曲垂尾形上古艸居患它故相問無它乎

凡它之屬皆从它 大徐此部全脫 小徐 虫也从虫而長象冤曲垂尾形上古艸居患它故相問無它乎 廣韻七歌 蟲也從虫而長上古艸居患它故相問無它乎 韻會五歌 它毒蟲虺屬象形 韻會六麻

蛇它或从虫 大徐 今文從虫作蛇 韻會五歌 蛇同上 廣韻七歌 蛇它 九經字經

龜舊也外骨內肉者也从它龜頭與它頭同天地之性廣肩無雄

龜鼈之類以它為雄象足甲尾之形凡龜之屬皆从龜 大徐小徐此部全脫

舊也外骨內肉者也象足甲尾之形從它龜頭與它頭同也天地之性廣肩者無雄龜鼈之類以它為雄 韻會四支 龜 五經文字卷下

𠁴 古文 大徐 古作㘝象形 韻會四支

𪚦 龜名从龜夊聲夊古文終字 大徐

𪛉 龜甲邊也从龜冄聲天子巨𪛉尺有二寸諸侯尺大夫八寸士六寸 大徐甲譌申 韻會十四鹽

黽 鼃黽也从它象形黽頭與它頭同凡黽之屬皆从黽 大徐 小徐此部全脫

鼃黽也從它象形黽屬頭與它同 韻會二十三梗

𪓑籀文黽 大徐

鼈甲蟲也从黽敝聲 大徐 會九屑韻 介蟲也 藝文類聚卷九十六

黿大鼈也从黽元聲 大徐 會十三元韻 大鼈也 宣四年正義

鼃蝦蟇也从黽圭聲 大徐 蝦蟇也 韻會六麻 蝦蟇屬 韻會九佳 蝦蟆也 文選魏都賦注

鼀圥鼀詹諸也其鳴詹諸其皮鼀鼀其行圥圥从黽从圥圥亦聲 大徐 所從黽單

䵹鼀或从酋 大徐

䵲䵹䵲詹諸也詩曰得此䵹䵲言其行䵲䵲从黽爾聲 大徐

鼉水蟲似蜥易長大从黽單聲 大徐 水蟲似蜥蜴長丈水蟲也似

聲御覽卷九百三十二 水蟲也似蜥蜴而長大廣韻七歌 水蟲從黽單聲

長大類魚有足韻會五歌

黿水蟲也薉貉之民食之从黽奚聲大徐

䱻黿屬頭有兩角出遼東从黽句聲大徐 鼄其俱切黿屬頭有兩

角出遼東韻會十九侯亦作䶉 䶉頭有兩角出遼東廣韻十虞

蠅營營青蠅蟲之大腹者从黽从虫大徐 蟲之大腹者从黽象形

韻會十蒸

鼅鼅鼄蟊也从黽𣄚省聲大徐韻會四支 鼅鼄蝥也文選張景陽雜詩注 廣韻五

支

蜘或从虫大徐 鼅或作蜘釋蟲釋文 或作蜘韻會四支

鼅鼄鼄也从黽朱聲（大徐）蜘蛛也（韻會七虞）鼄（釋文釋蟲）

蛛鼄或从虫（大徐）今文作蛛（韻會四支）或作蛛（釋文釋蟲）

鼂匽鼂也讀若朝楊雄説匽鼂蟲名杜林以為朝旦非是从黽从旦（大徐）匽鼂也從黽從旦楊雄説匽鼂蟲名（韻會二蕭）（廣韻三蕭）蒼頡篇云鼂蟲名

鼂篆文从皀（大徐）篆文作鼂（韻會二蕭）

卵凡物無乳者卵生象形凡卵之屬皆从卵（大徐）此部全脱（小徐）凡物無乳者卵生象形（韻會十四旱）凡物無乳者卵生（廣韻二十四緩）（九經字樣）

（卵隸變）

丱古卵字（五經文字卷中）大小徐皆無此

丱（九經字經）

㲋卵不孚也从卵段聲大徐韻會十五翰

二地之數也从偶一凡二之屬皆从二大徐小徐地之數也從偶一

韻會四寘地之數也六至廣韻（玉篇二部）

弍古文大徐弍古文二小徐古作弍韻會四寘廣韻六至弍古文

亟敏疾也从人从口从又从二二天地也大徐韻會十三職敏疾也從人

口又二二天地也小徐韻會四寘

㮔常也从心从舟在二之閒上下一心以舟施恒也大徐小徐無下從字

韻會十蒸無一字恒作常

𠄨古文恒从月詩曰如月之恒大徐小徐詩如月之恒韻會十蒸

亘求亘也从二从回回古文回象亘回形上下所求物也大徐小徐無

重回字 韻會

一先下亘作風

竺厚也从二竹聲 大小徐 厚也 廣韻二沃

凡最括也从二二偶也从乃乃古文及 大徐 最括而言也從二二偶其也從乃弓古文及字 小徐 最括也從二從乃二偶也乃古文及也 韻會十五咸 最括从二二耦也从乃乃古文及林罕曰凡乃舉事之端从乃从一非从二从及 六書故弟三十三 最括也 玉篇二部

土地之吐生萬物者也二象地之下地之中丨物出形也凡土之屬皆从土 大小徐 地之吐生物者也二象地之下地之中物出形也 玉篇土部 地之吐生萬物者也二象地之上地之中丨物出形也 韻會七麌 土數五成數十取成數下一地也 李陽冰本

地元气初分輕清陽為天重濁陰為地萬物所陳列也从土也聲

大徐 小徐 元气初分輕清陽為天重濁陰為地萬物所陳𠟭
韻會四寘 元气初分重濁為地萬物所出列也 御覽卷三十六
也 廣韻六至 釋地疏 玉篇土部
元氣初生重濁為地萬物所陳也 古唐類範卷百五十七 冄見也作列陳二字 物
气分清陽為天 古唐類範卷百四十九
墬籒文地从𨸏 大徐 籒文地從𨸏土彖聲 小徐 籒文作墬 韻會四寘
墜古文地字也 文選北征賦注 廣韻六至 墜籒文
坤地也易之卦也从土从申土位在申 大徐 無下從字 小徐 地也易卦
名從土從申土位在申也 韻會十三元 从土申土位在申 玉篇土部
垓兼垓八極地也國語曰天子居九垓之田从土亥聲 大徐 兼垓
八極地也從土亥聲春秋國語曰天子居九垓之田 小徐 韻會十灰無

春秋曰三字

墺四方土可居也从土奥聲大徐韻會二十號無也字四方上下可居者從土奥聲小徐四方土可居也韻會一屋隩四方之土可定居者也文選西都賦注

㙷古文墺大徐古文墺如此小徐古作㙷韻會一屋

堣堣夷在冀州陽谷立春日日值之而出从土禺聲尚書曰宅堣夷大徐小徐陽作暘日日作之日堣夷在冀州陽谷立春日值之而出尚書宅堣夷韻會七虞

堥朝歌南七十里地周書武王與紂戰于堥野从土母聲大徐朝歌南七十里周書曰武王伐紂至于堥野玉篇土部朝歌南七十里地也從土母聲周書曰武王與紂戰堥野小徐韻會一

屋無也字

牧作坶地名在朝歌南七十里牧誓釋文　坶古文尚書作坶廣韻一屋

坡　坂也从土皮聲大小徐韻會五歌

坪　地平也从土从平平亦聲大徐　地平也從土平聲小徐　地平也廣韻四十三映　垩　地平也玉篇土部

均　平徧也从土从勻勻亦聲大徐　平徧也從土勻聲小徐韻會十一真

壤　柔土也从土襄聲大小徐韻會二十二養　軟土也御覽卷三十七

塙　堅不可拔也从土高聲大小徐韻會三肴

墽　磽也从土敫聲大小徐　磽也廣韻三蕭玉篇土部

壚　剛土也从土盧聲大小徐　黸　剛土也禹貢釋文韻會七虞

垟　赤剛土也从土鮮省聲大小徐　赤剛土也韻會八庚　騂　案說文垟字注云从

土驛省聲而無驛字亦脫誤今
說文墀字云驛省○繫傳疑義　墀玉篇土部
埴黏土也从土直聲大小徐　十三職無聲字韻會
坴土塊坴坴也从土圥聲讀若逐一曰坴梁大徐　土塊坴坴也讀
若逐一曰坴梁地從土圥聲小徐　土塊坴也一曰坴梁玉篇土部
䡈土也洛陽有大䡈里从土軍聲大徐　土也從土軍聲洛陽有大
䡈里小徐
墣塊也从土菐聲大小徐　韻會一屋又三覺　塊也廣韻一屋又四覺　墣亦凷釋言
疏
圤墣或从卜大小徐　或作圤韻會一屋又三覺　廣韻四覺　圤上同
凷墣也从土一屈象形大徐　墣也從土凵凵屈象形也小徐　韻會十一隊

無也字 墣也廣韻十八隊 堅土也一切經音義卷七又卷十一

塊凷或从鬼大徐 俗凷從土鬼小徐 塊俗凷字喪服釋文 塊俗凷字

也釋言釋文又疏齊物論釋文 韻會十一隊今作塊

塩凷也从土畐聲大小徐韻會十三職 凷一名塩釋言疏

墢種也一曰内其中也从土发聲大徐 種也從土发聲一曰内其

中小徐 埋也從土发聲一曰内其中一曰不耕而種韻會一東 種也玉篇土部

䅋稻田畦也从土朕聲大小徐田作中畦下有埒字韻會十蒸 稻田畦也玉篇土部 一切經音義卷

九卷十五又 稻田之畦也文選西都賦注又南都賦注 稻田釋丘釋文 囲畦也

後漢班固上注 埒稻田畦畤釋丘疏

坺治也一曰臿土謂之坺詩曰武王載坺一曰塵皃从土犮聲大徐

治也一曰臿土謂之坺詩曰云武王載坺一曰塵皃 玉篇土部

小徐詩曰、
作詩云
韻會七曷作詩云 一鍤謂之坺 一切經音義卷十九

坄陶竈窻也从土役省聲 大小徐 韻會十一陌 陶竈窻也 廣韻二十二昔

基牆始也从土其聲 大小徐 韻會四支 牆始築也 釋詁延

垣牆也从土亘聲 大小徐 韻會十三元

𩫨籀文垣从𩫏 大小徐 𩫨籀文 廣韻二十三元 韻會十三元籀作𩫨

圪牆高皃詩曰崇墉圪圪从土气聲 大徐有也字
小徐皃下上圪譌屹 墻高皃 玉篇土部 高大皃

也 一切經音義卷十三 仡作圪 皇矣釋文 圪 九經字樣

堵垣也五版為一堵从土者聲 大徐 韻會七麌無一字 小徐又韻

𩫖籀文从𩫏 大徐 籀文堵從𩫏 小徐 籀作𩫖 韻會七麌

壁垣也从土辟聲大小徐韻會十一尤韻　垣也廣韻二十三錫御覽八百十七

墽周垣也从土敫聲大小徐韻會十八嘯韻

堨壁間隙也从土曷聲讀若謁大徐小徐隙作隟　壁間隙也玉篇土部

埒卑垣也从土寽聲大徐韻會九屑卑作庳小徐又韻　埒垣也玉篇土部

堪地突也从土甚聲大小徐韻會十三覃韻　地突也廣韻二十二覃　地名文選李少卿書注　天道輿地道也漢五行家注會六魚無也字韻

堀突也詩曰蜉蝣堀閱从土屈省聲大徐　突也從土屈聲詩曰蜉蝣之堀小徐曰字之堀作堀閱韻會五勿無　突也引詩曰蜉蝣堀閱廣韻八物

堂殿也从土尚聲大小徐韻會七陽　殿也御覽卷百七十六藝文類聚卷六十三玉篇土部

𡊟古文堂大徐　古文堂如此小徐韻會七陽古作坣

臺籒文堂从高省大徐　籒文堂從尚室省聲小徐　韻會七陽籒作臺

垛堂塾也从土朵聲大小徐　堂塾也玉篇土部　一切經音義卷十二

坫屏也从土占聲大小徐韻會二十九豔　屏牆釋宮釋文　屏也玉篇土部

墀涂也从土虒聲大徐涂作塗小　墀木貢切玉篇土部

垷涂也从土見聲大徐涂作塗小

墐涂也从土堇聲大徐小徐又韻會十二震涂作塗

壢仰涂也从土既聲大徐小徐又韻會四寘涂作塗小徐無也字　仰塗也梓材釋文

堊白涂也从土亞聲大徐小徐又韻會十藥涂作塗　白塗玉篇土部

墀涂地也从土犀聲禮天子赤墀大徐小徐涂作塗韻會四支　塗地也禮天子赤墀文選鮑明遠翫月城西詩注又劉孝標辨命論注末有也字　廣韻六脂子下有有字　御覽卷一百八

十五禮下有記曰二字　謂以丹塗地即天子丹墀也（塗地也 玉篇土部）華嚴音義卷六十

墼瓴適也一曰未燒也从土毄聲大徐也作不燒二字小徐未燒　瓴適也一曰未燒磚也韻會十二錫　瓴適也一曰未燒者玉篇土部

坌埽除也从土弁聲讀若糞大徐　弁埽除也讀與糞同從土弁聲小徐　糞除一切經音義卷十六　除埽也玉篇土部

埽棄也从土从帚大徐　弃也從土帚聲小徐弃作棄無聲字韻會十九皓　棄也廣韻三十二號一切經音義卷十六

在存也从土才聲大徐　存也從土才聲此與坐同意小徐　存也韻會十一隊

垔止也从土从畱省土所止也此與畱同意大徐　止也從畱省從

土所止也 小徐 韻會二十哿 㘸止也從土從畱省 韻會二十一箇 坐止也 玉篇土部

一切經音義卷十二 从卯卯時人不卧 李陽冰本 五經文字序例篆文作坐

坐古文坐 大徐 古文坐如此 小徐 古文作坐 韻會二十哿 又二十一箇 五經文字序例

坻箸也从土氏聲 大徐 小徐箸作著 著止也從土氏聲 韻會四紙 抵著也 廣韻四紙

塡塞也从土眞聲 大徐 小徐 韻會十一真 韻

坦安也从土旦聲 大徐 小徐 韻會十四旱 安也 玉篇土部 易履釋文 一切經音義卷六 又卷七

坒地相次比也衛大夫貞子名坒从土比聲 大徐 小徐上比作坒

堤滯也从土是聲 大徐 小徐 韻會八薺 滯也 韻會八齊

壎樂器也以土爲之六孔从土熏聲大徐　小徐又韻會十三元爲之二字作作字　樂器也以土爲之六孔廣韻二十三元　樂器名從熏聲釋樂釋文又疏　壎爲樂器御覽卷五百八十一

封爵諸矦之土也从之从土从寸守其制度也公矦百里伯七十里子男五十里大徐　爵諸侯之土從土之寸寸其制度也公侯百里伯七十里子男五十里小徐　䜭諸矦之土也從之從土從寸韻會二冬

㞷古文封省大徐小徐　封从古文㞷古文㞷从半一之下土音皇非封李陽冰本

古作㞷𡊨韻會二冬

𡊨籀文从丰大徐　籀文封從丰土小徐

璽王者印也所以主土从土爾聲 大小徐 韻會四紙 王者印也從土爾聲所以主土 廣韻四紙 王者之印也以主土 玉篇土部 從土王者印也 襄二十九年正義 王者印也以守土故字從土 御覽卷六百八十二 璽王者之印也 古唐類範卷百三十一 璽者印也 唐律疏義

璽籀文从玉 大徐 御覽卷六百八十二 襄二十九年釋文 籀文璽從王 小徐 籀文璽 韻會四紙 廣韻四紙 璽籀文

墨書墨也从土从黑黑亦聲 大徐 書墨也從土黑聲 韻會十三職 小徐土譌 上無聲字 書黑也 玉篇土部

垸以桼和灰而䰍也从土完聲一曰補垸 大徐 以桼和灰丸而䰍也從土完聲一曰補垣也 小徐 以桼和灰而䰍也一日補垸 玉篇土部

型鑄器之法也从土刑聲大小徐

墇射臬也从土㙐聲讀若準大小徐　墇射臬也從土亭聲韻會十一軫

　埻射臬也後漢齊武王傳注卷十二又卷十三　一切經音義卷一又卷十九臬作埻　又

塒雞棲垣為塒从土時聲大小徐棲下有于字　雞棲垣也從土時聲韻會

四支

城以盛民也从土从成成亦聲大小徐小徐又韻會八庚無下從字　以盛民也御覽卷百九十二　藝文類聚卷六十三　皇矣正義首有所字　韻會八庚

𩫨籀文城从𩫏大小徐籀作𩫨

墉城垣也从土庸聲大小徐韻會二冬　城垣也皇矣正義　御覽卷百九十二　藝文類聚卷六十三

𩫏古文墉大徐 古文墉如此小徐 古作𩫏韻會二冬

堞城上女垣也从土葉聲大徐 小徐 城上女垣也韻會十六葉、宣十二年正義作堞

堞女牆也初學記卷二十四

坎陷也从土欠聲大徐 小徐 韻會二十八感

墊下也春秋傳曰墊隘从土執聲大徐 下也從土執聲春秋傳曰

墊隘小徐 韻會二十九 豔春秋傳曰作左傳

坻小渚也詩曰宛在水中坻从土氐聲大徐 小渚也從土氐聲詩

曰宛在水中坻小徐 韻會四支無曰字

汷坻或从水从夊大徐 小徐 亦作汷渚韻會四紙

渚坻或从水从耆大徐 無下從字小徐

壏下入也从土㬎聲 大小徐

垎水乾也一曰堅也从土各聲 大徐 水乾也從土各聲一曰堅也 小徐 水乾也一曰堅也 玉篇土部

垐以土增大道从土次聲 大小徐 以土增大道也 玉篇土部

堲古文垐从土即虞書曰龍朕堲讒說殄行堲疾惡也 大小徐

增益也从土曾聲 大小徐韻會十蒸首有增字 益也 一切經音義卷五

埤增也从土卑聲 大小徐 增也 一切經音義卷五又卷十首作裨 埤或作[illegible]避移反埤增也 一切經音義卷七

坿益也从土付聲 大小徐 益也 廣韻十遇

塞隔也从土从㝥 大徐 隔也從土㝥聲 小徐韻會十一隊 隔也 玉篇土部 㝥 廣韻二十五德

圣汝頰之閒謂致力於地曰圣从土从又讀若兔窟大徐 汝頰之閒謂致力于地曰圣從又土讀若兔塵窟小徐

垍堅土也从土自聲讀若臮大徐 堅土也讀若臮從土自聲小徐 韻會四寘

埱气出土也一曰始也从土叔聲大徐 出下有于字小徐 氣出土也一曰始也玉篇土部

埵堅土也从土垂聲讀若朵大徐 堅土也讀若朵從土垂聲小徐 堅土也玉篇土部

埐地也从土㑴聲大徐 地也從土侵省聲小徐 埐地也玉篇土部 廣韻二十一侵

堅土積也从土从聚省大徐 土積也從土聚省聲小徐 韻會七遇

壔保也高土也从土𠷎聲讀若毒大徐 保也一曰高土也讀若毒從土𠷎聲小徐 堡也玉篇土部

培培敦土田山川也从土咅聲大徐 小徐又韻會十灰無也字

埩治也从土爭聲大徐小

墇擁也从土章聲大徐小

𡍖遏遮也从土則聲大徐小

垠地垠也一曰岸也从土艮聲大徐 地垠也從土艮聲一曰岸也小徐 地垠岸也一切經音義卷八 （地垠也一曰岸也與圻同玉篇土部） 圻也賈誼傳索隱 界也後漢班固下注 圻

地圻堮也文選七發注 圻地圻咢也一切經音義卷七

圻垠或从斤大徐 或從土斤小徐

墠野土也从土單聲大徐小 野土也玉篇土部

垑恃也从土多聲大徐小

壘軍壁也从土畾聲大小徐韻會四紙 軍壁也廣韻五旨

垝毀垣也从土危聲詩曰乘彼垝垣大小徐 毀垣也詩乘彼垝垣韻會四紙

陒垝或从𨸏大小徐 韻會四紙或作陒

圮毀也虞書曰方命圮族从土己聲大徐 毀也從土己聲虞書曰方命圮族小徐韻會四紙無虞字曰字 𡍰又作屺皆毀也列子黃帝釋文

酵圮或从手从非配省聲大徐 圮或從手配省非聲小徐 或作酵韻會四紙

垔塞也尚書曰鯀垔洪水从土西聲大徐 塞也從土西聲書曰鯀垔洪水小徐韻會十一真

𨺗垔或從𨸏大小徐壬末★韻會十一真或作陻

𡏖古文垔大徐古文垔如此小徐韻會十一真

塹阬也一曰大也从土斬聲大小徐坑也從土斬聲一曰大也韻會二十九豔

坑也从水者謬華嚴音義卷十一　塹廣韻五十五豔　壍坑也文選潘安仁馬汧督誄注

埂秦謂阬為埂从土㪅聲讀若井汲綆大徐徐阬作坑小　秦謂坑為埂玉篇土部

壙塹穴也一曰大也从土廣聲大小徐

塏高燥也从土豈聲大小徐韻會十一軫韻　高燥也玉篇土部

毀缺也从土毇省聲大小徐韻會四紙

毀古文毀从壬大小徐　今文省從土韻會四紙

壓壞也一曰塞補从土猒聲大徐 小徐又韻會十七洽補下有也字 壞也一切經音義卷六又卷九 猒塞也文選班叔皮王命論注

［壞也一曰塞補 土部 土篇］

壞敗也从土褱聲大徐小徐韻會十卦 敗也釋詁釋文

𣪘古文壞省大徐小徐 廣韻十六怪 𣪘古文壞

𣪘籀文壞大徐 籀文壞從攴小徐 籀文作𣪘釋詁釋文

坷坎坷也梁國寧陵有坷亭从土可聲大徐 坎坷也從土可聲梁國寧陵有坷亭小徐

𡑞㙛也从土𧆨聲大徐小徐

䧘𡑞或从𨸏大徐小徐

㙛裂也詩曰不㙛不副从土㡿聲大徐 裂也從土㡿聲詩曰不㙛

不副小徐裂也詩不坼不副韻會十一陌　坼裂也易解釋文一切經音義卷十

七　坼九經字樣玉篇土部

坱塵埃也从土央聲大小徐　塺埃也玉篇土部

塺塵也从土麻聲大小徐

塿塺土也从土婁聲大徐小徐塺作摩

坋塵也从土分聲一曰大防也大徐小徐曰下有坋字韻會十二吻無末也字　塵也

一曰坋大防也玉篇土部廣韻十八吻無坋字　塵也後漢東夷倭注御覽卷七百八十二　坐塵也一切

經音義卷二又卷六又卷二十又卷三十三

坒塵也从土非聲大小徐

埃塵也从土矣聲大小徐韻會十灰

堅塵埃也从土殹聲大小徐 韻會八齊

垽澱也从土沂聲大小徐 韻會十三問

垢濁也从土后聲大小徐 韻會二十六厚

㙪天陰塵也詩曰㙪㙪其陰从土壹聲大徐 㙪㙪譌曀曀小徐 天陰塵也

從壹聲詩㙪㙪其陰韻會八霽 曀天陰沈也御覽卷十五 天陰塵起也玉篇土部

坏丘再成者也一曰瓦未燒从土不聲大小徐 丘再成者也一曰瓦未燒玉篇土部 山再成曰岯一曰

山一成韻會四支 一成曰坯御覽卷三十八 伾丘一成也水經河水注 伾

作坯釋山釋文 山再成曰坯初學記卷五

垤螘封也詩曰鸛鳴于垤从土至聲大徐 螘封也從土至聲詩曰

鸛鳴于垤小徐 九屑無曰字韻會

坥益州部謂蟦場曰坥从土且聲 大小徐 益部謂蟦場曰坥 玉篇土部

小徐一條當另列

垍徒隸所居也一曰女牢一曰亭部从土㞋聲 大徐 小徐部下有讀若夐三字 （徒隸所居一曰女牢一曰亭部 玉篇土部）

𡒄因突出也从土㾜（𣪊）聲 大小徐 因突出也 廣韻十一沒

瘞幽薶也从土㾜聲 大小徐 韻會八霽

小徐一條當另列

堋喪葬下土也从土朋聲春秋傳曰朝而堋禮謂之封周官謂之

窆虞書曰堋淫于家 大徐 小徐下上有不字末有亦如是三字 喪葬下土從土

崩聲左傳朝而堋禮謂之封周官謂之窆 韻會二十五徑 喪葬下土

也 廣韻四十八嶝

垗畔也為四時界祭其中周禮曰垗五帝於四郊从土兆聲 大徐

野也為四時界祭其中從土兆聲周禮曰兆五帝於四郊 小徐韻

會十七篠野作畔無曰字

塋墓也从土熒省聲大徐小徐省下有亦字墓也韻會八庚文選謝元暉齊敬皇后哀策注也

作地作墓地玉篇土部

墓丘也从土莫聲大小徐韻會七遇兆域也御覧卷五百五十七

墳墓也从土賁聲大小徐墓也韻會十二文

壠丘壠也从土龍聲大小徐韻會二腫丘壠也廣韻二腫壟丘也文選懷舊賦注

御覧卷五百五十七

壇祭壇場也从土亶聲大小徐韻會十四寒祭下無壇字

場祭神道也一曰田不耕一曰治穀田也从土昜聲大徐祭神道

也一曰山田不耕者一曰治穀田從土昜聲小徐祭神道也從

土昜聲一曰山田不雜者一曰治穀田也 韻會七陽 祭神道也一曰田不耕一曰治穀處 玉篇土部

圭瑞玉也上圜下方公執桓圭九寸矦執信圭伯執躬圭皆七寸子執穀璧男執蒲璧皆五寸以封諸矦从重土楚爵有執圭 大徐 小徐圜作員以上有圭字末有者字 瑞玉也上圜下方公執桓圭九寸侯執信圭伯執躬圭皆七寸子執穀璧男執蒲璧皆五寸 廣韻十二齊 瑞玉也上圓下方以封諸侯楚爵有執圭 御覽卷八百六 瑞玉從重土圭以封諸矦也上圓下方 韻會八齊 圭今字 王制釋文

珪古文圭从玉 大小徐 珪古字 王制釋文 古作珪 韻會八齊 廣韻十二齊珪古文

圯東楚謂橋為圯从土已聲 大小徐 東楚謂橋為圯 漢周勃按語 御覽卷七十三 人 初學記卷七東楚作楚 藝文類聚卷九為作曰

垐遠邊也从土欶聲大小徐 韻會四支 遠邊也玉篇土部 文選陸士衡贈馮文熊
詩注 廣韻五支

堀兔堀也从土屈聲大小徐 韻會六月

垚土高也从三土凡垚之屬皆从垚大徐 小徐 土高皃從三
高下有之字

土韻會二蕭 土高也玉篇垚部

堯高也从垚在兀上高遠也大小徐 韻會二蕭

㚁古文堯大小徐 古作㚁韻會二蕭

塔西域浮屠也从土荅聲大徐新附 玉篇土部

堇黏土也从土从黃省凡堇之屬皆从堇大徐 從黃省從土 小徐作 黏土
也從革省從土韻會十二文 黏土也玉篇堇部 廣韻十九隱 韻會十一真

𡋪𦰩皆古文堇大徐 𡋪古文堇小徐 𦰩亦古文小徐 古作𡋪𦰩韻會
十一真 又十
真文古作𦰩

艱土難治也从堇艮聲大小徐韻會十五刪無土字　土難治一切經音義卷六又卷二十三

囏籒文艱从喜大小徐　籒文作囏韻會十五刪廣韻二十八山囏古文

里居也从田从土凡里之屬皆从里大徐　居也從田從土一曰土聲也凡里之屬皆從里小徐　居也從田土韻會四紙

釐家福也从里𠩺聲大小徐韻會四支　家福也一切經音義卷九

野郊外也从里予聲大小徐韻會二十一馬　郊外也廣韻三十五馬御覽卷五十五藝文類聚卷六

壄古文野从里省从林大徐　古文野從林小徐　古作壄韻會二十一馬廣韻三十五馬壄古文

田陳也樹穀曰田象四口十阡陌之制也凡田之屬皆从田 大小徐制上有形字 陳也樹穀曰田象形口從十阡陌之制也 韻會一先 陳也樹穀曰田也 一切經音義卷十三 陳也樹穀曰田象四口十阡陌之制也 玉篇田部

町田踐處曰町从田丁聲 大徐 迴 韻會二十四 小徐曰町作町可 田踐處曰町 襄二十五年正義

⿰田耎城下田也一曰⿰田耎郤也从田耎聲 大小徐 城下田也從田耎聲一曰郤也 韻會一先 城下田一曰⿰田耎郤也 玉篇田部

⿰田𠃬耕治之田也从田象耕屈之形 大徐 耕治之田也從田⿰田𠃬象耕田溝詰屈也 小徐韻會十一尤 疇耕治之田也 玉篇田部 盡心疏 文選登樓賦注 又曹子建贈丁儀詩注 又王仲宣從軍詩注 廣韻十八尤

⿰弓田疇或省大徐小

⿰田翏燒種也漢律曰⿰田翏田茠艸从田翏聲大徐　燒種也從田翏聲漢律曰⿰田翏田茠小徐　燒種也漢律⿰田翏田茠艸韻會十一尤　種也晉書音義卷七十七

畬三歲治田也易曰不菑畬一从田余聲大徐　三歲治田也從田余聲易曰不菑畬小徐　韻會六魚無曰字　二歲治田也釋文无妄

⿰田柔和田也从田柔聲大徐　和田也從田柔柔亦聲也鄭有⿰田柔地名也小徐　和田也從田柔聲一曰鄭地名韻會十一尤

畸殘田也从田奇聲大徐小徐　（殘田韻會四支　殘田也玉篇田部）

⿰田差殘田也詩曰天方薦⿰田差从田差聲大徐　殘田也從田差聲詩曰

天方薦瘥殘也小徐　殘薉田也從田差聲韻會五歌　殘田也詩云天方薦瘥玉篇田部

晦六尺為步步百為晦从田每聲大徐　六尺為步百步為晦秦田二百四十步為晦從田每聲小徐・從田每聲司馬法六尺為步步百為晦秦孝公制二百四十步為晦韻會二十六厚

畝晦或从田十久大徐　小徐無田字　或作畝韻會二十六厚　畝五經文字卷下

甸天子五百里地从田包省大徐　韻會十七霰未有聲字　天子五百里內田玉篇田部從田包省聲小徐

畿天子千里地以遠近言之則言畿也從田幾省聲大徐　小徐遠作逺無也字　天子千里地以遠近言之則言畿也玉篇田部

畦田五十畝曰畦从田圭聲大徐　韻會八齊　小徐畝作晦無曰畦二字　田五十畝

為畦　一切經音義卷十五　莊子天地釋文無田字　玉篇田部

畹田三十畝也从田宛聲大徐　小徐無也字　韻會十三阮畝作畮也作曰畹二字

畔田界也从田半聲大小徐　韻會十五翰　田界也　玉篇田部

界境也从田介聲大小徐　韻會十卦

⿰田亢境也一曰陌也趙魏謂陌為⿰田亢从田亢聲大小徐　韻會七陽

畷兩陌間道也廣六尺从田叕聲大小徐　韻會九屑　兩陌間道也　文選吳都賦注　兩陌間道也廣六尺　玉篇田部

畛井田間陌也从田㐱聲大小徐　韻會十一軫　井田間陌也　玉篇田部　文選阮嗣宗詠懷詩注　又謝靈運登海嶠詩注無也字

畤天地五帝所基址祭地从田寺聲右扶風有五畤好畤鄜畤皆

黃帝時祭或曰秦文公立也 大徐 天地五帝所基止祭地从田寺聲古扶風雝有五時好時鄜時皆黃帝時祭或云秦文公立 小徐 天地五帝所基止祭地也右扶風有五時好時鄜時皆黃帝時築一曰秦文公立 韻會四支 天地五帝所基止祭也右扶風有五時 廣韻五旨 天地五帝祭地从田寺聲 韻會四紙

略經略土地也从田各聲 大徐 小徐又韻會十藥無也字

當田相值也从田尚聲 大小徐韻會七陽

畯農夫也从田夋聲 大小徐韻會十二震無也字

甿田民也从田亡聲 大小徐 田民也 文選魏都賦注又吳都賦注民作人 玉篇田部

疄轢田也从田粦聲 大小徐

畱止也从田丣聲 大徐 尤 小徐止謅士 韻會十一尤 畱 九經字樣 廣韻十八尤

畜田畜也淮南子曰敬避田為畜 大徐 小徐 廣韻一屋 玉篇田部 田畜也從田□淮南子云□田為畜 韻會一屋

蓄魯郊禮畜从茲田—茲益也 大徐 小徐 魯郊禮从田从茲茲益也 廣韻一屋 蓄同上魯郊禮畜从茲茲益也 玉篇田部

疃禽獸所踐處也詩曰町疃鹿場从田童聲 大徐 地處 小徐處也作 韻會十四旱 無也字曰字 禽獸所踐處也詩曰町疃鹿場 廣韻二十四緩

暘不生也从田昜聲 大徐 小徐

畕比田也从二田凡畕之屬皆从畕 大徐 小徐 玉篇畕部 韻會 比田也 十陽 廣韻 玉篇畕部

畺界也从畕三其界畫也 大徐 七陽 無从字 界也從田三其界畫 小徐

界也 廣韻十陽

疆畺或从彊土 大徐 畺或從上弓聲 小徐 亦作疆 玉篇畕部

黃地之色也从田从炗炗亦聲炗古文光凡黃之屬皆从黃 大徐 土之

地之色也從田炗聲炗古文炗也凡黃之屬皆從黃 小徐

色從田炗聲炗古光字 韻會七陽

𡕛古文黃 大徐 小徐 古作𡕛 韻會七陽

䵝赤黃也一曰輕易人䵝姁也从黃夾聲 大徐 小徐

⿰黃耑黃黑色也从黃耑聲 大徐 小徐

⿰黃有青黃色也从黃有聲 大徐 小徐

黇白黃色也从黃占聲 大徐 小徐

黊鮮明黃也从黃圭聲大小徐　鮮明黃也廣韻十二齊

黌學也黌與横同後漢儒林序大小徐皆無

男丈夫也从田从力言男用力於田也凡男之屬皆从男大徐小徐從男隸助省

丈夫也從田力用力於田也韻會十三覃又云古書作助

力作力聲九經字樣

丈夫也字从田力言男用力於田也玉篇男部

舅母之兄弟為舅妻之父為外舅从男臼聲大小徐　母之兄弟為

舅從男臼聲又妻之父為外舅韻會二十六厚

甥謂我舅者吾謂之甥也从男生聲大徐小徐無也字　謂我舅者吾謂

之甥韻會八庚

力筋也象人筋之形治功曰力能圉大災凡力之屬皆从力大徐小

徐圜作禦災下有也字 筋也象人筋之形 韻會十三職

勳能成王功也从力熏聲 大小徐 韻會十二文

勛古文勳从員 大徐 古文勳從員力聲 小徐 廣韻十二文勛古文 韻會十二文古作勛

功以勞定國也从力从工工亦聲 大徐 以勞定國也從力工聲 小徐 韻會一東作曰功二字 也 以勞定國曰功 廣韻一東

助左也从力且聲 大小徐 韻會六御

勴助也从力从非慮聲 大徐 韻會六御 小徐又韻會六御無下從字 助也不以力助以心

助也 釋詁疏

勑勞也从力來聲 大徐 十一隊 小徐又韻會勞下有勑字 勑以為勞倈之字 釋文序例

敕案來旁作力是勞來之字釋詁釋文來作勑一切經音義卷七又卷十二首有勞字

劼慎也从力吉聲周書曰汝劼毖殷獻臣大徐韻會八黠無汝曰二字慎也從力吉聲或曰非力刀也周書曰劼毖殷獻臣小徐

務趣也从力敄聲大小徐韻會七遇趣疾也一切經音義卷六

勥迫也从力強聲大小徐

彊古文从彊大徐古文勥力從彊小徐

勱勉力也周書曰用勱相我邦家讀若厲从力萬聲大徐勉力也從力萬聲周書曰勱相我邦家讀與厲同小徐勵勉力也從力厲聲韻會八霽

⿸厥力⿰弓旁也从力厥聲大徐小徐⿰弓旁作强

勍彊也春秋傳曰勍敵之人从力京聲大徐小徐彊下皆作强　彊也左傳勍敵之人韻會八庚

勁彊也从力巠聲大小徐一切經音義卷三又卷九韻會二十四敬彊作强　強也一切經音義卷十五華嚴音義卷七十八無也字

勉彊也从力免聲大徐小徐又韻會十六銑彊作强　强也一切經音義卷八又卷九

劭勉也从力召聲讀若舜樂韶大小徐　勉也從力召聲韻會十八嘯

勖勉也周書曰勖哉夫子从力冒聲大徐　勉也從力冒聲周書曰勖哉夫子小徐韻會二沃無曰字　勉强也一切經音義卷五

勸勉也从力雚聲大小徐韻會十四願

勝任也从力朕聲大小徐韻會十蒸　勝从舟廣韻十六蒸

勶發也从力从徹徹亦聲大徐無下從字小徐

勠并力也从力翏聲大小徐韻會一屋　勠湯誥釋文　戮力并力也後漢劉虞傳注

勨繇緩也从力象聲大徐有讀若演小徐末三字

動作也从力重聲大小徐　作也韻會一董

𨔝古文動从辵大小徐

勖推也从力畾聲大小徐　推也從力靁省聲小徐

劣弱也从力少大小徐韻會九屑

勞劇也从力熒省熒火燒冂用力者勞大徐小徐冂下有也字韻會四豪冂下有者也

二字

憥古文勞从悉大徐 古文勞如此小徐 韻會四豪古作憥

勮務也从力豦聲大小徐 務也韻會六御

勀尤劇也从力克聲大徐小徐克作亨

勩勞也詩云莫知我勩从力貰聲大徐 勞也從力貰聲詩曰莫知我勩小徐韻會四寘無聲字曰字

勦勞也春秋傳曰安用勦民从力巢聲大徐 勞也從力巢聲春秋傳曰安用勦民小徐韻會十七篠

劵勞也从力卷省聲大徐 勞也從力类聲小徐 劵勞也廣韻三十三線 劵韻會十七霰

勤勞也从力堇聲大小徐韻會十二文

加語相增加也从力从口 大徐小徐又韻會六麻無下從字

勢健也从力敖聲讀若豪 大徐小徐 勢健一切經音義卷六

勈气也从力甬聲 大徐小徐百三十三作勇氣 御覽卷四 气也一曰健也從力甬

聲 韻會二腫 气也 廣韻二腫 勇亦悍也 一切經音義卷六

㦤勇或从戈用 大徐小徐 韻會二腫 古作㦤 廣韻二腫

恿古文勇从心 大徐小徐 廣韻二腫 恿古文

勃排也从力孛聲 大徐小徐韻會六月

勦劫也从力㽘聲 大徐小徐韻會十八嘯 韻 剽劫人也 文選張孟陽七哀注

劫人欲去以力脅止曰劫或曰以力止去曰劫 大徐三業 小徐無下 廣韻三十

字止 欲去以力脅止曰劫一曰以力去曰劫從力去 韻會十六葉

以力脅之也高祖紀索隱

飭致堅也从人从力食聲讀若敕大徐無下從字　小徐致堅也從人力食聲　韻會十三職

劾法有辠也从力亥聲大小徐韻會十一隊辠作罪　法有罪也文選潘安仁馬汧督誄注

募廣求也从力莫聲大小徐韻會七遇　廣求也一切經音義卷九御覽卷三百六十後漢光武紀注求下有之字　廣求為募一切經音義卷七

劦同力也从三力山海經曰惟號之山其風若劦凡劦之屬皆从劦大小徐　同力也一切經音義卷三

協同心之和从劦从心大徐小徐之和作和也　協和也心部亦有協字與此字同訓和案古文作叶則從十者義長五經文字卷中

恖同思之和从劦从思徐犬　同思之和從思劦小徐韻會十六葉

協衆之同和也从劦从十徐犬　衆之同和也從劦十聲韻會十六葉小徐

無字也　衆之同和也釋詁疏

旪古文協从曰十徐犬　叶或從曰小徐　亦作旪從曰十韻會十六葉

叶或从口徐犬　古文叶從口十小徐韻會十六葉文作作　廣韻三十帖叶古文

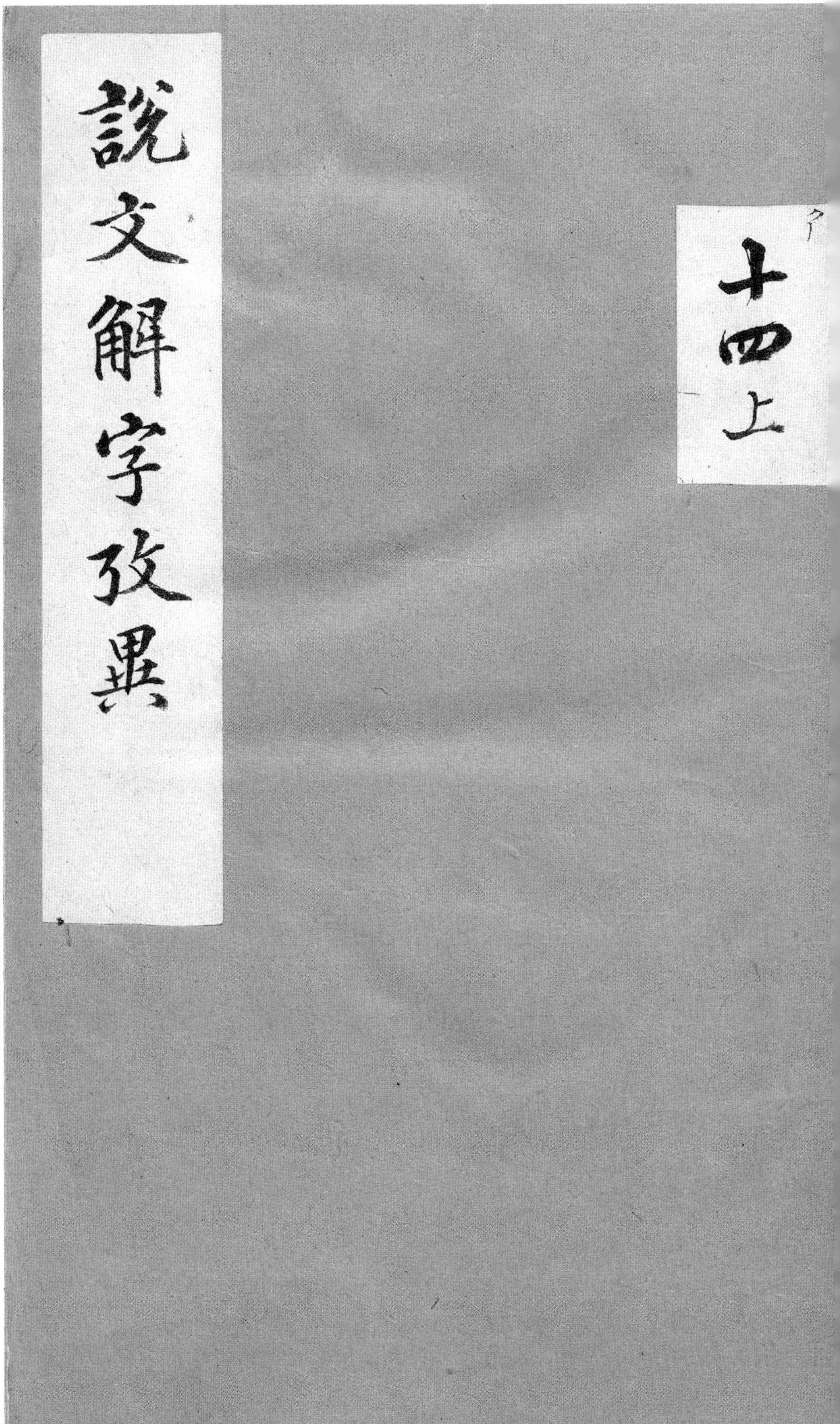
說文解字攷異

十四上

說文解字攷異十四上　　歸安姚文田輯

金五色金也黃為之長久薶不生衣百鍊不輕从革不違西方之行生於土从土左右注象金在土中形今聲凡今之屬皆从金○大徐小徐聲下有也字　五色金也黃為之長久薶不生衣百鍊不輕從革不違西方之行生於土廣韻二十一侵　五色金也黃金為之長久埋不生衣百陶不輕從革不違西方之行也生於土從土左右注象金在土中形御覽卷八百九　五色金也從土左右注象金在土中今聲五金黃為之長薶不生衣百鍊不輕從革不違西方之行生於土韻會十二侵　金有五色黃金為長久埋不生衣百陶不

輕從革不違西方之行也事類賦注金有五色黄金為長久埋不生一字百陶不輕西方之行也初學記卷二十七

金古文金大小徐金古文六書故弟四金金文上古當作金許慎金體非李陽冰本

銀白金也从金𥃩聲大小徐韻會十一眞白金也初學記卷二十七

鐐白金也从金尞聲大徐小徐無也字韻會二蕭鐐白金也釋器釋文

鋈白金也从金芺省聲大徐白金也從金沃聲小徐韻會二沃

鉛青金也从金㕣聲大小徐青金也一切經音義卷六又卷十七文選南都賦注廣韻二仙韻會一先鈆青金也似錫而色青後漢隗囂傳注

錫銀鈆之間也从金易聲大徐小徐鈆作鉛金鉛之間從金易聲韻會十二

錫

釿錫也从金引聲 大小徐

銅赤金也从金同聲 大小徐 韻會一東　赤金也 平準書索隱

鏈銅屬从金連聲 大徐小徐 屬下有也字　銅屬也 漢食貨志下注

鐵黑金也从金𢧜聲 大小徐 韻會九屑　鐵黑金也 廣韻十六屑 一切經音義卷二無也字

鐵鐵或省 大小徐 韻會九屑或作鐵

銕古文鐵从夷 大小徐　銕古鐵字 廣韻十二齊　廣韻十六屑銕古文　韻會九屑古作

銕

鍇九江謂鐵曰鍇从金皆聲 大小徐 韻會九蟹曰作為　九江謂鐵為鍇 文選南都賦注

鋚鐵也一曰轡首銅从金攸聲大徐小徐銅下有也字

鏤剛鐵可以刻鏤从金婁聲夏書曰梁州貢鏤一曰鏤釜也大徐剛鐵也可以刻鏤從金婁聲夏書曰梁州貢鏤金也一曰鏤金也小徐剛鐵可以刻鏤從金婁聲夏書梁州貢鏤金也韻會二十六宥

鐼鐵屬从金賁聲讀若熏大徐鐵類也從金賁聲讀若訓小徐鐵類讀若熏廣韻二十文

銑金之澤者一曰小鑿一曰鐘兩角謂之銑从金先聲大徐金之澤者也從金先聲一曰小鑿一曰鐘下兩角其間謂之銑小徐韻會十六銑無也字金之澤者一曰小鑿一曰鐘兩角謂之銑廣韻二十七銑

鋻剛也从金臤聲大徐小徐

前頁第六行

鐵鐵或省九大小徐○韻会層或作鐵

下行倣此

鋚鐵也一曰轡首銅从金攸聲大徐銅下有也字小徐

鏤剛鐵可以刻鏤从金婁聲夏書曰梁州貢鏤一曰鏤釜也大徐剛鐵也可以刻鏤從金婁聲夏書曰梁州貢鏤金也一曰鏤金也小徐剛鐵可以刻鏤從金婁聲夏書梁州貢鏤金也韻會二十六宥

鐼鐵屬从金賁聲讀若熏大徐鐵類也從金賁聲讀若訓小徐鐵類讀若熏廣韻二十文

銑金之澤者一曰小鑿一曰鐘兩角謂之銑从金先聲大徐金之澤者也從金先聲一曰小鑿一曰鐘下兩角其間謂之銑小徐韻會十六銑無也字金之澤者一曰小鑿一曰鐘兩角謂之銑廣韻二十七銑

鋻剛也从金臤聲大徐小徐

鑗金屬一曰剥也从金黎聲大小徐

録金色也从金录聲大徐小徐又韻會二沃無也字　金色也廣韻三燭

鑄銷金也从金壽聲大小徐韻會七遇

銷鑠金也从金肖聲大小徐　鑠金也文選七命注　鋪金也韻會二蕭

鑠銷金也从金樂聲大徐小徐又韻會十藥無也字

鍊冶金也从金柬聲大小徐韻會十七霰　冶金也文選江文通雜體詩注又七命注　一切經音義卷十又卷十八

釘鍊鉼黃金从金丁聲大徐小徐又韻會九青從上有也字

錮鑄塞也从金固聲大小徐韻會七遇　鑄塞也成二年正義　一切經音義卷九

鑲作型中腸也从金襄聲大小徐

鎔治器法也从金容聲大小徐韻會二冬 治器法也一切經音義卷四又卷二十

鋏可以持治器鑄鎔者从金夾聲讀若漁人莢魚之莢一曰若挾持大徐小徐者下有也字 可以持治器鑄鎔者也從金夾聲一曰若今挾持韻會十六葉

鍛小冶也从金段聲大小徐韻會十五翰無也字

鋌銅鐵樸也从金廷聲大徐韻會二十四迥小徐樸作朴

鐃鐵文也从金曉聲大小徐

鏡景也从金竟聲大小徐韻會二十四敬

銏曲銏也从金多聲一曰鬵鼎讀若擠一曰詩云哆兮侈兮大徐

曲銏也一曰鬵鼎也從金多聲讀若擿一曰若詩曰侈兮之侈

小徐 曲鉹也一曰鬵鼎從金多聲 韻會四紙 曲鉹一曰鬵 韻會四支

鈃似鍾而頸長从金幵聲 大小徐 韻會九青 鍾作鍾

鍾酒器也从金重聲 大小徐 韻會二冬 酒器也 文選東都賦注 以此鍾為酒器 明堂位釋文 器也 後漢班固下注

鑑大盆也一曰鑑諸可以取明水於月从金監聲 大徐 大盆也從金監聲一曰鑑諸也可以取明水于月 小徐 鑑諸可以取明水於月從金監聲 韻會十五咸 大盆也從金監聲 韻會三十陷

鐈似鼎而長足从金喬聲 大小徐 似鼎長足 御覽卷七百五十六

鐆陽鐆也从金隊聲 大小徐 韻會四寘 作鑒

鋞温器也圜直上从金巠聲 大小徐 温器也圜而直上 廣韻十五青

鐫甞也从金巂聲大小徐

鑊鐫也从金蒦聲大小徐韻會十藥

鍑釜大口者从金复聲大徐釜下有而字小徐鍑釜而大口者廣韻一屋鍑釜大口者韻會一屋鍑如釜而大口一切經音義卷二又卷十八御覽卷七百五十七

鍪鍑屬从金敄聲大徐屬下有也字小徐鍑屬也廣韻十八尤

錪朝鮮謂釜曰錪从金典聲大小徐

銼鍑也从金坐聲大小徐銼鑹鍑也御覽卷七百五十七

鑹銼鑹也从金羸聲大小徐銼鑹也一曰温器韻會五歌

鉶器也从金刑聲大小徐器也韻會九青

鎬温器也从金高聲武王所都在長安西上林苑中字亦如此大徐

小徐都下有鎬字　温器也從金高聲又地名武王所都在長安西上林苑中 韻會十九皓　在上林苑中 文選西都賦注 又西京賦注

鏕温器也一曰金器从金麀聲 大徐韻會四豪小徐末有讀若奧三字　温器也 廣韻六豪　鏖温器也 御覽卷七百五十六

銚温器也一曰田器从金兆聲 大徐　温器也從金兆聲一曰田器 小徐韻會二蕭　温器也 御覽卷七百五十七　温器也似鬲上有鐶 一切經音義卷十四

鋀酒器也从金𧯞象器形 大徐小　從金𧯞象形酒器 韻會二十六厚

𧯞鋀或省金 大徐小　或作𧯞 韻會二十六厚　𧯞同鋀 廣韻四十五厚

鐎鐎斗也从金焦聲 大徐小徐韻會二蕭　鐎斗也 一切經音義卷十五

銷小盆也从金肙聲 大°小徐 韻會一先

鑴鼎也从金巂聲讀若巂 大°小徐

鍵鉉也一曰車轄从金建聲 大°徐 韻會十三阮 鉉也從金建聲一曰車

轄 小徐

鉉舉鼎具也易謂之鉉禮謂之鼏从金[敬避]聲 大°徐 舉鼎具也從金

□聲易謂之鉉禮謂之鼏 小徐 韻會十六銑無也字 舉鼎也 廣韻二十七銑

鋊可以句鼎耳及鑪炭从金谷聲一曰銅屑讀若浴 大°徐 可以句

鼎耳及鑪炭也從金谷聲讀若浴一曰銅屑 小徐 可以鉤鼎及

鑪炭從金谷聲一曰銅屑 韻會二沃 銅屑也 漢食貨志下注

鎣器也从金熒省聲讀若銑 大°小徐

鑯鑯器也一曰鐫也从金韱聲大徐　鑯器也從金韱聲一曰鐫小徐

鑯器也一曰鐫也廣韻二十四鹽

錠鐙也从金定聲大小徐

鐙錠也从金登聲大小徐韻會十蒸　錠謂之燈藝文類聚卷八十

鏶鍱也从金集聲大小徐　鍱也御覽卷七百六十七　鏶音集一切經音義卷九

鍓鏶或从咠大小徐

鍱鏶也从金枼聲齊謂之鍱大徐　鏶也齊謂之鍱從金枼聲小徐

鏶也韻會十蒸　齊謂鏶為鍱一切經音義卷九

鏟鏶也一曰平鐵从金產聲大徐　鏶也從金產聲一曰平鐵小徐

鏟一曰平鐵也一切經音義卷四又卷十六　平鐵也一切經音義卷十又卷十四又卷十

八

鑪方鑪也从金盧聲大小徐方鑪也御覽卷七百五十七

鏇圜鑪也从金旋聲大小徐圜鑪也一切經音義卷三四又卷十五又卷十御覽卷七百五十七

鯱器也从金虎聲大小徐

鐪煎膠器也从金虜聲大小徐

釦金飾器口从金从口口亦聲大徐無次從字小徐金飾器口韻會二十六厚金飾器文選西都賦注

錯金涂也从金昔聲大徐小徐又韻會十藥涂作塗金涂也廣韻十九鐸

鋤鉏鋤也从金御聲大小徐韻會六語

鋙⿰金御或从吾大小徐　或作鋙韻會六語

錡鉏⿰金御也从金奇聲江淮之間謂釜曰錡大徐作金字　小徐釜曰二字　韻會四紙鉏⿰金御作⿰金匕御無曰字　江淮之間謂釜曰錡采蘋正義

鍤郭衣鍼也从金臿聲大徐韻會十七洽　小徐衣作夜

銶綦鍼也从金朮聲大小徐

鍼所以縫也从金咸聲大小徐韻會十二侵　所以縫也廣韻二十一侵　所以用縫衣者也一切經音義卷十七　又卷十八無用字衣下有裳字

鈹大鍼也一曰劍如刀裝者从金皮聲大徐　大鍼也從金皮聲一曰劍而刀裝者小徐　大鍼也從金皮聲韻會四支　大鍼也一切經音義卷十四　又卷二十　劍刀裝也功臣侯表索隱　劍也昭二十七年釋文　又正義

鎩鈹有鐔也从金殺聲 大○小徐 韻會十卦殺譌杀 鈹有鐔也 文選西京賦 又東京賦

又過秦論注 又陸士衡辨亡論上注

廣韻十六怪 御覽卷三百四十六

鈕印鼻也从金丑聲 大○小徐 韻會二十六厚

珇古文鈕从王 大小徐

銎斤斧穿也从金巩聲 大○小徐 韻會二冬 斧空也 七月釋文

鉴鉴錍斧也从金此聲 大○小徐

錍鉴錍也从金卑聲 大○小徐 韻會四支

鏨小鑿也从金从斬斬亦聲 大○徐 小徐無次從字 小鑿也從金斬聲 韻會

二十八勘

鐫穿木鐫也从金雋聲一曰琢石也讀若瀸 大○徐 小徐穿作破 破木也

從金雋聲 韻會一先

鑿穿木也从金鑿省聲 大小徐 韻會十藥 穿木也 文選長笛賦注 鑿也 御覽卷七百六十三

銛鍤屬从金舌聲讀若棪桑欽讀若鐮 大徐 屬下有也字 小徐 臿屬從金銛省聲 韻會十四鹽 臿屬 廣韻二十四鹽

鈂臿屬从金冘聲 大徐 臿金也從金冘聲讀若沈 小徐

銳臿屬从金危聲一曰瑩鐵也讀若跛行 大徐 臿金也從金危聲一曰銳瑩鐵也讀若毀行 小徐 臿金也從金危聲一曰瑩鐵 韻會四紙 臿屬一曰瑩鐵也 廣韻四紙

鐅河內謂臿頭金也从金敝聲 大小徐

錢銚也古田器从金戔聲詩曰庤乃錢鎛 大徐 銚也古者田器從

金戔聲曰庤乃錢鎛一曰貨也 小徐 銚也古者田器從金戔聲

一曰貨也 韻會一先 銚也古田器詩庤乃錢鎛 韻會十六銑 錢銚古

田器 臣工正義 銚也古田器也 御覽卷八百二十三 大鉏也 廣韻十八藥 大鋤也 釋器疏

钁大鉏也从金矍聲 大小徐韻會十藥

御覽卷七百六十四

鈐鈐鏥大犂也一曰類梠从金今聲 大徐 小徐梠作耜 鈐鏥大犂也一

曰類梠 韻會十四鹽 鈐鏥大犂也 廣韻二十四鹽

鏥鈐鏥也从金隋聲 大小徐

鏺兩刃木柄可以刈艸从金發聲 讀若撥 大徐 小徐刃下有有字木下無柄字 兩刃有

木柄可以刈艸 韻會七曷 鏺讀若撥 廣韻十三末

鉏相屬从金蟲省聲讀若同 大徐 梠屬也從金蟲省聲 小徐 器名

也地形似器故名之音力 高祖紀索隱

鉏立薅所用也从金且聲 大徐小徐韻會六魚 立薅斫也 廣韻九魚 鋤薅 音蒿

斫也 御覽卷七百六十四

鑼相屬从金罷聲讀若嬀 大徐 梠屬下有也字 小徐梠作

鎌鍥也从金兼聲 大徐小徐 鍥也 文選鮑明遠東武吟注 韻會十四鹽

鍥鎌也从金㓞聲 大徐小徐韻會九屑 鎌也蜀本刎鎌也又曰小鎌南方

用以又穀 六書故第四

鉊大鎌也从金召聲鎌謂之鉊張徹說 大徐 小徐又韻會二蕭謂上有或字

銍穫禾短鎌也从金至聲 大小徐韻會四質 穫禾短鎌也 臣工釋文又正義 禹貢正義 夏紀索隱 廣韻五質 御覽卷八百二十三無也字

鎮博壓也从金眞聲 大小徐韻會十一眞 博壓也 韻會十二震 壓也 一切經音義卷十 又卷十七 又卷十一 又卷二十四 又卷十二

鉆鐵銸也从金占聲一曰膏車鐵鉆 大小徐 鐵鋷也一曰膏車鐵鉆 周禮典同釋文 廣韻二十四鹽鋷作鉶 鐵銸也 後漢陳寵傳注 一切經音義卷十一 又卷十三 又卷十四 又卷十七 鋷也 後漢章紀注

銸鉆也从金耴聲 大小徐 鋷 典同釋文

鉗以鐵有所劫束也从金甘聲 大小徐 以鐵有所劫束 廣韻二十四鹽 御覽卷六百四十四無以字末有也字

鈦鐵鉗也从金大聲大小徐韻會八霽 鐵鉗也廣韻十二霽御覽卷六百四十四鐵作脛

鋸槍唐也从金居聲大小徐韻會六御 槍唐也御覽卷七百六十三

鐕可以綴箸物者从金朁聲大小徐 可以綴署物者也御覽卷八百三十

綴著物者韻會十三覃 針綴史也御覽卷八百三十當是鐕字

錐銳也从金隹聲大小徐 銳也廣韻六脂韻會四支

鑱銳也从金毚聲大小徐 銳也一切經音義卷四又卷八又卷十一又卷十六又卷二十五

廣韻二十七銜韻會十五咸 刺也一切經音義卷十

銳芒也从金兌聲大小徐韻會八霽 芒也漢楊雄按語一切經音義卷六又卷二十二

𠩺籀文銳从厂剡大徐 籀文銳從剡小徐韻會八霽籀作𠩺

鏝鐵杇也从金曼聲大小徐韻會十四寒 鐵杇也釋宮釋文御覽卷七百六四杇作圬

槾鏝或从木　大小徐　釋宮釋文本或作槾又作墁同　韻會十四寒或作槾　廣韻二十六桓鏝槾墁同

鑽所以穿也从金贊聲　大小徐音韻會十五翰　所以穿也　文選長笛賦注　一切經音義卷二　韻會十四寒

鑪錯銅鐵也从金慮聲　大小徐　韻會六御　錯銅鐵也　御覽卷七百六十四

銓衡也从金全聲　大小徐　韻會一先

銖權十分黍之重也从金朱聲　大徐　小徐無也字　權十分黍之重也　韻會七虞　權分十黍之重　儒行釋文

鋝十銖二十五分之十三也从金寽聲周禮曰重三鋝北方以二十兩為鋝　大徐　小徐無以字　韻會九屑十三作十二無曰字　十一銖二十五分之十三周禮曰重三鋝　廣韻十七薛　十一銖二十五分銖之十三也

鈦鐵鉗也从金大聲大小徐韻會八霽 鐵鉗也廣韻十二霽 御覽卷六百四十四鐵作脛

鋸槍唐也从金居聲大小徐韻會六御 槍唐也御覽卷七百六十三

鐕可以綴箸物者从金朁聲大小徐 可以綴署物者也御覽卷八百三十

綴著物者韻會十三覃 針綴史也御覽卷八百三十當是鐕字

錐銳也从金隹聲大小徐 銳也廣韻六脂韻會四支

鑱銳也从金毚聲大小徐 銳也一切經音義卷四 又卷八 又卷十一 又卷十六 又卷二十五

廣韻二十七銜韻會十五咸 刺也一切經音義卷十

銳芒也从金兌聲大小徐韻會八霽 芒也漢楊雄按語 一切經音義卷六 又卷二十二

剡籒文銳从厂剡大小徐 籒文銳從剡小徐 韻會八霽 籒作剡

鏝鐵杇也从金曼聲大小徐韻會十四寒 鐵杇也釋宮釋文 御覽卷七百六四杇作圬

後頁第一行

槾鏝或从木大徐　釋宫釋文本或作槾又作墁同　韵

会十四寒或作槾　廣韵二十六桓鏝槾墁同

十三周禮曰重三鋝廣韵　十一鋝二十五分銖之十三

周禮秋官職金疏引古尚書說如此 呂刑釋文 十銖 蜀本十下有一字 二十五分 一條分下有銖字
之十三也北方以二十為一 戴東原改一為三 鋝 六書故第四 鍰也 周禮冬官
冶氏注 秋官職金疏
鍰鋝也从金爰聲虞書曰罰百鍰 大小徐韻會十五刪曰作其 鋝也蜀本李
易冰廣說文曰鍰六鋝也 六書故第四 六鋝也 呂刑釋文
鏐六銖也从金畱聲 大小徐韻會四支 六銖也 儒行釋文
錘八銖也从金坙聲 大小徐
鈞三十斤也从金勻聲 大小徐韻會十一真
銞古文鈞从旬 大小徐 或書作銞 韻會十一真
鈀兵車也一曰鐵也司馬法晨夜內鈀車从金巴聲 大小徐 兵車也

從金巴聲一曰鐵也司馬法曰晨夜内鈀車小徐兵車也从金巴聲司馬法晨夜内鈀車一曰鐵也韻會六麻

鐲鉦也从金蜀聲軍法司馬執兩鐲大徐小徐無兩字鉦也從金蜀聲韻會三覺鉦也鐃也采芑釋文

鈴令丁也从金从令令亦聲大徐鈴釘也從金令聲小徐御覽卷三百三十八釘作丁令丁也韻會九青

鉦鐃也似鈴柄中上下通从金正聲大徐鐃也從金正聲似鈴柄中上下通小徐鐃也似鈴柄中上下通采芑正義一切經音義卷四韻會八庚柄作柄鐃鈴也柄中上下通御覽卷五百八十四鐃也似鈴後漢光武紀注又張衡傳注御覽卷三百三十六似鈴作從鉦鐃也又云鐲也采芑釋文鐃也文選吳都賦注又

思元賦注

鐃小鉦也軍法卒長執鐃從金堯聲 大徐 小鉦也從金堯聲軍法卒長執鐃 小徐韻會三肴 小鉦也 御覽卷三百三十八 鉦也鐃小鐃也軍法卒長執鐃 御覽卷五百八十四

鐸大鈴也軍法五人為伍五伍為兩兩司馬執鐸从金睪聲 大徐 大鈴也從金睪聲軍法五人為伍五伍為兩兩司馬執鐸 小徐 大鈴也軍法五人為伍五伍為兩司馬執鐸 韻會十藥 大鈴也軍法五人為五 古唐類範卷百廿一

鎛大鍾淳于之屬所以應鍾磬也堵以二金樂則鼓鎛應之从金薄聲 大徐 鼓鎛作鼓鏄 小徐

鏞大鐘謂之鏞从金庸聲小徐大徐 大鐘從金庸聲韻會二冬

鐘樂鐘也秋分之音物種成从金童聲古者垂作鐘大徐音下有也字小徐

樂鐘也從金童聲韻會二冬 秋分之音物種也古唐類範卷一百八 御覽卷五百七十五鍾作中成二字 鍾作鍾樂器也釋樂釋文 鍾作鍾明堂位釋文 鍾

酒器也釋樂疏

銿鐘或从甬小徐大徐 或作銿韻會二冬 銿與鐘同廣韻三鍾

鈁方鍾也从金方聲小徐大徐

鎛鎛鱗也鐘上橫木上金荂也一曰田器从金尃聲詩曰庤乃錢

鎛大徐 鎛鱗也鍾上橫木上金華也從金尃聲一曰田器也詩

曰庤乃錢鎛小徐 鎛鱗也鍾上橫木上金華也從金尃聲又田

鍠鍾聲也从金皇聲詩曰鐘鼓鍠鍠 大小徐 鐘聲詩鐘鼓鍠鍠 韻會
七陽 鍠 廣韻十二庚
鎗鐘聲也从金倉聲 大小徐 韻會八庚
鏓鎗鏓也一曰大鑿平木者从金悤聲 大小徐 鎗鏓也從金悤聲一
曰大鑿平木者 小徐 鏓大鑿中木也 文選長笛賦注
錚金聲也从金爭聲 大小徐 金聲 文選長笛賦注 錚錚金也 後漢劉盆子傳注
鏜鐘鼓之聲从金堂聲詩曰擊鼓其鏜 大小徐 鼓鐘聲也 廣韻十一唐
鏨金聲也从金輕聲讀若春秋傳曰鏨而乘它車 大徐小徐它作他 金
聲也 昭二十六年正義 廣韻十四清
鐔劍鼻也从金覃聲 大小徐 韻會十二侵無也字

鏌　鏌釾也从金莫聲大徐小徐又韻會十藥釾下有大戟二字　鏌鋣大戟也後漢文苑
杜篤傳注　文選羽獵賦注鏌鋣御邪　御覽卷三
百五十三鋣作鋣　賈生傳集解鏌鋣作莫邪

釾　鏌釾也从金牙聲大小徐韻會六麻也詣切

鑁　刀削末銅也从金變聲大小徐　刀削末銅也一切經音義卷十四

鈒　鋋也从金及聲大小徐韻會十四緝　鋋也韻會十五合

鋋　小矛也从金延聲大小徐韻會一先　小矛也司馬相如傳索隱後漢班固下注文選東
都賦注　又上林賦注　又魏都賦
注無也字　又西京賦注矛作戈

鈗　侍臣所執兵也从金允聲周書曰一人冕執鈗讀若允大徐　從
侍臣所執兵從金允聲周書曰冕執鈗小徐　侍臣所執兵從金
允聲周書曰一人冕執鈗讀若允漢楊雄傳按語

鉈短矛也从金它聲大小徐韻會六麻 鉈廣韻五支

鏦矛也从金從聲大小徐韻會二冬

錄鏦或从彖大小徐

錟長矛也从金炎聲讀若老耼大小徐 長矛也韻會十三覃

鏠兵耑也从金逢聲大小徐韻會二冬 兵端也文選魏都賦注

錞矛戟柲下銅鐏也从金臺聲詩曰厹矛沃錞大徐作戟無也字 小徐戟

錞矛戟下銅鐏小戎釋文 鐓矛戟柲下銅也一切經音義卷二十

鐏柲下銅也从金尊聲大小徐韻會十四願 柲下銅也廣韻二十六慁

鏐弩眉也一曰黃金之美者从金翏聲大徐 弩眉也從金翏聲一曰

黃金之美者小徐韻會十一尤

鏃矢金鏃翦羽謂之鏃从金族聲大小徐 矢金鏃翦羽謂之鏃韻會十一尤

鏑矢鏠也从金啇聲大徐小徐又韻會十二錫鏠作鋒 矢鋒也文選魏都賦注 一切經音義卷九

鎧甲也从金豈聲大小徐韻會十一隊 甲也一切經音義卷十二 御覽卷三百五十五 華嚴音義卷十四

釬臂鎧也从金干聲大小徐韻會十五翰 臂鎧也御覽卷三百五十五 臂鎧謂之釬初學記卷二十二

錏錏鍜頸鎧也从金亞聲大小徐 頸鎧也御覽卷三百五十五 頸鎧謂之錏鍜初學記卷二十二 錏鍜頸飾也一切經音義卷十二

鍛鍜鍛也从金叚聲大小徐 鍜鍛頭鎧也韻會六麻

鐗車軸鐵也从金閒聲大小徐 車鐵一切經音義卷十九

釭車轂中鐵也从金工聲大小徐 車轂中鐵也廣韻一東 車轂頭鐵

一切經音義卷四 謂車轂口鐵也一切經音義卷七又卷十一卷十九皆無謂車二字 轂

鐵也後漢班固上注文選西都賦注 轂之鐵也御覽卷七百七十七

鍪車樘結也一曰銅生五色也从金折聲讀若誓大徐 車堂結也

從金折聲讀若誓一曰銅生五色小徐

鈋乘輿馬頭上防鈋插以翟尾鐵翮象角所以防網羅鈋去之从

金气聲大徐 小徐網作冈之下有也字 韻會五勿網作罔

鑾人君乘車四馬鑣八鑾鈴象鸞鳥聲和則敬也从金从鸞省大徐

人君車四馬鑣八鑾鈴象鸞鳥之聲和卽敬也從金鸞省聲 小徐韻會十四寒君下有乘字無之字卽作則

鉞車鑾聲也从金戉聲詩曰鑾聲鉞鉞 大小徐

鍚馬頭飾也从金陽聲詩曰鉤膺鏤鍚一曰鍱車輪鐵 大徐小徐末有也字

馬頭飾也從金陽聲詩曰鉤膺鏤鍚 韻會七陽

銜馬勒口中从金从行銜行馬者也 大徐

馬勒口中也從金行銜者行馬者也 小徐韻會十五咸無也字

馬勒口中从金从行銜行馬者 廣韻二十七銜

馬勒口中也 御覽卷三百五十八

鑣馬銜也从金麃聲 大小徐韻會二蕭

馬銜也 文選南都賦注　又射雉賦注　又謝靈運從游京口詩注　又七命注　御覽卷三百五十七

馬勒傍鐵也 文選劉越石荅盧諶詩注

鱇鏮或从角大小徐

鉣組帶鐵也从金劫省聲讀若劫大小徐

鈇莝斫刀也从金夫聲大小徐韻會七虞　莝斫刀也一切經音義卷十二　又卷十三　又卷十九　又卷一　又卷五並無刀字　剉刀也後漢馮魴傳注　又獻紀注剉刀作莝刃

鉤魚也从金勺聲大小徐韻會十八嘯韻

鏊芊簦耑有鐵从金埶聲讀若至大徐小徐耑作端　羊箠也端有鐵廣韻六至

鋃鋃鐺瑣也从金良聲大小徐　鋃鐺鎖也後漢崔實傳注　一切經音義卷五　又卷十五鎖作鏁　御覽卷六百四十四　鋃鐺韻會七陽

鐺鋃鐺也从金當聲大小徐韻會七陽鋃譌銀

鋂大鎖也一環貫二者从金每聲詩曰盧重鋂大徐 小徐瑣作鎖 大鎖也從金每聲一環貫二者詩盧重鋂韻會十灰 環也一環貫二 盧令

正義

鍡鍡鑸不平也从金畏聲大徐 小徐鍡譌鋃

鑸鍡鑸也从金畾聲大徐 不平也從金畾聲小徐

鎎怒戰也从金氣聲春秋傳曰諸侯敵王所鎎大徐 小 愾作鎎火既反怒戰也釋文彤弓

鋪箸門鋪首也从金甫聲大徐 小徐 韻會七虞 著門飾首文選舞賦注 門扇環謂之鋪首御覽卷百八十八 活板

鐉所以鉤門戶樞也一曰治門戶器也从金巽聲大徐 小徐無上也字

所以鉤門戶樞也一曰治門戶器也 廣韻二仙

鈔叉取也从金少聲 大徐小徐 韻會三肴 小徐叉作扠

鍣以金有所冒也从金沓聲 大徐小徐 以金有所冒也 韻會十五合 一切經音義卷十四所下有覆字

錉斷也从金昏聲 大徐小徐 斷也 廣韻十三末

鉻鬄也从金各聲 大徐小徐 鬄也 廣韻十九鐸

鐕伐擊也从金亶聲 大徐小徐

鏃利也从金族聲 大徐小徐 韻會一屋

鈌刺也从金夬聲 大徐小徐

鍬利也从金欶聲 大徐小徐

鐂殺也大徐　殺也從金畱聲小徐韻會十一尤

鍤業也賈人占鍤从金沓聲大小徐

鉅大剛也从金巨聲大小徐韻會六語　巨大作鉅字從金一切經音義卷三

巨大巨從金作鉅一切經音義卷十　巨大也作鉅一切經音義卷二十二又卷十無也字

鏞鏞銻火齊从金唐聲大徐小徐齊下有也字

銻鏞銻也从金弟聲大小徐韻會八齊也上有火齊字

鈋吪圜也从金化聲大小徐

鐓下垂也一曰千斤椎从金敦聲大小徐　鐓丁回切　千斤椎也御覽七百六十三

鍒鐵之耎也从金从柔柔亦聲大徐 鐵之耎也從金柔聲小徐 鐵之耎也韻會十一尤

錭鈍也从金周聲大小徐

鈍錭也从金屯聲大小徐韻會十四願

銻利也从金弟聲讀若齊大小徐

錗側意从金委聲大徐意下有也字小徐

鉀鎧也從金甲聲韻會十七洽大小徐皆無

鉵作鍪器名也地形似器故名之音力宋本史記高祖紀索隱大小徐皆無

幵平也象二干對構上平也凡幵之屬皆从幵大小徐 平也象二干對構上平也韻會一先 平也兩干對舉廣韻一先

勺挹取也象形中有實與包同意凡勺之屬皆从勺大小徐挹取也象形中有實韻會十藥抖也一切經音義卷四勺古文不從屈一之體竝從勺勺一為勺二為勻一少也二漸多也兩均之義許氏因俗輩云一勺為与便謂中畫屈一則與与字同部又云包同意此正勺也豈得謂同意哉移入勺部之略反大小篆勺如此許氏勺如此李陽冰本

与賜予也一勺為与此与與同大徐小徐此与作此即賜予也一勺為与韻會六語与中畫盤屈兩頭各鉤物有交互相與之義與互同意許云一勺甚涉迂誕與屈中為虫何殊李陽冰本

几踞几也象形周禮五几玉几雕几彤几髹几素几凡几之屬皆

踞几也象形周禮五几玉几彫几彤几纂几素几
从几大徐小

凭依几也从几从任周書凭玉几讀若馮大徐書下有曰字小徐 依几也韻會四紙

從几從任韻會十蒸 依几也顧命釋文

凥處也从尸得几而止孝經曰仲尼凥凥謂閑居如此大徐又韻會六魚止下有也字韻會無曰字小徐 居作凥孝經釋文 尸下施几顏氏家訓書證十七

処止也得几而止从几从夂大徐 処止也從夂得几而止小徐韻會六語

又作処廣韻八語

處處或从虍聲大徐小 或作處韻會六語

且薦也从几足有二横一其下地也凡且之屬皆从且大徐小徐無也字

薦也從几足有二橫一其下地也韻會六魚又二十一馬無橫字地字　薦也廣韻九魚

且古文以為且又以為几字小徐大徐無　且古作且韻會二十一馬

俎禮俎也从半肉在且上大小徐韻會六語

𧯛且往也从且豦聲大小徐

斤斫木也象形凡斤之屬皆从斤大徐小徐木下有斧字　斫木也一切經音義卷十四又卷十五又卷十六又卷一無木字廣韻二十一欣文選長笛賦注無也字　斫木斧也象形韻會十二文　斫木也象形李陽冰曰呂鐵為刃天生曲木為柄

象形剞劂之綯稱六書故第二十九

斧斫也从斤父聲大小徐韻會七麌

斨方銎斧也从斤爿聲詩曰又缺我斨大徐小徐缺作鈌韻會七陽無曰字 方

銎斧也破斧釋文廣韻十陽

斫擊也从斤石聲大小徐韻會十藥 折傷也一切經音義卷十一

斪斫也从斤句聲大小徐

斸斫也从斤屬聲大小徐韻會二沃

斲斫也从斤𠁁大徐 斫也從斤𠁁聲小徐 斫也殷武釋文琴賦注又文選七命注一切經音義卷一又卷二又卷十四又卷十八又卷二十二韻會三覺 斵文選景福殿賦注

劃斲或从畫从𠃨大徐 斲或從𠃨畫小徐

釿劑斷也从斤金大徐 劑也從金從斤聲小徐 劑斷也廣韻二十一欣又十六軫 劑也一切經音義卷十四又卷十六

所伐木聲也从斤户聲詩曰伐木所所大徐 小徐伐木聲從斤户聲 韻會六語 伐木聲也詩曰伐木所所 廣韻八語

斯析也从斤其聲詩曰斧以斯之大小徐 四支無曰字 韻會 析也詩曰斧以斯之 廣韻五支

斮斬也从斤昔聲大小徐 斬也 泰誓正義成二年公羊疏

斷截也从斤从㡭㡭古文絶大徐 截也從斤㡭㡭古文絶字 小徐韻會十五旱又十五翰截作㦸 截也 華嚴音義卷六十六

㔸古文斷从皀皀古文叀字周書曰㔸㔸猗無他技大徐叀作書 小徐他作佗 韻會十四旱古作㔸㓸

㓸亦古文大徐 亦古文斷 小徐

斪柯擊也从斤良聲 大小徐

新取木也从斤亲聲 大徐 小徐又韻會十一真亲作亲

所二斤也从二斤 大徐 二斤也闕 小徐

斗十升也象形有柄凡斗之屬皆从斗 大小徐 十升也象形有柄 韻會二十六厚 廣韻四十五厚象形在柄下

斛十斗也从斗角聲 大小徐 韻會一屋

斝玉爵也夏曰琖殷曰斝周曰爵从吅斗门象形與爵同意或說斝受六升 大徐 從字吅在與上 小徐無上 玉爵也或說斝受十六升 御覽卷七百六十一 玉爵也 文選廣絕交論注 從斗 昭七年釋文 玉爵也夏曰琖殷曰斝周曰爵 玉篇玉部

料量也从斗米在其中讀若遼 大徐 量也從米在斗中讀若遼 小徐

韻會二蕭無末三字　又十八嘯無末四字

斞量也从斗臾聲周禮曰求三斞　量也一切經音義卷四　文選魏都賦注　又西都賦注料作斞　大小徐　韻會七麌無曰字求作逑　量也廣韻九麌

斡蠡柄也从斗倝聲揚雄杜林說皆以為軺車輪斡　大徐　斡　小徐倝譌　韻會七曷說下有皆字末有也字

魁羹斗也从斗鬼聲　大小徐　韻會十灰　羹斗也一切經音義卷十二　又卷十五　又卷十六

羹斗曰魁　一切經音義卷十一

斠平斗斛也从斗冓聲　大徐　小徐斛下有量字　韻會三覺　平斗斛也一切經音義卷二　又卷十四　又卷二十二角當為斠　又卷二十三

斟勺也从斗甚聲　大小徐　韻會十二侵

斜杼也从斗余聲讀若荼　大小徐　韻會六麻無讀若荼　杼也廣韻九麻

斞挹也从斗臾聲 大小徐 韻會七虞　挹也 一切經音義卷四

料量物分半也从斗从半半亦聲 大徐 無從半二字 小徐

斜量溢也从斗旁聲 大徐 量下有物字 小徐

䉶杼滿也从斗䜌聲 大小徐　杼滿也 一切經音義卷四 又卷十四 又卷十五 又卷十六

斣相易物俱等為斣从斗蜀聲 大小徐

願 廣韻二十五 韻會十四願

𣂔斛旁有𣂔从斗厖聲一曰突也一曰利也爾疋曰𣂔謂之疀古田器也 大徐 有𣂔字足作雅 小徐 利上　斛旁有𣂔從斗厖聲一曰利也 韻會 二蕭　斛旁有𣂔爾雅𣂔謂之疀 同上

升十龠也从斗亦象形 大小徐　龠也象形十合為升 韻會十蒸

矛酋矛也建於兵車長二丈象形凡矛之屬皆从矛大小徐　酋矛
也建於兵車長二丈象形廣韻十八尤韻會十一尤　長二尺建於兵車一切
經音義卷二　又卷三　又卷十九　矛長二丈一切經音
又卷一二作一　又卷十四首有酋字　義卷十一
又卷二十一　又卷十首有酋字　吊作串李陽
又卷十八仝卷二十二末有也字　冰本
𢦏古文矛从戈大小徐　廣韻十八尤韻會十一
尤𢦏古文　尤或作𢦏
矠矛屬从矛良聲大徐屬下有也字　小徐
𥎊矛屬从矛害聲大小徐
䂆矛屬从矛昔聲讀若笮大徐屬下有也字　小徐　從矛昔聲韻會三覺
矜矛柄也从矛今聲大小徐　韻會十一真　矛柄也韻會十蒸
矛丑刺也从矛丑聲大小徐

矜矝怜从矛令若从今者音目斤反矛柄也玉篇二字皆从矛令

無矛今若也華嚴音義卷二十一

車輿輪之總名夏后時奚仲所造象形凡車之屬皆从車大徐小徐名下有也字造作作輿輪之總名也夏后氏奚仲所作一切經音義卷六輿

輪總名象形也御覧卷七百七十一輿輪之總名韻會六麻象形輿輪總

稱同上

𨏥籀文車大徐小徐籀作𨏥韻會六魚

軒曲輈藩車从車干聲大徐小徐又韻會十三元藩作轓曲周轓車也一切經音義卷六御覧卷七百七十二轓作璠曲輈也荀子非相篇注九年正義輈作旃定曲周屏車

留侯系家索隱

輜軿車前衣車後也从車甾聲 大小徐 軿車前衣車後 韻會四支 軿車前衣車後為輜 文選任彥昇天監三年策注 又劉孝標廣絕交論注 軿衣車也前後有蔽 定九年正義 衣車也 定九年釋文 一名軿前後蔽也 文十二年正義

軿車 御覽卷七百七十二 輜 九經字樣 輕車也重曰輜輕曰軿 韻會九青

軿輜車也从車幷聲 大徐 小徐輜作輺 軿車衣車也 後漢袁紹傳注

輼臥車也从車𥁕聲 大小徐 韻會十三元 韻

輬臥車也从車京聲 大小徐 臥車 韻會七陽

軺小車也从車召聲 大小徐 小車也 平準書索隱 貨殖傳正義 廣韻三蕭 御覽卷七百七十二 又卷七百七十五 軺下有車字 韻會二蕭

輕　輕車也从車巠聲大小徐韻會八庚　輕車也御覽卷七百七十二

輶　輕車也从車酋聲詩曰輶車鑾鑣大小徐　輕車也從車酋聲韻會十一尤

輣　兵車也从車朋聲大小徐韻會七陽　樓車也後漢光武紀注御覽卷三百三十六又卷七百七十二樓作兵下二字俱空缺

軘　兵車也从車屯聲大小徐韻會十三元　車也御覽卷七百七十二

幢　陷敶車也从車童聲大小徐韻會二冬敶作陣　陷敶車也皇矣釋文定八年釋文御覽卷七百七十二敶作陣

轈　兵高車加巢以望敵也从車巢聲春秋傳曰楚子登轈車大小徐　兵高車加巢以望敵者也左傳楚子登轈車韻會三肴　兵高車

釋文一條必須另書

加巢以望敵也成十六年正義文高車二字倒加作如又釋

輿車輿也从車舁聲大小徐韻會六魚車輿作輿底　車輿也一切經音義卷二又卷六

又卷十四

輯車和輯也从車咠聲大小徐韻　車輿也列子湯問釋文

轋衣車蓋也从車蓋聲大小徐韻會十五翰

軓車軾前也从車凡聲周禮曰立當前軓大小徐韻會三十豏無周字曰字　車

軾前也從車凡聲匏有苦葉釋文　車軾前也周禮立當前軓廣韻五十五范

車軾前也匏有苦葉正義

軾車前也从車式聲大小徐韻會十三職　車前也一切經音義卷二十

輅車軨前横木也从車各聲大小徐七遇無横字韻會

加巢以望敵之（成十六年正義）

兵車高加巢以望敵之文釋

釋文一條必須另書

加巢以望敵也 成十六年正義又釋文高。車。二。字。倒。加。作。如。

輿車輿也从車舁聲 大小徐韻會六魚車輿作輿底　車輿也 一切經音義卷二又卷六又卷十四

輯車和輯也从車咠聲 大小徐　車輿也 列子湯問釋文

⿰車曼衣車蓋也从車蓋聲 大小徐韻會十五翰

軓車軾前也从車凡聲周禮曰立當前軓 大小徐韻會三十豏無周字曰字　車

軾前也從車凡聲 匏有苦葉釋文　車軾前也周禮立當前軓 廣韻五十五范

車軾前也 匏有苦葉正義

軾車前也从車式聲 大小徐韻會十三職　車前也 一切經音義卷二十

輅車軨前橫木也从車各聲 大小徐韻會七遇無橫字

較車騎上曲銅也从車交聲大徐小徐又韻會三覽騎作輢 車輢上曲銅也廣韻四覺 較車輢上四鉤也文選西京賦注 較車輢上曲銅鉤初學記卷二十五

文選七發注無銅字鉤譌鉤

𨊻車耳反出也从車从反反亦聲大徐 車耳反出也從車反聲小徐

韻會十三阮 轓車之蔽也漢景紀注

轛車橫軨也从車對聲周禮曰參分軹圍去一以為轛圍大徐小徐無

軨字

輢車旁也从車奇聲大徐小徐韻會四紙

軓車兩輢也从車𠃉聲大徐小徐韻會十六葉 韻 車相倚也廣韻二十九葉

𨊴車約𨊴也从車川聲周禮曰孤乘夏𨊴一曰下棺車曰𨊴大徐小

轖車籍交錯也从車嗇聲大小徐　車籍交革也文選七發注
軨車轖間橫木从車令聲大徐木下有也字小徐　車轖間橫木司馬相如
說韻會九青　軨又作轜車轖間橫木也一切經音義卷十三　車輜間橫木
也後漢張衡傳注又趙壹傳注無也字御覽卷七百七十二輜間作軨前
轜軨或从霝司馬相如說大徐　司馬相如軨從霝小徐
輑軺車前橫木也从車君聲讀若帬又讀若褌大徐　軺車前橫木
也讀若羣從車君聲一曰讀若褌小徐
軫車後橫木也从車㐱聲大小徐韻會十一軫無也字　車後橫木也文選西京賦注
轐車伏兔也从車菐聲周禮曰加軫與轐焉大小徐　車伏兔也周
禮加軫與轐焉韻會一屋

轗車伏兔下革也从車㥑聲㥑古昏字讀若閔 大小徐

軸持輪也从車由聲 大小徐 持輪也從車冑省聲 韻會一屋 持輪也 文選蕪城賦注 御覽卷七百七十六

輹車軸縛也从車复聲易曰輿脫輹 大小徐 韻會一屋軸作下無曰字脫作說

軔礙車也从車刃聲 大小徐 韻會十二震 礙車也 一切經音義卷二十 小旻正義車下有木字

輮車軔也从車柔聲 大小徐 韻會二十六宥 又二十六厚軔作輞

𨏈車輮規也一曰一輪車从車熒省聲讀若煢 大小徐 一輪也 御覽卷七百七十二

轂輻所湊也从車𣪊聲 大小徐 韻會一屋

輥轂齊等皃从車昆聲周禮曰望其轂欲其輥大徐小徐皃下有也字韻會十三阮無曰字

軝長轂之軝也以朱約之从車氏聲詩曰約軝錯衡大徐小徐無上之字 長轂之軝以朱約之詩曰約軝錯衡廣韻五支 長轂之軝也从車氏聲詩約軝錯衡韻會四支 長轂也采芑正義

𨊻軝或从革大小徐 或作𨊻韻會四支 廣韻五支𨊻上同

軹車輪小穿也从車只聲大小徐四紙無也字韻會 車輪小穿也後漢張衡傳注 文選思元賦注匏有苦葉正義無車字

𨏥車軸耑也从車象形杜林說大徐下有叀之二字小徐象 車軸也從車象𨏥之形韻會八霽 車軸耑也廣韻十三祭 轊車軸端也杜林說轂轄

也御覽卷七百七十六　轊車軸端也匏有苦葉釋文文選蕪城賦注又廣絕交論注無也字

𨏼害或从彗大小徐　或作轊韻會廣韻十三八霽祭轊上同

輻輪轑也从車畐聲大小徐韻會一屋

轑蓋弓也一曰輻也从車尞聲大小徐　轑車蓋弓也從車尞聲韻會十九皓　蓋弓也御覽卷七百七十六

軑車輨也从車大聲大小徐　車轄也廣韻十二霽韻會八霽　轄車轄也節南山正義

輨轂端沓也从車官聲大徐小徐端沓作耑錔韻會十四旱端作耑　車轂上轄也御覽卷七百七十六

轅輈也从車袁聲大小徐韻會十三元

輈轅也从車舟聲大小徐韻會十一尤　轅也文選劉越石贈盧諶詩注

𨐇籀文輈大小徐韻會十一尤籀作𨐇

輂直轅車𨏥也从車具聲大小徐　直轅車𨏥縛廣韻三燭　直轅車也

韻會二沃

軏車轅耑持衡者从車元聲大小徐韻會六月　車轅端持衡者論語延

軏五經文字卷下

軶轅前也从車戹聲大小徐韻會十一陌　轅前也論語延　軶車前也一切經音義卷二十三

𨍉軶軥也从車軍聲大小徐

軥軶下曲者从車句聲大徐小徐又韻會十一尤者作也　軶下曲者襄十四年釋文昭

二十六年正義　軥車軶下曲者襄十四年正義

轙車衡載轡者从車義聲大徐小徐者作也韻會四支　車衡載轡者廣韻四紙

韻會四紙

钀轙或从金从獻大徐小徐無下從字

軜驂馬內轡繫軾前者从車內聲詩曰渼以觼軜大徐小徐又韻會十五合渼作鋈韻會無曰字

衛車搖也从車从行一曰衍省聲大徐　車搖也從車從衍省聲小徐

輂輅車後登也从車丞聲讀若易抍之抍馬大徐小徐　載乘也从車戠聲大小徐一篆韻會

軍圜圍也四千人為軍从車从包省軍兵車也大徐　圜圍也四千人為軍從包省從車軍兵車也小徐　圜圍也從包省從車軍兵車

也韻會十二文

軷出將有事於道必先告其神立壇四通樹茅以依神為軷既祭軷轢於牲而行為範軷詩曰取羝以軷从車犮聲大徐七曷韻會無曰字

出將有事于道必先告其神立壇四通樹茅以依神為軷既祭犯軷轢牲而行為範軷從車犮聲詩曰取羝以軷小徐 出必告道神為壇而祭為軷生民釋文

範範軷也从車笵省聲讀與犯同大徐小徐 軷也從車笵省聲韻會三十

蹍

⿰車獻載高皃从車巘省聲大徐皃下有也字小徐 載高貌從車獻聲韻會七曷

轄車聲也从車害聲一曰轄鍵也大徐小徐 車聲也一曰轄鍵也廣韻

十五鎋　車鍵也孟子疏題詞　鍵也一切經音義卷十六

轉運也从車專聲大徐韻會十七霰小徐運作還

輸委輸也从車俞聲大小徐韻會七虞　委輸也一切經音義卷二十廣韻十虞

輖重也从車周聲大小徐　重也韻會十一尤

輩若軍發車百兩為輩从車非聲大小徐韻會十一隊

軋輾也从車乙聲大小徐韻會八黠首有車字

報轢也从車反聲大小徐　輾轢也一切經音義卷十一又卷十四　轢也匈奴傳索隱

轢車所踐也从車樂聲大小徐韻會十二錫　車所踐也文選七啟注一切經音義卷

九又卷十一又卷十三又卷二十又卷四所作有也作若　車所踐曰轢也一切經音義卷十七

軌車轍也从車九聲大小徐釋文　皃有苦葉韻會四紙　車轍也皃有苦葉正義一切經

音義卷二十廣韻五旨

蹤車迹也从車從省聲大徐小徐迹作跡無聲字

軼車相出也从車失聲大小徐韻會四質

䡩車䡩鈏也从車眞聲讀若論語鏗爾舍瑟而作又讀若掔大徐小徐鈏作鋧又作一曰二字堅也一切經音義卷四

輊抵也从車埶聲大小徐韻會四寘秖作坻

軭車戾也从車匡聲大小徐車戾也廣韻十陽

輟車小缺復合者从車叕聲大徐小徐又韻會九屑缺作歀者下有也字

軫礙也从車多聲大小徐

轚車轄相擊也从車从毄毄亦聲周禮曰舟輿擊互者大徐小徐無下從

字末有也字　車轄相擊也周禮舟輿擊互者韻會十二錫

篹治車軸也从車算聲大小徐

軻接軸車也从車可聲大小徐韻會二十一箇　車接軸也韻會二十哿　接軸

也一切經音義卷六

聲車堅也从車殸聲大小徐

軵反推車令有所付也从車从付讀若茸大徐小徐也作者無下從字　反推

車令有所付也韻會二腫

輪有輻曰輪無輻曰輇从車侖聲大小徐韻會十一眞　有輻曰輪無輻

曰輇儀禮既夕禮記禮襍記上注、春官巾車延　有輪無輻曰輇既夕記注

輇蕃車下庳輪也一曰無輻也从車全聲讀若饌大徐　藩車下庳

輇也從車全聲讀若饌一曰無輻也小徐　蕃車下庳輪從車全

聲一曰無輪韻會一先

輗大車轅耑持衡者从車兒聲大徐小徐者下有也字　大車轅端持衡者

為政 延

輨輗或从宐大小徐

棿輗又从木大小徐

軧大車後也从車氐聲大小徐

轃大車簀也从車秦聲讀若臻大小徐　大車簀也廣韻十九臻

轒淮陽名車穹隆轒从車賁聲大小徐　淮陽名車穹御覽卷七百七十六

輓大車後壓也从車宛聲大小徐　大車後掩也御覽卷七百七十二

輂大車駕馬也从車共聲大小徐韻會二沃　大車駕馬也廣韻三燭御覽卷七百七十二

䡬連車也一曰卻車抵堂為䡬从車差省聲讀若遲大徐差上有從字小徐遲作遅　䡬連車也一曰卻車抵堂廣韻六脂　䡬連車也從車差聲一曰卻車抵堂韻會四支　䡬連車也韻會九佳

輦輓車也从車从扶在車前引之大徐　輓車也從車扶在車前引之也韻會十六銑小徐扶譌扶　輓車也在前人引之也一切經音義卷六　輦輓

御覽卷七百七十二

輓引之也从車免聲大小徐韻會十三阮之作車　引車也一切經音義卷二十五又卷十四全御覽卷七百七十二皆無也字

軖紡車也一曰一輪車从車坣聲讀若狂大徐 紡車也從車坣聲
讀若狂一曰一輪車也小徐

轘車裂人也从車睘聲春秋傳曰轘諸栗門大徐 轘車裂人從
車睘聲左傳轘諸栗里小徐 韻會十六諫 車裂人也從車環省聲春秋
傳轘諸栗門 韻會十五刪

斬截也从車从斤斬法車裂也大徐 截也從車斤斬法車裂也 韻會三十豏 小徐無也字

輀喪車也从車而聲大徐 輀喪車也小徐 文選寡婦賦注 又陸士衡挽歌行注 又曹子建王仲宣誄注 又潘安仁哀永逝文注

輔人頰車也从車甫聲大徐 韻會七麌頰車作頰骨 春秋傳曰輔車相依從

車甫聲人頰車也小徐　頰也御覽卷三百六十七　犀車聲也文選王元長曲水詩序注

轟轟車聲也从三車大徐　小徐又韻會八庚無也字　一切經音義卷二十　轟轟犀車聲一切經音義卷十二　車聲御覽卷七百七十二

𠂤小𠂤也象形凡𠂤之屬皆从𠂤大徐　小徐　小阜也廣韻十五灰　堆小阜也御覽卷五十六

𡶒危也[高]从𠂤中聲讀若臬大徐　小徐臬作槷　危高也廣韻十七薛　𡶒音孼廣韻十六屑

官吏事君也从宀从𠂤𠂤猶衆也此與師同意大徐　小徐　韻會十四寒　六書故弟二十五官𠂤聲𠂤古環字秦權文官正作俞

[illegible]

大徐[illegible]今作[illegible]

第二行 銜御邪字 銜作邪

車聲

十四下　十五

說文解字攷異

說文解字攷異十四下　歸安姚文田輯

𨸏大陸山無石者象形凡𨸏之屬皆从𨸏 大徐小徐者作也　初學記卷五　大陸山石

也象形 韻會二十六厚　土山曰阜 御覽卷三十八

𨺅古文 大徐　古文𨸏 小徐　韻會二十六厚古作𨺅

陵大𨸏也从𨸏夌聲 大小徐　韻會十蒸　大阜曰陵 御覽卷三十八　初學記卷五

䧢大𨸏也从𨸏絲聲 大小徐

防地理也从𨸏力聲 大小徐　韻會十三職韻

陰闇也水之南山之北也从𨸏侌聲 大小徐　韻會十二侵韻　闇也水之南

山之北也 廣韻二十一侵　陰 五經文字卷中

陽高明也从𨸏昜聲大小徐　高明也廣韻十陽

陸高平地从𨸏从坴坴亦聲大徐　高平地從𨸏坴聲小徐韻會一屋地作曰

陸　高平地也御覽卷五十六

𨻖籀文陸大徐　籀文陸如此小徐　籀作𨻖韻會一屋

阿大陵也一曰曲𨸏也从𨸏可聲大徐　大陵曰阿從𨸏可聲一曰曲

𨸏也小徐韻會五歌曰阿二字作也字　大陵曰阿一曰曲阜也御覽卷五十六　曲

阜也御覽卷三十八　曲阜曰阿初學記卷五

陂阪也一曰沱也从𨸏皮聲大徐　阪也從𨸏皮聲一曰沱也小徐韻

會四支沱作池　阪也文選古詩十九首注　池也御覽卷七十二　畜水曰陂華嚴音義卷十

四　池者陂也初學記卷六

阪坡者曰阪一曰澤障一曰山脅也从𨸏反聲（大徐）坡者曰阪從𨸏反聲一曰澤障也一曰山脅（小徐三阮無二也字）（韻會十）山坡曰坂（御覽卷三十八　初學記卷五）

陬阪隅也从𨸏取聲（大徐小徐）阪隅也（韻會十一尤）

隅陬也从𨸏禺聲（大徐小徐韻會七虞）

險阻難也从𨸏僉聲（大徐小徐韻會二十九〔敬避〕韻）

限阻也一曰門榍从𨸏艮聲（大徐）阻也從𨸏艮聲一曰門榍（小徐韻會十五潸）

阻險也从𨸏且聲（大徐小徐韻會六語）

陮隗高也从𨸏隹聲（大徐小徐）

隗 隗隗也从𨸏鬼聲 大小徐韻會十賄

阬 阬高也一曰石也从𨸏允聲 大小徐

陬 陬磊也从𨸏㐺聲 大小徐

陗 陗陵也从𨸏肖聲 大小徐韻會十八嘯脱肖字

陖 陖陗高也从𨸏夋聲 大小徐 陗高也 廣韻二十二稕 峻峭高也 文選西都賦注

隥 隥仰也从𨸏登聲 大小徐 仰也 韻會二十五徑

陋 陋阨陝也从𨸏㔷聲 大徐小徐又韻會二十六宥阨作阬 阬隘也 廣韻五十候

陝 陝隘也从𨸏夾聲 大徐十七洽 釋宮釋文 小徐無聲字 韻會 隘也 一切經音義卷十三 又卷二十二 陝作陿

陟 陟登也从𨸏从步 大徐十三職 小徐又韻會無下从字

隮古文陟[大徐]　古文陟如此[小徐　韻會十三職或作隮]

陷高下也一曰陊也从𨸏从臽臽亦聲[大徐]　高下也從𨸏臽聲一曰陊[小徐十陷　韻會三末有也字]　高下也一曰墮也[一切經音義卷十三]

隰阪下溼也从𨸏㬎聲[大徐小徐　韻會十四緝]　阪下濕也[御覽卷五十七]

隁敂也从𨸏區聲[大徐　小徐敂作敺　韻會六魚敂也作敺隁]

隤下隊也从𨸏貴聲[大徐　小徐　韻會十灰隊作墜]　墜下也[文選高唐賦注　一切經音義卷六]

隤墜也[文選長笛賦注　又寡婦賦注隤作頹]

隊從高隊也从𨸏㒸聲[大徐　小徐隊作墮]　從高墜也[釋詁疏　韻會十一隊]

降下也从𨸏夅聲[大徐小徐　韻會三絳]

隕從高下也从𨸏員聲易曰有隕自天[大徐小徐　韻會十一軫無曰字]　從高而

下也一切經音義卷二十二　隕者從高墜也易曰有隕自天釋詁疏

隉危也从𨸏从毀省徐巡以為隉凶也賈侍中說隉法度也班固說不安也周書曰邦之阢隉讀若虹蜺之蜺大徐小徐不上有隉字無曰字未諦蜺　危也從𨸏毀省班固說隉不安也書邦之杌隉韻會九屑

阤小崩也从𨸏也聲大徐小徐韻會四紙　小崩也廣韻四紙　小崩曰阤一切經音義卷六

隓敗城𨸏曰隓从𨸏差聲大徐小徐韻會四支　敗城𨸏曰隓廣韻五支

𡐦篆文大徐　篆文隓如此小徐　篆文作隋韻會四支

⿰阝頃仄也从𨸏从頃頃亦聲大徐　仄也從𨸏頃聲小徐

陊落也从𨸏多聲大徐小徐　落也文選西京賦注廣韻四紙韻會二十哿

阬閬也从𨸏亢聲大小徐　閬也韻會八庚

隫通溝也从𨸏賣聲讀若瀆大小徐下有以防二字　通溝以防水廣韻一屋

𨼴古文隫从谷大小徐　𨼴古文隫字釋山釋文　廣韻一屋𨼴古文

防隄也从𨸏方聲大小徐韻會七陽　隄也文選王仲宣從軍詩注　防韻會十二吻

堕防或从土大小徐韻會七陽或作堕　與防同玉篇土部

隄塘也从𨸏是聲大小徐韻會八齊　塘也文選西都賦注又南都賦注一切經音義卷二又

卷十七又卷十八又卷二十三又卷二十四　隄埒畔釋丘釋文

阯基也从𨸏止聲大小徐韻會四紙　基也文選魏都賦注又藉田賦注又西征賦注阯作趾

址阯或从土大小徐韻會四紙或作址

陘山絕坎也从𨸏巠聲大小徐　山絕坎韻會九青　山中絕曰陘御覽卷三

十八　初學記卷五

附附婁小土也（山）从𨸏付聲春秋傳曰附婁無松柏　大小徐　韻會二十六厚無土字　曰培塿小土山也左傳曰培塿無松柏　御覽卷五十六　培塿小土也　古唐類範卷百五十七

阺秦謂陵阪曰阺从𨸏氐聲　大小徐　韻會八薺　秦謂陵阪曰阺　文選高唐賦注　御覽卷七十一阪作阜

阢石山戴土也从𨸏从兀兀亦聲　大小徐　石山載土也從𨸏兀聲　小徐

隒崖也从𨸏兼聲讀若儼　大小徐　十九〔敬避〕無末三字　韻會二　崖也　文選西京賦注　又魏都賦注　又江賦注　又

院塞也从𨸏完聲　大小徐　韻會十一陌　韻

隔障也从𨸏鬲聲大小徐韻會十一陌　塞也文選西京賦注

障隔也从𨸏章聲大小徐韻會二十三漾　隔也釋言釋文一切經音義卷六

隱蔽也从𨸏㥯聲大小徐韻會十二吻　蔽也文選海賦注

隩水隈崖也从𨸏奧聲大小徐　水隈崖也廣韻三十号韻會二十號

隈水曲隩也从𨸏畏聲大小徐韻會十灰　水曲隩也一切經音義卷二又卷十又卷十四

水曲也文選西都賦注又海賦注又七發注又笙賦注水作隅又曹子建應詔詩注無水字又謝靈運從斤竹澗越嶺溪行注水作山

𨺅𨺅商小塊也从𨸏从臾大徐無下從字小徐　臾作𨺅廣韻二十八獮

𨼋水衡官谷也从𨸏解聲一曰小谿大小徐

隴天水大阪也从𨸏龍聲大小徐　天水大阪也廣韻二腫御覽卷五十六又卷

百六十四阪下有名字　古唐類　大阪也在天水者最大因
範卷百五十七阪下有之字
以名州從𨸏龍聲韻會二腫　隴山天水坂也御覽卷五十
⿰阝衣酒泉天⿰阝衣阪也从𨸏衣聲大徐小徐無也字
陝[敬避]農陝也古虢國王季之子所封也从𨸏夾聲大徐古字小徐無韻會二
十九[敬避]無下也字　今宏農陝縣古之虢國一切經音義卷三
⿰阝無[宏]農陝東陬也从𨸏無聲大徐小徐
⿰阝卷河東安邑陬也从𨸏卷聲大徐小徐
陭上黨陭氏阪也从𨸏奇聲大徐小徐
隃北陵西隃鴈門是也从𨸏俞聲大徐小徐
阮代郡五阮關也从𨸏元聲大徐小徐末有讀若昆　代郡五阮關也韻會十三

阢

陪大𠂤也一曰右扶風郿有陪𠂤从𠂤告聲大徐小徐陪作浩大阜也

廣韻二沃

陚丘名从𠂤武聲大徐小徐名下有也字

隕丘名从𠂤貟聲大徐小徐名下有也字

阠丘名从𠂤丁聲讀若丁大徐小徐名下有也字

隝鄭地阪从𠂤爲聲春秋傳曰將會鄭伯於隝大徐小徐阪作坂下有也字

陼如渚者陼丘水中高者也从𠂤者聲大徐如渚者丘從𠂤者聲

水中高者也小徐如渚者陼丘水中高者也廣韻八語丘如渚者

從𠂤者聲韻會六語

陳宛丘舜後嬀滿之所封从𨸏从木申聲大徐　宛丘也舜後嬀滿所封也從𨸏木申聲小徐　韻會十一真下有也字

𢧢古文陳大徐　古文陳省木小徐

陶再成丘也在濟陰从𨸏匋聲夏書曰東至于陶丘陶丘有堯城堯嘗所居故堯號陶唐氏大徐未有也字小徐　丘再成也在濟陰夏書曰東至陶丘陶丘有堯城堯嘗居之後居於唐故號陶唐氏　漢高紀注文選應吉甫華林園集詩注無後居於唐四字

㽈耕以臿浚出下壚土也一曰耕休田也从𨸏从土召聲大徐　耕以臿浚出下壚土一曰耕休田也從土𨸏召聲小徐

阽壁危也从𨸏占聲大小徐　韻會十四鹽

除殿陛也从𨸏余聲大小徐韻會六魚　殿陛也文選月賦注御覽卷百八十五又陸士衡贈　殿

階也文選懷舊賦注又曹子建贈丁儀詩注又陸士衡贈顔榮注又曹顔遠思友人注又謝惠連詠牛女注

階陛也从𨸏皆聲大小徐韻會九皆　階也御覽卷百八十五　階陛廣韻十四皆

阼主階也从𨸏乍聲大小徐韻會七遇　主階也文選藉田賦注御覽卷百八十五

陛升高階也从𨸏坒聲大小徐韻會八薺　升高階也一切經音義卷十六又卷十九

升階高也御覽卷百八十五

陔階次也从𨸏亥聲大小徐韻會十灰

際壁會也从𨸏祭聲大小徐韻會八霽

隙壁際孔也从𨸏从𡭴𡭴亦聲大徐　壁際孔也從𨸏𡭴聲小徐韻會十

一切經音義卷二又卷十四又卷十七

陌　壁際孔也又卷二十二卜又卷二十四又卷二十三

有從白上下小　壁際也文選沈休文應王中丞詩注又江文通雜體詩注際作縫

陪重土也一曰滿也从𨸏音聲大徐　重土也一曰滿也從𨸏音聲一曰陪臣陪備也小徐　重土也從𨸏音聲一曰滿也韻會十灰

隊道邊庳垣也从𨸏彖聲大小徐

陾築牆聲也从𨸏耎聲詩曰捄之陾陾大徐末作耎耎　小徐　築墻聲詩捄之陾陾韻會十蒸　築牆聲也詩緜釋文

陴城上女牆俾倪也从𨸏卑聲大小徐　韻會四支

𩫖籒文陴从𩫏大小徐　籒作𩫖韻會四支　辟籒作𩫖華嚴音義卷十　廣韻五支

𩫖籒文陴

隍城池也有水曰池無水曰隍从𨸏皇聲易曰城復于隍大徐　小徐曰

城池也有水曰池無水曰隍　水經穀水注　御覽卷六十七　韻會七陽

池作　曰沱　城池有水曰池無水曰隍　一切經音義卷四　又卷二十一　又　城池無水曰隍

文選兩都賦序注　又東京賦注　南都賦注　又謝惠連祭古冢文注　又　城有水曰池　文選南都賦注

城池有水曰隍　一切經音義卷二十二

陸依山谷為牛馬圈也从𨸏去聲　大小徐　韻會六魚無也字

陸危也从𨸏垒聲　大小徐　危也　廣韻五支

隖小障也一曰庳城也从𨸏烏聲　大小徐　韻會七麌　小障也一曰庳城

也　廣韻十姥　後漢皇甫規傳注隖作塢　鄔小障也一名庳城在阜部　文選長笛賦注

小障也　一切經音義卷十　後漢樊準傳注隖作塢

院堅也从𨸏完聲　大小徐

陯山𨸏陷也从𨸏侖聲 大小徐
陙水𨸏也从𨸏辰聲 大小徐
[阝戔]水𨸏也从𨸏戔聲 大小徐
𨺅兩𨸏之閒也从二𨸏凡𨺅之屬皆从𨺅 大徐未有闕字 小徐
[𨺅夬]𨸏突也从𨺅決省聲 大徐 𨸏突也從𨺅夬聲 小徐
[𨺅茾]陋也从𨺅茾聲茾籀文嗌字 大徐 陋也从𨺅茾聲 小徐 廣韻十五卦[𨺅茾]
古文隘
隘籀文[𨺅茾]从𨸏益 大徐 小徐無益字
[𨺅燧]塞上亭守[逢火]火者从𨺅从火遂聲 大徐 塞上亭守[逢火]火者從𨺅
從火從遂遂亦聲 小徐 [𨺅燧]塞上亭守[逢火]火者 廣韻六至 韻會四質[𨺅燧]作[阝燧]燧作烽火

字二隧塞上亭守烽火者也文選北征賦注

𤐫篆文省大徐　篆文燧省小徐　篆文從火古字通文選北征賦注　廣韻六至

隊同上

厽絫坺土為牆壁象形凡厽之屬皆从厽大徐　累土為牆象形也

凡厽之屬皆從厽小徐　絫坺土為牆壁廣韻四紙

絫增也从厽从糸絫十黍之重也大徐　增也從糸厽厽亦聲絫十

黍之重也小徐韻會四紙聲下糸作又　增也十黍之重也廣韻四紙

垒絫墼也从厽从土大徐小徐　垒墼也廣韻四紙

四陰數也象四分之形凡四之屬皆从四大徐小徐　陰數也象四分

之形廣韻六至韻會四寘

丣古文四大徐　古文四如此小徐　古作丣韻會四寘　廣韻六至丣古文

三籀文四大小徐　籀作三韻會四寘　廣韻六至三籀文

宁辨積物也象形凡宁之屬皆从宁大小徐　辨積物也象形韻會六語

宁又同上

𡬶楯也所以載盛米从宁从甾甾缶也大徐　楯也所以載盛米從甾甾缶也從宁宁亦聲小徐　楯也所以盛米也廣韻八語

叕綴聯也象形凡叕之屬皆从叕大小徐　聯也韻會九屑

綴合箸也从叕从糸大徐　合箸也從糸從叕亦聲小徐韻會八霽　合箸也一切經音義卷十四又卷二無也字又卷二十三合下有令字

亞醜也象人局背之形賈侍中說以為次第也凡亞之屬皆从亞

醜也象人局背之形賈侍中說以為次也韻會二十二馬

大°徐小徐弟作第

吾閼大°小徐

五五行也从二陰陽在天地間交午也凡五之屬皆从五大°徐小徐地

下有之字　五行也從二陰陽在天地間交午也韻會七麌

㐅古文五省大°徐　古文五如此小徐　古文㐅韻會七麌

六易之數陰變於六正於八从入从八凡六之屬皆从六大°徐　易之陰數變于六正于八從入八凡六之屬皆從六小徐　易之數陰變於六正於八從入八韻會一屋

七陽之正也从一微陰从中衺出也凡七之皆从七大°徐小徐衺作邪

陽之正也從一微陰從中衺出也韻會四質

九陽之變也象其屈曲究盡之形凡九之屬皆从九 大徐 小 陽之
變也象其屈曲究盡之形 韻會二十六厚
馗九達道也似龜背故謂之馗馗高也从九从首 大徐 九達道也
似龜背故謂之馗從九首 小徐韻會四支 韻 九達道似龜背故謂之
馗 宣十年釋文 九達道也似龜背故謂之馗 初學記卷二十四 逵 御覽卷百九十五馗作逵 九達道
也 廣韻六脂 逵一曰馗言似龜背故曰馗 初學記卷二十四
逵馗或从辵从坴 大徐 馗或從辵坴馗高也從坴 小徐 或作逵從
辵從坴 韻會四支 逵或馗字 宣十二年釋文
禸獸足蹂地也象形九聲尒疋曰狐貍貛貉醜其足蹞其迹禸凡
禸之屬皆从禸 大徐尒疋作爾雅 小徐 獸足蹂地也厶象形九聲爾雅

狐狸貛貉醜其足蹞其跡内韻會二十六厚　獸足蹂地也釋獸釋文

蹂篆文从足柔聲大徐小徐無聲字　古文為蹂釋獸釋文

禽走獸總名从禸象形今聲禽离兕頭相似大徐　走獸總名也頭象形從禸今聲禽离兕頭相似小徐　走獸揔名凶象頭形從禸今聲韻會十二侵

离山神獸也从禽頭从禸从屮歐陽喬說离猛獸也大徐小徐从屮作屮聲　山神獸也歐陽喬說离猛獸也韻會四支　山神獸也廣韻五支　從屮從禽省五經文字卷　山神也漢司馬相如傳注　螭山神獸形文選西京賦注

魑作离一切經音義卷六

禼蟲也从禸象形大徐　蟲也象形從禸小徐韻會十四願

禹蟲也从厹象形大徐韻會七麌　蟲也象形從禸小徐

⿱亼禹古文禹大徐　古文禹如此小徐　亦作⿱亼禹韻會七麌

𥝢周成王（時）州靡國獻𥝢人身反踵自笑笑即上脣掩其目食人北

方謂之土螻爾疋云𥝢𥝢如人被髮一名梟羊从厹象形大徐

周成王時州靡國獻𥝢人身反踵自笑笑即上唇弇其目食

人北方謂之土螻爾雅曰𥝢𥝢如人被髮象形從臼從禸讀若

費一曰𥝢𥝢一名梟羊小徐　周成王時州靡國獻𥝢人身反踵

自笑笑即上脣掩其目食人北方謂之土螻爾雅曰狒狒如人

被髮迅走一名梟羊　廣韻八未又云𥝢上同　韻會五未𥝢作𥝢𥝢二字螻作婁無曰字狒狒二字作𥝢

𥝢或作萬周成王時州靡國獻𥝢人身反踵自笑笑則上

脣弇其目食人北方謂之土螻讀若費費一名梟陽釋獸釋文　𡿺人身反踵笑即上脣掩其目一名梟羊北方謂之土螻御覽卷九百八　禺禺人身反踵自笑則上脣掩其目一名梟羊如鹿善登木初學記卷二十九

禼蟲也从禸象形讀與偰同大徐　蟲也象形從禸讀若偰小徐　廣韻十七薛禼字林云蟲名也

𡿺古文禼大徐　古文禼如此小徐　廣韻十七薛𡿺古文

嘼犍也象耳頭足禸地之形古文嘼下从禸凡嘼之屬皆从嘼大徐　小徐从禸作内也　嘼犍也象耳頭足内地之形或作嘼韻會二十六宥　犍也匡謬正俗卷二　牲也釋畜釋文　獸也釋畜疏

獸守備者从嘼从犬徐大。守備也從犬嘼亦聲小徐二十六宥韻會 守

備者廣韻四十九宥御覽卷八百八十九末有也字 守備也釋獸釋文又疏

甲位東方之孟陽气萌動从木戴孚甲之象一曰人頭空為甲甲

象人頭凡甲之屬皆从甲徐大。位東方之孟陽气萌動以木戴

孚甲之象也大一經曰頭元爲甲甲爲人頭凡甲之屬皆從甲

小徐 位東方之孟陽氣萌動從木載孚甲之象太一經頭敬避為

甲其字形亦取象人頭也韻會十七洽

命古文甲始於一見於十成於木之象徐大。無上于字 小徐 古作命韻會

十七洽

乙象春艸木冤曲而出陰气尚彊其出乙乙也與丨同意乙承甲

象人頸凡乙之屬皆从乙（大徐小徐頸下有也字）象春艸木冤曲而出

陰气尚强其出乙乙也乙承甲象人頸也（韻會四質）陰气尚强其

出乙乙然（文選文賦注）

乾上出也从乙乙物之達也倝聲（大徐小徐韻會一先）

䡇籒文乾（大徐）籒文乾如此（小徐韻會一先籒作乹䡇）

亂治也从乙乙治之也从𤔔（大徐）治也從𤔔從乙乙治之也（小徐韻會十五翰）

尤異也从乙又聲（大徐小徐韻會十一尤）異也（廣韻十八尤）

丙位南方萬物成炳然陰气初起陽气將虧从一入冂一者陽也

丙承乙象人肩凡丙之屬皆从丙（大徐肩下小徐方下皆有也字）位南方

萬物成丙然陰光以起陽气將虧從一入門一者陽也 韻會二十三梗

丁夏時萬物皆丁實象形丁承丙象人心凡丁之屬皆从丁 大徐小徐實上有壯成二字形下心下皆有也字 夏時萬物皆丁壯成實象形丁承丙象人心也 韻會九青

戊中宮也象六甲五龍相拘絞也戊承丁象人脅凡戊之屬皆从戊 大徐小徐脅下有也字 中宮也象六甲五龍相拘絞也戊承丁象人脅也 韻會二十六宥

成就也从戊丁聲 大徐 就也從戊丁 韻會八庚

戚古文成从午 大徐小徐午上有戊字 韻會八庚古作戚從午

己中宮也象萬物辟藏詘形也己承戊象人腹凡己之屬皆從己

大徐 小徐形上有之字腹下有也字 中宮也象萬物辟藏詘之形也韻會四紙

王古文己大徐 古文己如此小徐 古作王韻會四紙

巹謹身有所承也从己丞讀若詩云赤舄己己大徐 小徐丞上有從字 謹

身有所承也從己丞韻會十三吻 巹讀若赤舄几昏義釋文

異長踞也从己其聲讀若杞大徐 小徐

巳蟲也或曰食象蛇象形凡巳之屬皆从巳大徐 小徐蛇下有也字 蟲也或

曰食象蛇也象形韻會六麻 㔾从巳中一不合次巳下李陽冰本

𢀳𢪏擊也从巴帚闕大徐 小徐闕作聲

庚位西方象秋時萬物庚庚有實也庚承己象人齎凡庚之屬皆

从庚大徐 小徐 位西方象秋時萬物庚庚有實也庚承己象人臍

韻會八庚　李陽冰本　从干廾象人兩手把干立庚庚然史記大橫庚庚是也

辛秋時萬物成而孰金剛味辛辛痛即泣出从一从辛辛辠也辛承庚象人股凡辛之屬皆从辛　大徐小徐無下從字　秋時金剛味辛辛痛泣出從一辛辛辠也辛承庚象人股一　韻會十一真

辠犯法也从辛从自言辠人蹙鼻苦辛之憂秦以辠似皇字改為罪　大徐作自辛苦　小徐無下從字鼻苦辛釋詁𢓊無字字　從自辛言辠人蹙鼻苦辛之憂秦以辠似皇字改為罪　韻會十賄　廣韻十四賄辠文字音義云辠從自辛也言辠人蹙鼻辛苦之憂始皇以辠字似皇乃改為罪也

辜辠也从辛古聲　大小徐　韻會七虞

㱣古文辜从死大小徐　或作㱣韻會七虞

辥辠也从辛㞕聲大小徐　辠也廣韻十七薛

辭不受也从辛从受受辛宜辤之大徐　不受也從受從辛受辛宐

辤也韻會四支小徐無從辛受三字也上有之字　不受也受辛宐辤之廣韻七之哀六年正義之作也文宜辤之作若辭二字繫辭上釋　不受也曲禮釋文　辤古文五經文字卷中

辝籒文辤从台大小徐　籒文辤字也繫辭上傳釋文　辝籒文哀六年釋文五經文字卷中　廣韻七之　籒作辝韻會四支

辭訟也从𤔔𤔔猶理辜也𤔔理也大徐　辭訟也從𤔔辛𤔔猶理辜也小徐無首辭字下𤔔字　韻會四支　說也廣韻七之　辭五經文字卷中

𤔲籒文辭从司大小徐　籒作𤔲韻會四支

辡辠人相與訟也从二辛凡辡之屬皆从辡大小徐　辠人相與訟也從二辛韻會十六銑

辯治也从言在辡之間大小徐韻會十六銑　治也廣韻二十八獮御覽卷四百六十三

壬位北方也陰極陽生故易曰龍戰于野戰者接也象人裹妊之形承亥壬以子生之叙也與巫同意壬承辛象人脛脛任體也凡壬之屬皆从壬大徐小徐無上也字叙也下有壬字　位北方也陰陽生故易曰龍戰于野戰者接也象人懷妊之形承亥壬以子生之叙也與巫同意韻會十二侵

癸冬時水土平可揆度也象水從四方流入地中之形癸承壬象人足凡癸之屬皆从癸大徐小徐之形作形也足下有也字　冬時水土平可

揆度象水從四方流入也韻會四紙

癸籀文从癶从矢大徐 籀文癸從癶矢聲小徐 韻會四紙文作作癸五經文字

卷上

子十一月陽气動萬物滋入以為偁象形凡子之屬皆从子大徐 小徐偁作稱形下有也字 一月陽气動萬物滋入以為稱象形李陽冰曰子在襁褓中足併也韻會四紙

孚古文子从巛象髮也大徐 古文從巛髮也小徐 古作孚韻會四紙 廣韻五旨孚古文

𡿺籀文子囟有髮臂脛在几上也大徐 囟上有從字小徐 籀作𡿺從囟有髮臂脛在几上也韻會四紙

孕裹子也从子从几大徐小徐又韻會二十五徑無下從字　裹子也一切經音義卷十七又卷十八子作字又卷十三裹作裹僖十七年正義裹作懷　懷子曰孕易漸釋文

娩生子免身也从子从免大徐小徐又韻會十六銑無下從字

字乳也从子在宀下子亦聲大徐　乳也愛也從宀子子亦聲小徐韻會四寘無愛也二字　乳也廣韻七志

㝅乳也从子㱿聲一曰㝅瞀也大徐小徐一作或韻會二十六宥無末也字　乳也一曰㝅瞀也廣韻五十候

孿一乳兩子也从子䜌聲大徐小徐

孺乳子也一曰輸也輸尚小也从子需聲大徐小徐　乳子也從子需聲一曰輸也輸尚小也韻會七遇　乳子也一曰輸孺尚小也廣韻十遇

季少稱也从子稚省稚亦聲大徐小徐無也字　少稱從子稚省韻會四寘

孟長也从子皿聲大小徐韻會二十四敬

𠒘古文孟大徐　古文孟如此小徐

孽庶子也从子薛聲大小徐韻會九屑　庶子也廣韻十七薛　孽五經文字卷中

孳汲汲生也从子茲聲大小徐韻會四支　孳孳汲汲也一切經音義卷八又卷十三

𡥈籀文孳从絲大小徐

孤無父也从子瓜聲大小徐韻會七虞

存恤問也从子才聲大小徐　恤問也從子在省韻會十三元　恤問也

文選長楊賦注又長門賦注又思元賦注無問字

斈效也从子爻聲大小徐韻會三有效斆放

疑惑也从子止匕矢聲大徐 小徐匕作匕 韻會四支

了尥也从子無臂象形凡了之屬皆从了大小徐 尥也從子無臂象形韻會十七篠

孑無右臂也从了乚象形大小徐 韻會九屑 無右臂曰孑 一切經音義卷四 又卷十三 又卷二十二

孓無左臂也从了亅象形大徐 無左臂象形從了亅聲小徐 孓 廣韻八物

孨謹也从三子凡孨之屬皆从孨讀若翦大小徐 謹也 廣韻二十八獮

孱迮也一曰呻吟也从孨在尸下大徐 迮也從孨在尸下一曰孨聲一曰呻吟也小徐 迮也從孨在尸下一曰呻吟 韻會十五删 又一先

㬰盛皃从孨从日讀若薿薿一曰若存大徐 小徐皃下有也字不重薿字 盛皃

從孨曰聲讀若薿韻會四紙 讀若薿晉書音義卷中三十七

㬰籀文㬰从二子一曰㬰即奇字晉大徐即字晉作晉 小徐無 籀作㬰韻會

四紙 古文奇字作㬰韻會十二震

𠫓不順忽出也从到子易曰突如其來如不孝子突出不容於內

也凡𠫓之屬皆从𠫓大徐 不順忽出也從倒子易曰突如其來

如不孝子突出不容于內也𠫓即易突字也凡𠫓之屬皆從𠫓

小徐 不順忽出也廣韻十一沒 古䟽流二字竝从𠫓𠫓䟽通流行

也豈不順哉李陽冰本

㐬或从到古文子即易突字大徐 或從倒古文子小徐 篆文从到

子㐬或从到古文子（廣韻十一陌）㐬（又同上）

育養子使作善也从𠫓肉聲虞書曰教育子（大小徐）養子使作善也從𠫓肉聲（韻會一屋）毓亦作育養子使從善也（一切經音義卷十三）

毓育或从每（大小徐）或作毓（韻會一屋）

疏通也从㐬从疋疋亦聲（大小徐）通也（文選陸士衡演連珠注）

丑紐也十二月萬物動用事象手之形時加丑亦舉手時也凡丑之屬皆从丑（大小徐）紐也十二月萬物動用事象手之形時加丑亦舉手時也（韻會二十六厚）

肚食肉也从丑从肉（大小徐）食肉也從肉丑丑亦聲（小徐）

羞進獻也从羊羊所進也从丑丑亦聲（大小徐）進獻也從羊羊所

進也丑亦聲韻會十一尤

寅髕也正月陽气動去黄泉欲上出陰尚彊象宀不達髕寅於下

也凡寅之屬皆从寅大徐 小徐彊下有也字 髕也正月陽气動去黄泉

欲上出陰尚彊也象宀不達髕寅於下也韻會十一真 象宀不達

髕寅於下 又髕也全韻會四支 寅作寅廣韻十七真

鑿古文寅大徐 小徐 鑿韻會四支

丣冒也二月萬物冒地而出象開門之形故二月爲天門凡卯之

屬皆从卯大徐 小徐 冒也二月萬物冒地而出象開門之形故二

月為天門八巧韻會十

非古文卯大徐 小徐 古作非韻會十八巧

辰震也三月陽气動靁電振民農時也物皆生从乙匕象芒達厂聲也辰房星天時也从二二古文上字凡辰之屬皆从辰大徐小徐靁作雷匕作已芒作芸字作也震也三月陽气動雷電振民農時也物皆生從乙匕象芒達厂聲也從二古文上也韻會十一真

㫳古文辰大徐小徐

辱恥也从寸在辰下失耕時於封畺上戮之也辰者農之時也故房星為辰田候也大徐無次也字小徐恥也從寸在辰下失耕時於封畺上戮之房星為辰田候也韻會二沃

巳巳也四月陽气已出陰气已藏萬物見成文章故巳為蛇象形凡巳之屬皆从巳大徐小徐巳也四月陽气已出陰气已藏萬物

見成文章故巳為蛇象形韻會四紙　巳同上　巳李陽冰曰偕為巳
止之巳六書故第二十
㠯用也从反巳賈侍中說巳意巳實也象形大徐小徐賓上巳作以下也字在末
六書故第三十三巳皆作㠯無巳意二字　㠯用也從反巳韻會四紙
午啎也五月陰气午逆陽冒地而出此予矢同意凡午之屬皆从
午大徐小徐出下有也字予作與　啎也五月陰气午逆陽冒地而出也此
與矢同意韻會七麌　五月筍成竹此之𡳾枝出地李陽冰本
啎逆也从午吾聲大徐小徐七麌又七遇韻會
未味也六月滋味也五行木老於未象木重枝葉也凡未之屬皆
从未大徐小徐味也六月之辰也五行木老於未象木重枝葉也

韻會五未

申神也七月陰气成體自申束从臼自持也吏㠯餔時聽事申旦政也凡申之屬皆从申 大徐 小徐 事謁重申 神也七月陰气成自申束從臼自持也吏以餔時聽事申旦政也 韻會十一眞

𢁘古文申 大小徐 古作𢁘 韻會十一真

昌籀文申 大小徐 籀作昌 一真

𨍴轚小鼓引樂聲也从申柬聲 大徐 韻會十二震 轚小鼓引樂聲也從申柬聲周禮曰小樂事鼓𨍴讀若引 小徐 𨍴 九經字經

臾束縛捽抴爲臾从申从乙 大小徐 韻會七虞

曳臾曳也从申丿聲 大小徐 韻會八霽 申也牽也 一切經音義卷十九

酉就也八月黍成可為酎酒象古文酉之形凡酉之屬皆从酉大徐
小徐形下有也字 就也八月季秋可為酎酒韻會二十六厚
丣古文酉从丣丣為春門萬物已出丣為秋門萬物已入一閉門象
也大徐 小徐有從字下有丣字 小徐一上 古文作丣卯為春門萬物已出酉為秋
門萬物已入故卯閉門象也韻會二十六厚
酒就也所以就人性之善惡从水从酉酉亦聲一曰造也吉凶所
造也古者儀狄作酒醪禹嘗之而美遂疏儀狄杜康作秫酒大徐
小徐所造下有起字 就也所以就人性之善惡從水酉聲一曰造也
吉凶所造起也韻會二十六厚 就也所以就人性之善惡一曰造也
吉凶所起也事類賦注酒 就也所以就人性之善惡也一曰造也

吉凶所起造也初學記卷二十六御覽卷八百四十三曰作言

醱䴷生衣也从酉冡聲大小徐醱生衣也御覽卷八百五十三

醰孰䴷也从酉甚聲大徐小徐孰作熟孰麴也御覽卷八百五十三

醲醞也作酒曰醲从酉襄聲大小徐韻會二十三樣醞作酒曰醲也一切經音義卷九又卷二十五也上有母字

醞醲也从酉𥁕聲大小徐韻會十三問

醅酒疾孰也从酉弁聲大徐小徐孰作熟

酴酒母也从酉余聲讀若廬大小徐酴酒母也初學記卷二十六事類酒賦注御覽卷八百四十三

釃下酒也一曰醇也从酉麗聲大徐下酒也從酉麗聲一曰醇小徐

韻會四紙末有也字　下酒也一曰醇也　一切經音義卷十六　廣韻四紙　下酒也　後漢書晉書藏宮傳注

音義卷中四十二

䤈　䤈酒也从酉肙聲　大小徐　䤈酒也　廣韻三十二霰

醽　醽䤈也从酉鬲聲　大小徐

醴　醴酒一宿孰也从酉豊聲　大徐韻會八薺孰作熟　小徐又　韻　酒一宿孰也　事類酒賦注　御覽卷八百四十三　初學記卷二十六孰作熟

醪　醪汁滓酒也从酉翏聲　大小徐韻會四豪　汁滓酒也　後漢馬傳注　文選南都賦注　初學記卷二十六　事類酒賦注　御覽卷八百四十三　兼汁滓酒　後漢寇恂傳注　有滓酒也　一切經音義卷二

醇　醇不澆酒也从酉𦎫聲　大小徐　韻會十一真　不澆酒也　一切經音義卷一　又卷二十

醹厚酒也从酉需聲詩曰酒醴維醹 大小徐 七麌無曰字 韻會 厚酒也 行葦釋文又正義

醑首酒也 (旨) 初學記卷二十六 入酒下

酎三重醇酒也从酉从時省明堂月令曰孟秋天子飲酎 大徐小徐又 韻會二十六宥無下從字 字韻會無也字曰字 三重醇酒也 事類賦賦注 三重醇酒 古唐類範卷百四十八 之也 三重之酒也 初學記卷二十六 御覽卷八百四十三 蜀本

月月令孟夏飲酎酎从肘省聲三重醇酒也徐本曰月令孟秋

飲酎从時省誤呂肘為時 六書故弟二十八

醠濁酒也从酉盎聲 大小徐

醲厚酒也从酉農聲 大小徐 韻會二冬 厚酒也 文選魏都賦注 又七發注

⿰酉茸酒也从酉茸聲 大小徐

酤一宿酒也一曰買酒也从酉古聲大小徐　一宿酒也從酉古聲韻會七虞　一宿酒也伐木釋文事類酒賦注　買酒也一切經音義卷三

𨡦酒也从酉𧽯省聲大小徐

醶泛齊行酒也从酉監聲大小徐　泛齊行酒也廣韻五十四闞韻會二十八勘

𨣧酒味淫也从酉饞省聲讀若春秋傳曰美而豔大小徐

酓酒味苦也从酉今聲大徐小徐補末

酷酒厚味也从酉告聲大小徐二沃厚味倒韻會　酒厚味也泰誓釋文廣韻二沃厚味倒

醰酒味長也从酉覃聲大徐小徐酒味長作甜長味　或作醰韻會十三覃

䤔酒色也从酉市聲大小徐

配酒色也从酉己聲大徐小徐又韻會十一隊無也字

酟酒色也从酉弋聲大小徐

醆爵也一曰酒濁而微清也从酉戔聲大小徐　酒濁而微清盞齊也韻會十五潛

酌盛酒行觴也从酉勺聲大小徐韻會十藥

醮冠娶禮祭从酉焦聲大徐小徐祭下有也字韻會十八嘯禮祭作祭名

禮醮或从示大小徐

醋歃酒也从酉朁聲大徐小徐無也字

酌少少歃也从酉勻聲大徐小徐歃作飲

醻主人進客也从酉𠷎聲大徐韻會十一尤小徐首有獻醻二字　主人進客也廣韻

十八尤

酬　醻或从州　大徐小徐或作酬　韻會十一尤

醋　客酌主人也从酉昔聲　大徐小徐韻會十藥

醘　歛酒俱盡也从酉盜聲　大徐小徐韻會四質

釂　飲酒盡也从酉嚼省聲　大徐　飲酒盡也從酉爵聲　小徐韻會十八嘯

飲酒盡也　文選西京賦注又七命注又西都賦注又吳都賦注無也字

酣　酒樂也从酉从甘甘亦聲　大徐　酒樂也從酉甘聲　小徐韻會十三覃

樂酒也　伊訓正義御覽卷四百九十二

酖　樂酒也从酉冘聲　大徐小徐韻會十三覃

醧　私宴歛也从酉區聲　大徐小徐歛作飲　酒美也　文選魏都賦注

醵會歙酒也从酉豦聲〔大徐小徐歙作飲〕出錢為醵出食為哺〔文帝紀索隱〕

酟醵或从巨〔大小徐〕

酺王德布大歙酒也从酉甫聲〔大徐小徐歙作飲〕王者布德大飲酒也〔文帝紀索隱〕王德布大飲酒也漢律三人已上無故羣飲罰金故賜酺得會聚飲食也〔韻會七虞〕

醅醉飽也从酉咅聲〔大徐小徐未有讀若㚇 韻會十灰〕

醉卒也卒其度量不至於亂也一曰潰也从酉从卒〔大徐小徐卒也下有各字潰上有酒字無下從字〕卒也各卒其度量不至於亂也從酉從卒一曰酒潰也〔韻會四寘〕卒也各卒其度量不至於亂也〔廣韻六至〕酒卒曰醉各卒其度量不至於亂也一曰潰也〔御覽卷四百九十七〕

醺醉也从酉熏聲詩曰公尸來燕醺醺（大小徐）醉也從酉熏聲（韻會十二文）醉也（鳧鷖釋文）

醟酗也从酉熒省聲（大小徐韻會二十四敬熒作滎）酗酒也（微子釋文）

酗醉醟也从酉句聲（大小徐韻會七遇）醉醟也（一切經音義卷十三）醟也（微子正義）酒醟（微子釋文）

酲病酒也一曰醉而覺也从酉呈聲（大小徐）病酒也一曰醉而覺也（韻會八庚）病酒也醉而覺（節南山正義）

醫治病工也殹惡姿也醫之性然得酒而使从酉王育說一曰殹病聲酒所以治病也周禮有醫酒古者巫彭初作醫（大徐小徐周上無也字）治病工也殹惡恣也醫之性然得酒而使故從酉王育說

一曰殹聲酒也治病以酒禮有醫酒古者巫彭作醫（韻會四支）治病工也醫之性得酒而使故字從酉殹聲古者巫彭初作醫殹亦病人聲也酒所以治病者藥非酒不散也（一切經音義卷六）治病工也醫之性得酒而使藥非不散故字從酉殹病人聲也（一切經音義卷二十四）巫彭初作醫（初學記卷二十九　廣韻七之）

莤禮祭束茅加于裸圭而灌鬯酒是為莤象神歆之也一曰莤榼上塞也從酉從艸春秋傳曰爾貢包茅不入王祭不供無以莤酒（大徐。）禮祭束茅加于裸圭而灌鬯酒是為莤象神歆之也從艸從酉春秋傳曰爾貢苞茅不入王祭不供無以莤酒一曰榼上塞也（小徐）禮祭束茆加于裸圭而灌鬯是為莤象神歆之也

一曰榼上塞也廣韻一屋　禮祭束茅加于裸主而灌鬯酒是為莤

象神歆之也從艸酉一曰榼上塞也韻會一屋

醨薄酒也从酉离聲讀若離大徐小徐離謧离　薄酒也初學記卷二十六事類酒賦

注御覽卷八百四十三

醆酢也从酉戔聲大小徐

酸酢也从酉夋聲關東謂酢曰酸大小徐韻會十四寒　酢也華嚴音義卷十

䤤籀文酸从畯大小徐韻會十四寒籀文䤤

䣳酢漿也从酉𢦏聲大小徐韻會十一隊無也字

醶酢漿也从酉僉聲大小徐　酢漿從酉僉韻會二十九豔

酏醶也从酉乚聲大小徐韻會七遇　醋作酢廣韻十一暮

酏黍酒也从酉也聲一曰甜也賈侍中說酏為鬻清大徐小徐又韻會四支說酏二字作以

牆鹽也从肉从酉酒以和牆也爿聲大徐二十三漾小徐又韻會無下從字醢也

廣韻四十一漾牆五經文字卷上

牆古文大徐古文醬如此小徐廣韻四十一漾牆古文

牆籀文大徐籀文醬如此小徐廣韻四十一漾牆籀文

醢肉牆也从酉𥁓大徐肉醬從酉𥁓聲小徐韻會十賄醢肉醬也韻會

二十三漾文選李少卿書注醢作𦣞芥醬引說文曰肥乾肉醬古唐類範卷百四十六

𧄍籀文大徐籀文醢如此小徐

䤈䤈𨢿榆牆也从酉敄聲大徐小徐醬榆醬之也古唐類範卷百四十六

䣼⿱敄酉䣼也从酉俞聲大小徐

酻餟祭也从酉寽聲大小徐韻會九泰 餟祭也文選潘安仁哀永逝文注

䤉擣榆醬也从酉畢聲大小徐

⿰酉喬醬也从酉喬聲大小徐

⿰酉京雜味也从酉京聲大小徐

⿱漸酉闕大小徐

偤闕大小徐

酋繹酒也从酉水半見於上禮有大酋掌酒官也凡酋之屬皆从酋大小徐 繹酒也從酉水半見於上韻會十一尤 繹酒也禮有大酋掌酒官也廣韻十八尤 酒也御覽卷八百四十三

尊酒器也从酋廾以奉之周禮六尊犧尊象尊箸尊壺尊太尊山尊以待祭祀賓客之禮大徐小徐又韻會十三元周上有也字箸作著尊酒器也從酋廾以奉之一切經音義卷十四尊從酋寸酒官法度也釋器釋文尊酒器也又作䵼廣韻二十三魂樽酒器也御覽卷七百六十一

尊尊或从寸大小徐或從作尊韻會十三元

戌滅也九月陽气微萬物畢成陽下入地也五行土生於戊盛於戌从戊含一凡戌之屬皆从戌大徐滅也九月陽气微萬物畢成陽下入地戌含一也五行土生於戊盛於戌從戊一亦聲凡戌之屬皆從戌小徐滅也九月陽气微萬物畢成陽下入地戌含一也五行土生於戊盛於戌從戊一亦聲韻會四質戌土也一

陽也陽气入地一固非聲李陽冰本

亥荄也十月微陽起接盛陰从二二古文上字一人男一人女也

从乙象裹子咳咳之形春秋傳曰亥有二首六身凡亥之屬皆

从亥大徐小徐字下形下皆有也字　荄也十月微陽起接陰盛從二二古

文上字一人男一人女也從乙象懷子咳咳之形也襄三十年正義

荄也有微陽起接盛陰從二古文上字一人男一人女也從乙

象褱子之形左傳亥有二首六身韻會十賄　亦古文本象豕形諸

義穿鑿之尒李陽冰本　㑥九經字樣

豜古文亥爲豕與豕同亥而生子復從一起大徐小徐　而本象豕滅

一畫尒篆文了从二首六身李陽冰本　古作豜韻會十賄

說文解字攷異十五

歸安姚文田輯

古者庖犧氏之王天下也仰則觀象於天俯則觀法於地視鳥獸之文與地之宜近取諸身遠取諸物於是始作易八卦以垂憲象及神農氏結繩為治而統其事庶業其繁飾偽萌生黃帝之史倉頡見鳥獸蹏迒之迹知分理之可相別異也初造書契百工以乂萬品以察蓋取諸夬夬揚于王庭言文者宣教明化於王者朝廷君子所以施祿及下居德則忌也倉頡之初作書蓋依類象形故謂之文○蒼頡之初作書依類象形故謂之文韻會十二文其後形聲相益即謂之字字者言小徐無言字孳乳而浸多也○蒼頡之初作書蓋依類象形謂之文形聲相益謂之字文者物象之本字者

孳乳而生 宣十五年正義○蒼頡之初作書葢依類象形故謂之文其有形聲相益故謂之字字者言孳乳而滋多也著於竹帛謂之書書者如也以迄五帝三王之世改易殊體封於泰山者七十有二代靡有同焉 續漢祭祀志補注○昔蒼頡造書依類象形故謂之文其後形聲相益即謂之字字孳乳浸多也 一切經音義卷二十三又卷二十四○葢依類象形謂之文形聲相益謂之字著於竹帛謂之書 初學記卷二十一又御覽卷七百四十七無葢字○名書文今謂之字者許氏說文亦然 聘禮延

著於竹帛謂之書書者如也以迄五帝三王之世改易殊體封于 十

泰山者七十有二代靡有同焉周禮八歲入小學保氏教國子先以六書一曰指事指事者視而可識察而可見上下是也二曰象形象形者畫成其物隨體詰詘日月是也○象形者日月之類是也象日月形體而為之會意者武信之類是也人言為信止戈為武會合人意轉注者考老之類是也建類一首文意相受左右相注處事者上下之類是也人在一上為上人在一下為下各有其處事得其假借者令長之類是也一字兩用諧聲者即形聲一也江河之類是也皆以水

為形以工可為聲　地官疏○書本有六體一曰指事上下二曰象形日月三曰形聲江河四曰會意武信五曰轉注考老六曰假借令長　書序正義○書有六義焉一曰指事二曰象形三曰諧聲四曰會意五曰轉注六曰假借　初學記卷二十一又再見首句作六書二字三曰形聲形聲者以事為名取譬相成江河是也四曰會意會意者比類合誼以見指撝武信是也五曰轉注轉注者建類一首同意相受考老是也六曰假借假借者本無其字依聲託事令長是也及宣王太史籀著大篆十五篇與古文小徐有或同字或異○周宣王太史籀著大篆十五篇　初學記卷二十一至孔子書六經左丘明述春秋傳皆以古文厥意可得而說其後諸侯力政不統於王惡禮樂之害已而皆去其典籍分為七國田疇異畮車涂異軌律令異法小徐作律法異令衣冠異制言語異聲文字異形秦始皇帝初兼天下丞相李斯乃奏同之罷其

不與秦文合者斯作倉頡篇中車府令趙高作爰歷篇太史令胡
毋敬作博學篇皆取史籀大篆或頗省改所謂小篆者也是時秦
燒滅經書滌除舊典大發隸卒興役戍官獄職務繁初有隸書以
趣約易而古文由此絶矣秦焚燒先典乃廢古文初學記卷二十匕自爾秦書有八
體一曰大篆二曰小篆三曰刻符四曰蟲書。自秦有八體一曰大篆二曰小篆三曰刻
符四曰蟲書五曰摹印六曰署書七曰殳書八曰隸書匕新居攝
以應制作改定古文書序正義。秦書有八體一曰大篆[illegible]
[illegible]二曰小篆[illegible]
[illegible]三曰刻符[illegible]五曰摹印[illegible]四曰[illegible]六曰署書[illegible]七
[illegible]蟲書[illegible]
曰殳書[illegible]八曰隸書[illegible]
[illegible]記卷二十匕初學五曰摹印六曰署書七曰殳書八曰隸書漢興有
艸書。漢興有草書初學記卷二十一尉律學僮十七已上始試諷籀書九千字

小徐無字字乃得為吏○乃得為吏五經文字序例又以八體試之郡移太史幷課
最者以為尚書史書或不正輒舉劾之今雖有尉律不課小學不
修莫達其說久矣孝宣時召通倉頡讀者張敞從受之涼州刺史
杜業沛人爰禮講學大夫秦近亦能言之孝平小徐有皇帝字時徵禮等
百餘人令說文字未央廷小徐作庭中以禮為小學元士黃門侍郎楊
雄采以作訓纂篇凡倉頡已小徐作以下十四篇凡五千三百四十字
羣書所載略存之矣及亡新居攝使大司空甄豐等校文書之部
自以為應制作頗改定古文○使甄豐校定時有六書一曰古文孔子壁內書也二曰奇字即古字有異者三曰篆書即小篆下杜人程邈所作也四曰佐書秦隸書也五曰繆篆所以摹印也六曰鳥蟲書所以書幡信也書序正義○至王莽居攝使甄豐刊定六體一曰古文奇字三曰篆書四曰隸書五曰錄書六曰蟲書　初學記卷二十時有六書

一曰古文孔子壁中書也二曰奇字即古文而異者也三曰篆書即小篆秦始皇帝使下杜人程邈所作也四曰佐（小徐作左）書即秦隸書五曰繆篆所以摹印也六曰鳥蟲書（所以書）幡信也壁中書者魯恭王壞孔子宅而得禮記尚書春秋論語孝經又北平矦張倉獻春秋左氏傳。（北平矦張蒼獻左氏春秋傳書 匡謬正俗卷八）郡國亦往往於山川得鼎彝其銘即前代之古文皆自相似雖叵復見遠流（小徐作沫）其詳可得略說也而世人大共非訾以為好奇者也故詭更正文鄉壁虛造不可知（之）書變亂常行以燿於世諸生競說字解經誼稱秦之隸書為倉頡時書云父子相傳何（小徐作可）得改易乃猥曰馬頭人為長人持十為斗虫者屈中也廷尉說律至以字斷法苛人受錢苛之字止句

也若此者甚衆皆不合孔氏古文謬（小徐作繆）於史籀俗儒鄙夫翫其
所習蔽所希聞不見通學未嘗覩字例之條怪舊埶而善野言以
其所知為祕妙究洞聖人之微恉又見倉頡篇中幼子承詔因號
（小徐作曰）古帝之所作也其辭有神僊之術焉（其迷誤不諭）豈不悖哉書曰予欲觀
古人之象言必遵修舊文而不穿鑿孔子曰吾猶及史之闕文今
亡也（小徐作矣）夫蓋非其不知而不問人用己私是非無正巧說衺（小徐
作邪）辭使天下學者疑蓋文字者經藝之本（○文者物象之本籍者備也書序正義）
王政之始前（小徐作歬）人所以垂後後人所以識古故曰本立而道生
知天下之至嘖（小徐作賾）而不可亂也今敘篆文合以古籀博采通人
至于小大信而有證稽譔（小徐作撰）其說將以理羣類解謬（小徐作繆）誤曉

學者達神恉分别部居不相雜廁（小徐不有也字）萬物咸覩靡不兼載厥誼不昭爰明以諭其偁易孟氏書孔氏詩毛氏禮周官春秋左氏論語孝經皆古文也於其所不知蓋闕如也

《國家圖書館藏未刊稿叢書》總目

日記編

書札編

金石題跋編

國家圖書館未刊石刻題跋輯録　盧芳玉 整理

小蓬萊閣金石目（清）黄　易 著　盧芳玉 整理

題贊手卷編

明渤海孫氏積善堂題贊手卷　田曉春 整理

中法漢學研究所編

燕京傳薪録

——中法漢學研究所未刊稿研究

孫　俊　程天舒　林世田等 編著

著作編

周易注疏校勘記（全二册）（清）阮　元 總纂

讀相臺五經隨筆（全二册）（清）周廣業 著

經義述聞（全九册）（清）王引之 著

經義考異（清）方　邁 著

國語解訂譌（外三種）

國語解訂譌（清）孔繼涵　孔廣栻 輯校

白虎通義校稿（清）吴　騫 輯

古小學書鈎沈（清）陳　鱣 輯

聲系（清）陳　鱣 著

説文解字考異（全五册）（清）姚文田 輯

四庫全書表注（全二册）（清）李文田 著

登樓雜記（全三册）（清）錢　泳 著

蛾術編（全十册）（清）王鳴盛 著

籀鄦簃雜著（全三册）（清）王仁俊 著

國家出版基金項目
NATIONAL PUBLICATION FOUNDATION

國家圖書館藏未刊稿叢書·著作編

説文解字考異

（四）

（清）姚文田 輯

主編 劉玉才 陳紅彦

鳳凰出版社

說文解字攷異

八下

說文解字攷異八下

歸安姚文田輯

尺十寸也人手卻十分動脈為寸口十寸為尺尺所以指尺規榘事也从尸从乙乙所識也周制寸尺咫尋常仞諸度量皆以人之體為法凡尺之屬皆从尺（大徐　小徐無／次尺字榘作矩）十寸也人手卻十分動脉為寸口十寸為尺尺所以指矩規事也從尺從乙所識也周制寸尺咫尋常仞諸度量皆以人之體為法（韻會十一陌）周制寸尺咫尋皆以人之體為法（僖九年正義）

咫中婦人手長八寸謂之咫周尺也从尺只聲（大小徐　韻會四紙）婦人手長八寸謂之咫周尺也（僖九年正義）

尾微也从到毛在尸後古人或飾系尾西南夷亦然凡尾之屬皆

从尾大徐○小徐到作倒尸譌尺亦作皆微也從倒毛在尸後韻會五尾廣韻七志犖尾

乳化曰犖交接曰尾

屬連也从尾蜀聲大徐○小徐無也字韻會二沃連也一切經音義卷六屬五經文字

卷中

屈無尾也从尾出聲大徐○小徐無也字韻會五勿無尾也一切經音義卷十五文十二

作屈

尿人小便也从尾从水大徐○下從字韻會十八嘯無小徐本殘脱小便也從水尾

一切經音義卷十一

履足所依也从尸从彳从夂舟象履形一曰尸聲凡履之屬皆从

履（大徐無夊上從字　小徐）足所依也從尸從彳夊從舟象履形（韻會四紙）足所依也（御覽卷六百九十七）

䫃古文履从頁从足（大小徐　韻會四紙　古作䫃）

屨履也从履省婁聲一曰鞮也（大徐　韻會七遇　小徐無兩也字　一曰作又字）履也一曰鞮也（御覽卷六百九十八）屨（五經文字卷中）（大徐　小徐無也字）

𡳐履下也从履省歷聲

屛履屬从履省予聲（大小徐）

屩屐也从履省喬聲（大徐）履也从履省喬聲（韻會十藥　小徐無也字）屐也（御覽卷六百九十八）

屐屩也从履省支聲（大徐　韻會十一陌　小徐本殘脫）屩也（一切經音義卷十四　又卷十五）

履屬也 一切經音義卷二

舟船也古者共鼓貨狄刳木為舟剡木為楫以濟不通象形凡舟之屬皆从舟 大徐小徐鼓作皷 船也象形古者共鼓貨狄刳木為舟剡木為檝 韻會十一尤 初學記引舟船二條乃釋名

俞空中木為舟也从亼从舟从巜巜水也 大徐小徐無上也字 韻會七虞 空中木為舟也 廣韻十虞 俞從亼從舟從巜 五經文字卷上

船舟也从舟鉛省聲 大徐小徐無也字 從舟從鉛省聲 御覽卷七百六十八

彤船行也从舟彡聲 大徐小徐無也字 韻會十二侵船作舟

舳艫也从舟由聲漢律名船方長為舳艫一曰舟尾 大徐小徐無也字脫下

舟字韻會一屋艫也作舳艫舟作船舟尾也文選江賦注

艫舳艫也一曰船頭从舟盧聲大徐舳艫從舟盧聲一曰船頭小徐

舳艫也船頭曰艫韻會七虞船頭也文選江賦注　又謝宣遠集別詩注　又謝惠連西

陵遇風詩注　又江文通雜體詩注

舠船行不安也从舟从刖省讀若兀大徐小徐又韻會六月無也字下從字船行

不安也廣韻十一沒

艐船著不行也从舟嵏聲讀若䈙大徐小彳徐無也字船著沙不行從舟

嵏聲韻會一東船著沙不行也廣韻一東

朕我也闕大小徐

舫船師也明堂月令曰舫人習水者从舟方聲大徐小徐無也字船

也從舟方聲禮記月令舫人習水者韻會二十三漾
文田桉今月令無舫人惟季夏命漁師鄭注今月令漁師為
榜人漢書子虛贈賦張揖注亦引月令命榜人又云榜人船長
也與許旨正合蓋說文以榜為輔弓弩之器而榜人之榜自
為舫字

般辟也象舟之旋从舟从殳殳所以旋也大徐辟也象舟之旋從
舟從殳殳令舟旋小徐舟旋作命舟旋者也韻會十四寒令辟也釋言釋文

𦨕𦨕古文般从支大小徐韻會十四寒古作𦨕

服用也一曰車右騎所以舟旋从舟𠬝聲大徐小徐又韻會一屋騎作騑服
用也一切經音義卷九

𦨇古文服从人大徐小徐本殘脱古作𦨇韻會一屋廣韻一屋𦨇古文服
刀作舠河廣釋文舠小船也河廣正義大小徐皆無此字
方併船也象兩舟省總頭形凡方之屬皆从方大徐小徐形下有也字併
船也象兩舟省總頭形韻會七陽舫併船也藝文類聚卷七十一御覽卷七百七十
無也字文選王仲宣從軍詩注船作舟汸本作方廣韻十陽
汸方或从水大徐小或从水廣韻十陽
航方舟也从方亢聲禮天子造舟諸侯維舟大夫方舟士特舟大徐
小徐無也字韻會七陽禮上有周字航方舟也華嚴音義經序御覽卷七百七十禮大夫
方舟韻會七陽斻在方部後漢文苑杜篤傳注
儿仁人也古文奇字人也象形孔子曰在人下故詰屈凡儿之屬

皆从儿 大徐 小徐 無下也字 古文奇字作儿 韻會十一真 古文奇字人也象形 玉篇儿部

几高而上平也从一在人上讀若夐茂林有几桑里 大小徐 高而

上平也從一在人上 韻會六月 玉篇儿部

兒孺子也从儿象小兒頭囟未合 大徐 小徐又韻會四支孺作孩 玉篇儿部

允信也从儿㠯聲 大小徐 信也從厶儿 韻會十一軫

兌說也从儿㕣聲 大小徐 韻會九泰 說也 廣韻十四泰 兌 五經文字卷下 玉篇儿部

充長也高也从儿育省聲 大徐 小徐本殘脫 韻會一東

亮徐本無亮字唐本明也从儿从高省 六書故第八

兄長也从儿从口凡兄之屬皆从兄 大小徐 長也從人口以制下

韻會八庚 長也 廣韻十二庚 御覽卷五百十四

兢競也从二兄二兄競意从丰聲讀若矜一曰競敬也大徐 競也

從二兄二兄競意從丰聲小徐丰譌半 競也從二兄競意丯聲讀

若矜一曰敬也韻會十蒸 兢玉篇兄部五經文字卷下 兢也玉篇兄部

先首笄也从人匕象簪形凡先之屬皆从先大徐無笄字小 首笄也

從人匕象簪形韻會十二侵 首笄也廣韻二十一侵 簪首笄也韻會十三覃

簪笄也後漢皇后紀上注

簪俗先从竹从朁大徐無下從字小徐 今文作簪韻會十二侵 廣韻二十一侵簪上

同

兟朁朁鋭意也从二先大徐無此字小

皃頌儀也从人白象人面形凡皃之屬皆从皃大徐無也字小 頌也

儀也從人從白韻會十九效　皃五經文字卷下

額皃或从頁豹省聲大徐小徐無皃字　或作額韻會十九效（䫉與皃同玉篇頁部）　額廣韻三十六效

貌籀文皃从豹省大徐　籀文皃從豸小徐　貌籀文五經文字卷下廣韻三十六效

籀文作貌韻會十九效

覍冕也周曰覍殷曰吁夏曰收从皃象形大徐小徐韻會十七霰　覍九經字樣

𡨝籀文覍从廾上象形大徐小徐本殘脱　籀文作𡨝韻會十七霰

弁或覍字大徐小徐本無此

𠑹廱蔽也从人象左右皆蔽形凡𠑹之屬皆从𠑹讀若瞽大徐小徐

兜兜鍪首鎧也从𠑹从皃省皃象人頭也大徐　兜鍪首鎧也從𠑹

從皃省象人頭形也小徐韻會十一尤　兜鍪首鎧也費誓正義御覽卷三百五十

六

首鎧也（僖二十二年正義）首鎧謂之兜鍪（初覺記卷二十二）兜鍪首鎧也（文選長楊賦注）

先前進也从儿从之凡先之屬皆从先（大徐無次從字小徐）前進也從人之（韻會一先）

兟進也从二先贊从此闕（大小徐）進也從二先（韻會十一真）

秃無髮也从人上象禾粟之形取其聲凡秃之屬皆从秃王育說蒼頡出見秃人伏禾中因以制字未知其審（大小徐）無髮也从人上象禾粟之形（廣韻一屋韻會一屋上下有禾字）从穆省聲（李陽冰本）

穨秃皃从秃貴聲（大小徐韻會十灰）

見視也从儿从目凡見之屬皆从見（大徐）視也從目儿凡見之屬皆

從見小徐　視也從目從儿韻會十九霰

視瞻也从見示大徐　瞻也從見示聲小徐韻會四紙　瞻也一切經音義卷二

眎古文視大小徐　古作眎眂韻會四紙　廣韻五旨眂眎並古文　又六至眎眂並古文視

眂亦古文視大小徐

覼求也从見麗聲讀若池大小徐

覣好視也从見委聲大徐　小徐無也字

覞旁視也从見兒聲大徐、內視從見皃聲小徐

䚎好視也从見𤔔聲大徐　小徐無也字　好視也韻會五歌

覢笑視也从見彔聲大小徐

覶大視也从見爰聲大小徐

規察視也从見吳聲讀若鎌大小徐

覞外博衆多視也从見員聲讀若運大小徐

觀諦視也从見雚聲大小徐韻會十五翰無諦字　諦視也一切經音義卷二又卷八廣韻二十九换

𧢄古文觀从囧大小徐韻會十五翰古作𧢄

㝵取也从見从寸寸度之亦手也大徐無次從字小徐　取也一切經音義卷一又卷六廣韻二十五德　從見寸寸度之亦手也韻會十三職

覽觀也从見監監亦聲大徐小徐又韻會二十八感無下監字

親内視也从見來聲大小徐　内視也一切經音義卷八又卷十

䚦顯也从見是聲大小徐　顯也廣韻十二齊

䁢目有察省見也从見票聲大徐小徐無見也二字

覞覞覰闚觀也从見夬聲大徐小徐無也字

覰拘覰未致也密也从見虘聲大小徐

覭小見也从見冥聲爾雅曰覭髳弗離大小徐韻會九青無曰字

䁖内視也从見甚聲大小徐内視也廣韻二十一侵

覯遇見也从見冓聲大小徐韻會二十六宥

䙆注目視也从見歸聲大小徐

覘窺也从見占聲春秋傳曰公使覘之信大徐小徐也作視　闚視也春

秋傳曰公使覘之廣韻五十五豔

覹司也从見微聲大徐小徐無也字

覢暫見也从見炎聲春秋公羊傳曰覢然公子陽生大徐小徐無也字又卷

暫見也從見炎聲韻會二十九（敬避）暫見也一切經音義卷一又卷十六又卷十九

覵暫見也从見賓聲大徐小徐無也字

覹覵覹也从見樊聲讀若幡大徐小徐無也字

覒病人視也从見氐聲讀若迷大徐小徐無也字

覤下視深也从見鹵聲讀若攸大徐小徐無也字

覛私出頭視也从見彤聲讀若郴大徐小徐無也字

覍突前也从見冃大徐一切經音義卷九又卷十二冃上有從字

突前也一切經音義卷十

覬欲牵也从見豈聲大徐小徐無也字韻會四寘

突前從見冃聲小徐

幸也文選潘元茂冊魏公注又班叔皮

王命論注　一切經音義卷二

覦欲也从見俞聲　大徐　小徐無也字　韻會七虞　欲也　文選冊魏公注　劉越石勸進表注　又　桓二年釋文　又班叔皮王命論注

𧡐視不明也一曰直視从見春聲　大徐　視不明從見春聲一曰直視　小徐

覦視誤也从見龠聲　大徐　小徐無也字

覺寤也从見學省聲一曰發也　大徐　韻會三覺寤作悟　小徐無上也字

覿目赤也从見𥏼省聲　大徐　目亦從見智聲　小徐　目赤也　廣韻二十三錫

靚召也从見青聲　大徐　韻會二十四敬　小徐無也字　召也　韻會二十三梗　玉篇見部

親至也从見亲聲　大徐　小徐無也字　韻會十一真首有密字　至也　釋親釋文　一切經音義卷九一

廣韻十七真

覲諸矦秋朝曰覲勞王事从見堇聲大小徐韻會十二震

覜諸侯三年大相聘曰覜覜視也从見兆聲大徐韻會十八嘯小徐無也字

現擇也从見毛聲讀若苗大徐無擇也二字小徐

覕蔽不相見也从見必聲大徐無也字小

覗司人也从見它聲讀若馳大徐無也字小　伺人也從見它聲韻會四支

睍目蔽垢也从見毘聲讀若兜大徐無此字小　目蔽垢也廣韻十九矦

覞竝視也从二見凡覞之屬皆从覞大小徐　竝視也廣韻三十五笑

𧢼很視也从覞肩聲齊景公之勇臣有成𧢼者大徐很作狠小　狠視

也廣韻二十八山

霡見雨而止息从覞从雨讀若欶 大徐無末三字 小徐 見雨而止息曰

霡 廣韻六至 見雨而止息 玉篇覞部

欠張口气悟也象气从人上出之形凡欠之屬皆从欠 大徐 小 張

口气悟也象气從人上出之形 韻會二十九豔 張口气悟也 廣韻六十梵

張口出氣也 御覽卷三百八十七 ⺈上象人開口下象气昨从人所

謂欠去許氏擅改作彡無所據也 李陽冰本

欽欠皃从欠金聲 大徐 小徐 韻會十二侵 韻

𣤶欠皃从欠䜌聲 大徐 小徐

欯喜也从欠吉聲 大徐 小徐 韻會四質

吹出气也从欠从口 大徐 小徐無也字

欨吹也一曰笑意从欠句聲大小徐　吹也從欠句聲一曰笑皃韻會七虞　吹也一曰笑意廣韻九麌　吹也韻會七麌　笑皃也文選琴賦注

歑溫吹也从欠虖聲大徐小徐無也字

䰉吹气也从欠或聲大徐小徐無也字

歟安气也从欠與聲大徐小徐無也字韻會六魚　安气也廣韻九魚

歙翕气也从欠脅聲大徐韻會十六葉小徐無也字

歕吹气也从欠賁聲大徐韻會十三元小徐無也字　吹气也文選東都賦注一切經音義

卷十九

歇息也一曰气越泄从欠曷聲大徐韻會六月　息一曰气越泄從欠曷聲讀若香臭盡歇小徐　息也一曰气越泄也文選顏延年和謝監詩注

歡喜樂也从欠雚聲大徐韻會十四寒小徐無也字喜樂也文選七命注

欣笑喜也从欠斤聲大徐小徐無也字韻會十二文無笑字笑喜也藝文類聚卷十九

忻笑喜也御覽卷三百九十一訢古欣字史記萬石傳集解又漢書萬石傳注末有也字

弞笑不壞顏曰弞从欠引省聲大小徐韻會十一軫

歉意有所欲也从欠歉省大徐意有所欲從欠歉省小徐韻會十四旱

意有所欲也荀子修身篇注一切經音義卷四又卷十二又卷十七又卷十九

款款或从柰大小徐或作款韻會十四旱

欷𣢐也从欠气聲一曰口不便言大徐小徐無也字

欲貪欲也从欠谷聲大徐韻會二沃小徐無也字

歌詠也从欠哥聲大徐韻會五歌小徐無也字詠也御覽卷四百六十五詠詩曰

歌 藝文類聚卷四十三

謌歌或从言 大小徐 或作謌 韻會五歌

歂口气引也从欠耑聲讀若車輇 大徐小徐無也字 廣韻二仙歂口氣引也

歍心有所惡若吐也从欠烏聲一曰口相就 大徐小徐無也字

⿰鼀欠歍⿰鼀欠也从欠鼀聲 大徐小徐無也字 歍⿰鼀欠也 廣韻一屋兩見

噈俗⿰鼀欠从口从就 大小徐

⿰赤欠⿱赤心然也从欠赤聲孟子曰曾西⿰赤欠然 大小徐 ⿱赤心然也孟子曾西

⿰赤欠然 韻會一屋

欦含笑也从欠今聲 大徐小徐無也字

歋人相笑相歋瘉从欠虒聲 大徐小徐無次相字 人相笑相耶歈也 御覽

卷四百九十七 歔欷手相笑也 後漢王霸傳注

歊歊气出皃从欠高高亦聲 大徐小徐無重歊字 象气出貌從欠高高亦聲 韻會二蕭 歊歊气出皃 廣韻三蕭 气出皃 後漢班固下注 气上出皃 文選寶鼎詩注

欻有所吹起从欠炎聲讀若忽 大徐小徐末有飛字 韻會五勿 有所吹起也 文選赭白馬賦注

欪欪戲笑皃从欠之聲 大小徐

⿰䍃欠⿰䍃欠气出皃从欠䍃聲 大小徐

歗吟也从欠肅聲詩曰其歗也謌 大徐小徐無也字

歎吟也从欠鷬省聲 大徐韻會十五翰小徐無也字 吟也 文選盧子諒覽古詩注

歎籀文歎不省 大徐 小徐 籀文作歎 韻會十五翰

歖卒喜也从欠从喜 大徐 卒喜從欠喜聲 小徐

欸訾也从欠矣聲 大徐 小徐無也字 韻會十灰 欸 韻會十賄

𣢑歐也从欠此聲 大徐 小徐無也字

歐吐也从欠區聲 大徐 厚 小徐無也字 韻會二十六

歔欷也从欠虛聲一曰出气也 大徐 小徐無兩也字 韻會六魚 無下也字

欷歔也从欠稀省聲 大徐 戲也從欠希聲 小徐 韻會五微 小徐無也字 戲也 廣韻

八　微

歜盛气怒也从欠蜀聲 大徐 韻會二沃 僖二十九年正義 小徐無也字

歆言意也从欠从鹵鹵亦聲讀若酉 大徐 小徐無也字 言意也 廣韻四十四有

𣻦欲歠也从欠渴聲大徐小徐又韻會七曷歠作飲小徐無也字

歗所謌也从欠嗷省聲讀若叫呼之叫大徐所謌從欠嗷省聲讀若嗷呼小徐

歖悲意从欠嗇聲大小徐悲意也一切經音義卷十九廣韻三十四嘯

𣤶盡酒也从欠糕聲大徐小徐無也字

歛監持意口閉也从欠緘聲大徐小徐無也字

㰻指而笑也从欠辰聲讀若蜃大徐小徐無也字

歜昆于不可知也从欠鰥聲大徐小徐又韻會十三阮無也字

歃歠也从欠臿聲春秋傳曰歃而忘大徐小徐無也字韻會十七洽傳曰作左傳

欶吮也从欠束聲大小徐韻會三覺吮也文選風賦注

歁食不滿也从欠甚聲讀若坎大徐小徐無也字　食不滿也匡謬正俗弟六
欿欲得也从欠臽聲讀若貪大徐小徐無也字
欱歠也从欠合聲合大徐小徐無也字韻會十五　歠也文選西京賦注又南都賦注一切經
音義卷十五兩見見又卷十六　啜也文選東都賦注一切經音義卷十二
歉歉食不滿从欠兼聲大小徐韻會二十九[敬避]　歉食不滿也韻會二十九豏
⿰骨欠咽中息不利也从欠骨聲大徐小徐無也字　咽中息不利也廣韻十一沒
又十四黠　咽中气息不利也一切經音義卷十又卷十五
欭嚘也从欠因聲大徐小徐無也字
欬屰气也从欠亥聲大徐小徐無也字屰作逆　逆气也一切經音義卷二又卷六又卷
十一又卷十四又卷十五兩見又卷十九

歔且唾聲一曰小笑从欠㱿聲大徐無上聲字小徐縮鼻也廣韻

歙縮鼻也从欠翕聲丹陽有歙縣大小徐韻會十四緝丹上有又字

二十六緝

𣤶𪖐鼻也从欠咎聲讀若爾雅曰麐豭短脰大小徐無也字

㳄愁皃从欠幼聲大小徐

𣢕咄𣢕無慙一曰無腸意从欠出聲讀若中大徐無末三字小徐

𣢑詮詞也从欠从曰曰亦聲詩曰𣢑求厥寧大徐也字下從字小徐無詮

詞從欠日日亦聲詩𣢑求厥寧韻會四質

次不前不精也从欠二聲大徐小徐又韻會四寘無也字

𠕀古文次大小徐古作𠕀韻會四寘

歉飢虛也从欠康聲大徐小徐無也字

欺詐欺也从欠其聲大徐小徐無也字韻會四支

歆神食气也从欠音聲大徐小徐無也字韻會十二侵神食气也文選南都賦注又七命注

歈歌也从欠俞聲切韻云巴歈歌也案史記渝水之人善歌舞漢高祖采其聲後人因加此字大徐在新附小徐本殘脫歌也從欠俞聲渝水之人善歌舞漢高帝伐秦巴人從軍歌舞陷陳高祖采其聲後人因加此字韻會七虞歈音踰或音由後漢王霸傳注

歙歠也从欠酓聲凡歙之屬皆从歙大徐小徐本殘脫以下無十五字歠也從欠酓聲韻會二十七寑歠也廣韻四十七寑歙五經文字卷下

汆古文㱃从今水徐大 韻會二十七寑古作汆飠

飠古文㱃从今食徐大

歠歠也从㱃省叕聲大徐 韻會九屑 飲也 文選七發注 一切經音義卷十五兩見 又卷十六

吷歠或从口从夬徐大 吷與歠同 廣韻十七薛 玉篇口部

次慕欲口液也从欠从水凡次之屬皆从次徐大 慕欲口液也從欠水 韻會一先 慕欲口液也 一切經音義卷十四

㳄次或从侃徐大 次或作漾㳄 一切經音義卷十四 韻會一先 亦作㳄

𣄢籀文次徐大

羨貪欲也从次从羑省羑呼之羑文王所拘羑里徐大 貪欲也從

次羡省 韻會十七霰 願欲也 一切經音義卷十二

㳄歠也从次厂聲讀若移 大徐 歠也 廣韻五支

盜私利物也从次次欲皿者 大徐 私利物從次欲也欲皿為盜 韻會二十號

旡歙食气屰不得息曰旡从反欠凡旡之屬皆从旡 大徐

𣄽古文旡 大徐

𣄼屰惡驚詞也从旡咼聲讀若楚人名多夥 大徐 逆惡之驚詞 廣韻三十四果

𣄴事有不善言𣄴也爾雅𣄴薄也从旡京聲 大徐

説文解字攷異

九上

說文解攷異九上

歸安姚文田輯

頁頭也从百从儿古文䭫首如此凡頁之屬皆从頁百者䭫首字

也大徐小徐百皆作頁　頁當作頁李陽冰本　頭也玉篇頁部

頭首也从頁豆聲大徐小徐韻會十一尤　首也廣韻十九矦　玉篇頁部

顏眉目之間也从頁彥聲大徐小徐韻會十五刪

䫅籀文大徐小徐

文田案籀文從𦣻大小本皆誤從頁當從玉篇改正

頌皃也从頁公聲大徐小徐韻會二冬

䫘籀文大徐小

頊顱也从頁乇聲大小徐 頊顱也玉篇頁部 頊顱首骨也韻會七虞 頊顱也一切經音義卷十九

顱頊顱首骨也从頁盧聲大小徐

𩕢顛頂也从頁𡨄聲大小徐 顛頂也廣韻二十五願

顛頂也从頁眞聲大小徐韻會一先

頂顛也从頁丁聲大小徐韻會二十四迥 顛也廣韻四十一迥御覽卷三百六十四

𩒻或从𩑋丁大徐 或從𩑋作小徐 古作𩒻韻會二十四迥 廣韻四十一迥𩒻上同

文田案從𩑋亦誤

顱籒文从鼎大小徐 籒作顱韻會二十四迥 廣韻四十一迥顱籒文

顙頟也从頁桑聲大小徐韻會二十二養 頟也呂刑正義

題頟也从頁是聲大小徐韻會八齊　頟也廣韻十二齊　額也文選謝惠連擣衣詩注

名也文選顏延年楊給事誄注

文因案名字傳寫殘脫

頟顙也从頁各聲大小徐韻會十一陌　額作頟顙也廣韻二十陌

頞鼻莖也从頁安聲大小徐韻會七曷　鼻莖也後漢周燮傳注　文選楊子雲解嘲注　御覽卷三百六十七　玉篇鼻部

齃或从鼻曷大小徐　齃與頞同玉篇鼻部

頯權也从頁弅聲大小徐　面顴也從頁弅聲韻會四支

頰面旁也从頁夾聲大小徐韻會十六葉　面旁也御覽卷三百六十七　玉篇頰部

𩓨籀文从貲大徐小徐貲作訾　廣韻三十帖　𩓨籀文頰　韻會十六　莢籀作𧻛

文田案從賞亦誤

頣頰後也从頁𦣞聲大○徐小徐無後字

頷顄也从頁合聲大○小徐韻會二十八感

顄頤也从頁圅聲大○小徐韻會十三覃

頸頭莖也从頁巠聲大○小徐韻會二十三梗

領項也从頁令聲大○小徐韻會二十三梗

項頭後也从頁工聲大○小徐韻韻會三講

頕項頕也从頁冘聲大○小徐

顀出額也从頁隹聲大○小徐

䫀曲頤也从頁不聲大○小徐

頰後也玉篇頁部

顄也廣韻四十八感 玉篇頁部

頤也文選洞簫賦注 玉篇頁部

頭莖也御覽卷三百六十九 玉篇頁字

項也廣韻四十靜

頭後也廣韻三講

頸也文選洛神賦注

項頕也玉篇頁部

出額也一切經音義卷十一又卷五並卷十五出額二字皆倒

曲頤也玉篇頁部

顩　⿰齒兼兒从頁僉聲 大小徐　⿰齒兼兒 玉篇頁部

頵　面目不正兒从頁尹聲 大小徐

頵　頭頵頵大也从頁君聲 大徐　頭頵也从頁君聲 小徐無也字 韻會十一眞

頭頵頵火也 玉篇頁部 廣韻十七眞　頭頵也 文選長笛賦注

䪴　面色顛䪴兒从頁員聲讀若隕 大小徐　面色顛䪴兒 廣韻十八吻　面色䪴䪴兒 玉篇頁部

面急顲顲也 玉篇黃部

⿰兼頁　頭頰長也从頁兼聲 大小徐

碩　頭大也从頁石聲 大小徐 韻會十一陌頭作碩　永大頭也 御覽卷三百六十三

頒　大頭也从頁分聲一曰鬢也詩曰有頒其首 大小徐　大首兒 魚藻

釋文頒本頒首字 韻會十五删

[敬避]　大頭也从頁禺聲詩曰其大有□ 大徐 小徐本殘脫　頭大從頁禺聲詩

其大有□韻會二冬 大頭也六月釋文廣韻三鍾御覽卷三百六十三 頭大也玉篇頁部

顯大頭也从頁羔聲大○徐小徐頁羔二字倒

顝大頭也从頁骨聲讀若魁大○小徐韻會六月無末三字 永大頭也御覽卷三百六十三

願大頭也从頁原聲大○小徐韻會十四願 大頭也廣韻二十五願

顤高長頭从頁堯聲大○小徐韻會十八嘯

贅贅顤高也从頁敖聲大○小徐

顎面前岳岳也从頁岳聲大○徐小徐面前二字倒 面前岳岳也廣韻四覺

顯昧前也从頁㬎聲讀若昧大○徐小徐無下三字 昧前也玉篇頁部

䪼面瘦淺䪼䪼也从頁霝聲大○小徐 瘦淺面面也御覽卷三百六十五 面瘦淺䪼䪼也玉篇頁部

顡頭蔽顡也从頁家聲大○徐小徐蔽作蒯 頭蒯顡廣韻十六怪

頑梱頭也从頁元聲大徐删小徐梱作梱韻會十五

顤小頭顤顤也从頁枝聲讀若規大徐無下三字小徐 小頭顤顤也玉篇頁部廣韻五支

顆小頭也从頁果聲大小徐韻會二十哿 韻 小頭也御覽卷三百六十三

頷短面也从頁昏聲大小徐 短面也御覽卷三百六十五

頲狹頭頲也从頁廷聲大小徐無也上頲字韻會二十四迴 狹頭也玉篇頁部

頠頭閑習也从頁危聲大小徐韻會四支 頭閑習也玉篇頁部

頷面黃也从頁含聲大小徐 面黃也廣韻二十二覃又四十八感 面黃頷也

御覽卷三百六十四

[illegible]面不正也从頁爰聲大小徐 面不正也御覽卷三百六十五

頍舉頭也从頁支聲詩曰有頍者弁大小徐 舉頭貌從頁支聲 又弁貌 詩有頍者弁 韻會四支 舉頭皃 頍弁釋文

顒内頭水中也从頁㬰㬰亦聲大徐 小徐無也字

顧還視也从頁雇聲大小徐 韻會七遇 還視也 太甲釋文 文選左太冲詠史注 顧命釋文 又張景陽詠史注 還視曰顧 一切經音義卷二十五

順理也从頁从川大徐 理也從頁川聲 小徐 韻會十二震

眕顔色眕䫰慎事也从頁㐱聲大小徐 顔色眕䫰順事也 廣韻二十一震 玉篇頁部

䫰眕䫰也从頁粦聲一曰頭少髮大小徐

顓頭顓顓謹皃从頁耑聲大小徐 韻會一先

頊頭頊頊謹皃从頁玉聲大小徐 韻會二沃

頷低頭也从頁金聲春秋傳曰迎于門頷之而已大小徐 韻會二十八感 春秋傳曰作左傳

低頭也一切經音義卷五 又卷十六 又卷十 又卷二十 低頭也左氏傳曰逆於門者頷之而已玉篇頁部

頓下首也从頁屯聲大小徐 韻會十四願 下首也玉篇頁部 廣韻二十六慁 荀子富國篇注

頫低頭也从頁逃省太史卜書頫仰字如此揚雄曰人面頫大小徐

徐省下有聲字 低頭也從頁兆聲太史卜書頫仰字如此揚雄曰人

面頫韻會七麌 低頭也太史卜書頫仰字如此匡謬正俗卷六 晉書音義卷中卷

三十六 九麌卜謚公 廣韻 低頭也玉篇人部 文選卷八上林賦注 經音義卷八 韻會十六銑 一切經音義卷 頫玉篇頁部

俛頫或从人免大小徐 俗頫字從人免大小徐 俗作俛晉書音義中三十六

俛俗頫字一切經音義卷八 俗頫字作俛韻會七麌 俛玉篇人部

頣舉目視人皃从頁臣聲大小徐

頶据視人也从頁耆聲 大小徐 頶据視人也 廣韻二十八獼 玉篇頁部

頡直項也从頁吉聲 大小徐 韻會九屑 直項也 廣韻十六屑 玉篇頁部

頔頭頡頔也从頁出聲讀又若骨 大小徐

顥白皃从頁从景楚詞曰天白顥顥南山四顥白首人也 大徐 小徐作白皃從景頁楚辭天白顥顥又南山四顥白首人也 韻會從景頁十九皓 白皃 後漢班固上注文選西都賦注廣韻三十二皓

𩕾大醜皃从頁樊聲 大小徐

頩好皃从頁爭聲詩所謂頩首 大小徐 好皃 廣韻四十五勁 好皃詩所謂頩首 玉篇頁部

頨頭妍也从頁翩省聲讀若翩 大徐 小徐頭作頨 頭妍也 玉篇頁部

顗謹莊皃从頁豈聲 大小徐 韻會五尾 謹莊皃 廣韻七尾 玉篇頁部

顧頭鬢少髮也从頁肩聲周禮數目顧脰 大徐小徐 頭鬢少髮皃 玉篇頁部

顐無髮也一曰耳門也从頁囷聲 大徐小徐

頷禿也从頁气聲 大徐小徐 韻會六月 禿也 冬官梓人釋文 頷 一切經音義卷六

頛頭不正也从頁从耒耒頭傾也讀又若春秋陳夏齧之齧 大徐

頭不正從頁耒耒頭傾亦聲讀又若春秋陳夏齧之齧 小徐 頭不正也 玉篇頁部

䫌傾首也从頁卑聲 大徐小徐 傾頭也 一切經音義卷七 又卷八 又卷十 又卷十二 又卷十三 又卷十七

䫕伺人也一曰恐也从頁契聲讀若禊 大徐 無上也字 小徐

䫥頭不正也从頁鬼聲 大徐小徐 䫥頭不正也 廣韻十四賄

頗頭偏也从頁皮聲 大徐小徐 韻會五歌 頭偏也 廣韻八戈

頄顫也从頁尤聲大小徐一切經音義卷十二又顫也卷十五廣韻四十九宥顫頄謂掉動不定也一切經音義卷七又卷十三疣贅也華嚴音義卷五十八疣頄或从疒大徐或從疒作小徐廣韻四十九宥疣上同

顫頭不正也从頁亶聲大小徐韻會十七霰

顑飯不飽面黃起行也从頁咸聲讀若戇大徐作飲戇作贛小徐飯

顲面顑顲皃从頁㐭聲大小徐面顑顲也廣韻四十八感面顑顲皃玉篇頁部

煩熱頭痛也从頁从火一曰焚省聲大徐焚上有從字小徐熱頭痛也從頁從火韻會十三元熱頭痛也廣韻二十二元

顡癡不聰明也从頁豪聲大徐小徐無也字顡癡顛不聰明也廣韻十四賄又八未竝十六怪顛皆作顡

頪難曉也从頁米一曰鮮白皃从粉省 大小徐　難曉也一曰鮮白皃 玉篇頁部

廣韻十四泰無皃字

顦顦顇也从頁焦聲 大徐 小徐本殘脫

顇顦顇也从頁卒聲 大小徐 韻會四寘顦譌顇

䪿繫頭殟也从頁昏聲 大小徐

頦醜也从頁亥聲 大小徐

䫏醜也从頁其聲今逐疫有䫏頭 大徐 韻會四支醜作䫏頭 小徐醜作頭　醜也今

逐疫有䫏頭 廣韻七之

籲呼也从頁籥聲讀與籥同商書曰率籲衆戚 大徐　呼也從頁籥

聲尚書曰率籲衆戚 小徐　呼也從頁籥聲[illegible]書無辜籲天 韻會七遇

顯頭明飾也从頁㬎聲 大小徐

顚選具也从二頁 大小徐 選具也 玉篇頁部

傾佳也從頁斤聲讀若鬢 小徐 大徐本無此 頭佳皃從頁斤聲 韻會五微

顥眉目閒也詩猗嗟顥兮 韻會九青

百頭也象形凡百之屬皆从百 大小徐 頭也象形 韻會二十六厚 頭也

一切經音義卷十四 御覽卷三人頭也象形 玉篇百部

百六十三 藝文類聚卷十七

腼面和也从百从肉讀若柔 大小徐 面和也 玉篇頁部

面顏前也从百象人面形凡面之屬皆从面 大小徐 顏前也從頁 玉篇面部

象人面形 御覽卷三百六十五 顏前也象面形 韻會十七霰 顏前也 廣韻三十

三線

靦面見也从面見見亦聲詩曰有靦面目大小徐面見從面見亦聲詩有靦面目韻會十六銑面見人何人斯釋文釋言疏

䩄或从旦大小徐韻會十六銑或作䩄

酺頰也从面甫聲大小徐輔頰也御覽卷三百六十七輔人頰骨也從車甫聲左傳輔車相依或作酺韻會七麌頰也玉篇面部

醮面焦枯小也从面焦大徐小徐本無此面焦枯小也玉篇面部

丏不見也象壅蔽之形凡丏之屬皆从丏大小徐不見也象壅蔽之形韻會十六銑

𦣻百同古文𦣻也巛象髮謂之鬊鬊即巛也凡𦣻之屬皆从𦣻大小徐九經字樣古文作𦣻巛象髮鬊韻會二十六厚與百同古文首也巛象髮謂之鬊鬊即巛也玉篇首部

𩠐下𩠐也从𩠐旨聲大小徐韻會八薺下首也一切經音義卷十四又卷二十三

𩠐戳也从𩠐从斷大小徐韻會十六銑𩠐韻會十四寒截也玉篇首部

剸或从刀專聲大徐小徐本殘脫或從刀作剸韻會十四寒今文作剸韻會十六銑或剸同玉篇首部

𥄉到𩠐也賈侍中說此斷𩠐到縣𥄉字凡𥄉之屬皆从𥄉大徐小徐到皆作倒倒首也賈侍中說斷首倒縣即𥄉字也一切經音義卷十六首也一切經音義卷十一倒首也一切經音義卷十七韻會一先倒首也賈侍中曰謂解首倒縣也玉篇県部

縣繫也从系持𥄉大小徐韻會一先繫也玉篇県部廣韻一先縣從𥄉匡謬正俗卷八縣邑也從口巳聲御覽卷百五十七

須面毛也从頁从彡凡須之屬皆从須大徐無次從字小徐面毛也從

頁從彡韻會七虞　面毛也廣韻十虞　本面毛字韻會七虞　面上毛也御覽卷三百七十四

頾口上須也从須此聲大小徐韻會四支　口上鬚也御覽卷三百七十四　口上須廣韻五支　口上之鬚曰頾一切經音義卷十九

𩓡頰須也从須从冄冄亦聲大徐韻會十四鹽小徐無從須二字無也字次從字　𩓡頰須也廣韻二十四鹽　𩓡鬚毛也一切經音義卷十九

顊須髮半白也从須卑聲大小徐

𩓟短須髮皃从須否聲大徐小徐本無此　短須髮皃廣韻六脂

彡毛飾畫文也象形凡彡之屬皆从彡大徐小徐畫下有之字　毛飾畫文也象形韻會十五咸　毛飾畫之文也象形匡謬正俗卷七

形象形也从彡幵聲大小徐青象下無形字韻會九　象形也玉篇彡部

㐱稠髮也从彡从人詩曰㐱髮如雲大徐　稠髮也從彡人聲詩曰

㐱髮如雲小徐從上有也字無曰字韻會十一軫　稠髮也詩曰㐱髮如雲廣韻十六

軫　㐱又作鬒稠髮也昭二十八年釋文　鬒稠髮也君子偕老釋文昭二十八年

正義

鬒㐱或从髟真聲大徐小徐無㐱字　㐱文作鬒韻會十一軫　亦作鬒廣韻十六

軫

修飾也从彡攸聲大小徐韻會十一尤　飾也廣韻十八尤玉篇彡部

彰文彰也从彡从章章亦聲大徐　文章也從彡章聲小徐　文章也

從章從彡韻會七陽　文彰也玉篇彡部

彫琢文也从彡周聲大徐韻會二蕭小徐琢作瑑　琢文也一切經音義卷二　玉篇彡部

彰清飾也从彡青聲大徐小徐無清字　清飾也一切經音義卷十二　玉篇彡部

㣎細文也从彡𡭴省聲大小徐　細文也廣韻一屋

弱橈也上象橈曲彡象毛氂橈弱也弱物并故从二𢎗大徐韻會十藥

小徐本殘脱　弱五經文字卷中

彣䰋也从彡从文凡彣之屬皆从彣大徐小徐無次從字　小徐　䰋也玉篇彣部

彥美士有文人所言也从彣厂聲大小徐韻會十七霰　彥玉篇彣部

文錯畫也象交文凡文之屬皆从文大徐小徐無錯字　錯畫也象交文

韻會十二文　錯畫也一切經音義卷十

斐分別文也从文非聲易曰君子豹變其文斐也大徐　分別文也

從文非聲 小徐 分別文也易君子豹變其文斐也 韻會五尾 蔚作
斐 易草釋文
辬 駁文也从文辡聲 大徐 韻會十五刪 小徐駁作駮 駁文也 玉篇文部 一切經音義卷十二 辬
廣韻二十七刪
𢿋 微畫也从文𠩺聲 大徐 徐本無此 小
髟 長髮猋猋也从長从彡凡髟之屬皆从髟 大小徐 長髮猋猋也 文選秋興賦注
从彡 匡謬正俗卷七 長髮髟髟也 韻會二蕭 白黑髮雜而髟
髮 根也从髟犮聲 大小徐 韻會六月 根也 廣韻十月
𩑶 髮或从首 大徐本殘脫三字 小徐 𩑶 上同 廣韻十月 韻會六月或作𩑶
頒 古文 大徐 韻會六月古作頒 古髮字 玉篇頁部

鬢頰髮也从髟賓聲大徐震　小徐本殘脫　韻會十二　頰髮也御覽卷三百七十三

鬗髮長也从髟㒼聲讀若蔓大徐　小徐　髮長也從髟㒼聲韻會十四寒

鬑髮長也从髟監聲讀若春秋黑肱以濫來奔大徐　小徐本無此

鬈髮好也从髟𢍏聲大徐　小徐

鬈髮好也从髟𢍏聲詩曰其人美且鬈大徐　小徐本殘脫　髮好也詩美

且鬈从髟卷聲韻會一先　髮好皃盧令釋文

髦髮也从髟从毛大徐　髮也從髟毛聲小徐韻會四豪　髮也一切經音義卷

二　髮中毫者也一切經音義卷四

鬊髮皃从髟𦥔聲讀若宀大徐　髮皃從髟𦥔小徐

鬝髮多也从髟周聲大徐　小　鬍髮多也韻會十一尤

𩮀髮皃从髟爾聲讀若江南謂酢母為𩮀 大小徐

䯽髮皃从髟咅聲 大小徐 髮皃廣韻十九侯又九麌

𩭌髮至眉也从髟敄聲詩曰紞彼兩𩭌 大小徐 髮至眉也從髟敄聲 韻會十一尤 髮至眉也 玉篇髟部

髳𩭌或省漢令有髳長 大徐 或從敄省漢令有髳長 小徐 髦作髳柏舟釋文 今省作髳 韻會十一尤

鬋女鬢垂皃从髟前聲 大徐 小徐本殘脫

鬑鬋也一曰長皃从髟兼聲讀若慊 大小徐

𩭿束髮少也从髟截聲 大小徐 束髮少小也廣韻十六屑又十七薛

鬄髮也从髟易聲 大徐 小徐髮譌髲 髲也廣韻二十二昔

髢髲或从也聲 大徐 小徐從下有影字

髲鬄也从髟皮聲 大徐 小徐韻會四寘　益髮也 君子偕老正義

䯸用梳比也从髟次聲 大徐 小徐韻會四寘

⿱髟昏潔髮也从髟昏聲 大徐 小徐

也 御覽卷三百七十三　絜髮也 玉篇髟部　髺絜髮也從髟舌聲 韻會七曷　髺結髮

⿱髟般臥結也从髟般聲讀若槃 大徐 小徐結作髺　卧髺也從髟般聲 韻會十四

寒

⿱髟付結也从髟付聲 大徐 小徐本無此

鬕帶結飾也从髟莫聲 大徐 小徐本無此　帶髺頭飾也 文選西京賦注

⿱髟貴屈髮也从髟貴聲 大徐 小徐本無此

髩簪結也从髟介聲大徐小徐又韻會十卦結皆作髻　簪結也玉篇髟部

鬣髮鬣鬣也从髟巤聲大小徐韻會十六葉首有毛字　髮鬣鬣也廣韻二十九葉

⿰毛巤鬣或从毛大徐小徐無鬣字　⿰毛巤同上廣韻二十九葉

⿰豕巤或从豕大小徐　又作⿰豕巤廣韻二十九葉

⿱髟盧鬣也从髟盧聲大小徐　鬣也廣韻九魚

髴髴若似也从髟弗聲大小徐　若似也韻會五勿

髶亂髮也从髟茸省聲大小徐

鬌髮隋也从髟隋省聲大小徐　髮墮從髟墮省聲小徐　髮隋也從髟墮

省聲韻會四支　髮墮也匡謬正俗卷六　髮隋也李陽冰本曰隋也隋削

肉也六書故第十二

鬠髻髮也从髟昏聲 大小徐 韻會十二震

鬜鬝禿也从髟閒聲 大小徐 小徐鬝作髮 鬜鬝禿也又少髮也从髟閒聲 韻會十五刪

鬄鬀髮也从髟从刀易聲 大徐無從刀二字 小徐 鬀髮也 廣韻二十三錫 玉篇髟部

髡鬄髮也从髟兀聲 大小徐 韻會十三元 韻 剃也 一切經音義卷十二

髨或从元 大小徐 韻會十三元或作髨

鬀鬄髮也从髟弟聲大人曰髡小兒曰鬀盡及身毛曰鬄 大小徐 韻會八霽 末 鬄髮也大人曰髡小兒曰鬀盡及身毛曰鬄 玉篇髟部 廣韻十二霽

作鬄 剔也 一切經音義卷十六 鬀音剔 廣韻十二霽

鬣髮也从髟巤聲 大小徐

鬏鬆也忽見也从髟彔聲彔籀文魅亦忽見意大徐下也字小徐無下彔字

髽喪結禮女子髽衰弔則不髽魯臧武仲與齊戰于狐鮐魯人迎

喪者始髽从髟坐聲大徐小徐結作髻喪髻也從髟坐聲韻會六麻

后繼體君也象人之形施令以告四方故厂之从一口發號者君

后也凡后之屬皆从后大小徐后者繼體君也象人之形施令

以告四方故后之從一口發號者君后也釋詁延繼體君也象

人之形施令以告四方故從厂從一口發號者君后也韻會二十六厚

㖃厚怒聲从口后后亦聲大小徐厚怒聲從口后聲韻會二十六厚

司臣司事於外者从反后凡司之屬皆从司大小徐臣司事於外

者從反后韻會四支臣司事於外者也玉篇司部

詞意内而言外也从司从言大徐意内而言外也從言司聲小徐韻
會四支意作音詞者意内而言外也繫辭上釋文一切經音義卷二十五意内而
言外也玉篇司部廣韻七之為言詞之字曲禮上釋文

巵圜器也一名觛所以節飲食象人卪在其下也易曰君子節飲
食凡巵之屬皆从巵大徐無上也字小徐圜器也一名觛所以節飲
食象人卪在其下韻會四支圜器也一名觛一切經音義卷十四圜器也
御覽卷七百六十一

䏝小巵有耳蓋者从巵專聲大徐小徐小巵有蓋也廣韻二十八獮

⿰巵耑小巵也从巵耑聲讀若捶擊之捶大徐小徐本無此小巵廣韻四紙

卪瑞信也守國者用玉卪守都鄙者用角卪使山邦者用虎卪土

邦者用人卩澤邦者用龍卩門關者用符卩貨賄用璽卩道路用旌卩象相合之形凡卩之屬皆从卩 大小徐 節信也象相合之形 御覽卷六百八十一 瑞信也 廣韻十六屑韻會九屑 㔾象形 韻會九屑 卩 五經文字卷中 㔾𠂤字从卩而生一重為卩二重為㔾三重為𠂤 李陽冰本

令發號也从亼卩 大小徐韻會二十四敬 發號也 釋詁釋文 大徐 小徐

𠨍輔信也从卩比聲虞書曰𠨍成五服 比上有從字

𠨓有大度也从卩多聲讀若侈 大小徐

𠨘宰之也从卩必聲 大小徐

卲高也从卩召聲 大小徐韻會十八嘯韻 高也 一切經音義卷七

厄科厄木節也从卩厂聲賈侍中說以為厄裹也一曰厄蓋也 大小

徐

厀脛頭卪也从卪桼聲大徐韻會四質小徐無上卪字　脛節也廣韻五質

卷厀曲也从卪弄聲大徐小徐又韻會十六銑厀作膝　膝曲也廣韻二十八獮　卷莊二十三年釋文

卻節欲也从卪谷聲大小徐韻會十藥

卸舍車解馬也从卪止午讀若汝南人寫書之寫大徐小徐本殘脱　舍車解馬也從卪止午聲韻會二十二禡

𠨍二卪也巽从此闕大徐小徐巽譌卪

㔾卪也闕大徐小徐本無此

印執政所持信也从爪从卪凡印之屬皆从印大小徐　印執政所

持信也從爪從卩韻會十二震 執政所持信也初學記卷二十六御覽卷六百八

十三 執所政所以待信古唐類範卷一百三十一 王信也一切經音義卷七

𢑏按也从反印大小徐韻會十三職 抑作归从反印廣韻二十四職

𢪛俗从手大徐小徐手下有作字 或從手作抑韻會十三職

文田案呂氏春秋適威篇云若璽之于塗也抑之以方則方

抑之以圜則圜正說解從反印之義

色顔气也从人从卩凡色之屬皆从色大小徐 顔气也從人從卩

韻會十三職

𢒼古文大小徐

艴色艴如也从色弗聲論語曰色艴如也大小徐 色艴如也從色

弗聲韻會六月　又五

勿艴如二字作怒　色艴如也玉篇色部

艴縹色也从色弗聲迴　大徐　小徐韻會二十四　縹色也玉篇色部

卯事之制也从卩卪凡卯之屬皆从卯闕　大徐　小徐　卪事之制也从

卩卪唐木曰反卩為卪林罕曰卩止卪進也六書故卷三十三　卯音

卿廣韻十一薺

卿章也六卿天官冢宰地官司徒春官宗伯夏官司馬秋官司寇

冬官司空从卯皀聲　大徐　小徐　章也從卯皀聲韻會八庚　章也公卿

廣韻十二庚　卿五經文字卷中

辟法也从卩从辛節制其辠也从口用法者也凡辟之屬皆从辟

大徐　小徐　法也從卩從辛節制其辠也從口用法者也韻會

無次從字

十一陌　法也又同

㢸治也从辟从井周書曰我之不㢸大徐無次从字　小徐辟作㢸法也

金縢釋文

壁治也从辟乂聲虞書曰有能俾壁大徐隊無虞字曰字　韻會十一　治也從

辟乂聲小徐

勹裹也象人曲形有所包裹凡勹之屬皆从勹大徐曲下有身字　小徐

𥷚曲脊也从勹䈞省聲大徐小徐䈞作䈪

匍手行也从勹甫聲大徐會七虞韻　裹也手裹行也從勹甫聲小徐

手行也昭十三年正義　匍匐手行也文選長楊賦注一切經音義卷十

匐伏地也从勹畐聲大小徐會十三職韻　匐伏地也昭十三年正義

匊在手曰匊从勹米大小徐　在手曰匊韻會一屋

勻少也从勹二大小徐廣韻十八諄韻會十一真　調勻一切經音義卷十五

勼聚也从勹九聲讀若鳩大小徐　聚也從勹九聲韻會十一尤　聚也廣韻十八尤　勼釋詁釋文

旬徧也十日為旬从勹日大徐小徐又韻會十一眞無也字

𠣉古文大小徐廣韻十八諄𠣉古文旬韻會十一真古作𠣉

勹覆也从勹覆人大小徐　覆也廣韻三十七号

匈膺也从勹凶聲大小徐韻會二冬

肖匈或从肉大徐　或從肉作小徐　或書作肖韻會二冬

匍帀徧也从勹舟聲大小徐

匌帀也从勹从合合亦聲大徐 帀也從勹合聲小徐

𩛩飽也从勹𣪘聲民祭祀曰厭𩛩大徐 飽也從勹𣪘祭祀曰厭𩛩

小徐 飽也廣韻四十九宥

𤸰重也从勹復聲大小徐 𤸰韻會一屋

匔或省彳大徐 小徐本殘脱 亦作匔韻會一屋

冢高墳也从勹豕聲大徐 韻會二腫 小徐本殘脱 冢高墳也廣韻二腫 塚高

墳也御覽卷五百五十七

包象人褱妊巳在中象子未成形也元气起於子子人所生也男

左行三十女右行二十俱立於巳為夫婦褱妊於巳巳為子十

月而生男起巳至寅女起巳至申故男年始寅女季始申也凡

包之屬皆从包（大徐　小徐無下人字）象懷妊巳在其中象子未成形也元氣起於子人所生也男左行三十女右行二十俱立於巳為夫婦懷妊於巳巳為子也十月而生男起巳至寅女起巳至申故男年始寅女年始申（通典卷五十九）象人裹妊巳在中象子未成形也（韻會三看）

胞兒生裹也从肉从包（大徐小徐無下從字）兒生裹也從肉包聲（韻會三看）兒生裹也（一切經音義卷一又卷九又卷十四又卷二十四）兒生裹衣者曰胞也（一切經音義卷三）

匏瓠也从包从夸聲包取其可包藏物也（大徐韻會三看無次從字小徐本殘脫）

文田案當言從包從瓠省包亦聲

苟自急敕也从羊省从包省从口口猶慎言也从羊羊與義善美同意凡苟之屬皆从苟 大小徐 自急敕也 廣韻二十四職

䔲古文羊不省 大徐 古文不省 小徐

敬肅也从攴苟 大小徐 韻會二十四敬

鬼人所歸為鬼从人象鬼頭陰气賊害从厶凡鬼之屬皆从鬼 大徐 人所歸為鬼從人由象鬼頭鬼陰气賊害故從厶 小徐頭下有鬼字 韻會五尾

䰟古文从示 大小徐

魁神也从鬼申聲 大小徐 神也 廣韻十七眞

魂陽气也从鬼云聲 大小徐 韻會十三元

䰫陰神也从鬼白聲大小徐韻會十一陌

䰡厲鬼也从鬼失聲大小徐

䰨耗鬼也从鬼虛聲大小徐韻會六魚無也字　秏鬼也文選東京賦注

魃旱鬼也从鬼犮聲周禮有赤魃氏除牆屋之物也詩曰旱魃為

虐大徐小徐無氏字

鬽老精物也从鬼彡彡鬼毛大小徐韻會四寘末有也字　老精物也文十八年釋文

魅老物精也文選蕪城注一切經音義卷二又卷六又卷二十五

魅或从未聲大徐　或從未小徐　彪或從未文十八年釋文　或作魅韻會四寘

彔古文大小徐　古作彔韻會四寘

㣇籀文从彖首从尾省聲大徐文下有魅字小徐　籀文㣇韻會四寘

魃鬼服也一曰小兒鬼从鬼支聲韓詩傳曰鄭交甫逢二女魃服

大徐 鬼服也一曰小兒鬼從鬼從支韓詩傳曰鄭交甫逢二女

魃服 小徐

䰧鬼皃从鬼虎聲 大徐 小徐

魕鬼俗也从鬼幾聲淮南傳曰吳人鬼越人魕 大徐 小徐有也字

文田案淮南人間訓魕作機高誘注機祥也疑高誘所見本

作機傳寫誤從木

䰭鬼鬽聲䰭䰭不止也从鬼需聲 大徐 小徐 鬼鬽聲䰭䰭不止也 廣韻

十九 庚

魤鬼變也从鬼化聲 大徐 小徐

魌見鬼驚詞从鬼難省聲讀若詩受福不儺 大小徐

䰡鬼皃从鬼賓聲 大小徐 鬼皃 廣韻十七真

醜可惡也从鬼酉聲 大小徐 韻會二十六厚 可惡也 御覽卷三百八十二

魋神獸也从鬼隹聲 大徐 小徐本殘脫 韻會十灰

甶鬼頭也象形凡甶之屬皆从甶 大小徐

畏惡也从甶虎省鬼頭而虎爪可畏也 大徐 韻會五未 惡也從甶虎省 小徐

[illegible]古文省 大小徐

禺母猴屬頭似鬼从甶从内 大小徐 韻會七遇 母猴屬 韻會七虞

厶姦衺也韓非曰蒼頡作字自營為厶凡厶之屬皆从厶 大徐 小徐衺

作邪

姦衺也韓非子曰倉頡作字自營為厶 韻會四支 姦衺也 廣韻六脂 厶 後漢公孫述傳注

篹屰而奪取曰篹从厶算聲 大徐 逆而奪取曰篹從厶算聲 小徐 一切經音義卷七 韻會十六諫取下有之字 逆而奪取曰篹 文選為袁紹檄豫州注 一切經音義卷二

㕗相訹呼也从厶从羑 大徐 無下從字 小徐 相訹呼也 韻會二十六厚 誘相訹呼也 廣韻四十四有

誘或从言秀 大小徐 或作誘 韻會二十六厚 誘導也 一切經音義卷十六 誘教也 華嚴音義卷二

䛻或如此 大小徐 㕗䛻上同 廣韻四十四有 韻會二十六厚亦作䛻

羑古文 大小徐

嵬高不平也从山鬼聲凡嵬之屬皆从嵬大徐小徐脫此部　高不平也從山鬼聲韻會十灰　高不平也荀子非十二子注　高而不平也文選南都賦注　一切經音義卷十九

巍高也从嵬委聲大徐韻會五微

說文解字攷異

九下

說文解字攷異九下　歸安姚文田輯

山宣也宣气散生萬物有石而高象形凡山之屬皆从山大°小徐宣也宣气散生萬物有石而高象形釋山疏記卷五散作㪔初學石謚名宣也宣氣散生萬物有石而高御覽卷三十八事類山賦注未有也字宣也宣气散生萬物廣韻二十八山刪韻會十五釋山釋文未有也字宣也謂能宣散气生萬物也莊子山木釋文

嶽東岱南靃西華北恒中泰室王者之所以巡狩所至从山獄聲大°徐小徐靃作霍無下所字韻會三覽無之所以三字

㞢古文象高形大°小徐韻會三覽古作岡

岱太山也从山代聲 大小徐韻會十一隊

島海中往往有山可依止曰島从山鳥聲讀若詩曰蔦與女蘿 大徐小徐詩上有搗字 海中往往有山可依止曰島從山鳥省聲 韻會十九晧 海中往往有山可依止曰島 文選海賦注一切經音義卷一無往往二字 往往有山可止曰島也 華嚴音義卷七十八 海中往往有山可居曰島 文選海賦注 海中往往有山可依止也 廣韻三十二晧 海中有山 文選王希範發漁浦潭詩注

峱山在齊地从山狃聲詩曰遭我于峱之閒兮 大小徐 峱山在齊 詩還釋文

嶧葛嶧山在東海下邳从山睪聲夏書曰嶧陽孤桐 大徐無在字 小徐韻

會十一陌　無
在字曰字

葛嶧山在東海下邳尚書云嶧陽孫桐釋山釋文

嵎封嵎之山在吳楚之間汪芒之國从山禺聲大徐小　封嵎之山在吳楚之閒從山禺聲小徐　封嵎山名在吳楚閒汪芒之國韻會七虞

嶷九嶷山舜所葬在零陵營道从山疑聲大徐小　九嶷山虞舜所葬在零陵營道韻會四支

⿱敔山山在蜀湔氐西徼外从山敔聲大徐小徐　韻會十一真

⿰山几山也或曰弱水之所出从山几聲大徐小

巀巀嶭山在馮翊池陽从山截聲大徐小徐　曷山下有名字　韻會七

嶭巀嶭山也从山辥聲大徐小　巀嶭山貌韻會七曷

華山在宏農華陰从山華省聲大徐小　山在宏農華陰韻會十二禡

崞山在雁門从山𩫖聲大小徐韻會十藥

崵崵山在遼西从山昜聲一曰嵎銕崵谷也大徐小徐銕作鐵崵山在遼西廣韻十陽首陽山在遼西史記伯夷列傳正義漢王貢傳注

岵山有草木也从山古聲詩曰陟彼岵兮大小徐韻會七麌無曰字山有草木曰岵御覽卷三十八初學記卷五

屺山無草木也从山己聲詩曰陟彼屺兮大小徐山無草木韻會四紙

嶨山多大石也从山學省聲大小徐韻會三覺

嶅山多小石也从山敖聲大小徐山多小石也韻會三肴

岨石戴土也从山且聲詩曰陟彼岨矣大徐小徐無也字砠作岨釋山釋文石戴土曰岨御覽卷三十八

岡山脊也从山网聲 大小徐韻會七陽 山脊曰岡 御覽卷三十八 初學記卷五

岑山小而高从山今聲 大小徐韻會十二侵 小而高曰岑 御覽卷三十八 初學記卷五

崟山之岑崟也从山金聲 大徐小徐又韻會十二侵無也字

崒崒危高也从山卒聲 大徐小徐危作峞

巒山小而銳从山䜌聲 大小徐韻會十四寒 山小而高 文選徐敬業古意注 山狹而高曰巒 御覽卷三十八 初學記卷五

密山如堂者从山宓聲 大小徐韻會四質者下有密字 山脊也 廣韻五質又注密山形如堂

岫山穴也从山由聲 大小徐韻會二十六宥無也字 山有穴曰岫 文選張景陽襍詩注 山穴曰岫 御覽卷三十八 初學記卷五

窗籀文从穴 大小徐 廣韻四十九宥窗籀文岫 韻會二十六宥或作䆧

陖高也从山夋聲大小徐　韻
峻陖或省大徐　或省作峻韻會十二震　或从陖聲小徐
隓山之隓隓者从山从惰省聲讀若相推落之墮大徐　山之墮者
從山惰省聲讀若相推落之墮小徐　山之墮墮從山墮省聲韻會
二十哿

嶘尤高也从山棧聲大小徐

崛山短高也从山屈聲大小徐　韻會六月又五勿短下有而字

巕巍高也从山薑聲讀若厲大小徐

峯山耑也从山夆聲小徐　大徐在新修十九文　韻會二冬

巖岸也从山嚴聲大小徐　韻會十五咸　岸也文選長笛賦注　峯也一切經音義卷一
華嚴音義卷六十七　嵒巖者崖也山邊謂之崖御覽卷五十四

嵒山巖也从山品讀若吟 徐大 山岩也從山品聲讀若吟 徐小 山

巖也從山品聲 韻會十五咸 山巖也 文選江文通雜體詩注

嵾嵳也从山參聲 徐大 岩也從山參聲 徐小

嵳山皃从山皋聲 大小徐 韻會十賄首有嵾嵳二字 ⿱山非山皃 一切經音義卷十九 ⿱山非嵬

山石崔嵬 文選南都賦注

峼山皃一曰山名从山告聲 徐大 小

嶐山皃从山隆聲 徐大 小

嵯山皃从山差聲 徐大 小

峨嵯峨也从山我聲 徐大 小 嵯峨山高從山我聲 韻會五歌

崝嶸也从山青聲 大小徐 韻會八庚首有崝字

嶸崝嶸也从山榮聲大徐小徐也作皃　崢嶸韻會八庚

崝谷也从山巠聲大小徐

崩山壞也从山朋聲大小徐韻會十蒸　山壞也廣韻十七登

𡾓古文从𠂤大小徐

㟄山脅道也从山弗聲大小徐　山脅道也廣韻八物

嶢焦嶢山高皃从山堯聲大小徐　嶕嶢山高貌韻會二蕭

𡺲山名从山敄聲大小徐

巀山嶭也从山𢧵聲大小徐　巀汗簡卷中之二

嵏九嵏山在馮翊谷口从山㚇聲大小徐

岊陬隅高山之節从山从卪大徐韻會九屑無下從字　陬隅高山之節從

山卩讀若隅小徐　陬隅而高山之節也一切經音義卷七　陬隅而山之節也文選吳都賦舊注　陬隅高者曰岊御覽卷三十八　初學記卷五隅譌濁

崇嵬高也从山宗聲大小徐　韻會一東

崔大高也从山佳大徐　又疑義篇曰說文有摧漼等字而無此字此當　小徐無屵部崔鍇曰今俗作崔省厂也是崔字之省也　大高也十灰　韻會　高大也文選南都賦注　小徐

屾二山也凡屾之屬皆从屾大徐　末有闕字　小徐　二山也廣韻十九臻

盦會稽山一曰九江當盦也民以辛壬癸甲之日嫁娶从屾余聲

虞書曰予娶盦山大徐　小徐當盦作當塗娶下有也字　會稽山也一曰九江當盦也廣韻十一模　會稽山一曰九江當盦虞書娶盦韻會七虞

屵岸高也从山厂厂亦聲凡屵之屬皆从屵大小徐

岸水厓而高者从屵干聲 大徐 小徐又韻會十五翰厓作涯

崖高邊也从屵圭聲 大小徐 韻會四支 崖岸高邊也 一切經音義卷十六

崔高也从屵隹聲 大小徐 崔 徐鍇曰今俗作崔省厂也繫傳疑義

𡾏崩也从屵肥聲 大徐 小徐無此字 𡾏又作圮皆毀也 列子黃帝釋文 廣韻五旨 𡾏崩也

𡾏崩聲从屵配聲讀若費 大徐 小徐無此字

广因广為屋象對刺高屋之形凡广之屬皆从广讀若儼然之儼 大小徐 因巖為屋象對刺高屋之形 韻會二十九 敬避

府文書藏也从广付聲 大小徐 韻會七麌 文書藏也 廣韻九麌 文書所藏也 御覽卷百九十一 藏也 一切經音義卷九

廱天子饗飲辟廱从广雝聲大°徐韻會二冬小徐饗广二字倒互辟雍天子饗

飲處也藝文類聚卷三十八

庠禮官養老夏曰校殷曰庠周曰序从广羊聲大°小徐禮官養老

夏曰校殷曰庠周曰序韻會七陽廣韻十陽殷作商

文田案漢書儒林傳亦作殷曰庠周曰序以諸經參証疑孟

子傳寫誤

廬寄也秋冬去春夏居从广盧聲大°小徐韻會七陽寄也春夏居秋冬

去之御覽卷百八十一

庭宮中也从广廷聲大°小徐韻會九青朝中也御覽卷百八十五

廇中庭也从广畱聲大°小徐韻會二十六宥

庉樓牆也从广屯聲 大小徐

房廡也从广牙聲周禮曰夏房馬 大小徐 又二十二禡皆無曰字 韻會二十一馬 廡也周禮曰夏房馬 廣韻三十五馬

廡堂下周屋从广無聲 大徐 小徐 韻會七麌 堂下周屋 文選懷舊賦注 又魏都賦注 又雪賦注 一切經音義卷四 又卷八 堂下周屋也 後漢逸民梁鴻傳注 文選西京賦注 堂下周屋曰廡 一切經音義卷十七 又卷二十下謌上 堂下周屋曰廡也 後漢順帝紀注

𢋠籀文从舞 大小徐 籀文作𢋠 一切經音義卷八 廣韻九麌 𢋠籀文 韻會七麌籀作𢋠

𢋈廡也从广虜聲讀若鹵 大小徐 廡也從广虜聲讀若鹵 小徐

庖廚也从广包聲大徐韻會三肴小徐廚殘脫作广

廚庖屋也从广封聲大小徐韻會七虞　庖屋也一切經音義卷十七廣韻十虞　庖

室也御覽卷百八十六

庫兵車藏也从車在广下大小徐韻會七遇　兵車所藏也初學記卷二十四御覽

卷百九十一　兵器所藏白帖卷第三

廄馬舍也从广𣪘聲周禮曰馬有二百十四匹為廄廄有僕夫大徐

小徐無也字及重廄字韻會二十六宥無曰字　馬舍也周禮馬二百一十四匹為

廄廄有僕夫一切經音義卷九　馬舍也後漢和紀注御覽卷百九十一

文田案四當作六篆形相似致誤

㕟古文从九大小徐　古作㕟韻會二十六宥

序東西牆也从广予聲大°小徐 韻會六語 東西牆也御覽卷百八十五

廦牆也从广辟聲大°小徐

廣殿之大屋也从广黃聲大°徐 小徐脫聲字 韻會二十二養無也字

廥芻稾之藏从广會聲大°徐 韻會九泰 小徐脫聲字 芻稾藏後漢蘓不韋傳注

庾水槽倉也从广臾聲一曰倉無屋者大°徐 小無也字 韻會七麌槽作漕

庰蔽也从广幷聲大°小徐 蔽也文選洞簫賦注

廁清也从广則聲大°小徐 韻會四寘 清也御覽卷百八十六

廛一畝半一家之居从广里八土大°小徐 韻會一先居下有也字 一畮半也

一家之居也廣韻二仙

戹屋牝瓦下一曰維綱也从广閔省聲讀若環●大°徐 小徐閔譌閔 廣韻二十

七卌云戊屋牡瓦名

廇屋階中會也从广畱聲大。小徐韻會一東

廖廣也从广侈聲春秋國語曰俠溝而廖我大。小徐紙無春秋曰三字韻會四

廉仄也从广兼聲大。小徐十四鹽仄譌从韻會

庛開張屋也从广秏聲濟陰有庛縣大。小徐秅作庛廣韻九麻

龐高屋也从广龍聲大。小徐韻會三江

底山居也一曰下也从广氐聲大。徐小徐無也字韻會八薺

庢礙止也从广至聲大。小徐質止下有之字韻會四礙止也文選七發注

廮安止也从广嬰聲鉅鹿有廮陶縣大。小徐安止也從广嬰聲又

廮陶縣名在鉅鹿韻會二十三梗

茷舍也从广犮聲詩曰召伯所茷大○徐小徐召作部舍也從广犮聲韻會

七曷艸舍也甘棠釋文

庳中伏舍从广畀聲一曰屋庳或讀若逋大○小徐中伏舍從广畀

聲一曰屋畀韻會四紙中伏舍也一曰屋庳廣韻四紙

庇蔭也从广比聲大○小徐韻會四寘蔭作廕

庂屋下衆也从广芺芺古文光字大○小徐韻會六御

庤儲置屋下也从广寺聲大○徐小徐本殘脫儲置屋下也韻會四紙

廙行屋也从广異聲大○小徐韻會十三職

廔屋麗廔也从广婁聲一曰穜也大○徐屋麗廔也從广婁聲小徐

厓屋从上傾下也从广隹聲大○徐小徐無也字

廢屋頓也从广發聲大小徐韻會十一隊

廇久屋朽木从广酉聲周禮曰牛夜鳴則廇臭如朽木大小徐久

屋朽木也從广酉聲周禮牛夜鳴則廇謂如朽木臭也韻會二十六厚

廑少劣之居从广堇聲大小徐韻會十二文居作名

廟尊先祖皃也从广朝聲大小徐韻會十八嘯

庿古文大小徐古作庿韻會十八嘯

𢈞人相依𢈞也从广且聲大小徐

廅屋迫也从广曷聲大小徐廣韻屋迫也十月

㡿郤屋也从广屰聲大小徐廣韻二十二昔郤行也从广屰卸屋也一切

經音義卷二十二　㡿字五經文字卷中

廞陳輿服於庭也从广欽聲讀若歆大徐小徐　陳輿服於庭也從广欽聲韻會十二侵

廫空虛也从广膠聲大徐小徐韻會二蕭小徐本殘脫　虛空也文選天台山賦注

厂山石之厓巖人可居象形凡厂之屬皆从厂大徐小徐厓巖作巖岩　山石廣韻二十三旱

厈籀文从干大徐小徐

厓山邊也从厂圭聲大徐小徐韻會九佳　山邊曰崖御覽卷三十八　山邊謂之崖御覽卷五十四　涯作厓一切經音義卷十三

厜厜㕒山顛也从厂𠂹聲大徐小徐韻會四支

㕒厜㕒也从厂義聲大徐小徐

厰崟也一曰地名从厂敢聲〔大小徐〕

厝仄出泉也从厂晷聲讀若軌〔大小徐〕　仄出泉也〔韻會四紙〕

厎柔石也从厂氐聲〔大小徐韻會四紙〕　柔石也〔廣韻五旨〕

砥厎或从石〔大徐〕　或從石〔小徐〕　砥亦厎也〔一切經音義卷四〕　砥同〔廣韻五旨〕

　或從石作砥〔韻會四紙〕

厥發石也从厂欮聲〔大小徐韻會六月〕　發石也〔廣韻十月〕

厲旱石也从厂蠆省聲〔大徐韻會八霽　小徐無省字〕　石也〔文選陸士衡答賈謐詩〕

𠪚或不省〔大小徐〕

厱厱諸治玉石也从厂僉聲讀若藍〔大徐　小徐無也字〕

厤治也从厂秝聲〔大小徐〕

⿸厂異石利也从厂異聲讀若枲 大小徐 石利也 廣韻五旨

⿸厂古美石也从厂古聲 大小徐

厗唐厗石也从厂屖省聲 大小徐

⿸厂立石聲也从厂立聲 大小徐

⿸厂兒石地惡也从厂兒聲 大小徐

⿸厂金石地也从厂金聲讀若紟 大小徐 石地也 廣韻二十一侵

⿸厂甫石間見从厂甫聲讀若敷 大小徐

厝厲石也从厂昔聲詩曰他山之石可以為厝 大小徐 韻會十藥詩曰作毛詩鶴鳴釋文 厲石也 厲石也詩云他山之石可以為厝 一切經音義卷九

厖石大也从厂尨聲 大小徐 韻會三江也作貌

屵岸上見也从厂从之省讀若躍大徐省下有聲字小徐屵作屵　廣韻十八藥

㕆辟也从厂夾聲大徐小徐本無此

仄側傾也从人在厂下大徐　側傾也從厂人在厂下小徐韻會十三職

側傾也廣韻二十四職

厌籀文从大大亦聲大徐小徐　厌籀文廣韻二十四職

辟反也从厂辟聲大徐小徐

厞隱也从厂非聲大小徐韻會五未　厞詩抑釋文

厭笮也从厂猒聲一曰合也大小徐韻會十六葉　合也從厂猒聲一切經音

義卷十六　合也字從反音呼旱反字苑眠內不祥也蒼頡篇伏合

人心曰厭一切經音義卷九　合也一切經音義卷十五　窄壓也一切經音義卷十一

𠂉仰也从人在厂上一曰屋梠也秦謂之桷齊謂之𠂉大徐仰也從人在厂上小徐仰也一曰屋梠也秦謂之桷齊謂之𠂉廣韻二十四鹽

丸圜傾側而轉者从反仄凡丸之屬皆从丸大徐圜也傾側而轉者從反仄韻會十四寒

㛙鷙鳥食已吐其皮毛如丸从丸咼聲讀若骫大徐鷙鳥食已吐其皮毛如丸也從丸咼聲小徐鷙鳥食已吐其皮毛如丸廣韻四紙

䴘丸之孰也从丸而聲大徐小徐

𡚬闕大徐徐本無此小徐𡚬其義闕廣韻二十五願

危在高而懼也从𠂉自卪止之凡危之屬皆从危大徐小徐在高而

懼也從户人在厓上自卩止之也韻會四支　在高而懼釋詁疏

攱攱陒也从危支聲徐大小　陒傾側不安也從危支聲一切經音義卷十一

攲陒傾側不安也一切經音義卷十六　攱陒傾側不安不能久立也一切經音義卷十八

陒也文選魏都賦注　攱險也韻會四支

石山石也在厂之下口象形凡石之屬皆从石徐大小　山石也在厂之下口象形韻會十一陌

磺銅鐵樸石也从石黄聲讀若穬徐大小　銅鐵樸石也從石黄聲韻會二十三梗

礦銅鐵樸也一切經音義卷二　礦銅鐵璞也一切經音義卷四　又卷二十四　文選江賦注　又王子淵四子講德論注

卝古文礦周禮有卝人徐大小　廣韻三十八梗卝古文礦　一切經音義卷二　又卷二十四古文

研 韻會二十三梗亦作鈃研

文田案五經文字九經字樣皆以廾為説文𢍰字疑此字偏旁殘脱或後人據今本周禮改

碭文石也从石昜聲 大小徐韻會二十三漾 文石也 文選景福殿賦注韻會二十二養

碝石次玉者从石耎聲 大小徐韻會二十二養 石之次玉也 文選西都賦注 瓀

石之次玉也 文選西京賦注

砮石可以為矢鏃从石奴聲夏書曰梁州貢砮丹春秋國語曰肅慎氏貢楛矢石砮 大小徐 石可以為矢鏃從石奴聲國語貢楛矢石砮 韻會七虞

礜毒石也出漢中从石與聲 大徐韻會六御無也字 毒石也 小徐御覽卷九百八十

七

碣特立之石東海有碣石山从石曷聲大小徐　特立之石從石曷聲碣石海中山韻會六月　特立之石東海有碣石山韻會九屑　特立之石也又東海有碣石山廣韻十七薛　特立石一切經音義卷十五　立石也文選班孟堅燕然山銘注

磳古文大小徐　韻會六月古作磳

磏厲石也一曰赤色从石兼聲讀若鎌大徐　磏石也赤色從石兼聲讀若鎌小徐　磏石赤色韻會十四鹽

碫厲石也从石段聲春秋傳曰鄭公孫碫字子石大小徐　厲石劉公釋文　礪石也韻會六麻

文田案此字當從段公劉詩與館亂諧左傳釋文亦皆讀徒亂切從叚者乃傳寫之誤小徐說非是

礫小石也从石樂聲 大小徐 韻會十二錫 小石也 釋山釋文 後漢黨錮贊注 文選高唐賦注 一切經音義卷六 小石曰礫也 華嚴音義卷七十四 小礓石 爾雅序釋文

砮水邊石从石巩聲春秋傳曰闕砮之甲 大徐 小徐本無此

磧水陼有石者从石責聲 大小徐 韻會十一陌 陼作渚 水陼有石也 文選吳都賦注 水陼有石曰磧 一切經音義卷十九 又卷二十三 又卷二十五 又卷二十二

碑豎石也从石卑聲 大徐 豎石紀功悳從石卑聲 小徐 韻會四支 悳作德

䃍陊也从石豙聲 大徐 憜也從石豙聲 小徐 陊也 韻會四寘

磒落也从石員聲春秋傳曰磒石于宋五 大小徐

硍碎石隕聲从石炙聲大小徐

硞石聲从石告聲大小徐 韻會三覺

硠石聲从石㫐聲大徐 從石良聲小徐 硠硠石聲韻會七陽

礐石聲从石學省聲大徐 小徐本無此 石聲也文選海賦注 廣韻一屋

硈石堅也从石吉聲一曰突也大徐 小 石堅也釋言疏 堅也一曰突也廣韻十四黠

磕石聲从石盍聲大徐 又九泰 韻會十五合從上有也字 石聲也從石去省聲小徐 石聲也一切經音義卷十七又卷十八

硻餘堅者从石堅省大徐 餘堅者從石堅省聲小徐 餘堅也廣韻十三耕

磿石聲也从石厤聲大徐 磊砢也從石厤聲小徐

暫礹石也从石斬聲大小徐

礹石山也从石嚴聲大小徐

礐堅也从石㱿聲大小徐

确礐石也从石角聲大小徐 礐石也廣韻四覺 礐也韻會三覺 确後漢冠榮傳注

礐确或从㱿大徐 或從㱿作小徐 韻會三覺或作礐

硗礐石也从石堯聲大小徐 礐石也韻會三有 石地名也孟子疏

硪石巖也从石我聲大徐 小徐巖作岩 石巖也廣韻七歌

碞暫碞也从石品周書曰畏于民碞讀與巖同大徐 小徐品下有聲字巖作岩

暫碞也從石品聲 韻會十五咸

磬樂石也从石殸象縣虡之形殳擊之也古者毋句氏作磬 大徐 樂石從石殸聲縣簴之下殳擊之古者毋句氏作磬 韻會二十五徑 樂石也從石殸聲象縣虡之也 小徐 樂石也古者毋句氏作磬 御覽卷五百七十六 大徐 樂石也 匡謬正俗卷八

殸籒文省 大徐 小徐本殘脫 籒文作殸 韻會二十五徑 廣韻四十六徑殸籒文

硜古文从巠 大徐 小徐本殘脫 古作硜 韻會二十五徑

礙止也从石疑聲 大徐 小徐本殘脫 韻會十一隊 止也 一切經音義卷一 又卷六兩見

硩上擿山巖空青珊瑚墮之从石折聲周禮曰有硩蔟氏 大徐 小徐巖作嵓 曰字上多有字 韻會九屑無曰有二字 擿空青珊瑚墮之 文選吳都賦注

硟以石扞繒也从石延聲大小徐

碎䃺也从石卒聲大小徐韻會十一隊

破石碎也从石皮聲大小徐韻會二十一箇

礱䃺也从石龍聲天子之桷椓而礱之大徐韻會一東小徐桷譌桶䃺作磨

研䃺也从石幵聲大徐韻會一東小徐石譌反

䃺石磑也从石靡聲大徐韻會二十一箇小徐本殘脫　石磑也御覽卷七百六十二

磑䃺也从石豈聲古者公輸班作磑大小徐會十一隊韻會

碓舂也从石隹聲大小徐韻會十一隊　舂也文選長笛賦注

䃜舂已復擣之曰䃜从石沓聲大小徐

磻以石箸隿繳也从石番聲大徐小徐又韻會五歌箸作著　以石著隿繳也後漢

馬融傳注 又嵇叔夜贈秀才入軍注 文選西京賦注 似石著繳 文選吳都賦注

䃌斫也从石箸聲 大徐小徐 斫也 廣韻十八藥

硯石滑也从石見聲 大徐小徐 韻會十七霰 滑石也 文選江賦注

砭以石刺病也从石乏聲 大徐小徐 以石刺病也 南史卷五十九王僧孺傳 御覽卷八百三十 廣韻五十五豔 韻會二十九豔 又十四鹽無也字

碼石地惡也从石馬聲 大徐小徐

砢磊砢也从石可聲 大徐小徐本殘脫 磊石貌磊砢也從石可聲 韻會二十哿

磊眾石也从三石 大徐小徐 韻會十賄 眾石也 一切經音義卷二十

㮇柱下石 一切經音義卷十一 大小徐皆無此字

磾染繒黑石出琅邪山（廣韻十二齊 大小徐本皆無此字）

碩柱下石也从石質聲（大徐在鼎新附 小徐本無此字 韻會四質無也字）柱下石也古以木今以石（御覽卷百八十八）

長久遠也从兀从匕兀者高遠意也久則變化亾聲厈者倒亾也凡長之屬皆从長（大徐亾聲譌匕聲 小徐）久遠也從兀從匕亾聲兀者高遠意也久則變化厈者倒亡也（韻會七陽）𨱗久遠也从兀从匕兀者高遠意也久則變匕亾聲厈倒亾也𠑷兵㶣古文李陽冰曰反亾者不亾也（六書故弟三十三）久遠也（釋詁疏）𨱗非倒匕聲倒亾不亾也（李陽冰本）𨱗（繫傳疑義說文字體與小篆㐲小異）

𠑷古文長（大小徐）𠑷（汗簡卷中之二 韻會七陽 古作𠑷兵）

兵亦古文長 大小徐
肆極陳也从長隶聲 大徐韻會四寘 小徐本殘脫 肆訓為陳字從長聿聲
文四年正義 肆从隶極陳也 廣韻六至
𩫷或从髟 大小徐 韻會四寘或作𩫷
镾久長也从長爾聲 大小徐
镻蛇惡毒長也从長失聲 大小徐 蛇毒長也 釋魚釋文
勿州里所建旗象其柄有三游雜帛幅半異所以趣民故遽稱勿
勿凡勿之屬皆从勿 大小徐 州里所建旗象其柄有三游雜帛
幅半異所以趣民故宂遽稱勿勿 韻會五勿 州里所建旗也象其
柄有三斿雜帛幅半異所以趣民故遽稱勿勿 廣韻八物 州里所

建之旗也象其柄及三斿之形所以趣民事故忽遽者稱爲勿

勿 顏氏家訓勉學第八 勿者州里所建之旗象其柄及三斿之形所以

趣民事故忽遽者稱勿勿 韻會一東

𣃦 勿或从㫃 大徐 或從㫃作 小徐 又作𣃦 廣韻八物 韻會五勿或作𣃦

昜 開也从日一勿一曰飛揚一曰長也一曰彊者衆皃 大徐 小徐無次也

字彊作强 韻會七陽無一曰飛揚句

𣏟 毛𣏟𣏟也象形凡𣏟之屬皆从𣏟 大徐 小徐 毛𣏟𣏟也象形 韻會二十

九 〔敬避〕毛冉冉也 廣韻二十四鹽 𣏟 九經字樣

而 頰毛也象毛之形周禮曰作其鱗之而凡而之屬皆从而 大徐 頰毛也凡

頰毛也象毛之形周禮考工記作其鱗之而 韻會四支

而之屬皆從而小徐頰毛也廣韻七之

耏罪不至髡也从而从彡大徐罪不至髡也從彡從而亦聲小徐又韻會十一隊罪不至髡也從彡而聲韻會四支

耐或从寸諸法度字从寸大小徐本從力杜林改從寸一切經音義卷十四杜林以法度字宜從寸改為耐韻會四支或作耐徐曰諸法度字皆從寸韻會十一隊耐著髗也髟須謂頤下之毛象形字也古者犯罪以髡其髟須謂之耐罪故字從寸寸為法也禮運正義

豕彘也竭其尾故謂之豕象毛足而後有尾讀與豨同按今世字誤以豕為彘以彘為豕（以彘）何以明之為啄琢从豕蠡从彘皆取其聲以是明之凡豕之屬皆从豕大徐彘也竭其尾故謂之豕象毛足

而後有尾讀與豨同按今世字誤以豕為彘以彘為豕何以明

之為啄琢從豕小徐彘也竭其尾故謂之豕象毛足而後有尾

韻會四紙

𧰨古文大小徐古作豕韻會四紙

豬豕而三毛叢居者以豕者聲大小徐韻會六魚豕而三毛叢居者釋獸

釋文又疏

豰小豚也从豕𣪊聲大小徐小豚也御覽卷九百三廣韻四覺小肫也初學

記卷二十九

豯生三月豚腹豯豯皃也从豕奚聲大小徐肫生三月也初學記卷二十

九豚生二月也御覽卷九百三

豵生六月豚从豕從聲一曰一歲豵尚叢聚也大徐小徐叢作藂　肫生六月也或曰一歲曰豵初學記卷二十九　豚生六月也或一歲曰豵御覽卷九百三

豝牝豕也从豕巴聲一曰二歲能相把拏也詩曰一發五豝大徐小徐無兩也字　牝豕也從豕巴聲詩一發五豝一曰豕二歲能把拏者也韻會六麻　牝豕初學記卷二十九御覽卷九百三

豜三歲豕肩相及者从豕幵聲詩曰並驅从兩豜兮大小徐　三歲豕肩相及者從豕幵聲韻會一先　肩三歲豕肩相及者亦作豣詩還釋文　三歲豕初學記卷二十九御覽卷九百三

豶羠豕也从豕賁聲大小徐韻會十二文　羠豕也一切經音義卷十六初學記卷二十九

御覽卷九百三

豭牡豕也从豕叚聲 大徐小徐叚譌段韻會六麻無也字　牡豕也 初學記卷二十九御覽卷九百三廣韻九麻

豛上谷名豬豛从豕役省聲 大小徐　俗名豬曰豛 初學記卷二十九御覽卷九百三

豨豶也从豕隋聲 大徐小徐豶作豬　豶也 初學記卷二十九

豤齧也从豕皀聲 大小徐

豷豕息也从豕壹聲春秋傳曰生敖及豷 大小徐　豕息也從豕壹聲 韻會四寘　豕息也 初學記卷二十九御覽卷九百三

豧豕息也从豕甫聲 大徐小徐無也字

豢以穀圈養豕也从豕𢍁聲大小徐　豢以穀圈養豕也初學記卷二十九
御覽卷九百三　豢養也後漢蔡邕傳注　牛馬曰芻犬豕曰豢孟子疏
豠豕屬从豕且聲大小徐
豲逸也从豕原聲周書曰豲有爪而不敢以撅讀若桓大小徐　豕
之逸也從豕原聲韻會十四寒　唐本豕屬也徐本逸也周書曰豲
有爪而不敔以撅讀若桓六書故第十七
豨豕走豨豨从豕希聲古有封豨脩虵之害大徐　豕走豨豨從豕
希聲小徐從上有聲也二字韻會五尾
豖豕絆足行豖豖从豕繫二足大徐豖豖譌豖豖小徐　豖絆足行豖豖也
廣韻三燭

豦鬭相丮不解也从豕虍豕虍之鬭不解也讀若蘮蒘草之蘮司馬相如說豦封豕之屬一曰虎兩足舉 大徐 鬭相丮不解從豕虍豕虎之鬭不相捨讀若蘮蒘草之蘮司馬相如說豦封豕之屬一曰虎兩足舉 小徐 鬭相丮不解也从豕虍豕虍之鬬不相捨司馬相如說豦封豕之屬一曰虎兩足舉 廣韻九魚

豪豕怒毛豎一曰殘艾也从豕辛 大小徐 豕怒毛豎也 廣韻七志 韻會五未

豩二豕也豳从此闕 大徐 小徐本無此

駭作豥 漸漸之石釋文 大小徐皆無此

㣇脩豪獸一曰河内名豕也从彑下象毛足凡㣇之屬皆从㣇讀

若㣇大小徐　脩豪獸一曰河内名豕也廣韻六至又十二霽一上有也字　㣇

之與豕特一字耳六書故第十七

㣇籒文大小徐

𢑥古文大小徐

𤡹豕屬从㣇曰聲大小徐

豪豕鬣如筆管者出南郡从㣇高聲大小徐　豕鬣如筆管者從㣇

高聲韻會四豪　豕鬣如筆管者廣韻六豪

豪籒文从豕大小徐　豪五經文字卷中

𧓝蟲似豪豬者从㣇胃省聲大徐小徐又韻會五未無者字韻會豬作猪　蟲也似豪

豬而小廣韻八未　𧓝九經字樣

蝟或从虫 大徐 或從虫作 小徐 韻會五未或作蝟 廣韻八未蝟同上

𧱏帬屬从二帬 大徐 小徐 古文𧱏虞書曰𧱏類于上帝 大徐小徐 𧱏帬屬 廣韻六至

彑豕之頭象其銳而上見也凡彑之屬皆从彑讀若罽 大徐 小徐 豕之頭象其銳而上見 廣韻十三祭

彖豕也後蹏廢謂之彖从彑矢聲从二匕彖足與鹿足同 大徐 小徐 韻會八霽

彖豕也从彑从豕讀若弛 大徐 小徐 廣韻四紙彖豕也

㣇豕也从彑下象其足讀若瑕 大徐 㣇古文 小徐

豙豕走也从彑从豕省 大徐 徐本殘脫 小徐 豕走也象形 韻會十五翰

豚小豕也从彖省象形从又持肉以給祠祀凡豚之屬皆从豚 大徐

小徐象作㣇祀下有也字

小豕也從豕省象形從又持肉以給祠祀韻會十三元

豚作豚又云籀文也釋獸釋文

豚篆文从肉豕大〇小徐 篆文作豚從肉豕韻會十三元

䝐豚屬从豚衛聲讀若罽大〇徐小徐本無此

豸獸長脊行豸豸然欲有所司殺形凡豸之屬皆从豸大〇徐小徐司作伺

獸長脊行豸豸然欲有所伺殺形廣韻四紙韻會四紙 獸長脊行豸

豸欲有所伺殺也釋蟲釋文 豸从肉力李陽冰本

豹似虎圜文从豸勺聲大〇小徐韻會十九效 似虎御覽卷八百九十二

貙貙㺜似貍者从豸區聲大〇小徐 貙㺜似貍者能捕獸祭天韻會七虞

貚貙屬也从豸單聲大〇小徐

貔豹屬出貉國从豸毘聲詩曰獻其貔皮周書曰如虎如貔貔猛獸（大小徐） 豹屬出貉國從豸毘聲毛詩獻其貔皮周書如虎如貔貔猛獸也（韻會四支） 豹屬出貉（音陌）國猛獸也（御覽卷九百八） 豹屬出貉國（藝文類聚卷九十五）

豼或从比（大小徐） 或從比作（小徐） 或省作豼（韻會四支）

豺狼屬狗聲从豸才聲（大小徐） 狼屬狗聲食羊捕獸祭天從豸才聲（韻會九佳） 狼屬狗聲（閔元年正義 釋文疏） 狼爪（司馬相如傳正義）

貐猰貐似貙虎爪食人迅走从豸俞聲（大小徐 虞無迅走二字 韻會七） 猰貐似貙虎爪食人迅走也（廣韻九麌）

貘似熊而黃黑色出蜀中从豸莫聲（大小徐 韻會十一陌） 似熊黃色出

蜀 御覽卷九百八

貚猛獸也从豸庸聲 大徐小徐本無此

玃夒玃也从豸瞿聲 大小徐 㲉玃也 廣韻十八藥

貀獸無前足从豸出聲漢律能捕豺貀購百錢 大小徐韻會八黠 獸無前足漢律能捕豺貀購百錢 御覽卷九百十二

貈似狐善睡獸从豸舟聲論語曰狐貈之厚以居 大小徐韻會十藥無曰字 似狐善睡獸也 廣韻十九鐸 貉似狐善睡 御覽卷九百九 貉狐類也 列子湯問釋文

豻胡地野狗从豸干聲 大小徐韻會十五翰 胡地野狗也 御覽卷九百八

犴豻或从犬詩曰宜犴宜獄 大小徐 或作犴詩宜犴宜獄 韻會十五翰

犴或豻字釋獸釋文

貂鼠屬大而黃黑出胡丁零國从豸召聲大小徐　鼠屬大而黃黑出丁零國後漢東平王蒼傳注　鼠屬也大而黃黑色出丁零國御覽卷九百十二　鼠屬也而大黃黑出丁零國藝文類聚卷九十五　鼠屬從豸召聲出東北夷大而黃黑出丁零國零國韻會二蕭

貉北方豸種从豸各聲孔子曰貉之為言惡也大小徐　北方國豸種從豸各聲韻會十一陌　貊作貉北方豸種孔子曰貉之言貊貊惡也書周官釋文　北方人豸種也畫心下音義　貊作貉北方人也韓奕釋文衛靈釋文　貊北方人也禮記中庸釋文

貆貉之類从豸亘聲大小徐　韻會十四寒無之字　貉之類廣韻二十六桓

貍伏獸似貙从豸里聲大小徐　伏獸也御覽卷九百十二

貒獸也从豸耑聲讀若湍韻會四支大小徐　獸也似豕而肥從豸耑聲韻會十四寒　獸似豕而肥釋獸釋文

貛野豕也从豸雚聲大徐小徐本殘脫　野豕也韻會十四寒

豽鼠屬善旋从豸穴聲大徐小徐本殘脫　鼠屬善施御覽卷九百十三　狖禺屬善遊一切經音義卷二十一

𤉡如野牛而青象形與禽离頭同凡𤉡之屬皆从𤉡大小徐　如野牛而青象形韻會四紙　如野牛青色象形一切經音義卷十七　似野牛而青色後漢馬融傳注　如野牛青色其皮堅厚可制鎧論語延宣二年正義又釋獸疏色皆作皮　如野牛青皮堅厚可以為鎧嶓冢之上其獸多兕藝文

類聚卷九十五
御覽卷八百九十
兕古文从儿徐大小 古文作兕從人從凹韻會四紙
易蜥易蝘蜓守宮也象形祕書說日月為易象陰陽也一曰从勿
凡易之屬皆从易徐大小 蜥易蝘蜓守宮也象形韻會十一陌 蜥
蜴守宮也御覽卷九百四十六 蝘蜓守宮荀子賦篇注 祕書說曰日月為
易象陰陽也韻會十一陌 蜴作易釋魚釋文
象長鼻牙南越大獸三秊一乳象耳牙四足之形凡象之屬皆从
象大徐此部全脫 小徐 長鼻牙南越大獸三秊一乳象耳牙四足之
形廣韻三十六養 長鼻牙南越之大獸三歲一乳象身四足而大初學
記卷二十九 南越大獸長鼻牙三年一乳象耳牙四足之形韻會二十

二
養　長鼻牙南越之大獸三歲一乳御覽卷八百九十　長牙鼻南越之大獸定四年正義　三年一乳事類象賦注
豫象之大者賈侍中說不害於物从象予聲徐本　象之大者不害於物從象予聲韻會六御
䝱古文徐本　古作䝱韻會六御

說文解字攷異

十上

說文解字攷異十上　　歸安姚文田輯

馬怒也武也象馬頭髦尾四足之形凡馬之屬皆从馬大小徐怒也武也象馬頭髦尾四足之形韻會二十一馬廣韻三十五馬象下無馬字怒也武也御覽卷八百九十三

影古文大小徐古作影韻會二十一馬說文馬與豕彖皆以巾蓋傳寫之譌六書故第十七

影籀文馬與影同有髦大小徐籀作影韻會二十一馬文田桉籀文騶作䮾當言籀文無髦作帚

隲牡馬也从馬陟聲讀若郅大小徐牡馬也從馬陟聲小徐韻會四質

壯馬騭馬也（詩駉釋文）

馵馬一歲也从馬一絆其足讀若弦一曰若環（大徐 小徐弦作絃） 馬一歲一馵（御覽卷八百九十三） 二歲曰駒三歲

駒馬二歲曰駒三歲曰駣从馬句聲（大徐 小徐駣譌騑） 二歲曰駣（御覽卷八百九十三） 馬二歲曰駒（韻會七虞）

馴馬八歲也从馬从八（大徐） 馬八歲也從馬八聲（小徐） 八歲曰馴

騆馬一目白曰騆二目白曰魚从馬閒聲（大徐 小徐）

騏馬青驪文如博棊也从馬其聲（大徐 小徐文上有色字無也字）（韻會四支） 馬有青驪文似棊也（一切經音義卷七） 馬驪文如棊也（文選七發注） 馬文如棊文（一切經音義卷二） 馬文如棊曰騏（一切經音義卷四）

驪馬深黑色从馬麗聲大小徐韻會四支深黑色馬也詩駟釋文青黑色
馬釋畜釋文黑色史記匈奴傳索隱
駽青驪馬从馬肙聲詩曰駜彼乘駽大小徐青驪馬韻會四支
騩馬淺黑色从馬鬼聲大小徐韻會四寘馬淺黑色也御覽卷三百二十四馬
淺墨色也後漢班超傳注
騮赤馬黑毛尾也从馬畱聲大小徐赤馬黑毛尾韻會十一尤釋畜釋文末有也字釋
騢馬赤白雜毛从馬叚聲謂色似鰕魚也大徐小徐無也字馬赤白雜
毛從馬叚聲韻會六麻馬赤白雜毛文似鰕魚也釋畜釋文赤白雜
色文似鰕魚詩駟釋文似鰕文也釋畜疏
騅馬蒼黑雜毛从馬隹聲大小徐馬蒼黑襍毛一曰蒼白曰騅韻會

四支

駱馬白色黑鬣尾也从馬各聲 大小徐韻會十藥 白色馬黑毛尾也 釋畜釋文

駰馬陰白雜毛也从馬因聲詩曰有駰有騢 大徐韻會十一真也作黑無曰字 馬陰黑喙從馬因聲 小徐

驄馬青白雜毛也从馬悤聲 大小徐 驄青黑襍毛馬 釋畜釋文

驈驪馬白胯也从馬矞聲詩曰有驈有騜 大徐 小徐胯作跨

駹馬面顙皆白也从馬尨聲 大徐小徐又韻會三江無也字 面顙皆白 史記匈奴傳正義

騧黃馬黑喙从馬咼聲 大小徐韻會六麻 黃馬黑喙曰騧 釋畜釋文又疏

驈籀文驈 大徐 籀文驈從矞 小徐 籀作驈 韻會六麻

驠黄馬發白色一曰白髦尾也从馬燢聲 大小徐 嘯 髦作髮無也字 韻會十八

黄馬鼺白色一曰髦尾 史記衛青傳正義

駓黄馬白毛也从馬丕聲 大小徐 徐本黄馬白毛唐本黄馬白雜毛 六書故第十七 黄馬白色 韻會四支

驖馬赤黑色从馬戴聲詩曰四驖孔阜 大小徐

騂馬頭有發赤色者从馬岸聲 大徐 馬頭有白發色從馬岸聲 小徐 韻會十五翰

馰馬白額也从馬的省聲一曰駿也易曰為馰顙 大徐 小徐本殘脫 馬白額也從馬的省聲一曰駿也 韻會十二錫 旳作馰 說卦釋文

駁馬色不純从馬爻聲大徐 小徐本殘脫 韻會三覺

馵馬後左足白也从馬二其足讀若注大徐 馬後左足白從馬二其足讀若注易曰為馵足指事小徐 馬後左足白也從馬二其足易為馵足 韻會七遇

驔驪馬黃脊从馬覃聲讀若簟大徐小徐 驪馬黃脊從馬覃聲 韻會二十九 [敬避] 驔 釋畜釋文

驠馬白州也从馬燕聲大徐 白馬州也從馬燕聲小徐

騽馬豪骭也从馬習聲大徐小徐

⿰倝馬馬毛長也从馬倝聲大徐小徐

騛馬逸足也从馬从飛司馬法曰飛衛斯輿大徐 馬逸足也從馬

飛聲司馬法曰飛衛斯輿小徐韻會五微脱足字

駊駿馬以壬申日死乘馬忌之从馬犮聲大小徐韻會十九效忌上有者字　駿馬也以壬申日死乘馬者忌之事類馬賦注　御覽卷八百九十三

驥千里馬也孫陽所相者从馬冀聲天水有驥縣大小徐　千里馬也孫陽所相者從馬冀聲韻會四寘　千里馬也孫陽所相者也一切經音義卷七

駿馬之良材者从馬夋聲大小徐韻會十二震　馬之才良者也一切經音義卷二　又卷二十一　華嚴音義卷二十六

驍良馬也从馬堯聲大徐韻會二蕭　良馬也文選東都賦注、又白馬賦注　一切經音義卷十三　又卷二十一　又卷二十五　駉作驍詩駉釋文

文田案駧作驍音義全遠釋文傳寫有誤

騹馬小皃从馬垂聲讀若箠 大徐 小徐本二字殘脫

𩣡籒文从𠂹 大徐

驕馬高六尺為驕从馬喬聲詩曰我馬維驕一曰野馬 大徐 小徐 韻會二蕭無上曰字 高六尺曰驕 御覽卷八百九十三

騋馬七尺為騋八尺為龍从馬來聲詩曰騋牝驪牡 大徐 韻會十灰無曰字 馬八尺為龍七尺為騋從馬來聲詩曰騋牝驪牡 小徐 七尺曰騋八尺曰龍 御覽卷八百九十三

文田案騋牝驪牡爾雅文作詩曰者或傳寫誤鄭康成注禮引爾雅以牡連下元字為句乃許鄭異讀耳

驩馬名从馬雚聲大小徐 馬名也一切經音義卷十六 馬名韻會十四寒

驗馬名从馬僉聲大小徐韻會二十九豔 馬名也廣韻五十五豔

雌馬名从馬此聲大小徐

⿰馬休馬名从馬休聲大小徐

馼馬赤鬣縞身目若黃金名曰媽吉皇之乘周文王時犬戎獻之从馬从文文亦聲春秋傳曰媽馬百駟畫馬也西伯獻紂以全其身大徐小徐無下從字 文馬縞身金精周成王時犬戎獻之漢王莽傳

下注

馶馬彊也从馬支聲大小徐

駜馬飽也从馬必聲詩云有駜有駜大徐 馬飽也從馬必聲小徐韻

會四
質

駫馬盛肥也从馬光聲詩曰四牡駫駫 大小徐 駉作驍又作駫詩駉

釋文

文田案四牡駫駫當作駫駫牡馬錯曰今詩作彭非是（傳寫誤改耳）此語（據釋文）或本在騯下傳寫致誤

騯馬盛也从馬旁聲詩曰四牡騯騯 大小徐 馬盛也從馬旁聲 韻會

八庚 馬盛也詩四牡騯騯 同上

駉駉馬怒皃从馬卬聲 大徐本殘 小徐脫 駉駉馬怒皃 廣韻十一唐 韻會七陽

驤馬之低仰也从馬襄聲 大徐本殘 小徐脫 馬之低昂也 韻會七陽

驀上馬也从馬莫聲 大小徐 韻會十一陌 上馬也 文選吳都賦注

騎跨馬也从馬奇聲大小徐　跨馬也廣韻五支

駕馬在軛中从馬加聲大小徐韻會二十二馬　馬在軛中也廣韻四十禡

牣籀文駕大徐小徐本殘脫　籀作牣韻會二十二禡

騑驂旁馬从馬非聲大徐韻會五微小徐本殘脫　驂旁馬也桓三年正義　驂

旁馬也文選北征賦注又陸士衡贈士龍詩注　驂旁馬曰騑一切經音義卷九　騑旁

馬檀弓上正義　騑驂駕也文選洛神賦注

駢駕二馬也从馬幷聲大徐韻會一先小徐無也字

驂駕三馬也从馬參聲大徐韻會十三覃小徐本殘脫　駕三馬也桓三年正義一切

經音義卷五　駕三馬也旁馬曰驂居右為驂乘者備非常也一切經音義卷七

又卷八

駟一乘也从馬四聲大小徐　韻會四寘一乘也桓三年正義　一切經音義卷二　又卷三　又卷六

駙副馬也从馬付聲一曰近也一曰疾也大徐小徐本殘脫副馬也一曰近也疾也韻會七遇駙馬副馬也後漢魯恭傳注近也文選曹子建求通親親表注

駙馬字從馬付聲一曰駙近也疾也初學記卷十

䮗馬和也从馬皆聲大小徐

騀馬搖頭也从馬我聲大小徐　韻會二十哿

駊駊騀也从馬皮聲大徐小徐無此字

䮷馬行皃从馬舀聲大徐小徐無此字

篤馬行頓遲从馬竹聲大小徐　韻會二沃馬行頓遲廣韻二沃

騤馬行威儀也从馬癸聲詩曰四牡騤騤大徐小徐　馬行威儀也詩

四牡騤騤韻會四支

鸒馬行徐而疾也从馬學省聲大徐小徐無也字　鸒馬行徐而疾引詩

四牡鸒鸒集韻類篇　四牡鸒鸒王應麟詩考

文田案從鸒字恐傳寫譌玉篇廣韻鸒鸒二字並收玉篇鸒

注馬行徐而疾廣韻馬行皃與許書意同其鸒字注則皆云

馬腹下聲知此詩書當改從與為是

駸馬行疾也从馬侵省聲詩曰載驟駸駸大徐小徐夌皆作㚇旁韻會十二侵無曰

字

馺馬行相及也从馬从及讀若爾雅小山馺大山峘大徐　馬行相

及也從馬及聲讀若爾雅曰小山駁小徐　馬行相及也從及聲

韻會十五合　馮馬行疾韻會一東

馮馬行疾也从馬仌聲大小徐韻會十蒸無也字

馶馬步疾也从馬耴聲大小徐韻會十六葉

騃馬行仡仡也从馬矣聲大小徐

驟馬疾步也从馬聚聲大小徐韻會二十六宥疾步作行疾

駒馬疾走也从馬匃聲大徐小徐無也字匃譌匄

颿馬疾步也从馬風聲大小徐　馬疾步也廣韻六十梵

驅馬馳也从馬區聲大小徐韻會七虞

敺古文驅从攴大徐小徐本殘脫　敺古文廣韻十虞　又作敺韻會七虞

馳大驅也从馬也聲大徐小徐徐本殘脱韻會四支 大驅也一切經音義卷十七

騖亂馳也从馬敄聲大徐（小徐本殘脱） 亂馳也從馬務省聲韻會七遇 亂馳也文選西都賦注又七命注

驑次弟馳也从馬劉聲大徐小徐無也字

騁直馳也从馬甹聲大徐小徐韻會二十三梗 直馳也文選西都賦注

駾馬行疾來皃从馬兑聲詩曰昆夷駾矣大徐小徐 馬疾行皃詩云混夷駾矣詩緜正義

駃馬有疾足从馬失聲大徐小徐

駻馬突也从馬旱聲大徐小徐韻會十五翰 馬突也廣韻二十八翰

駧馳馬洞去也从馬同聲大徐小徐

驚馬駭也从馬敬聲 大小徐 馬駭也 廣韻十二庚 韻會八庚

駭驚也从馬亥聲 大小徐 韻會九蟹

駫馬奔也从馬巟聲 大小徐

騫馬腹縶也从馬寒省聲 大徐 馬腹熱也從馬寒省聲 小徐 韻會一先引

徐曰馬腹病又引舊韻注馬縶誤

駐馬立也从馬主聲 大徐 韻會七遇 小徐立作名 馬立也 一切經音義卷七又卷十七

馴馬順也从馬川聲 大小徐 韻會十一真 順也 文選鸚鵡賦注 養鳥獸使服

習謂之馴 一切經音義卷七 養野鳥獸使服爲之馴 一切經音義卷二十

駗馬載重難行也从馬㐱聲 大小徐

驙駗驙也从馬亶聲易曰乘馬驙如 大小徐

騬犗馬也从馬乘聲大小徐

驧馬曲脊也从馬鞠聲大小徐　馬曲脊也廣韻一屋

騬犗馬也从馬乘聲大徐小徐本殘脫　騬五經文字卷中

馻系馬尾也从馬介聲大徐小徐本殘脫

騷擾也一曰摩馬从馬蚤聲大徐小徐本殘脫　擾也又摩馬也一切經音義卷

十二　擾也從馬蚤聲韻會四豪　騷擾一切經音義卷五

馽絆馬也从馬口其足春秋傳曰韓厥執馽前讀若輒大小徐　絆

馬足也從馬口其足左傳韓厥執馽馬前韻會十四緝　馽絆馬也

文選西京賦注

縶馽或从糸執聲大徐　或從輒系小徐　或作縶從糸執韻會十四緝

駘馬銜脱也从馬台聲 大小徐 韻會十灰 馬銜脱也 後漢崔寔傳注

駔壯馬也从馬且聲一曰馬蹲駔也 大小徐 韻會二十二養 無也字 壯馬也 文選魏都賦注 壯馬也 文選廣絶交論注又赭白馬賦注無馬字 會也 後漢左原傳注 徐本壯馬也一曰馬蹲駔也唐本奘馬也爾雅釋曰秦晉謂大為奘 六書故弟十七

文田案當從壯為是亣部奘駔大也

騶廄御也从馬芻聲 大小徐 韻會十一尤

驛置騎也从馬睪聲 大小徐 韻會十一陌

馹驛傳也从馬日聲 大小徐 韻會四質

騰傳也从馬朕聲一曰騰犗馬也 大小徐 韻會十蒸 曰下無騰字末也字 傳也一

曰犗馬也（廣韻十七登）　傳也（後漢隗囂傳注　一切經音義卷十二　又卷十八）

騅苑名一曰馬白頟从馬隺聲（大小徐）　苑名一曰馬白頟（廣韻十九鐸）

駉牧馬苑也从馬冋聲詩曰在駉之野（大小徐）　牧馬苑也從馬冋聲（韻會九青）

駪馬衆多皃从馬先聲（大小徐　韻會十一真）

駮獸如馬倨牙食虎豹从馬交聲（大小徐　韻會三覺）

駃駃騠馬父驘子也从馬夬聲（大徐）　駃騠馬父騾子也從馬決省聲（小徐）　駃騠馬父驘子（史記匈奴傳索隱）

騠駃騠也从馬是聲（大徐　小徐本殘脫）

驘驢父馬母从馬𣎆聲（大徐／小徐本脫）　驢父馬母從馬𣎆省聲（韻會五歌）　騾父

馬母也御覽卷九百一

驘或从蠃大徐 或不省小徐 或作驘韻會五歌

驢似馬長耳从馬盧聲大徐小徐 似馬耳長也御覽卷九百一 似馬長耳初學記卷二十九再見馬下有而字 驢似馬初學記卷二十九

豦驢子也从馬冢聲大徐小徐 驟驢子也初學記卷二十九兩見

驒驒騱野馬也从馬單聲一曰青驪白鱗文如鼉魚也大徐小徐作屬鱗作驎 驒騱野也一曰青驪白鱗文如鼉韻會五歌 驒騱野馬屬一云青驪白鱗文如鼉魚史記匈奴傳索隱 驒騱野馬也廣韻七歌御覽卷九百十三也 驒馬文如鼉魚、釋畜釋文 詩駉釋文末有也字 驒馬文如鼉釋畜作屬疏

騱驒騱馬也从馬奚聲徐大小　驒騱馬也從馬奚聲一曰馬前皆

白曰騱韻會八齊

騊騊駼北野之良馬匋聲篤：大徐小徐從上有也字韻會四豪　騊駼北野之良馬

廣韻六豪御覽卷八百九十三末有也字　騊駼野馬之良也御覽卷九百八

駼騊駼也从馬余聲大小徐韻會七虞

驫衆馬也从三馬大徐小徐本殘脫

䮦黑馬驪白䄠毛釋畜釋文大小徐本皆無此

驟馬卧土中也藝文類聚卷九十三韻會十七霰無也字大小徐皆無此

廌解廌獸也似山牛一角古者決訟令觸不直象形从豸省凡廌

之屬皆从廌大徐小　解廌獸也似山牛一角着古者決訟令觸不

直象形韻會九蟹　獬豸似牛一角古者決訟命觸不直御覽卷八百九十

𧣾解廌屬从廌季聲闕大徐　解廌屬也從廌孝聲小徐

薦獸之所食艸从廌从艸古者神人以廌遺黃帝帝曰何食何處曰食薦夏處水澤冬處松柏大徐小徐無下從字　獸之所食艸古者神人以廌遺黃帝帝曰何食何處曰食薦夏處川澤冬處松柏廣韻三十二霰　獸之所食艸從廌艸韻會十七霰　獸所食草也御覽卷八百八十九　黃帝時有遺帝獬豸者帝問何食何處曰食薦春夏處水澤秋冬處竹箭松筠御覽卷八百九十

灋刑也平之如水从水廌所以觸不直者去之从去大徐小徐無從去二字韻會十七洽　法刑也文選思舊賦注

法今文省大徐小徐本殘脫　古文作法韻會十七洽

金古文大徐小徐本殘脫　古文作金韻會十七洽　金注一所以驅人之正李陽冰本

鹿獸也象頭角四足之形鳥鹿足相似从匕凡鹿之屬皆从鹿大徐小徐　山獸象頭角四足之形鳥鹿足相比從比韻會一屋　解角獸也羣萃善走者也釋獸疏

麚牡鹿从鹿叚聲以夏至解角大徐角上有其字小徐　牡鹿也以夏至解角也一切經音義卷十一御覽卷九百無以字末也字　以夏至解角也一切經音義卷九

麟大牝鹿也从鹿粦聲大徐小徐韻會十一眞無也字　哀十四年正義　大牝鹿也御覽卷九百六　牝麒也從鹿粦聲初學記卷二十九

麌鹿麛也从鹿吳聲讀若偄弱之偄大徐小徐偄作耎　鹿麛也廣韻二十九換

麔麛也音須文選吳都賦注　麔音儒鹿麛也御覽卷九百六

麈鹿迹也从鹿速聲大小徐　鹿迹也御覽卷九百六

麛鹿子也从鹿弭聲大小徐韻會八齊　鹿子也御覽卷九百六

麉鹿之絕有力者从鹿幵聲大小徐韻會一先無聲字　鹿之絕有力也御覽

麒仁獸也麋身牛尾一角从鹿其聲大小徐韻會四支無也字　麒麟仁獸

也麕身牛尾肉角麒從鹿其聲初學記卷二十九　麒麟仁獸馬身牛

尾肉角御覽卷八百八十九　仁獸也從鹿其聲哀十四年正義　仁獸也事類麟賦初學記卷二十九

注　麕身牛尾一角一切經音義卷二又卷二十二　麕身牛尾一角角頭

有肉一切經音義卷四

麐牝麒也从鹿吝聲大小徐 麟牝麒也從鹿粦聲初學記卷二十九

麋鹿屬从鹿米聲麋冬至解其角大徐屬下有也字小徐 鹿屬從鹿米聲 鹿屬也韻會四支 鹿屬也冬至解其角釋獸疏卷四 御覽卷九百六 一切經音義 鹿屬也一切經音義卷

以冬至時解角十三 一切經音義卷十一 又卷十七無時字 又卷八 又卷十三

麎牝麋也从鹿辰聲大小徐 韻會十一真

麔大麋也狗足从鹿旨聲大小徐 韻會四紙無狗足兩字 麂似麞而大猥毛狗足也一切經音義卷十三

麂或从几大小徐 麔或作麂初學記卷二十九 今文作麂韻會四紙

麇麞也从鹿囷省聲大小徐 韻會十一真 麕麞也釋獸疏 藝文類聚卷九十五 麕麞

御覽卷九百

麠籀文不省大小徐　麠籀文麖釋獸釋文　籀文作麠韻會十一真　麠籀文五經文字卷中

麞麖屬从鹿章聲大徐小徐屬下有也字韻會七陽

麔麋牝者从鹿咎聲大小徐　牝麋從鹿咎聲韻會二十六厚

麠大鹿也牛尾一角从鹿畺聲大徐本殘脫小徐　大鹿也從鹿畺聲韻會八庚　大鹿也御覽卷九百六

麖或从京大徐本殘脫小徐　或作麖初學記卷二十九韻會八庚

麃麠屬从鹿𤐫省聲大徐小徐麠作麖韻會三肴麠作麞

麈麋屬从鹿主聲大徐小徐屬下有也字韻會七麌　鹿屬也大而一角御覽卷九百六

麇屬唐本曰大力一角六書故第十八

麑狻麑獸也从鹿兒聲大°徐韻會八齊小徐麑作猊無也字

麙山羊而大者細角从鹿咸聲大°小徐

麢大羊而細角从鹿霝聲大°小徐

麠鹿屬从鹿畺聲大°徐小徐屬下有也字

麌如小麇臍有香从鹿䠶聲大°徐小徐又韻會二十二馬首有獸字䠶作射　麝如小

麝臍有香從鹿射聲黑色麞也御覽卷九百八十一

麌似鹿而大也从鹿與聲大°小徐　似鹿而大廣韻九魚

麗旅行也鹿之性見食急則必旅行从鹿丽聲禮麗皮納聘蓋鹿皮也大°小徐韻會八霽從下丽鹿字

丽古文大徐小徐本殘脫　五經文字卷中丽古麗字

𠀘籒文麗字大徐小徐本殘脫

麀牝鹿也从鹿从牝省大徐下從字　韻會十一尤無小徐本殘脫　牝鹿也一切經音義卷十一

𪊽或从幽聲大徐小徐本殘脫　又作𪊽一切經音義卷十一

麤行超遠也从三鹿凡麤之屬皆从麤大徐小徐　行超遠也從三鹿韻會七虞　行超遠也廣韻十一模　大也公羊隱元年釋文

𪋻鹿行揚土也从麤从土大徐韻會十一真小徐下土譌上無下從字　鹿行揚土也廣韻十七真

𪋻籒文大徐小徐　籒文作𪋻韻會十一真

㲋獸也似兔青色而大象形頭與兔同足與鹿同凡㲋之屬皆从

㲋大小徐　獸也似兔青色而大象形頭與兔同足與鹿同廣韻十八

藥　獸如兔青色而大頭與兔同足與鹿同御覽卷九百十三

𠫓籒文大小徐

㲋狡兔也兔之駿者从㲋兔大小徐　狡兔也从兔㲋聲韻會十五咸

㲜獸名从㲋吾聲讀若寫大徐　獸名從㲋吾聲小徐

㲝獸也似狌狌从㲋夬聲大徐小徐本無

兔獸名象踞後其尾形兔頭與㲋頭同凡兔之屬皆从兔大小徐

獸名象踞後其尾形韻會七遇　象踞後其尾形兔頭與㲋頭同廣韻

十一暮

逸失也从辵兔兔謾訑善逃也大徐失字韻會四質廣韻五質小徐逃下有辵下有从字

冤屈也从兔从冂兔在冂下不得走益屈折也大徐會十三元韻屈也

從冂兔兔不得走益屈折小徐屈也一切經音義卷七又卷二十二、又卷十二首有怨字

娩兔子也娩疾也从女兔大徐小徐本無此兔子也娩疾也廣韻二十五願兔子也玉篇女部

兔䨲疾也从三兔闕大徐小徐本無此

萈山羊細角者从兔足苜聲凡萈之屬皆从萈讀若丸寬字从此

大小徐萈廣韻二十六桓

犬狗之有縣蹏者也象形孔子曰視犬之字如畫狗也凡犬之屬

皆从犬大小徐狗之有縣蹏者也象形孔子曰視犬之字如畫

狗也釋畜疏　狗縣蹄者象形孔子曰視犬之字如畫狗也釋畜釋文

狗之有縣蹏者也象形韻會十六銑　狗之有縣蹄者也孔子曰

狗之有縣蹏者也事類賦注狗

狗孔子曰狗叩也叩气吠以守从犬句聲大徐　小徐气作氣　韻會二十六厚無孔子曰三字　孔子曰狗叩也叩气吠以守也釋畜釋文　又疏　御覽卷九百四　事類狗賦注無孔子曰三字

猣南越名犬獿獀从犬変聲大徐　小徐越下有人字

尨犬之多毛者从犬从彡詩曰無使尨也吠大徐　犬之多毛者從犬彡詩曰無使尨也吠或曰尨狗也小徐　犬之多毛者從犬彡或曰尨狗也詩無使尨也吠韻會三江　犬之多毛釋畜疏　犬之多

毛者也御覽卷九百四　狡犬多毛也初學記卷二十九尨譌作狡

狡少狗也从犬交聲匈奴地有狡犬巨口而黑身大小徐韻會十八巧

少狗也匈奴地有狡犬巨口黑身廣韻三十一巧　少犬也匈奴地有

狡犬巨口而黑身事類狗賦注御覽卷九百四少犬作小狗

獪狡獪也从犬會聲大徐韻會九泰小徐本殘脫

獿犬惡毛也从犬農聲大小徐

猲短喙犬也从犬曷聲詩曰載獫猲獢爾雅曰短喙犬謂之猲獢

大徐無末獢字小徐　短喙犬也從犬曷聲詩載獫猲獢韻會六月　短喙

犬也初學記卷二十九御覽卷九百四　短喙狗也事類狗賦注　猲火遏反駟驖釋文

獢猲獢也从犬喬聲大徐獢譌嬌小徐韻會二蕭

獫長喙犬一曰黑犬黃頭从犬僉聲犬°小徐　黑犬黃頭也御覽卷九百四

獫力劍反駟驖釋文　黑犬黃頭也初學記卷二十九

狂黃犬黑頭从犬主聲讀若注犬°小徐　黃犬黑頭也御覽卷九百四

猈短脛狗从犬卑聲犬°小徐　短脛狗也御覽卷九百四

猗犗犬也从犬奇聲犬°小徐韻會四支

狊犬視皃从犬目犬°小徐小徐末有聲字韻會十二錫　犬視皃廣韻二十三錫　犬視也一切經音義卷十三

猎竇中犬聲从犬从音音亦聲犬°小徐

默犬暫逐人也从犬黑聲讀若墨犬°小徐韻會十三職　犬暫逐人也廣韻二十五德　犬暫逐人也從犬黑聲六書故、弟十七　唐本犬潛逐人也

猝犬从艸暴出逐人也从犬卒聲 犬°小徐韻會六月 犬从艸中暴出逐人也 六書故弟三十一

猩猩猩犬吠聲从犬星聲 犬°徐　小徐本無此 猩猩犬吠聲 廣韻十五青

獫犬吠不止也从犬兼聲讀若檻一曰兩犬爭也 犬°小徐 犬吠不止也從犬兼聲一曰兩犬爭也 韻會三十謙 犬吠不止也 初學記卷二十九 御覽卷九百四

獥小犬吠从犬敢聲南陽新亭有獥鄉 犬°小徐

猥犬吠聲从犬畏聲 犬°小徐韻會十賄

獿獿獶也从犬夒聲 犬°小徐 獿 五經文字卷中 廣韻三十一巧

獶犬獿獿咳吠也从犬翏聲 犬°小徐 獶 廣韻三十一巧

㺜犬容頭進也从犬參聲一曰賊疾也大徐小徐無此字

猤㗇犬厲之也从犬將省聲大小徐韻會二十二養　㗇犬厲之也廣韻三十六養

㹉䍧也从犬戔聲大小徐

㹀惡健犬也从犬删省聲大徐小徐下犬字殘脫　惡健犬也廣韻二十七删又二十

九換

狠吠鬬聲从犬艮聲大小徐

獖犬鬬聲从犬番聲大徐小徐從上有也字

狋犬怒皃从犬示聲一曰犬難得代郡有狋氏縣讀又若銀大徐小

徐無又字　犬怒皃文選魯靈光殿賦注

犴犬吠聲从犬斤聲大小徐　壯犬也初學記卷二十九

獨犬獨獨不附人也从犬蜀聲南楚謂相驚曰獨讀若愬（大徐）犬獨獨不附人也從犬蜀聲讀若南楚相驚曰獨（小徐）犬獨獨不附人也從犬蜀聲（韻會十藥）

獷犬獷獷不可附也从犬廣聲漁陽有獷平縣（大小徐）犬獷獷不可附也從犬廣聲又獷平漁陽縣名（韻會二十三梗）犬獷不可附也（文選吳都賦注）獷不可附也（文選辨命論注一切經音義卷二不上有犬字）犬不可親附也（文選楊子雲劇秦美新注）

狀犬形也从犬爿聲（大小徐）犬形也從犬壯省聲（韻會二十三漾）象形之中犬字最似文之尤者故狀从犬（李陽冰本）

㹟妄彊犬也从犬从壯壯亦聲（大徐）妄强犬也從犬壯聲（小徐韻會二）

十二養强作彊

獒犬如人心可使者从犬敖聲春秋傳曰公嗾夫獒大徐四豪韻會如作知

無曰字夫誒乎　犬如人心可使者從犬敖聲小徐　犬知人心可使者

宣二年釋文釋畜釋文　犬如人心可使也御覽卷九百四　犬人心可使也初學記卷

二十九

獳怒犬皃从犬需聲讀若槈大徐小徐本無此

狧犬食也从犬从舌讀若比目魚鰈之鰈大徐小徐从舌作舌聲

狎犬可習也从犬甲聲大徐小徐韻會十七洽　犬可習也廣韻三十二狎　狎也桓十三年釋文釋

狃犬性驕也从犬丑聲大徐小徐驕作怟韻會二十六厚驕作忕

言疏

犯侵也从犬已聲 大徐 小徐本殘脫 韻會三十陷

猜恨賊也从犬青聲 大小徐 韻會十灰恨作猜

猛健犬也从犬孟聲 大小徐 韻會二十三梗健作猛

犺健犬也从犬亢聲 大小徐 韻會二十三漾

𤞞多畏也从犬去聲 大小徐 韻會十六葉

怯杜林說𤞞从心 大小徐 杜林說𤞞從犬今作怯 韻會十六葉

獜健也从犬粦聲詩曰盧獜獜 大小徐 獜 廣韻十七眞

獧疾跳也一曰急也从犬瞏聲 大小徐 狷急也 文選射雉賦注 急也 荀子不苟篇注

倏走也从犬攸聲讀若叔 大小徐 犬走疾也從犬攸聲讀若叔 韻會一屋

狟犬行也从犬亘聲周書曰尚狟狟小徐犬

㹃過弗取也从犬市聲讀若孛小徐犬

猲犬張耳皃从犬曷聲小徐犬

𤞞犬張齗怒也从犬來聲讀又若銀小徐犬

犮走犬皃从犬而丿之曳其足則剌犮也小徐犬　韻會七曷　跋作犮補

末反相跋蹎也　一切經音義卷十六

戾曲也从犬出户下戾者身曲戾也小徐犬二霽　韻會八霽　廣韻十二霽　曲也從

犬　一切經音義卷二

獨犬相得而鬬也从犬蜀聲羊為羣犬為獨也一曰北嚻山有獨

狢獸如虎白身豕鬣尾如馬小徐犬　犬相得而鬬也羊為羣犬

為獨一曰獨狢獸名如虎白身豕鬣馬尾出北嚻山 廣韻一屋 犬相得而鬬也從犬蜀聲羊為羣犬為獨 韻會一屋

狢獨狢獸也从犬谷聲 大徐 小徐無也字 狢音欲 廣韻一屋

獮秋田也从犬壐聲 大徐 韻會十六銑 秋田也從犬壐聲經義獮少也取禽獸少也 小徐 獮作獮殺也 隱五年釋文 獮或作獮 釋詁釋文

禰獮或从豕宗廟之田也故从豕示 大徐 或從豕作宗廟田也故從豕示 小徐 獮從繭或作禰從示 釋天釋文 亦作禰 韻會十六銑 獮禰 廣韻二十八獮

獵放獵逐禽也从犬巤聲 大徐 畋獵也逐禽也從犬巤聲 小徐 韻會十六葉 畋作效

獠獵也从犬尞聲大。小徐韻會十八嘯韻獵也文選子虛賦注又七發注

狩犬田也从犬守聲易曰明夷于南狩大。小徐火田也從犬守聲韻會二十六宥

臭禽走臭而知其迹者犬也从犬从自大。徐小徐也下有故字禽走臭而

知其迹者犬也故從犬韻會二十六宥

獲獵所獲也从犬蒦聲大。小徐韻會十一陌韻

獘頓仆也从犬敝聲春秋傳曰與犬犬獘大。徐韻會八霽小徐傳字殘脱春秋傳曰作

左傳頓仆也一切經音義卷十三廣韻十三祭斃仆也一切經音義卷二又卷二十兩見

斃獘或从死大。徐或從死小徐或作獘韻會八霽斃亦獘字一切經音義卷

二又卷二十兩見斃同上廣韻十三祭

獻宗廟犬名羹獻犬肥者以獻之从犬鬳聲大徐小徐又韻會十四願無之字

豣獟犬也从犬幵聲一曰逐虎犬也大小徐

獟豣犬也从犬堯聲大小徐

獑狂犬也从犬折聲春秋傳曰獑犬入華臣氏之門大小徐　狂犬也御覽卷九百四　獑九經字樣

狴獑犬也从犬生聲大小徐韻會七陽　狴五經文字卷中

性古文从心大小徐　古作性韻會七陽

類種類相似唯犬為甚从犬頪聲大徐小徐又韻會四寘從上有故字廣韻六至無聲字

狄赤狄本犬種狄之為言淫辟也从犬亦省聲大小徐韻會十二錫辟作僻

赤狄本犬種故字從犬史記周本紀正義漢匈奴傳注　犬種字從犬狄之

言淫辟也御覽卷七百九十九　狄本犬種故從犬通典卷一百九十四　赤犬也
初學記卷二十九　亦犬也御覽卷九百四
狻狻麑如虢貓食虎豹者从犬夋聲見爾雅大小徐韻會十四寒末三字
玃母猴也从犬矍聲爾雅云玃父善顧攫持人也大小徐韻會十藥
大母猴也善顧盼攫持人也一切經音義卷四　又卷九　大母猴也善攫
持人好顧眄也一切經音義卷五　又卷十　母猴也御覽卷九百十　大母猴也
釋獸釋文　一切經音義卷八　廣韻十八藥
猶玃屬从犬酋聲一曰隴西謂犬子為猷大徐　小徐本殘脫　玃屬從犬
酋聲隴西謂犬子為猷本作猷徐曰今作猶韻會十一尤　玃屬一曰隴西謂
犬子為猶御覽卷九百十三　廣韻十八尤　玃屬也一曰隴西人謂犬子也

釋獸釋文 獸名玃屬 曲禮上正義 玃屬也 釋獸疏 隴西謂犬子為猶

顏氏家訓書證第十七 文選養生論注 一切經音義卷六 又卷九 又卷十八 又卷二十二 獸名 史記呂后紀索隱

狙玃屬从犬且聲一曰狙犬也暫齧人者一曰犬不齧人也 大小徐

玃屬一曰狙犬暫齧人者 韻會六御 犬暫齧人 文選揚子雲劇秦美新注

犬又猿屬 韻會六魚

猴夒也从犬矦聲 大小徐 韻會十一尤夒作嚘

穀犬屬腰已上黃腰已下黑食母猴从犬𣪊聲讀若構或曰穀似

牂羊出蜀北嚻山中犬首而馬尾 大徐 小徐屬作類 犬類𦡀以上黃

𦡀以下黑食母猴或曰穀似牂羊 御覽卷九百十三 穀作穀犬屬𦡀

已上黃已下黑食母猴廣韻一屋　㹮類犬胷以上黃胷以下黑食母猴初學記卷二十九　㺉類犬腰以上黃以下黑文選南都賦注　㺉猿屬从豕㱿聲類犬腰以上黃以下黑韻會一屋

狼似犬銳頭白頰高前廣後从犬良聲小徐如韻會七陽　似犬銳頭而白頰高前廣後廣韻十一唐　似犬銳犬銳頭白頰文選西都賦注御覽卷九百九頭下有而字

狛如狼善驅羊从犬白聲讀若蘗甯嚴讀之若淺泊小徐如徐蘗作蘖

𤝞狼屬从犬曼聲爾雅曰貙𤝞似貍小徐如　狼屬也廣韻二十五願

狋㹤獸也鬼所乘之有三德其色中和小前大後死則丘首从犬瓜聲小徐如　小徐㹤作妖大作豐韻會七虞㹤作妖丘首二字倒　妖獸也鬼所乘也有三

德其色中和小前大後死則首丘从犬𠂤聲初學記卷二十九釋獸再見無末四字　祅獸
也鬼所乘有三德其色中和小前大後死則丘首釋文　妖獸
也鬼所乘也有三德其色中和小前大後死則首丘初學記卷二十九
藝文類聚卷九十五無上也字廣韻十一模無下也字大作豐　妖獸鬼所乘有三德其中和
小前大後死必首丘一切經音義卷八又卷十二末有也字　妖獸也鬼所乘也
有三德其色中和小前大後死則首丘謂之三德御覽卷九百九　妖
獸三德者小前大後死則正丘首謂之三德白帖卷第二十九　妖獸
鬼所乘同上　狐從孤省韻會七虞
獺如小狗也水居食魚从犬賴聲大徐　小狗也食魚從犬賴聲小徐
形如小犬水居食魚一切經音義卷十四又卷十五又卷十六　如小狗水

居食魚 御覽卷九百十二 獸名如小狗水居食魚 韻會七曷

獱獺屬从犬扁聲 大小徐 獺屬也 御覽卷九百十二

獱或从賓 大小徐

猋犬走皃从三犬 大小徐 韻會二蕭

㹜兩犬相齧也从二犬凡㹜之屬皆从㹜 大小徐

獄司空也从㹜𦣞聲 說復 說獄司空 大小徐

獄确也从㹜从言二犬所以守也 大小徐 沃無下從字 廣韻三燭 小徐本殘脱 韻會二

鼠穴蟲之緫名也象形凡鼠之屬皆从鼠 大小徐 九十五總作揔 藝文類聚卷 初學

記卷二十九無上之字緫作揔 穴蟲之揔名象形 韻會六語 穴蟲之緫名也 廣韻

八語 穴蟲揔名也 御覽卷九百十一

鱕鼠也从鼠番聲讀若樊或曰鼠婦 大小徐

䶅鼠出胡地皮可作裘从鼠各聲 大小徐 鼠出胡地皮可作裘 藝文類聚卷九十五 鼠出胡地 御覽卷九百十一

鼢地行鼠伯勞所作也一曰偃鼠从鼠分聲 大小徐 地中行鼠伯勞所作也 釋獸釋文又疏 鼠土行伯勞之所化也 一御覽卷九百十 初學記卷二十九無土行二字 伯勞之所化也 鼢鼠一曰偃鼠 莊子逍遙遊釋文

蚡或从虫分 大徐 或作虫分 小徐 亦作蚡 釋獸釋文

䶄䶄令鼠从鼠平聲 大小徐 䶄令鼠 廣韻十五青 御覽卷九百十一末有也字 䶄鼠令鼠者也 初學記卷二十九

鼶鼠也从鼠虒聲 大小徐

鼦竹鼠也如犬从鼠畱省聲大徐　竹鼠也如犬從鼠丣聲小徐　竹鼠也似犬御覽卷九百十一

鼫五技鼠也能飛不能過屋能緣不能窮木能游不能渡谷能穴不能掩身能走不能先人从鼠石聲大小徐韻會十一陌韻　五技鼠也能飛不能上屋能緣不能窮木能泅不能渡瀆能走不能絶人能藏不能覆身釋獸釋文　鼫鼠五技能飛不能上屋能游不能渡谷能緣不能窮木能走不能先人能穴不能覆身此之謂五技碩鼠正義釋獸疏　五技鼠也能飛不能上屋能緣不能窮木能游不能渡谷能穴不能掩身能走不能先人事類鼠賦注藝文類聚卷九十五游作浮

鼫鼠五技鼠也藝文類聚卷九十五　五技鼠也御覽卷九百十一

鼨豹文鼠也从鼠冬聲大小徐　豹文鼠也釋獸釋文　又疏　一切經音義卷一　御覽一
卷九百十一　韻會一東　鼨鼠豹文而形小新唐書盧藏用列傳第四十八　韻會九青

鼫籀文省大徐　籀文從夂作小徐　籀文作鼫一切經音義卷一　或作鼫
韻會一東

鼬鼠屬从鼠益聲大徐　鼠之屬也從鼠益聲小徐

䶂或从豸大徐　或從豸作小徐

鼷小鼠也从鼠奚聲大小徐　小鼠也一切經音義卷四　又卷十二　又卷二十　又卷六
又卷二十二　御覽卷九百十一　韻會八齊

鼩精鼩鼠也从鼠句聲大小徐　韻會七虞　也作名　精鼩御覽卷九百十一

鼸鼸也从鼠兼聲大小徐

鼢鼠屬从鼠今聲讀若含大徐 小徐鼠屬作鼶屬

鼬如鼠赤黃而大食鼠者从鼠由聲大徐 如鼦赤黃色尾大食鼠

者從鼠由聲小徐 韻會二十六宥

鼩胡地風鼠从鼠勺聲大小徐 胡地風鼠也御覽卷九百十一

鼨鼠屬从鼠穴聲大徐 小徐屬下有也字

鼭鼠似雞鼠尾从鼠此聲大小徐

鼲鼠出丁零胡皮可作裘从鼠軍聲大徐 鼠出先零胡皮可作袋

從鼠軍聲小徐 鼲鼠出丁令胡以作裘御覽卷九百十二

⿰鼠胡斬⿰鼠胡鼠黑身白要若帶手有長白毛似握版之狀類蝯蜼之屬

从鼠胡聲大徐 小徐斬作蟖

螹胡黑身白要若帶手有長白毛似握

板也 史記司馬相如傳索隱

能熊屬足似鹿从肉㠯聲能獸堅中故稱賢能而彊壯稱能傑也

凡能之屬皆从能 大小徐 熊屬足似鹿從肉㠯聲能獸堅中故

稱賢能而彊壯者稱能傑 韻會十蒸 熊屬足似鹿 昭七年釋文

熊獸似豕山居冬蟄从能炎省聲凡熊之屬皆从熊 大小徐 獸似

豕山居冬蟄 昭七年正義 藝文類聚卷九十五 文選西京賦注似作如 如豕山居冬蟄

一切經音義卷二 又卷二十四 獸名從能炎省聲 韻會一東

羆如熊黃白文从熊罷省聲 大小徐 韻會四支

䍿古文从皮 大小徐 䍿 汗簡卷上之一 䍿 汗簡卷中之二 或作䍿 韻會四支

火燬也南方之行炎而上象形凡火之屬皆从火 大小徐 燬也南

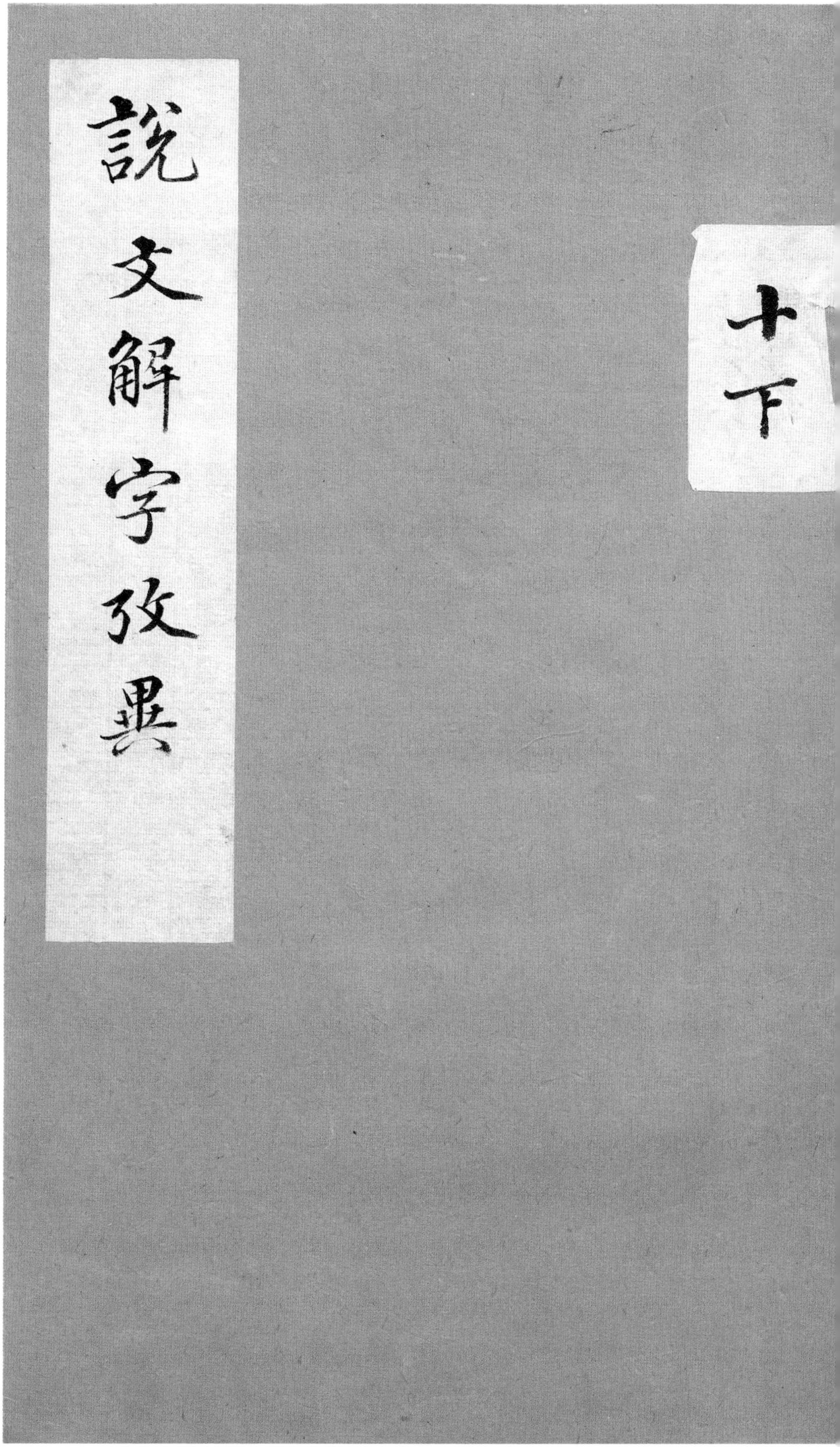
説文解字攷異
十下

說文解字攷異十下

歸安姚文田輯

囪在牆曰牖在屋曰囪象形凡囪之屬皆从囪 徐大小 在牆曰牖在屋曰囪 御覽卷百八十八 廣韻四江 韻會三江 在屋曰囪在牆曰牖 華嚴音義一卷

窗或从穴 徐大小 或從穴作窗 韻會三江 窗 汗簡卷中之二

四古文 徐大小 古作四 韻會三江

悤多遽悤悤也从心囪囪亦聲 徐大小 從心囪聲 韻會一東

焱火華也从三火凡焱之屬皆从焱 徐大小 火華也 後漢班固下注 文選東都賦注 又思元賦注 又七啟注 又陳孔璋荅東阿王牋注

熒屋下鐙燭之光从焱冂大徐　小徐又韻會九青鐙作燈屋下燈燭之光从
冂从焱一說冂聲六書故弟三
燊盛皃从焱在木上讀若詩曰莘莘征夫一曰役也大徐盛皃從
從焱在木上讀若詩莘莘征夫古文伷一曰嶷一曰役小徐
炙炮肉也从肉在火上凡炙之屬皆从炙大徐小徐炮肉也从肉在
火上廣韻二十二昔韻會十一陌
𤏫籒文大徐小徐籒文作𤏫韻會十一陌
𤑔宗廟火孰肉从炙番聲春秋傳曰天子有事𤑔焉以饋同姓諸
矦大徐小徐孰作熟膰宗廟熟肉也初學記卷二十六宗廟祭祀肉從炙
番聲春秋傳天子有事𤑔焉韻會十三元

𤆍炙也从炙𤇾聲讀若鷫𤒻大小徐　火炙之也一切經音義卷十三　南方色
赤南方色也从大从火凡赤之屬皆从赤大徐小徐無從大二字　南方色
也從大從火韻會十一陌
𡊼古文从炎土大小徐　韻會十一陌古作𡊼　廣韻二十二昔𡊼古文赤　𡊼汗簡卷下之二
赨赤色也从赤蟲省聲大小徐
𧹛日出之赤从赤穀省聲大小徐
赧面慙赤也从赤𠬝聲周失天下於赧王大小徐　韻會十五潸慚下有而字　面
慙赤也一切經音義卷二　御覽卷三百六十五　面慙也文選曹子建責躬詩注
䞓赤色也从赤巠聲詩曰魴魚䞓尾大徐小徐本殘脫二字　赤色也從赤
巠聲韻會八庚　頳作䞓汝墳釋文

赬經或从貞 大徐 又作赬 汝墳釋文

䞓或从丁 大小徐 韻會八庚或作䞓

浾經棠棗之汁或从水 大小徐

泟浾或从正 大小徐

赭赤土也从赤者聲 大小徐 韻會二十一馬 赤土也 御覽卷九百八十八

䞓赤色也从赤倝聲讀若浣 大徐 赤也從赤倝聲讀若浣瀚從此 小徐

赫火赤皃从二赤 大小徐 韻會十一陌

大天大地大人亦大故大象人形古文大也凡大之屬皆从大 大徐 小徐故大二字作為大也作人也 天大地大人亦大故大象人形 廣韻十四泰 韻會

九泰故大二字作焉

奎兩髀之間从大圭聲大°小徐韻會八齊

夾持也从大俠二人大°小徐韻會十七洽持也一切經音義卷十八

奄覆也大有餘也又欠也从大从申申展也大°徐小徐又韻會二十九〔敬避〕無下從字

覆也大有餘也廣韻五十〔敬避〕覆也文選西征賦注

夸奢也从大于聲大°小徐韻會六麻

⿱大亘奢⿱大亘也从大亘聲大°徐小徐亘作亘

⿱大瓜⿱大瓜大也从大瓜聲大°小徐

奯空大也从大歲聲讀若詩施罟濊濊大°徐小徐濊濊作泧泧

⿹𢦏大大也从大𢦏聲讀若詩⿹𢦏大⿹𢦏大大猷大°小徐

奅大也从大卯聲大小徐 從大音延孝反建元以來侯者年表索隱

夽大也从大云聲大徐 大也從大云聲讀若齬小徐

奃大也从大氐聲讀若氐大小徐

夵大也从大介聲讀若蓋大小徐

⿱此大䐜大也从大此聲大小徐 ⿱此大䐜大聲也廣韻四紙又十六怪

⿱大弗大也从大弗聲讀若予違汝弼大小徐

⿱大屯大也从大屯聲讀若鶉大小徐

契大約也从大从㓞易曰後代聖人易之以書契大徐 大約也從大㓞聲易曰後代聖人易之以書契小徐 韻會八霽無曰字 大約也從大 一切經音義卷二十二 大約也文選孫子荊征西詩注又盧子諒贈劉琨詩注又思舊賦注無大字

夷平也从大从弓東方之人也大小徐東方之人也從大從弓韻會
四支平也从大弓廣韻六脂一切經音義卷二無弓字平也一切經音義卷二十一又卷
二十五

亦人之臂亦也从大象兩亦之形凡亦之屬皆从亦大小徐夾人
之臂亦也從大象兩亦之形韻會十一陌

夾盜竊褱物也从亦有所持俗謂蔽人俾夾是也宏敬避農陝字从此
大小徐褱作懷

矢傾頭也从大象形凡矢之屬皆从矢大小徐傾頭也廣韻二十四職

奊頭傾也从矢吉聲讀若孑大小徐

奊頭衺骫奊態也从矢圭聲大小徐又韻會九屑衺作斜

吴姓也亦郡也一曰吴大言也从夨口 大徐小徐無一曰二字末有也字 吴作吴大言也 緜衣釋文 以吴一口大言也 褚補武紀索隱 吴大言也从夨口一曰國名 韻會七虞 吴 韻會十卦 姓也誤也亦郡也 玉篇夨部 又大言也

𡚸古文如此 大小徐

昃日西也從日夨夨亦聲 韻會十三職 大徐無此字 日西也從夨日聲 小徐

夭屈也从大象形凡夭之屬皆从夭 大小徐 屈也從大象形 一切經音義卷二十一 韻會十七篠大下有丿字 屈也 一切經音義卷二 又卷十八 又卷二十二

喬高而曲也从夭从高省詩曰南有喬木 大小徐 按小徐引詩作鍇 韻會二蕭無曰字 高而曲也 廣韻三蕭

㚔吉而免凶也从屰从夭夭死之事故死謂之不㚔 大小徐 廣韻三十九耿

夷平也从大从弓東方之人也大徐小徐東方之人也從大從弓韻會四支平也从大弓廣韻六脂一切經音義卷二無弓字平也一切經音義卷二十一又卷二十五

亦人之臂亦也从大象兩亦之形凡亦之屬皆从亦大徐小徐夾人之臂亦也從大象兩亦之形韻會十一陌

夾盜竊襄物也从亦有所持俗謂蔽人俾夾是也[敬避]宏農陝字从此大徐小徐襄作懷

夨傾頭也从大象形凡夨之屬皆从夨大徐小徐傾頭也廣韻二十四職

𡗗頭傾也从夨吉聲讀若孑大徐小徐

奊頭衺骫奊態也从夨圭聲大徐小徐又韻會九屑衺作斜

吴姓也亦郡也一曰吴大言也从夨口 大徐 小徐無一曰二字末有也字 吴作

吴大言也 緇衣釋文 以吴一口大言也 褚補武紀索隱 吴大言也从六

口一曰國名 韻會七虞 吴 韻會十卦 姓也誤也亦郡也 玉篇夨部 又大言也

文田案吴以國為氏非姓也漢順帝分會稽置吴郡亦在許

君後此皆亦後人妄改增釋名吴虞也姓當作娛虞娛古同字玉

篇引作姓也誤也乃誤分娛為二字耳亦郡也三字應刪毛

傳譁也即大言故知非譁之譌 緇衣

十七篠 大下有丿字 卷七卷十八 又卷二十二

喬高而曲也从夭从高省詩曰南有喬木 大徐 小徐引詩作鐈 按 韻會二蕭無曰字

高而曲也 廣韻三蕭

㚔吉而免凶也从屰从夭夭死之事故死謂之不㚔 大小徐 廣韻三十九耿

韻會二十三梗無故字 𡗝字五經文字卷中

奔走也从夭賁省聲與走同意俱从夭 大徐 走也從夭卉聲𠫪同意俱從夭 小徐 走也從夭賁省聲 韻會十三元 奔作𡗝 廣韻二十三魂

𡗝 五經文字卷中

交交脛也从大象交形凡交之屬皆从交 大徐 小 交脛也從大象交形 韻會三肴

⿴衣韋 ⿱韋交衰也从交韋聲 大徐 小

絞縊也从交从糸 大徐 縊也從交糸聲 小徐 韻會十八巧

尣㝿曲脛也从大象偏曲之形凡尣之屬皆从尣 大徐 小 跛曲脛也從大象偏曲之形 韻會七陽

尰古文从𡈼 大小徐 尪同尣 廣韻十一唐 或作尫 韻會七陽 尪 九經字樣

尳厀病也从尣从骨骨亦聲 大小徐 膝病從尣骨骨亦聲 小徐

𡯁蹇也从尣皮聲 大小徐 跛或作𡯁 韻會二十哿

𡯂𡯁𡯂行不正从尣左聲 大小徐

尦行不正也从尣旦聲讀若燿 大徐 小徐燿作曜

尲不正也从尣兼聲 大小徐

尬尲尬也从尣介聲 大小徐 韻會十卦

尥行脛相交也从尣勺聲牛行脚相交為尥 大徐 行脛相交也從

尣勺聲 小徐

𡯓𡯁不能行為人所引曰𡯓𡯑从尣从爪是聲 大徐 無下從字 小徐 𡯓

𡰪不能行為人所引曰𡰪𡰹 廣韻十二齊

𡰹𡰪𡰹也从尢从爪巂聲 大徐 小徐

𡯒股尪也从尢于聲 大徐 小徐

𡰽𡰿中病也从尢从羸 大徐 小徐無此字

壺昆吾圜器也象形从大象其蓋也凡壺之屬皆从壺 大徐 小徐 昆吾圜器也𡳾象形從𡗜象其蓋 韻會七虞 圓器也 一切經音義卷十四 又卷十七

壹壹壹也从凶从壺不得泄凶也易曰天地壹壹 大徐 小徐 壹壹作壹壹

壹專壹也从壺吉聲凡壹之屬皆从壹 大徐 小徐 壹皆作壹 專壹也從壺吉聲 韻會四質

懿專久而美也从壹从恣省聲（大小徐 韻會四寘）懿專久而美也（一切經音義卷二十）

文田案小徐本此下多懋字鍇曰疑此誤收已見心部

夲所以驚人也从大从羊一曰大聲也凡夲之屬皆从夲一曰讀若瓠一曰俗語以盜不止為夲夲讀若籋（大徐 小徐讀上不重夲字籋作薾）

所以驚人也一曰大聲（廣韻二十九葉）夲從大從𢆉𢆉音干（五經文字卷下）

（文田案漢志北海郡瓡縣師古曰即執字此讀若瓠當執字之誤）

罣司視也从横目从夲令吏將目捕罪人也（大小徐 廣韻二十二昔無上也横字罪捕睪作睪 韻會十一陌司作視無吏字）

令吏將目捕罪人（韻會二十九葉）

執捕罪人也从丮从夲夲亦聲（大徐 小徐又韻會十四緝無下從字韻會無人字）

人也（廣韻二十六緝）執（五經文字卷下）

圉囹圄所以拘罪人从㚔从口一曰圉垂也一曰圉人掌馬者【大徐】

囹圉所以拘罪人從口㚔【小徐 韻會六語】 韻 令圉也從口㚔又一

曰圉垂也一曰圉人掌馬者【韻會六語】 圉囹圄所吕至掌馬者六書

故弟二十六

盩引擊也从㚔攴見血也扶風有盩厔縣【大小徐 韻會十一尤】 韻

報當罪人也从㚔从𠬝𠬝服罪也【大徐號 小徐韻會二十】

簐窮理辠人也从㚔从人从言竹聲【大徐兩從字辠作罪 小徐無人字 小徐無下】 窮治辠

人也【廣韻一屋】

簐或省言【大小徐 廣韻一屋 簐上同】

奢張也从大者聲凡奢之屬皆从奢【大小徐】 張也從大者聲【韻會六麻】

張也 御覽卷四百九十三 韻會六麻

奓籒文 大小徐 籒作奓

𩫀富𩫀𩫀皃从奢單聲 大徐無此字 小

亢人頸也从大省象頸脈形凡亢之屬皆从亢 大小徐 人頸也一切

經音義卷二十 頸也象頸脈形 韻會七陽

廣韻十一唐

頏亢或从頁 大徐 或從頁作 小徐 頏音剛與亢同 廣韻十一唐

𡕒直項莽𡕒皃从亢从夋夋倨也亢亦聲 大徐無此字 小 𡕒直頸莽𡕒从夋夋倨也 玉篇亢部

本進趣也从大从十大十猶兼十人也凡本之屬皆从本讀若滔

大徐 小徐趣作趨無次從字 進趣也从大十大十者猶兼十人也 廣韻六豪

進趣也從大十十猶十人也 韻會四豪

奉疾也从夲卉聲拜从此 大小徐

𣋡疾有所趣也从日出夲廾之 大小徐韻會二十號 疾有所趣也 廣韻二十號

𠩺進也从夲从屮允聲易曰𠩺升大吉 大徐 進也從屮從夲允聲

易曰𠩺升大吉 小徐

𡴤奏進也从夲从𠬞从屮屮上進之義 大徐 韻會二十六宥 小徐無之字 奏

作𡴤 廣韻五十候

𡴤古文 大小徐

𡙸亦古文 大小徐

皋气皋白之進也从夲从白禮祝曰皋登謌曰奏故皋奏皆从夲

周禮曰詔來鼓臯舞臯告之也大徐　气臯白之進也從白從夲
聲小徐　臯白之進也從白從夲禮祝曰臯登歌曰奏故臯奏皆
從夲周禮詔來鼓臯舞注臯告之也韻會四豪
夰放也从大而八分也凡夰之屬皆从夰大徐　放也廣韻三十二晧兩見
界舉目驚界然也从夰从䀠䀠亦聲大徐　舉目驚界然也從䀠從
夰小徐
奡嫚也从百从夰夰亦聲虞書曰若丹朱奡讀若傲論語奡盪舟
大徐上夰譌介　小徐　嫚也從百從夰夰亦聲論語奡盪舟韻會二十號
昦春為昦天元气昦昦从日夰夰亦聲大小徐　韻會十九晧　昊作昦廣韻三十二晧　昦九經字樣

臩驚走也一曰往來也从夰亜周書曰伯臩古文亜古文冏字大徐

驚走也一曰往來皃從夰亜周書曰伯臩古文亜古文囧字也小徐　驚走也一曰往來皃廣韻三十六養

亣

亣籀文大改古文亦象人形凡大之屬皆从大大小徐

奕大也从大亦聲詩曰奕奕梁山大小徐十一陌韻會無曰字

奘駔大也从大从壯壯亦聲大徐　駔大也從大壯聲小徐　駔大也廣韻四十二宕

臭大白澤也从大从白古文以為澤字大徐無下從字小徐

奚大腹也从大𦃃省聲𦃃籀文系字大徐小徐籀作古　大腹也從大系省聲韻會八齊　大腹也廣韻十二齊

奊稍前大也从大而聲讀若畏偄大徐小徐末多之偄兩字稍前大也從大而聲韻會十六銑稍前大也廣韻二十八獮

奰大皃从大㗊聲或曰拳勇字一曰讀若傿大徐小徐無一曰兩字大皃也廣韻二十五願

奰壯大也从三大三目二目爲㗊三目爲奰益大也一曰迫也讀若易虙羲氏詩曰不醉而怒謂之奰大徐小徐迫作通壯大也從三目三大二目爲㗊三目爲奰益大也一曰迫也不醉而怒謂之奰韻會四寘贔壯大也詩云不醉而怒曰贔一切經音義卷七贔壯大也詩云不醉而怒也奰從三目從大三目益大也一切經音義卷十一

夫丈夫也从大一以象簪也周制以八寸爲尺十尺爲丈人長八

尺故曰丈夫凡夫之屬皆从夫（大小徐）丈夫从大一象簪也周制八寸為尺十尺為丈人長八尺故曰丈夫（韻會七虞）從一大象人形也一象簪形冠而既簪人二十而冠成人也故成人曰丈夫（御覽卷三百八十二）丈夫从一大一以象簪周制八寸為尺十尺為丈人長八尺故曰丈夫（玉篇夫部）

規有法度也从夫从見（大徐韻會四支）有也從夫見聲（小徐）

㚘竝行也从二夫輦字从此讀若伴侶之伴（大小徐）竝行也从二扶輦字从此（廣韻二十四緩）竝行也從二夫（韻會十六銑）

立住也从大立一之上凡立之屬皆从立（大小徐）住也從大立一之上（韻會十四緝）

竦臨也从立从隶（大徐）臨也從立隶聲（小徐韻會四真）涖作竦（老子德經）

釋文

𥪍磊𥪍重聚也从立𦎫聲大小徐

端直也从立耑聲大小徐韻會十四寒

竱等也从立專聲春秋國語曰竱本肇末大徐小徐肇作肇

竦敬也从立从束束自申束也大徐韻會二腫不重束字　敬也從立從束

自申束也亦聲小徐

竫亭安也从立爭聲大小徐韻會二十三梗

靖立竫也从立青聲一曰細皃大小徐韻會二十三梗

竢待也从立矣聲大小徐韻會四紙

𥩲或从巳大小徐　亦作𥩲韻會四紙

竘健也一曰匠也从立句聲讀若齲逸周書有竘匠 大小徐

文田校今本逸周書無此文淮南子人間訓匠人竆于辭無以對受令而為室其始成竘然善也竘匠字僅見此

竵不正也从立𤔔聲 大小徐 㸚作竵不正也從立𤔔聲 韻會九佳

竭負舉也从立曷聲 大小徐 揭作竭其竭反負舉也 一切經音義卷四

䇓待也从立須聲 大小徐 立而待也從立須 韻會七虞

文田校韻會所引乃小徐語

竘或从芻 大小徐 或作⿰立芻 韻會七虞

⿰立𣎆瘻也从立𣎆聲 大小徐

竣偓竣也从立夋聲國語曰有司已事而竣 大小徐十一真 無曰字 韻會

竦見鬼彪皃从立从彔彔籀文彪字讀若虙羲氏之虙大徐小徐從彔彔作彔聲二字

竮驚皃从立昔聲大小徐

竬短人立竬竬皃从立卑聲大小徐

竲北地高樓無屋者从立曾聲大小徐　北地高樓無屋者韻會十蒸

竝併也从二立凡竝之屬皆从竝大徐小徐二作兩末有也字　併也從兩立韻會二十六迴　併也一切經音義卷四　竝九經字樣

普廢一偏下也从竝白聲大小徐韻會八霽　廢一偏也廣韻十二霽　唐本

廢也徐本廢一偏下也白聲六書故第九　普暜並同廣韻

大小徐六書故第九

普或从曰　或作普從竝從曰韻會八霽

十二霽。普九經字樣

瞥或从㒞从曰大徐　或從㒞小徐書故弟九六　亦作瞥從㒞從曰韻會八霽

囟頭會㛴蓋也象形凡囟之屬皆从囟大徐小　頭會㛴蓋也象形

韻會十二震　一切經音義卷四　頭會腦盖也一切經音義卷十二　廣韻二十一震　頭會腦蓋額空

十其字象小兒腦不合也內則正義　囟九經字樣　象人頭會腦蓋也玉篇囟部

𦞤或从肉宰大徐　小徐作宰肉　韻會十二震　亦作由𦞤

由古文囟字大徐小徐

巤毛巤也象髮在囟上及毛髮巤巤之形此與籀文子字同大徐

毛巤象形髮在囟上及毛髮巤巤之形此與籀文肖字同小徐

毛巤也一切經音義卷十九　毛巤也象髮在囟上及毛巤之形也玉篇囟部

人臍也从囟从比取其氣所通也玉篇囟部

䏶人臍也从囟囟取气通也从比聲大徐從字小徐本殘脫韻會四支無下人

齎也一切經音義卷十八人齎也廣韻六脂䏶齎人齎也一切經音義卷二十五

恖容也从心囟聲凡恖之屬皆从恖大徐小徐恖作思容也從心從囟

恖頂門骨空自囟至心如絲相貫不絕韻會四支

慮謀恖也从恖虍聲大徐小徐韻會六御

心人心土藏在身之中象形博士說以為火藏凡心之屬皆从心

大徐小徐人心土藏在身之中象形博士說以為火藏韻會十二侵

也五經文字卷中

息喘也从心从自自亦聲大徐小徐文韻會十三職無下從字喘也文選長楊賦注又

鮑明遠東門行注蓋从自心聲李陽氷之說亦然六書故弟九

情人之陰气有欲者从心青聲大小徐韻會八庚　人之陰气有所欲也廣韻十四清

性人之陽气性善者也从心生聲大小徐韻會二十四敬

志意也从心之聲小徐大徐在十九文韻會四寘

意志也从心察言而知意也从心从音大徐　志也察言而知意也從心音韻會四寘小徐末有聲字

恉意也从心旨聲大小徐韻會四紙　意也一切經音義卷八又卷二十四

悳外得於人内得於已也从直从心大徐小徐無也字

㥑古文大小徐

應當也从心䧹聲大小徐　當也從心䧹省聲韻會十蒸　當也廣韻十七證

慎謹也从心眞聲　大〇小徐〇韻會十二震無聲字　五經文字卷中慎

昚古文　大〇小徐古作昚　韻會十二震　廣韻二十一震昚古文

忠敬也从心中聲　大〇小徐　韻會一東　敬也　孝經延

慤謹也从心㱿聲　大〇小徐　韻會三覺　謹也　後漢竇融傳注　文選東京賦注　又長門賦注

貞也　文選舞賦注

懇美也从心須聲　大〇小徐　懇美也　廣韻四覺

快喜也从心夬聲　大〇小徐

愷樂也从心豈聲　大〇徐　小徐又韻會十賄樂作康

㤻快也从心匧聲　大〇小徐　快也　韻會十六葉

念常思也从心今聲　大〇小徐　韻會二十九艷

怤思也从心付聲　大小徐

憲敏也从心从目害省聲　大徐　十四願　小徐又韻會　無下從字

憕平也从心登聲　大小徐

戁敬也从心難聲　大小徐韻會十五潸

忻闓也从心斤聲司馬法曰善者忻民之善閉民之惡　大小徐　韻會十二

文無曰字善者忻作忻者善

㣫遲也从心重聲　大徐　小徐無此字

遲㣫　一切經音義卷二十

惲重厚也从心軍聲　大小徐韻會十二吻

惇厚也从心𦎫聲　大小徐韻會十三元

惇厚也　一切經音義卷一　又　卷二十二　又卷二十

三

忼慨也从心亢聲一曰易忼龍有悔大小徐 慨也從心亢聲韻會二十三漾 忼慨一切經音義卷四 忼五經文字卷中云亢隸省

慨忼慨壯士不得志也从心既聲大小徐韻會十一隊 忼慨壯士不得志於心也文選歸田賦注 一切經音義卷四 又曹子建贈徐幹詩注無也字 慷慨壯士不得志於心也文選洞簫賦注 又潘安馬汧督誄注 又 慷慨壯士不得志於心文選陸士衡有車馬客行注 又古詩十九首注 又孔文舉薦禰衡表注

悃愊也从心困聲大小徐 悃愊也從心困聲韻會十三阮 悃愊至誠也後漢章帝紀注

愊誠志也从心畐聲大小徐韻會十三職

愿謹也从心原聲大小徐韻會十四願

慧儇也从心彗聲 大小徐韻會九泰韻 慧九經字樣

憭慧也从心尞聲 大小徐韻會十七篠韻

恔憭也从心交聲 大小徐 憭也孟子音義

瘱靜也从心㾞聲 大小徐 嬮靜也文選神女賦注

悊敬也从心折聲 大小徐

悰樂也从心宗聲 大小徐韻會二冬

恬安也从心甛省聲 大小徐韻會十四鹽韻

恢大也从心灰聲 大小徐韻會十灰

恭肅也从心共聲 大小徐韻會二冬 肅也二御覽卷四百三十 廣韻三鍾

憼敬也从心从敬敬亦聲 大徐無次從字小徐 憼廣韻三十六養

恕仁也从心如聲大徐小徐 韻會六御

忞古文省大徐 古文小徐 韻會六御 古作忞

怡和也从心台聲大徐小徐 韻會四支 和也 一切經音義卷二 又卷三 又卷二十五 又

慈愛也从心茲聲大徐小徐 韻會四支 愛也 御覽卷四百三十二

忯愛也从心氏聲大徐小徐 愛也 韻會四支

㤛忯㤛不憂事也从心虎聲讀若移大徐小徐

悛謹也从心全聲大徐小徐 韻會十三元

恩惠也从心因聲大徐 小徐惠作忠

𢡠高也一曰極也一曰困劣也从心帶聲大徐 高也從心帶聲一曰極也一曰困劣小徐

憖問也謹敬也从心猌聲一曰説也一曰甘也春秋傳曰昊天不憖又曰兩君之士皆未憖大徐小徐謹敬作敬謹問也愼敬也從心猌聲一曰説也皆也韻會十二震肯從也十月之交釋文

慮闊也一曰廣也大也一曰寬也从心从廣廣亦聲大徐闊也一曰廣也大也從心廣廣亦聲一曰寬也小徐廣也又大也從心廣聲一曰寬也韻會二十二養懬作慮音獷闊也一曰廣大也泮水釋文

慮廣韻三十七蕩

悈飾也从心戒聲司馬法曰有虞氏悈於中國大徐小徐本殘脫飾也從心戒聲韻會十卦

㥶謹也从心𢀷聲大徐小謹也廣韻二十四焮

慶行賀人也从心从夊吉禮以鹿皮為贄故从鹿省大徐　韻會二十四敬贄作摯　行賀人也從心夊吉禮以鹿皮為摯小徐

愃寬嫺心腹皃从心宣聲詩曰赫兮愃兮大徐　小徐　寬嫺心腹皃廣韻二仙　列子力命釋文嫺作閒

愻順也从心孫聲唐書曰五品不愻大徐　小徐

寋實也从心塞省聲虞書曰剛而寋大徐　小徐　實也書剛而寋韻會十三職　廣韻二十五德寋

恂信心也从心旬聲大徐　小徐　韻會十一真

忱誠也从心冘聲詩曰天命匪忱大徐　小徐　誠也詩天命匪忱韻會十二侵

惟凡思也从心隹聲大徐韻會四支小徐無凡字

懷念思也从心褱聲大小徐韻會九佳念思也文選西京賦注又潘安仁悼亡詩注又盧子諒贈崔溫詩注又顏延年贈王僧達詩注又思舊賦注無思字

惀欲知之皃从心侖聲大小徐

想冀思也从心相聲大小徐韻會二十二養

㦼深也从心家聲大小徐

慉起也从心畜聲詩曰能不我慉大小徐起也從心畜聲韻會一屋

起也谷風釋文

𢡃滿也从心啻聲一曰十萬曰𢡃大小徐𢡃韻會十三職

意籀文省大徐意籀文又省小徐籀省作意韻會十三職

悹憂也从心官聲 大小徐 韻會十五翰 韻 憂也 後漢桓紀注

憀憀然也从心翏聲 韻會二蕭 大小徐

愙敬也从心客聲春秋傳曰以陳備三愙 大小徐 敬也從心客聲

左傳備陳三愙 韻會十藥 恪古作愙 華嚴音義卷二十八

愯懼也从心雙省聲春秋傳曰駟氏愯 大小徐 懼也從心雙省聲

韻會二腫

懼恐也从心瞿聲 大小徐 韻會七遇 懼是正字 莊子天運釋文

愳古文 大小徐 㦌古文 莊子天運釋文 韻會七遇 古作愳

㦌 文田案莊子天運釋文云案說文懼是正字㦌是古文又戹奈楚釋文懼又作㦌音同是今本脫一古文 另列

怙恃也从心古聲 大小徐 韻會七麌

恃賴也从心寺聲 大徐 韻會四紙 小徐寺譌恃

慒慮也从心曹聲大徐小徐慒謫慒　慒慮也韻會二冬

悟覺也从心吾聲大小徐　覺也文選天台賦注　又海賦注　又長門賦注　華嚴音義卷六十

𢙣古文悟大小徐　韻會七遇悟古作𢙣

憮愛也韓鄭曰憮一曰不動从心無聲大小徐　韻會七麌動下有也字　愛也一曰不動也廣韻九麌

㤅惠也从心先聲大小徐韻會十一隊　韻　唐本从心从先从夊晁說之曰古文無从夊者　六書故第十三

𢡆古文大小徐𢡆古文㤅　廣韻十九代　古作𢡆　韻會十一隊

㥠知也从心胥聲大小徐

慰安也从心尉聲一曰恚怒也大小徐　韻會五未

𢡟謹也从心㪅聲讀若毳大小徐

篙篙箸也从心篙聲大小徐　籌箸也廣韻十八尤

怞朗也从心由聲詩曰憂心且怞大小徐

惵惵撫也从心某聲讀若侮大小徐　惵撫也廣韻九麌

忞彊也从心文聲周書曰在受德忞讀若旻大小徐　强也從心文聲

小徐韻會十一真强作彊

慔勉也从心莫聲大小徐韻會七遇

愐勉也从心面聲大小徐

㥏習也从心曳聲大小徐

懋勉也从心楙聲虞書曰時惟懋哉大徐　小徐作惟時韻會二十六宥無虞曰二字

悉或省大小徐

慕習也从心莫聲大小徐韻會七遇

悛止也从心夋聲大小徐韻會一先　止也小旻正義

悚肆也从心隶聲大小徐　肆也廣韻十一沒

愳趣步愳愳也从心與聲大徐小徐無也字　趣步愳愳也廣韻八語

惂説也从心臽聲大小徐韻會四豪

懕安也从心厭聲詩曰懕懕夜飲大小徐　安也從心厭聲韻會十四鹽

安也韻會十四鹽　安靜也釋訓釋文

憺安也从心詹聲大小徐韻會二十八感　安也一切經音義卷六又卷二十四又卷二十五又卷

怕無為也從心白聲大小徐　無為也文選子虛賦注又長楊賦注一切經音義卷六

泊無為也文選景福殿賦注又養生論注又張華勵志詩注泊作漠　泊無也文選盧子諒時興詩

注

恤憂也收也从心血聲大小徐韻會四質　收也一切經音義卷二十二又卷九收作少

憂恤從心卹少從卩華嚴音義卷六十

忓極也从心干聲大小徐　極也廣韻二十五寒

懽喜歎也从心雚聲爾雅曰懽懽愮愮憂無告也大徐小徐本殘脫

㥥懽也琅邪朱虛有㥥亭从心禺聲大徐小徐邪作琊

惄飢餓也一曰憂也从心叔聲詩曰惄如朝飢大徐　飢餓也從心叔聲一曰憂也詩曰惄如朝飢小徐韻會十二錫無曰字

⿰忄卻勞也从心卻聲大小徐　⿰谷凡勞也燕人謂勞為⿰谷凡史記司馬相如傳索隱

憸憸詖也憸利於上佞人也从心僉聲大小徐　憸詖也憸利於上

佞人也韻會十四鹽

愒息也从心曷聲大小徐韻會八霽息也廣韻十三祭憩作愒郄厲反一切經音義卷二又卷十五又卷十九

⿱毳心精戇也从心毳聲大小徐

⿱册心疾利口也从心从册詩曰相時⿱册心民大徐从册小徐作册聲疾利口也書相時⿱册心民韻會十四鹽

⿱及心褊也从心及聲大小徐韻會十四緝急作⿱及心褊也廣韻二十六緝

⿲辛心辛憂也从心辡聲一曰急也大徐小徐無下也字辡譌辯

㥛疾也从心亟聲一曰謹重皃大小徐韻會十三職疾作急性二字疾也一曰謹重皃廣韻二十四職

懁急也从心瞏聲讀若絹大小徐　狷急也文選射雉賦注

慳恨也从心臤聲大徐小徐本無此

㤁急也从心从弦弦亦聲河南密縣有㤁亭大徐小徐本無此　急也廣韻

先一

㦟疾也从心䙴聲大小徐會十七篠韻　慓疾也史記高祖紀索隱

懦駑弱者也从心需聲大小徐韻會七虞　柔也玉藻正義

恁下齎也从心任聲大小徐會二十寑韻　念也後漢班固傳下注

忒失常也从心代聲大小徐

怚驕也从心且聲大小徐

悒不安也从心邑聲大小徐會十四緝韻

悆忘也嘽也从心余聲周書曰有疾不悆悆喜也大徐小徐喜作憙

忒更也从心弋聲大小徐更也韻會十三職

憪愉也从心閒聲大小徐愉也從心閒聲一曰靜也韻會十五刪愉也廣韻二十八山

愉薄也从心俞聲論語曰私覿愉愉如也大小徐薄也從心俞聲一曰顏色和貌論語私覿愉愉如也韻會七虞薄也鹿鳴正義

懱輕易也从心蔑聲商書曰以相陵懱大小徐輕易也文選沈休文奏彈王源注一切經音義卷十相輕傷也一切經音義卷六又卷二十一又卷二十四

愚戇也从心从禺禺猴屬獸之愚者大徐廣韻十虞又韻會七虞無下从字廣韻猴上有母字小徐本殘脫戇也一切經音義卷二十癡也一切經音義卷四又卷十二~~又卷十十~~又卷二十

三又卷二十五

戇愚也从心贛聲大小徐韻會四寘　愚也後漢董卓傳注一切經音義卷四兩見又卷十二又卷二十又卷二十三　愚鈍也一切經音義卷二十五又卷二十一首有亦字

悉姦也从心采聲大小徐

惷愚也从心舂聲大小徐韻會三江　愚也一切經音義卷四又卷二十又卷二十一

懝騃也从心从疑疑亦聲一曰惶也大徐　㥩也從心疑疑亦聲一曰惶小徐

忮很也从心支聲大徐小徐很作狠韻會四寘很作恨　很也廣韻五寘　恨也一切經音義卷九

悍勇也从心旱聲大小徐韻會十五翰　勇也史記高祖紀索隱後漢烏桓傳注文選西京賦

說文解字攷異

十一上

說文解字攷異十一上　　歸安姚文田輯

水準也北方之行象衆水竝流中有微陽之气也凡水之屬皆从水大○小徐　準也北方之行象衆水竝流中有微陽之气也釋水疏　韻會四紙準作準　準也北方之行也廣韻五旨　北方之行象衆水竝流著微陽之气也釋水釋文

汃西極之水也从水八聲爾雅曰西至汃國謂四極大○徐　西極之水從水八聲爾雅曰西至於汃國謂之四極小徐　汃彼貧反釋地釋文

河水出焞煌塞外昆侖山發原注海从水可聲大○徐　小徐焞　作敦原作源

水出燉煌塞外昆侖山發源注海 韻會五歌 「河者下也隨地下流而通也」初學記卷六 此條乃釋名也

泑澤在昆侖下从水幼聲讀與妐同 大徐小徐與作若 坳澤在崑崙墟
下 御覽卷七十二

涷水出發鳩山入於河从水東聲 大徐小徐 韻會一冬 水出發鳩
山入於河 廣韻一東 水出發鳩山入關從水章聲 水經注
文田案水經注云漳水又東陳水注之水出發鳩山東逕余
吾縣故城南又東逕屯留縣故城北又云陳水又東流注漳
故許慎曰水出發鳩山入關從水章聲也陳水當作涷水章
聲當作東聲皆傳寫之誤戴氏校定水經本入關作入漳此 處 河字當作漳

涪水出廣漢剛邑道徼外南入漢从水音聲 大徐小徐 水出廣漢巴

徼外南至墊江入漢從水音聲 韻會十一尤

潼水出廣漢梓潼北界南入墊江从水童聲 大小徐 水出廣漢梓潼北界從水童聲 韻會一東

江水出蜀湔氐徼外崏山入海从水工聲 大徐 小徐崏作嶓 韻會三江 水出蜀湔氐徼外岷山 御覽卷六十

沱江別流也出崏山東別為沱从水它聲 大徐 小徐無出字 江別流為沱 譌沱 又 從（從者放此）水它聲 初學記卷六 沼也從水它聲 韻會四支 穿地通水曰池 華嚴音義卷十四

浙江水東至會稽山陰為浙江从水折聲 大小徐 韻會九屑 江水至會稽山陰為浙江 御覽卷六十五 水經注無會稽二字 江水東至會稽為浙江

至會稽山陰為浙江 初學記卷六 江至會稽郡為浙
晉書音義卷三十七
江 御覽卷六十
涐水出蜀汶江徼外東南入江从水我聲 大徐小徐 水也從水我聲
水經注
湔水出蜀郡緜虒玉壘山東南入江从水前聲一曰手瀚之 大徐小徐 水出蜀郡緜虒山東南入江從水前聲一曰手
徐曰下有湔字瀚作澣
澣也 韻會一先
沬水出蜀西徼外東南入江从水末聲 大徐 小徐西下有南字 韻會七曷 水出
蜀西塞外東南入江 文選江賦注 水出蜀西南徼外與青衣合東
南入江 河渠書索隱

溫水出揵為涪南入黔水从水𥁕聲大小徐 韻會十三元 溫水南入黚
水經注 溫 九經字樣

灊水出巴郡宕渠西南入江从水鬵聲大小徐 水出巴郡宕渠西
南入江 韻會二侵 水下有名字 又十四鹽

沮水出漢中房陵東入江从水且聲大小徐 水名 韻會六魚 水名在
楚 又同

滇益州池名从水眞聲大小徐 小徐無名字 韻會一先

涂水出益州牧靡南山西北入澠从水余聲大小徐 虞出上有名字 韻會七

沅水出牂牁故且蘭東北入江从水元聲大小徐 水出牂牁東北
流入江 屈原傳正義 水出牂柯東北入洞庭湖 從水元聲 韻會十三元

淹水出越嶲徼外東入若水從水奄聲大小徐韻會十四鹽
溺水自張掖刪丹西至酒泉合黎餘波入于流沙從水弱聲桑欽
所說大徐小徐無餘字御覽溺水自張掖刪丹西至酒泉合黎餘波入於
流沙韻會十藥卷六十五溺若弱
洮水出隴西臨洮東北入河从水兆聲大徐小徐兆譌洮水出臨洮入
河韻會四豪
涇水出安定涇陽幵頭山東南入渭雝州之川也从水巠聲大徐
水出安定涇陽幵頭山東南入渭從水巠聲小徐水名出安定
涇陽幵頭山韻會九青
渭水出隴西首陽渭首亭南谷東入河从水胃聲杜林說夏書以

為出鳥鼠山雝州浸也大徐小徐說上有所字浸作㴱無也字　水出隴西首陽

渭首亭南谷東入河杜林說夏書以為鳥鼠山雍州浸也韻會五未

漾水出隴西柏道東至武都為漢从水羕聲大徐小徐韻會二十三漾　水出

隴西獂道東至武都為漢水經注

瀁古文从養大徐　古文漾從水養聲小徐　或作瀁韻會二十三漾

漢漾也東為滄浪水从水難省聲大徐小徐韻會十五翰　漾也東為滄浪

水水經注

㵄古文大徐　古之漢如此小徐　古作㵄韻會十五翰

浪滄浪水也南入江从水良聲大徐小徐韻會七陽　滄浪水南入江韻會二十

沔水出武都沮縣東狼谷東南入江或曰入夏水从水丏聲大徐

水出武郡沮縣東狼谷東南入江從水丏聲或以為入夏水小徐

水出武都沮縣東狼谷入江一曰入夏水韻會十六銑

湟水出金城臨羌塞外東入河从水皇聲大小徐

汧水出扶風汧縣西北入渭从水幵聲大徐出下有右字小徐水出扶風汧縣西北入渭韻會一先水出扶風西北入渭廣韻一先

澇水出扶風鄠北入渭从水勞聲大徐小徐出下有右字韻會四豪水出扶風鄠縣北入渭御覽卷六十二文選上林賦注無扶風二字

漆水出右扶風杜陵岐山東入渭一曰入洛从水桼聲大徐水出右扶風杜陵岐山東入渭一曰入洛一曰漆城池從水桼聲小徐

水出右扶風杜陵岐山東入渭從水桼聲韻會四質　水經漆水注陵作陽縣二字

漆沮各是一水名夏本紀索隱

滻水出京兆藍田谷入灞从水產聲大小徐

洛水出左馮翊歸德北夷界中東南入渭从水各聲大徐　水出左馮翊歸德北夷中東南入渭從水各聲雝州寖小徐

淯水出（敬避）宏農盧氏山東南入沔从水育聲或曰出酈山西大徐　小徐或曰作以為

汝水出（敬避）農盧氏還歸山東入淮从水女聲大小徐　水出□農盧氏還歸山東入淮御覽卷六十三　水出□農盧氏入淮從水女聲韻會六語

潩水出河南密縣大隗山南入潁从水異聲大小徐　水出河南密

縣大隗山南入潁或作潩韻會十三職 廣韻七志云潩水名在河南密縣出文字音義

汾水出太原晉陽山西南入河从水分聲或曰出汾陽北山冀州浸大徐小徐浸作濅 水出太原入河從水分聲韻會十二文 水出太原晉陽山西南入河御覽卷六十四

澮水出霍山西南入汾从水會聲大徐小徐出下有河西二字

沁水出上黨羊頭山東南入河从水心聲大徐小徐出下有穀遠二字 韻會二十七沁無聲字

沾水出壺關東入淇一曰沾益也从水占聲大徐小徐出下有上黨二字 水出壺關東入淇一曰沾益也廣韻二十五添 水出壺關東入淇從水占聲韻會十四鹽 添本作沾又同 沾他兼切廣韻二十四鹽又五十六㮇

潞冀州浸也上黨有潞縣从水路聲大徐小徐浸作寖　冀州浸從水路聲韻會七遇

漳濁漳出上黨長子鹿谷山東入清漳清漳出沾山大要谷北入河南漳出南郡臨沮从水章聲大小徐　濁漳水出上黨長子鹿谷山東入清漳清漳出沾山大要谷北入河御覽卷六十四　水名從水章聲濁漳出上黨長子縣鹿谷山東入清漳清漳出沾山大黽谷北入河南漳出郡臨沮韻會七陽

淇水出河内共北山東入河或曰出隆慮西山从水其聲大小徐韻會四支或作一　水出河内共北山東入河御覽卷六十四廣韻七之

蕩水出河内蕩陰東入黃澤从水葛聲大小徐　水出河内蕩陽陰

東入黃澤韻會二十二養

沇水出河東東垣王屋山東為泲从水允聲大小徐 韻會十六銑

沿古文沇大徐 古文沇如此小徐 沿五經文字卷下

泲沇也東入于海从水𠂔聲大小徐韻會八薺

浝水出南郡高城浝山東入繇从水危聲大小徐

溠水在漢南从水差聲荊州浸也春秋傳曰脩涂梁溠大徐 小徐浸作濅無也字 水在漢南荊州浸春秋左傳除道梁溠韻會二十二馬

滙水出桂陽縣盧聚山滙浦關為桂水从水匯聲大徐 水出桂陽盧聚山洭浦關為桂水郡念洭縣洭水所出東北入沅又桂水出桂陽縣東北入湘小徐 水出桂陽縣盧聚山滙浦關為桂水

韻會七陽

澺水出廬江入淮从水惠聲 大小徐

灌水出廬江雩婁北入淮从水雚聲 大小徐 水出廬江雩婁北入

淮從水雚聲一曰漑也 韻會十五翰 水出雩婁縣俗謂之澮水 水經

注

注也 一切經音義卷十又卷二十二

漸水出丹陽黟南蠻中東入海从水斬聲 大小徐 九敬避無蠻中東三字 韻會二十

泠水出丹陽宛陵西北入江从水令聲 大小徐 水出丹陽西北入

江 韻會九青

⿰氵算水在丹陽从水算聲 大小徐 水在丹陽 廣韻十五卦

溧水出丹陽溧陽縣从水栗聲 大小徐

湘水出零陵陽海山北入江从水相聲大小徐　水出零陵縣海山北至入江屈原傳正義　水出零陵陽海北入江御覽卷六十五　水出零陵海陽山至巳丘入于江韻會七陽

汨長沙汨羅淵屈原所沈之水从水冥省聲大徐　長沙汨羅淵也從水冥省聲屈平所沈水小徐韻會十二錫

溱水出桂陽臨武入匯从水秦聲大小徐　水出桂陽臨武入匯韻會十一眞　溱水出桂陽也溱洧釋文

深水出桂陽南平西入營道从水罙聲大小徐韻會十二侵　水出桂陽南平縣也水經注　深五經文字卷中

潭水出武陵鐔成王山東入鬱林从水覃聲大徐小徐王作玉　水出武

陵鐔成玉山東入鬱林韻會十三覃

油水出武陵孱陵西東南入江从水由聲大小徐水出武陵孱陵

西東南入江韻會十一尤

瀆水出豫章艾縣西入湘从水買聲大徐小徐西下有北字

湞水出南海龍川西入溱从水貞聲大小徐

溜水出鬱林郡从水畱聲大徐小徐又韻會二十六宥無郡字

瀷水出河南密縣東入潁从水翼聲大小徐潩或作瀷韻會十三職

文田案潩瀷二水並云出密縣入潁當從廣韻去潩字合二

字注為一

潕水出南陽舞陰東入潁从水無聲大徐小徐潁作汝

潵水出南陽魯陽入城父从水散聲大徐小徐又水經注城父二字倒

瀙水出南陽舞陽中陽山入潁从水親聲大小徐水出中陽山水經注

淮水出南陽平氏桐柏大復山東南入海从水隹聲大小徐出南陽平氏桐柏大復山東南御覽卷六十一水出南陽平氏縣胎簪山東北過桐柏大復山東南入海韻會九佳

平氏下七字不當小寫

滍水出南陽魯陽堯山東北入汝从水蚩聲大徐小徐蚩譌滍韻會四紙堯山二字作縣字

澧水出南陽雉衡山東入汝从水豊聲大小徐韻會八薺無南陽雉三字水出南陽紲衡山東入汝御覽卷六十三

涢水出南陽蔡陽東入夏水從水員聲大小徐

渒水出汝南弋陽垂山東入淮从水畀聲大小徐　韻會八霽無東字

澺水出汝南上蔡黑閭澗入汝从水意聲大小徐

洇水出汝南新郪入潁从水囟聲大小徐

灈水出汝南吴房入瀙从水瞿聲大小徐

潁水出潁川陽城乾山東入淮从水頃聲豫州浸大小徐　水出潁川陽城乾山東入淮豫州浸也御覽卷六十三　水出潁川陽城耿山從水頃聲韻會二十三梗

洧水出潁川陽城山東南入潁从水有聲大小徐　水出潁川陽城山東南入潁御覽卷六十三　水出潁川陽城韻會四紙

濦水出潁川陽城少室山東入潁从水㥯聲（大小徐韻會十二文）水出潁川陽城少室東入潁音殷又音隱（晉書音義卷上）

過水受淮陽扶溝浪湯渠東入淮从水過聲（大徐小徐浪作狼韻會五歌扶作夾）水首受淮陽縣蒗蕩渠（水經注）渦水出淮南浮溝浪蕩渠東入淮屋戈反又古和反（晉書音義卷上）

泄水受九江博安洵波北入氐从水世聲（大徐韻會八霽小徐波譌彼）

汳水受陳留浚儀陰溝至蒙為雝水東入於泗从水反聲（大徐小徐蒙作濛雝作灉無於字）水出陳留浚儀陰溝至蒙為雝水東入于泗（韻會十七霰）

潧水出鄭國从水曾聲詩曰潧與洧方渙渙兮（大小徐）水出鄭國

溱作溍水出鄭溱洧釋文溱水在鄭國南入于洧孟子疏
渙渙作汎汎音父弓反溱洧釋文御覽卷六十三
淩水在臨淮从水夌聲大小徐
濮水出東郡濮陽南入鉅野从水僕聲大小徐韻會一屋水出東郡濮
陽南入鉅野御覽卷六十三
濼齊魯閒水也从水樂聲春秋傳曰公會齊侯于濼大徐小徐無曰字
濼匹各反桓十八年釋文又公羊釋文濼韻會二沃
漷水在魯从水郭聲大小徐
淨魯北城門池也从水爭聲大小徐埩作淨魯城北門池廣韻十三耕
濕水出東郡東武陽入海从水㬎聲桑欽云出平原高唐大小徐

水出東郡武陽入海从水㬎聲 韻會十五合 濕 五經文字卷上

泡水出山陽平樂東北入泗从水包聲 大○小徐 水出山陽平樂東北入泗 廣韻四肴 水出山陽平樂從水包聲 韻會三肴

菏菏澤水在山陽胡陵禹貢浮于淮泗達于菏从水苛聲 大○徐 小徐胡作湖陵下有南字 菏澤水名出山陽胡陵注禹貢浮于淮泗達于菏 韻會五歌 渮工可反水出山陽湖陵南郡 禹貢釋文 菏澤在山陽胡陸南○ 御覽卷七十二 菏澤水在山陽湖陵縣 廣韻七歌

泗受泲水東入淮从水四聲 大○徐 小徐受上有水字 韻會四寘 泗受泲水東入淮 廣韻六至 御覽卷六十三泲作濟

洹水在齊魯閒从水亘聲 大○徐 小徐魯下有之字 韻會十四寒 水在齊魯之間

韻會十三元 水經注在作出

灉河灉水在宋从水雝聲大小徐 水名出曹州從水雝聲一曰出宋韻會二冬 雝者河雝水也水經注

灃淵水在宋从水亶聲大徐 灃淵水也在宋從水亶聲小徐

洙水出泰山蓋臨樂山北入泗从水朱聲大小徐

沭水出青州浸从水术聲大徐 小徐浸作寖 水出青州類篇水部 集韻六術

沂水出東海費東西入泗从水斤聲一曰沂水出泰山蓋青州浸大徐 小徐浸作寖 沂水出東海費縣東西入泗從水斤聲水經注 水出東海費東入泗一曰出泰山蓋青州浸也御覽卷六十三 水出東海費東西入泗一曰青州浸出泰山蓋韻會五微

洋水出齊臨朐高山東北入鉅定从水羊聲大徐　小徐高字作石膏兩字文因案高字傳寫殘脫當從漢志作石膏小徐不誤

濁水出齊郡厲嬀山東北入鉅定从水蜀聲大小徐　韻會三覺無東北二字

漑水出東海桑瀆覆甑山東北入海一曰灌注也从水既聲大徐　小水出東海桑瀆覆甑山東北入海从水既聲一曰灌注也徐

水出東海從水既聲一曰灌注也韻會十一隊　灌注也一切經音義卷一　又卷九　又卷十四　灌也一切經音義卷二　又卷二十二　又卷十　又卷二十三　又卷十八　文選南都賦注　猶灌也文選洞簫賦注　灌之也文選養生論注　灌澍水也華嚴音義卷三十七

漑五經文字卷下

濰水出琅邪箕屋山東入海徐州浸夏書曰濰淄其道从水維聲

韻會十三元　水經注在作出

濉河濉水在宋从水雎聲 小徐 水名出曹州從水雎聲一曰出

宋 韻會二冬 雎者河雎水也 水經注

澶……小徐……小

文田案漢書沭水出琅邪東莞縣南至下邳入泗青州浸水

經注沭水出琅邪東莞縣西北大弁山許書水出下當有殘

脫類篇集韻去浸字直云水出青州甚謬

沂水出東海費東西入泗从水斤聲一曰沂水出泰山蓋青州浸

小徐 徐浸作寖 沂水出東海費縣東西入泗從水斤聲 水經注 水

出東海費東入泗一曰出泰山蓋青州浸也 御覽卷六十三 水出東

海費東西入泗一曰青州浸出泰山蓋 韻會五微

洋水出齊臨朐高山東北入鉅定从水羊聲大徐小徐高字作石膏兩字文田案高字傳寫殘脱當從漢志作石膏小徐不誤

濁水出齊郡厲嬀山東北入鉅定从水蜀聲大小徐韻會三覺無東北二字

漑水出東海桑瀆覆甑山東北入海一曰灌注也从水既聲大徐

水出東海桑瀆覆甑山東北入海從水既聲一曰灌注也小徐

水出東海從水既聲一曰灌注也韻會十一隊 灌注也一切經音義卷一又卷九又卷十四 灌也一切經音義卷二又卷十又卷十八又卷二十二又卷二十三文選南都賦注 猶灌也文選洞簫賦注 灌之也文選養生論注 灌漑水也華嚴音義卷三十七

漑五經文字卷下

濰水出琅邪箕屋山東入海徐州浸夏書曰濰淄其道从水維聲

犬徐　水出琅邪箕屋山東入海從水維聲徐州寖夏書曰濰淄
其導　小徐　水出琅邪箕屋山東入海徐州浸　韻會四支　水出箕屋
山　水經注　御覽卷六十三

浯水出琅邪靈門壺山東北入濰从水吾聲　犬小徐　水名出琅邪
靈門縣壺山東北入淮從水吾聲　韻會七虞　水出靈門山　水經注

汶水出琅邪朱虛東泰山東入濰从水文聲桑欽說汶水出泰山
萊蕪西南入泲　犬徐　小徐文譌汶　水出琅邪泰山朱虛東入濰又云
出泰山萊蕪西南入濟　御覽卷六十三　水出琅邪東入濰從水文聲
水經云　出泰山萊蕪西南入泲　韻會十三問

治水出東萊曲城陽丘山南入海从水台聲　犬小徐　韻會四支

濅水出魏郡武安東北入呼沱水从水㝲聲㝲籀文寑字 大徐 水
出魏郡武安東北入呼沱水從水㝲聲 韻會二十七沁呼作滹沱下無水字 小徐
濅 五經文字卷下 濅 廣韻五十二沁
湡水出趙國襄國之西山東北入濅从水禺聲 大徐 小徐無之字 水出趙國襄
㴲水出趙國襄國東入湡从水虒聲 大徐 小徐東上有中字
中從水虒聲 韻會四支
渚水在常山中丘逢山東入湡从水者聲爾雅曰小州曰渚 大徐 小
徐爾雅曰作一曰州作洲 水出常山丘逢山從水者聲一曰小洲 韻會六語
洨水出常山石邑井陘東南入于泜从水交聲邟國有洨縣 大徐、
水出常山石邑井陘山東南入泜從水交聲邟國有洨縣 小徐

水出常山韻會三肴

文田案井陘當作井陵小徐已正其誤

濟水出常山房子贊皇山東入泜从水齊聲大徐入泜作泜小徐泜水出

常山東入泜從水齊聲韻會八薺

泜水在常山从水氐聲大小徐水名在恒山韻會四支

濡水出涿郡故安東入漆涑从水需聲大小徐濡水入深水經注

濡女于反昭七年釋文

灅水出右北平浚靡東南入庚从水壘聲大徐小徐東南二字倒庚下有水字

沽水出漁陽塞外東入海从水古聲大小徐水出漁陽塞外東入

海一曰在東蜜韻會七虞

沭水出遼東番汙塞外西南入海从水朮聲大徐音寒 小徐汙作汗韻會九泰番作番無西南二字

浿水出樂浪鏤方東入海从水貝聲一曰出浿水縣大小徐 水出樂浪鏤方東入海一曰出浿水縣韻會十卦水經注無樂浪二字

瀤北方水也从水褱聲大小徐

灅水出鴈門陰館纍累頭山東入海或曰治水也从水纍聲大徐 水出鴈門陰館累頭山東入海從水纍聲或曰治水也小徐

瀘水出北地直路西東入洛从水盧聲大徐作北路直地 小徐 水出北地直路西入洛廣韻九魚 漆沮各是一水名史記夏本紀索隱 文田案北地郡有直路縣小徐本誤

泒水起鴈門葰人戍夫山東北入海从水瓜聲大徐小徐起作出

滱水起北地靈丘東入河从水寇聲滱水即漚夷水幷州川也大徐小徐又韻會二十六宥無也字

淶水起北地廣昌東入河从水來聲幷州浸大徐小徐浸作寖　水起北地廣昌軍東入河從水來聲韻會十灰

泥水出北地郁郅北蠻中从水尼聲大徐小徐蠻下有夷字　水出北地郁郅蠻夷中晉書音義卷四十七　水出郁郅北蠻中廣韻十二齊　水名從水尼聲出北地郁郅北蠻中韻會八齊

湳西河美稷保東北水从水南聲大徐小徐北水作水也　水出西河美稷縣文選潘安仁關中詩注　郡名韻會二十八感

溤水出西河中陽北沙南入河从水焉聲大小徐　水出西河中陽縣之西南入河水經注

涇河津也在西河西从水巠聲大小徐

瀕水也从水旟聲大小徐

洵過水中也从水旬聲大小徐韻會十一眞過作渦

涻水出北囂山入邙澤从水舍聲大小徐

汈水也从水刃聲大徐小徐廣韻三也下有名字水也十二霰

湏水也从水直聲大徐小徐也下有名字

淒水也从水妾聲大徐小徐也下有名字

渻水也从水居聲大徐小徐也下有名字

湶水也从水泉聲大小徐

沋水也从水尤聲大小徐

涃水也从水困聲大小徐

淉水也从水果聲大小徐

溑水也从水𧴪聲讀若瑣大小徐

浝水也从水尨聲大小徐

⿰氵乳水也从水乳聲大小徐　水也廣韻四十五厚

汷水也从水夊聲夊古文終大徐小徐終下有字字

洦淺水也从水百聲大小徐　洦古皃字也洦淺水皃顏氏家訓勉學第八

文田案顏氏家訓上洦字有誤

汘水也从水千聲 大小徐

洍水也从水匠聲詩曰江有洍 大徐 水也一曰詩江有洍从水匠

聲 小徐 水也一曰詩曰江有洍 廣韻五旨

澥勃澥海之别名也从水解聲一説澥即澥谷也 大徐 小徐末無也字

勃澥海别名從水解聲 韻會九蟹 東海之别有渤澥 初學記卷六

漠北方流沙也一曰清也从水莫聲 大小徐 北方流沙 文選雪賦注 又嘯

賦 又盧子諒贈崔溫詩注 又曹子建白馬篇注 又孫子荊為石苞與孫皓書注 又王僧達祭顏光祿文注

海天池也以納百川者从水每聲 大徐 小徐者下有也字 韻會十賄也在者下 天

池也以納百川者 廣韻十五海 天池 御覽卷六十

溥大也从水尃聲 大小徐 韻會七麌

⿰氵閻水大至也从水閻聲大小徐

洪洚水也从水共聲大小徐韻會一東

洚水不遵道一曰下也从水夅聲大徐　水不遵其道也從水夅聲

一曰洚下小徐　水不遵一曰下也廣韻一東又二冬又四江　洚胡貢切

孟子音義

衍水朝宗于海也从水从行大徐韻會十六銑無下從字　水朝宗于海皃也

從水行聲小徐韻會十七霰無也字聲字

淖水朝宗于海从水朝省大徐　水朝宗于海也從水朝省聲小徐韻

會二蕭無上水字也字　潮朝也從水朝御覽卷六十八

濥水脈行地中濥濥然从水夤聲大徐小徐然作也　水脈行地中濥濥

然廣韻二十一震又十六軫然作也 水脈行地中文選江賦注

滔水漫漫大皃从水舀聲大徐 韻會四豪 水漫天皃從水舀聲小徐

涓小流也从水肙聲爾雅曰汝為涓大小徐 一先無曰字韻會 小流也廣韻一先

混豐流也从水昆聲大小徐 豐流也從水昆聲一曰雜流韻會十三阮

潒水潒瀁也从水象聲讀若蕩大小徐

漦順流也一曰水名从水𠩺聲大徐 名下有也字小徐 順流也從水𠩺聲

一曰水名韻會四支

汭水相入也从水从内内亦聲大徐 水相入也從水内聲小徐 水

相入也韻會八霽 水相入曰汭夏紀索隱 水相入皃廣韻十三祭

潚深清也从水肅聲大小徐

演長流也一曰水名从水寅聲大小徐　長流也文選海賦注

渙流散也从水奐聲大小徐韻會十五翰

泌俠流也从水必聲大小徐　俠流也韻會四寘　水駃流也文選魏都賦注

活水流聲也从水昏聲大徐小徐又韻會七曷無首水字

[氵聒]活或从聒大小徐　或作活韻會七曷

湝水流湝湝也从水皆聲一曰湝湝寒也詩曰風雨湝湝大徐小徐無上也字寒上無重湝字　水流湝湝也從水皆聲一曰寒也韻會九佳

泫湝流也从水㪅避聲上黨有泫氏縣大徐小徐也作水　泫湝流水從水

□聲上黨泫氏縣韻會十六銑

淲水流皃从水彪省聲詩曰淲池北流大徐　水流皃詩曰淲池北

流从水彪省聲小徐

淢疾流也从水或聲大°小徐　疾流也文選南都賦注

瀏流清皃从水劉聲詩曰瀏其清矣大°小徐韻會二十六厚無曰字　流清也力尤反溱洧釋文　瀏繫傳疑義

瀸礙流也从水蘮聲詩曰施罛瀸瀸大°徐小徐瀸作濊　礙流也從水蘮聲韻會七曷　礙流也碩人釋文

滂沛也从水旁聲大°小徐韻會七陽

㳹深廣也从水㞷聲一曰㳹池也大°徐小徐無末也字　深廣也從水㞷聲韻會七陽　深廣也一切經音義卷十三又卷十四又卷十十八後漢荀淑傳注文選江賦注無深字

漻清深也从水翏聲大徐　韻會二蕭清深也從水翏聲讀若牢小徐

清聲也音聊文選上林賦注

泚清也从水此聲大小徐　韻會八薺清也謝元暉始出尚書省詩注

況寒水也从水兄聲大小徐　韻會二十三漾寒水也廣韻四十一漾華嚴音義卷十五無也字

沖涌搖也从水中聲讀若動大徐　小徐搖作繇　涌搖也從水中聲韻會二冬

汎浮皃从水凡聲大小徐

沄轉流也从水云聲讀若混大小徐　轉流也從水云聲韻會十二文

轉流也一曰沄釋言釋文又疏　轉流也廣韻二十文

浩澆也从水告聲虞書曰洪水浩浩大小徐　澆也從水告聲書浩

浩洪水韻會十九皓

沆莽沆大水也从水亢聲一曰大澤皃大徐小徐又韻會二十二養無也字皃字

泬水从孔穴疾出也从水从穴穴亦聲大徐水從孔穴疾出也從水穴韻會九屑小徐孔下無穴字

濞水暴至聲从水鼻聲大小徐韻會四寘

灂水小聲从水爵聲大徐小徐從上有也字水之小聲也司馬相如傳索隱灂水小聲韻會三覺

潝水疾聲从水翕聲大徐水流疾聲也從水翕聲韻會十四緝小徐無流字

滕水超涌也从水朕聲大小徐韻會十蒸騰水涌也文選江賦

潏涌出也一曰水中坻人所為為潏一曰潏水名在京兆杜陵从

水矞聲徐尤　涌出也從水矞聲一曰水中坻人所為為潏一曰
潏水在京兆杜陵小徐韻會九眉潏水作水名　水在京兆杜陵漢司馬相如傳注
水出杜陵文選上林賦注　水湧出也文選上林賦注又海賦注
洸水涌光也从水从光光亦聲詩曰有洸有潰尤徐小徐無下從字　水
涌貌也詩有洸有潰韻會七陽
波水涌流也从水皮聲尤小徐韻會五歌涌譌通　水涌也文選月賦注
澐江水大波謂之澐从水雲聲尤徐小徐大上有之字
瀾大波為瀾从水闌聲尤小徐韻會十四寒
漣瀾或从連尤徐　小波從連小徐　小波從水連聲韻會一先
文田案小波二字傳寫誤

淪小波爲淪从水侖聲詩曰河水清且淪漪一曰没也 大徐韻會十一真 小徐無也字

㵖浮也从水𤍽聲 大小徐韻會二蕭 漂浮也 一切經音義卷六 文選甘泉賦注 又江賦注 又洞簫賦注 又七發注 又陸士衡行連珠注

浮汎也从水孚聲 大徐十一尤 小徐孚譌浮從上有溢也二字 韻會 汎也 文選海賦注

濫氾也从水監聲一曰濡上及下也詩曰觱沸濫泉一曰清也 大徐 小徐首也作水畢作滭 氾也從水監聲一曰濡上及下也一曰清也 韻會二十八勘 泛也 後漢班固上注 文選西都賦注

氾濫也从水巳聲 大徐韻會三十陷巳作弓 濫也從水巳聲一曰淹 小徐

濫也 一切經音義卷七 文選長笛賦注

泓下深皃从水【敬避】聲大小徐韻會八庚　下深也文選笙賦注　下深大也一切經音義卷十七文選吳都賦注　下深大皃一切經音義卷二十

湋回也从水韋聲大徐韻會五微　回也一曰水名從水韋聲小徐

測深所至也从水則聲大小徐　深所至也韻會十三職

湍疾瀨也从水耑聲大小徐韻會十四寒　疾瀨也一切經音義卷四又卷十三又卷十六又卷二十又卷二十二又卷二十三華嚴音義卷十三又卷三十五又卷六十　疾瀨水孟子疏

水疾也文選陸士衡日出東南隅注

淙水聲也从水宗聲大小徐韻會二冬　水聲也一切經音義卷二十文選江賦注

激水礙衺疾波也从水敫聲一曰半遮也大徐小徐又韻會十二錫無末也字韻會衺作也　疾波也華嚴音義卷六十二　水疾急曰激也一切經音義卷四　水文凝

邪疾急激也一切經音義卷十一　邪流急者也一切經音義卷二十一　水流疑
邪急激也一切經音義卷二十二
洞疾流也从水同聲大小徐韻會一送　疾流也文選西都賦注
⿰氵旛大波也从水旛聲大小徐
洶涌也从水匈聲大小徐韻會二腫　洶涌也文選高唐賦注
涌滕也从水甬聲一曰涌水在楚國大徐小徐無國字韻會二腫　滕也一
曰涌水在楚國廣韻二腫
湁湁湒瀋也从水拾聲大小徐
涳直流也从水空聲大小徐
汋激水聲也从水勺聲井一有水一無水謂之瀱汋大徐　激水聲

也從水勺聲一曰井一有水一無水為瀱汋（小徐韻會十藥為作曰）激

水聲也一曰井一有水一無水為瀱汋（廣韻四覺）

瀱井一有水一無水謂之瀱汋从水罽聲（大徐之二字作曰小徐謂）水流聲也

渾混流聲也从水軍聲一曰洿下皃（大小徐韻會十三元無皃字）

一曰汙（一切經音義卷一）流聲也（文選七命注）洿也亦水流聲也（一切經音義卷九）

洌水清也从水列聲易曰井洌寒泉食（大小徐韻會九眉無曰字食字）水清也（易井釋文文選長笛賦注）

淑清湛也从水叔聲（大小徐韻會一屋）

溶水盛也从水容聲（大小徐）水盛也（韻會二冬又二腫）

澂清也从水徵省聲大徐　清也從水敱聲小徐韻會十蒸　韻

清䀹也澂水之皃从水青聲大徐小徐韻會八庚

湜水清底見也从水是聲詩曰湜湜其止大徐小徐十三職無曰字韻會　水清

見底谷風釋文

潣水流浼浼皃从水閔聲大徐小徐韻會十一軫　韻

滲下漉也从水參聲大徐小徐　下漉也一切經音義卷十　文選長卿封禪文注　韻會二十七

沁　漉水下流之皃司馬相如傳索隱

澖不流濁也从水圂聲大徐小徐不作下

溷亂也一曰水濁皃从水圂聲大徐小徐　亂也從水圂聲韻會十四願

亂也文選西征賦注文嘯賦注　濁也　淆襍亂也釋水疏　渾亂也一切經音義卷

二十三

漏濁也从水屈聲一曰滒泥一曰水出皃 大徐 小徐末有也字 韻會六月 濁也一曰滒泥 廣韻十一沒 水出皃 文選上林賦注

淀回泉也从水旋省聲 大小徐 韻會一先 水回也從水旋省 韻會十七霰

漩回淵也 一切經音義卷十八

潅深也从水崔聲詩曰有潅者淵 大小徐 深也從水崔聲 韻會十賄

淵回水也从水淵聲象形左右岸也中象水皃 大徐 韻會一先 小徐又皃作也 韻 回水也 文選魏都賦注 御覽卷七十 水洄曰淵 華嚴音義卷六十二

𣶒淵或省水 大小徐 古作𣶒 韻會一先

囦古文从口水 大徐 囦古文 廣韻一先 古文淵從口 小徐 此與𣶒字說解傳刻倒

濔滿也从水爾聲大°小徐韻會四紙水滿新臺釋文

澹水搖也从水詹聲大°小徐韻會二十八勘水搖也文選琴賦注又高唐賦注又司馬長卿難蜀父老注又謝元暉齊敬皇后哀策注搖也文選長楊賦注澹澹水搖皃也文選東京賦注

潯旁深也从水尋聲大°小徐韻會十二侵水旁潯也文選江文通襍體詩注

泙谷也从水平聲大°小徐谷也廣韻十二庚

泏水皃从水出聲讀若窋大°小徐

瀳水至也从水薦聲讀若尊大°徐小徐也作皃水至也廣韻一先

瀞土得水沮也从水爭聲讀若𪍿大°小徐

滿盈溢也从水㒼聲大°小徐韻會十四旱

滑利也从水骨聲 大小徐 韻會八黠

濇不滑也从水嗇聲 大小徐 𣿅或作濇從水嗇聲 韻會十四緝

澤光潤也从水睪聲 大小徐 韻會十一陌

淫浸淫隨理也从水㸒聲一曰久雨爲淫 大徐 小徐爲作曰 浸淫隨理

也從水㸒聲 韻會十二侵

瀸漬也从水韱聲爾雅曰泉一見一否為瀸 大徐 小徐爲作曰

泆水所蕩泆也從水失聲 大小徐 韻會四質 水所蕩泆也 一切經音義卷八 又卷

二十

二

漬漚也从水責聲 大徐 漚也從水責聲亦泆也 小徐 漚也從水責

聲一曰散也 韻會十一隊 漚也 一切經音義卷九 又卷十 又卷十二 又卷十七 又卷二十

二　又卷二十三　又卷二十四

沴水不利也从水㐱聲五行傳曰若其沴作（小徐）水不利也從水㐱聲（韻會八霽）水不利也（廣韻十二祭）

文田案五行傳若六沴作見說解殘脫

淺不深也从水戔聲（小徐韻會十六銑）

洔水暫益且止未減也从水寺（小徐）水暫益且止未減也（廣韻五旨）

渻少減也一曰水門又水出丘前謂之渻丘从水省聲（小徐）少減也一曰水門也從水省聲一曰水出邛前為渻（小徐）少減也從水省聲一曰水出丘前謂之渻丘（韻會二十三梗）少減也一曰水門又水出丘前謂之渻丘（廣韻四十靜）

淖泥也从水卓聲（大小徐韻會十九效）

滜小溼也从水翠聲（大小徐）

溽溼暑也从水辱聲（大小徐韻會二沃）溼暑也（御覽卷三十四藝文類聚卷五）溽暑

溼暑也（文選潘安仁悼亡注）

涅黑土在水中也从水从土日聲（大徐小徐又韻會九屑無下從字小徐中作者）謂

黑土在水中者也（陽貨釋文）泥黑土在水中者也（御覽卷七十四）

滋益也从水茲聲一曰滋水出牛飲山白陘谷東入呼沱（大徐小徐呼

作嘑韻會四支一曰滋水作水名二字）益也（一切經音義卷十三）

溜青黑色从水曶聲（大徐小徐色作皃也二字）涸青黑皃（廣韻十一隊）

浥溼也从水邑聲（大小徐韻會十四緝）溼也（文選謝靈運入彭蠡湖詩注）

沙水散石也从水从少水少沙見楚東有沙水大徐水散石從水
少聲水少沙見也楚東有沙水小徐水散石也從水少水少沙
見也楚東有沙水韻會六麻水散石也從水少水沙見矣楚東有
沙水水經注水中散石也水少則沙見故字從水少鳧鷖釋文
沚譚長説沙或从止大小徐或作沚韻會六麻
瀨水流沙上也从水賴聲大小徐韻會九泰水流沙上也告子疏司馬相如傳索
隱文選月賦注流沙上也一切經音義卷十三水流沙上曰瀨一切經音義卷四
又卷十六又卷二十淺水流沙上曰湍華嚴音義卷十三又卷三十五又卷六十
瀆水厓也从水賣聲詩曰敦彼淮瀆大小徐水涯也詩鋪敦淮瀆
韻會十二文水涯也御覽卷七十

涘水涯也从水矣聲周書曰王出涘大徐小徐涯作崖　水厓也從水矣聲韻會四紙　水涯也御覽卷七十

文田案引周書乃偽太誓文見詩思文疏

汻水厓也从水午聲大徐小徐厓作涯　韻會七麌

氿水厓枯土也从水九聲爾雅曰水醮曰氿大徐小徐厓作崖　水厓土韻會四紙

漘水厓也从水脣聲詩曰寘河之漘大徐小徐厓作崖　水厓也從水脣聲詩寘之河之漘兮韻會十一真

浦瀕也从水甫聲大徐小徐又韻會七麌瀕也作水濱也　水濱也常武釋文又正義藝文類聚卷九白帖卷弟二御覽卷七十四韻會六語　水濱北山正義　濱也廣韻十姥

沚小渚曰沚从水止聲詩曰于沼于沚大徐小徐小作水小渚曰沚詩于沼于沚韻會四紙小渚曰沚廣韻五旨

沸畢沸濫泉从水弗聲大徐滭沸濫泉也從水弗聲小徐滭沸也從水弗聲詩滭沸檻泉韻會五勿

潨小水入大水曰潨从水从衆詩曰鳧鷖在潨大徐小徐從衆作衆聲小水入大詩鳧鷖在潨韻會一東小水入大水也鳧鷖釋文又正義一切經音義卷七文選江賦注

派別水也从水从𠂢𠂢亦聲大徐小徐無下從字水別流也文選頭陀寺碑文注水之邪流別也一切經音義卷七

汜水別復入水也一曰汜窮瀆也从水巳聲詩曰江有汜大徐水

別復入也從水巳聲詩曰江有汜一曰汜窮瀆也小徐　水別復

入水也一曰汜窮瀆也詩曰江有汜廣韻五旨　水別復入也從水

巳聲詩江有汜韻會四紙

浵浵辟深水處也从水癸聲大徐小徐深作流　浵辟深水處廣韻五旨

濘滎濘也从水寧聲大小徐韻會二十五徑

滎絕小水也从水熒省聲大小徐　絕小水也韻會九青　濘絕小水也

文選七命注

洼深池也从水圭聲大小徐韻會六麻

漥清水也一曰窊也从水窐聲大徐　清水也從水窐聲一曰窊也

小徐　清水也一曰窊也廣韻九麻韻會六麻窊作溝　窪小水也一切經音義卷七

潢積水池从水黃聲大徐小徐池下有也字積水池也文選南都賦注御覽卷七十一久積水池也大
廣韻十一唐積水也韻會七陽久積水一切經音義卷十五
曰潢小曰洿一切經音義卷十七池也一切經音義卷一又卷二十二又卷二十三
沼池也从水召聲大徐小徐韻會十七篠
華嚴音義卷十四沼池小池也一切經音義卷二十五
湖大陂也从水胡聲揚州浸有五湖浸川澤所仰以灌漑也大徐小
徐浸皆作寖無末也字大陂也從水胡聲周禮揚州其浸五湖浸者所
仰以漑灌者也韻會七虞大陂也揚州浸有五湖水澤所仰以漑
灌也藝文類聚卷九大陂也揚州有五湖一切經音義卷四大陂也初學記卷
七御覽卷六十六

汥水都也从水支聲大小徐 水都也廣韻五支

洫十里為成成閒廣八尺深八尺謂之洫从水血聲論語曰盡力乎溝洫大徐乎作于 小徐尺皆譌赤 韻會十三職無曰字

溝水瀆廣四尺深四尺从水冓聲大徐尺皆譌赤 小徐 水瀆廣四尺深四尺韻會十一尤 一切經音義卷六瀆下有也字

瀆溝也从水賣聲一曰邑中溝大小徐韻會一屋 溝也一曰邑中溝廣韻一屋 · 溝也一切經音義卷十二

渠水所居从水榘省聲大徐 水所居也從水㮤聲小徐 韻會六魚

㵉谷也从水臨聲讀若林一曰寒也大小徐 谷也一曰寒也廣韻二十一侵 谷名一切經音義卷二十

湄水艸交為湄从水眉聲大徐小徐為作曰韻會四支

洐溝水行也从水从行大徐溝行水也從水行聲小徐

澗山夾水也从水閒聲一曰澗水出[敬避]農新安東南入洛大徐小徐無

出上水字韻會十六諫無東南二字洛作海山夾水曰澗初學記卷六

澳隈厓也其內曰澳其外曰隈从水奧聲大徐小徐厓作崖韻會一屋

澩夏有水冬無水曰澩从水學省聲讀若學大徐小徐夏有水冬無

水曰澩韻會三覺澩十一廣韻三巧

澩或不省大徐小徐或書作澩韻會三覺

灊水濡而乾也从水鷊聲詩曰灊其乾矣大徐小徐水濡而乾也從

水難聲韻會十四寒暵作灊水濡而乾也中谷有蓷釋文灘廣韻二十三旱

灘俗灘从隹大小徐又作灘中谷有蓷釋文

汕魚游水皃从水山聲詩曰蒸然汕汕大徐小徐蒸作烝韻會十六諫無曰字魚

游水貌嘉魚釋文

洩行流也从水从叏廬江有洩水出於大別山大徐行流也從水

夬聲廬江有決水出大別山小徐韻會九屑下流也一切經音義卷二又卷

九

灤漏流也从水䜌聲大小徐灤漏流也廣韻二十六桓

滴水注也从水啻聲大小徐韻會十二錫

注灌也从水主聲大小徐韻會七遇灌也一切經音義卷一文選海賦注又洞簫賦注同

𣸍溉灌也从水芺聲大小徐韻會二沃渓廣韻二沃

澘所以攤水也从水昔聲漢律曰及其門首洒澘大徐小徐攤作灑無門首兩
字　所以攤水也廣韻二十二麥
澨埤增水邊土人所止者从水筮聲夏書曰過三澨大小徐　埤增
水邊土人所止者從水筮聲韻會八霽　水邊土人所止曰澨初學記卷六
津水渡也从水聿聲大小徐韻會十一真　水渡也廣韻十七真藝文類聚卷九津作津
𦨈古文津从舟从淮大徐小徐無下從字　𦨈古文廣韻十七真注　古作𦨈韻會
十一真
淜無舟渡河也从水朋聲大小徐　無舟渡河也廣韻十六蒸韻會十蒸　無
船渡河釋訓釋文
[氵橫]小津也从水橫聲一曰以船渡也大徐、小徐船作舡　小津也一曰以

説文解字攷異

十一下

說文解字攷異十一下

歸安姚文田輯

沝二水也闕凡沝之屬皆从沝大小徐

𣶒水行也从沝㐬㐬突忽也大徐小徐又韻會十一尤㐬下有從字流水行也廣韻十八尤

流篆文从水大徐篆文流從水小徐篆文作流韻會十一尤

𣻅徒行厲水也从沝从步大徐小徐又韻會十六葉無下從字𣻅同涉廣韻二十九葉

涉篆文从水大徐篆文涉從水小徐篆文作涉韻會十六葉

頻水厓人所賓附頻蹙不前而止从頁从涉凡頻之屬皆从頻大徐

小徐厓下有也字瀕水厓也水賓附蹙不前而止從頁從涉韻會十一真

丨頻水厓也又同 水厓也人所賓附顰戚不前而止也玉篇頻部 渡水向岸水

顰涉水顰蹙从頻卑聲大徐小徐又韻會十一真蹙下有也字小徐頻譌顰

文叢皺亦謂之頻蹙華嚴音義卷五十八

巜水小流也周禮匠人為溝洫梠廣五寸二梠為耦一耦之伐廣尺深尺謂之巜倍巜謂之遂倍遂曰溝倍溝曰洫倍洫曰巜凡巜之屬皆从巜大徐 水小流也周禮匠人為溝洫耜廣五寸二梠為一耦一耦之伐廣赤深赤謂之巜倍巜曰遂倍遂曰溝倍溝曰洫倍洫曰巜凡巜之屬皆從巜小徐 水小流也周禮匠人為溝洫梠廣五寸二梠為耦一耦之伐廣尺深尺謂之巜倍巜謂之遂倍遂曰溝倍溝曰洫倍洫曰巜韻會十六銑 甽小流也節南

山正義御覽卷七十四小作水　廣尺深尺曰甽漢李尋傳注　甽田中之溝後漢章紀注

甽古文〻从田从川大°徐　古文〻從田巜甽巜之川也小徐　或作甽韻會十六銑　畎又作甽玉篇田部

畎篆文〻从田犬聲六畎為一畝大°徐為上有而字畝譌畝　小徐無聲字　篆文作畎六畎為一畝韻會十六銑

巜水流澮澮也方百里為巜廣二尋深二仞凡巜之屬皆从巜大°徐讀若儈同句　小徐末有　水流澮澮也方百里有巜廣二尋深二廣韻十四泰

水流澮澮也廣二尋深二仞御覽卷七十四九泰末有為巜二字韻會　廣二尋深二仞曰澮漢李尋傳注

粼水生厓石間粼粼也从巛粦聲 大小徐韻會十二震 韻 水生厓石間粼

粼也 韻會十一真 鄰水厓間鄰鄰然也 文選江賦注

川貫穿通流水也虞書曰濬く巜距川言深く巜之水會為川也

凡川之屬皆从川 大小徐 貫穿通流水也書濬く巜距巛言深

く巜之水會為巛也 韻會一先 貫穿通流水也虞書曰濬畎澮距

川言深濬畎澮之水會為川也 釋水疏 貫穿通流水也 御覽卷六十八

川者水貫穿而通流也 漢李尋傳注

巠水脈也从川在一下一地也壬省聲一曰水冥巠也 大徐 小徐下上有

之字 水脈也 廣韻十五青

巠古文巠不省 大小徐

巟水廣也从川亾聲易曰包巟用馮河［大徐小徐馮作淜］　水廣也［易泰釋文］

十一唐［廣韻］

𡿧水流也从川或聲［大徐小徐］

𡿨水流也从川曰聲［大徐小徐］　水流也［廣韻五質］

𡿪水流𡿪𡿪也从川列省聲［大徐小徐列作歺］

邕四方有水自邕城池者从川从邑［大徐］　四方有水自邕城池者

是也從巛邑讀若雝［小徐］　邑四方有水自邕成池從川邑［韻會二冬］

四方有水自邕城池者［廣韻三鍾］

𡿳籀文邕［大徐］　籀文邕如此［小徐］　籀作𡿳［韻會二冬］

巛害也从一雝川春秋傳曰川雝為澤凶［大徐小徐］　害也［廣韻十六咍］

侃剛直也从㐰㐰古文信从川取其不舍晝夜論語曰子路侃侃如也○大徐小徐信下有也字子路作子貢　剛直也從㐰古信字從川取其不舍晝夜論語侃侃如也韻會十四旱　剛直也從㐰㐰古文信也從川取其不舍晝夜也韻會十五翰

文田案小徐以子路有閒未之能行釋不舍晝夜是貢字乃後人私改然小徐亦誤記論語矣

州水中可居曰州周遶其旁从重川昔堯遭洪水民居水中高土故曰九州詩曰在河之州一曰州疇也各疇其土而生之○大徐小徐上居下有者字末之作也　水中可居者曰州又堯遭洪水民居水中高土故曰九州一曰州疇也各疇其土而生也韻會十一尤　堯遭洪

水民居水中高土故名曰州一曰州疇也疇其土而生之也藝文類聚卷六　疇也疇其土而生之御覽卷一百五十七　渚也重川周繞其旁韻會十一尤　三刂爲州李陽冰本

州古文州大徐　州古文如此小徐　韻會十一尤古作州

泉水原也象水流出成川形凡泉之屬皆从泉大徐形下有也字小徐　水原也象水流出成川形也韻會一先　水源也釋水疏御覽卷七十

灥泉水也从泉緐聲讀若飯大徐小徐

灥三泉也闕凡灥之屬皆从灥大徐小徐

厵水泉本也从灥出厂下大徐小徐三元灥作三泉二字韻會十　厵廣韻二十二元

原篆文从泉大徐　篆文厵省小徐　篆文省作原廣韻二十二元韻會十三元

源作原 一切經音義卷三

永長也象水巠理之長詩曰江之永矣凡永之屬皆从永 大徐小徐首有水字詩上有水也二字 水長也象水巠理之長永也 韻會二十三梗

羕水長也从永羊聲詩曰江之羕矣 大小徐韻會二十三漾也作覫無曰字

𠂢水之衺流別也从反永凡𠂢之屬皆从𠂢讀若稗縣 大徐小徐若下有蜀字 水之衺流別也從反永 韻會十卦 水之衺流別也 廣韻十五卦

派水之邪流別也 一切經音義卷七 𠂢水之邪流別也 一切經音義卷十六又卷二十二又卷二十四

衇血理分衺行體者从𠂢从血 大徐 血理之八分衺行體中若從𠂢從血 小徐韻會十一陌 血理之分衺行體者 廣韻二十一麥

脈衃或从肉大徐 小或從肉作脈韻會十一陌 脈五經文字卷下

𧖴籀文大徐 籀文衃小徐 籀作𧖴韻會十一陌 廣韻二十一麥𧖴籀文

覛衺視也从𠂢从見大徐 小邪視也從𠂢從見韻會十二錫 邪視也釋詁疏 衺視也廣韻二十一麥又二十三錫

䀛籀文大徐 覓籀文覛小徐 籀文作覓韻會十二錫又十一陌或書作䀛 廣韻二十一麥䀛籀文

谷泉出通川為谷从水半見出於口凡谷之屬皆从谷大徐 小泉出通川為谷從水半見出於口韻會一屋 泉出通川為谷廣韻三燭 泉出通川曰谷一切經音義卷六 御覽卷五十四無出字 泉之通川者曰谷一切經音義卷九

谿山瀆无所通者从谷奚聲 大○徐 小徐又韻會八齊无作無

䜭通谷也从谷害聲 大○小徐 韻會七曷

𧮫空谷也从谷翏聲 大○小徐 空谷也 韻會二蕭

豅大長谷也从谷龍聲讀若聾 大○小徐 大長谷從谷龍聲 韻會一東

谹谷中響也从谷厷聲 大○小徐

𧮬深通川也从谷从𣦵𣦵殘地阬坎意也虞書曰𧮬畎澮距川 大○小徐

深通川也從𣦵𣦵殘也地坑坎意也虞書曰𧮬畎澮距川 小徐

深通川也從𣦵谷𣦵殘也谷坑坎意也書𧮬畎澮距川 韻會十二

震

濬或从水 大○徐 或作濬 韻會十二震 𧮬或從水 小徐

濬古文[大徐]　古作濬[韻會十二震]　古文睿[小徐此二字說解顛倒]

谷望山谷谷谷青也从谷千聲[大徐 小徐]　望山谷千千青也[文選高唐賦注]

望山谷之谷青也[廣韻一先]

仌凍也象水凝之形凡仌之屬皆从仌[大徐 小徐形下有也字]　凍也象水

凝之形[韻會十蒸]　象氷裂之形[李陽冰本]　仌[廣韻十六蒸]

冰水堅也从仌从水[大徐 小徐無下從字]　水堅從水仌[韻會十蒸]　冰水堅

也[釋器釋文 七 初學記卷 御覽卷六十八]　冰[廣韻十六蒸]

凝俗冰从疑[大徐 小徐]　俗作凝[韻會十蒸]

凜寒也从仌廩聲[大徐 小徐]　凜凜寒也[文選寡婦賦注 又文賦注作懍]　凜寒也[文選

古詩十九首注 御覽卷三十四]　凜[五經文字卷下]

清寒也从仌青聲 大小徐韻會二十四敬 寒也 御覽卷三十四

凍仌也从仌東聲 大小徐韻會一送

𠗲仌出也从仌朕聲詩曰納于𠗲陰 大小徐十蒸無曰字 韻會 凌作𠗲 七月

釋文

𠗲或从夌 大小徐 今文作凌 韻會十蒸

凘流仌也从仌斯聲 大小徐 流氷也 文選魏都賦注 御覽卷六十八 韻會四支

凋半傷也从仌周聲 大小徐韻會二蕭 半傷也 文選海賦注 半傷曰凋 一切經音義卷十九

冬四時盡也从仌从夂夂古文終字 大徐 小徐無下夂字末字字 韻會二冬無下從字久皆作寒 四時盡也字從夂從仌 御覽卷二十六

㚖古文冬从日大小徐　古作𣅱韻會二冬

冶銷也从仌台聲大徐小徐又韻會二十一馬銷作消　銷也文選海賦注　燒也一切

經音義卷二

滄寒也从仌倉聲大小徐

冷寒也从仌令聲大小徐韻會二十三梗

涵寒也从仌圅聲大小徐

滭風寒也从仌畢聲大小徐韻會四質　冹寒也七月釋文　觱發作滭冹音

如字七月釋文

冹一之日滭冹从仌犮聲大徐冹下有也字小徐　詩一之日滭冹韻會五勿

凓寒也从仌㮚聲大徐小徐寒下有皃字韻會四質也作貌

瀨寒也从仌賴聲大小徐

洌寒皃字从氷徐大東正義大小徐俱無此字

文田案詩正義引洌字今本皆無其從賴之字玉篇廣韻皆

無之恐是一字傳寫有誤列賴同音或係重文亦未可知

雨水从雲下也一象天冂象雲水霝其閒也凡雨之屬皆从雨大小

徐　水从雲下也一象天冂象雲水霝其閒也廣韻九麌韻會七麌又七

遇　水從雲下也隱九年正義

𠕲古文大徐　古文雨小徐韻會七麌古作𠕲

靁陰陽薄動靁雨生物者也从雨畾象回轉形大小徐　陰陽薄動

生物者也從雨畾聲韻會十灰　陰陽薄動靁雨生物者也廣韻十五灰

靁 五經文字卷下

靁古文大徐　古文靁小徐　又作靁韻會十灰　廣韻十五灰靁古文

䨻亦古文靁大徐小徐　古作䨻韻會十灰

靁籒文靁閒有回回靁聲也大徐小徐　籒文作靁韻會十灰

霣雨也齊人謂靁為霣从雨員聲一曰雲轉起也大徐有讀若昆三字小徐末　齊人謂雷為

雨也齊人謂靁為霣一曰雲轉起也廣韻十六軫

霣一曰雲轉起也韻會十一軫

䨓古文霣大徐　古文霣如此小徐　韻會十一軫古作䨓

霆雷餘聲也鈴鈴所以挺出萬物从雨廷聲大徐韻會九青無也字小徐雷作靁

雷餘聲鈴鈴所以挺出萬物初學記卷一御覽卷十三釋天釋文又疏又藝文類聚卷

二末有也字

雷餘聲所以挺出萬物事類雷賦注一切經音義卷四末有也字　雷之餘气挺生萬物也繫辭下釋文

霅霅震電皃一曰衆言也从雨譶省聲大徐　霅霅震電貌從雨譶省聲一曰霅衆言小徐　韻會十七洽震作雷末有也字　霅霅震電皃廣韻二十九葉　霅霅震電韻會十六葉

電陰陽激燿也从雨从申大徐　陰陽激燿也從雨申聲小徐　御覽卷十三燿作耀　陰陽激曜也隱九年正義又僖十五年正義文選西京賦注曜作耀　陰陽激曜韻會十七霰　陰擊陽為電穀梁疏

𩆳古文大徐　古文電如此小徐　𩆳韻會十七霰

震劈歷振物者从雨辰聲春秋傳曰震夷伯之廟大小徐　劈歷振

物也從雨辰聲韻會十二震辟歷振物者釋天疏隱九年正義又僖十五年同又昭四年同霹靂振物也御覽卷十三霹靂也隱九年穀梁疏
䨓籀文震大徐古文震如此小徐韻會十二震或作䨓
雪凝雨說物者从雨彗聲大徐小徐又韻會九屑者下有也字雪凝雨也文選雪賦注
䨮五經文字卷下雪廣韻十七薛
霄雨霓為霄从雨肖聲齊語也大徐小徐也字在霄下雨霓為霄從雨肖
聲韻會二蕭雨霓為霄齊語也釋天釋文
霰稷雪也从雨散聲大小徐韻會十七霰御覽卷十二稷作積稷雪也古唐類範卷百五十
二廣韻三十霰稷作積陰之專氣為霰古唐類範卷百五十二
霓霰或从見大徐小徐廣韻三十二霰霓上同

雹雨冰也从雨包聲大徐小徐冰作仌初學記卷二本見御覽卷十三韻會二覺雨冰也廣韻四覺古唐類範卷百五十二無也字

靁古文雹大徐古文雹如此小廣韻四覺韻會三覺徐靁古文古作靁

霝雨零也从雨吅象零形詩曰霝雨其濛大徐小徐零作零雨零也從

雨吅象雨零形廣韻十五青

零雨零也从雨各聲大徐小徐又韻會十藥零上有下字雨零也廣韻十九鐸

零餘雨也从雨令聲大小徐韻會九青無也字徐雨也廣韻十五青御覽卷十

霹小雨財零也从雨鮮聲讀若斯大徐小徐財作裁小雨裁霽也從雨

鮮聲韻會四支小雨裁落也御覽卷十小雨纔落曰霹初學記卷二

霢霢霂小雨也从雨脈聲大小徐韻會十一陌霢五經文字卷下

霂霢霂也从雨沐聲大小徐 一屋無也字 韻會

霰小雨也从雨酸聲大小徐 十四寒無聲字 韻會 小雨也 御覽卷十 小雨曰霰 初學記卷二

䨢微雨也从雨𢦔聲又讀若芟大徐 小徐無又字 小 微雨也 廣韻二十六咸 小雨也 御覽卷十

𩅰小雨也从雨眾聲明堂月令曰𩅰雨大小徐 小雨也明堂月令曰𩅰雨 韻會一東

霃久陰也从雨沈聲大小徐 韻會十二侵 雲久陰也 初學記卷一 御覽卷五首有濟字

䨩久雨也从雨兼聲大小徐 會曰䨩𩃟早霜也 初學記卷二

𩃎久雨也从雨圅聲大小徐

霖雨三日已往从雨林聲大徐 凡雨三日已上為霖從雨林聲小徐

凡雨三日已往為霖韻會十二侵

霦霖雨也南陽謂霖雨曰霦从雨𠂢聲大徐 霖雨也從雨𠂢聲南陽名霖雨曰霦小徐 霦一作𩅥林本反 霖雨也南陽名霖雨曰霦御覽卷十

霣雨聲从雨眞聲讀若資大徐 從上有也字小徐 雨聲也御覽卷十

𩅰雨皃方語也从雨禹聲讀若禹大徐 在皃下禹作瑀小徐也字 雨貌從雨禹聲方語也韻會七麌

霒小雨也从雨僉聲大徐小徐 韻會十四鹽

霑雨霂也从雨沾聲大小徐

霂濡也从雨染聲大徐 小徐濡作霑

霤屋水流也从雨畱聲大小徐韻會二十六宥屋水流也文選魏都賦注又寡婦賦注

屋水流下也一切經音義卷十五又卷十六屋承水也文選潘安仁悼亡詩注屋穿水

屚屋穿水下也从雨在尸下尸者屋也大徐廣韻五十候無者字

入也从雨在尸下屋也小徐韻會二十六宥屋也上有尸字

䨣雨濡革也从雨从革讀若膊大徐雨濡革也从雨革聲小徐

霽雨止也从雨齊聲大小徐雨止也後漢王允傳注洪範正義初學記卷二藝文類聚

卷二御覽卷十一韻會八霽水止也文選月賦注又謝靈運游南亭注又江文通雜體注雨

止曰霽一切經音義卷八又卷十五又卷二十

霋霽謂之霋从雨妻聲大小徐霽謂之霋廣韻十二齊雨霽也初學記卷

二御覽卷十一

霩雨止雲罷皃从雨郭聲大徐皃下有也字　小徐雨止雲罷貌御覽卷十一韻會十藥　初學記卷二末有也字

露潤澤也从雨路聲大小徐御覽卷十一初學記卷二韻會七遇　潤澤也廣韻十一暮

霜喪也成物者从雨相聲大徐韻會八庚　小徐者下有也字

霚地气發天不應从雨敄聲大徐七遇應下有也字　小徐又韻會　霚五經文字卷下　廣韻十遇

雺籒文省大徐　籒文霚省小徐　雺籒文五經文字卷下　籒作雺韻會七遇

霾風雨土也从雨貍聲詩曰終風且霾大小徐九佳無曰字　韻會

霿天气下地不應曰霿霿晦也从雨瞀聲大小徐　天气下地气不應曰雺一送韻會

霓屈虹青赤或白色陰气也从雨兒聲大小徐韻會八齊無色字　屈虹青赤或白色陰气也藝文類聚卷二釋天疏　屈虹青赤也一曰白色陰气也釋天釋文　屈虹青赤或白色陰陽氣也御覽卷十四

霸寒也从雨執聲或曰早霜讀若春秋傳墊阨大徐有也字小徐霜下傳下有曰字　寒也從雨執聲御覽卷三十四　早霜也初學記卷二　早雪御覽卷十四

雩夏祭樂于赤帝以祈甘雨也从雨亏聲大徐韻會七虞無也字小徐亏謣餘　羽舞也廣韻十虞

翌或从羽雩羽舞也大徐　雩舞羽也故或從羽小徐　或从羽廣韻十虞

需須也遇雨不進止須也从雨而聲易曰雲上於天需大小徐　須也從雨而聲又卦名周易雲上於天需韻會七遇

霸水音也从雨羽聲大小徐　水音也廣韻十遇

雲山川气也从雨云象雲回轉形凡雲之屬皆从雲大徐 云下有聲字小徐　山川氣也從雨云

山川气也从雨云象雲回轉形廣韻二十文　山川氣也從雨云

象回轉形御覽卷八初學記卷一末有也字　山川气也從雨云聲云亦象回

轉形韻會十二文　山川氣也從雨白帖卷一　山川氣也事類雲賦　雲雪

山川之氣古唐類範卷百五十

云古文省雨大徐　云古文雲小徐　云古文雲字廣韻二十文　韻會十二文　古

作云

𠄔亦古文雲大小徐　亦作𠄔韻會十二文

霠雲覆日也从雲今聲大小徐韻會十二侵　霠雲覆日也御覽卷八　陰雲

霞日文選虞子陽詠霍將軍北伐注　黔雲霞也日初學記卷一

侌古文或省大徐　古文霒省小徐　韻會十二侵古作侌侌

侌亦古文霒大徐　古文霒小徐

魚水蟲也象形魚尾與燕尾相似凡魚之屬皆从魚大徐　小　水蟲

也象形魚尾與燕尾相似韻會六魚　水蟲也釋魚釋文疏　又廣韻九魚

鰖魚子已生者从魚憜省聲大徐　魚子已生者也從魚憜省小徐韻

會二十哿末有聲字

䲛籒文大徐　籒文鰖省小徐

鮞魚子也一曰魚之美者東海之鮞从魚而聲讀若而大徐　小徐東上有

有字　魚子也從魚而聲國語魚禁鯤鮞一曰魚之美者東海之

鮞 韻會四支

魼 魚也从魚去聲 大小徐 魚也從魚去聲一曰比目 韻會六魚

魶 魚似鼈無甲有尾無足口在腹下从魚納聲 大小徐

鰨 虛鰨也从魚㬪聲 大小徐

鱒 赤目魚从魚尊聲 大徐 小徐從上有也字 韻會十三阮 赤目魚 釋魚釋文 赤目魚也 廣韻二十一混

⿱猌魚 魚也从魚猌聲 大小徐

鰫 魚也从魚容聲 大小徐 韻會二冬 魚名似鰱 韻會二冬

⿰魚胥 魚也从魚胥聲 大小徐

鮪 鮥也周禮春獻王鮪从魚有聲 大小徐 鮪也從魚有聲 韻會四紙

䱿鯍也周禮謂之䱿从魚恒聲大小徐

文田案鯍當作鯇周禮謂之䱿疑當作周洛謂之鮪

鯍䱿鯍也从魚㐬聲大小徐

鮥叔鮪也从魚各聲大小徐

鯀魚也从魚系聲大小徐韻會十三阮　魚也廣韻二十一混

鰥魚也从魚眔聲李陽冰曰當从罤省大徐　魚也從魚眔聲小徐韻會十五刪

鯉鱣也从魚里聲大小徐韻會四支

鱣鯉也从魚亶聲大小徐　鯉也從魚亶聲詩鱣鮪發發韻會一先

鱣籀文鱣大徐　籀文鱣如此小徐韻會一先或作鱣

鱄魚也从魚專聲大小徐

鮦魚名从魚同聲一曰鱶也讀若絝襱大徐小徐名作也魚名一曰鱧也韻會二腫

鱶鮦也从魚蠢聲大小徐鮦也廣韻十一薺

⿰魚婁魚名一名鯉一名鰜从魚婁聲大徐小徐上名作也次名作曰

鰜魚名从魚兼聲大徐小徐名作也⿰魚婁也韻會十四鹽

鯈魚名从魚攸聲大徐小徐名作也鯈直留反莊子天運釋文

⿰魚豆魚名从魚豆聲大徐小徐名作也

鯾魚名从魚便聲大徐小徐名作也魚名似鱸而大從魚便聲韻會一先

鯿鯾又从扁大徐小徐又作或或作鯿韻會一先

魴赤尾魚从魚方聲大徐小徐從上有也字赤色魚從魚方聲詩魴魚赬尾韻會七陽

鰟魴或从旁大徐籀文魴從旁小徐韻會七陽或作鰟

鱮魚名从魚與聲大徐韻會六語小徐名作也

鰱魚名从魚連聲大徐小徐名作也

鮍魚名从魚皮聲大徐小徐作作也

⿰魚幼魚名从魚幼聲讀若幽大徐小徐名作也

鮒魚名从魚付聲大徐小徐又韻會七遇名作也

⿰魚巠魚名从魚巠聲大徐小徐名作也

⿰魚胥魚名从魚胥聲大徐小徐又韻會十一陌名作也

鱺魚名从魚麗聲大徐小徐名作也

鰻魚名从魚曼聲大徐韻會十四寒小徐名作也

鱯魚也从魚蒦聲大徐魚也從魚蒦聲讀若瓠小徐

魾大鱯也其小者名鮡从魚丕聲大徐小徐無其字大鱯也小者名鮡

韻會四支

鱧鱯也从魚豊聲大小徐韻會八薺鱯也廣韻十一薺

鰈鱧也从魚果聲大小徐

鱨揚也从魚當聲大徐小徐又韻會七陽楊作揚

鱣魚名从魚亶聲傳曰伯牙鼓琴鱣魚出聽大徐小徐名作也

鯢刺魚也从魚兒聲大徐韻會八齊小徐刺魚作鯻字

鰼鰌也从魚習聲 大小徐

鰌鰼也从魚酋聲 大小徐 韻會十一尤

鯇魚名从魚完聲 大小徐

魠哆口魚也从魚乇聲 大小徐

鮆飲而不食刀魚也九江有之从魚此聲 大小徐 刀魚也飲而不食從魚此聲 韻會八薺 飲而不食刀魚也九江有之 釋魚疏 魚飲而不食刀魚也 貨殖傳索隱

鮀鮎也从魚它聲 大小徐 韻會五歌

鮎鰋也从魚占聲 大徐 韻會十四鹽 小徐鰋作鰋

鰋鮀也从魚匽聲 大小徐 韻會十三阮

鰋　鰋或从匽　大小徐今作鰋韻會十三阮

鮧鮷　大鮎也从魚弟聲　大小徐韻會八齊　大鮎也釋魚釋文

[魚賴]　魚名从魚賴聲　大徐小徐名作也

[魚朁]　魚名从魚朁聲　大徐小徐名作也

[魚翁]　魚名从魚翁聲　大徐小徐名作也

[魚臽]　魚名从魚臽聲　大徐小徐名作也

鱖　魚名从魚厥聲　大徐小徐又韻會八霽名作也

鯫　白魚也从魚取聲　大小徐

鱓　魚名皮可為鼓从魚單聲　大徐小徐名作也可下有以字

鮸　魚名出薉邪頭國从魚免聲　大徐小徐名作也

魵魚名出薉邪頭國从魚分聲（大徐小徐又韻會十二吻無名字）魚名出穢邪頭國（釋魚疏）

⿰魚虜魚名出樂浪潘國从魚虜聲（大徐小徐名作也潘作番）

鰸魚名狀似蝦無足長寸大如叉股出遼東从魚區聲（大徐小徐名作也）

鯜魚名出樂浪潘國从魚妾聲（大徐小徐名作也潘作番）魚出樂浪潘國（釋魚疏）

魳魚名出樂浪潘國从魚市聲（大徐小徐名作也潘作番）

⿰魚匊魚名出樂浪潘國从魚匊聲一曰⿰魚匊魚出江東有兩乳（大徐）魚也出樂浪番國從魚匊聲一曰⿰魚匊出九江有兩乳一曰溥浮（小徐）魚名出樂浪潘國一曰⿰魚匊魚江東有兩乳（釋魚疏）魚出樂浪

番國一名江豚多膏少肉一曰出江有兩乳[魚匊]音居六反晉書音義
卷九十四 魚有兩乳出樂浪一曰出江釋魚釋文
魦魚名出樂浪潘國从魚沙省聲大徐作也潘作番小徐名 魚名從魚沙
省聲出樂浪番國韻會六麻
鱳魚名出樂浪潘國从魚樂聲大徐作也潘作番小徐名
鮮魚名出貉國从魚羴省聲大徐韻會 小徐名作也一先貉作貊
鰅魚名皮有文出樂浪東暆神爵四年初捕收輸考工周成王時
揚州獻鰅从魚禺聲大徐 魚也皮有文出樂浪番國東暆神爵
四年初捕取輸考工從魚禺聲周成王時揚州獻鰅小徐 魚名
皮有文出樂浪番國東暆神爵年初捕收輸考工韻會二冬 皮有

文出樂浪廣韻三鍾

鱅魚名从魚庸聲大徐名作也小魚名似𩽾牛韻會二冬

鰂鰞鰂魚名从魚則聲大徐烏鰂也從魚則聲小徐韻會十三職

鯽鰂或从即大小徐

鮐海魚名从魚台聲大徐名作也小海魚也貨殖傳索隱又正義文選七命注

鮊海魚名从魚白聲大徐海魚也從魚白聲讀若書白不黑小徐

鰒海魚名从魚复聲大徐作也复謠憂小徐名海魚韻會三覺

鮫海魚皮可飾刀从魚交聲大徐皮上有也字小徐魚也皮可以飾刀御覽卷九百三十八海魚也皮可飾刀韻會三肴海魚也一切經音義卷四又卷十三韻會八庚

鱷海大魚也从魚畺聲春秋傳曰取其鱷鯢大小徐春秋傳曰作左傳

鯨鱷或从京 大小徐 今文作鯨 韻會八庚 魚骨也 釋魚釋文 後漢來歙傳注

鯁魚骨也从魚更聲 大小徐 韻會二十三梗

鱗魚甲也从魚粦聲 大小徐 韻會十一真

鮏魚臭也从魚生聲 大小徐 魚臭也 廣韻十五青 韻會九青

鱢鮏臭也从魚喿聲周禮曰膳膏鱢 大小徐

鮨魚䑋醬也出蜀中从魚旨聲一曰鮪魚名 大徐 小徐䑋作醬

鮺藏魚也南方謂之魿北方謂之鮺从魚差省聲 大徐 藏魚也從魚差省聲南方謂之魿北方謂之鮺 小徐 藏魚也南方謂之魿北方謂之鮺也 古唐類範卷百四十六 韻會二十一馬鮺作鮺無末也字

魿鮺也一曰大魚為鮺小魚為魿从魚今聲 大徐 鮺也從魚今聲

一曰大魚為鰲小魚為魿小徐　魿廣韻二十一侵

鮑饐魚也从魚包聲大小徐韻會十八巧饐作饐　唐本鱧魚也徐本饐魚也

顧野王濆魚也六書故第二十

魿蟲連行紆行者从魚令聲大徐小徐著下有也字

鰕魵也从魚叚聲大小徐韻會六麻

鰝大鰕也从魚高聲大小徐

鮥當互也从魚咎聲大徐小徐互作氐

魧大貝也一曰魚膏从魚亢聲讀若岡大徐　大貝也從魚穴聲一

曰魚膏讀若岡小徐　大貝也韻會七陽

鮩蚌也从魚丙聲大小徐　蚌也御覽卷九百四十一

鮚蚌也从魚吉聲漢律會稽郡獻鮚醬 大徐小徐末有三斗兩字 蚌也漢律會稽獻鮚醬二升 廣韻五質御覽卷九百四十一蚌作蜯

鮅魚名从魚必聲 大徐小徐名下有也字

鱹魚名从魚瞿聲 大小徐

鯸魚名从魚侯聲 大小徐

鯛骨耑脆也从魚周聲 大徐小徐骨上有魚字無也

鯙烝然鯙鯙从魚卓聲 大小徐

鮁鱣鮪鮁鮁从魚犮聲 大小徐韻會七曷首有詩字 鱣鮪鮁鮁 荀子榮辱篇注

鮇鯕魚出東萊从魚夫聲 大小徐

鯕魚名从魚其聲 大徐小徐名下有也字

一曰大魚為鱟小魚為魥小徐　魥廣韻二十一侵

鮑饐魚也从魚包聲大小徐韻會十八巧饐作饐　唐本𩼹魚也徐本饐魚也

䱊野王瀆魚也六書故第二十

鯩蟲連行紆行者从魚侖聲大徐小徐者下有也字

鰕魵也从魚叚聲大小徐韻會六麻

鰝大鰕也从魚高聲大小徐

鮥當互也从魚咎聲大徐小徐互作氐

魧大貝也一曰魚膏从魚亢聲讀若岡大徐　大貝也從魚完聲一

曰魚膏讀若岡小徐　大貝也韻會七陽

鮩蚌也从魚丙聲大小徐　蜯也御覽卷九百四十一

後第六行　無也下當有字字

魼[illegible]魚出東萊从魚夫聲　徐

鯕魚名从魚其聲　大徐名下有也字　小徐

鮡魚名从魚兆聲 大徐小徐名下有也字

魦魚名从魚匕聲 大徐小徐名下有也字

鱻新魚精也从三魚不變魚 大徐小徐三魚譌三鱻 新魚精也 廣韻二仙

鱻二魚也凡魚之屬皆从鱻 大徐小徐也下有闕字 二魚也 廣韻九魚

瀺捕魚也从鱻从水 大徐 捕魚也從水鱻 小徐 漁捕魚也 正義隱五年

漢書宣紀注 一切經音義卷六 初學記卷

二十二 御覽卷八百三十三 廣韻九魚 敷捕魚也音

魚 文選西京賦注 漁捕魚也又作瀺䱷敷三形 華嚴音義卷六十六 漁捕魚

也大篆字又作瀺瀺聲類作䱷敷二體也 華嚴音義卷七十七 瀺捕魚也

也 韻會六魚

漁篆文瀺从魚 大徐小徐 篆文从省作漁 韻會六魚 瀺上同 廣韻九魚

燕 元燕 鳥也籥口布翄枝尾象形凡燕之屬皆从燕 徐大小 元□鳥籥

口布翄枝尾象形 韻會十七霰 元□鳥也布翄岐尾象形 御覽卷九百二十二

元□鳥也 昭十七年正義 廣韻三十二霰 鷰布翄枝尾 藝文類聚卷九十二

龍鱗蟲之長能幽能明能細能巨能短能長春分而登天秋分而

潛淵从肉飛之形童省聲 徐大小 鱗蟲之長能幽能明能小能

巨能短能長春分而登天秋分而入川 後漢張衡傳注 御覽卷九百二十九巨作大

川作淵 鱗蟲之長能幽能明能小能大能長能短春分而登天

秋分而入川 初學記卷三十白帖卷第二十九川作地末有順也兩字 鱗蟲三百六十龍

為之長能幽能明能細能鉅能短能長春分而登天秋分而入

淵 事類賦注 龍鱗蟲之長春分而登天秋分而入淵 藝文類聚卷九十六

春分而登天秋分而入淵御覽卷二十五　鱗蟲之長從肉𠂤肉飛之形童省聲韻會二冬　唐本从肉从飛及童省徐本从肉飛之形童省聲又曰象夗轉飛動形六書故弟十八　右旬反半弱象夭矯飛騰形李陽冰本

靇龍也从龍霝聲大徐　龍也從龍霝聲霝古文靈字小徐　龍也廣韻十五青

龕龍皃从龍含聲大徐　小徐皃下有也字含謚合　龕龍皃從龍合聲韻會十三覃　龍皃也徐本合聲唐本今聲龕氏曰从今乃得聲六書故弟十八

龕从合毛本挖改从含

䶬龍耆晉上䶬䶬从龍幵聲大徐　小徐從上有也字　龍鬐脊上䶬䶬廣韻一先

龖飛龍也从二龍讀若沓大徐　小徐

飛鳥翥也象形凡飛之屬皆从飛大小徐 鳥翥也象形韻會五微

𩙣䎗也从飛異聲大徐 小徐末有籀文翼三字韻會十三職 翼䎗也𩙣同廣韻二十四職

翼篆文𩙣从羽大小徐 篆文作翼韻會十三職 廣韻二十四職𩙣古文

非違也从飛下翄取其相背凡非之屬皆从非大徐 小徐背下有也字 遺也从飛下翄取其相背也韻會五微 猶違也華嚴音義卷二十一 非背違从飛下兩翄取其相背 兩手相背也李陽冰本

𩇯別也从非己聲大小徐 別也廣韻七尾

靡披靡也从非麻聲大小徐韻會四紙 披靡也廣韻四紙

靠相違也从非告聲大小徐

陛牢也所以拘非也从非陛省聲大小徐 牢也所以拘罪也廣韻十二

齊

陛牢謂之獄所以拘非也从非陛省聲 韻會八齊 牢也所以拘非者也 一切經音義卷十三

卂疾飛也从飛而羽不見凡卂之屬皆从卂 大徐 小徐 見下有也字

煢回疾也从卂營省聲 大徐 小徐 又韻會 八庚回下有飛字

『十三五』國家重點圖書出版規劃項目

2011—2020 年國家古籍整理出版規劃項目

2020 年度國家出版基金資助項目

國家社會科學基金重大項目『國家圖書館藏未刊稿整理與研究』（13&ZD107）

國家出版基金項目
NATIONAL PUBLICATION FOUNDATION

國家圖書館藏未刊稿叢書·著作編

籀鄦簃雜著

（一）

（清）王仁俊 著

主編 劉玉才 陳紅彥

鳳凰出版社

圖書在版編目（CIP）數據

籀鄦簃雜著 /（清）王仁俊著. —南京：鳳凰出版社，2021.8

（國家圖書館藏未刊稿叢書 / 劉玉才，陳紅彦主編. 著作編）

ISBN 978-7-5506-3344-5

Ⅰ. ①籀…　Ⅱ. ①王…　Ⅲ. ①雜著－中國－清代　Ⅳ. ①Z429.49

中國版本圖書館CIP數據核字（2020）第261651號

書　　名　籀鄦簃雜著
著　　者　（清）王仁俊
責任編輯　吴　瓊　姜　嵩
裝幀設計　姜　嵩
出版發行　鳳凰出版社（原江蘇古籍出版社）
　　　　　發行部電話 025-83223462
出版社地址　江蘇省南京市中央路165號，郵編：210009
出版社網址　http://www.fhcbs.com
照　　排　南京新華豐製版有限公司
印　　刷　南京新世紀聯盟印務有限公司
　　　　　江蘇省南京市建鄴區南湖路27號春曉大厦5樓，郵編：210017
開　　本　718毫米×1005毫米　1/16
印　　張　63.5
版　　次　2021年8月第1版
印　　次　2021年8月第1次印刷
標準書號　ISBN 978-7-5506-3344-5
定　　價　1500.00圓（全三册）

序

中國國家圖書館以庋藏中國古籍善本宏富著稱，其中宋元舊槧、珍稀印本，向爲學界推重，頗獲利用。相較之下，約佔館藏善本總量三分之一的寫本類文獻，利用還遠遠不够，堪稱有待發掘的文獻寶藏。國圖藏寫本文獻以著作稿抄本爲主，兼及日記、書札、題跋、校語、文書檔案等類文字形式，因多爲唯一傳本，故有别於刊印文獻，具有獨特的文物、藝術和文獻價值。根據館方專家調查，〔一〕館藏宋元抄本即有十五部，明抄本則多達一千二百四十六部，其中一百七十餘部爲内府所抄。如宋仁宗親撰《洪範政鑒》，僅此一部内府抄本秘藏宫内，從無刊刻傳抄，彌足珍貴。明嘉靖間《永樂大典》抄本，世存殘卷亦以國圖收藏最夥。許多早期抄本與原本成書年代接近，而原本或有亡佚殘缺情形，抄本遂具有無可替代的校勘與輯佚價值。國圖所藏明清抄本中，著名學者、藏家抄本佔有相當比例，許多是影抄宋元舊本和珍稀本，僅毛晋汲古閣影抄本即有近八十部。在清抄本五千餘部中，還包括有盧文弨、鮑廷博、吴騫、翁方綱、陳鱣、黄丕烈、焦循、管庭芬、楊守敬、王國維等名家手稿本。著作類稿抄本之外，國家圖書館還藏有明清以至民國一百五十餘家日記稿抄本，三四百種書札文獻，數

〔一〕陳紅彦《國家圖書館藏抄本述略》，《國家圖書館學刊》，2016年第4期。

千款金石題跋，以及數量不菲的圖卷題詠、批校文字、文書檔案等類寫本文獻。上述寫本文獻，除部分著作抄本之外，大多未經刊行，均可歸爲未刊稿之列。

寫本文獻存量稀罕，往往具有孤本性質，加之多數未經整理，字迹辨識不易，閱覽亦不方便，這都成爲限制其發掘利用的重要原因。有鑒於此，我們組織國家圖書館古籍館與北京大學中文系合作的學術團隊，在對館藏寫本文獻全面調查的基礎上，首先選擇具有重要學術價值、讀者利用不便的未刊文獻，予以整理刊布。並在國家社科基金申請設立『國家圖書館藏未刊稿整理研究』重大課題，以保證整理研究工作的實施。經過課題組同人的共同努力，陸續完成部分階段性成果，今擬分作日記、書札、金石題跋、題贊手卷、中法漢學研究所、著作諸編，依次予以刊布。

《日記編》整理收録顔懋价、葉鈞、張廷濟、何紹基、趙宗建、黄彭年、江標七位清人未刊稿本日記。其中如黄彭年、江標，不僅參與過重大政治活動，在學術領域亦有較高成就，屬於政學兼通的重要歷史人物。黄彭年《黄陶樓先生日記》、江標《笘誃日記》，所載均長達數十年，可稱一生行迹的詳盡記録，涉及朝章典故、交遊見聞、日常讀書生活等諸多内容，極其豐富。張廷濟《張叔未日記》、顔懋价《顔脩來日記》、葉鈞《壺中日記》、何紹基《東洲草堂日記》，雖然記述時間不長，但是内容各有所長，據之不僅可以考察日記主人的生平交遊，還可豐富清代學術史的場景。晚清藏書家趙宗建的《舊山樓日記》《非昔居士日記》《庚子非昔日記》，内容跨越清同治元年（1862）至光緒二十一年（1895）共三十多年的時間，記録了趙氏的日常生活、藏書收購及與衆多友人交遊情形，還有對圍剿太平軍的見聞記述，頗能反映江南地方士人的生活與眼界。

《書札編》從館藏各類書札文獻中選取黄彭年、趙宗建、張蔭桓、袁昶、王懿榮、吴重憙、繆荃孫、葉德輝等十餘家往還書札，予以整理刊布。因所涉人物都是晚清、民國間重要官員和學術文化界名流，書札内容豐富，且未經前人揭示，具有無可替代的文獻價值。如《黄子壽先生遺札》收録清光緒年間黄彭年在江蘇布政使任内與按察使朱之榛之間往來信件六十七通，涉及漕運與海運之流弊、來蘇流民之安置、正誼書院並藏書樓之籌建等諸多政務。黄彭年著述宏富，但大多未經刊布，本課題同時整理其日記、書札，預期將會推動學界對黄氏的深入研究。《趙宗建友朋書札》收録趙宗建光緒年間所撰詩歌、隨筆、抄經、墓誌銘、祝壽帖及其友人李芝綬、季錫疇的書札共一百四十餘件，不僅内容豐富，還可與《日記編》所收趙氏三種日記互相參照，促進學界對這位重要藏書家的全面研究。《袁昶友朋書札》收録劉履芬、丁丙、馮煦、孫詒讓、楊守敬、沈曾植、戴望、張謇、李文田、孫衣言、張鳴珂、張之洞、陸潤庠、王頌蔚、王懿榮、翁同龢等人信札二百餘通，袁昶親自整理粘貼爲十二巨册，涉及歷史人物衆多，堪稱是晚清學者的群體資料。《王懿榮往還書札》收録王懿榮與師友、親屬往還書札數百通，基本可以反映其後半生的主要經歷與交遊關係。王懿榮光緒年間授翰林院編修，三任國子監祭酒，博覽書史，精於鑒藏，與當世金石學者來往密切。書札所涉人物包括潘祖蔭、陳介祺、繆荃孫、吴大澂、盛昱、汪鳴鑾、孫汝梅、黄紹箕、吴重憙諸名流，以及女兒女婿等家人。書札内容多爲討論金石碑拓釋讀、古籍收藏、科舉學問，以及時務政治、爲人處世、家務瑣事，據之可以考察同光時期精英士大夫鑒藏金石之風尚，以及業餘生活趣味的豐富細節。《藝風堂同人尺牘》是晚清著名學者繆荃孫的友朋書札稿本集，收録惲祖翼、繆朝荃、劉炳照、吴慶坻、陳慶年等人致繆荃孫書札一百餘通。書札的撰寫時間多在光緒時期，内容比較廣泛，除家常瑣事之外，還涉及刻書、詩詞交往、方志編纂等方面，是研究繆荃孫學術交遊、晚清政治與文化教育的重要資料。葉德輝致松崎鶴雄書札（《郋園手札》）是著名學者葉德輝1910年至1920年間致日本學者松崎鶴雄的書信，涉及研治經學、小學等多方面内容，可稱現代中日學術交流史的重要文獻。

《書札編》收録書札出自名家之手，書法用箋考究，文獻價值之外，兼具有藝術觀賞價值，故採取録文整理與選擇影印結合的方式予以刊布。此外，我們還特邀白謙慎先生、薛龍春先生精選館藏十餘種名家尺牘，製作法書字帖，集爲《國家圖書館藏清代名家尺牘法書選刊》，以饗書法愛好者。

國圖收藏金石拓本豐富，題跋數量衆多。如宋元合璧拓本《廣政石經》即有名家題跋、批校百餘款，宋拓《嘉祐石經》亦有吴昌碩、丁晏、葉昌熾、沈曾植、羅振玉、陳寶琛、楊守敬、曹元忠、繆荃孫、柯劭忞等多人題跋和批校。《金石題跋編》甄選館藏金石題跋七十餘種，以拓本爲單位，撰寫提要，著録題名、拓本、裝幀、行款、書體、責任者、遞藏源流等項信息，並對題跋文字進行輯録整理，可爲金石證史、拓本源流研究、金石學者交遊研究提供全新的資料。

《題贊手卷編》率先刊布長達十六餘米的《明渤海孫氏積善堂題贊手卷》，該手卷是河北滄州孫楷第家族世守之寶，彙集明代前期朝廷重臣、翰苑侍從、書法名家四十三人的題贊墨迹，爲明代文化史、文學史、書法史研究的重要實物與文獻。諸家題贊，書法風格各異，可稱難得的藝術珍品。其中如明代第一大和尚姚廣孝的題贊，可能是其唯一的傳世手迹；而明初賢相『三楊』（楊士奇、楊榮、楊溥）和書法大家『二沈』（沈粲、沈度）的墨迹傳世甚罕，手卷所存可謂吉光片羽，彌足珍貴。此次刊布改卷裝爲經折裝，採用原版影印與題贊釋文相結合的整理方式，前半部分展示手卷原貌，後半部分爲題贊釋文、印章釋讀及題贊者小傳，既能滿足學術界對此珍貴文獻的研究需求，又可據之勾勒明初京師文化圈的面貌。

中法漢學研究所是法國中法教育基金委員會1941年在北京資助成立的漢學研究機構，設有民俗學組、語言歷史組、通檢組、圖書館、法文研究班等部門，開展文獻搜集整理和研究、翻譯工作。該研究所1953年撤離中國時，部分申請出關的圖書資料被中國政府徵購或没收，輾轉存藏於國家圖書館。《中法漢學研究所編》對其中曾毅公《五十年來之甲骨學》、陸翔《敦煌學著述考》、傅惜華《漢代畫像全集》三編、徐宗元《古今本竹書紀年合校》、柯昌泗《漢晋石刻略録》、羅常培《蒙古字韻跋》、魏建功《完全本王仁昫刊謬補缺切韻初次的討論》等未刊論著稿本以及神禡相關資料，進行整理研究，以求揭示這批珍貴稿本資料的學術價值，豐富敦煌學、甲骨學、民俗學等專題學術史，爲深入瞭解中法漢學研究所的學術活動，探究現代漢學研究史，提供文獻幫助。

著作稿抄本在國圖館藏寫本文獻中數量居多，近年頗有影印出版，加之閲覽方便，已漸爲學界所關注，因此未列爲本課題重點對象。不過考慮到有些著作稿抄本學術價值很高，甚至關涉重要學術論争，有必要予以刊布揭示，更便利學界研究，我們選擇方邁、王鳴盛、周廣業、孔廣栻、吴騫、王念孫、王引之、姚文田、李鋭、李文田等清代學者稿抄本予以影印，并分别撰寫研究解題。其中如李鋭《周易注疏校勘記》殘稿，是阮元主持纂修《十三經注疏校勘記》的重要文獻見證，有助於釐清當年校勘工作的緣起與修訂過程。《經義述聞》，涉及王念孫、王引之父子著作權的争議，是清學研究界關注的熱門問題。爲便於展開深入研究，我們將國圖館藏《經義述聞》初刻、二刻、三刻所據稿本及《校書録》稿本合併影印。其餘諸家稿抄本，亦精彩紛呈，各有可觀。

以上未刊文獻，雖然形式有别，但是日記、書札、題跋及著作稿抄本内容多有關聯，甚至可以相互印證，子課題實際都是總課題的有機組成部分。我們希望通過對這批未刊文獻的發掘整理，爲學界提供第一手的資料，以推動明清以至近現代學術史研究的深入。在整理過程中，根據文獻樣式的不同，我們分别採取釋讀、點校、輯録、影印、解題、小傳等整理研究形式，以期最大限度地發揮未刊文獻的功用。因爲未刊文獻的隨意書寫特性，文字辨識、内容整理難度很高，整理成果想必仍有不少訛誤，期待學界同人不吝指正。此項整理研究工作得到國家圖書館古籍館、北京大學中文系的大力支持，浙江大學文化遺産研究院白謙慎先生、薛龍春教授在文字釋讀方面給予無私的幫助，鳳凰出版社慨允出版，謹表衷心感謝。

北京大學中文系、中國古文獻研究中心　劉玉才

二〇一八年五月

目録

解題

王仁俊（1866—1913），字捍鄭，一字感蒓，號籀鄦。江蘇吴縣人。光緒十八年（1892）進士，授庶吉士，二十年散館，官吏部主事。曾於上海創辦《實學報》，二十九年赴日本考察學務。回國後歷任宜昌知府、黄州知府、存古學堂教務長、學部圖書局副局長兼京師大學堂教習等職。王氏早年受業於俞樾，喜治經學、小學，中年以後邃於金石文字，又裒輯佚書，所著有《十三經漢注》《經籍佚文》《經學講義》《讀經通論》《説文解字引漢律令考》《金石三編》《格致古微》《遼文萃》《玉函山房輯佚書續編》《籀鄦簃經藝》等數十種，多未經刊行。〔一〕

王氏身故後，藏書出售，〔二〕其自著手稿多歸孫殿起通學齋書店，〔三〕又經孫氏手轉售多處。〔四〕中國國家圖書館藏王仁俊稿本《籀鄦簃雜著》十種二十一卷（索書號：01899），每種一册，前後無序跋。首册有手書《籀鄦簃雜著目録》，各册所用稿紙種類不盡一致，應爲不同時期之作。各書子目如下：

一、《希麟續一切音義引説文考》一卷

唐釋玄應《一切經音義》二十五卷是現存最早的集釋衆經的佛經音義，唐釋慧琳《一切經音義》一百卷是此類著作的集大成者，而遼釋希麟《續一切經音義》十卷則是慧琳《音義》的續作和補充。三部《一切經音義》均引用了大量漢唐文獻，保存古本和佚書頗多，成爲輯佚與校勘的淵藪。元代以後，慧琳、希麟《音義》佚於中土，清代乾嘉諸儒皆未得見。二書幸存於朝鮮、日本，有《高麗藏》本及日本元文二年、延享三

〔一〕闞鐸《吴縣王捍鄭先生傳略》，《玉函山房輯佚書續編三種》附録二，上海古籍出版社，1989年，頁535—544。

〔二〕倫明著，雷夢水校補《辛亥以來藏書紀事詩》，上海古籍出版社，1990年，頁25—27。按：倫明引葉昌熾《緣督廬日記鈔》甲辰閏五月，『甲辰』乃『甲寅』之誤。

〔三〕雷夢水《書林瑣記》，人民日報出版社，1988年，頁73—74。

〔四〕見孫殿起《販書偶記》，上海古籍出版社，1999年。

年獅谷白蓮社刻本等。光緒六年（1880），楊守敬東渡日本，得島田蕃根持贈獅谷白蓮社本慧琳《音義》，又自購數十部，於上海出售，國内始漸有流傳。〔一〕希麟《音義》亦是同時所得，〔二〕楊氏光緒六年十一月十九日致書李慈銘，函中即提及正續二書。〔三〕

慧琳、希麟二書回流後，即爲學界所用，於清末儼然顯學。光緒間，陶方琦補輯《字林》《倉頡篇》，易順鼎輯《淮南許注鈎沈》，顧震福輯《小學鈎沈續編》，汪黎慶輯《小學叢殘》等，均取資於二書，〔四〕王仁俊《希麟續一切音義引説

〔一〕〔清〕楊守敬《日本訪書志》卷四，清光緒二十三年楊氏鄰蘇園刻本，頁20a—21b。

〔二〕臺北故宫藏獅谷白蓮社本慧琳《一切經音義》一部（故觀011565—011589），希麟《續一切經音義》兩部（故觀010981—010985、故觀010986—010987），皆楊守敬觀海堂舊藏。慧琳書有光緒十年楊氏題記。

〔三〕〔清〕李慈銘《越縵堂日記》第12册，影印手稿本，廣陵書社，2004年，頁8918。

〔四〕徐時儀《慧琳音義研究》，上海社會科學院出版社，1997年，頁134。

文考》亦是此背景下之産物。王氏輯《遼文萃》（光緒三十年自序），據『日本刊本』迻録希麟《續一切經音義序》，並考證希麟爲遼聖宗統和時人，〔五〕説明當時已得此書。〔六〕此『日本刊本』當即延享三年獅谷白蓮社刻本，《希麟續一切音義引説文考》所據亦爲此本。

王仁俊依卷次逐一録出希麟所引《説文》之文，各卷所引同字之文併於一處。如：

朴，木素也。一。希云正作撲字。按：『撲』即『樸』之訛。

裸，从衣果。一。裸露，肉（祖）〔袒〕也。从衣果声。二。裸字从示。四、八。

『一』『二』『四』『八』皆爲希麟《續一切經音義》卷

〔五〕〔清〕王仁俊《遼文萃》卷二，光緒三十年王氏籀鄦簃刻本（《實學叢書》之一）。實際上，希麟於卷五已自言爲遼僧，無煩考證。見陳垣《中國佛教史籍概論》卷四，中華書局，1988年，頁84。陳士强《大藏經總目提要·文史藏二》，上海古籍出版社，2008年，頁259。

〔六〕據王氏自序，其初稿編成於光緒二十四年，得希麟書亦有在此前之可能。

次，四卷皆引及《説文》『祼』字之文，故歸於一處。然王氏迻録與合併之時多有錯誤，如《續音義》卷四『或祼』：

《説文》『祼』字從示（音視）。神祇、禱祝、祭祀之類皆從示。今序從衣作裸，音華瓦反，謂脱衣露體也。智者詳之。

此處所引乃從示之『祼』字，而非從衣之『裸』字，不應與別卷引文合併。又卷八『裸露』：『《説文》云：從衣果聲。律文從示，書誤也。』希麟引《説文》僅『從衣果聲』一句，所謂『律文從示』指所釋佛典（《根本説一切有部毗奈耶藥事》屬律藏）之用字，顯與《説文》無涉，王氏誤入。此外，希麟引文與今本《説文》多有差異，王氏僅將引文録出，而幾乎没有按斷，不符『引説文考』之名。

總之，王氏此書僅有抄録之功，而又不盡可信，《一切經音義引用書索引》（含正續二書）出版後，[一]其索引之用亦不復存。

〔一〕國立北京大學研究院文史部編《慧琳一切經音義引書索引》（國立北京大學研究院文史叢刊第六種），長沙商務印書館，1938年。

二、《補宋書藝文志》一卷

署『餘杭褚德儀學/吴縣王仁俊補』。褚德儀（1871—1942），字守隅，號禮堂，别署松窗，後因避溥儀諱改名德彝。光緒十七年舉人，曾入端方幕。精書畫篆刻，長於金石之學，著有《竹人續録》《金石學録續補》等。褚氏原書未見，王仁俊稿本中亦未區分，[二]無法得知哪些内容爲王氏所補。[三]此書大致按《隋書・經籍志》之分類，部分類名空闕未標。各條先職官、人名，次書名、卷次，末列出處（不少條目漏標），十分簡略。所據出處主要爲《七録》《隋書・經籍志》《宋書》紀傳、《新唐書・藝文志》等。各條文字頗有訛誤，如《易》類『卞伯玉』誤爲『卡伯玉』，『何諲之』誤爲『何諲』。『太中大夫徐爰注《繫辭》一卷』，『一卷』爲

〔二〕惟『給事中姜道盛《集釋尚書》十一卷』下有褚氏按語一條：『儀按：劉懷肅云姜道盛注《古文尚書》，行世。』

〔三〕王氏於每類後原均空出兩三頁稿紙，應是爲了繼續添加内容。因無文字信息，今次影印時空白稿紙已删去。

『二卷』之誤。

三、《補梁書藝文志》一卷

亦署『餘杭褚德儀學/吳縣王仁俊補』。分類大致據阮孝緒《七録》，而又有參差，如無『舊事』而有『古史』，新立『方術』收醫方之書等，不盡合理。各條先人名，次書名、卷次，末列出處，部分條目據本傳等録作者小傳。所據出處主要爲《七録》《隋志》《梁書》《南史》紀傳、《新唐書·藝文志》，以及《金樓子》《經典釋文》《通典》《通志》《郡齋讀書志》《直齋書録解題》《太平寰宇記》《高僧傳》《藝文類聚》《初學記》《太平御覽》《文選》注等，資料較《補宋書藝文志》豐富。『釋寶亮《大涅槃義疏》』一條，『亮』字闕末筆，乃褚德儀避其父成亮之家諱。由此推測，以上二書乃王仁俊據褚氏原稿抄録，所補内容應十分有限，甚或僅是抄録待補。

四、《金石萃編統補稿（附帖跋）》一卷

此書外封題『金石萃編統補稿（附帖跋）』，緑格稿紙，卷端無題名，書中多鈎乙塗改之處。書前列凡例多條，其中有云：

> 此編集各家專集及雜著中之考金石碑帖者，每篇采録標列書名及著作者姓名。凡已見王氏《萃編》、陸氏耀遹《續編》陸氏增祥校訂本、方氏履籛《萃編補正》、阮《款識》者不録。凡爲金石書序跋者不録。凡考訂石經者，以另有《石經補纂》不録。雲峰諸種者，以另有《滎陽鄭氏摩厓考證》不録。

王氏欲搜集諸家别集、總集及雜著中之金石碑帖題跋，以補王昶《金石萃編》、陸耀遹《金石續編》、方履籛《金石萃編補正》、阮元《積古齋鍾鼎彝器款識》之不足，此《金石萃編統補稿》即其準備工作。

此書由多種徵引書目和題跋篇目構成。《金石萃編引書目》《續金石萃編引書目》，分别逐卷載録王昶《金石萃編》及陸耀遹《金石續編》所引之書，諸書中之金石題跋多已見於王、陸二書，據此可避免重複輯録。《金石萃編引書目》題『合肥闞鍾衡編』。闞鍾衡即闞鐸（1875—1934），〔一〕字霍初，號無冰。留學日本東亞鐵路學校，歷任交通部秘書、臨時參政院參政等職。參與創立中國營造學社。後任職僞滿。〔二〕著有《紅樓夢抉微》等。闞氏曾從王仁俊問學，蓋當時助王氏編纂此目。

《總集載金石題跋》録王昶《湖海文傳》（王氏原刊本）以及《學海堂二集》（廣刻本）、《學海堂三集》（廣刻本）中的金石題跋篇目，《總集載帖題跋》録《湖海文傳》中的帖跋。《專集載金石題跋》録宋李之儀《姑溪居士文集》（粵雅本）、宋趙孟頫《松雪齋全集》（洞庭楊刊本）等五十餘種宋至清代別集中的金石題跋篇目，以清人別集爲主。《群書載金石題跋》録宋王觀國《學林》、孫志祖《讀書脞録》，明董斯張《吹景集》等九十餘種雜著中的金石題跋條目，亦以清人著述爲主。《總集載帖題跋》《專集載版帖題跋》《群書載帖題跋》則録諸書中的帖跋篇目。

王氏於《碑版叢録》中自云：『余輯《萃編補跋》《續編補跋》，又《三編跋》，每於各人文集及雜著摘出目，將來可以補《金石學録補》之遺。』闞鐸《吴縣王捍鄭先生傳略》中，王仁俊『屬草已定或尚待理董』之作有《金石萃編補跋》《金石續編補跋》《金石萃編三續》及《金石通考》。《金石萃編補跋》稿本七册，原藏王欣夫學禮齋，今藏浙江博物館。〔三〕上海圖書館有民國二十九年（1940）抄本（書號：綫普長422238-44）。稿本内封自題『金石萃編補跋二十四卷』『光緒辛丑端午重編定，王仁俊自揭櫫』。〔四〕書中實際按《金石萃編》卷次，補録王昶原書所無之金石題跋。《金石續編補跋》稿本一册，今藏中國國家圖書館（書號：17792），

〔一〕《宣統己酉科優貢闞毓岷硃卷》，頁3b。

〔二〕李蒨《先夫子闞公霍初行狀》，卞孝萱、唐文權編著《民國人物碑傳集》，鳳凰出版社，2011年，頁509—512。按：行狀載闞氏生年爲光緒元年（1875），而西曆誤作1874年。

〔三〕《中國古籍善本書目・史部》，上海古籍出版社，1991年，頁1446。

〔四〕顧廷龍《顧廷龍全集・文集卷上》，上海辭書出版社，2015年，頁490。

[一]内封自題『金石續編補跋四卷』『辛丑夏重訂於武昌正學堂，感蒓居士自記』。書中依《金石續編》卷次，於各碑銘下補録陸氏原書所無之諸家題跋。上海圖書館又藏《金石三編》稿本八册（書號：789946–53），内封自題『金石三編二十四卷通考六卷』『龍集辛丑夏五校理編目訖工，可繕寫，王仁俊手録于楚旅』。[二]其中無《金石通考》。[三]《金石三編》亦未分卷，依時代先後著録金石六百餘件，多數不見於《金石萃編》及《續編》，其下迻録諸家題跋，當即王氏自云之《三編跋》及闞鐸所記之《金石萃編三續》。[四]辛丑爲光緒二十七年（1901），則《金石萃編統補稿》之編集更在此前。《統編稿》所載金石題跋篇名上多鈐有『録』『删』『校』『輯』等字木記，即王仁俊編纂《金石萃編補跋》《金石續編補跋》《金石三編》三書時之標記。

五、《碑版叢録》一卷

此書爲碑版相關之讀書札録，各頁版心書『附金石總綱』『金石同名』『人名』『冷碑』『讀碑版隨筆』『張猛龍』『附題碑版口號』等，蓋隨得隨記，未經整理，内容較爲叢雜。其中有一些相同碑刻要素的記録，如同姓、同爵、同書人、同年、同代、同朝、同名之碑，以及碑版中的稱謂等。又有個别碑文的校讀記録，如《張猛龍碑》等。《碑版口號》則以口訣的形式記録了碑刻鑒别的要點。《兩漢孔林全拓目》列孔林漢碑拓本之目，共十二種十九紙，應是王氏自藏。《王氏金石萃編所附載各考》録《金石萃編》中的王昶考證篇目，如《緯書考》《唐宋諸碑系銜並食邑實封考》等，蓋備檢覽之用。《化度寺地址考并名義》對化度寺的地址與名義做了簡要

〔一〕北京圖書館編《北京圖書館古籍善本書目・子部》，書目文獻出版社，1987年，頁1980。今稿本編入《正學堂雜著》中，而《正學堂雜著》爲集合王氏多種稿本之擬名，當非王氏原編。

〔二〕《上海圖書館未刊古籍稿本》第18册，復旦大學出版社，2008年，頁207。

〔三〕孫殿起《販書偶記》尚著録此書，或仍存世。

〔四〕陳尚君《影印清王仁俊稿本〈金石三編〉解題》（《上海圖書館未刊古籍稿本》第18册，頁199—204。又收入《貞石詮唐》，復旦大學出版社，2016年，頁342—343。）推測《金石三編》爲《金石萃編補跋》《金石續編補跋》《金石萃編三續》之合訂，非是。

考證。王氏從孫星衍、邢澍《寰宇訪碑録》，趙之謙《補寰宇訪碑録》、錢大昕《潛研堂金石文跋尾》、阮元《小滄浪筆談》等清人金石著述及拓本抄録鄭道昭家族摩崖刻石的資料，又從錢大昕《潛研堂金石文字目録》中録出北朝碑目，應是爲撰寫《滎陽鄭氏摩厓考證》所作之準備。此外，又有《〈小滄浪筆記〉所載金石與〈鐘鼎款識〉〈山左志〉〈萃編〉諸書異同考》等内容，對於我們利用諸書不無參考價值。

六、《籀鄦簃賦筌》二卷

外封自題『籀鄦賦筌二卷，輯始於光緒甲午四月之朔，時寓京都宣武門外爛麪胡同蓮花寺。題於國史館中，時散館之前一日也。吴縣王仁俊記』，鈐『仁俊』印。知此書成於光緒二十年（1894），時王仁俊尚在翰林院。

上卷分天文、地理、帝王等十二目，下卷分破題、響調、擬古等十三目，各目下從清人編選之總集、别集中摘録歷代駢文語句，蓋爲作文之參考。書前有《駢文目》，列姚燮選《駢文類苑》、曾燠選《駢體正宗》等清人總集十二種，譚瑩《樂志堂初續集》、方履籛《萬善花室集》等清人别集四十二種。

以上六種均抄寫於緑格稿紙。

七、《漢碑徵經補》一卷

抄寫於紅欄稿紙，版心刻『籀鄦簃扞鄭纂述類稿』。竇應朱百度著《漢碑徵經》一書，采《隸釋》《隸辨》所載漢碑合於經文者，並旁搜金石之文，以補二書之闕，意在以漢碑文字考證經文。朱氏書僅成《周易》一經，故王仁俊撰此書以補之，分《書》（雜入《國語》）、《詩》《禮記》《周禮》《春秋左氏傳》《春秋公羊傳》《論語》《孟子》《爾雅》《孝經》。體例亦仿朱書，各經篇名下先録碑名及碑文，再列相應之經文。朱書按語徵引廣泛，考證詳細，而王氏按語則較爲簡略。如與同時代皮錫瑞的《漢碑引經考》相較，王氏書在完備程度以及考證深度上都更爲遜色。

八、《釋名集校》一卷《釋名補遺集校》一卷《釋名逸

文》一卷《續釋名集校》一卷〔一〕

抄寫於紅欄稿紙，版心無字。外封自題『釋名集校，己亥二月下旬從書眉寫出，吴縣王仁俊』，鈐『國粹』印。内封題『釋名集斠三卷，據畢氏疏證本』，『此十年前撰述，非著作也。姑寫清稿，就正小學元士，籀鄦手揭櫫』。己亥爲光緒二十五年（1899）。據其自題，知王氏將自己批注於畢沅《釋名疏證》書眉的内容録出，以成此書。書中除王氏校語外，尚多引許克勤（勉甫）、胡玉縉（綏之）二氏云云。三人多據諸書徵引以校原文，或録諸書近似之文以爲參考。所引之書如《玉燭寶典》，乃光緒間自日本回傳之書，前人校《釋名》時未得利用。按王仁俊與許、王二氏爲同學好友，往往同校一書。王欣夫藏胡玉縉手校《釋名疏證》，胡氏亦並録許克勤、王仁俊校語。〔二〕王先謙《釋名疏證補》於胡、許二校僅取什一，又未見王校，則此書尚有其參考價值。

九、《漢藝文志考證校補》十卷

抄寫於竹素軒紅格稿紙。此書爲王仁俊校補宋王應麟《漢藝文志考證》之作。王氏據自藏之本，校以光緒浙江書局刻本《漢藝文志考證》及同治金陵書局刻本《漢書·藝文志》，並徵引文獻，以爲《考證》之補充。故書中多稱（局本）《漢書》作某，浙局本作某。王氏於校補之處，僅保留《漢志》原文，而不録王應麟考證之文，故往往需要與《考證》原書對讀，方知其所指。由此推測，此書亦是逐録書眉校語而成。除了校補内容，王氏還指出各書在文獻中的徵引情況，若某書有清人輯本，王氏亦加以注明。如『孟氏京房十一篇』下，王氏注：『孟易、京易，馬輯、孫輯、張輯。』即馬國翰《玉函山房輯佚書·經編易類》、孫堂《漢魏二十一家易注》、張惠言《易義别録》三種輯本。《校補》的内容主要集中在經書方面，前四卷（六藝略部分）占全書篇幅的一半以上，這正是王氏治學旨趣所在。

〔一〕首册所書《籀鄦簃雜著目録》作《釋名集校》二卷。

〔二〕王欣夫撰，鮑正鵠、徐鵬標點整理《蛾術軒篋存善本書録》，上海古籍出版社，2002年，頁429—431。

十、《積古齋鐘鼎彝器款識補遺》一卷

《積古齋鐘鼎彝器款識》之編定審釋出朱爲弼之手，復經阮元改訂而成。朱氏手稿經其子朱善旂重裝及從孫朱之榛編次，流傳至今，現亦藏於中國國家圖書館（索書號：12556），後附葉志詵等十家跋尾。光緒三十二年，朱之榛曾將稿本石印出版。[一]關於朱氏稿本與阮刻定本的異同，俞樾（光緒七年）和黃彭年（光緒十六年）在跋中都有詳細説明。黃跋云：『彭年與朱按察之榛同官蘇州，得觀其從祖茮堂先生所著《積古齋鐘鼎彝器款識》殘稿，因屬王生仁俊檢校此稿焉。……撮舉王生仁俊語，書附卷後。』[二]黃氏謂稿本、刻本歧異凡近百條，跋中概括爲十五例，凡此皆出王仁俊之檢校。由此可知王氏作此書之緣起。

此書抄寫於紅欄稿紙，版心刻『籀鄦簃扞鄭纂述類稿』，卷端鈐『扞鄭金石文字』朱文方印。先依《款識》刻本次序，補録稿本有而刻本無之器（如商父庚鼎、己癸鼎等）及朱爲弼、阮元二氏按語。次爲《積古齋鐘鼎款識稿本校勘記》，王云：『凡俞氏跋已及者不列。稱此者，朱説也。稱阮刻者，今積古齋書也。稱稿本者，附阮説也。』校勘記載録稿本、刻本之歧異，並加按語，評議所改之當否。書末爲《朱氏鉏經堂金石款識跋》，即王仁俊代黃彭年所撰之原稿。此後又低一格附録俞樾跋文。俞跋謂朱氏稿本『不特可見文達之精意，並可補《積古》之缺遺』，此亦王氏書名用『補遺』之意。

張學謙

〔一〕〔清〕阮元、朱爲弼編録《積古齋鐘鼎彝器款識》（附稿本），浙江古籍出版社，2019年。

〔二〕〔清〕阮元、朱爲弼編録《積古齋鐘鼎彝器款識》（附稿本），頁849—876。此跋亦收入黃氏《陶樓文鈔》（民國十二年章鈺等刻本）卷十，題《積古齋鐘鼎款識稿跋》。

希麟音義引說文攷

籀廎簃雜著目録

希麟音義引説文攷一卷

補宋書藝文志一卷

補梁書藝文志一卷

金石萃編続補藁一卷

碑版叢録一卷

籀廎謏賦筌二卷

漢碑徵經補一卷

釋名集校二卷

漢書藝文志攷證校補十卷

積古齋鐘鼎彝器欵識補遺一卷

希麟續一切音義引說文考

朴木素也一　希云正作樸字按樸即樸之譌

大籍小篇一

紛緰並从糸分俞声也一

旭日旦出也一

日實也一

空从穴工声一

依从二人相依倚會意字也一

羈从革冈馬會意字也一

明从囧作朙一

倭陀也从人婁省声也一

裸从衣果[illegible]一　裸露肉袒也从衣果声二裸字从示四八

聾从耳龍形声也经文作聾不成字也一

瘂从疒一[illegible]聲也經文从口作啞[illegible]聲也非經[illegible]

陋从阜从㔷声也一

虎獸君也 一 四七九
豹似虎圜文黑花而小于虎 一 獸名 作豹 九
豺狼屬也从豸才声 一
蝎毒蟲也尾上拳 一
臭水蟲也 一 从肉水 作夊 八
鼈水介蟲也 一 从黽敝声 有从魚作鱉非也
黿大鼈也大者如車輪小者如盤有神力能制水族魅人而食之 一 水蟲也 七
鼉水介蟲也从黽單省声也 一
鳳凰神鳥也出東方君子之國翱翔四海之外龍文龜背燕頷雞喙五彩備舉
非梧桐不棲非竹實不食朝鳴曰發明晝鳴上朔夕鳴曰滿昌昏鳴曰固常
夜鳴曰保長見則天下大安 一
冒小兒及蠻夷頭衣从目曰声也 一
船从舟从沿省声也 一 八
瀑疾雨水也瀑賨也 一

毫氂並从毛毫字从豪省氂字从𥻆省一
㩪輕傷也一
瞚謂目開闔数搖動也从目寅亦声也ㄑ一
蓊鬱㒓艸也ㄑ二
恤从心血声也ㄑ二
肺从肉巿声也ㄑ二
腸从肉塲省也ㄑ二
胃穀府也从肉象形字也ㄑ
肝从月干声也ㄑ
膽从肉詹声也一
腎从肉臤一
脇肚兩旁脇也从肉劦声也一三
喙鳥喙也从口彖声也一
鉆鐵鉗夾取物也从金占声一
鋷亦鉆也攝从金取声也一

磔殺而張膊也一

搒从手旁声一

仆傾頓也一

斲研也从斤屬声一

轠繼形声字也一

鞭馬策也从革便声

撻从手達声也一六

髲从髟皮声一

蜴蜥在壁曰蝘蜓在艸曰蜥蜴蜴字或作易蜥从虫析声一五

蝨嚙人蟲也从卂蚰作蝨一二

蚤嚙人跳蟲子也从蚰从叉亦声也一二

螟蛉細腰蜂也一二

蟊螣官吏乞貸則生蟊二字皆形声字也一

𧒂螽作螽蝗螽類也在艸中不食苗一

蛺蝶蟲名也一

驢駝二字皆形声也一

羸瘦也从羊羸一从[illegible]声

皴从皮夋形声字也一

劈破也从刀辟声也一

凶人亡財物則行之凶也一

倦从人卷声一

孤無父曰孤从子音結从瓜省声也一四

鈇剉也从金夫声一

鉞从金戊声也一

蠱腹中蟲能痛害人从蟲皿声一

燖从火覃声也一

剜从刀宛形声也一

刵斷耳也从刀耳声也一

劓截也从刀臭声也、

罘兜害也从网不声一

矰从矢曾声也一

繳生絲縷也从糸敫声也一

哺从口甫声也一

谿川瀆無所通者也从谷奚声一

澗从水閒声也一

汎淨也从水凡声一

噏内息也从口翕声一

鐶从金還省声一二璧肉好若一謂之環

釧腕環也从金川声也一二

璫从玉當声也一

俳戲也从人非声也一

優从人憂声也一

赧面慙赤字从艮声也一

瘡創傷也一二

夢作寢从宀从爿夢一寐而有覺也从宀从爿夢

寤从㝱省吾声也一
穽从穴井声一
游从水斿声一二
泳从水詠省声也一
詼从言灰声一
謔从言虐声形声也一
枯亦槁也从木古声也一
槁作稾木枯也从木高声一
睛从目青声一
廝从广斯声一
梯階梯也从木弟声也一希又引賈註國語同一
階从阜皆声也一
螘从虫豈声也一
𩌦屬也从革徙声一
媿从女鬼声一

恧慙也从心而音一
窾从穴會意字也一
惰从心隋声也一
耕从耒从井像耕墾之形一
墾从土豤声一
擐穿貫衣甲也从手還省声一　从手睘声八
芬艸初生香氣分布从屮分声一
畟正方四面齊等一
竦从立从束言自申束也一
慄从心栗声一
賙从貝周声也一
給相供足也从糸合声一
慣作遦云習也从辵貫声一
躁从足喿声一
犛西南夷長髦牛也字从𠩺牛一

鐆从金隊声一

蟜从虫喬声一

莽从犬茻声一

蛇从虫它声一

墋从土參声一

毒从屮草也云草初生有毒也一

麄不細也一

澀不滑也一二

捫从手門声一二

摸从手莫声一　从手从莫形声也二

薂从艸敫声也一二

憾从心感声一

煖从火而声一

颻摇風也一

拇从手母声一

撮从手最声一
翳羽葆也二
障从𨸏章声二
揀从手柬声二作柬三柬字从八在柬中四
擇選也从手睪瀉声字二
闥从門達声門从二户也二謂
在牆曰牖在屋曰窻从片悤声二
穿壁以木交為窻也从片户甬声也二
墀謂以丹塗地謂之丹墀二
欄檻也二
洄澓𢓜从水
湍瀨也淺水流於砂上曰湍也二
洄復𢓜从水回復諧声也二
亂盒从彔囷皿形声字也二
違離也从辵韋声二

諍諫止也从言爭声也二

瘦从疒叟声二

狼似犬鋭頭白頰猛獸也从犬良形声字二

涸从水从固声二

瞖目病也从目殹声也二

膜从肉莫声二

麻从未从髎省声二三

賑从目辰声二

給从糸合声也二

獄从㹜言二犬相噬言以訟之會意字也二

聚从㐺从取声二

溲从水復声二

雷正作靁从雨畾声二

震从雨辰声二

赫大赤貌从二赤二

奭从火亦声二

㷸怡和悦也二

嬉樂也二

壍坑也从土斬声也二

垣牆敝也从嗇爿声二

誑从言狂声也二

誘教也从言秀声二

誨从言每声也二

鹹北方味也从卤咸声也方二

然从月从犬从灬灬火行皃犬逐其肉以然之會意字也二

嘯呼吟也二

遽从辵豦声也二

霔从雨注形声字二

舩舟也从舟船省声也二

惑从心或声也上二

箭止舟為㫋二
臍膍臍也从月齊声也二
脇肚兩傍也从肉从劦声二
漁謂捕魚也二四
捕从手甫声也二
屠刳也从尸都省声也二
獵从犬巤声也二
濤謂潮水湧起也从水壽省声三二
湧亦騰起也从水勇声也二
浪从水朗省声二
欄門遮也二
楯欄檻也二
頤輔車骨也从頁頁頭也𦣝含声也二
肩胛也从骨博省声也二
傭均直也从人庸声也二

胸胷也二
臆亦胷骨也从肉億省声也二膺也从肉意省声也五五
膝脛骨節頭也二
腨足腓腸也二
足踵也从足根省声也文二
風動蟲生故蟲八月而化从虫凡声也二
痟作消盡也二
瘦瘠也二
門从二户也二八
藤从艸滕声也十二
虋从蔓繇声也二
竅空也从穴敫声也二六
隙壁隙小孔也从𨸏从白上下小也二空隙皆曰隙从𨸏白上下小也四六
筩从竹遥省声也二
搥从手塠从土並形声字二

坏作杯二
器皿也飲食之器總名也从犬㗊二
品衆皿犬以守之會意也二
燥火乾也从火喿声二
溼作濕二
祭从月从又从示二卜
志从心㞢声也二
兇惡也从人在凶下也二
残从歺戔声二
辜辠省辠古声也卜二
齧从齒契省声二
鞭从革便声二
笞撻也从竹台声二
塹坑也卜二
諂从言臽声二

香从黍甘會意憶也二
琵琶並从珡比巴声也二
瞬作瞚二
弓像形字也一三
璫穿耳施珠也三
髑髏頂骨也並从骨獨婁省声字三
駭从馬亥声三三
捔掎捔也三
捶以杖擊也从手垂声二
闡从門單声三二
號作唬三
稻糯即稻也二
渟清也三
畔田界也从田半声也三
檢从木僉声三

策从竹束ミミ
槁从木高声ミ
船从舟沿省声也ミ
繩索也从糸蠅省声也ミ
溝水瀆也从水冓声也ミ
堆小阜也从土佳声也のミ
蕊从三心作蘂ミ
媱貪也从女䍃声也ミ
佚从人失声也ミ
圄獄也圄守也ミ
笞苦擊也从竹台ミ
胃穀府也从肉作𦜉像形字於
㥯媿〻恥𢡎也作媿亦作聭謉二形皆古字也ミ
沮从水且声也ミ
壞从土褱声ミ

滅作烕 三

囟从人匕會意字也 三

闢从門辟声也 三六

禦亦禁也 三

癇風病也从疒閒声 三

鉛青金也 三

鬱作鬰从缻声也 三七

關以横木持門曰關从門𢇇声也 三五

鑰作門謂關之鎖也 三

繼从糸𢇍會意字 三

浣澣濯从水幹声 三

染以繒染為綵也从水杂声 三

戾曲也从犬出戸下也 三

積聚也 三

脹滿也肚脹也 三三

哽食肉有骨噎在喉内悲憂噎塞者故借為喻言三
臽作臼小阬也三
鉗鐵夾也鉆取物者也三
鑷鉆亦小鉆也从金耴声三
伏从
竄从鼠在穴中則竄矣文四
伏从犬从人言犬見人則伏矣三
卵無乳生轂者曰卵也三
轂从卵殸声三
金五色金也黄為長久薶不生百鍊不輕从革不違西方之行生於土从土今
螺介蟲也三
坦安也三
陜从下匚夾声也三
霈从雨沛声三
肉作肉像筋肉之形十三

卉百百總名从三屮作𠦄三 从三中作𦬁二中爲艸也四

全具也从工亼會意字也三

滴涯也从水滴省声也三

霤水溜也三

霝神名也三

鍔从金咢声也上三

齎从貝齊声也三

鍊銷金也从金柬声三

冶从仌三

悦从心説省声三

豫从象予声也三

貝像形三

玉有五德三

資从貝次声也三

粮儲也三

獷从犬廣声三
湍淺水流沙上也三
馳疾也从馬池省声也三
溺沒也从水弱声也三
摸㨯也三
蚋秦人謂之蚋楚人謂之蚊三
勵力也从力厲形声字三
暴从日共三
溴从水臭声三
膜肉閒胲膜也三
纏約也从糸廛声三
裹纏也从衣果声也三
癇風病也从疒閒声三
蟲从三虫三
毒从中作毒三

咒詶亦詛也 三六

詛从言且声 三六

瞖从目殹声也 三 目中瞖也从目殹形声字也 六

溉亦灌也 三

號哭也作唬 三

嗥作獋虎怒声也亦作嘷 三

喟大息歎声作敵 三

瞬目動瞚也 三

寤覺而有信也亦唔也从㝱吾省 三九

開啓也从門幵声从井作閞 三

流从水从㐬 三十

幽从山丝声微也 三

邃深遠也 三

昱从日立声 三

蹙迫急也从戚足声也 三

棼木長儷也 三
劘雜劘也 三
竝二人同立也 𫞋双立也 六
將从夕寸爿声也 二
醍醐作䣛醐〇酥〇酪中出酥酥中清液也 一四
蠶任絲也从䖵朁声 作〇
繭从虫糸芇像繭蛾之形 二〇
極从木亟声 〇
爆灼也 〇
胃膚也 〇 亦作𦙶 四
臆胷骨从肉意省声 〇
漲水盛也从水張形声字也 三〇
髓骨中脂也从骨隨省声 〇
𡿺从匕从囟 四
蚊作䘇 四

蝱山澤草花中化生也亦生鹿身中形大者曰蝱小者曰蠐 四
馬像形也頭尾四足王在其上也 四
椎擊也从木隹声 四
霹靂析震戰也所擊輒破若攻戰也 細
虎山獸君
狼似犬銳頭而白頰从犬良声 四
飛像鳥羽翻飛之形也 四
蛾蠶蛾也 四
餌粉餅也从食耳声也 四
牆垣也五版為堵 四 垣牆蔽也从嗇爿声也 六
壁屋牆也 四
洟鼻液曰洟从水夷声也 四
啼汁也涕泣悲声也 四 上
埃細塵也从土矣声 四
炳煥明也从火丙形声字 四

菡从艸函声四
萏从艸臽声四
波从水波省声四
三波曰濤从水壽省声四
叢草木聚生曰叢从丵取声上四
林并二木也四
莽上下草犬在其中也四
滌从水條声也四
垢坋也从土后声四
諦審也从言帝声四
聽審也从悳耳壬声也四
流水㐬四
危阻也四
琢重也四
膳食具也上四

掍穿甲也兵器也 四
緩从糸爰声也 四
謇吃也詞語難也又水塞不通也非謇跛義 四 从言寒省声 四
澌病声散也 四
怡从心台 四八
篳从竹畢声也 四
鶴白色而喙長朱頂壽滿千歲神仙鳥也从鳥隺声 四
箏鼓絃筑身樂也本大瑟二十七絃秦人不義二子爭父之瑟各得半十三絃
因名為箏 又四
蠃从虫𣎆声 四
礦未鍊金也从石廣声 四
辯从言辡声 四
吹作龡 四
惸作㷀从卂營省声或从人作傥或省作茕皆通用字 十四
株杌也从木朱兀声 四

糠米皮也四
閥閱益从門伐悅省声也四
搯从手爪在臼上會意字四
沓从水四
缸从瓦作瓨四
笑大戴共竹君子樂然笑也四
篡从厶算声上四
奪作奪强取也云手持一鳥大鳥在上奪去也从寸亦通無从木者四
蠢動也从䖵春声會意字四
膾割也切肉也細切為膾四
駱馳胡地獸也背有肉鞍負重千斤日行三百里能知水泉所在上四
瘖不能言也四
怡和也从心台声四
嗥咆吠犬鳴也玉篇同上四
筮蓍四筮決也四

懶 惰不敬也竝从心賴𢡒声也 四
訣 亦論也从言吏声 四
休 从人倚木息也 从四
秉 手持一禾曰秉 四
顯 光也明也玉篇字林从之 四
矣 語已詞也从厶古文已字矢声也 二六
罩 捕魚器也
羅 罩二字竝合从网作也 二五
徹 通也从彳支育声也 五
緬 微絲也从糸面声 三
袪 从衣去声 五
緹 帛赤黄色也 五
綴 从糸叕声也 五
沃 溉灌也 五
籟 三孔籥也从竹賴声也 五

欒木似欄从木䜌省声上

棘似棗叢生从二朿也

弼从弜五

槧从木斬声五

賾从𦣞責声也五

索入家搜也从宀索声五

躡蹈也从足聶声也五

泛从凡作汎上五

夒憂又頓笑也上五

戲以横木足声五

麻𣏟所人治在屋下也故从广𣏟也

齩齧也从齒交声上五

殺股髀也非殺羊字也上五

滷[redacted]

滷沙滷也从水鹵声上五西方鹹方五

蛻 蟬虵所解皮也 六

繒 帛也 六

幘 幟也 五

繞 韜也 文五

弢 从弓叏叉也 五

拼 撣也 从手并声 五

沮 从水且声 五

壞（敗也）从土褱声 五

幖 幟頭上也 从巾票声 五 幖亦幟 从巾票声 五

膟 膫也 又作膟膋 十五

鉞 从金戉声 五

機 杼持緯也 二字从木幾予声也 五

獸 从犬嘼声 五

把 轡飾也 卜五

攬 執也 卜

縫紩也 五
膝从肉桼声 五
黍禾屬而黏者也以大暑而種故謂之黍从禾雨省声 五
米穀粟實也象禾實之形也 五
髆肩胛也从骨从博省声 五
縛繫也 五
鶂作鵅云陽鳥也 五
脛足胻也 五
蓋从艸盍声 五
國从木作欒木名也似木欄也
筋肉之力也从肉竹 五
脈血理之分行于體中也 五
珊瑚生海中而赤色有枝無葉也 五
瀘濾滲也水下皃也二字从水盧庶皆形声字 五
駱驢獸名 五

8

蚑蛩蠶人飛蟲也正从蚰省作𧒒五作蟁以昏時而出也故从蚰六之八
嚩作哺入口也孜声嚩也从口甫声嚩从口博省声ㄖ五
𨿽骸骨也五
鼈水介虫也五
瑕玉病也从玉叚省声五
淤淤塗也从土泥声水名也非淤塗也五六
纔僅也孜声暫也五
㬝膂也膂即臆也五
幖亦幟也ㄖ五
螫蟲行毒也六六
涎液鼻液也二字並从水延㕣声也六六
癩作瘷六
澍从水尌声六
雨一像天冂像雲覆也丨即下也四點像雨空中零霏也六六
鮫亦鯊屬也六六

8

龍鱗蟲之長也能幽能明能巨能細春分而登天秋分而潛淵也㔾飛形从肉
从童省声也　六
叢聚也　六
稲即糯也　六
沃从水夭声　又
璫穿耳施珠也从玉當声也　上又
脊咲也从肉文声　六
鸚鵡二字皆从鳥嬰武声　六
蠆从蚰夆声　六
抽从手由声　上二
熙从灬已𦣞声　六八
踏从足翕声　六
淪从水侖声　六
瀑从水暴声　六
流从水㐬　六

聾耳不通也从耳龍声六
蝱亦齧人飛蟲也从䖵亡声也三六
飛如鳥翥飛像形字也六
蛾从虫我声也六
蟻作螘亦介足从之六
痢从疒利声六
痔後病也从疒峙省声也六六
瘻瘡二字並从疒婁倉皆声六
髀股外也从骨卑声六
脛足胻也六
疥搔也从疒介声六
癬乾瘍也从疒鮮声六
疱从皮作皰面生熟瘡也亦作皻俗作皶六
癘正作癘惡疾也从疒厲省声也六
插从手臿作揷非六

8

禱告事求福也从示壽省声也六
成从戊丁声六
輻輣二字並从車福冨省声六
苗从艸在田上也六
稼从禾嫁省声六
䎺从耳作耽六
諠作讙六
樘亦云柱也从木堂声十六
閛㨶即撫持也六
瘊从疒矦声六
脈从肉派省声十六
冥月从十六日始冥故字从六日一𠑹冥声也亦覆蓋之形也六
䛐作訓亦詛也六
鉞从金戉声六
鴟破木也十六

斷截也从斤㡭會意字六
脆肉耎易斷也从肉絕省声六
針綴衣針也六
醮面皮枯黑也从面焦声六
樞从木區声六
撼搖也从手感声六
沈从水冘声也六
溺亦没也从人没在水也六
擊从手毄声也六
響从音鄉声六
開从門幵声也二户為門二干為幵六
憚从心單声也六
鷄知時之畜也六
珂貝屬也从玉可声也六
弓像弓之形六

攜从手巂声也欤
庳从土作埤伏舍也六
幑从巾敫声六
囩薇也六
咎从人各謂人各心相違即咎生也六
藉以蘭及草藉地祭也从草耤声欤六
擲投也从手鄭声六
置从四直声六
𥄎目上毛也像眉之形也六
緋繒色六
絲蠶所作也从二糸六
豎作豆六
網庖羲氏結網以漁也从糸罔声六
𤻲从疒敕声欤六
蹙从戚足声也六

蟠从虫番声上
熾猛火也上
忿亦怒也从心分声上
厭作猒从犬甘肉也上
纂从糸算声也三七
歷从止厤声七
樞从木區声也七
脣口上河也又
擘擗也謂也从手辟声也七
聯綴也从耳耳連于頰也从絲連不絶會意字也七
咎人各相違也从人各七
馭从馬又印手會意字也又七
臭从犬自七
灋刑法也红七
帔从巾皮声七

縫紩衣也从糸逢声七
闌门限也从門柬声（此
磬亦欬也
欬逆气（逆也
掫拏持从手取声
險阻難也从阜僉声
詖险詖也从言皮着声也
麤从三鹿
厭从犬肉作猒犬甘於肉也
置委也从网直声
捩作戾犬在户下也（
䛐从言作詾亦同
欠少也
㘝作臽小坑也从人在臼
甘作曰口含一也（

惏从心从林聲

寐寢也息也从寢省未声也乚

睫目旁毛乚

齧噬也从齒㓞声乚乚

雷作靁乚

電陰陽激燿也从雨从申乚

霹靂从雨辟歷声乚

旱从日从干文乚

愕从心咢声正作咢字也乚

趒从走兆声乚

驀騙馬上也从馬莫声也乚

縛束也从糸博省声乚

尿从水尾省声乚

髆肩髆也从骨尃声乚

傭均直也从人庸声乚

迸从辵作逬七
竄藏也从鼠在穴中七
沮从水且声十七
龜舊也外骨而内肉者也从它龜頭似它天地之性也廣肩無雄龜鼈之類也以
　它爲雄像四足頭尾之形也七
喋从口枼声七
驅从馬區声七
擯从手賓声七
濺从贊作濽汚灑也十七
縈收卷也从糸熒省声七
繞纏也从糸堯声七
慄从心栗声也七
虵从它作蛇七
痠从疒酸省声七
顒頷也十七

蹅著地行皃从足沓声七

緄五色絲飾也从糸昆声七

氤氲祥气或作氛氲也二字並从气因昷声七

擊从手毄声七

攢从手贊声也十七

銅赤金也从金同声七

蘡薁二字並从艸嬰奧俱声八

皾麥皮也八

鮫海魚石也皮有文可以飾刀劍也从魚交声八

疥瘙也从疒介声八

貲貨也又財也从貝此声二八

剜挑也从刀从宛八

患从心串声八

痔从疒峙省声八

鋁从金呂声三

錫銀錫之間从金易声也八
嫂从女叟声八
戾之曲也字从犬出户下也八
捺取獸具也从丂詠省声也八
插刺人也从手臿声八
土吐也能吐生萬物也从二二地之數也象地中物出也八
陂从阜皮声八
逃竄也八
稻沛国呼稻為糯八
闌门限也从门闌声也八
聲从耳𣪊声八
蒿艸也从艸高声从八
聰作聡察也从耳忽声八
技从手支声八
鐵黑金也从金戠声八

籥作冊云符命也上八
馬掘也八
懷从心褱声八
綆汲井綆也从糸更声八
簸揚也从箕皮省声八
孚鳥孚卵也从爪从子象形
爪覆手曰爪象三指形八七
蟻作螘蚍蜉也八
帷在傍曰帷从巾隹声也云八
幕从巾莫声八
覩覆蓋也八
器皿也从㗊从犬八
皿作盛物之形也八
雌𧈢曰雌从隹此声也八
分別也从八从刀分劃之形八

析破木也从斤〻可以破木會意字八

讎（沈）麈也从言雔声也八

轂車堅也八

渜湯渜也八

艸百卉也十

出字从古文出字像四出之形八

漩水回淵也从水旋形声字八

渦从水過声八

蝦水蟲也八

瘦臞也八

皴皮細皺也从皮夋声八

澀从四止二正二倒作澀十八

湊水會也从水奏声十八

聚集也从㐺取声八

冊王冊符命也謂上聖符瑞信教命以授帝位像簡冊穿連之形也八

耕从耒井像耕之形八
曲木也八
指手指也从手旨声八
綫縷綫也八
栽種也从木𢦏省声八
燥火乾也从火喿声八
祭从手持肉以示祭矣卜九
攪从手動也攪声八
妊懷孕也从女壬声八
輦人輓車也字前人引之形从扶八
儒柔也八
語直言曰論論難曰語从言吾声八
悦从心説省声也八
舌在口所以言也从干口八
舓舌取食也从舌易声八

談語也从言炎声也 八
話合會善言也 八
畫从聿田四界聿所以畫也一曰地上 八
牆垣也从嗇爿声 八
跌从足失會意字也 八
搖動也 八
蠅从虫黽声 八
蛆从肉作胆 八
露潤澤也从雨路声也 八
誕从言延声 八
迷惑也从辵米声 八
竇从穴賣声也 八
弓像弓之形 八
突犬从穴下欲出也 八
蹈从足舀声也披手謂之舞足謂之蹈也 八

舞从舛無省声

知 从口矢声也八

持 執持也从手寺声八

木 冒也謂冒地而生也作屮下像其根上像枝也八

嘴 同鳥喙也八

端 始也从立耑声八

頸 西声項頸也从頁巠声也八

稱 詮也舉也八

知輕重也从禾爯声八

胄 从由肉声一九

糠 穀皮也从木康声九

慵 惰也九

壚 从土盧声也二九

疱 正作皰皮起也九

婿 女夫也九

犇 作奔走也九

馳从馬池省声字九

誹诽謗也九

圯从土巳声九

瘦臞也九

涕鼻液也从水弟声也九

目汁也九

唾口液也从口垂省声九

論从侖作論云诀也九

語論也从言吾声九

攀引也九

歔欷並从欠虚希声也九

攢正俾从贊作攢四九

怅作忙九

拉作擴九

纖黑金也九

韛韋囊也九

燧作俗九

皺皮細起也九

腫痛也九

翅鳥羽也九

囂声也謂气出頭上也从㗊頁〻頭也九

埃細塵也从土矣声也九

斤斫木也象斤之形九

斲亦斫也从斤𠁁声九

囈睡語驚也从口藝声作寱从㝱省臬声也五九

言从口辛声也九

濯从水翟声也九

澡洗也九

警寤也九

未味也五行木老于未象重支葉也木有滋味也九

曙謂日日未出從日署声九
馭駕也上九
躓礙也九
害傷也从宀口家中也口言也丰声害从宀中契也九
在屋曰窗九
牖穿以木爲交窗也从片戶甫声九
笑欣笑也从犬戴其竹樂然後笑訓九
迸散也九
燎炙也九
旭旦日出皃又明也从日九声九
上登也九
匽蝎也訓九
乏貧也亦匱也九
倏疾也从犬攸声作倏犬倏走疾也九
誤作倏九

舛乖也亦錯也云對卧也从夊九

卒終也九

歲从二止作㱧戌声也九

命从口令節声九

城所以盛民也从土成声也九

甥作𤰈九

窺从穴規声也九

鍋作䥕云釜有足有喙以土爲之也如九

米穅粟實也象禾實之形也九

牀从木爿声九

歐吐也从欠區声九

變从文䜌声九

摘作𢫳取也十九

髀从骨卑声也九

肉𠕎象筋肉之形九

目象目之形也九
䜌馬䜌也九
帩作曰云小見鬟髮頭衣也卜九
野干胡地犬也九
牽从一牛玄声也九
姓孕也九
鵅鳥鵅物也九
啄从口豖声九
栅堅木也从木冊声九
績作續字卜九
疲从疒皮声也卜九
榻牀榻也卜九
席从巾庶声九
鸜似鵲長喙九
鸚能言鳥也九

狗从犬句作狗九
謦亦欬也九
欬逆气也亦瘚也九
嫂从叜作嫂从九
鞕从革更声也九
烏孝鳥也純黑而反哺者曰烏小而不哺者鵶也九
犛西南夷長旄牛也九
骹股髀也九
革三十年一世可更革也故从三十口口即国也九
踝足根也九
瘂不能言也从疒亞声的九
虩虎文也一十
慷慨太息也十
朐脯也十
纂从糸算声十

悰樂也从心宗声也

徙移也从辵止半行也二

嵎从山禺声也

抽从手由声

簪从竹朁声也

殫盡也从歺單声　十孔尚書同

鍠鐘鼓声也从金皇声也

隤从阜貴声

紐系也結可解者也从糸丑声

韜藏也

蠢蟲動也从䖵春声

秃無髮也

踵相躡行也即繼前跡〻

褫奪也

荐作鴻

蟄藏也一曰蟲多声也从虫執形声也
懣煩也从心滿声
惄从心叔声也
燎放火也
烽燧二字並从火夆㒸声
羽鳥羽也
檄符檄三尺書也从木激省声
昊作昦从日夰声
脊从肉从声乂
庠从广詳省声
辜从辛古声
讟从言讀声
謗从言旁声
駭驚也
詠毀也

狡从犬交声十
猾从犬骨声也十
墺坎險陷也謂難進也从土臯欠皆声十
紳从糸申声也针
閬从門良声十
遒从辵酋声十
悚慢作懮十
筌取魚竹籠也十
蹄作蹏十
誄謚也从言耒声也十
醜从酉鬼声也十
爝以火拂除袄也从火爵声也十
褏字也十
鵬从鳥朋声也上十
磦砥礪也十

鉛青金也从金㕣声也十
貽从貝台声十
訓誡也又導也十
遁逃也十
本从木一在其下根十
系从糸丿声十
本从水一如木三有根十
𣝅有罪人也从力亥声十
昧爽且明也从日未声也十
造从草造声十
糟亦作醩酒滓也从酉曹声也十
醨薄酒也从酉离声也十
沍冰上也十
媒媒也十
遛从辵留声也十
衒正作衙自媒也十

橘果名也廿
梨果名也十
皦明也十
扆从戶衣声十
諺謰謱也十
鐫琢金石也从金雋声也十
夐視也又深遠也从旻人在穴上也十
龤和也十
盪从皿湯声廿
夕暮也也从日半見也十
麢山羊文麢字十
掔手動也从手宛声十
皦見也明也十
騰从馬滕省声十
驤馳也从馬襄声十

癃从疒隆声也

皋从白手声也

沃灌也从水夭声也

朕从舟作朕文

淑清湛也从水叔声

撞突也

懕从心厭声也

鸜鴂从鳥寧夬声也

汨从水冥省声也

薜蘿也蔓生者也

葩花也从艸白巴俱声也

繽紛也

宗尊也

保使也

淳水清也

水泉曰源卄十
甍从瓦瞢省声十
邈遠也十
驪从馬麗声也十
珉从玉民声十
縱緩也一曰舍也从糸從声十
櫂船檝也十
駟从馬四声也十
馬字曰點像足頭尾王以乘之像形字也十
狂从犬王声也十
編次簡也謂古以竹簡書字故排連編次也卄
秫沛国謂稻為穤今江東通呼秫米為稻米也十
薛衆艸莖也从艸幹声十
霹靂折震戰也所擊輙破若攻戰也十
棒作弇从廾合酌也十

8

昕目明日将出也从日斤声也十

賫从貝齊声十

綃車絡也十

芟从艸殳會意字十

夷从大弓作夷卄

姥文師也十

殉以生人送葬也十

膺胷也十

津潤也十

紛綸糾青絲也二字並从糸分侖皆声也十

賸送也卄

詭責也从言危声十

瑣作貨小兒也十

派邪流作辰同十

秕凡丂手

承从了手双作承十

褒衣博褫裾从衣保声十

貶損也从貝乏声也十

歐犹吐也从欠區声十

噦犹气悟也从口歲声十

糅〻〻雜也謂相參雜也十

補宋書藝文志

補宋書藝文志

餘杭褚德儀学
吳縣王仁俊補

易

東陽太守卞伯玉注繫辭二卷　七錄

太中大夫徐爰注繫辭一卷　隋志

陳令范歆周易義一卷

中散大夫何禋周易終通五卷　七錄

明帝集周易義疏十九卷　隋志

又國子講易議六卷　七錄

太中大夫宋褰注繫辭二卷　隋志

書

給事中姜道盛集釋尚書十一卷隋志[illegible]世

儀按：劉懷肅之姜道盛注古文尚書

詩

中散大夫徐〻毛詩背隱義二卷 七录

奉朝請孫暢〻毛詩引辨一卷 七录

金紫光禄大夫何偃毛詩釋一卷 七录

通直郎雷次宗毛詩序義二卷 隋志

又毛詩義一卷 七录、

交州刺史阮珍〻毛詩序注一卷 七录

孫暢〻毛詩序義七卷 七录

奉朝請業遵注業詩十二卷 隋志

處士周續〻毛詩六義未傳

禮

大中大夫裴松之集注喪服經傳一卷 隋志

雷次宗略注喪服經傳一卷 隋志

丞相咨議參軍蔡超宗集注喪服經傳二卷 隋志

徵士劉逵撰注喪服經傳一卷 七錄

員外散騎庾蔚之喪服三十二卷 七錄

又喪服要記注 七錄

又喪服世要一卷 七錄

撫軍司馬費沈喪服集議十卷 七錄

徐爰禮記音二卷 隋志

豫章郡丞雷肅之禮記義疏三卷 七錄

散騎常侍戴顒禮記中庸傳二卷 隋志

御史中丞何承天禮論三百卷 隋志

太尉參軍任預禮論條牒十卷 隋志

又禮論帖三卷 隋志 七錄四卷

庾蔚之禮論抄二十卷 隋志
又禮答問六卷 隋志
徐廣禮論答問八卷 隋志
又十三卷 隋志
又禮畣問二卷 隋志附錄 七錄十一卷
光祿大夫傅隆議二卷 祭法五卷 七錄
任豫畣問雜儀二卷 隋志
特進顏延之逆降義三卷 七錄
田僧紹并降義一卷 七錄
何承天分明士制三卷 七錄
郭鴻釋疑二卷 七錄
徐廣答問四卷 七錄
處士周續之禮論 本傳

集

張鏵元未正声伎录七小

春秋

尚書功論郎何質真春秋左氏區別三十卷 隋志

処士周續之公羊傳 本傳

廣州刺史孔默之注穀梁春秋 見僖之傳

孝經

大明中東宮講孝經義一卷　七錄

論語

明帝論語補闕二卷 七录　補衛瓘闕

新安太守孔澄之集注論語十卷 七录

司空侍書張略論語注八卷 隋志

總經

雷氏五經要義五卷 隋志　七錄十七卷

孫暢之五經雜義六卷 隋志

小学
揚州都督吴恭字林音义五卷 隋志
豫章太守謝康樂撰字苑一卷 隋志
散騎常侍吉文甫釋字同音三卷 七录
給事中荀楷之詁幼一卷 七录
何承天纂文 本傳

史

太子詹事范曄後漢書九十七卷隋志

裴松之三國志注六十五卷隋志

徐爰三國志評三卷隋志

湘東太守何法盛晉中興書七十八卷隋志

臨川內史謝靈運晉書三十六卷隋志

徐爰宋書六十五卷隋志

文明中所撰宋書六十一卷隋志

文[?]王義恭西征記五卷 李伯起等傳記晉太元

中散大夫劉謙之晉紀二十三卷隋志　康祖傳作二十卷
吳興太守王韶之晉紀十卷
徐廣晉紀四十五卷隋志　書傳作四十六卷
永嘉太守檀道鸞續晉陽秋二十卷隋志
新興太守郭季產續晉紀五卷隋志
裴松之晉紀本傳

何承天春秋前傳十卷

又春秋前雜傳九卷

古文首十五代略一卷　古史

殿中將軍裴景仁秦記十一卷隋志　沈掌彥偽仕十卷

新亭侯段國吐谷渾記二卷　偽史

北徐州主簿劉道會晉起居注三百一十七卷隋志　七錄三百二十二卷

永初起居注十卷隋志　唐志六卷

景平起居注三卷隋志　唐同

元嘉起居注五十五卷隋志　七錄六十六卷　唐志七十一卷

孝建起居注十二卷隋志　唐十七卷

大明起居注十五卷隋志　七錄三十四卷　唐同

景和起居注四卷　七錄

明帝在藩志三卷　七錄

泰始起居注十九卷隋　七錄二十三卷

泰豫起居注四卷隋志
成寧起居注二十卷七錄
昇明起居注六卷七錄

儀注

宋儀注十卷

又二十卷

宋尚書雜注十八卷　隋志李二十卷

宋東宮儀記二十三卷　新安太守張鏡

徐爰家儀一卷　隋志

天门太守郭缘生武昌先贤志二卷　隋志
光禄大夫范晏陰德傳二卷　隋志
臨川王刘义慶宣驗記十三卷
永嘉太守袁王壽古文傳三卷
給事刘敬叔异苑十卷
散騎侍郎東陽无疑齊諧記七卷
刘义慶幽明録二十卷
处士太学博士周續之注嵇康高士傳　本傳
又上古以来圣贤高士傳讚三卷　唐志
刘晝高才不遇傳四卷　唐志
袁淑真隐傳二卷

郭緣生述征記二卷
山謙之吳興記三卷
又南徐州記二卷
太常卿刘損京口記二卷
侍中沈怀文隋王入沔記六卷
臨川王侍郎盛弘之荊州記三卷
雷次宗豫章記一卷
謝靈運遊名山志一卷
沙门釋法显仏國記一卷
謝靈運居名山志一卷
元嘉六年地記三卷
宋武北征記一卷 戴氏撰
武康令沈怀遠南越志八卷 隋志

宋譜四卷七录

處士李叔之莊子義疏三卷　七錄

太學博士賀道養賀子述言十卷　七錄

車騎將軍范泰古今善言三十卷　隋志

領軍長史虞通之撰善諫二卷　隋志

後軍參軍徐益壽記聞二卷　隋志

何承天合皇覽五十卷　七錄

兵家

武帝所傳教人書 隋志在皇帝兵法下

推元嘉十三年日時兵法三卷 七录

并推元嘉二十年太歲計用兵法一卷 七录

孫暢之術勢略敘五卷 七录

員外殿中將軍孫思莊建元永明棊品二卷 七录

通直郎劉叡荊州占二十卷 隋志 七录二十二卷

何承天元嘉曆二卷　隋志
元嘉曆疏二卷　七录
元嘉中論曆五六卷　七录
元嘉曆紀一卷　七录
元嘉二十六年度日景數一卷　七录
何承天曆術一卷　隋志
又驗日食法三卷　七录
何承天漏刻經一卷

大將軍參軍徐叔嚮鍼灸要抄一卷隋志

又本草病源合藥要抄五卷七录

徐叔嚮等四家體療雜病本草要抄十卷七录

又解寒食散方六卷七录　唐志作解寒食方十五卷

又解散消息節度八卷七录

又談道述七录

建平王典術一百二十卷七录

羊欣中散藥方三十卷七录　本傳作十卷

徐叔嚮雜療方二十二卷七录　唐志二十卷

又雜病方六卷七录　唐志作體療雜病方

又療少小百病雜方三十七卷七录

又療脚弱雜方八卷　唐志作脚氣方

武帝雜戎狄方一卷七录

范曄上香方一卷七录

徐氏脈經決三卷唐

秘書監

王微集　本傳

南東海太守袁淑文集　本傳

武康令沈懷遠文集　懷文傳

楚辭

楚辭十一卷 何偃刪王逸注

處士諸葛氏楚辭音一卷 隋志

別集

武帝集十二卷隋志　七录二十卷录二卷

文帝集七卷隋志　七录十卷亡

孝武帝集二十五卷隋志　七录十一卷录一卷

廢帝景和集十卷　七录　录一卷

明帝集三十三卷　七录

長沙王道憐集十卷　隋志　錄一卷

臨川王道規集四卷　隋志　录一卷亡

臨川王义慶集八卷　隋志

江夏王義恭集十一卷　隋志　七录十五卷录一卷

江夏王集別本十五卷　七录

衡陽王义季集十卷錄一卷　七录

南平王鑠集五卷　隋志

竟陵王誕集二十卷　七录

建平王休祐集十卷　七録

新渝惠侯義宗集十二卷 七錄

散騎常侍祖柔之集三十卷 七錄

豫章太守謝瞻集三卷 隋志

征虜將軍沈林子集 七錄

太常卿孔琳之集九卷并目錄 隋志 七錄十卷 錄一卷

王叔之集七卷 隋志 七錄十卷錄一卷

太中大夫徐廣集十五卷 隋志錄一卷

秘書監虞龢集一卷殘缺 隋志 七錄十卷錄

侍中孔甯子集十一卷并目 隋志 七錄十五卷錄一卷

職官

范曄百官階次一卷唐志

荀欽明百官階次三卷唐志

百官春秋六卷唐志

補梁書蓺文志

補梁書藝文志　卷

餘杭褚德儀学
吳縣王仁俊補

易

元帝周易講疏十卷　唐志　隋志武帝周易講疏三十五卷

范述曾易文言注　本傳　字子玄吳郡錢唐人中散大夫

伏曼容注周易八卷　隋志　臨海令

朱异集注周易一百卷　隋志　侍中

又周易几注三十卷　隋志

何胤注周易十卷　隋志　處士

宋褰注周易繫辭二卷　太中大夫

釋法通著乾坤義各一卷

武帝周易大義二十一卷　隋志

南平王周易幾義一卷　隋志

國子講易議六卷　隋志

褚仲都周易講疏十六卷 隋志 五經博士

蕭子政周易義疏十四卷 隋志 都官尚書

又周易繫辭義疏三卷 隋志

武帝周易繫辭義疏一卷 隋志

孔子祛續朱异集注周易一百卷 隋志

褚仲都易義釋文

庾詵易林二十卷 本傳

書

武帝尚書大义二十卷　隋志

刘叔嗣尚书注二十二卷　七錄　冊府元龜作二十一卷　五經博士

孔子袪尚书义二十卷　本傳　会稽山陰人

刘叔嗣尚书新集序一卷　七錄

又尚书亡篇叙一卷　隋志

孔子袪集注尚书三十卷　本傳

任孝恭古文尚书大义二十卷　唐志　中书通事舍人

蔡大宝尚书义疏三十卷　隋志　蕭詧司徒

王俭尚书音义四卷　唐志

刘叔嗣尚书亡篇序一卷　隋志　五經博士

又注尚书二十一卷　隋志

又尚书新集序一卷　隋志

巢猗尚书百釋三卷　隋志　國子助教

又尚书義三卷　隋志　新唐志作义疏十卷

費甝尚書義疏十卷隋志　國子助教

張譏尚書義十五卷

又尚書廣疏十八卷崇文總目

詩

崔靈恩集注毛詩二十四卷　隋二十二卷　桂州刺史

陶宏景毛詩序一卷　隋志　隱居先生

謝曇濟毛詩檢漏義二卷　七錄　給事郎

何偃毛詩摠集六卷　七錄　處士

又毛詩隱義十卷　七錄

武帝毛詩發題序義一卷　隋志

又毛詩大義十一卷　隋志

簡文帝毛詩十五國風義二十卷　隋志

許懋風雅比興義十五卷　字昭哲　高陽新城人　官中庶子

　闕彥之毛詩文　冊府元龜

劉瓛毛詩篇次義一卷　七錄

毛詩圖三卷　七錄

毛詩孔子經圖十二卷　七錄

毛詩古聖賢圖二卷　七錄　鄭樵通志曰三書皆蕭梁人作

禮

武帝禮記大義十卷　隋志　唐志同　又革牲大義三卷　隋志

文帝禮大義二十卷　唐志作

周捨禮疑義五十卷　唐志　隋志作五十二卷　領軍

何佟之禮記義十卷

又禮答問十卷　隋志　梁二十卷

朱异禮講疏　本傳　字彥和　泉唐人　官尚書左僕射

伏曼容喪服集解　本傳　字公儀　平昌安邱人　官臨海太守

戚壽雜禮義問答四卷

賀瑒禮論要抄一百卷　隋志　步兵校尉五經博士

又喪服義疏二卷　隋志

又禮記新義疏二十卷　隋志

皇侃禮記講疏一百卷　唐志　隋志作四十八卷

何胤禮答問五十五卷　本傳　隋志作五十卷

又禮答問十卷　隋志

又禮記隱義二十卷本傳
庾曼倩喪服儀本傳　南史華容諮議參軍
孔子袪續何承天集禮論一百五十卷
裴才子喪服注本傳
賀述禮統十二卷
崔靈恩三禮義宗三十卷隋志書錄解題一百四十九條本傳四十七卷中興書目一百五十六篇
又周官集注二十卷
皇侃禮記義疏九十九卷隋志唐志作五十卷武帝紀云大同四年冬十二月兼國子助教皇侃表上所撰禮記義疏五十卷
裴子野喪服傳一卷隋志通直郎
何佟之禮雜問答鈔一卷隋志
陶宏景三禮目錄注一卷七錄
梁月令圖一卷七錄
皇侃喪服義疏陸氏釋文　皇侃撰禮記義疏五十卷又作喪服義疏並行于世

梁

武帝樂社大義十卷 隋志 唐志

武帝樂論三卷 唐志 隋志

又樂義十一卷 集朝臣撰

又鍾律緯六卷 隋志

春秋

崔靈恩春秋序一卷 隋志

簡文帝春秋發題一卷 隋志

又左傳例苑十八卷 唐志

崔靈恩左氏傳立義十卷 唐志 隋志

又春秋經傳解六卷

又春秋申先儒傳論十卷 隋志 唐志申上有春秋二字

又左氏經傳義二十二卷 本傳

又公羊穀梁文句義十卷 本傳

又左氏條例十卷 本傳

又左氏條義 本傳

虞僧誕申杜難服 官助教見崔靈恩傳 會稽餘姚人

柳惲清調論 字文暢河東解人吳興太守 本傳

劉之遴春秋義 本傳云著春秋大旨十科左氏十科三傳同異十科合三十科

沈宏春秋經解六卷 武康人天監初五經博士 見上古三代至隋文尚

又春秋文苑六卷

又春秋左讀六卷

又春秋五辨二卷　隋志

論語
太史叔明論語集解十卷　七录
陶宏景集注論語十卷　七录
褚仲都論語義疏十卷　隋志
劉被孔志十卷　太尉參軍
曹思文注釋論語十卷　七录

吳承

孝經
武帝孝經義疏十八卷 隋志 唐志
昭明太子統講孝經義三卷 七錄 又一卷
簡文帝孝經義疏五卷 七錄
皇太子講孝經義三卷 隋志
天監八年皇太子講孝經義一卷 隋志
蕭子顯孝經義疏一卷 七錄
又孝經敬愛義一卷 隋志
嚴植之孝經注一卷 七錄 五經博士
曹思文孝經注一卷 七錄 功論郎
江係之孝經注一卷 七錄 羽林監
江逌注孝經一卷 七錄
釋慧琳注孝經一卷
陶弘景集注孝經一卷 七錄
郄誕生所用字對訓四卷 七錄 隋志 輕車參軍

諸葛循孝經序一卷 七録

太史叔明孝經義一卷 七録 隋志 唐志作叢題 揚州從事

賀瑒孝經講疏一卷 七録

皇侃孝經義疏三卷 七録

孝明帝蕭巋孝經義記 見經義攷

趙景韶孝經義疏一卷 隋志

張譏孝經義八卷 南史

小学

沈旋尔疋集注十卷 釋文 唐志作琁 約子 隋志 黄门郎

刘歊古今文字叙七录一卷 隋志 刘訏族兄字士光處貞尸受

刘杳要正五卷本传 字士深平原〻〻人官尚书左丞

阮孝绪文字集略一卷 唐志 七录作三卷序录一卷 字季士文貞处士

萧恺删改玉篇本传子显子官侍中

范岫字书音训刘杳传

萧子云飞白势一篇本传

又篇为一卷

又五十〻体书一卷唐志

萧肩吾书品一卷唐志字子慎凡一百二十二人

萧子范千字文一卷唐志

周兴嗣次均千字文一卷唐志

沈約四声一卷 隋志 約又作四声谱未知即此书否

释宝志文字释训三十卷隋唐志

庾曼倩文字體例 詵本傳詵子字世華 諮議參軍
蔡薳注千字文 蕭子範傳
蕭子雲注千字文一卷 隋志
夏侯詠四聲韻略十二卷 隋志 李涪刊誤作十二卷
庾元威字府一卷 通志
蕭子政古今篆隸雜字體一卷 隋志
經本參軍鄧延生再用字對誤四卷 七錄
元帝奇字二十卷 金樓子

國史

鄒誕生史記音三卷 隋志

元帝注漢書一百一十五卷 紀 隋志

韋稜漢書續訓三卷 隋志 唐志作二卷 字威直 叡子 北平諮議參軍 當作平北

蕭子顯後漢書一百卷 本傳

蕭方等注范曄後漢書 字實相 忠壯世子 傳

吳均注後漢書九十卷 本傳

劉昭補續漢書八志三十卷

王規注續漢書二百卷 字威明 琅邪臨沂人 官散騎常侍

劉顯漢書音二卷 隋志 潯陽太守

夏侯詠漢書音義二卷 隋志 傳十有七卷

蕭子雲晉書十一卷 本一百二卷 隋志 傳一百一卷

沈約晉書一百一十卷 隋志

又宋書一百卷 隋志

蕭子顯齊書六十卷 本傳

江淹齊史十三卷隋志

注歷
張緬後漢略二十七卷 唐志 編年
又後漢紀四十卷
太子家令陸瓊陸史十五卷 瓊弟附瓊傳
裴子野並梁春秋 本傳云相中散而卒
劉協注干寶晉紀四十卷 唐志
蕭景暢晉史廿三十卷 唐
謝綽宋拾遺十卷 隋志
裴子野宋略二十卷 唐志 隋志書係吳姓
鮑衡卿宋春秋二十卷
王琰宋春秋二十卷
沈約齊紀二十卷
吳均齊春秋三十卷
謝昊梁典二十九卷

蕭韶梁太清紀十卷　長沙王

又皇帝紀七卷

梁末代記一卷

古史

晋書抄三十卷　張緬　隋志　豫章内史史匠什勵

宋拾遺　少府卿謝綽撰　隋志十卷

梁帝紀七卷　隋志

梁太清錄八卷　隋志　史通雜説　蕭什裴政撰

梁承聖中興略十卷　刘仲威撰　隋志

梁末代記一卷

梁皇帝實錄三卷　周興嗣撰　記武帝事　隋志

梁皇帝實錄　中書郎謝吳撰　記元帝事　五卷

司徒左長史汲舊江左遺典三十卷　本傳

刘峻九州春秋抄一卷　見胡元瑞經籍會通經义考引

職官

賀琛梁官　見沈峻傳

徐勉梁選簿三卷　唐志

沈約梁新定官品十六卷

梁百官人品十五卷　唐志

裴子野百官九品二卷　本傳

徐勉新定官品二十卷　隋志　唐作十六卷

又選品五卷　本傳　南史傳三卷

又梁選部三卷　隋志　唐同

梁帝紀七卷

周興嗣梁皇帝實錄二卷

謝昊梁皇帝實錄五卷

梁大清實錄十卷

周興嗣梁皇帝實錄二卷

謝昊梁皇帝實錄五卷

梁大清實錄十卷

徐勉別起居注六百卷 本傳　南史本傳作流別起居注六百六十卷

梁大同起居注十卷 隋志

梁天監起居注 御覽地部寰宇記劍南道引

梁起居注 御覽休徵部引卷亡

鬼神

陶宏景周氏冥通記四卷　本集

又夢記　本傳云齊宣都之為明帝所害宏景見其夢應告別因訪其幽冥事多說秘詭因著夢記焉

儀典

嚴植之南齊儀注二十八卷 唐志

梁皇帝崩凶儀十一卷 隋 唐志

梁皇太子喪禮五卷 隋 唐

梁王侯以下凶禮九卷 唐志

士喪禮儀注十四卷 唐

梁東宮元會典儀注 通典梁門引

鮑泉新儀三十卷 唐

梁尚書儀曹儀注十八卷又二十卷 唐

梁尚書賦制儀注四十一卷 隋志

梁天子喪禮七卷又五卷 唐志

梁大行皇帝皇后崩儀注一卷 唐志

鮑行卿皇室儀十三卷 南史鮑泉傳时有鮑行卿以博学大才稱 皇室仪十三卷唐志作簡

梁太子死崩凶儀注九卷 唐志

梁諸侯世子卒凶儀注九卷 唐志

謝朏書筆儀二十卷 傳
沈約梁儀注十卷 本志
蕭子云東宮新記二十卷
明山賓吉禮儀注十卷
賀瑒賓禮儀注九卷
隋志梁明山賓撰吉禮儀注二百六卷，錄六卷；嚴植之凶禮儀注四百七十九卷，錄四十五卷；陸璉撰軍禮儀注一百九十卷，錄二卷；司馬褧撰嘉禮儀注一百一十二卷，錄二卷；並亡。存者惟士吉及賓，合十九卷。
邱仲孚皇典二十卷 隋志 豫章太守
雜凶禮單二卷
何脩政禮十卷
又士喪儀注九卷
梁五禮藉田儀注 藝文類聚禮部
梁五禮先蠶儀注 藝文禮部 初學記禮部引
周遷古今輿服雜事十卷 唐志 隋二十卷
蕭子云古今輿服雜事二十卷

何脩喪服治礼仪注九卷
伊黯理礼仪注九卷
鲍衡卿皇室書仪十三卷　唐志　隋作行卿皇室書仪
蕭子云东宫雜多二十卷
謝元内外書仪四卷
蔡超書仪二卷
　書筆仪二十一卷
周捨書仪疏一卷
鲍泉新儀三十卷
梁脩端文仪二卷
嚴植之仪二卷

法制

蔡法度梁律二十卷　義興太守

又梁令三十卷

梁科二卷　唐志武帝紀天監二年法度上梁科三十卷

蔡法度晉宋齊梁律二十卷

偽史

席惠明注裴景仁秦記十一卷　隋志　唐作杜惠明

劉景涼書十卷　隋志　大將軍從事中郎

又敦煌實錄十卷

天啟記十卷　隋志　記元帝子諝據湘州事　梁人撰

蕭方等三十國春秋三十一卷　隋志　唐志三十卷　湘東世子

雜傳

武帝孝子傳三十卷 唐志

阮孝緒高隱傳十卷 唐 隋志

鍾岏良吏傳十卷 唐

先儒傳五卷 唐

王演之童子傳二卷 隋志

元帝孝德傳三十卷 唐

又忠臣傳三十卷 唐

全德志一卷 唐

丹楊尹傳十卷 唐

同姓名錄 唐

懷舊志九卷 唐

劉昭幼童傳十卷 唐

任昉雜傳一百二十卷 唐 隋志三十六卷本一百四十七卷

吳均錢唐先賢傳五卷 唐

蕭子顯貴儉傳三十卷 序
文帝昭明太子傳五卷 紀
又諸王傳三十卷 紀
劉縚先賢孝紀十卷 隋志 昭子
明粲明氏世錄六卷 信武記室 隋志 庭五卷 庾同 接下甲字
來奧訪來傳十卷 接上甲字
虞思道知己傳一卷
釋法進江東名德傳三卷
釋故小堂法師傳一卷
華嵩子自序一卷 同上
裴子野豪裴氏家傳三卷 本傳
元帝懷舊傳三卷 金樓子
又黃妳自序三卷 金樓子
劉向高士傳六卷 傳 後攷 向乃杳字之誤

土地
任昉地記二百五十二卷 唐志 隋志
庾仲容衆家地理書抄三十卷 唐
任昉地理書抄九卷 隋志
元帝職貢圖一卷 唐
又荊南地志二卷 隋志 唐志
又江州記 佚
孫憲之衡陽郡記 本傳
劉孝標注九州要略抄一卷 通志 見御覽兵部引九州要略秋多有此語即是矣
席惠明注裴景仁秦記十一卷 雍州主簿 隋志 舊唐志入編年類非是
庾詵續伍端休江陵記一卷 傳
劉孝標舍華山栖志 本傳
許懋述行記四卷 本傳

裴子野方國使圖一卷本傳

吳均入東記寰宇記江南西道引

陸暄陸氏驪泉志一卷本傳

釋僧祐世界記五卷隋志

蕭子顯普通北伐記五卷本傳

譜狀

邢協异姓苑五卷 本傳

王儉撰百家譜三十卷 唐志 隋志

百家譜集十五卷

十八州譜七百十二卷 傳 唐志作七百一十二卷

東南譜集抄十卷 本傳

徐勉百官譜二十卷 唐志

賈執百家譜五卷 唐志 唐書柳沖傳作二十卷

又姓氏英賢錄一百卷 唐志 隋志作姓氏英賢、唐書柳沖傳作姓氏英賢一百篇 御覽宋記郭云賈執英賢傳 列子釋文作賈

達姓苑 英賢姓纂 賈執撰 姓氏英賢傳

王僧孺范氏譜 文選爲范尚書讓吏部封侯表注引

武帝總集境內十八州譜六百九十卷 隋志

梁大同四年表譜三卷 唐志

竺梁宗簿三卷 唐

畢氏表譜五卷 唐志

彈碁譜　藝文七十
簡文帝馬槊譜　藝文六十有序　御覽三百五十四
梁帝謚十三卷　七錄
王巡謚十卷　代元帝命撰

簿錄

阮孝緒七錄十二卷　唐志

丘賓卿梁天監四年書目四卷　唐志

劉遵梁東宮四部書目四卷

劉孝標文德殿四部目錄四卷　隋志

劉杳古今四部書目五卷　本傳

殷鈞梁天監六年四部書目錄四卷　隋志

沈約宋世文章志二卷　唐志　本傳作卅卷

方術

武帝坐右方十卷 唐志

又如意方十卷 唐志

陶宏景集注神農本草七卷 唐志 隋志

又本草十卷

又效驗方十卷 唐志 隋志陶氏效驗方六卷 七錄五卷

補闕肘後救卒備急方六卷 唐志 隋志作補闕肘後百一方九卷

太清玉石丹藥要集三卷 唐志 隋志太清諸丹集要四卷

太清諸草木集要三卷 唐志 隋二卷

又練化雜術一卷 隋志

又合丹節度四卷 隋志

又服餌方三卷 隋志

武帝所明雜藥方一卷 隋志

陶宏景名醫別錄 三卷

元帝玉韜仙方五卷 金樓子

又食丙雲頌十卷 代撰 金樓子

簡文帝光明符十二卷　隋志

元帝洞林三卷　隋志

又連山三十卷　隋志

簡文帝竈經十四卷　七錄

又稱物重率術二卷

元帝筮經十二卷　紀

又式贊三卷　紀　金樓子有式二帙三卷[illegible]

顧協日月災異圖二卷　本傳

陰陽　隋志厤

天監五年修刻漏事一卷　隋志

祖暅漏刻經一卷　隋志

朱史漏刻經一卷　隋志　中書舍人

庾曼倩七曜厤術　庾詵傳　詵子

法
張灝孫傳異義一卷

名

墨

縱横

元帝補闕子十卷隋志

元帝湘東鳴玘十卷隋志

農

宗懍荊楚歲時記一卷　唐志

顧烜泉譜一卷　隋志

小說

裴子野類林三卷　唐志

劉義慶幽明錄二十卷　隋志

殷芸小說十卷　隋志　唐志　七录卅卷　安右長史

劉孝標續世說十卷　唐志

注劉義慶世說新語二十卷　唐志　隋十卷

庾元威坐右方八卷　隋志　唐志三卷

劉之遴神录五卷　隋志

元帝研神記十卷　唐志作妍　隋志

吳均續齊諧記一卷　隋志

金紫光祿大夫顧協瑣語一卷　隋志

南臺治書伏挺邇說一卷　隋志　李倚作挺　䏿子十卷

庾仲容建康令劉霽釋俗語八卷　李倚

蕭賁辯林二十卷　代元帝　金樓子

王琰冥祥記十卷　隋志

庾詵總抄八十卷傳

任昉述異記二卷直攷

武帝坐右方十卷

子老莊
韓非老子玄示一卷 七録
簡文帝老子私記十卷 七録
武帝老子講疏六卷 隋志　又四卷 唐志
庾曼倩莊老義疏 見從傳從子
簡文莊子講疏十卷 唐志　隋本二十卷
又莊子義二十卷 本紀
張譏莊子講疏二卷 隋
簡文設疏六卷
張譏遊玄桂林二十一卷目一卷
釋慧琳老子義疏 七録
伏曼容老莊義 本傳
陶宏景莊子注四卷 唐志
元帝老子講疏四卷 本紀
文帝老子義二十卷 本紀

儒

周捨正覽六卷太子詹事 隋志

曹思文三傳五經論二卷七錄

忠北此子靜住子本傳

兵

武帝兵法一卷

元帝玉韜十卷　隋志　唐同

又金韜十卷　隋

刘祐金韜十卷

陶宏景真人水鏡十卷　均見唐志

武帝兵書抄一卷　隋志

又兵書要略一卷　隋志

刘祐金策二十二卷　隋志　大都督

天文

陶宏景天儀說要一卷 隋志

祖暅天文録三十卷 查外詳 隋志

庾詵注祇經本傳

又七曜厤術本傳

天監棊品一卷　尚書僕射柳惲撰　七錄

東宮撰太一博法一卷　隋志

武帝棊法一卷

又圍棋品一卷

湘東太守徐泓圍棊勢七卷　七錄

雜家

元帝金樓子二十卷 隋志

沈約俗説三卷 隋志

又雜説二卷 隋志

又袖中記二卷 隋志

又袖中略集一卷 隋志

又珠叢略一卷 隋志

庾肩吾採璧三卷 隋志　中書舍人

特進蕭琛皇覽抄二十卷 七录

謝昊物始十卷 隋志

徐爰合皇覽目四卷 七录

類書

劉孝標類苑一百二十卷 隋志 七錄八十二卷 梁征虜刑獄參軍

劉杳壽光書苑二百卷 隋唐目 尚書左丞

徐勉華林遍略六百卷 唐志 隋志作六百二十卷 梁安全侍從权等撰

庾仲容子抄三十卷 隋志

沈約珠叢一百卷 唐志

張纘鴻寶一百卷 本傳

陸子春瓊林二十卷 本傳良四用字 文武咸興戚人安當書金部郎

沈約子抄十五卷 隋志 七錄十五卷

元帝同姓名錄三卷 通考 書作小網鑑

陶宏景古今刀劍錄一卷 通考

湘東王功書參軍朱澹遠語麗十卷 分四十門 通考

又語對一卷 目上

陸雲公嘉瑞記 陳書陸瓊傳云瓊父雲公奉武帝敕撰嘉瑞記

楚辞

刘杳楚辞艸木疏 一卷 未傳

別集

文帝集十八卷 唐志

武帝集十卷 唐志 隋志二十六卷

詩賦集二十卷 隋志

武帝雜文集九卷 隋志

武帝別集目錄二卷 隋志

武帝淨業賦三卷 隋志

簡文帝集八十卷 唐志 隋志八十五卷陸罩撰并錄

元帝集五十卷 紀 唐志 隋作五十二卷

小集十卷

晉安成王集三十卷 隋志

昭明太子集二十卷 唐志 隋志同

安成煬王集五卷 隋志

岳陽王詧集十卷 隋志

邵陵王綸集四卷 唐志 隋志作六卷

武陵王紀集八卷唐志

蕭巋集二十卷隋志

蕭業集文唐志　孝儀云所著詩賦數千言世祖集而序之

蕭琮集七卷隋志

蕭秀集

沈約撰武帝連珠一卷

范雲集十二卷唐志　隋志十一卷

江淹前集十卷唐志　隋志九卷

後集十卷唐志　隋志目

任昉集三十四卷隋志　太常卿

宗夬集十卷

王暕集二十卷唐志　隋二十一卷

魏道微集三卷唐志　隋目徵士

司馬褧集九卷唐志　隋　仁威府長史司馬

沈約集百卷唐志　隋志一百一卷

又集略三十卷
又詩格一卷
傅昭集十卷
（宗）宋史集九卷　官司徒咨議
袁昂集二十卷
徐勉前集三十五卷
後集十六卷
陶宏景集三十卷唐志　隋志同
內集十五卷隋志
周捨集二十卷
何遜集八卷唐志　隋七卷仁威記室
謝琛集五卷唐志
謝郁集五卷
王僧孺集三十卷
張率集三十卷

又文衡十五卷
楊眺集十卷 唐志 隋志并録十一卷
鮑幾集八卷 唐志 隋同 錢西府記室
周興嗣集十卷
許懋集十五卷 佚
蕭洽集二卷
裴子野集十四卷 唐志 隋 鴻臚卿同
庾曇隆集二十卷 唐志 隋志十卷
劉之遴前集十一卷
後集三十卷
到溉集二十卷
虞曒集六卷
王筠集三十卷 唐志 隋三卷 南徐州治中
劉孝綽集十二卷
王規文集二十卷

劉孺文集二十卷
劉孝儀集二十卷
劉孝威前集十卷
後集十卷
丘遲集十卷 隋志 國子博士
又集抄四十卷
王錫集七卷 唐志 隋同 吏部郎
蕭子範集三卷 唐志 宣城安內史
蕭子雲集二十卷
蕭子暉集十一卷
蕭子恪文集前後三十卷 本傳
蕭子顯文集二十卷 本傳
孔休源集十五卷
江革集十卷
吴均集二十卷

江行敏集五卷
庾肩吾集十卷　隋志十一卷
王筠洗馬集十卷　唐志
中庶子集十卷
勅撰中書表奏三十卷
左右集十卷　唐志　隋志十一卷
臨海集十卷
中書集十卷　唐志　隋志十一卷
尚書集十一卷　唐志　隋九卷
范縝集十卷
劉昭文集十卷
鮑泉集一卷　隋志　唐同　平北府長史
謝填集十卷　唐志　隋志八卷　東陽郡丞
謝纂集十卷　隋志　晉安太守
柳惔集二十卷　隋志　護軍將軍

柳惲集十二卷 隋志 記室

柳憕集六卷 隋志 御州刺史

柳忱集十三卷 隋志 尚書令

何侗集三卷 隋志 義安郡丞

韋溫集十卷 隋志 撫軍中兵參軍

劉苞集十卷 隋志 太子洗馬

謝淳集十一卷 隋志

張熾金河集六十卷 隋志 祕書

劉敲集八卷

劉訏集一卷 隋志 玄貞處士

江洪集二卷 隋志 建陽令

虞曒集十卷 隋志 尚書祠部郎 唐志七卷

費昶集三卷 隋志 新田令

蕭幾集二卷 隋志

謝琛集五卷 隋志 通直郎

刘緩集四卷 隋志 安西記室
沙门智藏集五卷
王揖集五卷 隋志 東陽太守
任孝恭集十卷 隋志 唐日 中書郎
張纘集十卷 唐志 隋十一卷 雍州刺史
張緬集五卷
陸雲公集四卷
張綰集十卷 唐志 隋十一卷
甄玄成集十卷 隋志 唐日
蕭欣集十卷 隋志 安成蕃王
沈君攸集十二卷 唐志 隋作十三卷 散騎常侍
柳吳興集一卷
阮孝緒謙文 十卷
又声偉一卷
謝幾卿文集

劉勰文集
王籍文集
何思澄文集十五卷
何子朗文集
謝徵文集十二卷
臧嚴文集十卷
伏挺文集二十卷
庾仲容文集二十卷
陸才子文集 云兄从兄
諸葛璩文集二十卷 梁志 隋志十卷 南徐州秀才
庾曼倩集九十五卷 庾詵傳詵子
劉霽文集十卷
庾於陵文集十卷
鍾嶼文集
鍾岏文集

江蒨文集十五卷

范岫文集

到洽文集十一卷 隋志 鎮西錄事參軍

楊眺集十一卷 隋志 征西長史

蕭深藻集四卷 隋志 西昌侯

甄朏集十五卷 隋志

臨安恭公主集三卷 隋志 武帝女

徐悱妻劉令嫻集三卷 隋志 悱太子洗馬

范靖妻沈滿願集三卷 隋志 靖征西記室

總集

昭明太子正序十卷 本傳云撰古今典誥文正 為正序

昭明古今詩苑英華十九卷 隋志

又文章英華二十卷 本傳云選五言詩之善者為文章英華

又文選三十卷 本傳 隋志

周捨注高祖歷代賦啓 見捨傳 隋志高祖歷代賦十卷

武帝內典碑銘集林三十卷 隋志作釋氏碑文三十卷

沈約文苑一卷 宋四庫闕書目

集抄十卷 隋志

邱遲集抄四十卷 隋志

謝沈文章志錄雜文八卷 七錄

又名士雜文八卷 亡 七錄

沈約注武帝連珠一卷 隋志

武帝歷代賦十卷 隋志

王孝祀詩英十卷 代元帝 金樓子

名士雜文八卷　隋志
劉勰文心彫龍十卷　隋志　梁東宫通事舍人
任昉文章始一卷　七錄
武帝圍棋賦一卷　隋
蕭淑西府新文十一卷　隋志　并錄
僧祐諸寺碑文四十六卷　隋志
又雜祭文六卷
又衆僧行狀四十卷　均隋志
邵陵王綸注武帝制旨連珠十卷　隋志
陸倕注武帝制旨連珠十卷
梁代雜文三卷　隋志
邵陵王梁中表十一卷　隋志
元帝譔碑二十二卷
又碑文十五卷　均見隋志　金樓子作十秩百卷

沙门釋

宝唱法集百七卷隋志

謝朓雜言詩鈔五卷隋志

天監元年至七年詔十二卷隋志

天監九年十年詔二卷隋志

邵陵王梁中表十一卷隋志

沙门寶唱法集百七卷隋志

釋寶亮大涅槃義疏　高僧傳　以天監八年五月八日勅撰九月二十日訖

慧集毗曇大義疏　同上

佛法

王巾法師傳十卷　隋志

僧祐法苑集十五卷　唐志　号右律師

薩婆多部傳五卷　隋志

又弘明集十四卷　唐志

釋迦譜十卷　唐志

薩婆多資傳四卷　唐志

裴子野名僧錄十五卷　隋志作二十卷

僧寶唱名僧傳三十卷　起晉咸和迄梁普通凡六十五人

又比丘尼傳四卷

僧慧皎高僧傳十四卷　通考云分譯經義解十門

惠敏高僧傳六卷

釋道宣高僧傳三十二卷

陸杲沙門傳三十卷　本傳　字明霞　吳郡人　為臨川內史

文帝中興法師傳一卷　文選北山移文注引

裴子野眾僧傳二十卷 本傳 隋志

陶宏景草堂法師傳 隋志 唐志

何胤百法論一卷 本傳

又十二門論一卷 本傳

元帝內典博要一百卷 紀

蕭偉利通 本傳

文帝文記一百卷 唐志

法寶連璧三百卷 唐志

蕭回理草堂法師傳 唐志

僧祐佛像雜銘十三卷

南八關制莊嚴旻法師成實論文疏 廣宏明集二十 簡文帝序

僧祐法集雜記銘目錄一帙

又出三藏記集

撰緣記

銓名錄

總經錄　釋藏迹一

又出三藏記集名錄共八十五人　跋之　高僧傳作三藏記

又出三藏記集雜錄一百有三卷　百之

佛法集總目十卷

釋迦譜五卷

世界記五卷　高僧傳

出三藏記集十卷

薩婆多部相承傳五卷

法苑集弘明集十卷　高僧傳作法苑記

弘明集十卷

十誦義記十卷

法集雜記傳銘七卷　藏百之

寶唱經律異相五十卷目錄五卷　勅撰　僧旻寶唱法生同助檢讀　天監十七年

慧皎涅槃疏十卷　見高僧傳皎記

又梵網戒等義疏　同上

皎法師尼傳二卷
法顯傳二卷

嚴驚梁武帝皇大捨三卷 隋志

謝吴皇帝菩薩清淨大捨記三卷 隋志上

道家

陶宏景真靈位業圖　本集

又真誥修字二卷　見發真隱訣序

又發真隱訣　序見本集

道士韋處元注西昇經二卷　郡齋讀書志　唐志稱〻處〻集解

金石萃編統補稾 附帖跋

阮鐘鼎款識目 正始於古文也 舊注古文刻矣用此盾也

鐘 鼎 尊 彝 卣 壺 斜 爵 斝 觚 觶 角 敦 簠簋 甗 鬲 盉 匜 盤 鑑

戈戟 句兵

其飾白、宇宙西鄉

□□□□□乃

□□□□□之咸

□□□□□□ 伐

大壇

高吹

□□□□□北後

□□□□□刑罰

雝

三代

於宮

祖

尸

侯

庠

過

匜也

其中

以入此數條之某人某[illegible]亦有安與各氏言刻數編

以輯而編而系以地名者，有寰宇[illegible]金石林[illegible]此攷

者攷帖者，有墨[illegible]筆，又以另有[illegible]

但亦因其有帖[illegible]業威[illegible]

未可度漢碑攷證之前，而補[illegible]

漢碑引經可采

凡另[illegible]有跋者，恐其供(?)俱采之

凡金文、叢編、無關考據者不錄

凡金石帖(?)如郭尚先《芳堅館題跋》之類，不錄

其條陸[illegible]及黃律(?)二[illegible]

寰宇中州　[illegible]

語(?)碑

凡有[illegible]碑[illegible]攷之入帖[illegible]如[illegible]

位之數者，當心細校

[illegible]
石作　匠人
[illegible]　學說

其餘亦如[illegible]，[illegible]以[illegible]，[illegible]其[illegible]入通考

考求[illegible]，[illegible]以[illegible]

以編集各家專集及雜著中之攷金石碑帖者。每篇采錄，標列書名及著作者

姓名。凡已見王氏萃編、陸氏續編、陸氏增祥校訂本、方氏覆校萃編補正

者不錄。凡為金石書序跋者不錄。凡攷訂石經者，以另有石經補篇，不錄。凡攷

雲峰諸種者，以另有滎陽鄭氏摩崖攷證，不錄。其有前人詮釋未精而不復采

其出處、稱名、條次者。又出各家所云金石志及金石題跋者不錄。

存朝代為斷，依時代者

萃編標年月書題，在其宗之語覺藉碑並之存於鄭及國不可襄余道石刻用

仿例

有路以宦秘本，如勞氏格、趙氏鉞《唐御史台精舍題名攷》、《郎官石柱題名攷》

其立碑自月[illegible]，[illegible]年月次，王昶於漢[illegible]方楊[illegible]碑[illegible]於卒年或下葬年[illegible]

有跟以一有者

凡已見萃編而各人書錄[illegible]攷編中有詳者，仍錄

凡同本金石文字已入[illegible]金石[illegible]不采　[illegible]入[illegible]輯[illegible]古[illegible]蜀中[illegible]

有限以一山者如齊魯訪碑日記

有限以一省并限以時代者如蜀中名勝記關中金石

有限以一郡者鄭氏之廣石林記叢釋

有限以一邑者

者尸

有限以域外者如海東金石存

有限以名山者

有限以一人者

有限以一事者如翁氏方綱蘇米齋蘭亭考汪氏士鋐瘞鶴銘考解汲勒紅崖石釋文

有限以一陵者林侗氏昭陵石迹攷

有限以一品者蘇米齋蘭亭考

以其書名為編字者名氏宜別數種也

今復擬仿其例以搜人為次并補

歷朝文也

一

金石萃編引書目　「合肥闞鍾衡編」

卷一起凡書各已見卷一起者下卷起乃不復載前卷所無者乃入焉

歐陽修集古錄

董逌廣川跋

吳曾能改齋漫錄

胡世將資古紹志錄

程大昌雍錄

姚氏殘語

王厚之復齋碑錄

朱存理鐵網珊瑚

楊慎升菴外集

郭宗昌金石史

孫承澤庚子銷夏記

朱彝尊曝書亭集

毛先舒思古堂集

二

錢大昕潛研堂金石跋尾

朱文藻石鼓跋

張燕昌石鼓文釋存

楊椿孟鄰堂集

湛若水甘泉文集

郎瑛七修類藁

汪師韓韓門綴學

周必宏比干銅盤銘跋

吹景集

顧炎武金石文字記

畢沅中州金石記

武億偃師金石遺文記

重修偃師縣志

汪昉筆記載民銅盤銘跋

江鉴某　又　跋

十二

王士禎池北偶談
翁方綱焦山鼎銘考
孫啟昆文跋
趙明誠金石錄
宋濂潛溪集
王澍虛舟題跋
畢沅阮元之山左金石志
王黼宣和博古圖錄
薛尚功鐘鼎款識
阮元揅經室集
吾邱衍學古編
楊士奇東里續集
趙崡石墨鐫華
都穆金薤琳瑯
陳奕禧金石遺文录

吴玉搢金石存
畢沅關中金石記
朱楓秦漢瓦圖記
申兆定函爽閣秦漢瓦當圖說
程敦秦漢瓦當文字
武億授堂金石跋
翁方綱兩漢金石記
趙魏雁足鐙跋
金石圖
孔尚任漢鄐人修褒斜道碑字跋
洪适隸釋
黄易小蓬萊閣金石文字
阮元甘泉山漢刻殘字
黄易祀三公山碑跋
趙魏又跋

七　八　九

黄叔璥中州金石考
河南府志
葉奕苞金石録補
説嵩
葉封嵩陽石刻記
申兆定[illegible]閣漢碑文字攷
隸續
朱文藻校訂隸釋存疑
桂馥武班碑跋
趙一清水經注釋
盛時泰蒼潤軒帖跋
孔繼涵孔廟置百石卒史碑跋
桂馥文跋
[illegible]金石跋[illegible]
翁方綱兩漢金石記

十

顧藹吉隸辨

錢大昕十駕齋養新錄

任照古石源序

王澍虛舟題跋

錢繹小庐隨筆

全祖望鮚埼亭集

桂馥·跋中嶽圖碑跋

十一

金石圖

潘耒金石文字記補遺

桂馥孔宙碑跋

王世貞弇州山人四部稿

弇州山人題跋

廬陵老盤帖事

潘景鄭春集文勤

朱筠笥河文鈔

十一　十三　十四

桂馥西嶽華山廟碑跋
平恕新修紹興府志
王象之輿地紀勝
漢隸字原
酈道元水經注
閻若璩四書釋地
桂馥史晨後碑跋
秦嚴悅廣平志
王惲秋澗集
程瑤田通藝錄
曾肇曲阜集
天下輿地碑記
王正五瑞圖跋
牛頊孔廟碑跋
施閏章文集

支

十六

丹鉛摠錄
朱楓雍州金石記
　金石小箋
楊慎墨池瑣錄
姚寬西溪叢語
歐陽棐集古錄目
方勺泊宅編
　邵聞見後集
張縯石經跋
陶宗儀書史會要
于慎行筆麈
朱彝尊經義考
萬斯同石經考　翁方綱跋
杭世駿石經考異
錢泳石經跋

十七　六　九

王箸校官碑考
楊寶鐵函齋石跋
安世鳳墨林快事
桂馥書金碑跋
金石評跋
桂馥張廷濟跋
張塤吳玉搢墓右人腳石題字跋
孔繼涵跋粤初揭孔廟殘碑
曹安太師比干墓
劉青藜金石續錄
趙希璜安陽縣志
瞿中溶跋上蔡殘碑
又　跋劉之孫碑
又　跋正直碑

二十 趙魏竹崦盦金石目錄
史繩祖學齋佔畢
黄易修武氏祠堂記略
翁方綱重立漢武氏祠石記
廿一 黄易宋真錄之墓跋
廿二 王禕忠文公集
來齋金石刻考略
李遵中跋長生未央瓦
王鳴盛蛾術編
廿三 桂馥上尊號碑
康緯黃初殘碑跋
盛百二王大斷碑跋
許嵩建康實錄注
廿四 東觀餘論
戚光集慶續志

集

張鎔金石新志
明一統志
楊士奇東里集
周在浚天發神讖碑考
王柴跋 又
雲麓漫抄
方輿紀要
周必大泛舟遊山錄
朱昱成化毘陵志
日知錄
吳騫國山碑考
孫星衍葛府君碑跋
黃易和天人碑跋
桂馥又跋
樂史太平寰宇記

廿六

孫星衍三國六朝金石記
姜夔保母塼志跋
蔡襄忠惠集
黃庭堅豫章文集
姚學瘞鶴銘跋
胡仔漁隱叢話
劉昌詩蘆浦筆記
周密雲烟過眼錄
曹士冕法帖譜系
姚晤論書
葉儒玉烟翻刻本跋
汪士鋐瘞鶴銘考
沈大成學福齋集
丁敬評硯將帝金石考畧
復齋碑錄

南史

廿七　陸縉笙題識

廿八　黃方綱同手寫蘇祝壽跋

田雯長河志籍考

廿九　桂馥高涼志跋

沈石崖疑史跋

卅三　安陽縣志

沈嵩

錢侗在西寺造象記跋

卅一　東里集

弇州山人續稿

孫鑛書畫跋跋

卅二　墨林快事

夢廬道長麻姑碑跋

四十三　撫古五安海

徽章文集
紹僧孝而集
四十 米芾書史
文徵明甫田集
四十四 陳循芳洲集
四十五 奉使西域記
四十六 魏泉易志
五十三 書於攝朗與大師塔銘跋
高易志
五十七 李肇國史補
查舫集
錢侗碧落碑跋
六十 又 神泉詩跋
七十八 聶鈫泰山道里記
八十 葉國華素竹畫稿

卅六　卅一　卅二　廿五　九十　九十一

粵東金石略
北中耕圖題詞
來鶴亭山記事
張又新東林寺建碑紀略
咸陽金石遺文
濟寧山志附洪洪孫任城橋亭記跋
歸有光震川集
沈橘苑興禊記
董氏晶芳集注海跋
燕都遊覽志
吳巡雲麓收羊齒碑記
朱文藻碧溪文集
　東城集
欽定日下舊聞考
繼明集經說

九十三 石門文字禪

袁桷清容居士集

周必大歸廬山日記

九十六 王元麟游仙壇碑跋 又李膺跋 又劳灿芳跋

又游益王重刻碑跋

帶經堂集 王士禎跋

九十八 潘耒遂初堂集

侯方域壯悔堂集

李鴻羽易漢學 附蜀漢大用識語

九十九 董作棟萬山易志

鬍雨家藏集

四 四庫提要

五 吳省欽白華前稿

汪志伊李光請碑記

錢泳叢考

道古堂文集

四五 翁方綱東皋紀功碑跋

四六 惜溥陸士衡集

四七 柳子厚龍城錄

論跋昆墨西金石錄

四九 新移石經記

五十二 紫桃軒雜綴

錢侗馬恒郝氏二夫人志跋

五十四 張鄭島志

五十五 郎官石柱題名跋

古今法書苑

五十六 董其昌帖跋

五十八 放翁文集

陶宗儀輟耕集

陶澂鐵泰詩序

子卅　廿二

金石角跋　錢鏐鐵券
翁方綱跋
四五代史
玉海
晁公武石經考異序
讀畫家叢隨筆
曹學佺四川名勝志
吳任臣十國春秋
阮元
陳廣寧　金塗塔跋
攈古居石三跋
文獻通考
江西通志
山堂肆考
宋文憲蘇綠考敘

の卅三　廿二　卷

〤卅九 韓杰碑跋
事文類聚
〤〤〤 樹印文集
倪元璐之疏稿碑跋
蘇府傳等
〤〤五 續通鑑
宋史
通鑑輯覽
宋元通鑑
〤〤八 石刻鋪敘
長白集
〤卒 蘇州府志
〤〤〤 画禪室隨筆
〤〤〤一 查孔宋論坊內硯銘記
〤〤十三 南宋雜事詩

[illegible]、研齋筆記

一　二　五　六　七　十　之

續金石萃編引書目

凡已前見編者不錄

馮雲鵬雲鵷金石索

瞿中溶古泉山房金石文編

沈濤常山貞石志

古誌石華

平津讀碑記

廣西通志

廣東通志

兩浙金石志

四絳基淨華寺攷

河內縣志

容齋隨筆

池北偶談所載金石凡已采入萃編者續編不采

焦山鼎銘　卅一

唐石刻十二條　條文字存者條之[illegible]　[illegible]八

溪州銅柱　卅五

吳範碑　卅六

停[illegible]鐙銘　卅七

唐故萬[illegible]郎虞詞木記　[illegible]七

伊訪 武億古文授堂文

○ 冊 冊 冊

攈集載金石題跋
湖海文傳 王氏原刊本
北魏 故南秦州刺史司馬使君墓誌銘考 馮敏昌
北宋 讀鼎志序 屠湘
錢錄序 梁詩正
先 永清金石序 周震榮
興 太倉州鐘樓銅鐘記 王鳴韶
李 燉煌縣史武班碑跋 黃易
鄭季宣碑跋 黃易
范式碑跋 黃易
廬江太守范巨卿碑跋 張塤
司馬元興墓誌跋 馮敏昌
武后石淙碑刻跋 李調元
金輪石幢跋 周震榮
獨孤府君碑跋 馮敏昌

雲麾將軍李秀殘碑拓本跋 朱文藻

銘勉自為墓志銘跋 馮敏昌

八 兩漢古鏡跋 梁詩正

學海堂二集廣刻本

三十 書趙德夫金石錄後 侯康

卅 元張九皋碑跋 侯康 侯度

卅七 讀蔡邕郭林宗碑文書後 侯康

學海堂三集少刻本

卅 洪氏隸釋跋 譚瑩

新陵女茶

書伏波銅鼓記 陸[illegible]

[illegible]

總集叢帖題跋

湖海文傳 元刻本

書顏真卿書朱巨川告身跋 王杰

重刊淳化閣帖跋 錢陳羣 于敏中

重刻靈飛經拓本跋 吴省欽

南宋石經跋 朱文藻

瓦當跋 申兆定

宋陸元靜集

明徐渭長文集

乃和刻抱子蘭記

朱竹垞依圖書華編三種

應刪

專集載金石題跋

宋李之儀姑溪居士文集粵足本

罣跋瘞鶴銘

罣跋麻姑仙壇記

宋趙孟頫松雪齋全集　洞庭楊刊本

續集　題趙王大令保母碑

明先文恪公震澤全集明刻本

又題張長史郎官廳壁記　石經考[illegible]州書

朱彝尊曝書亭集世元刻本

又天讖神讖碑文考序

州歙曾古石柱記釋序

罣石刻鋪敘跋

冊諸後跋

冊寶刻叢編跋

罣六

商刪

商祖丁鐃跋
商父乙銘跋
宋拓鍾鼎款識跋
周鼎銘跋
周司成頌寶尊壺銘跋
周延陵季子劍銘跋
南海廟二銅鼓跋
漢尚方劍銘跋
書漢鏡銘
跋新莽錢範文
跋甘羅城小鐘文
景雲候佳銘跋
咸寧縣廣福金五佛像銘贊跋
吳大安寺鐵香爐題名跋
漢州銅柱記跋

續題漢州銅柱記後
廣州光孝寺鐵塔記跋
續書光孝寺鐵塔銘後
跋晉祠鐵人胸前字
大聖虎銅人腧穴圖拓本跋
四[illegible]
書岣嶁山銘後
石鼓文跋
跋漢五鳳二年甎字
會稽山禹廟窆石題字跋
漢開母廟石闕銘跋
漢戚伯著碑跋
魯相乙瑛請置孔廟百石卒史碑跋
武梁祠碑跋
桐柏廟碑跋
婁壽碑跋

方碑跋

夏承碑跋

孔彪碑跋

析里橋郙閣頌跋

冀州從事張君碑跋

蔡中郎鴻都石經殘字跋

華山碑跋

潘校官碑跋

白石神君碑跋

曹全碑跋

續題曹全碑後跋

景君碑并陰跋

張遷碑跋

劉熊碑跋

孔宙碑跋

右韓勑孔廟前後二碑并陰並本
鄭固碑跋
王純碑跋
張壽殘碑跋
侯君碑跋
陳寔碑跋
司隸校尉魯君碑跋
武君碑跋
尹宙碑書後
滕射秦君碑跋
吳魏封孔羨宗聖侯碑跋
跋吳寶鼎專字
吳天璽紀功碑跋
晉汲縣齊太公二碑跋
周孝侯碑跋

入帖

晉王大令保母甎志宋搨本跋
梁始興安成二王碑跋
茅山許長史舊館碑跋
張猛龍碑跋
李仲璇修孔子廟碑跋
北齊少林寺碑跋
宇文周華嶽頌跋
後周豆盧恩碑跋
龍藏寺隋碑跋
遂仍刻李衛公望西嶽文
罷
唐太宗晉祠碑後跋
孟嘉序跋
高騎都尉李君碑跋
郭君碑跋
跋明徵君碑

龍门奉先寺盧舍那像龕記跋
跋石淙碑
跋持城令祭岳詩
張長史郎官石記跋
開元太山銘跋
封北岳神碑跋
崇仁寺陀羅尼石幢跋記
蘇秘監小洞庭二碑書後
憫忠寺寶塔頌跋
苏靈芝易州鐵像頌跋
御史台精舍記碑全題名跋
諧澤廟裴諝喜雨詩碑跋
五經文字跋
平定州李諲妒神頌跋
嗣江王禕石斧寺詩跋

郎官石柱題名跋
跋岱岳觀四詩
卞氏墓志銘跋
游石香記跋
跋石香寺五府人詩
濟瀆廟北海壇置祭器銘跋
賈諫華岳廟詩石刻跋
白樂天草書春陽詩拓本跋
卒 刪
國學石經跋
榆次縣三府碑跋
九經字樣跋
書狀處士塵頑鏡後
湖州天寧寺尊勝陀羅尼石幢跋
阿育王寺常住田碑跋
憫忠寺重藏舍利記跋

漳州陀羅尼石幢跋
北岳庙李克用題名碑跋
悯忠寺葬舍利记跋
济安侯庙二碑跋
晋王墓二碑跋
千峰禅院碑勅跋
史匡翰碑跋
相里金碑跋
镇東军牆隍庙记跋
北漢千佛楼碑跋
刪 宋太宗书座銘碑
京兆府学石经碑跋
太原府惠明寺碑跋
桂林府石刻元祐党籍跋
大同府普恩寺碑跋

朱彝尊曝書亭集外文

八卷依瓦新冊跋

凡阮集有録校萃編之者

錄

毘陵吳氏古執文拓本跋

○

删

杭州府學宋石經跋

遼釋志願葬舍利石匣記跋

遼雲居寺二碑跋

金劉處士墓碣銘跋

元豐關縣令碑記跋

霍山廟建文元年碑跋

跋首善書院碑

北京國子監進士題名碑跋

五字 杭州洞霄宮提舉題名記

七字 廣東朱邪府君墓修石盖記

鳳峪石刻佛經記

阮元揅經室集廣州本

一集

五 古戰國考

巴圖考

刪

錄　錄　錄　錄　錄　錄

銅和考

璧玉羨考

[illegible]

古劍鐔臘圖考　鍾板說

粹字瓦拓本跋

二集

七　焦山定陶鼎考

史承節撰郭府君碑跋

四冊　八　皇清碑版錄序

敬屋考古錄序

三冊　續

一　附南北書派論

附北碑南帖論

[illegible]

摹天發神讖碑跋

晉永和泰元甎字拓本跋 有摹本

隋大業吉陽殿玉泉山寺鐵鑊字跋 有摹本

三 商周銅器識上下

王復齋鐘鼎款識跋

跋宋戴公戈文

晉真子飛霜鏡拓本跋

秦琅邪台石刻十三行拓本跋

摹刻泰山殘字跋

摹漢延熹華嶽廟碑跋

漢延熹華嶽廟碑整拓本軸子二跋

四 金石十百記

散氏敦銘拓本跋

甘泉山獲石記

二郎廟疏圃獲石記

杭州揚州重摹天一閣北宋石鼓文跋

漢延熹華嶽廟碑跋
商銅距末跋
宋拓楚夜雨雷鐘篆銘跋
吳蜀師輒跋
刪 南康司馬溫公隸書家人卦考
擘經堂續集
三摹刻詒晉齋華山碑全字跋
刪 兩浙金石志序
宋拓醴泉銘殘字跋
顧廣圻思適齋集序
再跋石鼓文
跋焦山鼎銘
跋祀三公山碑
跋元延二年銅尺拓本
跋重鐫天祿辟邪字

跋蜀師甎文
跋漢永壽楗為李君摩崖刻字
跋新刻漢石經殘字
跋谷朗碑
跋李苞通閣道題名
跋脩佛龕頌
跋唐殘碑
跋萬年宮銘
跋碑陰
跋唐平百濟國碑
跋龍龕道場銘
跋鄭仁愷碑
跋唐碑三種
跋王慶墓誌銘
跋乙孤速行儼碑

跋道安碑
跋神寶寺碑
跋馮鳳翼等造象題名
跋内侍省功德碑
跋任令則神道碑
跋元林禪師碑
跋峿臺銘
記題三墳
跋貞一先生廟碣
跋貞一先生廟碣陰
跋温佶碑
刪 跋二体石经周礼
刪 跋華幼之金石拓本冊
附荅華幼之論廣惠廟碑书
○桂馥晚学集弍刊本

○汪中述學內篇 粤正本
三 石鼓文證

○二元瓦鈔辨
武億授堂文鈔 粤氏本
刪古玉圭圖說
一 書白鶴丸碑後
二 书漢隸字源後

○刪秦漢瓦當文字記跋尾
遊翠微石屋寺記
三 偃师金石遺文補錄序
吳尋陽長公主墓志書後

○汪中述學補遺 粤正本
鴈足鐙槃銘釋文
王基碑跋尾

○汪中述學別錄 粤正本
雲麾將軍碑跋
高府君墓誌跋尾

錢泰吉甘泉鄉人稿

十

跋唐太宗草書屏風石刻

跋李侍郎宗瀚重刻唐石廟堂碑殘字

跋舊拓千福寺多寶塔碑文

跋多寶塔碑題跋

跋西拓圭峰定慧禪師碑

跋隋仁壽元年岐州舍利塔下銘

跋唐化度寺海禪師墳記

跋唐顯慶四年桂州善興寺舍利石函記

跋唐佛宮寺墓誌

跋周處士程先生墓誌

跋唐尚食直長薛君夫人裴氏墓誌

跋唐韋璹墓志

跋唐龍花寺尼韋契义墓誌

跋唐宣州司功參軍彭遜墓誌

跋宋政和二年杭州鹽官縣社稷壇碑
跋紹興五年鹽官縣修學記
跋開禧元年鹽官縣修學記
跋宣和二年鹽官縣廳壁記
跋元加封孔子碑
跋元至正十九年海寧州安民碑
跋元至正海寧州題名碑
跋元至正廿一年海寧州修城碑
跋安國寺經幢
跋惠力寺經幢
跋宋紹興十一年賜崇佑廟額敕
跋安國寺宋理宗御書碑及碑陰
跋雙仁祠重刻米襄陽書方仙壇記
跋元太平廣福寺碑
跋蕭文忠公鹽官絕句殘石

跋唐悟空禪師塔銘殘石
跋嘉定乙亥醫學射圃記
十一 跋永寧二年甎文
李富孫校經廎文稿
除 刪 金石學錄序
十六 岳忠武王祠堂銅爐記
十七 漢五鳳三年甎硯拓本跋
北宋二体石經周禮殘碑跋
王芑孫惕甫未定稿家刊本
廿 跋華亭郡學石刻急就章
跋唐太宗晉祠銘
跋齊臨淮王碑
題唐人書佛告比邱鬱單越經
題唐人書律藏
廿 跋祝京兆書先文恪公墓志

疑清末拓本

[illegible]

龔自珍定盦續集 元刻本

一説刻石

説碑

説衛公虎大敦

題商周彝器文錄跋　秦泰山刻石殘字拓本跋　○又跋吳書某家

郝懿行曬書堂文集

○刁氏墓誌銘石刻跋　○贈陽郡君蔣夫人合志　○銅跋

讀中州金石考記■拓本考所藏　手澤草

六 壇山石刻跋　白山蔡氏藏

彭紹升二林居集　朱杏士藏書樓

黃石齋先生手書周忠介公神道碑跋

包世臣藝舟雙楫 安吳四種本

三 隋太僕卿墓志

題太僕夫人姬氏墓志

跋重刻王夫人墓志

已高岳相祖佑跋

已入帖

姚鼐惜抱軒文後集 全集本

二 吴天發神讖碑刻文跋

跋金石表序

跋褚書金石表序

跋褚書陰符經

跋李北海岳麓山寺碑

曾釗面城樓集鈔 學海堂刻本

三 周盤銘跋

漢元延長安只跋

跋石經尚書殘字

尋郁碑跋

跋許小琴所藏周異圖摹本

劉恭冕廣經室文鈔 廣刻本

漢延熹封龍山碑考

元氏移置漢碑記

陶商周金識拾遺叙

薛壽學詁齋文集

上 真子飛霜鏡銘考

附真一堂夢[illegible]記

下 金鳳同礶瓦拓本跋

唐故劉府君夫人杜氏墓誌銘跋

甘泉山古井題字拓本跋

張穆㐆齋文集 祁刻本

三 漢石例序

四 虢季子白盤文跋

寫竟偶之燈銘跋

鄐君開通褒余道記字跋

百石卒史孔龢碑跋

延熹封龍山碑跋

青田先生評曹全碑跋

舊拓孔褒碑釋文并跋
魏張黑女墓志跋尾
北齊李清報德像碑跋
舊拓醴泉銘跋
明拓李思訓碑跋
宋搨張長史尚書省郎官石記跋
宋拓柳誠懸書左神策軍紀聖德跋
張星鑑仰蕭樓文集
附河間獻王君子館磚記
陳澧東塾集
四重刻琅邪臺秦篆拓本跋
再跋琅邪臺秦篆新刻本
漢啟祺闕銘闕跋
跋燉煌長史武班碑
跋劉韜墓志

端州石室記跋
惠山聽松二字跋
閣鳳樓六友山房未刻稿
漢卅八將佐命功苗東蒿琴亭國李□夫人靈第之內跋
刁遵墓志跋　又跋　舜琴樓跋
敦史君碑跋
吳經戴　集
刁道墓志跋
刁遵碑陰跋
劉嶽雲食舊德齋雜著
射陽漢石門畫象詩
唐宣州參軍紀君夫人趙氏墓志銘跋
劉古拱文集之刊刻氏遺書本
跋許巡戴碑

翁方綱復初齋文集

二 秦篆殘字記序

五 宰敦銘字記

重立漢武氏祠石記

五鳳畫記

重立表忠觀碑小記

雪浪石盆銘記

六 重北海李雲麾將軍碑 附跋 原名重建古墨齋記

十 古銅戈說

古 焦山鼎篆銘跋

建初銅尺跋

附記銅尺詩篇

十四 跋大中祥符泰山碑

九 蘭亭跋

跋周伯琦字

跋羊子戈
跋伯夏彝
跋漢弩機
跋孝單戈
舊張芑堂所藏鐵斗銘跋
跋永康鏡銘
跋五銖泉範
跋騶男銅虎符
跋漢尚方鑑
跋孫退谷藏吳季子劍銘
跋鄜州寶室寺鐘銘
跋吳越金塗塔字
跋延年益壽瓦
跋宋揚周廣儀記
跋建武泉范

手

跋窆石字

書洪文惠石鼓題跋

跋石鼓研

書薛季宣石鼓文考後

跋繹山碑

跋永樂大典嶧山碑本

跋秦篆譜

跋泰山秦篆後

跋瑯邪台秦篆

文

跋秦篆三石

跋孔君墓碣

跋紀信碑

跋甘泉山石刻字

跋[illegible]壽碑

跋郙閣頌
跋東阿王廟碑
跋雙門刻熊碑殘本二首
跋華岳廟碑
跋宋拓夏承碑
跋蘇太守所藏吉金碑初拓本
跋張沚齋藏名拓碑
又自題舊拓碑摹本十
跋魯峻碑陰
書陳仲弓碑
跋范式碑
跋[illegible]房碑
丗
跋東陵仙亭安府刻
跋鄐君開石門刻字
跋魏晉開通磨崖石刻

庫七入鄭氏庫庢
跋

跋楊淯墓誌
跋魏石門銘
跋梁始興安成王墓碑
跋魏司馬景和妻墓誌
跋後魏張猛龍碑
孔廟北齊乾明碑跋一
又二
跋北齊祁林山寺碑
跋北齊造銅雀台石龕門銘
跋朱岱林墓志
跋隋[illegible]儀全常庥吳墓志
跋啟法寺碑二首
廿一
跋晉祠銘
跋南堂碑序
跋南崇碑城武序

跋孔祭酒碑

唐玄宗西岳華山碑殘字跋

化度寺邕禪師塔銘跋

跋化度寺碑

又

跋吳門繆氏化度寺碑

跋化度寺碑

九成宮醴泉銘跋

又

又

跋虞恭公碑

又三首

跋皇甫君碑

又

書姚恭公墓志重刻本

跋章草千文
跋房彥謙碑
跋四柘道因碑
跋井忻碑陰
跋薛曜書石淙詩
廿 跋徐嶠之書姚文獻碑
跋魏栖梧書善才寺碑　三首
跋河南王寺帝佳田碑
跋唐贈蘇州刺史韋慧明碑
跋李元壽碑
大照禪師碑銘
跋少林寺戒壇銘
跋郎官石記四首
跋興福寺碑
跋碧鏡民碑

唐石浮圖頌
唐易州刺史府君衛書寺石浮圖
圖之銘
唐雲居寺石浮圖銘
唐石浮圖後記

跋僧師固公祠碑
跋茅山李元靖碑
跋宋廣平碑側記
跋多寶塔碑
跋瘞鶴銘
題雁塔題名卷
跋韋皋碑
跋宋拓柳州羅池廟碑
跋清源寺蘇靈芝書寶塔頌
跋唐雲居寺詩石刻
跋石浮屠頌
跋伏波巖米題字
跋高驪靈通寺大覺國師碑
跋涿州蜀主廟記
跋唐寶華殘石刻

跋王仲堪志銘石

跋楊君石刻

跋吳越鐵券

跋王審知碑

跋平百濟碑

跋新羅鍪藏寺碑殘本

跋新羅雙谿寺碑

跋泉州萬安橋記

其

跋蔡國公表

跋東坡隸書石刻

跋東坡海市詩石刻

跋禪智寺芳碑

跋湧金亭石刻

跋黃初孔碑小字殘本

跋孔西刻蕃古帝州居佳表

附　　除前

書六濟行齋碑後
跋米題附跋石刻
跋米書龍井方圓庵記
跋米書寶藏字後
跋伏波廟贊　此篇已錄
跋高麗靈通寺大覺國師碑
跋泰州宫氏重刻本後
跋米書章吉老墓表
跋遼壽昌五年陀羅尼幢
跋宋紹興十八年黎君碑
跋陸放翁玉山題名
跋宋光宗書述齋字
書洪文敏隃糜贊石本後
跋方孚若刻詩境字
跋謝文節橋亭卜卦碑拓本後

古刻述 蘭亭初記後

跋高麗僧侑文殊院記

跋元遺山簿峯亭詩石刻

跋金金史藝文志

跋全忠堂篆鄭公釣臺字

跋董文敏書正陽門關帝廟碑

書董文敏少林寺道公碑後

芟 跋天都吳氏所藏黃庭經

閱 跋南宋拓樂毅論二通

○刪 又跋錢氏題後碑拓本

錢似吉祈石化子稾

○前秦鄧太尉祠碑

閩王王審知德政碑

魏公先廟碑

白石神君碑

開母廟石闕銘

趙懿簡碑
滑台新驛記
唐左屯衛將軍姜行本碑
唐故宣州宣城縣尉李府君夫人袁氏墓誌銘
帖 忠義堂顏帖
蔡君謨自書詩真蹟
○錢儀吉衎石紀事續稿
虢季子白盤
太公呂望表
岣嶁碑
の戴錫鬯續談叢之系
困學紀聞

○孫星衍平津館文稿

下孔子題吳季子墓碑

重○劉台拱文集

[illegible]許迎葬碑

○嚴可均鐵橋漫稿

兮中鍾

泰山刻石

伍詒堂成華山碑

陸心源儀顧堂集　陸氏家刊本

六　臨淮王李光弼碑第二跋　　臨淮王李光弼第三跋

富義監使扶風公造彌陀殿記跋

唐文安郡王張公神道碑銘跋

王美暢夫人長孫氏墓誌銘跋

唐龍花寺臨壇大德韋和尚墓誌銘跋

平口口口軍兵造彌勒像設平口齋記跋

唐獻陵造像碑銘

唐相州鄴縣天城山修定寺碑跋

符載亡妻李氏墓志銘跋

唐大理卿崔公故夫人滎陽縣君鄭氏墓志銘跋

唐金滿州都督賀蘭軍大使沙陁公夫人金城郡君阿史那氏墓誌跋

唐故三十姓可汗貴女賢力毗伽公主雲中郡夫人阿史那氏墓志銘跋

滎陽縣令王泉移碑記跋

臨淮王李光弼碑跋

蜀先主廟記并碑陰跋
梁敦修南溪池亭及九龍廟等記跋
歐陽回部蜀國夫人建尊勝幢記跋
張怨南蘭文集
大
李斯嶧山碑篆刻
瘞鶴銘
顏魯公郭子敬碑
顏書中興頌
顏書宋文貞神道碑
顏書麻姑仙壇記
柳書西平王碑
歐書醴泉銘
歐書皇甫君碑
歐書虞恭公溫公碑
李北海岳麓寺碑

衛景武碑
徐浩法華經
唐敬節法師塔銘
游景叔墓志銘
蘇文忠荔子丹碑
米襄陽畫錦堂碑
姜元佐重仙寺舍田記碑
俞正燮癸巳存稿
[illegible]碑
廿附
金石文錢幽谿
開元通[illegible]漢
琉球波上寺銅[illegible]
太公碑
伏生碑
省堂寺碑跋

附

附

十一　石鼓

・大碑

十二　草堂西碑

跋生和開寺重塑象

十三　昭陵陪葬名位考

跋景龍再興國寺稿

跋鐔于櫃大佛造象墨迹

十五　作俊錄詩數稿

跋吳季子延陵君子碑跋

石鼓文讀說異同考

古專釋文

高麗

商彝器銘

劉鐵雲

王偉夫

跋鄧長猷造象

○王士禛帶經堂集

七跋元祐黨籍碑

跋嵩山碑

跋汾李傳石刻詩

○刘燻洞天清藏集

大今石刻

古籀墨真蹟

○陸心源儀顧堂續跋

十魏滄州刺史王僧墓誌

隋吳公李氏女尉富娘墓誌

十五黃文獻袁通甫墓誌

十六魏都督冀定十一州太尉公刘懿墓誌

北齐文宗殘墓志

北齐鄭子尚墓志銘

北周賀毛公墓志

魏崔敬邕墓志銘

隋蘇慈墓志銘

韋玄貢墓安鎮土言碣

高句麗廣開土大王談德紀勳碑

○成親王詒晉齋集

八合例古金家

○陳壽祺左海文集

七蒞殘　李繁次翁博碑　張耕王師子銅鐘銘

鄭琅台刻石　應昊墓石八題記　熹祖植仁碑

○杭世駿道古堂集

並後漢少卿碑　翁金石記經史攷異跋　若曇七殳銘跋

○孫傳鳳逸民遺文

六朝造象記

○黃濬辭涵養集

孔子廟置卒史碑

批孤中一經序夕抄

於学校選　亭子淡説

附

群書載金石題跋

明董斯張吹景集

四方寅詛楚文跋

五此十碑跋漢夏承碑跋

宋王觀國學林

七羅泌碑

瘞鶴銘

孫志祖讀書脞錄

七石鼓跋錄六家譜載唐勑

鈕琇觚賸

四記湘岡竹表

六記石經

記曹全碑

記景紀孔鐘銘

鈕琇觚賸續編

○石鼓

曹娥碑
○光緒有石為高遠筆意
唐元宗二獄碑　癸巳僭山石牛洞石刻　辛顏師古寺碑　孔君碑　均錄
○張澍後野記
○王與方刻石
○明金石志統氏華秉
○二重釋代紀　○拔之書房宗碑
房縣金城郡記
上元愛寺寶刻
張彝
○遠陽藻錢古編
其孔廟石年史　平原郡　鍾山塘錢　漢帝陵
○寶用宮夫祖堂殘抄
上必自務書
劫堯　附黃巫相祭器銘

○鄭志湖唾餘雜存第一集

八行八刑碑

八行八刑碑跋

鑄仁銘

元寧造象　　隋鄭州刺史女子造象

開寶寺曉經幢記

興國寺曉經幢記

賈谷山神廟記

大覺禪院跋

新雨記

開林寺諸石刻

重修將軍碑

鄭州刺史女子造象記

○桂馥札樸

八峰山碑

○冀札新見張鴻筆幽但采　恰簡

六如碑

韓勑碑
韓勑碑後
孔宙碑
張遷碑
婁壽碑
衡方碑
楚相孫叔敖碑
乙瑛碑
史晨碑
史晨後碑
鄭固碑
華山廟碑
唐公房碑
孟郁堯廟碑
石門頌

楊震陸壽二碑

夏承碑

孔龢碑

北海相景君碑

魏元丕碑

曹全碑

李君殘碑

造喬碑

魯峻石壁畫象

郭巨石室畫象 孫見孝子畫象

武祠畫象

伯瑜泣杖象

武氏石闕

魏上尊號碑

魏王基碑

古甸漢石經記三體石經

晋孫夫人碑
西门豹碑
高湛墓志
齊鄉老舉孝義碑
隨造秀碑
九
先聖墓碑
孔彪碑
乙瑛碑
孔文舉碑
劉衡碑
畢寬碑
鄭康成碑
范式碑
藍評二紙、

十鐘跋
宋寧州刺史爨君碑　并正文　附後跋為手作
南詔德化碑
孫璧文新義
金石文跋　浪跡叢談
秦泰山石刻跋　錢泳
孔子廟堂碑　錢泳
雲麾將軍碑跋　又
素光孔碑跋　又
俞樾[illegible][illegible]雜纂
嵩開母廟石闕銘
景君銘
楊孟文頌
李孟初神祠碑
鄭固碑

孔宙碑
楊統碑
衡方碑
楊著碑
張壽碑
魯峻碑
校官碑
白石神君碑
勞格讀書雜識
七 闕特勤碑
右輔據像西嶽廟中刻石記
劉寶楠愈愚錄
六 漢學師
俞樾茶香室續鈔
十六 [illegible]何氏碑
十五 李[illegible]墓字

六 鄭[illegible]語錄
大林寺題名
宣州刺史陶府君德政碑
大唐[illegible]陽[illegible]紀聖德感應頌
[illegible]真[illegible]碑
俞樾茶香室叢鈔
三 [illegible]山銘碑

歐陽詢賺蘭亭

安祿山造象

呂僕藏漢篆

九　石鼓為碑始於唐

葉氏館沙網宋

宋麻子弟誤為岳勤

三　次鼓舞銘

承安宮鼎銘

魏太和中銅熨斗尉人款識

泰山秦篆十字殘石

元氏封龍山碑

龍朔造象記

二　碑雲麾碑

龍城柳石刻

宋海陵縣主簿王琰書墓誌銘

大宋

瀧岡阡　五　安益又立碑　九百禍碑

俞樾曲園雜纂一

攷泰山立石

俞樾茶香室三鈔

二　經石峪

三　王孝母碑

共　蘇孝慈碑

附　常醜奴墓誌

俞樾室續鈔

書唐人論平淮西碑

書宋州復立韓碑

華陽公主墓志考證
閱紫巖叢
明道二年賽祀銘
劒池生公講台字皆宋人書
麻姑贊方回題名
孔耳石題君
趙周壙志書女丹嚴
周趙堤銘
元祐黨籍碑嘉慶重刻本
三日郎遺碑
張伯顏壙志
米海岳佛贊石刻董其昌重摹本
明臨王逸蘭石刻
沈太守邠鐘館記偽刻辨正
○
盧文弨鍾山札記

一廣應查銘鈔
嶧山石刻
二世刻石詔
秦始皇帝文權
彭元瑞知聖道齋讀書跋
三馬楚後溪州銅柱記
後授首碑
蒙首碑
洪頤煊讀書叢錄
七丁亥詩箋
唐語林
〃嶧山碑
墓前碑碣
石碑

陳董雜
五京漢碑文
江陵碑
漢刻題碑
破冢先武陵山人鄧寿
嶧嶠碑
書廷壬樹林碑說
樹林碑說
海勝院碑記
程種田解字小記
京華寫書跋
趙夏陵仲叢跋
世神道碑表　潤筆
墓志銘　行狀　樂石
碑表志銘之例

王棠崗冬夜箋記以下桃鈴本
錄雲麾碑跋
王士禎隴蜀餘聞
錄吳岳碑跋
張鵬翮奉使日記
錄唐匡墓志
宋犖筠廊偶筆二卷
錄上雲麾碑跋
錄賈公迴政碑
徐岳見聞錄
錄淮安井石銘跋
高士奇天祿識餘二卷
錄上四晧碑
錄陽鎬
吳陳琰曠園雜志二卷

崔鶯鶯銘石跋
陳鼎湖黔紀遊
右題字
未軒主人述異記卷
三古磚石刻跋
華金書鄉賢筆
關中碑刻
先聖遺像
碑出
右碑
孔貞瑄泰山紀勝
泰山摩崖碑跋
泰山無字碑跋
泰山篆字碑跋

關中碑刻

王士禎池北偶談

九 光孝寺鐵塔文

峴山幢宋人題名

十 溪州銅柱記

十二 羽陽宮瓦

十三 瘞鶴銘

十四 多父敦天馬鼎

十五 裴碑

十六 景範碑

銅雀硯辨

十七 墓誌

妄補古碑

十八 石敬瑭家廟碑

十九 誌公碑

廿 漢碑异體

古石刻
出 宋山寺顧书
共 鄭恕琅邪二臺
支機石
共 琅邪秦碑
跋 楊葆彝句編 見前
出 右軍小楷帖
淳化閣大觀真

已收宜入帖

王士禎長白山記
大唐齊州章丘县常白山醴泉寺誌公之碑
唐碑林
刪 華嶽碑陰
刪 禹碑

墨池編載唐雇備
壁書孔白蕭字記
錢熙祚義府跋
孜碑
陶宗儀輟耕錄
古古刻　瘞鶴銘
古剛卯
趙吉士寄園寄所寄
七石鼓鼓
陳繼儒眉公書畫史
石鼓
吳季子碑
陳繼儒太平清話
三墨池
醉翁亭記

蘭亭

陳健傳優孺談傑

下　景君碑

孫志祖讀書脞錄　見前

六　家譜載唐勅

英國傅蘭雅之後十七年夏李杕致彙編

早年古石

拓本附邱均恩跋

宋故龍驤將軍護鎮蠻校尉寧州刺史邛都縣侯爨使君之碑跋

拓本附鄧爾恒跋

晉故振威將軍建寧太守爨府君之墓碑跋

光聰諧有不為齋隨筆癸　見前

癸　記瀘山石牛洞石刻

辛　顏師古等慈寺碑

孔君碑

羅瑤由解中小記

宋姜堯章字書

閔元京凌義渠湘煙錄

三 鐵鏤文引墨莊漫錄

六 李衛公帖引蒼崖續筆

七 公昉碑跋

七 公昉碑集古錄目

夏承碑跋引董斯張說

一 鄐閣頌跋引董逌周說

一 海陵王墓銘引夢溪筆談

海陵王墓銘跋引集古錄目

圭 杳冥君銘

陶宗儀輟耕錄 見前

克吉銅器

錢武肅鐵券

○元闕里外史玉正真記

二截節古刻

收始古刻

○劉壎隱居通議

○三跋等慈寺碑

又跋昭仁寺碑

○陸次雲析疑待正

石鼓考

摩崖

無字碑

景君碑

郙閣浮相

○梁紹壬秋雨盦隨筆

小書竹夫人銘

附附

司方執

蘇滌碑

〇 訪[illegible][illegible]稿錄

泰山刻石

陸 祁生學宮九記

三 石鼓文

上 國山碑

〇 譚林後堂回記

一 鄞縣修鄞太尉廟碑跋

丶 費君碑

三 陵墓三世墓志

〇 華山碑跋

六 後漢九龍廟述碑跋

六 李流芳鄞州新田記跋

六 南陵修[illegible]跋

六 建寧觀

六 天壇[illegible][illegible]碑跋

六三公山碑跋
六孟等尽皇家孫石跋
六吉日癸巳跋
附
六為乃竟跋
○乙山山巻兩岩跋
一軍紀委清碑跋
二寶慶將軍跋
○汪瑗旅碑
三重修潤國禪院碑
○汪璪林煙小景
○錦鮑自為墓表
呂翠中方王勃白鸚鵡賦跋
○許趙珊瑚香雕設和筆
三孫小貴墓碣

王念孫讀書雜志十漢隸拾遺 共四叶

三公山碑

開母廟石闕銘

北海相景君銘

武斑碑

石門頌

韓勑碑

鄭固碑

孔宙碑

武榮碑

衡方碑

史晨碑

史晨後碑

孔彪碑

西狹頌

天井道碑題名
郙閣頌
楊淮銘
魯峻碑
耿勳碑
校官碑
曹全碑
張遷頌
仙人唐公房碑
孔褒碑
武梁石室畫象三石
校 俞樾讀此條 十五叶
開母廟石闕銘 又見俞樾襍纂二本
封龍山碑
祀三公山碑

楊孟文頌　又見雜纂卷四

百石卒史碑

孔君墓碣

韓勑碑

倉頡廟碑

衡方碑

孔宙碑　又見雜纂卷二

郙閣頌

楊淮表紀

郃陽令楊君碑

尹宙碑

鄭季宣碑

曹全碑

張遷碑

武梁祠畫象

巴郡太守樊敏碑

俞樾讀漢碑疏俞樾隸篆　第六十冊

景君碑

李孟初神祠碑

郙閣碑

孔宙碑

楊統碑

楊著碑

魯峻碑

校官碑

白石神君碑

俞樾湖樓筆談

隸變

景救落行碑　熹廿二年八月丙寅石刻　又見隨筆二

俞樾小浮梅閑話

府君
鄭氏夫人首之合志
俞樾善世碑拓
习道志
俞樾孝廉墓誌文集編
二彰文有碑經文
俞樾小學露
唐臨馬氏重修墓碑
滎陽郭氏夫人雜卮合志
俞樾書孝道筆
宋重錦勅
全文有碑經文
元大徊文廟編鐘
唐開成五年往生碑
南武陽功曹墓闕畫象題字
三老碑
釋智裁金石數跋本

○文の編
書黃牛廟碑陰
竟頃
又見隨筆十

見 建中二年二月

宣城獨孤季秉等題名

高陵令石文

周伯琦題天竺山記

宋從巡聞詩偈石刻

玉靈鏡跋　已書未刊稿

十周勒徐壽里石刻

翁批九二錢多寫

西京磚硯

翁批袖中本

泰山石刻

鄒漢勛拜手題跋

岣嶁碑釋文跋

陳克勛湘中隨筆

麓林香寺碑

○宋紱曾南青盆寺陵志
宋壽真碑
天慶神讖碑
趙文定公洪範
媚梅山唐人詩
河南王寺常住田碑
湖南周君志
侯官丞湯君志
馬夫人志
阮家白居詩
乾和鑄鐵香
罘罳亭詩
紫微山唐宋人詩
東坡三過堂詩
蘇文忠監官紀句
[illegible]

○陵古續志
東林書題名
宋仁宗御書[illegible]石刻
、飛來峰錦繡王題名
、陵古志　未得石志
三井崖石刻　大歷七年
昇元寺石刻　天聖十三年
壽昌六年
巴東石刻　咸通三年
謝陵碑　萬歲通天元年十月
蘇太妃志
韋君碑　貞元三年
夫人武氏墓誌
碧石祥符文　保大九年九月
[illegible]

華宮社壇碑
奉張大道隱園記
垂休禪院鐘
紹興增置修學碑
宋暑茶神碑
宏智禪師妙光塔銘
嘉定八年婺學重修縣廳記
景定嘉興刻漏銘
焦山趙溍路伯頔石詩並題名
定水院宗元搨帖
海寧州題名
咸國臨進士題名
建文鏡
○
○◎○微小系
濮陽卞氏墓志

王鳴盛十七史商榷

又以金石爲史料

又金石補遺

又韋皋紀功碑攷

盛大以史證碑

郎瑛七修類稿

又泰山沒字碑

李賡芸炳燭編

○李忠定石刻

蔣[illegible]碑

馮宿碑

惠金碑

科版結銜

郝懿行證俗文

又[illegible]集錄

[illegible]

○王鐫叢友能訪
鍾鼎彝器攷　椒伯敦　叠兕碑　林字嵩　高文舒
文乙見／　金石以日居紀事
○洪亮吉北江詩攷
六朝[illegible][illegible]孫買地券
○吳氏兩罍軒拓本
漢東海廟碑

松年載帖題跋

金文鼎

米南宮[illegible]楊少師侍御帖　田石代書　三仙帖　東坡書孔北海贊

蘇文忠書太白詩二段

此序跋者遠投時為嘉祐十年其二
帖釋文四百八十二字此如帖爲釋
之誤

專集載版帖題跋

龍川文集 鄭本

書儒伯強帖跋 陳亮

米元章帖跋 又

姑溪居士文集 粵疋本

跋東坡書多心經

為楊元發跋東坡書蘭亭事記

跋東坡帖

跋蘇黄眾賢帖

跋蘇黄陳帖

跋東坡書圓覺經十一偈後

晁 跋山谷帖

跋山谷書

跋山谷所書藥方後

跋米元章草書

跋元章與術人劉思道帖
跋黄米帖
罕
跋石曼卿帖
跋黄長睿帖
跋魯公帖
跋魯公題記
跋樂毅論
跋荆公書金剛經
跋李衛公帖書
置
跋荆國公書
跋荆公書藥方
跋荆公書蒋穎叔侍郎奏草
跋荆公補成良臣克太醫生奏草
跋君謨帖
跋君謨荔支帖

跋韓次王家君謨隸真行冊
跋文安國傳篆
跋蘭亭記
跋遺教經
跋陳伯脩帖
跋趙治霖帖
跋慎伯筠帖
跋沈睿達帖
跋懷素帖
跋巫贊洛神賦
跋歐陽率更書
跋古帖
跋儲子椿藏古帖
跋董安期帖
附錄東坡跋李端叔帖

趙孟頫松雪齋全集

十　蘭亭帖跋

語袖娥跋

續集　跋右軍帖

題東坡書醉翁亭記

題右軍思想帖真跡

定武蘭亭跋

題右軍快雪時晴帖真跡

臨樂毅論跋

明先文恪公震澤全集　明刻本

跋葉文莊手書

題元人書

刪　跋真西山墨蹟

跋蘇子美補懷素自敘帖

明　題文丞相墨蹟

删跋李西臺書
删跋王雱書
删跋羲之墨迹
删跋獻之墨迹
删題宋進士王伯虎授建州參軍勅
删跋吳文定與沈石田手札
跋元直所藏朱文公書
又
删跋魏鶴山杜範李心傳手札
删跋宋理宗賜鄭清之御札筆詩
題趙子昂蘭亭十三帖
鮮于伯机草書千文
删跋黄山谷草書墨迹
跋孫長史草書
朱彝尊曝書亭集

四九 金萃序跋

四五 書淳化閣帖夾雪本後
題仁和王氏家藏閣帖
絳帖平跋
删 書蘭亭續考後
删 盛熙明法書考跋
四六 尚書宣示帖跋
宋搨黃庭經跋
開皇蘭亭本跋
跋蘭亭殘石搨本
跋蘭亭定武本
國子監石本蘭亭跋
姜氏蘭亭二本跋
蘭亭神龍本跋
删 王大令保母甎志宋搨本跋
删 吳潘氏家藏晉唐小楷冊跋

一本 拓本玉帶生銘書後
趙吴興千字文跋
刪 三本 裹鮓帖跋
書董藏通天帖舊本
跋州書千文
書黄山谷識李康華真跡卷
趙子昂書十二月織圖後
跋趙魏公書
鮮于伯機草書千字文跋
冊 跋陳子微書
書孫子宜場墨冊
冊 恭皇帝御書冊跋
冊 題十五完人墨跡
冊 高含祖先世遺墨跋
冊 鋤哭翁夢紀跋

朱熹苫䗉書集外文
十三行觀本跋
東方先生畫贊跋

書沈文恪行書卷
書姜編修手書帖子後
書東田詞卷後
書朱太傅奏疏尺牘卷後
書朱文恪震楊通政劾羅近溪疏後
程鳳峰程侍郎遺集序正本
六藝忠端楷書孝經墨刻
拜九蘭亭跋
阮元揅經室全集六冊本
三集
二爭坐位帖跋
蘭亭書序帖跋二
摹揚州古木蘭院井底蘭亭帖跋
汪中述學補遺再正本
倚簃叙跋尾

○又別采
唐元宗鶺鴒頌跋
徐季海書朱巨川告身跋尾
懷素草書千字文跋
錢春書甘泉鄉人稾
跋雪庵八大人覺經石刻
跋渤海藏真赤牘本二種千文
跋快雪堂帖
附彭文勤公二跋
跋秀餐軒帖
跋書譜
跋英光堂帖
跋穎上黄庭蘭亭玉版十三行合裝冊
跋明時翻刻聖教序
跋七里橋張氏所藏楊海
跋趙文敏行卷

十二

文琮成王抱蘭亭拓本跋

題陶昭山人詩卷 附

秋碧堂蘭亭

跋新拓大觀帖

删 跋新拓孫過庭草書楊雄蜀都賦

删 跋西園雅集記朱典六篆刻本

删 跋楊孝直所集蘭亭

跋六舟編存悟真禪師碑銘

跋宋版華嚴經

跋元刻蓮華經

王芑孫惕甫未定稿

并 題沈氏戲鴻堂帖

跋瘞鶴銘

跋爭坐帖

删 書了凡先生手帖跋

并 題明周恭肅公手帖

删 重跋先文恪公與王都憲書

彭紹升二林居制集 家刻本

八范文书正伯夷颂跋
朱子与陸放翁手帖跋
刪楊鐵崖先生手书紀夢篇跋
书有明諸大儒手帖同作後
有明諸書家手帖跋
白沙先生手书跋
跋王文成高忠憲手帖
陽明先生詩卷跋
跋陽明先生与徐曰仁手书
跋李文正王文恪字卷
跋邵文莊公手书卷
跋張東海草书千字文
跋荊川先生詩卷
祝支山游僊詞卷跋
祝支山书稼軒詞卷跋

删〇

祝支山手书樵拔鼓声记跋
袁氏所藏祝支山帖雪庵手卷跋
徐文长字卷跋
东林诸公手帖跋
五君子遗墨跋
跋杨忠烈遗札
周忠介公遗墨跋
朱稚升藏周忠介公文跋
周子佩先生画迹跋
九
跋董思翁评文卷
侯斋徐先生手帖跋
梅庐朱先生字册跋
苏州明贤画像目录跋
包世臣藝舟双楫安吴四种本
二书讲勘误

校
述书三篇

附自跋冊推書請
跋董叡序
跋補書董叡序
跋顏魯公送劉太沖序
跋補書大滌游往

跋榮郡王臨快雪內景二帖　庇下董跋
書蘇平原祭姪稿後　春秋
十七帖跋語　西崗
徐　刪定吳郡書譜序　北朝
姚　惜抱軒文後集　全集本　鍾帖
二　跋顏魯公與郭僕射論坐位帖　刁惠
跋王子敬辭令帖　此記書
跋顏魯公送劉太沖序　齊身
陳　澧東塾集　古人
二　孔宣式兩亭秋記　序　北朝人無錢推可至六朝以前書跋
の　跋絳帖李姓書
闕　風棲山友山房未刻集
畫墳跋　臨陵玉匣蘭亭記跋
孫　星衍平津館文稿
下　宋楊信化閱跋

跋宋搨蘭亭
跋趙彥頤
跋聽松篆

翁方綱復初齋文集

廿 跋宋本淳化帖第二卷天祿辟邪字二行

廿一 跋宋拓禊帖孫子與跋贊

廿二 跋宋搨絕交書

跋翁學芝之臨褚帖序後

廿四 跋揚州汪氏所藏祭姪帖

跋東昌鄒氏顏祭姪帖石刻字

跋王虛舟磚塔銘

刪 廿 跋真州千文後

跋[illegible]玉堂初拓黃帖殘本二首

跋群玉堂米帖

跋群玉堂刻石曼卿帖二首

跋金華智者寺殘為八札拓本

卅 跋七札帖

卅一 跋南宋本書譜論二種

跋蘇廣事侍郎所收趙子固落水蘭亭異

又跋

續跋陳伯恭所收定武蘭亭卷後

跋國學蘭亭

跋褚臨蘭亭王孟津本

跋蘭亭領字從山本二首

跋硃笠城所得玉枕蘭亭石

跋英穀孫氏蘭亭

自跋蜀石義松山房縮本蘭亭

跋宋拓聖教序五冊精本

跋孫文介本十三行

跋杭本十三行

又跋淳化閣帖第九卷

跋代州馮氏所藏淳化閣帖

跋肅府閣帖初搨本

跋宋搨大觀帖

跋大觀帖

又二首

跋寶賢堂帖

跋陳伯蕃所收孫樸園藏大觀帖

跋澄清堂續帖

跋英光帖

又　又

跋王孟津琅華館帖

跋孫退谷知止閣帖

跋絳帖

記偽絳帖

跋墨池堂帖

跋海帖

跋[illegible]帖

先跋唐臨夢帖三首
跋東坡書金剛經
跋天際烏雲帖三首
刪跋偃松屏贊
刪跋東坡詩稿二首
刪跋蘇書別功甫帖
刪跋黃書太白詩卷
刪跋山谷手寫那草墨迹
刪跋米書多景樓詩
刪跋孝宗高宗手勅卷
刪跋倪侍郎所藏宋高宗賜岳鄂王墨勅卷
刪跋宋人書蕭澗詩札後墨跡
刪跋穆道夫書
刪跋江氏家藏宋元六札
刪跋秋史所藏趙書歐詩冊

頌美道周緣書賜碑勞啓
頌元刻元帥啟
跋陸近光塵稽經啟手札
張照南齋文集本
右王右軍道德經
董刻顏魯公爭坐位帖
陝本爭坐帖
諸模禊帖
元章跋焚舟
宋搨聖教序
大令十三行
懷素藏真律公帖
林和靖墨蹟卷
邵康節行書手卷
蘇文忠行書手卷二

存 黄文節書牘
存 文信國隸書
存 趙文敏小楷
趙文敏茶歌手卷
附 楊鐵手書序卷
[illegible]
〇 日本新井美在中自序遺文
下 宋徽宗遺日本書跋
元世祖遣日本書跋
〇 上 楷選白禎帖題詞
跋鄉濠國生遺碑
〇 王士禎帶經堂集
七三 跋叢西漢成帝楊太后帖
七七七 跋吳天章藏宋拓石鼓銘
〇 錢牧齋衍石紀名稿

右忠義堂帖

龔子敬自書詩真蹟

○錢叔寶衍石紀子修章

六安忠武墨蹟

○成親王詒晉齋集

凡各例去汝抄

○宋陸游渭南文集

凡各例十冊

群玉載帖題跋

○ 明董於傳收墨集

二 丞鍾元常甲戌帖

再丞元常帖

○ 鷹鶴李城雜記

下評

▲ 上 慈雲寺宗利

○ 下 鍾紹京書

明焦竑焦氏筆乘

下評

▲ 三集稱代記

「顏魯公爭坐位帖」

○ 正誼課藝三集載

崔叔耕記顏魯公爭坐位帖

○ 孫星衍文集

蘭亭跋 玉禊—

讀碑偶傳派

瘞鶴銘　袁枚

又　汪退谷

葉廷琯吹網錄

三劉本深[illegible]帖

以淮府刻[illegible]

沈濤銅熨斗齋隨筆

〃瘞鶴銘重刻本

蘭亭祖石

~~[illegible]~~

~~十七帖跋~~

周亮工閩小記讀作考

馬瑞[illegible]

姜宸英[illegible]

蘭亭[illegible]讀作考

周密志雅堂雜抄

上　禊帖
秋篠帖
下　[illegible]殘
律帖
○陳繼儒太平清話
三　蘭亭
三　醉翁亭記
○陶宗儀輟耕錄收本
九　落水蘭亭
十一　蘭亭集刻
六　禊帖考
六　淳帖
六　汝帖[illegible]
六　[illegible]祖石刻
十五　[illegible]閣帖

羑里帖

○附○王士禎池北偶談

○[illegible]王氏書畫苑

○周密志雅堂雜鈔

○劉壎隱居通議

書[illegible]帖

○元[illegible]外史[illegible]

、石拓蘭亭

三[illegible]蘭亭

○[illegible]後堂日記

六[illegible]帖

○[illegible]編

蘭亭詩　　[illegible]小楷帖　[illegible]

○許起珊瑚舌雕談初筆

·[illegible]蘭亭[illegible]人[illegible]字

已

○、

俞樾春在堂隨筆

平安帖

宋洪适開有公孫家讀書志

右軍禁寒帖

陸心源儀顧堂題跋

宋拓聖教序

越州石氏本爭坐位

越州石氏本祭伯文祭姪文

汝南公主墓誌

蘇文忠公書昆陽城賦

朱文公上時宰二劄

張文靖與路允迪札

張文靖與吳仲謨札

張汶靖與仲仁郎中札

張文靖与王巖叟札

跋宋拓紹興米帖殘本

元 趙文敏詩翰

趙書小楷灵宝度人经大梵莊詠儀式

趙子昂行楷洛神賦

趙文敏致袁文清書

鮮于伯機十詩五

潘元諒摹刻淳化閣帖

續跋

吳肅府重刊淳化閣

硃氏通雲樓帖拓本載次十

智永千文　郭尚先

褚草怪　程瑤田　王芑孫

三希樓帖　翁方綱　翁方綱十六

定武蘭亭　黄[illegible]　汪道貫　姚[illegible]　[illegible]　高士奇十二

古本蘭亭　華夏

宋文臣手札墨寶　周密

蘇文忠公黃州[illegible]　董其昌　王鴻緒

文氏停雲帖　黃堅　陳繼儒　張[illegible]

米南宮陽千字文　宋實穎　王時敏　王鐸

文安國古華堂　鄧文原　柳貫　陳繼儒

趙文敏蘭亭[illegible]　鄧文原　楊載　孔濤　柯九思　黄[illegible]　楊璵

段天祐　[illegible]　趙奕　劉貞　應本

得百頁　[illegible]　[illegible]　楊[illegible]　[illegible]　王穉登　高士奇

文徵仲跋　[illegible]　[illegible]

祝弟北行也 王先生[illegible]文彬 陳益復 丹○○

又待復蔡英 放文斯 ○

筆文翁臨古六種 何殃

當入碑已正

〇 李賡芸炳紡編

〇 蒋琳碑

馮府碑

曹全碑

寧化縣李忠定公祠石刻

碑版往衕

〇 葉廷琯鷗陂漁話

二 楊忠愍二則　一 董思翁論書示子帖

一

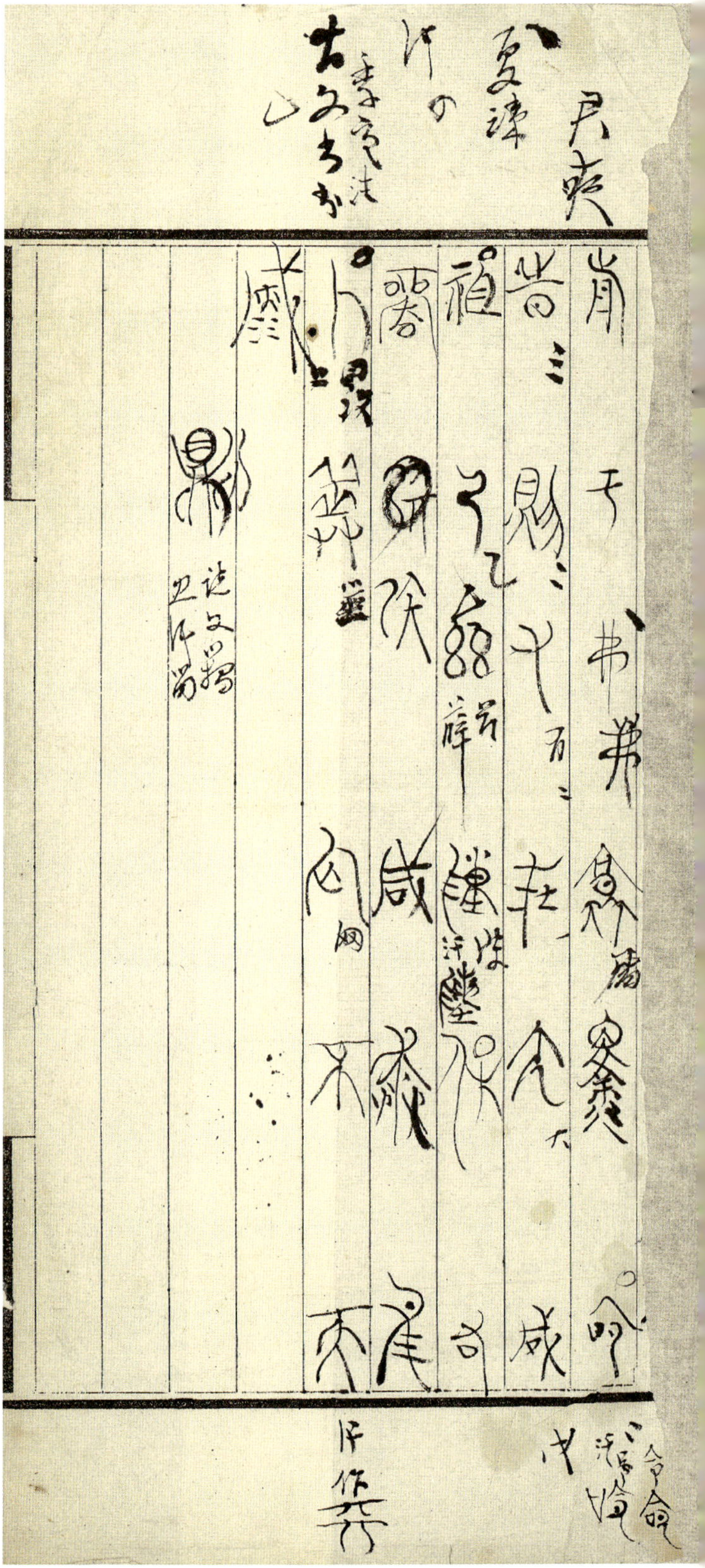